傳統武術技擊

程嘯斌 著

江西人民出版社
Jiangxi People's Publishing House
全国百佳出版社

图书在版编目（CIP）数据

传统武术技击 / 程啸斌著. -- 南昌 : 江西人民出版社，2018.7

ISBN 978-7-210-10724-8

Ⅰ. ①传… Ⅱ. ①程… Ⅲ. ①武术—技击（体育）—研究—中国 Ⅳ. ①G852.4

中国版本图书馆CIP数据核字（2018）第185434号

传统武术技击

程啸斌 著

责任编辑：徐 旻 饶 芬
出　　版：江西人民出版社
地　　址：江西省南昌市三经路47号附1号
经　　销：各地新华书店
编辑部电话：0791-88629871
发行部电话：0791-86898801
邮　　编：330006
网　　址：www.jxpph.com
E-mail：gjzx999@126.com
2018年7月第1版　2018年7月第1次印刷
开　　本：787毫米×1092毫米　1/16
印　　张：42.5
字　　数：800千字
ISBN 978-7-210-10724-8
赣版权登字—01—2018—683

定　　价：99.00元
承 印 厂：南昌市红星印刷有限公司
赣人版图书凡属印刷、装订错误，请随时向承印厂调换

五力入髓圖
Traditional Gong Fu
江西省傳統武術協會監制

傳統武術技擊綜合示意圖

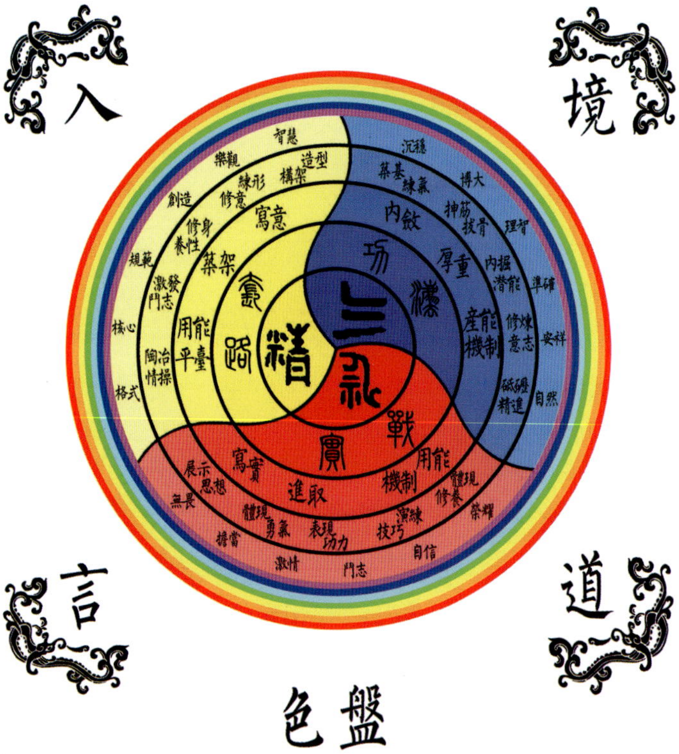

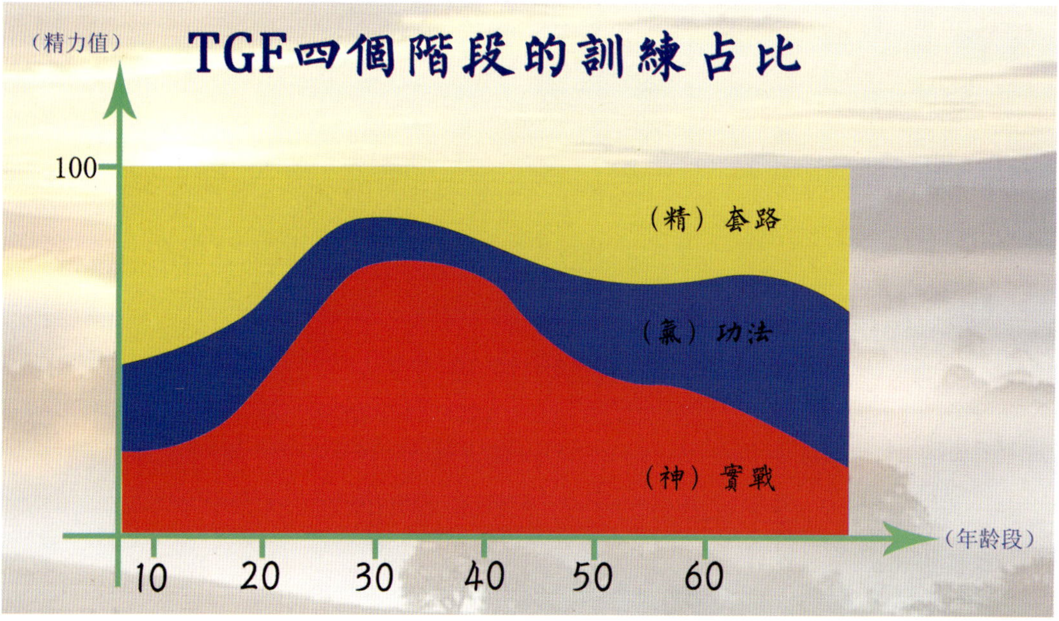

自 序

亘古以来，人们仰望星空，一直都关注着对武的认知——这个永恒的话题。潮起潮落，沧海桑田，当武的传说与曾经的荣耀，随着岁月的流逝化作尘土之时，留下的只有心底的纯真和对善良本性的渴望，只有契合人性的对武探寻，才能始终静静扎根在那里，永不磨灭。真正的武者能够耐得住寂寞，并可闯过红尘的喧嚣，以武入道回归至真、至善的心灵。

千百年来人们一直都在探索着功夫的真谛，对种种绝世的武功有着发自内心的向往与探究，然而具有现代科学精神的人们只能用成果去说明其历史的真实，或者是用事实去证实曾经的向往原本就是虚幻的传说。在忙碌的现代社会中到哪里才能够找寻到那一种对武学的初心与古意，又如何才能在纷乱世事之外的庞杂中寻得武学的真迹，或许这才是武学之中需要你我"入境言道"的核心。

在世界已成为一个地球村的今天，各种文化都朝着文明的目标进行自我完善，文明自身表现出的第一需求是生存，中华文明必须适应时代的变化，对自身进行合频的相应规范，以合上历史前进的步伐。我们要做的就是努力地把一个性格内向并习惯向后看的传统文化，从现代文明的角度进行全方位的萃取与完善，使之逐渐呈现出具有向外看并努力朝前行的中华文化特征。如何把这些要求与特征体现在武学之中，这便是本人希望能在书中呈现出的思想，这一点即便是脱离书中文字的束缚仍然能在其中体会到的势韵。

在武学探寻的荆棘小道上经历着世间的一切苦难，那份坚持依然岿然不动。它就是武林的一棵参天大树，当狂风暴雨来临之时，它用自己的身躯为武术的明天撑起一片希望的天空，当风雨过后便把自己化作希望的种子撒向大地，在春天来临之时生根发芽，同样长成参天大树……直至成林。

书稿至今已经告一段落，接下来就是为本书写一个序，借此阐述一下关于成书的一些感受。

谈到感受，自然是酸甜苦辣咸五味俱全，全然没有传说中做文章的那种一蹴而就的潇洒。我自认为写作原本只是另一种形式的翻译工作，把自己内心的形而上的武学思想与对传统武术技法的体会转换成具象的文字、图片形式的翻译表述，只求能够阐述清楚，根本没有妙笔生花的奢求。面对武学体系的浩瀚只觉得有太多有价值的内容值得去探究，此时只感受到了自己是那么的渺小，哪有什么成书后的喜悦。

一个民族的整体素质，主要依赖教育对人文思想的继承和创造。而武学表现在这方面的教育价值是不可取代的，通过自己独特的形式培养、成就的就是武者“人格的独立，思想的自由”，构架的就是井然有序的武林生态，而不是以武力强制真理环境，这样的生态圈注定是不正常也不能长久的。

中华文明五千年，传统文化孕育出传统武术这一民族的瑰宝。武学的形成吸取了传统文化的精华，并不断与世界文明相融合，使得武林生态以及生态中的武者能够表现出道家的修身养性；佛家的慈悲普度；儒家的克己与反省自身；同时还抱着求真的态度不可或缺地显现出了其中的科学精神。这种重道崇德的德行表现正体现出中华文明的核心价值观。传统武术的熏陶可使人心自足，社会平和；人对人有礼，人对物有惜，人对天地神明有敬畏。这就是武学对民族复兴的贡献，如此可称之为伟大。

中华民族经历过弘扬文化时的辉煌鼎盛，也经历过毁灭文化时的浩劫低谷。传统武术在风雨飘摇中几近失落……因此我们有责任为武术的复兴做一些力所能及的事情。

现在，让我们以合道的武学形式去开启各自内心的善良本性，回升人们的道德水准，如此便可体现出传统文化的价值所在。我们的努力旨在让传统文化能在世界文明的殿堂上发出属于中华民族的最强音。

2017 年 11 月 7 日（丁酉年辛亥月戊戌日）
于南昌

目　录

上篇　传统武术理论体系

中篇（上）技击的技术构架

中篇（下）传统武术的功力

下篇　传统武术训练体系

后篇　竞赛交流体系与市场运营体系

上篇 传统武术理论体系

Shangpian ChuantongWushuLilunTixi

第一节　武术文化的认知

文化就是一个民族的灵魂，是劳动力、土地等生产要素所产生出的有价值的精神财富。

一个民族的文明史就是该民族文化的发展史，该民族文化的彻底摧毁就意味着这个民族的彻底消亡。人类历史上那些创造出辉煌文明的古老民族，也许这些古老民族的人种表现在生理学上的基因今天依然被有幸地延续下来，但是他们从前属于的民族却随着其传统文化的消失而灰飞烟灭。而中国是世界上唯一连续传承五千年古老文明的国家，我们有责任对自己的文化进行传承与发展。

从文明的产生来看，那些在自然界并不存在，只能通过人类再创造而产生出来的物质与精神成果才能统称之为文明。中华文明这一神传文化就是中华民族历代先辈的智慧结晶，盘古开天地、女娲造人、神农尝百草、仓颉造字……奠定了中华神传文化的初始。“人法地，地法天，天法道，道法自然”，道家天人合一的思想融入中华传统文化的血脉；“大学之道，在明明德”，两千多年前的孔老夫子设馆授徒，就已经把以仁、义、礼、智、信为代表的儒家思想传播到社会的各个角落。公元一世纪，慈悲普度的释教佛法东传，中华文化因佛教的传入而变得更为博大精深。在中华大地上儒、释、道三家思想交相辉映，发展到盛唐时期就已经创造出中华民族举世瞩目的辉煌。

纵观历史，虽然中华民族屡遭侵略和打击，但传统文化在不同的历史环境里却表现出极其顽强的适应性，由其内核诠释出的精华代代相传，这足以说明中华文化具备了极大的融合力与极其顽强的生命力。天人合一代表着我们祖先的宇宙观；善恶有报是社会的普遍常识；己所不欲，勿施于人，是为人的基本美德；忠、孝、节、义是人生在世的行为标准；仁、义、礼、智、信成为规范人和社会的道德基础。在这样一个规范前提的要求下，真正得到中华文化熏陶的人就会体现出诚（实）、善（良）、和（为贵）、（包）容等品行优点；对“天地君亲师”牌位的膜拜可以体现出国人敬神（天地）、忠社稷（君）、重家庭（亲）、尊师重道的观念，从这些入髓的表现中反映出百姓根深蒂固的传统文化内涵。中华传统文化追求天人和谐，并重视每个个体的行为修养，以儒、释、道的修炼信仰为根，使人逐渐能够包容、能够发展、能够维护人间道德、能够产生正信。

与法律这种刚性约束相比较，文化所体现出的不同是：文化约束表现出的是其柔性的特征。法律偏重于犯罪之后的惩罚，而文化对于道德的育化却起着预防犯罪的作用。一个正常社会的伦理价值观常常是把文化通过人们能够接受的各种形式进行诠释并反映出来。

文化能使人们发自内心地对本民族产生出认同感，同时又是打断了骨头还牵连着的那根筋。在中国历史上，传统文化达到鼎盛的唐朝恰恰是中华国力最为鼎盛的时期，当时的科学技术也因此在世界上独领风骚。当时欧洲、中东、日本等地都派使者前往长安学习，周边国家则以中国为宗主国，万国来朝，重译款塞。秦朝以后，中国常常被少数民族占领，包括隋、唐、元、清和其他少数民族割据的朝代，但是他们几乎都逐步被汉化了，这不能不说正是传统文化的巨大同化力所致。恰如孔子所说："故远人不服，则修文德以来之。"

一、文化是什么?

从广义的角度来讲文化就是人类在社会历史发展过程中所创造的物质财富和精神财富的总和；从狭义的角度来讲凡是描述文明的知识体系或者符号系统都统称为文化。

从字面上来解释就是诠释事物运行规律的表现形式称之为"文"，通过这种"文"的形式去教化受教育者，使得受教育者的思想在经过"文"的洗礼后得到升华则称之为"化"。"文"从根本上来讲是一种能让人的思想得到升华的形式，而使受教育者的思想得到开"化"才是学习与受训的最终目的，在这个过程中教学是一种为了使受教育者得到开化的手段，通过这种手段让"文"与"化"之间构架起一座桥梁。

美国人类学家海威尔说："在这个世界上，没有别的东西比文化更难捉摸，我们不能分析它，因为它无穷无尽，我们不能叙述它，因为它没有固定的形式……当我们去寻找文化时，除了不在我们手里，无所不在。"

我们该如何理解文化？其实文化的本质就是人化，有了人的历史，也就有了人的文化。《易·贲卦·彖传》中说："观乎天文，以察时变；观乎人文，以化成天下。"西方文化中强调文化是利用自然的手段，英文中的"culture"，意指耕作，对自然生长实施管理，由此可以说自然产生了改变自然的文化。随着时间的推移，人与自然界斗争的能力越来越依靠智慧，人类学家将这种后生的智慧定义为文化。费孝通先生更简约化地概括了文化的概念，即人为、为人。“人为”说的是文化属于人所创制，“为人”说的则是文化又是为人服务的设施。

文化可以说是人创造的一切非自然物，以及包括创造的过程本身。当然，文化的概念也不是一成不变的，它会随着社会政治经济的发展而发生相应变动。

人们常说文与武是相对的，“圣人之治天下也，先文德而后武力”。最初的武术产生就是原始人类为了生存、为了生活，从各种类型的杀戮与搏斗中不断进行攻防的经验总结，由此而逐步形成了自己关于功法与攻防内容的体系，以及约定成俗地形成了各自攻防活动中的行为规范。就广义而言，这些内容的体现都归属人类的文化范畴之中，这种搏杀术是由人创造、人来参与，同时又为人类服务的一种生存手段。显然，武术是通过人们前赴后继地用身体斗争而形成的人类智慧结晶，所以武术必然是人类发展过程中的一种文化产物。

文化毕竟是一个较为抽象的概念，一个真正具有文化之人的社会行为自然会有其内在素质的外在表现，这种文化的外在表现可通过四句话来进行概述：

①根植于内心的修养；②发自本能的自觉；③以约束为前提的自由；④为别人着想的善良。

二、中华传统文化与武术文化

既然武术本身就是文化，为何还要冠以武术文化的称谓呢？下面我们就中华传统文化与武术文化的相关内容进行相应的论述。

（一）关于中华传统文化

传统文化（Traditional Culture），落脚在文化，这是相对于当代文化和外来文化而言。其内容包括历代存在过的种种物质的、制度的和精神的文化实体和文化意识。

众所周知，中国有着五千年的传统文化，但到底什么是中华传统文化呢？这恐怕是一个仁者见仁、智者见智的问题，不同的人站在不同的角度，都会形成各自不同的认识。

明末清初著名思想家顾炎武在《日知录》一书中说过：“易姓改号，谓之亡国；仁义充塞，而至于率兽食人，人将相食（笔者注：此为文化灭绝的表现），谓之亡天下”，足见传统文化对本民族所表现在兴衰荣辱层面、生死存亡高度上的意义——文化不灭，则中华不灭。爱国，即爱本民族的传统文化，也就是守护中华传统文化。由此我们才能够更准确地理解“天下兴亡，匹夫有责”这句话对我们每一个平头百姓的重要性。

中华传统文化是指居住在中国地域内的中华民族及其祖先所创造的、为中华民族世世代代所继承发展的、具有鲜明民族特色的、历史悠久、内涵博大精深的文化。它是中华民族几千年文明的结晶，除了儒家文化这个核心内容外，还包含其他文化形态，如道家文化、佛教文化等等。

1. 中华传统文化表现出四个显著特点

（1）世代相传。中华传统文化在某些短暂的历史时期内有所中断，因此表现出在不同的历史时期或多或少有所改变的现象，但是大体上没有中断过，总的来说变化并不大。

（2）民族特色。中华传统文化是中国所特有的，与世界上其他民族文化有着根本的不同。

（3）历史悠久。中华文明有史料支撑的就有上下绵延五千年的历史。

（4）博大精深。传统文化价值非凡，“博大”是指中华传统文化的广度——丰富多彩，“精深”是指中华传统文化的深度——高深莫测。

2. 中华传统文化的界定

中华传统文化是一个博大精深的体系，我们可以从一些不同的视角来看待与界定。

（1）从实物的层面（譬如故宫、长城以及浩如烟海的文献典籍等）、制度的层面（如各种官僚机构和制度等）以及思想文化的层面来理解和界定中华传统文化。

（2）从传统文化的内在构成来理解和界定中华传统文化，例如：

①从时间维度上看，中华传统文化是具有五千年悠久历史的文化，是世界文化系统中唯一没有中断的文化；

②从空间维度上看，中华传统文化是在相对稳定与封闭的地理环境下形成的一种文化；

③从发展维度上看，中华传统文化是一种不断吸纳其他文化形态又不断进行自我调适、自我更新、自我丰富的一种文化；

④从地域维度上看，中华传统文化是由不同地域文化，如齐鲁文化、燕赵文化、中原文化、荆楚文化、吴越文化、岭南文化、巴蜀文化、关中文化、三晋文化等共同构成的；

⑤从内容上看，中华传统文化是以儒家文化为主，以道家文化、佛家文化为辅，并涵盖各种文化形态，如法家、墨家等诸子百家的多种思想体系，以及各种民间信仰、知识、习俗等共同形成的一种文化；

⑥从主旨上看，中华传统文化是一种重人伦、重道德、重入世、重实用的理性的人伦道德文化；

⑦从社会性质维度上看，中华传统文化本质上是建构在以血缘关系为基础上的一种农耕文化，是一种以一家一户为单位的自然经济型文化。可以说，各种思想观念、伦理道德、教育、宗教仪轨、文学艺术、科学技术、典章制度、文献典籍、建筑、雕刻、书法、绘画艺术乃至衣食住行、风俗习惯、风土人情等，都是组成传统文化的重要内容。

（3）从传统文化的特点来理解和界定中华传统文化：

从人与自然的关系看，中华传统文化就是天人合一之学；

从人与社会群体、人与人之间的关系看，中华传统文化就是人际和谐之学；

从人的身与心（形与神）之间的关系看，中华传统文化就是身心（形神）平衡之学；

从人的道德修养与外在事功的关系看，中华传统文化就是内圣外王之学；

从人的认识和实践的关系看，中华传统文化就是知行合一之学；

从经典原著与思想体系的关系看，中华传统文化就是经典诠释之学。

所以，中华传统文化不是单一直线的系统，而是一个非常复杂且包罗万象的系统。中华传统文化是中华文明演化而汇集成的一种反映民族特质和风貌的民族文化，是民族历史上各种思想文化、观念形态的总体表征。我们应全面准确地理解和理性地看待中华传统文化，切忌简单笼统地从是好还是坏的层面来对其进行评判。

（二）什么是武术文化

武术文化即发掘武术内在运行规律，其核心就是完整地诠释攻防对抗中客观存在的、内在必然的运行法则，并通过一定的形式将这些运行的法则全面地表现出来，如功法、套路、实战等形式，以及在各类交流与市场运行之中进行武术价值的立体体现。教育与训练的目的就在于应用这种表现形式进行武术价值的诠释，有目的、有计划、有步骤地去教化受训者，让受训者通过各类教学与训练的历练同步地在身体上逐渐产生相应的体悟，并在体悟的不断积累中使得受训者渐渐产生心悟的升华，最终成为一个身心健康、有实战技法、有健全人格、有高尚武德的武者。

这是因为武术这种人类活动形式里处处都充满着文化的元素。无论是在技术中、战术中、教习中、训练中、竞赛中、活动中，还是在市场中、交流中、习俗中、思想中都包含着许许多多武术特性的文化内容，人们可以将这些含有武术特性的文化内容概括为三个层面：外显层为技法表现层，中间层为制度习俗层，内核层为思想价值层。

如果从技法层的角度切入进行相应的审视，则传统武术体现的思维方式、价值取向、审美情趣又可分为三层。

第一层:最内层为简单实用的原始攻防技法层，与各类技击术的目标不会有质的区别，因为都属于追求技击效果的技法写实层；

第二层：特设环境内的招法技法层，技法表现属于写实与写意之间的层面，传统武术中的许多拳种就技法表达方法而言基本上处在这一层面；

第三层：从审美角度创编的演练，已经完全不考虑现实中的技击效果，只讲究为表现而技法的相关技法，其特点是脱离擂台的技击要求，只讲含义而不讲实用，属技法的纯写意层。

无论在哪一层面的技法，也无论是采用写实或者写意的形式表现，只要是武术运动，那么对技击性的要求就必须存在，这就是它最原始的本质属性，这个属性的恒定性表现在武术这个唯一不随时空改变而发生任何变化的特征之中，并贯穿武术的始终。

以武术恒定性的特征为基础逐步形成自己核心的武术思想，并形成与该思想所诠释出来的、与之相匹配的技术框架，以及提出作为支撑该技法表现在生理与心理素质基础上的要求，据此处理好彼此之间的相互关系并形成相应的规范，从而形成属于武学体系自身独特的内涵核心。同时进行人文、宗教、自然、科技等多方向的延伸与纠缠，把这些内涵与外延的相关内容进行有机地整合，由此逐步形成一个以武为核心的有机体，构成了博大精深的武术文化。

武术已经成为中华传统文化不可或缺的一部分、一个分支，它通过自己的表达形式反映出中华文化的基本精神。诸如自强不息、厚德载物、崇尚自然、天人合一、知行合一、贵和尚中、侠义精神，等等，这些内容在传统武术不同层面的表现形式中都得到了充分的体现。

更重要的是武术表现出的文化与技术方面的特征，这些特征与中华传统文化有着密不可分的渊源关系。钱穆先生认为，“中国文化是一种现实人生的和平文化，这一种文化的主要源泉，便是中国民族从古相传一种极深厚的人道观念”。中国历史由于数千年来基本上处在一个大一统的和平局面之下，自然而然地产生出人们对家乡故土的眷恋情感，于是人们很满足于男耕女织的安定生活，而厌倦背井离乡去远征和扩张，所以就土地而言形成了上至国家的认知态度及下至百姓的行为，凡是牵涉到对外问题的多数态度，常常没有较对内部问题摆放的位置那么重要。千百年来对于中国人而言最重要的不是熟悉法律条文，也不是烧香拜佛，而是要练好在如何为人处世这个层面的功夫。武术有助于人们规范地去为人处世，同时又是人们维持生存的一种本能手段，还是为了获取更好生活的一门技术。武术的特性决定了它的受众面，因此，中国武术很自然会具有这种内倾性的文化特征，诸如产生这种特别注重自我修炼与自我完善的武术思想，于是就很自然会有技术中体现“内外合一”、德行上注重“内外兼修”等一系列的相关要求。

中国文化从时空的特性上来分析，上述所表现出来的形象，仅仅只勾勒出委曲求全、常向内看的特点，并不关注在空间上向外的扩张，只是强调在特定空间结构内的自我修炼，往往特别注重通过修炼的时间绵延来逐步弥补空间结构上的失衡状态，通过时间为辅轴来支撑事物的延续，使失衡的空间主轴逐步改变成平衡合理的过程。还把父与子的关系看作是人生长河中的生命延续，中国武林生态中的师承关系正体现出了这种近似血缘传承的绵延武术文化。

中国人还具有一种普通的泛艺术观念，使之看待世间一切事物充满了自觉的审美意识，可以说“不离日用常行内，直造先天未画前”，既注重日常实用，又追求境界般的理想。中国武术套路的表现形式较其自身的技击表现形式而言，在与世界其他种类的技击形式相比较时，体现出独具的写意技击特色，这也正是中华传统文化的一种内倾的审美文化体现。

从人类文明进程来看，中国人一直恪守自己的思维方式、民族性格、人生理想、行为准则、价值取向、审美情趣，并进行着自己的生活与外部社交，按照自己的文化特性把武术这种近乎残酷的搏斗技术，演绎成千姿百态、揣摩不尽的一种技艺，一种不脱技击本源，旨在追求人生境界的东方文明。

武术早已是中国人的国宝之一，承载着中华民族传统文化的精华。武术表现出来的功能主要有三性，即技击性、健身性、艺术性。但是，无论武术的表现形式如何变化，其核心功能只能是技击，其他功能皆为外围的衍生与附属，武术只要离开了技击性，就不成其为武术。

目前科技日益昌明，武术在农业社会与现代社会里，其意义功能自有较大区别，但武术仍然是中国传统教化的重要手段，它具有不可取代的特殊性，是修炼身心的途径之一，能使一个人化弱为强，进而入道以及得道。武术这种教化的修炼方法，因为符合人性，所以任何人不管身处什么环境、什么时代、什么年龄或哪种社会阶层里都可以对武术功能产生相应的需要与渴望。

从武术的教化手段来审视，武术必须符合大道的要求，例如：从入门修炼角度来看，师父教徒弟，往往从练习定式站桩开始，求的就是“止、定”的功夫；在这定桩之中，进一步要求徒弟学会如何放松，并且要做到松透，无论表现在精神上还是机体形态上都不可有一丝一毫的紧张，这里所求的便是一个定中有“静”的功夫；待日久功深，定静有常，则渐渐在变化中能“安”下来。习武之人要做到能安能静，才配得上谈“功夫”二字,这样才能稳妥地去“虑”该“虑”之事,思虑过后才能对所求之事有所“得”。因此，在武学行家的眼中,《大学》中所述“止、定、静、安、虑、得”的功夫，绝不是一些文章里纸上谈兵的空话，而是武者早晚实际作息中的必修功课。

武术就沿着这样一条缺此无他的因果轨迹行驶着，在这个行驶过程中自然造就了武林生态中所有参与者自身的内在“气势”。这种“气势”就是我们通常所讲的“尚武精神”，是习武者通过经年累月的功法、套路、徒手搏击以及兵器训练而逐渐获得的一种精神修为，从武者身上就能够深深感受到一种凛然、深沉、饱满、昂扬、刚健的气质。

因为中华传统武术原本就是一门身心修炼的学问，它所涉及的范围远非一般体育项目所能涵盖，并非只局限在注重身体的训练所体现出来的效果。传统武学更注重的是“心法”训练与总结，使得习练者能够达到身心相融，并产生对自然的敬畏感，在人生不同的阶段中都能以不同的形式与表现，围绕着“精、气、神”展开全面且深入的修炼，逐步孕育出一种贯穿武者一生的强大气场。

中华民族的文化能够繁衍离不开武术，因为尚武精神带给我们民族一种能量、一种气魄，这样才能延续我们民族强健的生命。

尚武精神的本意并非是征服或者武力，而是一种做人的品格，将品格凝聚和内化为一种独特武者的人格魅力。尚武精神绝对不会是持武时的一种炫耀或挑衅，而是一种气度非凡的成熟，可以在面对挫折时淡定从容，在人生的百舸争流中不忘初心、一如既往、永不言败，哪怕是在雪山、高原、草地和沙漠中都能毅然穿行的气度。面对任何困惑时所表现出的依然是发自内心的灿烂和自信，在蓝天白云下凝固成的尚武精神会让我们在举手投足间，展示出一种泱泱大国国民和谦谦君子的风度，张弛有度、进退自如、处变不惊。从这个层面上来讲，当下我们需要展现出的民族自信，恰恰需要更多地从武术文化中获得这种亘古力量的支撑，历久弥新，而这正是尚武精神的本质。

武术文化中蕴藏着诸如儒家思想、道家精神、释家修养等多种中华民族传统文化的精髓。任何一种规范的武术流派中都必然具备完整体系的修炼方法，从站桩定式起，再到生理的调整、内心的修炼、气血的培养、力劲的运化、技法体系的构架、竞赛与交流、拳法器械的应用乃至于兵法战略等等，这样才算得上合理科学与完整。虽然各门各派特色各不相同，然而其注重意、气、劲之锻炼，气势、境界之培养，并无二致。而且唯有理论和实践、默悟和修炼并重，具备如此规范的武学教育，才有可能将武者造就成一位威武不屈、贫贱不移、富贵不淫、有节操的堂堂大丈夫。我们现在要复兴中华文化、重振中华雄风，武学的教育形式就具有其存在的唯一性，其在社会教化人的功能是很难被其他教育形式所取代的。

武术文化是整个中国文化的有机组成部分，从科学的层面来看武学，其体系就应该是完整一体的。尽管中国历史上的武林界向来都是更看重技术的直接价值，而少有“闲心”去进行理论的总结，更何况是运用“耐心”去获取理论带来的间接价值，但这并不会影响到武学完整性的客观存在。事实已经证明，武术总能够以自己的方式展现出强大的生命力，以及足够的文化承载力，处处都已经折射出民族文化的光彩。

在中国文化的大系统之中，武术又与传统文化的许多子系统，诸如哲学、宗教、兵法、医学、养生、美学、伦理等建立了千丝万缕的联系，根据势态彼此间相互渗透、相互影响。武术就在这样的文化氛围里、长期的文化浸润之中摄取了丰富的营养，逐步形成了中国人引以为傲的东方武技。习武就是一个以武入道的过程，习练者通过武术各种形式的训练渐渐感悟出道之本，此乃习武之宗也。

从武学的表现形式来看当今大环境中的武术，其形式必须包含并突出体育与运动的特征，否则就很难融入世界技击的大家庭之中。然而，一个完整清晰的武学体系，所表现出的文化涵盖面已远远大于体育所能够定义的外延。

（三）传统文化在武术中的诠释

中华传统文化的博大精深表现出另一个特性，那就是“庞杂”。中华传统文化的庞杂状态历来就有比较突出的体现，早在唐朝以前，中国的传统文化主流就是儒、墨、道以及诸子百家。当初的儒家“王道”思想在战国时期根本就没有市场，当时各国讲究的只是利用自己权谋的“霸道”思想，于是只有苏秦与张仪这类人物很受欢迎，因为他们几乎做到把人的心计发挥到极致。那时在人们的内心无论是怀有怎样崇高的理想道德，几乎都比不上眼前的利益来得更现实，因为长远的虚幻理想抵不过现实中的诱惑，短视就成为当时人们共同的集体意识。在这样的主流文化支配下的武术表现就只能是以“唯技击”为形式，通过直接获取更好的技击效果为“卖点”，以此来服务于人们获取武术更大的直接利益的需要。更何况在这种环境下无论是一个国家、一方诸侯、一个大家族、一个小家庭，还是具体的某个人，为了争取生存下来，对武力的膜拜已经成为不用思考就会选择的基本行为，因为在丛林法则下的人们崇尚的只能是武力，表现出对“你不灭别人，别人就会灭了你”的残酷现实状态的本能适应。

由这类生态环境我们可以引申出一些问题：为什么要动武呢？“尚武”是人的天性吗？动

武是环境所迫吗？武的地位该如何确定？武的作用在哪里？这些都是历史潮流的必然吗？

自从东周没落，群雄逐鹿，烽烟四起，社会就一直处在动荡不安的年代，或许是乱久思治，所以墨家的“兼爱与非攻”思想逐步占据了一席之地。此时大乱中的人们又开始怀念上古三代的王道，渴望社会有礼仪、有秩序；还有一部分人想得到尽可能的超脱，以达到无为而治的效果。当然也正是因为当年的乱世，造就了中国历史上灿烂的诸子百家，呈现出了中华文化的多样性，文化的多样性造成了思想的多样性，在这类文化氛围里的人，很自然地就显得更难驾驭、更难统治了。以至于李斯向秦始皇建议“焚书坑儒”，目的就是方便统治者的中央集权领导，武术从此就与政治开始有了实质性的捆绑，彼此的关系随着时代的进展、朝代的更替而更加紧密了。

历史已经证明，一种思想文化一旦形成，就不是说想消灭就能随便消灭的，一部分书（简）留散在民间，一部分人根据记忆慢慢地整理出书籍，这些都是传承思想的方式。随着时代的进展，武术所承载的文化信息量也在不断地扩大，而构成武术的内在元素彼此间的主次关系，也会受政治与人文环境的影响而发生一定的地位变化。

秦朝过后，在汉朝，由叔孙通制定礼仪制度到董仲舒建议汉武帝实行统治政策，即“罢黜百家，表彰六经”，于是，在思想领域，儒家逐步取代了开朝以来所奉行的道家的统治地位，开始迎来儒家思想的春天。从而也开启了中华文化后两千多年的列车行驶，并至今仍然在持续影响着。历史的车轮转到唐朝，中华文化里逐步加入了“释”的元素，即佛家思想，之后形成了一千多年来儒、释、道三家思想“三足鼎立”的现实。

诸子百家留下了灿烂的文化，也造成了厚重的包袱，甚至使得每一个持不同观点的人，都能在传统文化中引经据典找到自己正确的依据。各种思想相互交锋，互不相让，你不服我，我也不服你，人人都认为自己才最正统，似乎自己已然掌握了天下之至理，于是对于别人的观点都嗤之以鼻，同时还能够找出许多条理由进行评判。于是建立在多思想平台上的武林，很自然地就会出现相应的乱象，而且随着时间的进展，“武林”的乱象愈演愈烈，以至于出现谁也说服不了谁的态势。这种纠纷与争吵主要表现在流派之间的喋喋不休，同时也表现在流派内明争暗斗的纷争之中，于是乎就显现出一种武林特有的“庞杂”现象。

中华民族前进需要具备共同的文化认同感，武术是中华传统文化的一种表现形式，因此会以自己特定的文化形式表现出相应的凝聚力。然而，武术形式所表现出的巨大民族凝聚力往往以“尚武精神”进行诠释，并将其表现在我们每个人的血脉之中。因此，在这浩瀚而又庞杂的传统文化中，对于武术这种文化形式，在当下我们该如何正本清源，取其精华,去其糟粕,体现出应有的科学与文明,并让它结合时代的步伐发展,构建良性“武林生态”而焕发出武术新的光彩，这是摆在武术界面前的一个大问题。

1. 武术文化需要诠释中华传统文化的四大核心价值思想

中华传统文化的内容丰富复杂，但万变不离其宗，其核心表现出了“固本”的特征，其中有四种思想最为重要，也最有概括性。阐述如下：

（1）以阴阳五行的相生相克原理为基本哲理思想；

（2）解释大自然与人类社会关系的天人合一思想；

（3）以中和平衡来指导解决社会问题的中庸思想；

（4）以“礼”来修身养性指导我们该如何对待自身的克己思想。

这四种思想之所以重要，是因为它们涉及的面广且渗透至各个文化领域与各种文化的表现形式之中，并起着实际的指导作用；同时，从覆盖面来看，这四种思想对中华传统文化有着全方位的概括作用。

2. 传统思想引领武者的成长

作为一个武者，学习武术的过程，实质就是一个不断经受这四种思想熏陶的过程。

首先，武者要对武术本身的存在、运行及变化有个基本看法，这就是武学最基本的哲理。

其次，武者这个自然人是存在于大自然中的一个最基本的完整个体，武术这种形式的训练与使用，必须使得这个最基本的个体与大自然、人类社会产生相应的关系，这种互动的关系使每一位武者在运行过程中都会建立起一个清晰的认识。

再次，武者这个人必然是生活在社会上的，所以必须懂得如何以一个武者的身份去面对这个社会，并处理好对待社会的各种问题，例如武林中的各种人际关系。

最后，武者这个人的自身也是一个自然存在，所以他必须懂得如何对待自身并实现一个武者应有的价值。

所以总体来看，习练者在淬炼自己成为一个名副其实的武者时，在习练的过程中，认知传统文化“四个重要思想”是通过自己的身心进行全方位的感知与概括完成的。

传统文化体现在武学中的第一个重要思想是“阴阳五行”的阴阳思想。阴阳思想是武术技击技法的核心支撑，表现出攻防这对矛盾在对立统一中的规律所在。

阴阳和五行本是两个思想，在战国时代才合为一个哲学体系。这一哲学体系的对立统一思想表现在武学上就是指武术活动中所体现出来的两种势力、两种因素、两种趋向、两种地位等现象都处在一个二元的矛盾体之中。现象的特点是一正一反的互相对立，但彼此又统一在一个整体之中。同时，对立的双方又各向对方转化。五行思想强调五种物质运动之间是有联系的，它们之间有生与克的作用。生是指生成、促进、助长、发扬等作用；克是指克制、束缚、挫折、摧毁等作用。生的模式是：金生水，水生木，木生火，火生土，土生金；克的模式是：金克木，木克土，土克水，水克火，火克金。这五种元素之间的相生相克关系勾画出来就是一个圆圈与圈内的连线(参考图 1–4–7 五力生克图)。五行思想指出了技法变化的内在规律，规律运行时按照金、木、水、火、土五行特性进行相生相克运动。同时，五行的特性决定了它们彼此间运动是可以进行引导的，并具有动态特点。通过对阴阳五行思想的诠释，人们可以看到表现在武学技法上，彼此在攻防之间相互制约的原理，而其运动变化又是生动活泼的。一旦把握了其变化规律，它会使我们在对抗中表现出自己的高度戒惧心态，同时也使我们在攻防中把控技击规律，通过技法去驾驭技击效果。

传统武术在训练上有着自己非常显著的特点，阴阳思想中的二元论，即阴阳的辩证转换和二元归一学说，支撑着传统武术形成了主要的理论和实践基础，表现在针对传统武术关于阴线（向）等方面内容的训练、指导起着重要的作用。从太极图可以看出其中包含着最原始、最朴素的二元论，无论是外围的阴线和阳线，还是内部的黑白两种鱼形纹，都能充分体现远古先民们的二元论思想。尽管这样的思想还很原始，但已经十分明确地诠释出天地万物都包含有正负两极的含义，而且正与负是同时存在、缺一不可的。

从这里我们可以清楚地认识到，其实在中国的文化基因里面，只有“二元论”思想，并不存在什么“一元论”或“三元论”。所谓的“一元论”或“三元论”，都是后世之人引进的西方哲学思想，是一种舶来品。

传统文化体现在武学中的第二个重要思想是“天人合一”。这个思想又可称为“天人相应”“天人和谐”“天人统一”等等，内涵大致上都相同。该思想在武学上主要体现于它的训练体系以及体系本身的构架之中，其表现在对自身内部的能量开发与挖掘，以及养生与修炼、道德修养等方面。

天人合一的理论主要认为人类社会在大自然中生成并发展，所以人类是大自然不可分割的一个组成部分。因此，作为一个自然界的“人”与自然相通就是必然的结果，彼此间息息相关，形成一个完整的统一体。

由此得出这样的结论，我们在训练中要使受训之“人”收获武学层面上要求的“功力”，就必须使受训者这个自然“人”与自然相通，在受训者的“境”中摆脱后天束缚达到真正的“无我”状态，这样就使受训者“自己”成为一个“纯”自然的“我”。当然，这个“我”

必须与现实中的“我”自然和谐相处。“天人合一”这个思想中“天”的含义虽然是双重的，但在这里主要是指大自然。

西方人认为大自然和万物是上帝创造的，既然上帝把这些创造出来了，那么，人类该如何对待自然？西方人的表现经历了三个阶段，即崇拜自然、征服自然、协调自然。中华传统武学并不强调去“征服自然”，相反地非常重视“顺应天时”，这正是“天人合一”“天人相应”的思想在武学中的突出表现，这个思想认为人与自然相通相应，息息相关，是个统一体。例如：功法训练中的“三调”原理就是天人合一思想的具体表现，三调还是功法训练的出发点。由此，我们在训练中应该恪守的基本原则是：人在武学训练中与自然必须和谐相处。

我们如果从修身养性的层面上来看“天”的含义，中华传统文化中的“天”又有双重含义。一是有意志、人格化的“天”，其实也就是神（上帝）的意志，神的意志即为“天命”；二是无意志、非人格化的“天”，其实指的就是大自然。传统文化的天人合一思想，在武术的修行中起到了至关重要的作用，“人在做，天在看”中的“天”其含义指的就是有意志的神（上帝）。在“天人合一”含义的诠释中，当然不能够脱离阐述大自然与武林社会的关系。在中华传统文化中，拿“天”来指大自然的观念的确占有一定的比重，这不是偶然的。从文化比较来看，世界上多数民族和宗教都认为最初是上帝创造了宇宙和万物，但中华民族却没有出现全民族共同信仰的宗教。中国有道教，当它在汉代后期正式成为宗教时，当然也宣扬上天及其统属的仙官与神将，但道教推尊道家学派的代表老子为道祖，而老子早在春秋时代就指出是“道”创造了宇宙和万物。老子说：“道生一，一生二，二生三，三生万物。”这里的“道”是指事物运动的规律，或者是有规律的运动。这种运动创造了宇宙本体（“道生一”）；这个本体一分为二，成为阴与阳的对立统一（“一生二”）；两个对立面相互作用产生了新的事物（“二生三”）；这种新的事物是千姿百态、多种多样的（“三生万物”）。在这种说法中完全没有“上天”存在的余地，一切都只是事物运动的结果。显然道教的祖师并不认为“上天创造万物”，所以道教宣扬上天也就远不及其他宗教那样有力度和影响了。不过，在中国漫长的奴隶社会和封建社会中，统治者都曾以“神道设教”，竭力宣扬“上天”和“天命”来维护自己的统治。所以，把“天”解释为“神（上帝）”这种有意志的观念在传统文化中还是相当普遍的；同时这种观念往往还和无意志之天的观念纠缠在一起。对此我们应有充分的认识。

这里要指出的是中华传统文化中还有一种“人定胜天”的思想，其中的“天”并不是指大自然，而是前面说过的“天”的另一种含义，就是“天命”。“人定胜天”就是不信“天命”的意思，这里体现出思想者积极的一面。

传统文化体现在武学中的第三个重要思想是“中和中庸”。“中和”是中华传统文化所追求的一种理想境界。即社会上（或自然界）的事物尽管千差万别，矛盾交织，却能实现多样的统一、复杂的平衡；种种不同的事物聚在一起却能协调和谐、共生并存、互相促进，实现“和而不同”“和实生物”。现实中的矛盾重重、不和谐才是一种常态，那么如何才能够达到理想中的和谐境界呢？传统文化认为中庸之道就是让势态和谐的钥匙，孔子曰：“凡合乎所谓仁德者为善，表现平和中庸者为美。”中庸要求处理问题不偏不倚，恰如其分，恰到好处。中庸的技巧就是如何准确把握住其中的“度”，“度”的把握是实现武学思想控制与反控制的良方。但实行中庸之道、把握准确的“度”并不容易，因为这必须具有三个前提：一是承认各种事物互不相同、各有特色，这是客观事实，不以人的意志为转移，所以这个世界才需要“和而不同”；二是要有忍让意识，处理问题要有兼顾意识，最好做到彼此都有益，实现“双赢”；三是要不断提升自己的修养与品格，让自己拥有一颗包容之心。

一是和而不同的指导思想。《礼记・中庸》中说：“中也者，天下之大本也；和也者，天下之达道也。致中和，天地位焉，万物育焉。”“中和”也简称为“和”。“和”是中华传统文化的核心，所以现在常有人提到“中华和文化”。“中和中庸”思想渗透在武学的各个方面，其中最突出的是体现在武术动作功架上的方正圆柔，动作运行上的有序进展。中庸之“中”，要求事物出现平衡状态，但它乃是一个动态的平衡点。所以说，处理矛盾交错、情况复杂的社会问题，要做到准确把握一个“度”字，当然这是非常困难的。所以孔子说：“天下国家可均也，爵禄可辞也，白刃可蹈也，中庸不可能也。”在这里，孔子明明白白地把中庸与平均主义对立起来，可见中庸绝不是“折中”的绝对平均，只是如何更好地做到“和而不同”而已。

二是要有忍让意识。武林界是一个比较特殊的群体，历来就有不安定的特点，在江湖上处理问题大家都希望己方得益，因此就需要建立彼此都有益的意识，实现“双赢”的目标。“双赢”虽好，但有时在丛林法则左右势态的环境里实在不容易做到；为了避免冲突的恶性发展，造成严重的后果，需要找到那个彼此都可以接受的“度”，有时就只能由单方面做出适当让步，达成某种妥协。无论“双赢”或单方面让步都需要具备一定的忍让精神，或许这才是真正的武林。因此，在武林生态的各门各派中都呈现出普遍尊崇忍让精神的态度。

三是要有修养与品格。武术这种文化形式具有自己的特殊性，单从技击技术的角度来看具有极强的破坏性与伤害性，如果技术的持有者没有道德的把持与控制，武术就会让技艺的持有者成为社会上为害一方的土匪与恶霸，因此武术的威慑、破坏与杀伤方面的能力必须受到严格的约束。约束的对象只能够是武术技艺的持有者，其方式就是武德思想的灌输，并使武术持有者能够按照武德的要求严于律己，这个过程就是武者健康品格的构建与提高个人修养的体现。孔子说："君子和而不同，小人同而不和。"又说："君子中庸，小人反中庸。"可见要做到适度与和谐不仅仅是认识问题，还与具体个人的品格、修养有关系。所以要建立和谐社会必须致力于国民整体素质的提高。

传统文化体现在武学中的第四个重要思想就是修身克己。中华传统文化非常强调修身，并强调"自天子以至于庶人，壹是皆以修身为本"。修身思想在中国有着深厚的传统。在漫长的中国历史上，一直大力宣扬可作为修身样板的人与事；还有许多有关修身的警句格言，包含了丰富的思想成果。

现代人的一个显著特点是强烈追求个性的发展和在竞争中实现自我价值，这个特点在武林界中显现得尤其突出。依此特点，习武者将更加不受约束地去突出竞争，这种独立自由会进一步导致人与人之间的竞争与斗争，如此这般的武林又怎么会接受"克己修身"的行为准则呢？这种推论是直观而简单的，并不能揭示人类在进步过程中的深层思考。实际上，由于历史经验的积累而变得更为明智的人们，正越来越认识到个性发展绝不是自我膨胀、为所欲为；竞争也绝不意味着只是不择手段地损人利己；由此而理解"克己修身"对个性的发展和在竞争中取得优势的意义都将是大有裨益的。现在人们已清楚地看到，任何一个武术馆校或武术团体，甚至是一个单独的习武者，要生存发展必须"勤修内功"，遵循游戏规则静下心来"韬光养晦，发展自己"才会大有成效，才能够在武林生态中生存下来。

由此可见，人人都能尊崇"反求诸己"这一明智的抉择，就会在总体上汇集成良性的武林生态趋势与潮流，其势必会对生态中的每一个集体与个体的行为规范产生深刻的影响与有力的驱动。

一个武者需要规范自己的"克己修身"，并在修行的实践中逐步建立起必备的认知：

首先，明确环境规范的重要性。武者的个性发展、公平竞争与自身价值的实现都离不开武林生态的有序与安定。因此，任何一位习武者都很有必要让自己的言行形成符合武林生态的规范，并达成"克己复礼"的共识。当然，这里所说的"礼"已经不完全是其文本原意，而是结合当下的历史条件所需要诠释出的一种社会职能与武林秩序。当越来越多的人面对过去社会中出现的种种武林乱象，痛定思痛而进行深刻地反思之后，自然地意识到为了武林的进一步规范，每一位习武者都需要抑制自己那部分不利于武林生态发展的“个性”，那么，每个人“克己复礼”的言行就会都是有利于武术生存与发展的修行表现。我们有必要对武林中沉重的历史教训和种种现实问题做出更多的反思，这样才能更加认同“克己复礼”的思想。

其次，激烈的竞争表现在赛场上的直接交锋，同时也表现在赛场下训练的比拼，真正靠得住的只能是自己的优势与实力；而“克己修身”正是使个体扩大优势、提高实力的有效途径。老子说，“自知者明”“自胜者强”，这是极为精辟的哲人之言。因为，有了自知之明，才能在德与才两方面力求上进；有了自制与自胜之力，才能克服社会上各种诱惑与邪念，致力于德才的进修。选手在擂台上争的只是一时之长短，观众所关注的也只能是这一时的激烈竞争。然而，究竟是谁短谁长，实际上却完全取决于长年累月的“克己修身”，即通过无比刻苦的训练，养成坚强的意志、良好的作风和高超的技术。假如竞争者不懂得这个根本的胜败之理，以为靠着凶暴蛮横就能在擂台上压人，靠着阴谋诡计就能够欺人，那最终必为人人所唾弃，到头来弄得个身败名裂，哪里还谈得上“实现自身价值”。

再次，人的最大特质就是具有社会性，任何人的个性能否得到健康发展和竞争能否获得成功，都离不开和谐的社会氛围与良好的人际关系，而只有“克己修身”才能“得道多助”。“己所不欲，勿施于人”，是“克己修身”的重要实际表现，这两句话现在被许多人奉为成功的“黄金法则”。习武之人需要有自己的个性，但因任性而胡作非为，闹得众叛亲离，最终导致人性扭曲，必将一事无成。事实会让每一位武者都感悟到“克己修身”的重要，应从“己欲立而立人，己欲达而达人”开始，才能建立好彼此间互助互利的关系，乃至形成必需的“团队精神”，这将有利于集体和个人在成功之路上奋进。

“克己修身”是中国传统文化中很宝贵的思维经验和思想财富，它对构建生态武林与和谐武林做出了重大贡献，对武者的生存空间的拓展有着较强的现实指导意义。

传统文化就是以文、武的形式相互融合汇集而成的，传统武术又是成就传统文化不可分割的主体基因。生态武林中的武者，其行为特征体现为以下三个方面：

第一，中华文明是以“道”的引领，为人生最高追求目标，以此建立人与人之间的紧密关系。

第二，“失道而后德，失德而后仁，失仁而后义，失义而后礼。夫礼者，忠信之薄，而乱之首也”。现实社会中亟须务实所为，这便需要武林生态中以武的功能体现来解决“乱之首”。

第三,此“德、仁、义、礼”皆是以传统武术的“喆”所全然归纳把握,以此为修习目标。(喆由双吉组成，这里的吉是指将兵器安放在兵器架上的行为，表示高度防卫达到免受危难的意思；双吉，由两吉对立组成，是指旗鼓相当与实力相衡的意思，表示建立起人与人之间紧密、和谐的关系后，才能轻松致力于追求“道”的境界。)

（四）传统文化中的武术子文化

思想文化，必然决定与之相应的行为模式。在畸形文化中必定会产生与世界文明发展相悖的思想，以致那些原来非常美好的东西都会很自然地变成“毒品”或陷阱，所以老子说“以智治国，国之贼”。东西方世界不同的技击行为所表现出的不同行为特征，皆由东西方的思想差异所决定，因此，规范与完善武术文化，启蒙并正确引导民众对武术的认知，使民众形成符合时代文明的现代武术思维，果断摒弃传统文化中那些腐朽的与现代文明相悖的成分，并彻底改变那些至今仍然腐朽的武术思想，才是武术真正能够得到改变的起始点。

武术是在华夏这块土地上通过播种中华传统文化这颗种子自然孕育出来的文化形式，这就是武术的根本，如果武术形式不能够承载传统文化的基本因素，就很难说成是传统武术了。

中国传统文化是一个有机整体，客观地剖析这个整体，无论是精华还是糟粕都是其组成部分，我们对待传统文化的态度应是“取其精华，去其糟粕”，即做到“合理地扬弃”。

一定的文化形成于一定的社会环境之中，但由于文化具有滞后性的特点，因而当社会制度和经济发展的环境发生变化时，传统文化会跨阶段地影响与制约当下社会对武术体系构架在表现形式上的现代化进程。因此我们在尊重传统文化的基础上，要有选择地吸收和创造性地进行综合，用历史和科学的观点来考察中国的传统文化，切实把握和深入理解传统文化的本质内容，弘扬优秀的传统文化，并在新的历史条件下，根据现代文明的基本精神理念，进行有选择性的合理的吸收、改造、发展和创新。

当然，对待传统文化，需要我们客观地分析、辩证地看待，传统的并非一切都好，一切都具有现代价值，在传统文化这个整体中有我们需要的精华，但也存在许多糟粕。对那些与人类主流文化相矛盾的部分，那些与现代文明相悖的愚昧落后的内容，对我们构建当今社会规范的武林生态有负面影响的，我们就应该毫不吝啬地舍弃。

我们需要抱着扬弃的态度进行仔细、认真的判断、甄别、筛选、批判，要避免从一个极端走向另一个极端。我们曾经对传统武术要么全盘肯定、要么全盘否定的认知显然都是错误的，真正的武者应该有明智的选择。

（五）正确认知传统武术

从文化学的角度来理解“人的文化存在即人的本质所在”，只有人才是从文化世界获得价值意识的主体，是文化意识上的存在者和实现者。建立在一定传统文化氛围内规范的教育与科学的训练手段，正是使受训者有效地获取其自身文化意识与实现文化价值的最佳途径。

从现代搏击的角度来看传统武术，其最突出的问题表现在对技击的认知存在着务虚而不务实的武学态度，所以才会出现传统武术习练者只要谈到具体的技击对抗时，绝大多数人都会有心虚的心理状态。即便偶尔会有那么一些人显得对实战底气十足，那也是因为这些人有过训练其他种类搏击项目的经历，当然也不排除其中含有少量没有实际技击能力支撑，纯粹只是盲目自大、自以为是、刚愎自用的一些传统武术习练者。

当然，还有许多的习练传统武术之人，所谈论的技击多与擂台上的体育竞赛无关，主要是以现实中的实用搏击为前提的实用性实战需求，同时还承载着社交、修身养性、健身与强身等方面的功能特征，甚至一部分习武者还将特殊环境里能够挽救生命的生死搏杀包含在内。他们眼中的传统武术俨然不是纯粹的体育形式，也不是以体育为背景、以擂台为表现平台的技击表现形式。所以，介于此的有些传统武术习练者，他们谈及的对抗内容与形式，或许与国际主流的技击表现存在着较大差异，以至于目前仍然不能真正把传统武术的技击内容与实战的表现形式较系统地表现出来，无法将传统武术与国际搏击类项目做到真正的接轨，更无法顺利自然地在当今擂台上展现自己的风格。这些要求几乎没有任何一个传统武术流派不想为之，却又都无能为之，即便是采取强制表述，似乎也难以表达初心，其拳理与实际的表现形式之间显然有文不对题之嫌。

当我们从客观的角度来审视现实中挚爱的传统武术时，会发现传统武术无论是套路、功法还是实战对抗都很难呈现出理论阐述与实际需要的功能，习练过程中更是无法展现出师徒心中所追寻的那类表象。

1. 套路

套路构成多数没有练习的核心思想，套路中需要呈现出的武学思想与目前的许多套路所体现的内容关联并不大，按照组成套路的基本要求：习练这个套路是为了掌握什么内容？训练该套路能够得到哪方面的修炼？组成这个套路的基本技法有哪些？套路里符合风格要求体现技法的动作有哪些？它们彼此的关联怎么样？套路中的动作进行不仅仅是有秩序的程序化演练，还应该严格按照固有的程序进行相应攻防拆招练习，以便于让习练者明晰套路中每个动作的攻防含义。在不明确套路的核心思想与动作技击含义的状态下，只是模仿性地练习套路，其实质就是单纯地做体操，其价值最多只能达到活动一下筋骨的效果，甚至会忘记初衷走偏套路习练的方向。所以说，套路的动作构架要能够体现武术的核心思想，不能与武术技击的核心要求相脱节，更不能为套路而套路，为演练而套路，为风格而套路，这些“唯套路”思想所形成的套路，基本上就成了一串动作堆积的集合体，这样的套路在追求的目标与表现的主题上存在着认识上的严重不足。

2. 功法

我们知道，无论是行气术、导引术，还是推拿按摩术，它们在体育发展史上所显现的健身与保健作用都是显而易见的。但目前在武术界习练传统武术的群体，仍将练习功法的目标基本停留在健身与保健的范畴里，从外在形式来看，习练中的大方向同样表现在进入到行气、导引发展的道路。但由于习练的目标是不同的，如果从养身的角度来看，往往习练者在练习时只需保持应有的身心平衡与舒畅，就可达到相应的舒筋活络效果，同时也就有了一定的保健健身功效，但这些效果基本上是体现在健身的价值范畴里的功能；当武者的训练目的是以技击为主要目标的行为时，那么无论是健身、养身还是强身都可以成为提升技击能力的基础素质。此时实现健身、养身与强身并不是最终的目的，只是实现目标的过程中不可缺少的基础支撑。作为对一个武者的要求而言，仅仅局限在达到健身的要求来衡量价值是远远不够的，因为，武者的健身是为了强身，武者的强身是为了防身。通过功法的训练，武者的身体机能得到逐步完善，使得自己的潜能得到相应挖掘，并让这些能力得以很好地去支撑经纬技法的使用，这才是功法练习的宗旨所在。如果个人修炼仅仅停留在健身层面的来回纠结，而不能将功法的习练服务于经纬技法构架并表现在技击上，这样的功法习练就很难完成习练者的修炼任务，无法使武者完成自己的升华；如果个人的修炼就健身要求而言都不能够达到，这样的习练者就与武者关联不大了。

3. 技击

传统武术在当下就实战对抗中的表现而言可谓是乏善可陈，甚至是不堪回首，这已经是我们有目共睹而无法回避的事实。我们应该正视现实中已有的实际表现，更应该相信事实胜于雄辩的基本道理，脱离了基本常识的那些华而不实的说辞，只会掩盖真相并引导武林中的众生们一直处在意淫中自我陶醉。可是这些思想上的陶醉总归只是陶醉，没有可展现的能力在现实的擂台上有所作为，无法用自己的实力在搏击场上来证实自己在理论上的真实性以及技击训练的合理性，脱离了技击者“只能在搏击场上用真实能力去捍卫自己强者尊严”的这一共识。然而，现实中传统武术的言行表现似乎总是心有余而力不足，尽管大家都心知肚明传统武术的实际状况，暂时并不具备能够上擂台与世界上各类搏击术决斗的实力与胆识，但传统中的一些不良习惯在其中作祟，导致武林人放不下那些根本没有实战意义的花架子，还在为自己不上擂台不断地寻找冠冕堂皇的说辞与牵强的理由，然后像阿 Q 一样心安理得地将不作为坚定地维持下去。

我们需要对当下的传统武术的真实情况有一个全面深入的了解，正确而又精准的优劣判断，同时又要对其有一个客观的价值认识。只有敢于对传统套路、功法和技击等不足之处提出应有的批判，才能够让那些僵化的思维、程式化的动作、写意式的技击方式、不切实际的项目发展方向，进行符合自身规律的实质性改进，摒弃那些一味回避擂台技击的训练思想，归正已经失去技击含义的训练方向，重建丧失实战能力的训练模式，这样做的目的就是让传统武术能够在擂台上恢复并完善实战方面的能力。

所以说，我们要打破传统封闭的思想禁锢，批判传统武术中那些僵化、故步自封的观念与陋习，用实际行动去强调和促进传统武术的真正改革。

从规范而言，我们要让传统武术有一个合理的技术构架，有了规范的构架才能让传统武术的发展产生支点，让传统文化孕育出来的雄起的武术技击得以走出来，迫使它从技击对抗性方面的退化和软弱中解放出来。让传统武术在世界搏击场上展现自己的应有价值，并让传统武术得以完成迟来的华丽转身，在世界搏击史上留下一页本应该属于传统武术的光辉记录。

第二节　武术思想的体现

一、关于思想的特性认知与武术思想的产生

人类的发展并不只是物质财富的增长，更主要表现在思想的进步上。思想的每一次升级，都会带来历史天翻地覆的嬗变。思想不断提升的历程相对于蒙昧而言，就是逐渐从野蛮走向文明的进程。

关于思想的认知目前还没有一个权威公认的严格定义。“思想”在《说文解字》中解

释为:“思”者，上为“田”，下为“心”，“心之田”;“想”者，上为“相”，下为“心”，“心之相”。从英语的含义来看，也有两种说法，一个是 thought，一个是 idea。这两个似乎正是思想的两种不同的解释。首先，思想是人的一种意识活动，这种意识活动包括两种行为，一种是对外界信息的加工，由外而内则谓思，一种是以意识去影响外界，由内而外则谓想；其次，思想应该是一系列具有共性的意识点构成的意识流。idea 是点子，很多共同性质的点子放在一起形成了某种具有结构性的意识，就是 thought，即思想。从武学的角度来看，武术思想可以理解为关于武术一系列问题的理性认知；武术思想所涉及的范围，就是把思想限制在武术活动以及与之相关事宜的狭隘定义之内。

1. 从思想的解释来看，思想具有如下特性

首先，思想具有抽象性。思想不是一种有形的物质，而是意识，并且还是一种具有高度抽象特性的意识。比如，《易经》中六十四卦所阐述的就是事物的发生、兴起、高潮以及衰落的循环往复的基本思想；孔子则是把这种思想解读到了人身上；笛卡尔哲学思想中的分析还原思想。这些都是高度抽象的意识，并不是自然界的简单组合结果。

其二，思想具有系统性。思想是一系列点子的有机组合，形成了一定的结构，才能具备产生思想的前提。许多孤立的点子必须具备了系统性和结构性，才能成为思想。如果某人仅仅是只说了一句话，尽管很正确，但是我们不会因此而认为他有思想；老子尽管在《道德经》中只写了 5000 余字，字数虽不算多，但已构成了体系，所以他有思想。

其三，思想具有主观性。思想是人的意识，是主观的产物，虽属客观世界的反应，但是其主观性非常明显。世间对老子思想的解读总有不同，有时候一个字的解读差别就会导致重大差别。即便都是王阳明的亲传弟子，在承袭王阳明学说时也有互相矛盾之处。这说明，一个人的思想具有其主观特点，仅此就很难轻易地传递下去。佛祖说，佛教教义 1000 年之后可能不再存在，这就是对思想的主观性有深刻的认识。这么说的主要原因在于思想的载体是人，表达出来的仅仅是思想通过语言表现出的投影，然而语言本身是有局限性的，因此，思想的整体是无法被完整无缺地表达出来的。更何况每个人对于语言掌控的能力各不相同，对思想的表达也必有不同。

其四，思想具有独特性。一种是绝对的独特，一种是相对的独特。一个思想之所以称之为思想，是因为提出了有别于他人的独到的见解和看法，这就需要突出具备的新颖性。人所共知并且人所共行的说法就不具独特性。

其五，思想具有环境局限性。人对外界的意识反应依赖于外界环境。不同历史时期，不同的地域，不同的年龄，都导致产生不同的思想。这和外界提供的信息量有紧密的关系。

有人就说，孔子的论语并不是在同一时间说的，孔子自己也说，四十不惑，七十才随心所欲，显然，70岁的认识和40岁的认识会有较大的差别。

其六，思想具有惯性。一个人形成了一个思想之后，会很长时间乃至终身奉行之，需要强烈的刺激才可能有所改变。我们见到不少很固执的人，就是因为他们有了一定的思想而无法改变。其主要原因在于人的精力的有限性，况且一个人有思想本身就很难，所以大多数人抓住了一个之后，就不再考虑新的思想。

其七，思想具有一定的天赋性。在认识论的领域，西方一直有天赋论的说法。其实，在中国，在东方，这种说法也屡见不鲜。比如，《道德经》曰："上士闻道，勤而行之；中士闻道，若存若亡；下士闻道，大笑之。不笑，不足以为道"。这说明了每个人的人格虽然都是平等的，但是人和人对于外界的认知却不会完全相同。这是客观的表现，去除了教育不公平的因素之后，人和人之间的天生的大脑差异也会给思想带来差别，这里承认人和人的差别并不是否定人的平等性。

2.武术思想是如何产生的

思想应该还有很多特点，但是仅上述特点就可以给我们一定的启发，因此我们可以顺着这个思路去寻找，关于武术思想是如何产生的答案。

其一，思想从环境中来。人不会天生因遗传得到某思想，思想都在后天获取。任何人都从零开始认识武术，在持续学习与训练的过程中，通过不断感知并对所学技法归纳总结，所得结果就是对思想的消化吸收并进行自我化。从周边环境带来的信息中得到思想是很重要的途径。古人训练武技并没有很多书本可供参考，但通过观察自然，就得到了令人敬畏的思想。因为自然就是最好的老师和书本。从周围的武事活动中也可以产生很多思想，因为有些人不管是否有意，做得对错，都会明白相应的道理，观察并且解释其合理性，从中得到的就是思想。

其二，思想从书本中来。读经典的武术书籍是学习知识与获取思想最有效率的方式。人的精力是有限的，时间也是有限的，大部分人通过书本来学习前人的知识，并从知识中得到思想。看武术书的要点是不要只看武术技术解释和理论阐述，而是要还原作者的思想。这就好比和面，需要反复地揉面，面才有筋骨，洗去面粉，得到的是面筋，即可视为思想。

其三，思想从需求中来。一个没有需求要解决的人就很难产生思想。思想是人内在需求和外在需求相结合的结果。许多骁勇善战的武者在擂台上表现出的技战术思想，都是他自己在实践中，通过不断地思考问题与解决问题而提炼出来的。综合起来就是，实事求是、灵活机动。所谓兵法，在于一念之间。一个整天忙于简单事务的人不会产生思想，因为根本没有产生需求的动机。武者做科研，为了解决问题，殚精竭虑，走进问题，再走出问题，不断地锻炼，这才有可能产生自己的武术思想。由于人天生的好逸恶劳性，因此武术思想的产生并不自然,这是主观能动性的表现。我们之所以欣赏具有思想的武者，正是因为思想来之不易。

其四，思想从方法中来。思想具有新颖性的特点，有了确定性的方法就可以产生相应的思想，尽管未必是什么高深的思想。比如，刻意的否定有时候会有很好的效果。顺从和跟踪都不会产生自己的思想。因为自然是丰富的，多角度的，看到一个角度的道理，刻意从反方面多看看，也许就能看到不同的道理，从而可能得到不同的思想。刻意的总结归纳也会带来思想。尽管有些人做了很多事，但由于没有从主观的层面上进行归纳也就不会产生思想。

其五，思想从潜意识中来。思想具有主观性，因此发挥主观能动性就显得非常重要，而主观能动性最有效的部分就来自人的潜意识思考。武者需要养成良好的交流习惯，多与有思想、有学识的各方人士交流，这都是在给自己营造潜意识工作的氛围与条件，也许就在某个瞬间得到某种启发，最终成就某种有价值思想的产生。

其六，思想从举手投足中来。武者需要养成良好的生活方式，儒家最高的境界在于吃饭睡觉皆学问。虽然我们在谈论武术思想的问题,但是思想具有一定的普适性和相通性，看似无关的事务，其内在可能具有很强的相关性。这需要我们具有很强的洞察力和联想能力，从举手投足中感知思想的体现。

二、传统文化酝酿出的武术思想

历史是一个民族精神在时空中的外化表现，武术就是传统文化中一种典型的表现形式，是民族精神关于技击的攻防理解与形式表述的文化表达。

我们的武术思想以传统文化为基础，在技法使用时所展现的是相对时空观下的属性表现，是技击中关于形与数一体关联关系的综合表达方法，更多的是以空间轴为主轴、时间轴为辅轴构架起来的技击表现形式。在继承的基础上结合当下的社会需求，以“整体观、发展观、求实观”为核心，走出了一条以诠释核心价值为本的道路，构建出了一套符合自然科学而又真正能够体现出传统文化特色的传统武术表现形式，以此为平台对社会做出武学应有的贡献。

关于传统武术，存在一些耳熟能详的俗语：“内练一口气，外练筋骨皮”“欲习武，先修德”等。武术思想会以许多形式展现出来，我们在留意生活时就能够找到它的缩影，从中折射出中国传统武术关于“精、气、神”的文化内核。

中国传统武术，首先是中国优秀传统文化的一部分，其次才是武术本身。谈到中国优秀传统武术文化，永远都离不开的话题便是阐述“儒、释、道”三家与武的关联。佛家有“少林武僧”名冠天下；道家也有太极养生，阴阳和谐之言；儒家虽偏重于学识，然亦不废习武修身，意外之时便能防身自卫、锄强扶弱。

中国传统武术中，强调之一即“传统”，此“传统”即如上所言，与中华文化相交相融、互相影响、相互阐发，如五行相生相克之原理、天人合一之境界、克己复礼之行径以及阴阳调和的兼修之法等等。其实，“理”不在多，贵在身行体修，有道是“师傅领进门，修行靠个人”，但是这句话并不全面，偏于一隅。实际上修行的道路上，个人的“勤修”与“师传之道”必须要紧密结合，方得身行体悟，才能有所精进。

《论语》中有颜渊问仁之事，孔子的回答是“克己复礼为仁，一日克己复礼，天下归仁焉！”从这句话的表面文字上看似乎和武术没有什么关系，实则不然。真正习武之人，抑或叫修行之人，都是以追求“仁”的境界为终极目标，以求达到内心和身体的平衡，这些由仁出发追求到的结果，进入了如夫子言“从心所欲而不逾矩”之境界。

《大学》说：“知止而后有定，定而后能静，静而后能安，安而后能虑，虑而后能得。”此为为人之道。其实置其于武术的习练之中也是恰当无比的，从知止、定、静、安、虑，到最后做到有所得，在功法练习中就能够逐一得到身体上的验证，让人肃然起敬并产生“古人诚不我欺”的感知。所以纵观之，武术之道，即是为人之道，也是生活之道，更是修行之道。

传统武术有着自己骨子里带来的固有的崇高性，因为传统武术项目具有的特性，决定了它存在的“固有”性，我们站在“固有”的角度来看当今的武林生态。与当今流行的搏击类项目相比较，如泰拳、跆拳道、拳击、散打等，它们的相同之处或许大家会习而不察，但传统武术与这些纯搏击项目是有着本质区别的。传统武术的“崇高性”就是其最大的不同，其“高”之处主要体现于传统武术在“成人、修身、化圣”方面的功能。成人即传统武术中存在的“搏击性”，以技击为核心成就人的自身价值；修身则是古人所言之“武德”，以武修行盖与沙门诵经打坐也是异法同路；化圣则难言之，实际上，圣能否真成还在造化，但对武者的真实价值却体现在“化圣之路”的过程中，这个观念类似儒家所言的“士不可以不弘毅，任重而道远”。

这些固有的崇高性，都是中华传统文化与传统武术的结合，于生活点滴、为人处世之中，酝酿出传统武术的“道”，而传统文化酝酿出的武术思想就在其中隐约闪烁着。

三、关于武术思想的思考

“思想”是思维活动的结果，属于理性认识，一般也称之为观念。人们的社会存在，决定人们的思想。

“思想”按照一般常识性的用法，可分为三个阶段：第一阶段是指日常范围内个人考虑到的某种想法；第二阶段是指经过深思熟虑而被汇集起来的见解；第三阶段是指统一原理下的教义和理论。

武术思想，即人们在武术实践中对武术本质、构架、价值、功能以及相关发展等一系列基本问题层面上的观点、设想或认知。

一切符合客观事实的思想都是正确的思想，它对客观事物的发展起到促进作用，反之，则是错误的思想，它对客观事物的发展起了阻碍作用。

因此，我们要在客观事实的基础上去除浮夸部分，弥补刻意被压制的部分，并形成基本的系统意识和抽象思维。因为，没有抽象思维能力，就没有分析能力;没有系统意识，就没有分析所必需的元素，我们对武术的认知就是肤浅的。如此，我们在认识武学事物上就能够从感性认知过渡到理性认知，然后到达智慧认知。回顾武术顽疾的形成，相当部分源于意识狭窄。

人们的社会存在，决定人们存在着当下的思想。思想本身就是以价值观念为核心的理性认识，历史上武术思想的发展演变，往往根植于时代背景下人们价值取向的变化。只要在武术价值的认识上出现了差别，就必然会导致不同武术价值观念的产生。由于武术思想所牵涉的面广且深，要阐述清晰还需分别从武术的属性价值、功能价值、文化意蕴价值这三个价值层面进行更深入的认识；同时还需理清武术发展在各个时期，那些以武术价值为核心的武术思想演变中的脉络与特征，通过对其进行归纳总结，找出其中变化的内在规律，总结出当下能够实现武术价值的武术思想，并体现出当今武术思想在现实中的指导意义。

传统是用来学习的，我们在学习的过程中不断地吸收其精华与养分，传统的价值才会真正体现出来。传统不是用来炫耀的，因此，我们不必把“我祖上曾经也富过”的话常常挂在嘴边，我们需要的是脚踏实地的务实精神。

因此，我们有必要分析一下武术思想的发展过程、武术思想的表现以及影响武术思想的诸多因素。由于受到篇幅与主题的约束，下面我们就常见的武术思想发展过程粗线条地进行罗列阐述，感受其中关于武术思想的诠释。

第三节　武术状态的梳理

一、武术的萌芽起始时期

武，是人类最原始、最本能的一种生存手段，与人类的生存同步。武术最开始产生于人类与动物之间的搏杀，甚至人类之间的相互掠夺，是人类向自然界中凶禽猛兽的学习，也是人与人的相互学习。同时在此过程中加以总结尝试，慢慢形成一套符合现实中实战求生的本领，所以说武术的产生与人类的起源同步。

在上古“人民少而禽兽众”时，人类只有不断增强体质和提高护身制兽的本领，才能求得生存与发展的空间。这个时期的个体与集体一切就是为了生存，个人的生存、家庭的生存、集体的生存、氏族的生存，总之他们行武之事的目的是非常明确的，所有的行为都是围绕生存而展开，通过武的行为得到森林里的食物、对手手中的食物，为了在生存中获取更多的主动权，武的行为能力成为自我在这个过程中的保障。简单地说，就是为了生存而搏斗。武，最早是与动物搏斗获得食物，或与同类搏斗抢食物、抢工具、抢奴隶等而进行的搏杀行为；术，就是这种搏杀行为中体现出来的具体方法。

武术，最原始的意思就是搏杀的技术。此时“武”的概念就是武力，就是为了生存而展现出来的生存技能，如同动物为了生存而去觅食的道理完全一致，又如同植物吸取阳光一样的本能行为，武术的最初形态就可能各异，这是由其本身的性质所决定的。不同的部落所处的地理位置与自然环境都不会完全相同，导致它们遇到的问题也不会完全一致，即便是同样的问题也会有不同的解决思路，让搏杀的思路得以实现的技法形式自然就会不同，与之相对应也就有了不同的武术表现形式，或善于投掷，或善于攀缘，或善于使用长短兵器。为了生存与收获，随着天长日久的实践，当时的武术已经渐渐开始趋于形成不同类型的特点。最初时也许只是部落间的战斗，为了使在战场上的冲杀本领更加强悍，一些善于研究琢磨的人会对现实中需要使用的技法加以提炼与总结，以达到更好的技法效果，这就是武术的雏形。

进入氏族社会后，氏族部落之间经常为了领地、俘虏及财富而拿起武器参加战斗。除了器械，徒手技击也是武术当中一项重要内容，《诗经 · 巧言》曾有这样的记载：“无拳无勇，职为乱阶。”说明当时徒手技击的拳术已经开始萌芽了。在激烈的战争中，一旦武器脱手，就必须进行徒手搏杀，有时一个人要同时对付好几个对手。为了保护自己，战胜对方，人们把在战场上厮杀时运用成功的一拳一脚、一劈一刺，进行相互传授和反复练习，又在下一次战斗中有意识地加以运用，武术就在实践中得到不断的提高和发展。

商周时期，奴隶主武力镇压奴隶的反抗，以及向外的掠夺战争都十分频繁。长期剧烈的军事战争，不仅促进了兵器的改进和多样化，而且使攻防格斗的技能也得到了较全面的提高和发展。长期的军事战争，造成武人执政。统治阶级主张“文武俱行”，军事上需要励兵选士，以促进讲武论勇的社会风气。军队的职责就是打仗，打仗就必然会涉及人与人的搏杀，为了提高搏杀技巧，就有了对武术技击的更高要求。孙子在兵法里非常推崇“不战而屈人之兵”的思想，其实这种思想同样是武术追求的一种境界。因为如果你的实力足够强大，不需要启动力气就能够凭着自身雄厚的武功实力，让对手处于恐惧之中，从而导致对手本能地产生不想战、不愿战、不能战的愿望，在这种前提下的对峙，其本身就容易让对手望而却步，不战而胜的效果就自然体现出来了。当然，前提是你的武功的确达到较高水平，能迫使对手内心产生足够强的畏惧。

在武术搏击中如何战胜对手，应依对阵双方实力而定，以强制弱，当然是以千钧之力而扼百钧；若以弱对强，则需巧用百钧之力而破千钧。每战的对手不同，环境、气候以及主客场有异，自然不可等同对待。搏击双方交手过程中的攻守进退，应依对手实力及实战中的变化而变，但自己必须牢牢掌控其中变化的主动权，不能让对方牵着自己的鼻子走，更不能毫无原则地“舍己从人”。

在任意发动战争、随意使用武力的春秋时代，各国都穷兵黩武、竭尽所有的兵力为本国去争取更大的利益，所以历史学家对这个时期的总结就是“春秋无义战”。春秋战国时期，是我国历史上激烈动荡的时期，政治上奴隶制向封建制转化，而政治斗争的最高形式就是战争，其自身形式也在发生变化，此时练兵习武、攻防格斗的水平已远远超过了殷商时代。同时，“拳勇”“相搏”“技击”已不仅仅是战争的需要，而逐渐成为人们生活中的一种文化享受。这一时期，武术在民间也得到迅速的发展。当时的“技击”是一种兼有擒拿、摔打的搏斗。为了战胜对方，攻防招数真假虚实，变化多端。由于武术在民间广泛流传，在此期间出现了不少技艺高超的武术技击家，如越女、袁公、鲁石公等。

武术是杀人之利器，其灵魂是用攻防的搏杀方式去现实地获取“制胜”的结果。随着历史的发展，战争的兴起，武术与军队结缘，凡战就需要士卒具备过硬的克敌制胜的本领，只有这样才能保存自己，战胜敌军。这个过程中的武术技能就有了趋于各种功能完整为前提的需求，因为只有具备了相对完整的搏杀技术，才会有更好地在不同环境与状况下都能收获所需的攻防效果。但此时的武术仅仅只是搏杀的技能而已，我们从不同的角度来看此时的武术，充其量只是一门需求面较广与方方面面都有一定关系的随景搏杀技术。

完整的搏杀技术形成，需要相对应的稳定模式进行传授与学习，这就标志着此时的武术已走完了萌芽时期。随着历史的前行，社会赋予武术的内涵和外延还在此基础上不断地增加，在此过程中武术的“发展阶段”已经开始悄悄地进行着。

先秦时期，世界上的武术思想都表现出基本相同的特征，由此而形成的中西方武文化也基本一致，然而，以秦汉时期为转折点，中西方武文化发展的差异性开始显现。秦汉以后，中西方两种不同特征的武文化体系在各自的环境中逐渐成熟，并沿着各自的方向发展。西方武文化依然沿袭军事与体育结合的发展道路前行，而中国的武文化则走上了多层次、民族化的发展道路，所表现出的特征是：西方的武文化发展仍然呈现出原有的单一性；而中国的武文化则因为基因里具有中华文化的元素，在时代的进展中朝着多元化的方向发展。

因为人类共同的防卫意识和人体运动学原理决定了，世界上的技击术在缘起之初都近乎相同。只是在后来的发展中，受到不同的地理环境、政治氛围、经济文化、民族性格等因素影响，逐步造就了世界上五光十色的各种技击术，如拳击、角力、击剑、柔道、跆拳道、合气道、泰拳、自由搏击、剑道、相扑、桑勃等这类单元性的技击形式，不一而足。长期以来，中国人民以自己的生活方式、行为准则、价值观念、审美情趣，经历代宗师的砥砺揣摩、千锤百炼，同样也逐步形成了具有民族性格的多元化的传统武术形式。

二、武术的发展时期

随着武文化朝着多元化方向发展，传统武术逐渐形成与之匹配的阳线与阴线同时进展的运行结构。在阴阳两线的双轨运行中，两线的失衡与平衡往往会受到各类环境的影响，但归根结底还是由统治者对二线的态度来决定其平衡点的产生。

武术的发展阶段是武术的内涵和外延不断地增加与完善的时期，在此过程中武术的发展，已经开始从阳线武术与阴线武术两个方向悄悄进行着。

阳线武术又称为军旅武术、军事武术、将门武术，因为该形式具有国家武备的性质，因此其处于国家的核心位置。对国家而言，它起着安邦定国的作用，是属于国家垄断的国家财富，其价值主要体现在军旅作战、安定国家、稳定社会等方面的作为。

军旅武术历来是军队素质构成的重要元素。一个没有军旅武术、军事素养的军队，在任何历史时期的战争中都不可能得以生存。我国历代的军队都把军旅武术、军事素养作为战胜敌人保护自己的重要法宝之一，把军旅武术、军事素养的训练贯穿到军旅训练的各个环节之中。我们可以从军旅武术的产生、军旅武术的演进、军旅武术的创新以及军旅武术、军事素养在战争中的作用等方面感知军旅武术的特征。

军旅武术产生的主要来源：从民间武术借鉴是其最初的来源；战争的实践则是其最直接的来源。军旅武术是军队构建的一个不可分割的部分，军队的组建与军旅武术训练同步产生；军旅武术都是以战场攻防为目的的技战法，并具有把具体的技法与战阵实践结合的特点。以先秦诸子为代表的先进文化也是军旅武术产生的理论源泉。

阴线武术是指民间的武术形式，因为存在于民间，所以其表现形式具有相对自由且松散的特征。民间习练武术的人口庞大而又混杂，习练武术的目的各不相同，表现出来的形式也不拘一格，习练者的自身素质参差不齐，他们的真实水平皆无法量化比较，各自的修为处于鱼龙混杂状态。然而，纵观中国历代统治阶级对民间武术的态度，一直都保持着若即若离，并根据国家所处大环境的改变以及当下利益的需要，随时发生态度上的改变与政策上的相应调整。

儒、释、道三教的先进文化也是影响民间武术的重要因素之一。儒家主张足食足兵，提倡文武兼备。孔子就曾说过“有文事者，必有武备；有武事者，必有文备”。然而，阴线的民间武术从总体来说，基本上是以一种散兵游勇的状态存在着，人们自觉习练武术的目的各有不同，在这些多元化的武术表现形式中都能够找到满足各自对武要求的立足点，但保身护财则是其中的主要目的。因此，民间武术具有习练人数多、分布面积广且良莠不齐等特点。

民间的武术发展与国家的环境有很大的关联。这是因为，中国古代民间武术的兴衰荣败，历来就与统治阶层或支持或限制的态度息息相关。武艺除了成为我国古代军队兵将必练的军旅武术之外，其实在全社会的各城乡、各民族、各行各业都大量存在武术爱好者与部分精通武术之人。

韩非子曾认为“儒以文乱法，侠以武犯禁”。国家为了维持社会安定而禁武，追溯禁武之源，当始于嬴政。秦始皇统一中国，尽收天下兵器，加以销毁，以图王朝永固，天下太平。虽禁令严厉，但秦的严刑酷法并未使民间习武活动断绝，在荒野茂林里，流亡的百姓仍在以习武自保，这是他们为生存而产生的对武的需求。

事实上，在每一个新的朝廷政权刚建立时，统治者都会有害怕敌对势力破坏与颠覆的心理负担，因此，就会采取对民间武术持抑制的禁武态度，限制具有威慑力的真功夫在社会中的传播，严禁民间宗教和秘密结社等活动，并采取各种镇压措施。往往在这种时期，民间练武就会出现低潮，武术的练习自然由台前转入幕后，传播进入秘密与小规模状态。

鲁迅曾说过“中国的文化，都是侍奉主子的文化，是用很多的人的痛苦换来的。无论中国人、外国人，凡是称赞中国文化的，都只是以主子自居的一部分”。在这样背景之下的社会运行，在“人之慕名，如水趋下，上有所好，下必甚焉”的社会氛围促进下，武术的发展很难形成真正适合自己特征的生态环境，武术的表现形式必定是竭尽所能地朝着讨好主子的方向发展，并淋漓尽致地表现出主子希望看到的效果。然而，毕竟是武术的运行形式，在讨好主子的同时出于武术的本能，对武自身的价值体现，又希望能够留下一些武术最起码的自尊。于是在满足对“上有所好”的基础上，发自内心地又希望兼顾保留一些“私货”，那些自认为更有实用价值的技法或者所谓的“绝招”，使得武术与其他文化形式相比较，仍然存在着武术自身客观的本质特征。

中国民间武术在这样的环境下往往表现出武术自身顽强的生命力，习用的武术器械也是就地取材，使许多日常的生活、生产用具变成健身的器械与御敌的武器，如竹竿、木棍、长凳、烟杆、笛子、笔杆、铜钿、铁扇、钢针、铁锹、扁担、钢叉、马架，甚至柴棒、石头等。许多拳法的来历往往附有神奇色彩的故事与传说，而且这些内容往往带有趣味性、哲理性、吸引力。

武术的军旅形式与武术的民间形式一直以来都具有很难切割的关系，因为在任何一个朝代的社会中都会有一部分的习武之人具备二者兼顾的身份，他们既是军旅武术的承载者，又是民间武术的成就者，如军户、捕快、教头等。

阴阳理论把宇宙万物的变化规律归纳为阴阳两大类，在中国阳线与阴线双轨运行的武术形式就是这一原理的现实体现，引导二者变化的主要力量是国家对武术的态度。“禁”与“兴”都会打破当时原有的阴阳两线平衡，同时又会导致二者新的平衡产生，二者相互依存、相互争斗、相互转化、循环不息。

“阳”代表进攻、肯定、积极、雄性、强壮、明亮、热量、正面、台上等；

“阴”代表防守、否定、消极、雌性、脆弱、寒冷、内敛、背面、幕后等。

阴阳理论的基础是，世上万物内在的阴阳关系是没有一成不变、保持永久的。换而言之，当事物发展到鼎盛期后，就会由盛转衰，此时的衰即是“阴”，而衰到极端的时候则转入盛，此为“阳”，盛是引起衰的因由，反之亦然。而整个过程就是盛衰交替，周而复始的。

由此可看出两种力量，虽然它们表现出的是一组矛盾的两方面，但事实上却是相互依赖的关系，换个角度讲就是统一而不可分的关联。在武术形式中的阴阳表现，存在着内部对抗中的相互协调，于是就形成了一种表现在武术形式上处于不断调整状态中的动态平衡。

从春秋战国开始，中国古代武术随着军事斗争的发展而逐渐形成了自己的雏形，既有技击，又有套路，但是此时的武术还处于一种不成熟的状态，其有些特征还没有从军事武艺中完全分离出来；而有些特征又过于艺术化与舞蹈化，让人难以划清它与艺术的界限，但此时的武术还是没有形成自己的理论体系和内容结构。如果与明清时的武术相比较，这时候的武术还只处于雏形状态。

三、武术的成熟时期

中国古代民间武术的发展可谓跌宕起伏，历经周折。历朝历代的统治阶层对民间习武的态度基本可形成这样一种变化规律：每逢国泰民安太平无事之时，统治阶层为了维持安定就以禁武政策为主，防止民间“以武犯禁”，民间习武就成为滋生狂妄之端的恶习，就会受到朝廷的百般禁锢，习武大多只能蜷缩于市井、勾栏之中，只有那些供上层士大夫娱乐消遣之用的表现形式，才能成为统治阶层对民间武术的真实需求；而只有当外敌入侵时，统治者才会想起那些忠君爱国的侠义之士们，就设法利用民间这支不可忽略的武术力量，于是就会大力提倡民间操练武技，御敌备战。民间武术的这种形式与这种形式所产生的力量，成为历代统治者必须掌控的，但他们又表现出既怕又爱的态度，这种力量就是一把锋利的“双刃剑”。

大凡在我国古代，只要官府放手让武术任意发展，任由习武者行侠仗义，打抱不平，往往就会发展成为社会不安定因素；倘若官府严令禁止民间习武，就会导致民众文弱温和，也就很难抵挡住外来的武力侵犯。中国古代民间武术就是在朝廷的禁放张弛之间，度过了反反复复的兴衰与更迭，完成了民间武术自身的发展与成熟。

民间武术发展就是在“禁”与“放”的夹缝中形成了自身的特色。传统武术在夹缝中的生存与发展，处在不断的失衡与平衡的点上摆动，于是逐渐形成了结构内小体系而又多功能的表现形式与运行特征。

从宋代开始，虽然火器在战场上起的作用越来越大，但并不能完全取代冷兵器的功能，冷兵器仍然继续发挥着相当重要的作用。这是一个冷兵器转向热兵器的过渡阶段，是冷、热兵器协同作战的时代。从明朝著名将领戚继光的著作中我们可以了解到，当时的战法流程是：在两军对阵尚未交锋时，先用枪炮和弓弩射杀敌人，使敌人产生大量减员……待到面对面近距离交锋之时，只能用冷兵器跟敌人进行肉搏。

随着时代的进步，热兵器开始大量地取代冷兵器，许多曾经在战场上起重要作用的武器，开始逐步被淘汰出局。于是这些武器的使用技法就可能摆脱军事意义上的束缚，在民间得以按照各种不同的需要自由自在地发展，例如：在民间娱乐、健身、表演等方面各取所需。又由于冷兵器还没有完全被取代，仍然在战场上部分地发挥着重要的作用，因此民间武术的发展又不能完全不考虑军事的需要，或者完全脱离实战的需要。

阴线的民间武术与阳线的军事武术就这样保持着若即若离的状态，在经过一个时期的协调后阴阳二线又达到相应的新的平衡，这正是中国武术赖以形成和发展的最重要的条件。就是在这种社会条件下，民间武术同时可以从其他各种文化形式，如舞蹈、杂技、导引中大量地吸取营养，并根据自己的需求进行选择性的移植，而不必过多地考虑这些移植来的内容是否会华而不实，比如说在实战中是否都能派上用场。此时的社会需求导致武术的设计已经不再单纯地从实战出发，这就为武术套路的发展打开了广阔的空间。于是，五花八门、丰富多彩的武术套路迅速发展起来，那些形形色色的，早已从战场上消失的武器，在民间武术家的手中依然青春不老、熠熠生辉。

当然，武术成熟的一个重要标志是武术内功的出现。明清时期是气功学最为繁荣的时期，有关气功的著作大量出现，气功在社会的各个阶层和群体中得到了空前的普及。武术与气功各自的迅速发展，促进了武术与气功的全面结合，易筋经和太极拳的出现标志着武术技击与内功修炼的结合已经进入成熟阶段。在此之前，古代的气功导引术主要用于治病保健，并不强调具有武术特征的内壮与外勇，而易筋经则跳出了医疗保健的轨道，不再是只以治病与防病为目的而修炼，将注意力集中在如何强身与壮力，以“气盈力健，骨劲膜坚”为目的，因此，易筋经也就成为少林武术家必修的基本功法。从此，内外结合、交修互练的训练模式就成为中国传统武术的一大特点，那时的武术家同时也多是功力深厚的气功家。

明代是我国武术技击理论的鼎盛时期，建立了有特定内容的武术系统，把形形色色的拳械技击之术，综合归并，并通称为十八般武艺。又把不同技术风格的拳法分为“内家”和“外家”两大流派，同时还形成了相对完整的技术结构。拳械之术由各种招式形成完整的套路与定名，并总结出了较为丰富的理论，这些内容多完成于明代。经过历史上长期的实践经验，为明、清的武术技击理论的研究提供了坚实的基础。

这个时期武术最显著的一个特点就是武术流派开始产生。武术流派的产生有以下几个原因：火器开始大量地取代冷兵器，使得许多原来军队中的武艺，逐步失去了原有其在战场上的厮杀作用，这些技艺或者自然消亡，或者转型成为一种新的文化形式；随着武术在民间的发展，由于交通不便、通信不灵、观念上的保守等因素，导致传承下来的武术多数只能够在各自的地域里发展；另外，各地人们的身体条件和自然环境都有一定的差异，即使同一种或同一类武术技法在不同的地区也会有不同的架势套路来表现。如：长江流域一带的武术架势较小，拳势紧凑，被称为南派；而黄河流域的武术架势却大而舒展。因为不同武术理论的出现，所以不断引出了新的武术流派产生。最明显的例子就是自明代以后，出现了与少林武术在武术思想上不同的内家武术，于是武术有了内、外家的区分，这对后来的武术发展有很大的影响。

武术的发展如果通过获取技击效果为目的的指导思想来看，经历了一个由素质（尤其是力量素质）为主导的技击表现，渐渐变成由技术为主导的技击表现过程。随着社会的进展，又把以技击为核心的武术功能，慢慢上升到艺术的层面，乃至上升到哲学，甚至是宗教的高度。该体系所表现出的特征是：以技击为基础不断扩大强身、养身、修身的外延功能，并以这些内容自成小体系，形成武术独特的文化现象。

1. 强身

武术的训练方法以强身健体为核心，由外求肌肉力的阳向训练与内求筋骨劲的阴向训练，共同构成训练的主体。

任何一个门派的习练者，一般都会按照本门派的训练要求进行实体练习。每一门派都会有自己一套比较完善的训练体系，一般分为两类方式：阳向训练为主、阴向训练为辅；阴向训练为主、阳向训练为辅。在同一个大的文化背景下孕育出来的武术形式，表现在这两类方式的训练中不会有截然区分，只是在具体内容上把控比例的区别而已。它们的共同点，实质上都是围绕着精、气、神而展开的训练模式，并把增长功力与追求技击效果作为衡量训练成果的重要标准。要达到这个目标，习练者首先要通过训练让自己成为一个健康的人，也就是有了健身的基础，才能够进一步练习让自己成为一个强身的人。这个强指的是综合能力的强，是指肌肉、筋骨、精气神等多方面的强健。

通过相应的训练方法使机体的内气逐渐充盈起来，表现出人体更旺盛的精神状态。同时通过松沉等相应训练，使得机体得以完整地展现出肌肉若一的特征，并将肌肉的弹性有机地体现出来。关于筋骨方面的要求与具体的训练，则通过把机体关节腔打开，使得关节一节一节放松，并进行节节抻拉，以达到节节贯穿的训练效果，为完成劲力的弹抖发放夯实了基础。在这类训练中主要是通过相应的功法来放松脊椎与机体各部位关节，增大脊椎节与节之间的骨缝间隙，以及机体各部位的关节腔，通过充分舒展关节腔周围、脊椎两侧的肌腱等结缔组织的训练，达到增加脊椎灵活性，获取挖掘筋骨力的效果。

2. 养身

养身是以健康为核心，通过调节阴阳平衡与气血流通为手段，一种自成体系的习练方式。

养身习练是我国传统武术的一种功能，是传统武术与导引、吐纳结缘而相生出的一种养生法。将人体经络学说体现于武术养身之中，就形成了以支撑技击为前提的养身理论，突出了“一静无有不静，一动百骸皆随”的训练特点。从这里可以看出，通过养身使人体经络穴位潜能得到挖掘，对健身和技击起到了承上启下的作用。传统武术养身的理论依据是以阴阳辩证理念为核心的思想，集颐养性情、强身健体于一体，而又不脱离服务技击对抗这一武术核心功能，形成既不脱离整体，又能够集多种功能为一体的养身方式。所以能逐渐显现出其自身的价值，就是据此思想基础而决定的，习练中可以达到平衡阴阳气血与强身健体的效果。在养身过程中通过长年坚持不懈在“松、静、自然、柔、顺”等方面的练习，消除身心疲劳，使人感到心情舒畅，缓解消极情绪，脱离病态心理，让人心旷神怡，习练者的整个身心得到极大的享受。

传统武术所表现出的养身理念有着强大的文化基础，可自成体系，并具有自身的显著特点：吐故纳新、改善机能、平衡阴阳、疏通经络、调节气血、按窍运身、调理脏腑、陶冶情操。

通过长年坚持不懈的养身习练，不但能够强身健体、修身养性、健美益智、开悟智慧、激发潜能、服务技击，还能达到提升气质、提高生活质量的训练效果。养身习练内外兼修，主要表现在内修意气劲发、外练拳架招式，从而达到精神内守、调节呼吸、导引神气的作用，能更好地进一步推动机体气血的运行，使身体进入良性循环之中。

3. 修身

武者的修身是以武德为核心，修炼的方式方法自成体系，内容涉及传统文化的方方面面。

武者之德的修养主要通过两种途径来完成，一是外在行为的规范展现；二是内在修心的深入。德会使一个武者很自然地展现出久居内心的行为准则，即尊师重道、谦卑尚理、练身修心、庄敬自强等行为的自然表现。

“礼”指的是武林生态中被大家共同认可并接受的仪节，是武林界最不可缺少的规矩。所谓的“天之经、地之义、人之行”。孔子曰：“人无礼则不生，事无礼则不成，国无礼则不宁。”用荀子的话来说：“礼者，贵贱有等，长幼有差，贫富轻重，皆有称者也！”

孔子认为周王朝的“礼”，即“周礼”是社会秩序的根本。由此可见，构建武林生态其实质就是规范武林的秩序，秩序对武林的重要性是不言而喻的。每个人一入武门就被确定了他的社会身份，也被规定了武林生态中的行为准则。规范的武林生态有必要树立武林界的行规，武林人士也因此有了相应的行为标准；每个流派也需要立起自己的门规；在武林生态这个社会大家庭中，任何一个武术人都必须遵循那些合道的行为准则，不得有一丝一毫的逾越，这就是“礼”在武者身上的规范展现。

在武林中如果谁胆敢破坏规矩，不服从规矩的教化，其实质就是不忠、不孝、不仁、不义。如是导致“礼”被破坏，犯上作乱也就成为可能，从而造成武林生态社会的混乱。因此武林人士都必须要有一颗敬畏规矩的心，要明确规矩是用来遵守而不是挑战的道理。

“仁”就是指一个武者所应该具备的内心世界的规范。仁是人格主体的自觉，礼是外在的社会制约。一个理想的人格，就是仁与礼的统一。对成就理想人格来说，仁比礼更为根本。“人而不仁，如礼何？人而不仁，如乐何？”孔子说：“弟子入则孝，出则悌，谨而信，泛爱众，而亲仁。”武林界以立规矩的形式，使一个武者的行为能够按照规范被“束而导之”，并逐步走向规范，通过推广这种规范被大家共同接受，从而成为武林界的共识，于是这种形式就可以被确定下来。武者对“仁”的诠释，不但要爱行业、爱自己、爱本门，还要爱武林界，并要努力超越这种爱，甚至爱对手，那才是博爱，才是具有普世价值的爱。

“仁”是一种道德品性，我们要把它贯穿到所有的德行之中去。因此，仁成就了各种道德行为，成为精神品性的基础，成为各种道德行为的总德。

一个习武之人，首先要努力从成为一个合格的“士”开始做起。以武为前提的修身是武德为核心的思维与行为规范的表现，一个武者不可以有粗暴的行为，应该有“士”的修养。“士”于我们来看，归类于读书之人，代表着知识分子、受过教育的人。《论语别裁》中就有关于“士”的阐述，上古政治制度下的农业社会，地方上的乡里之间，十个青年之中，推选一个出来为公家做事，为大众谋福利，这个被选出的人则称为“士”。古代的“士”是文武两方面都有相当要求的人，要有止戈的能力，拿武器保卫一方水土，所以要会武；同时在文的方面要有被教化的效果，教化的前提自然是多读书，所以，上古的知识分子皆文武兼备。老子所说的“善为士者不武”，不是说士不会武功，而是说勇武之士平常不会有粗暴的行为。

武者之“修”还应该体现在“修心”上，因为只有修心能使武者达到忘我的境界，这就是武学追求的境界。一个武者只要做到真正意义上的“空”，那么他就能够摆脱生死羁绊这道心理障碍。然而，这道坎对任何一个武者而言都是不容易逾越的高山，只有迈过了这道坎的武者，才能够心无牵挂地按照武之道专心做自己该做的任何事情。此时的你站在擂台上，就会没有任何畏惧，更不会有得与失的牵挂，只有技法的运用与功力的展现；当面对人生的大是大非时，只有道义的弘扬，并不掺杂个人利益，此时的你才是最强大的。

世人不可能处在一心不乱的境界中，若通过修炼让自己的内心只处在一个一心不乱的境界中，这种为境而境，便是住了定境，也就着了定相。然而，修炼中的定境却是不得见性的，所以红尘中的你我要做到一心不乱并不是一件容易的事，需要我们潜下心来修身，只有这样不断地进行下去，才能够渐渐体会到一心不乱之妙。尽管武者只是需要技击对抗环境中一个暂时的心境，但也是一个证悟实相、亲见本真的机缘。若能透过这个无取无舍的无我境界，见到那个非我之我，便是得到了升华。

武者之“修”就是一个不断地革自己命的过程，是革自己与完美武者要求不相符合之处的命。回头再看看传统文化中儒、释、道的论述，阐述的原来就是这些内容。儒家所谓“格物致知”是也！佛家的革命就是要花开见佛，或曰明心见性！道家所述的“顺受其正”是也！

武者在长期的修身过程中达到对自己彻底革命的效果，完成自己从一位普通习武者向武者的凤凰涅槃。

四、平衡破坏时的混乱时期

武术成熟定型意味着自身体系的构建已经完整，这时的武术仅仅从表面上看，到处是莺歌燕舞、四海升平，似乎无事可记。传统文化认为任何事情都是处在变化当中的，物极必反的道理说明变化的永恒性；当我们还在盲目的自大中，过着我们引以为傲的康乾盛世时，武林生态却在遍地沉闷中郁郁寡欢，此时的武林任何实质性的事情都做不了，表现出的问题一大堆，却又不知道问题的症结在哪儿。

史学家亨廷顿把人类文明的交流划分为三个时期：1500 年以前称之为遭遇期；1500 年至 19 世纪末称之为冲击期；19 世纪末到 20 世纪初则是相互作用期。其中第二个时期，西方工业文明对农业文明形成巨大的冲击，主要表现在：经济掠夺和商品输出，破坏了东方传统经济结构；发动侵略战争，破坏了东方国家主权和领土完整；民主思想的传播，冲突了东方传统思想固有的观念。在第一次工业革命时期，许多技术发明都来源于工匠的实践经验，科学和技术尚未真正得到结合；而在第二次工业革命期间，自然科学的新发展，开始同工业生产紧密地结合起来，科学在推动生产力发展方面发挥着更为重要的作用，它与技术的结合使第二次工业革命取得了巨大的成果。第二次工业革命使得资本主义政治、经济、军事、文化等各个方面，出现了发展的极不平衡，于是，帝国主义为争夺世界霸权和市场的斗争更加激烈。

康乾盛世时由于国家层面上的自负，而埋下了危机的伏笔，导致第一次工业革命与我国失之交臂。由于对火器的错误认知是国家行为，导致国家的运行轨迹与历史车轮前进方向产生了质的偏离，这一矛盾随着时间积累到第一次鸦片战争爆发出来。当时人们一开始怀疑，失败是由武术的军事能力与功能不足所致，直至第二次鸦片战争继续失败，国家层面才开始否定武术的军事价值。

事实迫使人们开始对武术的功能重新认识，从国家武备的层面对武术的价值进行客观定位。此时国家彻底废弃了从盛唐开始的武举制度，说明从此武术彻底退出了历史的主角地位。随着科技的发展与时间的推移，武术在国家层面上的影响不断缩小，武术表现在阴阳两线的平衡被彻底打破。为了获得新的武术平衡点，国家层面、民间团体、家族武术、各大门派、底层白丁等，都在重新思考武术的定位。于是武术进入下一个阶段，即平衡破坏时期的混乱阶段。

鸦片战争后，中国社会发生了根本的变化，不仅引起了政治、经济领域的变化，而且也引起了思想观念的转化。一种新的文明，乘着西方军舰，带着廉价商品和新的思想、文化与观念呼啸而来的时候，古老的华夏文明再也不可能像以往一样同化它了。于是，中国近代历史就成为一部错综复杂的历史。工业革命促进生产力飞速发展，使社会面貌发生翻天覆地的变化，世界格局形成西方先进、东方落后的局面，资本主义逐步确立起对世界的统治，中国社会落后的经济、政治、文化、军事、科技和生产力，被迫产生相应的适应性改变。

随着历史的发展，火器替代冷兵器，迫使军事武术这个阳线退出历史舞台，致使国家对阳线武术的功能与作用，产生了怀疑到动摇直至放弃的态度变化。因为阳线武术对国家武事的一再无为，武举制度被直接废除，标志着阳线的武术形式彻底退出历史舞台。阳线武术只能够被迫调整自己的忸怩身姿走向民间，以一种新的前所未有的力量冲击武林，然而此时国家政治层面对民间武术这条阴线的态度，并没有因此而发生本质上的变化。因阴线武术仍然得不到国家层面的规范，阴阳二线的纠缠导致武术的状态进一步失衡，于是武术进入了全面的混乱阶段。此混乱状态主要表现在，这个历史背景下的武林生态中，不论是个人层面上的励精图治或安于耽乐、调和或独裁、创造或苟安、廉洁或贪污、进步或保守，全都失去了实际的意义，最后的结果是无法分辨方方面面的善与恶，生态中的全部武者都以悲剧性的形式结束自己的武术生涯。

武术发展到此时，从萌芽、成熟到被迫退出国家武备的舞台，武术在国家军事这个核心层面的历史使命算是完成了，同时也标志着一个时代的完结。过去的历史使命已经完成，凤凰的浴火重生也将正式开启。

混乱阶段是原来平衡消失，新的平衡又未被建立起来的中间过程。在这个时间段里武术需要重新定位，寻找到自己安身立命的生存理论，否则，武术的继续存在就失去了依据。武术发展的文化支点一旦缺失，别说继续发展武术，即便是已有的生存空间也会逐步丧失，直至被历史遗弃。

五、平衡破坏后的迷茫时期

孤阴不生，独阳不长。中华传统文化的形式特点，决定了传统武术与其他文化形式在态度、行为上的区别。

在火器时代，政治集团之间、国与国之间为争夺强权、争夺战略要地、争夺战略资源而发动的此起彼伏的战争，已经与曾经威武的武术关联度越来越小了，直至彻底消失。冷兵器逐渐从战场上退出后，武术被迫转型，否则就有可能变异成为杂耍、游戏、武戏、养身等形式，或者就直接消失。在没有一个明确转型的武术出现之前，每一代的武术承载者只能暂时把武术回归民间，才能在保家护院中得以苟延残喘；只能在保境安民方面继续发挥着武术功能的原始作用，静静地等待着武术能够出现一个华丽的转身。

过去，我们陶醉于中国武术的“博大精深”和“源远流长”，但随着世界文化的相互交融，在世界武技多元化交流的时代，虽然可以说中国武术是中国本土的技击术和重要的文化载体，但面对西方武技的简洁乃至强悍的冲击，我们内心感觉到的只有无奈。武术该如何找到自我与生存空间，这是摆在每一个武术人面前的问题，在与外来搏击术交流的过程中貌似一瞬间的体悟，使我们开始从残酷的现状中感受到更无奈的内心迷茫。当武术面对强势的西方搏击和兵器技法的神勇时，我们开始质疑曾经令我们无限神往的中国武术，认知到那些理论存在着太多的虚无、太多的花法、太多的神秘，总之离我们现实的需要太远太远。毋庸置疑，在中华武学的演进过程中，也就是我们进一步认知的过程，将是如何找到武术发展的支点，如何认知与诠释武术的价值。

然而，在松散无奈的氛围里，我们一直在努力思考关于武术发展的问题，现实中的武术转身（型）始终无法完成，武术的支撑也没能找到一个被普遍认同的着力点，怎么发展似乎成为武术界的世纪难题。但武术活动的各种运行中，并没有因为人们对支点的不明确而停止过对它的开展。武术是传统的文化表现形式，不同的人对武术会产生不同认识与不同解读，于是社会上对武术的解读就有了不同的诠释方式与诠释结果，在没有一个大一统的武术观产生之前，缺失了阴阳两线平衡支点的武术，很自然地就进入了一个空前混沌与杂乱的时代。

阳线武术在战场上丧失了其生存的空间，如何在新时代达到阴线武术与阳线武术二线新的平衡与相对统一，是摆在我们面前无法回避且必须解决的问题。从世界文化发展潮流的宏观角度来看，各国的搏击术都同样产生过重新定位的问题，这个问题是人类武文化共同的问题，并非属于中国武术单独面对的独立问题，只是不同国家的文化不同、环境氛围不同，导致对待这个问题的态度不同，以及解决问题的方式方法不同而已。世界各国的普遍做法是将技法体育化，在按需约束功能的前提下将技击空间从战场上转移到赛场上。

文化的不同，技击形式的不同，其表现方式自然也会产生相应的不同，如果按方抓药，这个做法显然是不可取的。就如同西医与中医两种文化形式，二者理论的大前提不同，看待问题的角度不同、思维不同，处理问题的方式方法自然不会相同，完全的拿来主义显然是行不通的。抱着对传统文化的责任感，以及对武术的那份情感，我们必须静下心来认真思考，对阴阳二线重新认识与定位。武术必须找到一个属于自己的支点，有了支点才能够成为承载传统文化的平台，这样的武术才是有内涵的，才能够成为具有特色的文化表现形式。有了这些为前提，武术发展的春天自然就来临了。

随着社会的发展，人类文明的进步，法制化逐步健全，杀人偿命、伤人抵罪已经成为人类社会走向文明的共识，于是，杀人术在一个正常运转的和谐社会里自然会彻底消失。在这种情况下的武术该如何适应这个社会的需求呢？要知道生存是任何一个生命体的本能，武术作为一种文化形式自然有自己的生命所在，为了存活下来，完全有必要进行自我的重新认识与扬弃。这种扬弃的过程，无疑是顺应历史潮流的科学化、商业化、大众化、运动化。为了与时代合拍，传统中的各种阴毒和秘不外传的招数自然会被自己主动抛弃，保留下来的招数必须更加规范化、程序化、文明化，只有民众普遍认可与接受，然后才能够被广泛推广与发扬光大。在这样的年代，有武术专长的人，也许在从前他们有可能成为将领、军事教头、保镖、团练头目、镖师等等，而现如今只能成为社会上芸芸众生中的普通一员。因此，武术这种文化形式的价值诠释必须有新的定位，才能争取得到社会的普遍认可，否则就很难生存下去。此时的武术必须进化成为一种社会上人们喜闻乐见的文化形式，而不再是以杀人为目的的杀人术，因武术而产生的盈利模式不再与杀人有任何关系。

在这个历史背景下，国家层面对阳线武术的态度发生了本质的变化，此时对阳线武术的目标与形式并没有一个思想指导与标准模式，使得阴线武术出现了有史以来最独特的发展时空，它们二者的关系似乎发生了阴盛阳衰的微妙变化。此时的民间武术具备了自由发展的时空，武术门派做强做大成为可能，表现在清末民初尤为突出，这个时期武术流派的产生呈现雨后春笋之势，全国各处都有地方拳种产生。

我们知道武术流派的产生是有前提条件的，只有在时空环境条件允许下才有能够孕育出流派的土壤，历史证明以阳线武术为主线条的军事武术就没有什么流派一说。因为战场上的厮杀技术，正如戚继光说的，是“防身立功杀贼救命本身上贴骨的勾当”（《纪效新书·论兵紧要禁令篇》）。一招不慎，便有杀身之祸。所以，实战的技术动作都是遵循战争的规律设计的，需要的是简明实用与整齐划一，只能够存在与战阵需要相符合的技法，在这些规范实用的前提约束下就很难形成什么流派。那些标新立异的武术“行家”，经过一次次战争的洗礼后，或命丧沙场，或被逼改变观念，于是在战场面前再也不敢让所谓的流派产生。

而当武术与生死攸关的战场有了一定的距离时，当武术朝着交流、锻炼与修身养性等方向发展时，为了适应发展的需要，武术的形式自然需要做出相应的变化，于是便摆脱了战场上那种特有的束缚。在这个环境里的民间武术朝着各个方向发展，似乎就成为一种自然现象，当一种风格能够找到自圆其说的理论支撑，并能够得到社会的普遍认可，也就形成了相应的流派。

自明末清初至清末时期，形成了太极拳、形意拳、八卦掌等主要的拳术体系。仅《清稗类钞·技勇类》就记载了几十种拳术和器械。对抗性的比武，如手搏、摔跤也有所发展。民国时期，民间出现了许多拳社、武士会、体育会等武术组织，如精武体育会、中华武士会、致柔拳社、武当太极拳社、汇川太极拳社、尚武国术研究社等。

时事的不安定使得阴线武术与阳线武术二者之间的关系发生了微妙的变化，近代以后，冷兵器在军事上的地位明显消退，而武术并未因此消退。传统武术作为强身自卫的运动，在适应时代的变化之中，国家层面主导的阳线武术逐步成为中国近代体育的有机组成部分。但这个组成部分的具体事项该如何操作，似乎大家并没有做具体的思考，全盘照搬西方体育的模式显然没有对武术做以下方面的进一步架构。例如：如何把阳线武术引入赛场？如何制定需要的竞赛模式？这个模式怎样运行？项目运行中该承载怎样的文化信息？模式运行的目标是什么？引导武术发展的方向如何确定？后期发展远、中、近景如何规划？阳线武术与阴线的民间武术关系该如何定位？政策的支撑从什么层面与角度介入？如何才能够促使二线彼此之间达到新的平衡？

然而，由于项目发展的支点没有明确，导致许多实践行为都处在摸索之中，受到当时特殊的大时代背景束缚，这个社会的政治、经济、文化、教育等多方面因素都制约了武术阴阳两线的走向，导致应有的平衡始终无法明确，同时项目寻找支点的工作仍然无法顺利开展。再加上战乱时期民国政府对武术进行了一定的控制和利用，使得武术不能完全按照武道去寻找自己该走的道路，尽管民国时期武术在神州大地发展较为普及，而且出现各类大师林立、心灵鸡汤式的传奇迭出，但从史料分析的角度来看，客观地说，该阶段武术发展的步伐仍然是相对缓慢的。

从二战后的国际形势来看,全球各国都在用“竞技体育”方式来消除二战余下的戾气。1949 年后，中国大陆为顺应国际上竞技体育的形势，以全国之力全民发展竞技体育，致使中国武术被全面卷入体育范畴。新政府就这样把武术的这条阳线基本确定下来了，因为国家层面的态度是把武术全面纳入体育的范畴来进行发展，并以此作为武术项目开展的支点，但阴线的民间武术却还没有过多精力去涉及。

在现代化进程中，传统文化作为一种非政治性的次文化存在着，不应该具有难以相容并绝对化的排他特性，更不应该与现代的合理制度产生彼此间的相互抵触。传统文化通过不间断地吐故纳新，仍然始终保有自身的文化特性，同时又在兼容并包中吸收现代文明的精华，而决不允许我们在老祖宗留下的传统文化上做武术的流亡者，如果我们不能够抱着怀善求真的态度去寻道，便不会产生出推动武术走出迷茫期的动力。

文化之间的碰撞及相互影响的取长补短能够造就出人类文明，在运行之中以不侵犯他人为前提的文化包容是必要的。然而，在各种文化的碰撞之中不区分优劣与善恶地无条件去包容却又是愚蠢至极的，因为文化的包容应该体现出的是以不侵害他人为前提的多元化，而不是无底线地去包容那些低劣文化来体现所谓的多元化。所以说，尊重对方文化的前提是对方必须尊重我们的文化选择，这样才能摆正萃取各种武文化的位置。

从“一九五〇年中华全国体育总会在北京召开了武术工作座谈会，倡导、发展武术，把武术提到了新中国体育工作的议事日程”开始，国家体育运动委员会成立后，武术被列为推广项目，并设置了民族形式体育研究会，依据“取其精华、去其糟粕，百花齐放、推陈出新”的方针，进行武术等民族形式体育的挖掘、整理、继承和推广工作，以比赛、竞技等模式进行武术内容的发展，并延续至今。但遗憾的是，颁布的这些国家武术政策，基本上是以“去技击化”为前提的思想指导，全国各地体委都是介于此开展各自的行政与训练工作，国内各高校也都是在这类政策的指导下，组建武术院系与开设相应专业，并投入到与之相配套的教学中去的。

对武术“唯技击论”的盲目批判，导致武术工作的开展中，技击项目几乎被一刀砍掉，使得原本属于搏杀术的传统武术从当初的一个极端走向另一个极端，武术俨然滑入畸形发展的轨道。但是，以奥林匹克精神所推动的竞技体育，其使用的竞赛规则，在“去技击化”的大环境驱使下，使得打练结合成为一句空话。因为，长期脱离实战必然会在习练者内心产生对“打”与“练”两者之间认识的鸿沟，使二者难以拟合，甚至无法准确厘定彼此间的概念，如此发展势必会加强当今中国传统武术的这条阳线形成以表演为形式的竞技模式。正如同《道德经》“有无相生，难易相成，长短相形，高下相倾，音声相和，前后相随”所说明的相反者相成的道理，如此便会使阳线武术进一步强占阴线武术的生存空间，使得民间传统的那种以自娱自乐为主的、存在许多不同认知与需求的阴线武术受到极大的压制，曾经阴阳线武术并存的局面又会受到更严重的影响，长此以往便会导致阴阳两线的平衡点发生新的偏移。

主要表现在国家把民间阴线武术的形式基本控制起来，从内容上进行要求并纳入统一管理，表现形式也要达到与要求一致的基本模式。在国家体委和全国武术协会的统一指导下，各省、市、自治区以致不少县城都建立了武术协会、武术馆、武术社、研究会、业余体校武术队、辅导站等，形成了能够涵盖更多习武群众的武术活动网，并为武术的统一发展构建了一套国家认可的、相对稳定的、以套路演练为主的发展道路。

经过多年的实践，武术的阴阳两线被强制平行了，支点似乎也基本明确下来了，但走到今天，事实证明武术的顽疾与陋习仍然没有得到解决，老的问题依然存在，而新的问题又层出不穷。历史证明武术要得到真正的发展，必须对自己进行重新审视，找到武术的内在规律，脱离束缚并按照其规律行事，这样才能找到武术新的平衡点，只有建立在此平衡点的运行模式，才能够为武术的发展起到支撑作用，当指引该模式发展的理论成熟了，才标志着这种文化形式具有长期发展的可能。

事实证明当时的武术工作者，在这方面的思考还是非常欠缺的。实际上武术项目一直处于一个被模糊支点支撑起来的状态，导致武术发展成为一个不符合自身特点的被动的项目。长期以来模糊支点表现在武术阴阳两线的失衡之中，直接导致当今传统武术发展模式的失衡。

关于武术属性价值与功能价值的多次激烈的争论始终没有定论，于是武术界的各种争论就成了常态，却也成了武林界的一道风景。此时的武术只能处于一种混乱状态，表现出来的也只能够是一种庞杂状态，在这期间的武术人虽然一直尝试着寻找那个真实而具体的支点，以便能够突破当下的这个瓶颈，让武术步入规范，却都铩羽而归。所有的现象只说明了一点，那就是武术仍然处在平衡破坏期之后的迷茫阶段。

武术思想是一种社会意识，其产生和发展的根源必然隐藏于社会的存在之中，即在丰富多彩的社会生活之中。纵观历史，随着时代的变迁、环境的改变，人们的武术思想也随之发生相应的变化，武术思想一直就是一个变化的概念，就是在同一个时代的不同阶层，人们所表现出来的武术思想也会反映出不同的认知。所以说，不同阶层的人群都会根据时势，去寻找阳线武术与阴线武术的平衡点，再根据自己的认知程度与利害关系，去寻找自己认为的武术发展支点，于是很自然地产生了属于自己的武术思想。

然而，直接影响阳线武术与阴线武术平衡点的因素有许多，但主要因素还是国家意识，国家层面对武术的态度会直接影响武术阴阳两线的平衡点，比如说，"被政治绑架"了的某个武术时期，这个时期的武术就必然不会按照武术自身的规律发展，此时的阴阳两线的平衡点必然朝着政治意图发生倾斜。在今天地球村的大环境下，影响武术阴阳两线的平衡点的间接因素还有许多，例如：国际同类项目的开展影响、不同文化的碰撞、国际大气候的各种因素，等等，这些都是间接影响武术思想的重要诱因，都会影响国家层面对武术的态度，以及民间社会对武术的思考。

仁者见仁、智者见智，不同的武术思想始终未能够产生出一种被各界都共同认可的主流形式，不同的拳种与流派似乎表现出它们共同的顽疾，那就是在体育层面的技击表现没有任何成绩可以支撑其能力。各门各派几乎都不具备真正将技击能力表现在擂台之上的能力，尽管各拳种似乎在现实中都能表现出某种形式与程度的技击能力，但不能够上擂台，对于以技击为核心的武术而言肯定是一种反常，并且这一反常现象在武术界具有相当的普遍性，常言道"事出反常必有妖"，显然其中必定有深层次的原因。

武术运动的何去何从，众说纷纭。为了解决这一问题，几十年来的争论从来没有停止过，各方都以不同的形式并按照各自的不同想法运行着，以不间断的实践，希望能够证实自己心目中的武术价值在现实中存在，大家各自都走着只属于"自己"的探寻之路。然而，科学要求我们在这个过程中，对武的认知需要建立在全面客观求真的基础之上才能够深入开展，而不是将武术的技击过于理想化，要敢于从内心接受并面对那些最残酷的事实，基于理性的思维才能够让自己的行为脚踏实地，不允许有一丝一毫的意淫，因为尊严就是建立在求真务实基础上的人格魅力。在习武的道路上，态度决定了一切，我们只要敢于面对暂时的水平低下，不要为掩盖自己内心的恐惧去找许多高大上的理由，更不应该以这些理由产生相应的利益，并形成相应的太监式的武林生态，在此生态中形成的许多所谓的武术专家与大师就自然会颠覆人们的三观了。

《墨子·小取》篇曰:“夫辩者,将以明是非之分,审治乱之纪,明同异之处,察名实之理”;《修身》篇曰：“辩是非不察者，不足与游”。所以，“辩必有胜”，这便是武术的表现特征，岂能是意淫者所谓无意义的文墨口水战。不辩无以在武学之中明天理、察道义、知人性、识技法，不辩则黑白颠倒、是非混淆、人性模糊，长此以往武林生态之中则伪者横行于世，妖言惑众，导致武者不能武，所有武事都只观其表面现象，而不知其然，更不知其所以然。

武者之辩的主体应该围绕着技击而展开,通过实战对抗来检验理念、理论、技术、构架、训练等五个子体系正确与否及构架完善的程度等一系列内容。

要坚信武术前行与自我完善的目标不会改变，武术的发展自然是要顺应历史潮流的，就如同打火机出现，火柴的使用就逐渐消失；计算器出现，算盘的使用就逐渐消失；数码相机出现，胶卷就逐渐失去市场。如果武术不尽快走出迷茫时期，就会被外来的技击形式所取代，就会成为历史的选择，残酷的现实并不会随着人们的情感而改变。

传统武术发展如同其他国家的搏击术一样，都会完成属于自己的转身，这是项目发展的必然，也是时代发展的需求。世界一直在变，武术需要吐故纳新，并按照时代的要求重新构架自己，如果仍然墨守成规，继续一味让自己处在意淫之中，那么，在下愚而上诈的武林生态里，就会滋生出“始于无知，作于虚伪，终于无耻”的乱象。因此，武风之弊的武林乱象必须敢于面对并勇于断臂，否则终将会遭到历史潮流的淘汰。

正因为直接影响阳线武术与阴线武术平衡点的因素诸多，导致现实中的传统武术在当下写实技击中的表现差强人意，出现与当下国际搏击市场无法接轨的现象，显然满足不了现代人对传统武术技击的实际需求。为什么会出现如此不堪的现象？我们必须对传统武术有一个客观准确的认知，通过上述分析，可以从以下几个方面去感受其中的前因后果。

（1）无论是哪个门派，古人造拳必然会受到历史的局限，不能用当今科学的方法与理性的观念去全面思考武术，所产生的成果肯定无法契合今天我们对武术的需求。因此无法为今人考虑其中的武术构架，他们思考的只能是为解决当时自己对武术的需求等具体问题，当时的社会环境和实际需求与当今已经产生了本质上的区别。

（2）当今人们对传统武术的需求已经产生了本质性的变化，主要体现在对武术核心功能的诠释目标上，此时的技击不再是以屠杀、致命、伤残为目的的杀人术为表现形式，而是以以武育人的功能取而代之，由此而产生功能的转型变化。这个过程会有一个适应阶段，然后才能够产生相应的变化以适应当下。

（3）纵观世界各民族技击术的发展历史，无一例外地都有一个适应现代社会的项目转身，于是有了古拳击与现代拳击；古泰拳与现代泰拳；古柔道与现代柔道；古跆拳道与现代跆拳道……并由此而衍生出现代的巴西柔术、自由搏击、MMA 等多种风格的现代搏击形式。就奥林匹克运动会而言，也有古代与现代之分，这些项目的转身为社会的进步与文化的发展做出了较大的贡献。

（4）从古代武术的经典书籍中我们可以找到古代武术家对传统武术中的徒手搏击是如何看待与评价的，足以说明古代战场对待徒手的态度。

以《纪效新书》为例，卷六比较武艺赏罚篇有“号令既明，刑赏以悉，坐作进退，当与攻杀击刺同教矣。而比较不可无法，不知较艺之习而任比较之责，则花法入而正法昧矣，故以比较篇为第六……

凡比较武艺，务要俱照示学习实敌本事，直可对搏打者，不许仍学习花枪等法，徒支虚架，以图人前美观……”的论述

卷十四《拳经捷要篇》曰：“此艺不甚预于兵，能有余力，则亦武门所当习。但众之不能强者，亦听其所便耳……

拳法似无预于大战之技，然活动手足，惯勤肢体，此为初学入艺之门也。故存于后，以备二家。学拳要身法活便，手法便利，脚法轻固，进退得宜，腿可飞腾。而其妙也，颠起倒插。而其猛也，披劈横拳。而其快也，活捉朝天。而其柔也，知当斜闪……大抵拳、棍、刀、枪、叉、耙、剑、戟、弓、矢、钩镰、挨牌之类，莫不先有拳法，活动身手，其拳也，为武艺之源……”

（5）我们都明白“实践是检验真理的唯一标准”的道理，可以通过传统武术多数人对待擂台搏击的态度，以及历年来擂台上出现过的传统武术实战的战例表现进行一个较全面的梳理。我们会由此发现，在真实的搏击场上无论是传统武术之间的实战，还是传统武术与现代任何一种搏击项目的对抗，表现都是差强人意的，基本上没有表现出让人满意之处，用乏善可陈是合适不过的用词了。

（6）目前，传统武术在当下表现出来的困境已经不是表现在某个拳种与流派，或者风格与传承的问题上，而是表现在组成整个传统武术的 DNA 上所体现出的顽疾，所以才形成了传统武术在实战擂台上的表现即集体失声的前提。

（7）不同的文化包含着本民族的个性元素，但不同的文化走向文明的方向肯定是一

致的，所体现出的人性需求就是它们的共性。作为传统武术的技击表现不可能脱离得了世界各类技击表现的共性而独存，传统武术只能够在遵守共性的基础上突出武术的个性追求。

总之，我们可以从不同角度对传统武术进行剖析，从技击的层面而言，传统武术的写意技击与现代搏击的写实技击基本无法接轨，为了能够将传统武术的写意技击在现实的实战中表现出来，必须对传统武术的转身进行相应的构架，以及相关内容的思考，否则就会被世界、被历史所淘汰。因此，我们有更多的理由对传统武术进行科学全面而又规范的重新构架，以适应当今社会的审视与检阅。

传统武术存在着许多顽疾，解决问题的第一步就是正视问题的存在，如果忽略了问题的存在，就不可能会真正主动地去解决问题，那么问题就会永远存在下去。只有在正视问题后，我们才能有摆正态度后的认真梳理，如此就可找出产生问题的因果关系，然后再拿出客观可行的解决方法。当然，关键还是紧跟着的行动起来，于是就有了在实践中不断调整解决问题的方式方法，在运行之中把问题解决，再在不断解决问题的过程中，通过反复的总结经验从中找出内在规律，为今后的发展不断积累经验，并提供可持续发展的理论依据。

六、迷茫时期后的重新构建期

在长期的迷惑期表现出来的特征就是集体的浮躁与无所适从，于是武林就有了如下表现：武林生态中最悲哀的是所有人都迷茫地走在武事运行的路上，不知道前方在哪，如何通过努力去实现心中的希望；并且在长期的紊乱与迷惑中缺乏形而上的引导与约束，致使生态中无数的个体身上还养成了不同程度的恶习，在不知不觉之中形成了生态内诸多冥顽不化的痼疾，还美其名曰“这是老祖宗留下的精华”。更加不可理喻的就是大家都心安理得地接受它的存在，并习惯于苟安当下的现状与生活，更关键的是生态中人人都有各自苟且的充分理由。于是，武林生态的上下都无心寻求明天的方向，为了维持现状会发自内心、本能地去拒绝认识武学之真谛。

在今天的地球村，世界各民族文化的相互碰撞总是不可避免的。当中华大地有了武事需求时需要的是拿出真才实学去面对，然而，习惯于抄袭的生态恶习在此时只能产生出崇洋媚外思维。除此之外似乎别无选择，因为急功近利的拿来主义行为显得更加直接有效，尽管是一种换了包装的拿来，没有人去思考隐晦地拿来，这种拿来的开始恰恰就是丢失自我的开启。传统文化走到今天只要不在当下产生利益，那么它的何去何从生态中人人几乎都抱着不关“我”事的态度，大家已经习惯了索取并乐此不疲，唯独不愿思考的就是从根源去了解武之灵魂，梳理一下昨天来时之路，明确今天自己身处何方，并寻找明天该去的方向。

面对现实，传统武术对全面展现技击能力有着迫切的需求，可是在不断地探寻之中所表现出的技击上的能力，始终没有任何本质上的突破，于是就有了长达近两个世纪处在迷茫期中徘徊的传统武术的技击表现。多层面的、综合立体的因素导致武林生态的恐慌心理在不同阶层中油然而生，甚至于其影响已经传播到社会上非武林界的部分普通大众中，导致武术界内那些单纯习练传统武术者几乎是集体回避上擂台。无论是从武术体系之中的理论还是训练等多方面来审视，其中都有着太多没有与现代科学接轨的空白之处，习练者在长期缺乏科学指导的状况下，面对现实的需求自然会产生思想上的恐慌而无所适从，导致这部分人下意识地希望能够往自己思想上的空白之处填补一些可以圆通的内容，以满足那些让人焦虑的空虚以聊以自慰，但现实的结果却是填补致使了更多的空虚。

革卦是《易经》六十四卦中的第四十九卦。本卦为异卦相叠（离下兑上）。即上卦为离，离为火；下卦为兑，兑为泽。水下浇而火上腾，水火相克，在水火的斗争中，万物变化，有生有灭。然而，生者又可灭，灭者又复生，野火烧不尽，春风吹又生。变的道理可以推广至宇宙人间的万事万物。万事万物的存在都在不断运动和变化之中，绝对没有静止不变的东西。因而，以不变应万变，在某种意义上便是消极闭塞的表现。天在变，道在变，人也应当变。最能变者，就最能生存。以目前庞杂的武林状态而言，武术自身的顽疾、社会的环境、人们的期盼、生态的不睦以及外来文化的交流，势必导致武术顺应历史潮流发生必需的变化，武事不睦则需要武之新形式以更替，即转身。如此，则传统武术还将延续，武文化还有代兴。这些都体现了除旧布新的规律，所以革卦为武术走出迷惑期指明了方向。

在迷茫时期的武术人往往靠着对自己师门的某个传统武术流派的忠诚，以及对某些武术名人的崇拜，或某些传说中的秘传或某特定鬼神的信仰等，这些共同支撑着传统武术在尴尬中艰难地存在着。然而武术毕竟是以技击为核心的武学体系，那些不接地气的盲目崇拜与信仰往往是弊大于利的，要使传统武术得到真正的发展，必须重新构建符合现代文明的武学体系，如此才能够冲破迷茫走向世界技击的大家庭之中，这就需要我们用求真的态度与科学的手段对武学进行重新构建。

当然，我们需要明确内心具有的是信仰而不是迷信，武者心中的信仰是头顶的星空、是武德的法条、是一种坚定的信念、是行走的方向，绝对不是以信仰为口号而形成一种服务于自己的需要。我们需要彻底剔除内心投机心理在思想上的作祟，不允许用功利心去树立自己的信仰，否则便成了用自己灵魂做交易的势利之徒，如此，他的内心便没有可容纳真正信仰的空间。

当一位武者有了自己真正的信仰，就不会因为得意或者失意而动摇或改变自己的信念，如此便能坚定自己已经拥有的理性务实的态度，果断应用科学求真的手段去解决面临的一切武学问题，谦虚谨慎地不断完善自己，保持平常心，永远没有丝毫的傲慢；克服自己内心充斥的诸多偏见，端正位置、摆正态度理性地去面对未知，努力消除可导致产生曲解的更多因素。同时更不应该产生任何形式的自卑与畏惧，如此才能冲破迷茫，使传统武术真正走向世界技击的大家庭之中，这就需要我们端正自己的态度，在构架的过程中真正做到向善求真，以及应用科学手段逐步完成对武学体系所进行的重新构建。

迷茫期后对武学的重新构建只有个人的情感因素是远远不够的，因为再高的情感表现都是属于有为的范畴，要与现代世界上主流的技击接轨，只有意识范畴的情感显然是不足的。当然，现实早已证明重新构建武学体系这一大业是无法只靠情感就能够完成的，我们只有从逐步掌握武学之道入手，把武学中的各类逻辑关系理顺，才能使得重新构建的武学更具有严密的逻辑性，因为武学的技法构架只有符合科学的逻辑才能够突显技击的无为特征。

我们在武林生态之中所表现的忠诚是指对待武学中特定对象的信仰，信仰是指武林中对特定鬼神的忠诚。然而，无论从什么角度来看，只要是凡人都是易错的个体，只有那些已经抽象了的鬼神才具有超越现实的神秘化特征。于是，由此而产生相对恒定的忠诚与信仰，但这些也都是通过外部强加于自身的信奉和尊敬，尽管有些人还把它奉为自己的行为准则，但这些都是有为的表现，从某种角度来看已经由此而限制了某些个体进一步对武学的自由追求。因此我们无须产生迷信,唯有科学的逻辑理性才是内在道的表现，它是超越了人的意识而客观存在的现实，武学构架中的逻辑才是确定的真实，只有把握了构架中的逻辑才具有技法自由发挥的前提，据此就可寻找到技击的运行规律，很自然地体现出武学的科学性。

《荀子・天论》中有“天行有常，不为尧存，不为桀亡。应之以治则吉，应之以乱则凶”的论述。武学的技击表现与其他任何一门自然科学的学科具备同样的特征，况且逻辑是早已被人类文明充分证明可用以分析的思辨工具，它可以从“道可道，非常道”的自由精神中获得，而这种获得的方式就是无为的体现。因此在武学构架中的技击使用也应该是无为的，就武学构架本身的逻辑性而言也必定是中性的，它本身并不允许加入某些情感的因素去侵害他人的人格与尊严。武学构架本身的使用需要表现出技击中的逻辑性，如此会使得技法的驾驭者在竞赛与交流中，尽管对抗双方都是以控制与反控制的技击思想去产生所需的技击效果，并以此为目标而展开彼此之间的博弈，但对抗势态中的彼此都不可能因此而产生丝毫“侵害”对手的违心感觉，因为，重新构建的武学构架中的技法本身必定是坦然的，这才是我们在重新构建期需要构建完成的武学体系。

我们必须端正态度力求做到：尊重历史，以史为鉴；总结历史，吸取教训；珍惜传统，求真务实；重视问题，认清现实；入境言道，科学述相；拿出规划，创造未来。无论历史上的武术存在怎样的优劣，都已成为不可改变的客观存在的过去。我们希望通过传统文化的魅力展现去获取可以傲视群雄的形象，并经过三型一体表现在相应的赛场上用真实的实力，去证实自己的价值，由此去赢得世人发自内心的尊重，这就是武术不断追求的未来。在过去与未来之间则是我们的当下，只有落实当下才会有美好的未来，否则没有现在的理性，未来只能是水中月、镜中花。当然，我们也应该客观地认识到一切新生事物的发展都不会是一帆风顺的，新的模式与新的运营在起始之初，哪怕是再完善的理论、再合理实用的技术，都会表现出与现实实际需求存在着某些脱节的现象，同时存在着它的稚嫩，甚至是幼稚，这就需要我们抱有一颗包容的心去理解、去善待。

只有这样传统武术技击的比较才能够得到表现，传统武术技击与其他搏击类项目同场竞技才会成为可能。只有重新构建的武学体系才能够提出一个合理科学的评判标准，让不同特征的技击表现都能在遵循技击共性的基础上展现出自己的个性特征，确保彼此在写实功能上求同，又能在追求技击的思想上存异，按照各自的途径，彼此都能实现所追求的共同目标。因此，彼此都可以从不同的方向与路径到达山峰，区别仅仅只表现在各自运行的风格，以及上山到达目标的方式方法上。运行之中对体系内相关功能表现进行相应量化处理，达到在竞赛与交流中便于比较的效果，据此提出有针对性的量化考核标准，以评判出各自实现目标的能力高低，否则，彼此间的技击表现就无法落实在同一个擂台上展开更彻底的同场竞技。因为，失去了武学量化的标准，一切有关技击言行的评判就会南辕北辙，其结果就会违背初衷。

所以，我们要在客观真实中了解自己的历史，从中去发现与明晰武术发展的内在规律，明确如何总结经验与教训，从中萃取历史中的精华，沿着规律去把握未来，并在把握未来的进展中脚踏实地地做好当下。这是当务之急，否则一切都将是虚无缥缈的梦想而已。

第四节　武术功能的诠释

一、关于武术文化功能的思考

西汉刘向在《说苑 · 指武》中说 :“圣人之治天下也，先文德而后武力。凡武之兴，为不服也。文化不改，然后加诛。”这里清晰地阐述了文治与武治的区别，武治是一种强制性的手段，而文治则是非强制性的 ；武治能起到立竿见影的效果，而文治只能靠潜移默化。因此，圣人治理天下，总是一文一武、一柔一刚、一疏一堵，文武相间、刚柔并济、疏堵结合。

对于武的解释，我们结合甲骨文、金文、大小篆、草书等相关字体进行相应的阐述（见图 1-4-1）。

图 1-4-1

“武”字从字形结构上来看，由“止”与“戈”共同组成，但目前对其意的解释主要有两类 :

一类是 : 把戈的真正含义解释成不正义的暴力 ; 止的含义既是一种人为的停止态度，又是人的一种制止行为。从字面上来解释 : 武，止戈为武 ; 术，思通造化，随通而行为术。所以，武就是制止暴力。因此，武应该立足于消极而不是主动，所以武的核心意义就应该是防守、自立、自保、自安。在《鲁迅全集·杂文集·集外集拾遗补编》《这回是第三次》

按语中提及："所以为生存起见，也得会打拳，无论你所做的事是文化还是武化。"

武术，在此处可解释成迫使战斗（戈）停止（止）的技术。中国传统武术是一种教化形式，通过练习者武化的过程将教化逐渐深入，以"制止侵袭"为技术的习练轨迹，并以此作为修炼的导向，引领修习者在术的习练中，进入认识人与人文、自然及客观规律的传统教化方式，即被"武化"的过程，这是人类社会文明的导向和体现。

另一类是："武"是"用戈去止"，就是拿起武器（戈）来解决问题，平息纷争（止）。该解释认为"戈止"才是武的本意。按照古代的书写与阅读顺序，就是以"先戈后止"组成"武"字的。武在甲骨文中的"戈"是指兵器，而"止"又可解释成脚趾，表示行进的意思，因此，组合起来就可以解释成持戈而行。"武"的造字本义为：肩扛兵器，出征作战。亦有：作战的目的是为了平定乱世，建立战功，止息战争。所以把"戈、止"会意为"武"字。

武术无论做哪一种解释，都是指战斗与搏杀的技术；只要拥有"武"就具备了停止战事、维护和平的实力。作为中华民族炎黄子孙的生存技能，中国传统武术伴随着中国历史与文明发展，走过了几千年的风雨历程，成为维系民族生存和发展的魂以及承载中华儿女基因的魄。武是拥有维护自身安全和权益的一种方法。修习武术，会让习练者从身到心、由魂而魄地得到全面的提升，并产生相应的安全感，使人精壮神足，具有安然自胜的强大内心。武是中华民族在冷兵器时代安魂守魄的法宝，在火器时代虽说"武"在功能上被大幅度缩小，但其强身、强心、以武教化（武化）人性的价值只会逐渐强大。我们应该对中国传统武术有一个正确的理解，只有理解才能明白其价值所在，才能真正做到对传统武术进行实质性的修习和传播。因为这是社会进步走向文明的需要，更是武术的历史使命使然。

我们通过武术来教化人性的方式是多方面的，核心必须是技击，因为技击的存在，才能确保被教化者的所入之境正确，只有入境言道才能真正理解道意，也只有入境述相才是收获的起点。当然，套路技击的写意形式也是武术不可缺少的一个重要组成部分，由于受到历史的影响，武术套路在武术体系里的比重，远远大于其应有的比例，所以，必须让武术的各种形式都回归到自己原本所处的位置当中去，如此，便能够让我们明确方向，跳出武术套路表演与竞技的桎梏。

如果武术全部只是以写意的演练来展示自己，并作为自己唯一的表现形式，那么武术就只能等同于"舞术"，因为只局限在这种唯一的表现形式的框架内，武术根本就无法展示出真"我"，即便初始的写意形式对技击的表达是那么的精准与到位，但由于缺乏写实形式的量化与检验，最终只会将武术引向绝对的舞蹈化，其结果就是人为地断绝了“武”通过写实的实战形式来验证自己的功能，使得武术应有的功能被迫休眠而得不到显现，核心价值因此而被迫掩埋，于是写实就成为武术最致命的软肋。实战的竞技方式所展示的写实武术，把传统武术控制与反控制的核心指导思想通过这种形而下的表现形式诠释出来，能够更全面更真实地体现出武术的威慑力，最直接地检验技法组成与应用的合理性，以及由此所产生的直观的震慑效果。武化以此入境对武者的价值是巨大的，这种形而下的入境途径，才能更直接地体现出武术对修习者精、气、神综合素质提升的价值。所以，若只以舞化效果和套路表演去衡量武术的教化效果，就会使对武术的认知与表现落入误区当中，长此以往将会导致后来者无法全面深刻地了解到武术的真实内涵。因此，若武术仅仅是把套路的表演与竞技全面体育化，就很难将自己的功能全面展开。当我们只以表演、竞技、体育等概念来衡量武术的全部价值时，这种人为的局限对武术自身而言其实是自我贬损和摧毁的。

武术的文化价值是通过武化的形式体现出来的，那么我们又该如何认知武化的意义？首先要解决的是必须认知武化的概念。

所谓武化：以身体为载体，技击为核心内容，通过攻防对抗、套路演练、功法等与之相关的表现为形式，并在以此形式习练的过程中体现出符合人性的教化功能，表现在受教化者机体功能提升的过程中，并同步得到道德与精神上的升华。武化即以武教化。

武化需要以武术为形式，通过武术的内在规律对习练者进行身心、技艺、素质等方面的修炼，逐步得到“下武精技防侵害、中武入喆安身心、上武得道平天下”的能力，使习练者在身体的体悟积累中逐步达到心悟的升华，这就是以武教化的方式。

从字形上释义：

（武）武，以戈去止为武也！（化）化，教化也！

从文字的上下结构来看，戈在上先书写，而止在下后书写，即先有用戈的行为表现，而后再有被戈所止的势态结果。以武教化是通过武术“制止侵袭”为技术导向，引领修习者进入认识人、自然、社会等客观规律的传统教化方式。

当然“武”的含义有其内涵与外延，如果我们对“武”的认知，在意识上仅仅只停留在“打与不打”“能打或不能打”的沼泽泥滩里折腾，那么就永远无法迈进以“武”入道的文明门槛。一个人，至少要具备“己所不欲勿施于人”的思辨基准，才能真正理解中华文明中“止戈为武”的丰富内涵。这就如同对“暴力”与“权力”的理解，相同之处都是“力”，不同之处是“使用力的方法”。

必须承认从武术技击的角度来比较各类搏击术，在当代我们还暂时落后，但我们仍然保持着许多自己的传统文化，还有自己的教育方式与体系，以及尚存的经验积累与曾经的记忆，萃取那些符合历史潮流的可借鉴的各种文化元素，这就是我们武化教育的基础。据此，我们就能够重新构建曾经的文治武功、文韬武略、德才兼备的武术修习体系。只要我们摆正态度，用实际行动来重视我们的传统文化，我们就能够拿捏有度而不会缺失，且能所及充盈。这是我们先祖早已为我们准备好的瑰宝，虽无价，但人人可得。

二、关于武术观的思考

武术观，是人们对武术问题总的根本的看法。武术观是武者人生行为的指导方针，如果追求武术成就或从事与武术相关职业的人出现了武术观上的错误，就意味着这些人在认识问题的方向上会发生对应的偏差，那么，即便他们是一些非常努力勤恳的武者，就武术的成果而言都将会是竹篮打水一场空。

武术观从理论上来讲，应该包括对武术的产生、武术根源、武术动因、武术本质、武术性质、武术目的、武术及其相关因素的内在联系、武术的历史及意义、对待武术的态度、武术的功能、武术的价值诠释、武术与社会的关系、武术与政治的关系等一系列问题的基本观点。武术观是人们在历史进展的长河中，在各种武术实践的活动中形成的理论观点。由于受阶级立场、各人的三观（世界观、人生观、价值观）、文化背景、经验积累、个体的认知能力等因素的制约，自古以来，世界上就存在着各种各样的武术观，表现出对武术的起源、本质、价值、形式、历史作用、各因素之间相互的关联度等一系列问题不同的理解与认知，以及如何对待社会关于武术的主流意识的态度等问题。

不同人、不同时期、不同社会环境、不同文化背景，都会影响人们对武术产生各种不同的认识，例如：有人认为武术是人们解决人与人之间矛盾的产物；有人认为武术只是锻炼身体的一种形式；有人认为武术是根源于人的内心强大，而体现出来的外在强健；有人认为武术会让人更加充实，仅仅是文化生活的一个组成部分；有人认为武术就是一门中国人关于“打”的艺术；有人认为武术只是国家开展的一项体育项目而已；等等。

树立正确的武术观是认知武术、诠释武术价值、指导武术和确立武术态度的前提。

我们必须明确的是：不同的武术观，一定会形成不同的武术概念与武术的外延认知。比如说：写实观的论者，他们心目中的武术是只与技击有关的内容，而忽略了武术外延的价值体现；写意观的论者，他们心目中倡导的是套路的唯美，而忽略了武术技击的感受与求真的态度；养身观的论者，他们心目中认同的武术就是一种养身与健身的手段，所有认知都体现在关于静中遇动、动中遇静的内家拳观点或相应的功法上；文化观的论者，他们心目中关注更多的是武德与人性的价值体现；竞赛观的论者，他们心目中的武术就只是一个夺金的运动项目而已，与别的运动项目并没有本质上的区别，所以，为了运动员能够获取更好的成绩，而展开相应的技法研究、训练方法的研究、竞赛规则的研究，只有这些才是他们应该展现的工作。不同的武术观会阐述出不同的武术定义，也就有了不同的武术诠释形式，于是武林生态中就有了庞杂的武林现象，就如同一千个人心目中会有一千个哈姆雷特一样。

1. 中华传统文化氛围内形成的武术观对武术的认知应该符合下列六点要求

第一点：以技击为核心营造武学生态，由此入境，沿着健身、强身、防身的轨迹完成修身养性，通过修炼不断地在向善求真中完善自己成就自我，实现自我价值的人生目标。

第二点：中国传统文化具有“无法之法”的思想体现，要求武者顺应自然，充分挖掘自身潜能，在训练中成就相关的武者风格，并把风格表现在生活中。

第三点：传统文化的特色决定了以传统文化为底蕴孕育出的武术，其表现出的功能必定是多样性的，以技击为核心的表现形式可以体现在方方面面，并且在各种形式上都能够得到相应的价值体现，所以说武术是一个综合体的技击表现，而不是一个单一的技击形式。

第四点：传统武术文化的内视特征，决定了武术具有向内开发的训练特点，表现在具备外向训练的阳性训练体系的同时，非常注重对人体内部各类潜能的挖掘，并逐步展现出内向性的阴性训练体系。这方面不同于其他文化特色的技击术，尤其是西方纯粹的阳性训练体系。传统武术各流派在把握向内与向外开发功能的训练中，各自都有自己“度”的拿捏，通过训练可落实“内外合一、阴阳一体”的表现，支撑了中华武术这个大训练体系的特色。

第五点：传统文化的整体观决定了它对武术的影响与表现，无论是在理论构架、技术构架、训练体系、竞赛体系、武德修养、市场运营等方方面面，传统武术都不能脱离先整体再个体的文化特性。

第六点：天人合一的训练指导方法挖掘了人体的潜能，支撑了控制与反控制的表现形式；中庸平衡提供了以空间轴为主轴、时间轴为辅轴的技击表现构架平台；五行相生相克提供了控制与反控制的技术指导；克己复礼决定了控制与反控制的价值取向，如何去追求更符合人性的技击效果，体现出更符合人性的道德标准；“己所不欲勿施于人”的信义表现出市场运营的基本。

2. 控制与反控制的武术观

控制与反控制的武术观，就是我们的概念预设与思想逻辑，如同其他理论体系一样，追寻到源头都会有一个或者几个概念被人们作为确信与信仰，并以此作为理论体系的原点。

我们透过具象的技击表现所形成的武术观，都是在传统文化中形成的关于武术的基本观念，总结后，可以用六个字来概括，那就是“控制与反控制”，表现在对武术相关内容的控制与反控制的指导思想，以此为指导去认知武术各类因素的关系，并驾驭这些因素的具象表现，从而构建武术生态。

传统武术必须认清自己，摆正位置，例如：乌龟在地上的移动速度是永远快不过兔子的，这是必须承认的事实，可乌龟在水里游泳的速度永远比兔子快也是不争的事实。因此，传统武术不要放错了自己的位置，因为脱离了自己的文化背景就没有任何优势可言。

传统武术技击在技击形式中通过驾驭来运行技击对抗，即“控制与反控制”。以力量在技击中的作用为例，无论从什么层面、角度与表现形式上来看，力量强大固然重要，但力量的强大并不代表就已经拥有了一切，只有能驾驭这个已经具备的强大力量，才能拥有用力量去追求与力量相关联结果的基础。控制与反控制在技击中的表现则是：技击者在对抗时一旦具备了对时间与空间的控制能力，在对抗之中就可以根据技击所需，表现出围绕着技击者设定的目标而展开一切行为，并使其有条不紊地、合序地进行，在对不同技击元素的驾驭过程中产生驾驭者希望获取的技击效果。

下面我们对“控制与反控制”的武术观与传统文化的关系进行一下梳理：

传统文化当中关于“道”的因素在武术中的主要体现，是在“无法之法”之中，通过“无法之法”的训练指导充分挖掘人体的潜能，以更强大的能力去支撑“控制与反控制”的效果。

传统文化当中关于“儒”的因素在武术中的主要体现，是在人性“善”与“恶”层面上进行“控制与反控制”的把控，体现出内在的“仁”。通过对人性中“善”的弘扬，并控制它使其朝着正确的方向发展；同时通过对人性中“恶”的一面进行遏制，使得人的行为不被人性“恶”的一面控制，而进行一种对“恶”的反控制。

传统文化当中关于“释”的因素在武术中的主要体现，是佛家以慈悲为怀，通过“慈悲”与“忍”等一系列的“控制与反控制”行为指导，以控制人心，使人性所表现出来的行为朝着好的方向发展，达到不战而屈人之兵的效果，是“控制与反控制”思想的一种诠释。

通过“控制与反控制”的形式去追求自己的技击效果，以实现武术的自身价值。

三、关于传统武术构架的思考

武学探究需要溯本求源，但前提是探究者必须怀有一颗求真的学术之心，并拥有一个务实的态度，正因如此才需要我们对武学的研究从源头开始去梳理，这便是我们得以构架起的武学体系真实逻辑的原始起点，才能使得武学的构筑、发展与完善屹立在坚实的基础之上而不倒。同时，这些还是我们关乎一切武学认知的底线，并且是不随任何人的意识转移而发生变化的客观存在，应该确认为是造物主赋予我们认知武学世界的开始。

我们必须清晰完整地认知武学体系，并在其中具备这些特征：理性客观、稳定始终、体系完整、逻辑圆通、普遍指导、精英打造。

武学体系的构架自然要具备上述特征的要求，在此我们要明晰传统武术体现在三个方面的问题：目前的传统武术状态如何；我们需要怎样的传统武术；如何重新构架所需的传统武术。

第一，目前的传统武术状态如何。我们必须承认目前的传统武术十分庞杂，而且鱼龙混杂。“传”是古往今来的时间概念；“统”是上古形成并存在至今的空间概念，指世代相继的系统，又有统领归一的意思。传统武术就应该承载这些信息并表现在自己的形式上，它是中国传统文化的一个组成部分，是在传统文化背景下形成的，关于武术的相关内容流传与发展至今的一个总的概念。

只有明确传统武术的状态，我们才能摆正位置，客观分析，确定一个可以取舍的参照。我们还要端正自己的态度，怀有一颗包容之心，客观对待世界上因为地域文化的差异，以及人文环境等诸多不同因素，而导致的武术认知上的不统一。我们还要清晰这样一个概念，那就是“凡是历史流传下来的不一定都是有价值的文物”，我们要做的就是，如何取其精华、去其糟粕，这才是重要的行为标准。再者，从世界文化史的角度看各国的搏击史，其搏击形式或多或少都发生了变化，表现在形式上变化的主要原因，基本上都是为顺应历史潮流这个大趋势而为之，传统武术在当今出现代际更迭也是自然现象，改变自己以符合历史发展的规律，这样顺应时代的变化本身就是发展与完善自己的结果。因为，这样才能让传统武术按照自己的内在规律在自己的“道”上不断前行，而只有合“道”才能让传统武术走得更远。

显然，传统文化必须置于现代文明的背景下才能实现蜕变与更新。在这样的前提下，通过不断地变革与萃取，在大浪淘沙前行之中凡是文明总会留下，是粗劣只能被淘汰，在吐故纳新中进展，这就是历史发展的规律使然。

传统武术的文化背景与生存环境，决定了它的存在形式具有庞杂的特点，在庞杂状态中的每一种思想、流派、风格与行为，势必不会有一个被共同认可的、统一的“度、量、衡”标准，以对其进行全面的考量。就如同小猫与小狗在做“翘尾巴”的同样动作，但猫狗彼此就有不同的解读，小猫的翘尾巴表达的是准备战斗的意思，常常伴随着的是立即摆放出随时投入战斗的架势；而小狗的翘尾巴却是表达友好，并常常伴随着的是左右摇摆尾巴的讨欢。小猫与小狗同样的一个动作表述含义截然相反，导致彼此间的交流不处在一个频道上，或许这就是猫狗同处打斗多的重要因素。

庞杂的传统武术表明了，一系列与武术相互关联、相互作用的有关事物或各类思想意识互相联系，共同构成武林生态。在这个生态里内容丰富、范围庞大，生态内部的关系还非常杂乱，所以目前传统武术所显示出的特点就对应着多而杂乱的现象。

武术流派是一个大集合的概念，据 20 世纪 80 年代中国官方统计约有 129 个拳种，这个数据还不包括各地县乡村的地方小拳种。我们知道任何一种武术拳种的形成都不会一蹴而就，武术拳种的产生是中国冷兵器时代阴线武术体系逐渐走向成熟的标志。但凡拳种在产生之初都会经历大量的攻防格斗等技术的实践与检验，随着技击技术的完善和规范化，并得到相应程度的认可后，而自成一体，逐渐完成开宗立派。在其形成的过程中会受到多种因素的影响，例如：拳种自身较为稳定的攻防技击体系、完整独有的技击理论、所处地域文化等。于是，长期以来全国各地逐渐形成了各种“源流有序、拳理明晰、风格独特、自成体系”的地方武术拳种，共同丰富和完善了中国武术的大家庭，使传统武术异彩纷呈。

然而传统武术在打开国门面对现代搏击时，那些曾经引以为豪的传统武术攻防技击，展现出的现实是:在面对外来技击术的强大压制下，一个个地被迫倒在现代竞赛的擂台上，前赴后继，几乎没有例外。面对残酷的现实，传统武术集体失声，于是就有了各式各样的解释，以说明自己并不会随着擂台的失败而随之消失，并努力诠释自己内在的价值仍然还存在，如擂台外的技击价值、健身价值、文化价值，等等。但无论怎么解释也否认不了面前惨败的事实，在一部分人坚持恪守传统武术的同时，也有一部分人从一个极端走向另一个极端，开始对传统武术进行全面否认，于是原本就庞杂的武林界，如今又出现更多的不稳定因素，使得传统武术更加复杂化了。同时传统武术的生存空间也在随之变得越来越狭窄，已经被逼到夹缝中求生存是传统武术表现在各拳种中普遍面临的共同问题。然而，目前传统武术的各门各派还在各自为政，彼此间仍然坚持在各自的阵地上做着自己的道场。

于是武林界很自然地就有了独特的风景。有道是“世界之大，无奇不有”，纵观当今武林，有着各种各样的超人与五花八门的怪状，如“武林中吹牛的人多”，俗话说“十个把式九个吹，还有一个瞎胡勒”，等等。在一个没有统一标准衡量的游戏里，在无法量化彼此能力大小的运行中，妄自菲薄、唯我独尊也就有了任意滋生的土壤；虚假宣传泛滥，为了招生夸大其词，在社会上造成极大的负面影响，因此而产生的直接后果就是社会上出现了许多对传统武术不真实的评价，这对传统武术的传播是极其不利的。当人们再也不相信传统武术时，最终结果就是再也没有人愿意成为传统武术的继承者。武林中由于花拳绣腿能够大行其道，导致传统武术习练者大多不懂如何实践，促使当下的套路为了表演而编得越来越难、越来越花哨，使人眼花缭乱，完全丧失了技击的本意，成了武舞式的杂耍。早在三百多年前，明代著名技击家戚继光就批判过当时武林中盛行的“舞术”之风。戚云：“今之阅者，看武艺，但要周旋左右，满片花草……”他还尖锐地指出：“此是花法胜，而对手功夫渐迷，武艺之病也。”明代武术界如此，当今武术界则更甚。

从不同时期所表现出的技击现象来看，那些单纯习练传统武术的人对实战的态度，往往与参与外来搏击项目习练者的态度有着较大区别，即便有愿意上擂台接受检阅者，在“实战”中的表现也是差强人意，甚至于有些“大师”“嫡传”“传人”“宗师”“专家”或“教授”终身都没有过真正意义上的实战经历，建立于此的武学研究与传承其价值是令人担忧的，就如同没有坐过飞机却非要以专家自诩去大谈特谈坐飞机的体会，还要与人分享高空之感受，如此意淫的运行平台很难积累起对技击真实全面的本体感受，更无法形成正确与整体的技击认知。其实，每个技击高手都有一个从不能“打”到能“打”的转变过程，所以不能“打”并不等同于“丢人”或“失败”，只要有清晰的认知、基本的自知就足够了，需要的是明确目标，并以此为起点朝着目标不断前行，只要不放弃，终究会有接近或到达目的地的时候，但在过程中不能对自己没有一个准确的自我定位。而如果恰恰相反，表现出那种妄自菲薄的态度，并误以为自己不需要经历关于“打”的科学与体系的训练就能够做到不仅能打，而且还很能打，已然把自己意淫成一个世纪难遇的绝世高手，非要自以为能当之无愧地为天下“师”，这种缺乏自知之明并且还要从中绞尽脑汁去骗取利益，显然就成为一种武痞行为。该现象无论是集体表现或发生在个体身上都绝非是合德行为，更有甚者非要在此中谋利并将其作为养家糊口的营生，这种明知不可为而为之的行为就误己害人了。

道理非常简单明了，那就是但凡只要是武术，其灵魂就是技击，现实中的传统武术面对现代各类型的技击实战，总是显得很纠结，多数是没有勇气站在擂台上迎接挑战的，偶尔有些勇敢者鼓足勇气走向擂台，面对擂台上的对手，他们所习练的各门各派的神功却瞬间不见了，传说中的威武在瞬间荡然无存，呈现出的是表里不一的尴尬局面，这往往就是许多武林界人士很难释怀的心结。即使偶尔有那么一些的的确确能够在擂台上有作为的传统武术习练者，他们用自己的技击实力证明了自己在擂台上的地位，其实他们所应用的技法都是现代技击内容，与各门派的武技没有本质的必然联系。

面对现实中无法回避的结果，我们必须反思的是传统武术本身 DNA 的问题，这是基因结构里的诸多因素，由此而导致传统武术在实现中的必然结果；还有就是如何在习练传统武术的人身上寻找问题；或者是……这些摆在面前无法回避的顽疾与恶习，才是值得我们进一步去深思的问题。

第二，我们需要怎样的传统武术。世界已经进入地球村的时代，现代文化与中国传统文化是不同时代、不同背景下的文化。一个有几千年历史的算盘，当然比一个时尚的计算机更有收藏价值。但从某种角度来审视它，例如就功能而言，现代计算机所表现出来的实用价值是算盘不可比肩的，虽然算盘还能够在小范围内体现其细微的实用价值，但更多的体现则是已演化成了艺术品价值。再者，历史悠久，只是相对于过去而言，并不针对未来。历史上的一些文明古国已经不复存在，但那块土地上的人们仍然会有他们新的文化，关键的是文化的传承之外还需要有文化的再发展。

我们要发展现代文化，不可抱残守缺。传统武术发展需要变革与开放，改革就必须承认自己不足的客观存在，包括承认我们传统文化中存在的不足与顽疾；开放的深刻含义就是要敞开胸怀，萃取有利于我们发展的先进文明。当我们落后的时候，就应该摆正姿态，虚心学习外来的先进文化，只有这样才能有机会重塑自己的形象。

那么，怎样的传统武术才是我们需要的呢？传统武术表现出的健身、养生、强身、防身、表演、观赏、社交、修身养性以及经济等方面的功能，其实都集中于一体，这些功能并不具备在武术中存在的唯一性，并且就功能展现的效果而言，仍然存在进一步理性规范等问题，同时上述的这些功能都是可以被许多体育运动与其他文化形式所替代的。

从溯本求源的角度来看待传统武术的问题，其实，问题并没有那么复杂，只要将武术最根本的问题加以解决，一切问题就迎刃而解了。那就是属于传统武术自己的技击思想以及相应的表现形式，就是传统武术的魂魄所在，传统武术一旦有了灵魂就会非常自然地赋予其所有功能，并表现出传统武术应有的特色的生命力。

以防身为例，世界上可以用于防身的技击术如过江之鲫数不胜数，但属于传统武术自身特色的技击却是唯一的、不可替代的。我们不能舍本求末，为追求形式上的苟同而丧失了自己，如果武术劣根性的问题得不到解决，武术将会因此而逐步走向消亡，因为除了属于自己技击性的这个根本功能不能被替代，武术的任何功能都是可以被替代的，传统武术就会因此而失去存在价值。

传统文化不能丢弃，但是更不能打着保护传统的名义而裹足不前。担心失去中国的传统文化而拒绝现代文明的介入，这显然是一个错误的理念。因为这两者之间并不是相互替代的矛盾关系。学习现代文化，接受现代文明，并不意味着就要全盘抛弃传统文化，我们要在借鉴中继承与发展传统文化。只有学习那些有利于我们的外来文化和拥有更多最先进的文明，据此所构架起的武学体系，才能支撑起民族文化的自信与武者的自强。

第三，如何重新构架所需的传统武术。每一个武术形式都孤单地在生存上挣扎，武林中的各流派之间，甚至流派内常常是不相容的，似乎生来如此，在自大中各自为政，苟延残喘于一些微不足道的场合中，偶尔证明一下自己仍然还活着。

是人们对“武”的需求减少了吗？回答是否认的。面对当下搏击类运动在国内外如火如荼地开展，恰恰证明了社会对“武”的需求不减反增。类比韩国的跆拳道项目在中国的全面开展，传统武术只能面对局势而自愧不如，难道传统武术真的就成了没有市场的“堆积货”了吗？

每一个武术流派就如同一颗小鹅卵石，而类似韩国的跆拳道项目就如同一粒沙，鹅卵石与小沙粒的比较无论从什么角度来看，鹅卵石都是占据绝对优势的一方，使得每一颗鹅卵石都本能地产生了自信心。然而这只是势态发展的开始并非结局。韩国通过国家协会集精英们的智慧构建起现代跆拳道的技法构架，并统一其市场运营推广的模式，以国家之力的行为推出现代模式的规范与运营，确立支撑项目的文化支点，喊着“以礼始、以礼终”的口号一路前行，在前行中逐步并入现代体育的轨道，使整合后的跆拳道显得那么符合现代规范，并在重新构架的技术体系中处处闪现出现代文明的光芒。于是跆拳道完成了融入当代社会的华丽转身，已经成为大家普遍接受的一项现代体育运动。

在与现代市场接轨时，跆拳道以其独特的运营模式在市场上亮相。当简单易行的运营模式在市场上推行时，就会清晰地让每一位不同身份的参与者看到自己需要的亮点，并能够达到各取所需的结果。此时的跆拳道已经不再是原来的那粒沙了，在这个体系运行中的国家行为已经为其提供了一个平台，一个让这个模式中的每粒沙安家的平台，那就是水泥，水泥让模式中的每一粒微不足道的沙有序地汇聚在一起，组成社会所需的各种器型，此时的沙子已经发生了质的飞跃，在水泥的作用下实现了更大的自我价值。

当我们回头再看那鹅卵石依然还是鹅卵石，曾经的强大已经不复存在，鹅卵石面对水泥器型已经完全看不到沙子曾经的渺小，却衬托出自己的孤单。此时组成器型的沙子已经完成了使命，有的组成高速公路，有的组成高楼大厦，通过价值的实现而尽显时代风流；而鹅卵石却仍然在原地嘈杂地讨论着石头的质地、密度、水头、颜色、形状与种类的划分，以及纠结于出自谁手、传承是否有序的确认之中，于是从目前的局势来看，就有了现在传统武术对外来技击形式的无奈。

四、三型一体为形式所表现的武学思想

传统文化是个大的概念，具有整体特色的传统文化孕育出了武术，它影响着武术的因素是综合的，但综合当中通过诸多因素的分析，还是可以发现具有直接与间接的因素存在。在传统文化孕育下的三型一体的武术表现形式中，必须通过技法与武德两方面的具象来表达自己的思想，如诡道与圣道等多方面的传统思想，由此共同构成传统武术复合性的组成结构，也就自然形成了对武学体系架构的基本要求。

诡道是取胜方法的总称，目的就是获取技击效果并战胜对手，是武术技击必须遵循的基本原则，是控制与反控制思想表现在武术技法上的战略，是技术体系建构的根本依据;圣道是武者技击时必须遵循的道德原则，是武者运用技法时进行价值判断的根本依据，是武者的道德体现。

自古武术对人生、生命、胜负、健康、情感、伦理等方面，都有自己独特的理解与表现方式，并能够深入人心。当然，还需要借鉴其他文明，以完善传统武术的内核。传统武术在体现自身存在价值时，并不像西方搏击类那样，让自己仅仅局限地成为某种单纯的运动形式。但是，就竞赛而言，其中有许多值得借鉴的地方，例如：武术的竞赛与交流需要强调其中的体育精神，通过公平与公正的规则使参与者得到规范是完全有必要的，因此，对规则本身的绝对尊重，以及对竞争对手的尊重，这些就是武者素养成熟的重要标志之一。当武术作为一种成圣成贤的修行之道时，引导武者从人性去修炼，使武者所追求的人生境界得到了更大的超越，则是武术更大的价值体现。

纵观历史，大凡历史大转型，都会逼迫大环境中的每种文化形式重新思考关于自己本质的问题：我是谁；我是怎么产生的；我将发展成怎样；我的历史定位；我的价值何在；我的价值如何衡量；我在文化领域里的独特性与不可被取代的内容与形式是什么。

构建传统武术体系首先要赋予这个体系灵魂，只有灵魂才能居于武术动作形态之内，并成为主宰外在表象的核心因素，让武术这种文化形式能够表现出生命存在的主导和决定作用的因素。

传统武术的灵魂就是传统武术理论的思想体现，独有的理论思想对传统武术的构架具有全面的指导意义，起着不可替代的作用。它是项目运行的原点，是项目外在表象形式诠释思想的衡量标尺。

传统武术的理论思想，必须对武学体系构架的形成与规范起到创范垂统的作用。只有科学的武学体系才能规范地表现出：以技击为核心，以控制与反控制为指导，以驾驭技击效果为目标，以攻防为形式的经纬技法构架。并突出“武学训练是人生的必修课，而不是可有可无的选修课”这个主题思想。武学体系在理论思想的指导下，完成逐步认知到整体完善的过程，并变得逐步强大起来。

为了能够阐述传统武术的本意，而又不与当下一些混乱的思维混杂在一起，我们采用国际上对武术的统称，即传统功夫，英文为 Traditional Gong Fu，英文缩写为 TGF，其含义即为传统武术。

本书阐述的传统武术技击是以传统文化为核心，以适应当下社会环境中人们对武术的需求为前提，进行重新构架的武术新体系，一种以武术为平台体现出来的传统文化。该体系是以突出提升“精、气、神”为核心，围绕此核心构建起来的武学体系的新模式，该模式的表现形式是以功法、套路与对抗为内容的三型一体的表现形式。

传统武术的具体构架是：以桩功为用力基础，以控制与反控制为指导思想，以空间轴为主轴、时间轴为辅轴共同构建技击环境，以（已动、待动、源动）三动为技法核心，支撑经纬技法去构建自己的技击体系。通过击打、跌摔、拿把等类型的具体技法为手段去追求技击效果，以实现体系思想的技击价值，并以功法、套路与技击对抗这三型一体的表现形式为基本平台，展示中华传统文化的相应元素。

指导传统武术技击功能得以体现的思想，应该体现出技击本性的求真与再现特征，技击功能是传统武术存在的最基本也是最核心的要求，只不过是因技击的表现形式不同所对应的技击表现特征不同而已。表现在：实战对抗是技击表现的最原始、最直接、最基本的表达形式，成熟的实战对抗不但具备自成一体的技法体现，还能对其他类型的武术表现形式产生全面的影响；为了技击功能体现出更好的效果，必须有一套功力去支撑技击对抗的各种表现形式，如此才能获取更好的技击效果，然而，功力增长的训练是非常科学、复杂而又艰苦的过程，传统武术逐步形成了一套向内挖掘自身潜力、向外增强肌肉力量的训练体系。中国文化的特点决定了国人对技法与功法训练的综合表达形式，即套路。套路是技法的写意形式，又是功力的一种训练与表现，所以说套路是武术的一种较为综合的表现形式。传统武术这个大的体系就是通过功法、套路与技击这三种形式表现出三型一体。

下面我们就三型一体中各自的思想体系，进行相应的分析与探讨。

（一）功法的思想体系

功法的思想体系是以桩功为基础全面挖掘人体潜能，诠释传统文化天人合一的思想。

传统武术的功法思想根源于传统道教的内丹学，通过借鉴丹道中对身体功力挖掘的主要修持方法，构建起一套内外一体支撑技法施展的功法训练体系。所以说，传统武术的功法训练是一种体现道教文化中宇宙论、人生哲学、人体观、修持经验为一体的理论体现和行为模式。在习练的过程中体现人与自然相互和谐的“天人合一”与“道法自然”的法则，通过对人与宇宙的自然本性相契合、同道一体化的追求，达到对自身潜能的充分挖掘，以实现增长自身功力的目的，同时也体悟到传统文化的博大精深。

天人合一是一种至真、至善、至美，最能体现生命价值的人生最高的艺术境界，是一条性命修炼的隧道。传统武术的功法训练是寓道于术的文化在武术领域的体现。以武术的形式修炼自己也是参天地、同日月、契造化、返自然的天人合一之道，通过训练中的体悟来洞察内情，以达到心悟的升华，更是增长自身能量，挖掘自身潜能，还本我、修性命的通途。

事实上，当今传统武术的许多功法，都是历代修炼者积累下来的宝贵财富。从原理上来理解传统武术功法，通过吸取内丹一学的思想，并结合武术的技击需求摄取所需元素，通过老树嫁接的方法，使其融入武学之中并得到进一步的功能完善，在不断地孕育中获得了属于自己的新生命，于是在先贤们的努力下，逐步地形成了属于传统武术自己的功法体系。

功法表现通常都是按照四个阶段的训练来共同完成的，这四个阶段分别为：第一阶段为筑基构架入手功夫；第二阶段为炼精化炁；第三阶段为炼炁化神；第四阶段为炼神还虚。在这个产生功力、强大功力、运用功力的过程中，修炼者从养生开始，逐步过渡到健身，再到强身的飞跃。在保证修炼者自身健康的基础上，为技击技法的施展提供了强有力的能源保障。（图 1–4–2）

图 1-4-2

（二）套路的思想体系

套路的思想体系通过武术写意的技击表现形式来完成，诠释出了传统文化中和为美的思想。

中国武术套路练习的存在和发展是武术运动形式的重要特征，它突出展现了武术练习高度程式化的表现模式。套路的产生和流传是由中国传统文化的背景所决定的。“道”在中国传统哲学中有非常重要的地位，中国古人把“闻道”作为人生追求的目标，这是武术套路产生的思想基础。套路中崇礼的体现是武者伦理道德再现的方式之一。而中国文化的特征决定了武术套路得以发展和延续的底蕴。

中国传统文化的程式性特点决定了武术套路的产生，溯本求源，武术套路能够大行其道都是一种文化现象。武术套路以具有攻防技击含义的动作组成为主要内容，它和格斗技术有着密切的联系，它是一种写意形式的武技，同样又是传统文化的一种表达形式。纵观世界各个民族都有属于本民族的武技。就武术运动的技击形式而言，它可以分为套路与对抗性练习两大类型，二者相互依存、互为表里、不可分割，共同组成了武术的技术内容。武术套路的练习是将许多武术动作按一定顺序编排而成，并按照一定规范来进行演练的运动形式。如果仅从技术的角度来分析，我们认为具有这种性质的套路练习是为了便于传授、记忆、演练和交流而产生的。当然，这并不会是武术套路练习所产生的全部原因，其中显然还包含有中国传统文化的因素，舍此则无法得出更为深刻的结论。

每个武术套路的组成必须有自己的思想核心，套路只有核心的存在才能够起到凝聚动作的作用，例如:该套路练习的是某种“劲力”、某种“技法”、某种“战术”、某种“素质”，等等，套路一旦有了构建在基础动作上的运作平台，需要从中表达出的核心思想以及运行节奏就能得以诠释，其中的“中和”“气韵”“意境”也就随之自然产生了。传统文化的精髓在于其思想有自己的独到之处，有着自己看待世界的角度与处理问题的方法，通过武术套路表现在技击上的行为方式自然也会体现出自己的特点。从各国搏击术的发展史去窥探技击的内在规律，武术作为地球村内技击文化大家庭中的一员，无论如何都无法脱离技击发展规律的轨道而“独存”。技击之“道”是所有民族技击术都必须共同遵守的共性与底线，就此是无特例可言的。更何况“道”是不受人的意识影响的客观存在，对此，武术只能够遵守，因为遵“道”的行为本身就是武学文化有“德”的表现。

当然作为中华文化的武术有其自身的特点，如果说武术的某个特点不能表现在技击上，那么这个特点就不可能成为其核心价值，最多只是表现风格而已。因此，就武术套路而言，只要是武术的技击核心不变，武术套路的展现就不可能成为技击生态中的特例，否则传统的“舞蹈”与“杂耍”也会有充足的“理由”归类于武术的范畴，因为其表演比真正的武术更讲“韵”，更讲“难度”，除技击以外的所有元素的诠释都比武术显得更为“丰富多彩”，可是我们并不会认为舞蹈与杂耍就是武术，从“文化”的定义进行逻辑推演就可以得出此结论。

图 1-4-3

（三）技击的思想体系

技击的思想体系是武术写实的技击表现形式，攻防中诠释出传统文化中阴阳五行与相生相克的思想。

随着外来搏击形式与本土传统武术之间的实战碰撞，就技击对抗的结果而言，用一败涂地来形容实在是不为过的。为了使武术坚守住得以延续的生存空间，武术人被迫思考武术的何去何从。如果是全面的拿来主义，就是把那些技击效果好的技击术全面地搬过来，这样虽然可以暂缓一下急需，但在不久的将来，失去技击的传统武术就只能够被迫丢弃自我，或者消失，或者变异成失去自我的新型运动形式。

时不我待，形势迫使传统武术这一文化形式，在写实的技击表现上必须有所突破。通过仔细分析我们可以将武术技击方面的内容，按照其特性进行相应的归类与改进，以适应社会发展和人们对传统武术技击的需要。传统武术的技击形成基本可分为徒手、短兵和长兵三类运动形式（混合技击另述）。我们必须清楚地认识到当下的现实是：传统武术所表现出来的任何一种技击形式，从顺应当下社会的普遍需求的层面来看都是不完整的、不成熟的，与现代体育的要求相比有很大程度的不合拍；传统武术的运动形式，至今都没有形成一套相对完整统一的符合现代科学的技击理论体系，以及在理论体系指导下所形成的技击技术体系和与其相匹配的训练体系。作为传统武术技击这类运动项目，我们要做到在萃取中继承传统武术文化，并不断吸取西方体育思想的养分，对自身技击体系进行科学构建，以推动武术技击技术的不断发展与完善。

通过对中国传统武术技击的技术了解，以及现代人们对技击形式的实际需求，我们对传统武术许多门派的技击内容、形式、历史沿革、时代特征、发展现状等诸多方面，进行了新的定位与更客观的分析，并提出了“控制与反控制的技击思想”。以此为原点构建传统武术技击技术体系框架，为促进其步入正轨发展提供一整套构架理论。

传统武术技击体现的是一个动态的、开放的、发展的、求真的技术整体，其结果最终必须得到实践的检阅与验证，因此，在规范中的体系仍然需要不断地充实和完善。它在自身的发展中，需要不断地在自身的反省中摆正自己的位置、在同外界不停地交流类比中规范自己、在理论的指导运行中不断地完善自己、在外界的作用下改变自身的状态，使自己逐渐走向成熟，成为一个名副其实的搏击巨人。

随着社会经济、文化、科学的发展，传统武术技击在时间上、空间上会有更广阔的领域，这些都将给传统武术的发展带来更强大的生命力。

图 1–4–4

五、构建武学的理论体系

（一）牢牢把握以诠释控制与反控制为核心的指导思想，并以此来构建传统武术的理论体系

以精、气、神为诠释控制与反控制思想的基础原点，梳理武术发展方向，构建包含套路、功法和技击实战三大结构为一体的武学内容的系统，逐步形成既独立又统一的套路运动、实战运动和功法运动。

显然这种武术的发展形态需要满足，在一定程度上更能够符合国际通行的竞技化要求，同时又能够突出其武术一体中三种形式同源的项目整体特性，在继承和发展传统武术时使得原来走偏了的套路、技击实战和功法得到系统性的规范，在三型一体的立体传承发展中让各自都能够找到自己准确的位置，并回归武术的本我，让武术成为不再单一的套路、简化的说手技击与脱离核心的功法健身模式，使得套路、技击、功法共同组成完整的一个武术整体。

如此这般就能够对武林中极不规范的现象从根本上找出问题并进行根治，在人们逐步接受规范的武学思想并落实到现实的过程中，可改变武术练习在当下严重脱单的游离现象，如练习套路的人就仅仅只练习套路，练习实战对抗的人就仅仅只练习对抗，用功法健身的人只为健身效果而思考等，使得这类武术顽疾与陋习能够得到彻底改变。

三型一体是武术的一个整体表现，任何一种形式都是整体中不能缺少的部分，整体中的各形式相互依存，表现中互有你我，一种形式中的元素与思想往往支撑着其他形式的表现，彼此间有着缺此而否它的特征。通过对体育院校历年的武术教材、相关武术工具书及各类武术文献等资料的研究，以及国家层面的武术主流平台上的文件的考察，发现作为武术运动主要形式之一的功法内容根本就未被列入教材之中。长此以往，武术功法将会游离于武术整体之外，逐渐淡出人们的视线，这对于武术的全面发展是极为不利的。

在武术走向世界、普及全球的推广过程中，无论从文化的角度、民族特性的角度，还是从武术自身完善的角度来考虑，我们都更应该重视武术的理论构架。三型一体的武术理论构架，很好地诠释了武术各形式间的相互关系。为了更直观地表述下面一个章节，我们将以传统武术色盘的形式进行相关内容的分析。

（二）传统武术色盘的概述

此图是根据组成传统武术套路、功法与技击三型一体的关系所构建出的色盘（见彩图“色盘”），以阐述其间彼此的关系、功能与特征，下面就其构图由内而外进行相应的解析。

以组成人体“三宝”对应组成自然光的三原色，根据其特征的内在关联形成色盘的基本构架，并落实得以实现设定目标在动态运行中的基本原点，从此原点出发进行三型一体的功能推演。

传统文化将精、气、神称作人体的“三宝”，又有先天和后天之分。所谓先天三宝，是从自然界和人类社会的初始状态来看，那些无形的、自然本能状态的、功能性的、超越时空界限的东西；所谓后天三宝，是指从物质世界和世俗社会的现实状态来看，那些有形的、人为的、实体性的、与熵增的物质规律相一致的东西。精、气、神是人体生命要素的三个层次，不仅有先后天之分，还可以相互转化。后天的精，狭义上是指人体生殖之精，广义上还包括人体内分泌的多种体液与激素；先天的精，是在无为状态下人体自然而然本能产生的，藏于肾的元精又称真精，以无形有征的能量状态存在。后天的气通过人体的内脏机能，从自然清气中直接或间接而来；先天的气是禀受于先天通过父母而得的元气、真气，道教将这类“气”都写作“炁”，指人体生命运动的机能，体现为高度有序的能量流和躯体活力。后天的神为思虑之神，称识神；先天的神称元神，呈现出一种极清醒的无思维状态。精、气、神又是修炼的物质基础。

关于精、气、神的阐述在《灵枢·本藏》中有这样的说明：“人之血气精神者，所以奉生而周于性命者也。”即血气精神是奉养生命、维持健全人体生理活动的基本因素，其中血由精衍生，因此，概括地说，精、气、神是生命活动的三大基本要素，所以后世皆称之为“人体三宝”。

精是生命活动的本原及物质基础，体内精华物质的总称，构成生命体产生并维持生命活动的物质基础。按照不同的划分依据，有不同的名称及类别。究先天之精和后天之精的来源，则先天之精，禀受于父母，与生俱来，是生命的本原物质；后天之精，源于清气和水谷，化生于肺脾胃，是人出生后赖以生存的物质源泉。依据其功能，精可分为生殖之精和脏腑之精。生殖之精，由具有生殖能力的精微物质组成，贮藏并旋泄于肾，是人类繁衍与生殖有关的功能，还是性别征象的物质基础；脏腑之精，由吸入的清气和饮食的水谷化生，藏于五脏，其余则输藏于肾以备用，是诸脏腑功能活动的物质基础。依据内涵范围，精又可分为广义之精和狭义之精。武学上所指的精气神中的“精”，是指“广义之精”，即泛指构成机体和机体内贮藏的精华物质，而不是只局限在与生殖有关的精微物质的狭义之精当中。

气是生命机能的动力和能量运动，气原属哲学的范畴，被古代哲学家认为是宇宙万物的本原物质。气的概念引入中医学与武学领域（武医同理），便被赋予了特定的生理学意义。因此，哲学中的气与武学的气，虽有相承关系却是两个不同的概念。

从中华传统哲学与医学对气的共性认知来分析，有如下特点：

第一，运动不息。《灵枢·脉度》云："气之不得无行也，如水之流，如日月之行不休……如环之无端，莫知其纪，终而复始。"说明气是不断运动、流行不止的，在人体内有规律地周行全身。一切生命机能都在气的运动变化中完成，故生命的存在，以气的运动为前提，气的运动停止，便是生命的终结。

第二，无固定形状。《灵枢·决气》云："上焦开发，宣五谷味，熏肤、充身、泽毛，若雾露之溉，是谓气。"指出气虽具有多种功能，但它却像"雾露"般无固定形状。

第三，有征可寻。《素问·气交变大论》云："善言气者，必彰于物。"说明气虽然无形可见，但却可通过一定的物质运动的形式表现出来。

根据上述特点可知，运动是物质的根本属性，气是客观存在的物质，但它不是有固定形状的物质，不具有用肉眼可见的具象形态，而是无形有征的能量运动。按照现代科学的认识，能量也是物质存在的形式之一，属于物质范畴。因此，这里所指的武学范畴之气，可定义为：人体内具有生命活力、不断运动、无形有征的精微物质。它既是人体的重要组成部分，也是机体生命活动的动力。

神是生命活动的主宰及外在征象。"神"字本义指北斗的斗柄，后衍生出万物"主宰"之意。《说文解字》中有云："神，天神引出万物者也。"随着社会生产力的发展及人们认识水平的提高，人们逐渐认识到："神"是自然界阴阳五行变化"自造"而成的，并不是某种超自然的力量，因此，神可以被认识、被观察。

从客观的角度来认知"神"的概念，需要有如下几个方面的理解：

第一，指自然界物质运动变化的规律。如《素问·气交变大论》云："天地之动静，神明为之纪。"指自然万物的变化规律即神明。

第二，指生命活动的主宰。《灵枢·天年》云："失神者死，得神者生也。……血气已和，营卫已通，五藏已成，神气舍心，魂魄毕具，乃成为人。"说明神是决定生命存亡的关键，在胚胎发育过程中，只有具备了"神"，才能发育成有生命的人。假如主宰生命的"神"一旦失常，便会影响生命活动，甚至导致生命机能的丧失。

第三，指人体生命活动的外在征象，即神态。《丹溪心法·能合色脉可以万全》云："有诸内必形诸外。"说明内在的神机运动，可通过外部征象表现出来，凡视听言动、形色舌脉、喜怒忧思悲恐惊等都是神的具体体现，故武学将动作运行的外部征象，即反映出来的关于精神的整体状态，称作"神"，并据"神"的状态来判断动作机能的相关质量。

第四，指人的精神、意识、思维活动。《素问・八正神明论》云：“请言神，神乎神，耳不闻，目明，心开而志先，慧然独悟，口弗能言，俱视独见，适若昏，昭然独明，若风吹云，故曰神。”说明人对外界事物的体察、领悟、见地、把握、理解等意识思维过程都是属于“神”的内容范畴。

以上关于“神”的四种理解，第一者属于哲学范畴，后三者又相互关联，彼此间可分却不可离。神居内则为生命活动的主宰，现于外则为生命活动的征象。精神、意识、思维活动是为强调人区别于一般动物的本质特征而分化出来的，其意义可涵盖于“主宰”“征象”之神中。因此，《内经》中所指的人之“神”包含三个含义，实为三位一体。

对于精、气、神三者各自的性能而言，其实是一个不可分割的整体。精是生命活动的基础；气是物质活动的一种功能，也就是人体生命的动力；神是功能活动的一个具体表现。三者关系是：精为气之母，元精化生元气；气为精之用，精是体，气是用；神为气之形，譬如一个人精神饱满，神采奕奕，神气十足，一见面就看出身体很好；神是外在表现，是精气神集中的功能表现。精气神相互关联，精伤则神无所守。例如：表现在人体脏腑形体官窍的功能活动，及精气血等物质的新陈代谢，都必须受神的调控和主宰。形是神之宅，但是神乃形之主，神安则精固气畅，神荡则精失气衰。故有“得神者昌，失神者亡”之说。精神意识活动对形体健康的反作用这一辩证观点，对武学的指导意义是巨大的。

综上所述，精、气、神之间的关系可总结为:精能化气、生神，是气与神的物质基础；精足则气充，气充则神旺；气能生精、化神，气足则精盈，精盈则神明；神能驭气、统精，神明则气畅，气畅则精固。只有三者协调统一，才能维持人体正常的生命活动。

从武学的角度来看，我们如何运用武术的表现形式，将人体的精、气、神按照其内在规律强化它，通过训练有意识规范地增强其功能，并实现为我所用的武学运行效果，为更好地达到其训练目的奠定基础，是摆在武学研究者面前无法回避的工作。认真理解“精、气、神”的概念，了解“精、气、神”之间的关系，这是一个武者的基本态度；而掌握“精、气、神”的内在运行规律，则是一个武者必须具备的素质。有了理解“道”的前提，我们才有按照“道”的标准去衡量的行为，如是，这本身就是“德”的一种表现形式。

清晰武术训练体系的目标。传统武术的训练不仅仅是一种为实现运动项目目标的服务，它是传统文化以武术为形式的一种表现平台，围绕着“精、气、神”的训练，让传统文化以武的形式形象化，只有通过训练把功能展现出来，才能让不同的人群按照需求得以吸收其营养。

一个以传统文化为核心，适应当下社会环境为前提，进行重新构架的武术新体系，是以突出提升“精、气、神”为主题特征，以此构建与之相匹配的训练模式，通过桩功、套路与对抗三型一体为内容载体的表现形式。

（三）下面就三型一体中“精、气、神”表现在各形式内的状况与特征进行相应的分析

1.“精、气、神”在套路中的表现与特征体现

武术套路是中国武术中一种较为独特的表现形式，是传统武术主要的练习方法和传承方式，也是区别于其他搏击术的重要特征。

技击是武术的初始形态，最大的特点就是以写实的形式来完成对抗，而武术套路则是有别于实战对抗形式的写意技法表现体系。

武术的套路是通过写意技击形式来完成技击的内容表达，表现在把一连串直接与间接含有技击内容或攻防含义的动作作为基本单位，将其内容按照动作的固定顺序与标准进行组合，加上起势与收势的要求形成套路以表达技击思想，并按自身技击的模式发展起来的表现形式。

通常各派传统武术套路，所讲究的就是如何处理好演练时对套路中技法的虚实拿捏，表现在：动作过于虚幻肯定不行，虚而无实的套路所呈现的技法会表达不明，让人感觉不知所云；如若太实也不行，实而缺虚则又丢失了套路的意境之美，就会感觉缺乏审美情趣。只有在套路中把虚实处理得当，才能通过虚实之“度”的把握来突出“情通理顺”这四个字，这是传统文化以技击为形式的一种表现，也是套路形式在民间大受欢迎的重要因素之一。

套路通过对技击招法功能的拓展与演变，使得其中的动作能够以一种更抽象的技击表现形式来展现自己。在套路的发展过程中，套路已逐步脱离现实中对抗的实用表达，在淡化获取技击效果的同时，却在以追求动作本身的演练难度与技巧展示为目标。于是，在套路中实用以外其他方面的功能便得到更丰富的内容充实与空间扩展，其价值更多地体现在健身、养身、表演、对练的表现形式当中。

传统的中国武术各家各派都有属于自己的套路，不同的套路会表现出各自门派的特色，各门派内的众多套路也多是按照由简到繁、由浅入深、循序渐进的发展顺序编排完成的。因此，表现在初学者与习练时间较长的人，所练习的套路在内、外等方面的要求就应该有所不同。

传统武术中，套路训练的初期多是分开来一招一式地练习，让学习者体会招式中的功架、运气与用力，并逐步理解招式之中的攻防技击含义。而这种练习不断地反复进行，正是按照实战中能够在应景状态下产生条件反射，得以在自然攻防中使出招式进行相应训练的要求，同时也可以在表现中仔细体会招式的功效。当然，现实中许多武术套路运动员对所习练套路的深层价值的理解似乎并不深刻，他们虽能同时很快地“学会”多种风格迥异的套路，但是对套路组成的思想与动作技击的攻防含义大多并不清楚，甚至于没有要求，兴趣只在动作的形态表演上。因此，支撑动作在写实技击中所需的反应、判断、功力、抗击、时空感觉、瞬间思维等基本素质，习练者未必都能有要求，因为固定程序的套路演练并不需要具备这些能力，且将这些“变数”融入套路，势必会影响到套路运行的流畅性与动作表现的稳定性。

在传统武术三型一体的构建模式中，套路是重要的表现形式，套路的表现应该具备写意技击性、内外合一、形神兼备为主要特色、内容丰富多彩、具有广泛的适应性等特征。

通过套路的习练能够让练习者在精、气、神等各方面都得到相应的锻炼。武术套路的特性决定了套路的练习，在提升精、气、神方面的价值体现。套路通过“气”的展示来检验“精盛”与“精实”的用能平台是否达标，具体的运行通过“精盛”方面的锻炼效果来衡量其价值的大小。对武术套路功能价值的认识是一个关系到套路本身发展方向的关键问题，对社会的进步与发展起到了积极的促进作用。

从套路的组成、结构与功能来分析，如何才能让套路围绕着“精盛”这个核心来展开工作，以达到产生彼此间互动的训练效果。训练时如何实现机体在各种状态下套路演练对“精盛”的真实需求，对“精盛”如何提出更高的训练要求，以及进一步完善对机体的评定机制，以便更好地诠释出套路这一表现形式的价值衡量标准，这是套路形式存在于实现中用以证实自我价值的最好说明。

用那些能够展现本我的原材料作为组成武术套路的动作基础，形成一个服务于武术体系的动作筑架的集合，通过套路的习练，运用写意的表现形式，围绕着技击思想为核心把同类技击含义的动作为内容而形成的各种功能的组合，并按照规定的秩序全面展现出来。这样，套路就成了诠释武术综合能力的一种表现形式，这种具有民族特色的套路形式也就孕育出了属于自己的生命，因为该套路具备了其功能的唯一性，也就成为一种不可被取代的表现形式。

三型一体中各种表现形式彼此间的相互支撑，使之形成一个有机整体。套路以其独特的方式方法在这个表现平台上检验运行中的动作，以评判动作中所表现出的劲路、发力、移动、身法、衔接、节奏、技法等内容在平台上的“用能”表达。通过习练者展现出套路的功能，以及直观的感受掌握能力的强弱，同时也对所演练套路内的功法与技击提出了相应的要求。当习练者在演练之中带着任务去完成套路，会使套路内的功法与技击在实践中的目的得到合理与否的论证，只有通过论证才能更好地解决问题，共同促进武术体系的合理性，并沿着这个方向逐步完善。

在武术套路的完善中逐渐形成自己的运动规律和技术风格，其特点主要体现在三个方面：寓技击于写意之中；内外合一与形神兼备的表现风格；广泛的适应性。

三型一体的武术套路这种表现形式，决定了武术套路的作用是多方面的，具体表现在：以增强体质为前提，全面促进身体素质的提高，以培养练习者动作造型的构架能力、练形修意的操作、修身养性的要求、激发斗志的习作、陶冶情操的方式，等等。从而实现在训练套路的过程中达到对人性方面的修行。提高武术套路的表现能力，必须经过长期高质量的套路训练，使得习练者具备智慧与乐观的心智、创造与规范的平衡、格式与核心的心理指向。

由此可知，传统武术套路是武术不可缺少的一种表现形式，无论是从拳理上分析，还是通过功理来认知，或是从组成其单势和多势的动作组合中来看，以及攻防招式的练习，这些内容都是可以通过套路这一形式的练习来实现的。

可以说，套路、功法与实战对抗的三型一体是密不可分的，是武术体系这个整体中的三种表达方式之一，或者说是一个完整三角形的三条线，在机体内紧密关联不可分割。三型一体中的套路功能之区分于功法与实战对抗，恰恰反映出套路是中华武术传统文化表现形式的这一文化特征。

2.“精、气、神”在功法中的表现与特征体现

武术功法是中国传统武术最为核心的组成部分，功法的支撑价值在武术的各种表现形式中得到了全面的体现，它是完整的武学构架能够形成并得以实施的基础。拳谚说：“练拳不练功，到老一场空。”因此，武术功法的习练在传统武术中有着不可取代、重中之重的地位。武术功法对于构建传统武术三型一体的体系，起到了强而有力的支撑作用，在促进传统武术训练体系的完善和实践价值的全面发展上，功法具有鲜明的理论价值和现实意义。

传统武术的功法运动离不开各式桩功的练习，传统武术的套路运动也离不开桩功的练习，传统武术的格斗运动同样离不开桩功的训练。传统武术要在传统训练模式的基础上保留着自身特色，传统武术需要全面体系的与目标相匹配的功法予以配套，形成表现

形式上的完整一体，它的各种形式的发展与创新都脱离不了传统武术功法的支撑。

功法是“精、气、神”全面夯实、提高、升级的重要环节，功法通过表现在筑基构架过程中的不间断训练，努力让习练者的身体成为一个精盛、气足、神旺的有机整体，通过从把控“气”这个最根本的元素作为切入口进行训练，提高对“气足”的把控能力，做到向前对“精盛”提出更高的原材料要求，往后对“神旺”的要求提供了更具体的能量支撑，归根结底功法是一个产能平台。在这个平台上的功法练习，都朝着练精化气、练气还神、练神还虚的训练目标，围绕着如何更有效地提升自身体系的功能而运行着。

武术功法训练理论是一个以概念本质、理论基础、目标追求、训练方法、训练原则、功能价值为主要结构的有机知识体系。传统武术功法训练在直觉性思维、整体性思维和阴阳易变思维三种思维方式的影响下，通过运用取象比类论、直觉体悟论、天人交感论、形神统一论、内外相合论、气血同养论、刚柔相济论、动静相生论、经络周转论等理论，针对功法的实践运行进行相关方法的论述、特征的展现与实践的指导。

传统武术功法在习练者练习的过程中，通过对功法的掌握与练习以实现人体某些方面的功能提升，以激发出支撑武技的人体潜能，并按照规律与内在的逻辑关系，创编出各种具有针对性的、专门的练习方法。从文化教育的视角来看：传统功法是中国传统文化的载体之一；传统功法修炼本身就是一种文化熏陶；传统功法教育是中国传统文化传承的有效途径。传统武术功法训练具有一步一景的特征，所以是动态而多层次的，因此，多采用“熏陶”的方式进行，坚持树人为本，通过让修炼者在练习中的体悟积累达到心悟的升华，以此来体现武化的教育理念。传统武术功法表现在养身、健身、修身、修心、修德以及益智等方面的价值，不但体现在塑造精神意志、培养道德品质等方面，还表现在追求和谐、重在体验方面；表现在文化传播方面，则具有传承武术文化和弘扬人文精神方面的价值，在追求整体和谐中得到颐养身心、增强体质、预防疾病、延年益寿等方面的价值体现。

通过武术功法的长期训练,在功力不断提高的过程中,使武者通过“入境言道”与“入境述相”的修行，实现机体产能机制的不断夯实与进一步完善，突出武者在内敛与厚重等方面更深层次的感悟，也就在不断的修炼中同步积累着武者在机体上的感悟，主要体现在：筑基练气、撑筋拔骨、内掘潜能、修炼意志、砥砺精进等方面的修炼。通过规范的功法修炼使武者得到了包括在沉稳与博大的胸怀、理智与准确的目标、安详与自然等方面的提升。

无论是从传统武术“内外兼修”的层面，还是“练养结合”的角度，或是从增强传统武术的文化内涵、民族特性的内容以及武术套路、实战对抗和武术运动的长远发展等方面来看待问题，都不能脱离传统武术功法的功能支撑。

由此可知，传统武术功法是武术不可缺少的一种表现形式，不论从功理分析，还是表象来认知，或是从一步一景的功法练习中去印证天人合一的道理，以及功法体系在动作中的劲力运行，或是支撑攻防招式中功力的展现。所以说，套路、功法与实战对抗的三型一体原本就是密不可分的，功法只是武术体系内增长功力以具有支撑功能的表现形式而已。通过三型一体中的功法功能的展现，支撑了套路与实战对抗的表现力度，同时，表现之中也充分反映出传统文化整体性的特征。

3.“精、气、神”在对抗中的表现与特征体现

技击是武术的核心功能，技击时所表现出来的状态就是武术的原始形态，技击能力的强弱往往是衡量一种技击术水平高低的标尺。关于技击功能这类问题是所有搏击类运动项目都无法回避的，并且都是必须给出正面回答的问题。搏击类项目之间的区别，只是不同类别的技击项目，它们对技击的定位各有不同罢了。表现在运动中对技击认知的思想有别、诠释技击的内容有别、展示技击的程度有别、运用技击的手段有别，这些都是任何一门传统武术流派无法回避，必须解决并拿出答案的问题。例如：在面对对手的特定时空中，为获取技击效果所体现出来的技法系统，如何证实其中的科学性；技法体系如何更好地诠释自己的技击思想；如何才能够让构架中由技术（招法）与战术（打法）所组成的技法更具实用性。

对抗时所需的用能平台是技击在这个特殊环境内，通过“气盛”的展示来检测技击者在“神旺”阶段修为质量的一把标尺。传统武术技击对抗作为武术的重要组成部分，实战形式无时无刻不以展现天道酬勤的武术精神来证实自己，那就是技击存在而不可被取代的独特魅力。

通过实战形式这把“标尺”把许多技击内容植入对抗双方共同营造的势态之中，并将其量化后进行比较，以检验技击参与者表现在多方面的训练成果。

首先，武者平时训练的所有技术（招法）、战术（打法）和攻防转换意识等方面内容掌握的质量如何？这些内容只有在实战中直面对手时才能得到最真实的检验，因为这些内容在实战运用中通过各自展现的好坏，可直接产生武者在对抗赛场的结果。

其次，良好的身体素质与功力的深厚与否，是支撑技战术使用的物资，是支撑武者在实战赛场驰骋的基础，是支撑武者比赛取胜的保障，然而这些内容的储备是否达到要求，只有通过实战的检阅才能够给出标准答案。

再次，实战是检验武者技术构架是否合理的试金石，只有通过赛场的洗礼，武者才能真正在其中找到自己表现在各方面的准确定位。技击者在对抗中的实际表现过程，同时又是对功法、素质、套路等方面提出更高要求的过程，在这个不断循环的技击运行过程中，武者的技法构架才能够得到进一步的完善。

武术技击是有着自己独立技法表现的体系，其内涵丰富，是传统文化以攻防为内容诠释出来的表现形式，这个形式应该既包含着先进的现代科学技术，又能够显现出优秀的文化传统。传统武术技击是以传统文化为底蕴，以提高控制与反控制为指导思想，以赛场技击效果的追求为动力，以展示技击构架内各类技击要素为主要内容，以技击演练和实战为表现形式，注重内外兼修的一种武者的生活方式。它是中国传统文化的一个重要组成部分，是中华民族几千年搏击精华的浓厚积淀。

在传统武术技击对抗中，不能够脱离的是功力与素质的支撑，同时又要处理好“练”与“打”的关系。从传统武术的角度来看“练”是“打”的一个必经过程，是一个对技术技法体悟的过程，“练”需要借助“打”的运行与结果来检验，武术的“打”实现着对武术关于“练”的引导，“练”的理想目标必须通过“打”的最终结果是否达标来体现，它们在技术上是紧密关联的。

从传统武术实用技击的背后来看，武者在技击实战的过程中，将自己置身于一个特殊的“生死”环境之中，在这个环境内武者的人性得到相应的修炼。技击的瞬间反应与要求往往是人本能的自然反应的过程，同时也是感受与发现自我缺陷的过程，更是向自己提出要求的过程。提高武术技击能力牵涉到多方面的因素，即便是任何一个方面的训练有所欠缺，都会让技击者在赛场上为之付出惨痛的代价。

经过长期的技击训练，在实战水平不断提高的过程中，为了获取更好的技击效果，使得武者对机体“神旺”提出更高的要求，在这个技击对抗的用能平台上，要突出武者在写实与进取等方面的人生感悟，脚踏实地地面对技击对抗，任何时候竞技场上都只能用实力去说真话，以使武者在心理与机体上收获到最真实的感悟。主要有在展示思想、体现勇气、表现功力、演练技巧、体现修养等方面的修炼。通过武者在技击实战中的修炼，使武者得到表现在无畏与担当的精神、激情与斗志的高昂、自信与荣耀的塑造等方面的收获。

技击实战展现了传统武术在技术层面的重要特征，传统武术的套路是区别于世界其他民族技击术的文化标签，能够凸显中国传统文化的魅力。通过合理的技术构架与功力的支撑，“打练结合”是感悟与认知中国武术技术的最佳途径，体现技击这个核心是指导武术三型一体中各子体系工作展开的思想，也是武术运动在长期的发展中必须恪守的核心价值观。

（四）传统武术色盘的细述

色盘的底色是运用传统文化晕染的无色之色，突出的是传统文化以一种无相之相为色盘的文化底蕴，展现的是传统文化所诠释“大音希声，大象无形”的文化元素。在新世纪经济、文化全球化的视野下，中西方体育文化的碰撞是历史发展的必然，也是世界文化交相发展的趋势。我们选择用三原色（红、黄、蓝）的原理来阐述武术三型一体的内在关系，以及所需的各方面功能展示，这本身就是中西文化碰撞的火花。传统武术作为国之骄傲，在中西文化碰撞的趋势中，必然要有做出方向性抉择的要求，势必面临着发展的变革与突破。

在以全球化为背景的文化强势渗透下、以西方奥林匹克运动为竞技体育最高衡量标准的理念模式下，传统武术文化在传播与发展过程中也必须进一步规范自己，否则就会因为摆正不了自己的位置，找不到自己发展的支点，导致在发展的道路上遇到的只能是阻碍。

我们在传统武术理论体系的构架中，必须端正态度，在入境言道中直面自己的从前，勇敢地否认曾经的不足，客观地分析自己，明确既定目标，落实当下所为，并对拥有做出萃取，拿出壮士断腕的勇气，勇于对自己的形象进行重塑，这是时代对传统武术发出的信号。

从色盘的圆心往外看，共有六层组成，下面我们就逐层进行分析。

第一层，圆心层是色盘的核心之所在，外面五层均围绕核心而展开。无论是先天的还是后天的“精、气、神”，都是人体最基本、最重要的生命元素，它们是生命质量的重要表现形式，是生命产生之初就与生俱来的元素，又伴随着生命、维系着生命、推动着生命，让生命展现出活力。为了表明“精、气、神”属于人体生命活力的根本的物质特征，我们的色盘将“精、气、神”三个字以最古老的汉字字体表达出来，以阐述“精、气、神”之源由神赐而得，从“道”中走来的历史，与生命同在的特征。

“精、气、神”分别代表着生命活动的本原及物质基础、生命活动的动力及能量运动、生命活动的主宰及外在征象。在生命活动中，“精、气、神”之间密切相关，缺一不可。其中，“精”主静而内守，“气”与“神”主动而外运，故精与气、精与神之间存在着阴阳转换，表现出既对立，又互根、互用的辩证关系。作为生命最本元的“精、气、神”，虽说是可以相互转化的，但毕竟是以三种形式与状态存在于生命体当中。为了能够很好地分析与说明其中的武学含义，于是我们将“黄、蓝、红”三色分别用以代表“精、气、神”各自存在与表现出的特征。原因是自然界的“红、黄、蓝”三原色可以调配出这个世界上我们肉眼所能够看到的任何色彩。

在“精、气、神”中，黄色代表“精”的颜色，能够突出“精盛”的特征，具有端庄、典雅、独立性等外在表现。

在“精、气、神”中，蓝色代表“气”的颜色，能够突显“气足”的特征，具有内敛、平缓、安定等外在表现。

在“精、气、神”中，红色代表“神”的颜色，能够显现“神旺”的特征，具有激情四溢、精力充沛的外在表现。

第二层，阐述的是三型一体内各种形式存在的特征，代表着“精、气、神”分别在三型一体中存在形式的侧重与表现，分别对应着套路、功法、实战进行诠释。

套路是习练者按照程序与要求独立自主地完成写意技击的练习形式，练习的动作组成严格按照预先设计的流程进行，在运行中得以表现出套路组成的初衷，并严格按照固定的秩序与要求进行演练。在套路演练之前需要大家达成评价套路质量的基本共识，并制定出相应的标准供大家参考与执行。练习者只是演练时有条不紊地按照要求完成套路里的动作，演练的过程中习练者可以对自己的表现预先进行有条理的设定，并可以在演练之前对套路内的每一个细节进行认真的分析。套路表现出来的运动特征恰恰与黄色所代表的端庄、典雅、独立性等寓意相吻合，同时又是习练者对“精、气、神”中“精盛”修炼效果所进行相应检验的有效方式，并可在套路演练的运行中提出具体的检验要求。

功法是三型一体的功力支撑，俗话说：学武不练功，到老一场空。功法训练要求习练者进入一个自然轻松的环境里进行相应的功法运行，在平静、松沉、平缓中与自己的身体进行对话与交流。在自身潜能挖掘的过程中，逐步体会到以身证“道”的真实含义。在功法的修炼过程中，通过修炼者体现出来的运动特色，恰恰与蓝色代表智慧、自然、安静的寓意相吻合，同时又是通过习练中的修炼者身体的“气足”与否及其相关表现为检验，以此来对修炼效果进行相应的衡量。

实战对抗是技击最直接的表现形式，也是检验其表现形式中所含技击价值最综合、最有效的手段。实战要求武者首先具备的就是一颗一往无前的无畏之“心”，建立在斗智斗勇平台上的技击运行，表现出的不仅是彼此技法的交流，武者还需建立起正确认知胜负的概念，面对强手敢打且不怕输是实战必须具备的心理素质，战场上对实战现场的势态把控能力，以及对控制欲望的理性驾驭，这些都是胜利的基本保障。实战的体现是武者内心强者思想的外在表象，技击的基因里必然隐藏着嗜血的特性，这恰恰与红色所代表的热情相吻合。对抗中为了更好地适应这个势态，局中的参与者只能是精力充沛且饱满才能应对彼此间的攻防，这便是对实战中的参与者在精神上的要求，机体所表现出来的状态需要吻合于那种异常活跃的厮杀感觉，同时在实战中的一切运行都由内而发地表现出机体的"神旺"特征，场上搏杀的表现正是评判"神旺"的有效方式。

第三层，阐述的是三型一体与生命动力的关系以及动力运行所体现出来的特征。

功法是三型一体的主要产能机制。

通过规范体系的练功，让我们感知到自己机体所展现出的"精、气、神"逐渐强大，以及体认到彼此之间相互的转化关系。同时在练功之中我们有意识地去把握"气能生精摄精、精能化气、精气化神、神驭精气"的内在规律，并加以引导与应用，以实现功法运行的目标，夯实自己的机体，增加机体的活力，挖掘机体的内在潜能。

在功法练习的这个过程中，很自然地体现出机体在行功状态中内敛与厚重的运行特征。

套路是三型一体的主要用能平台。

通过"练体固精"的形态构架表现，与动作运行的变化特征，使得套路的基本动作构架不仅仅是表现在它本身的形式上，同时功法习练与技击对抗的实战形式也同样离不开这个平台的支持，它们都是表现在这个平台上的基本动作之形态。只要有基本动作的体现就一定会有维系动作运行的能量在其中展开自己的工作，套路就是围绕着这个核心思想而展开的动作集合的秩序运行，这些动作按照顺序与要求排列成具有一定思想表述的动作运行集合体。套路就这样构建起了以动作及动作运行为形式的用能平台，通过具有各种思想的套路形式去练习，能够有目的地夯实那些所需的动作功能，同时也为功法练习与技击对抗提供有效的、有质量的相应动作形态。

在套路练习的过程中将套路的技击思想与动作的技击含义，放置在一个人为假设的、特定的技击态势之中，以一种"唯我的"与"写意的"独特表现形式展现出来，并有目的地把所需习练的各种元素有秩序地表现出来，以此突出套路动作的构架特征。

实战是三型一体中依附在用能平台上的主要用能机制。

传统武术技击模式是以传统武术技击思想和理论为指导，以控制对手获取所需技击效果为中心，以此而展开的一系列技击思维与技法运行活动，同时又是技击参与者在对抗中用力与受力形式的集合。对抗的每一个瞬间都处在一个相对无规律、不断耗能的状态之中，对抗双方都在耗能的控制中进行着各自的攻与防，这个技击过程中假设没有功力的支撑是很难保证在技击运行中，技击者发自本能的“神旺”斗志的表现与持续，心理的强大与战胜自我的体现也都需要不断地从“神旺”中索取，如此便已经是用能平台功能的全面展现了。

在实战的对抗过程中，参与者只能够以自己真实的实力与写实的技击方式，进行在规则允许范围内的拼搏，在攻防的技术构架运行中将自己的技击思想诠释出来。通过掌控技击之势，在确保自己处在“安全”的基础上，并得以强制性地从对手身上获取自己所需要的技击效果。

第四层，围绕三型一体各自的表现形式与规范要求，阐述三型一体以各自形式运行所体现出来的功能与表象特征。

套路的练习要能够达到属于套路的规范与要求，习练者就必须按照套路的规范来约束自己。

构建属于传统武术套路的评价模式，让习练者自知评价的标准，例如：所练习的套路核心思想是什么、动作中的写意技击特征是什么、如何才能够得以更好地展现等方面的问题。从套路写意技击的含义表述质量、动作形态规范的标准程度、动作运行中劲力所展现出来的功底状况、动作演练时所展现出对套路熟练与技巧等方面的全面掌握，习练者就会在内外修炼过程中得到较全面的收获，主要体现在造型构架、练形修意、修身养性、激发斗志、陶冶情操等方面的全面提升。

功法的修炼自然要按照功法的规范对修炼者进行相关的要求，习练者在按照功法的规范对自己进行相应要求的同时，也就是进入了一个不断提升自己的过程。

习练者在安心修炼时必须让自己尽快进入练功状态，正所谓“入境言道”与“入境述相”，如此才能够达到内心的平静，需要得到的效果是：发至习练者心灵深处的恬然、安谧、舒适和自在。在不思声色、不思胜负、不思得失、不思荣辱、心无烦恼、形无劳倦的一种精神境界中，习练者在完成自己功法的持续习练时，也逐步地收获相应的功力提升。让自己身处闹市内心却远离大千世界，控制住外界那些色彩缤纷、光怪陆离，充满金钱、名利和美色等使人心动神驰的诱惑。在繁忙浮躁和充满诱惑的尘世纷扰下，真正做到“恬然不动其心”，保持住机体内环境的运行稳定，完成养身、健身与强身在各个阶段提升，并得以凸显防身中功力支撑的价值。

通过这个过程就会使习练者在修炼中进一步认识自身，在不断地感悟中理解天人合一的含义，主要体现在筑基练气、撑筋拔骨、内掘潜能、修炼意志、砥砺精进等方面的全面提升。

实战是武术的最原始、最直接、最基本的表现形式。实战也是考察武者技击能力的重要手段，一个有擂台经历与实战经验的武者，与那些没有实战体验的习武者，他们因体认不同自然会产生各自对武术概念不同的认知，彼此间必然会在某些方面产生某种程度的差异。

传统武术的技击在历史演变中对于人类生存、军事、文化、生活，乃至中华民族的发展都起到了重要作用。当社会进一步发展，“技击”实战从战场上的军事行为逐步转移到赛场上的体育行为，这种文化现象是文明发展的必然，那么我们应该以一个怎样的姿态去面对呢？因为“技击”所含的“搏杀”特性是所有搏击类项目必须遵循的共性，因此也就成为武术与世界其他武技之间可以交流的依据，无论是什么类型的搏击运动，是技击就会共同拥有它形式上的“共相”特征，在这一点上武术只能够面对，无法绕行，因为面对擂台没有特例可言。

实战首先要解决的问题是“心理”素质这道坎，正确认知技击是每一个习练者必须面对并解决的问题，所以说驾驭自己的胆量是必须面对的前提，拳谚中“一打胆、二打力、三打巧”讲的就是心理素质的重要性。当你克服恐惧并坦然面对对手，表现出格斗中再也找不到让自己害怕的因素时，你便战胜了自己，你就已经是不折不扣的胜利者了。要成为拥有“格斗胆量”的勇敢者，在具备了这份胆量时，你才能在擂台上全面展现自己，才能入到“境”中去真正理解守住自己的含义，并努力去完成守住自己的任务，让自己专心投入到技击实战中去。技法也就是在如此的心境中才得以真正地发挥，在这种状态中武术技击的指导思想才能够得以更完美地实施。

赛场上的技击表现是多方面因素集体展现的平台，同时又是武者人格、功力、技法、战术、道德与规则等多方因素的集体展现，这是任何一位面对实战的武者都应该深刻思考的问题。习练者在赛场历练的过程中，赛场会告诉习练者什么是“真”的，什么是“假”的；什么是希望，什么是迷茫；什么是现实，什么是理想；什么是写实，什么是写意；最需要的是什么，最担心的是什么；什么是成功，什么是失败等一系列最基本而又最本质的问题。这时你才会潜下心主动去理解技击动作中“行”与“意”之间的内在关联等方面的问题。当一个人对这些问题有了深刻的理解后，对人生的帮助才是巨大的，主要体现在展示思想、体现勇气、表现功力、演练技巧、体现修养等方面的全面展示与提升。

第五层，阐述三型一体各表现形式在完善人性与人格构架方面所起的作用。

人格模式的构建是以遗传或思想成熟为出发点，根据环境的不同要求，形成人格的预期模式，经个体主动选择后，逐步形成最终的人格模式。武者人格模式构建在每个个体的遗传基础上，接受个体所处的环境和其他个体之间的交互作用，由此而产生引导人格构建的内动力作用的结果。我们在构建武者人格时就应该有计划、有目的、有要求地理性面对受训者的继承遗传因素，明确目标去营造与培养“君子”人格的武林环境，在人格发展不同阶段的动态作用中进行有意识地主动引导，使得武者的人格构建朝着符合规范的理想模式逐步完成。

中国传统的理想人格的认知定形于春秋战国时期，在社会变革中随着整个封建社会的进展逐步得以完善，直至建立了一整套中华民族特有的理想人格标准。这一理想人格以围绕着让一位“普通人”如何成为真正的“君子”而设计的，其核心有两个方面:其一，以德为首，仁礼合一，这是儒家竭力推崇的思想；其二，儒家的中庸与道家的顺其自然，以儒道互补搭建其架构，形成了中国传统理想的“君子”人格。这种传统人格，从现代社会文明的层面来客观审视，有其合理、科学的思想内涵，当然也存在需要摒弃的内容。于是在今天，我们需要的是弘扬其合理的一面，剔除其消极的一面，构建一套能够真正体现出“武者”崭新人格的模式。

传统文化关于健全人格培养的相关内容全面而又细致，而武术在入境言道这方面具有独特的文化表现形式，具体则表现在传统武术三型一体的武技传授过程中。师父（教练或教师）在言传身教的过程中，处处都体现出“身正为范，抗颜为师”的楷模形象，并进行以伦理型文化为主的道德人格塑造；徒弟（队员或学生）习练武技的过程，其实质也就是一个通过师父言传身教，逐步在潜移默化中完善自身人格的过程。传统武术在传授与学习的过程中，师父把有形的武技传授下去的同时，也在无形中完成了对徒弟的人格构架。

在文化全球化的今天，我们要把弘扬传统文化的需要落到实处，以武术为形式充分挖掘武术文化的育人功能，加强对习武者健全人格的塑造与培养，让武者成为武林中真正的“君子”。这就是武术在帮助武者成为社会有用人才时所展现出来的社会功能。

武术文化与其他传统艺术的表现形式有其共性所在，都是在一个大的传统文化背景下孕育出来的子文化形态，并且自成体系。武术文化在传播的过程中，在母文化的渗透与影响下，以及世界上各种符合现代文明的思想介入后，这些因素对武者的人格教育都起到了重要的作用。规范的思想及行为标准，使得武者能够体悟到中华文化宝库中的传统美德，使武者从中明白了为人、处世、治学的基本道理，从而提高了武者自身的道德修养与人文素质，在潜移默化中引导武者前行并促进其完成自身健全人格的塑造。

武者完善人格的构建不仅仅是由一些自然属性来决定的，仅仅是抽象的人性说教往往是空中楼阁并不接地气，只有把它根植于历史和社会现实之中，因此，武者人格的建立与完善必须符合时代的要求。武者完善人格的实现要在各种武术的实践活动中完成，不能仅仅停留在理论的完美与追求脱离共性的个体自由上，要坚持理论与实践的统一，脚踏实地地成为一个对社会有用之人。

武者的人格构建是一个逐步形成的过程，不仅仅是在师徒关系、师兄弟关系的熏陶感受中逐步完成构建，事实上武林生态中的任何一个元素对构建中的结构关系都会起到相应的作用。

我们有必要在三型一体的实践中进一步规范思想与行为，分别按照规范要求并根据各自的特征做到有的放矢，这样才能对武者构建起自己的健全人格起到应有的作用。

下面我们就三型一体中的每一型对人格构建的影响进行相应的梳理。

武者的实战体验对自己的人格构建会逐步产生以下影响：

武者只有具备大无畏的精神才能正常完成实战的整个过程，敢于承担在赛场上自己所做出的一切行为而导致的结果，始终保持实战时“神旺”的高昂激情，让自己面对对手时无所畏惧、斗志昂扬，无论是胜利还是失败在比赛结果面前都能保持应有的淡定，不为荣誉所困，不为失败沮丧，调整好心态，只要求做好自己，不以成败论英雄。深知实战结果中所包含的道理，任何比赛结果只能说明从前的训练效果，我们需要在肯定优势的同时发现自身的不足，从产生结果的复盘中找出彼此的优缺点，即便失败也要客观分析并在其中发现闪光点。

武者的人格构建就需要合频于此境中的写实势态，发掘其中的价值，对今后的习练进行规划并提供依据，以一个恬淡而又自信的人生态度面对一切，让自己活在正常的轨迹当中。

武者的套路体验对自己的人格构建会逐步产生以下影响：

武术套路是武术技击的写意形式，在演练过程中注重多方位地表现和再现生活的技击表达，具有极强的内倾性、民族性以及艺术性。要将套路的质量提升上去，就必须遵循套路的内在规律进行表现，把握好动作的“势”是套路所追求的技击写意的意境，同时武术套路在演练中又要做到“形神兼备”，这些内容的展现在武术套路的演练中具有极其重要的价值。这就要求我们在平时的训练中必须注重习练者对动作的理解，以及对习练者形态和神韵的培养，做到完美诠释出“套路演练似奏乐，一招一式如临敌”的写意技击意境。

武者的人格构建还需要在写意中合频于上述势态：在这样一个写意技击的追求过程

中，明确自己行为标准的核心之所在；动作的规范必须有章可循；套路的格式必须得到遵守；套路的创编必须结合自己的实际情况做出决定，不可脱离实际；在恪守套路格局进行演练时，还必须结合赛场的氛围与自身的实际情况，应景地开动脑筋将套路完美呈现出来；丢下一切包袱，坦然面对一切，用乐观的态度完成套路是一个武者在赛场上唯一可以去做的事情。

武者的功法修炼对自己的人格构建会逐步产生以下影响：

武术功法是一个机体挖掘与蓄养能量的修炼，这正是修炼身心的重要方式，它是一个通过“三调”运作，把精神意识表现在身体上进行能量体现的过程。在松沉、自然、整体的规范下，得以在机体外似安逸状态下让体内从局部再到整体逐步产生麻、胀、热等生理感受，并让机体按照功法的要求进入一个自然运行的状态之中。在思维上要求做到扫除万虑、默对长空、内念不外游、外缘不内侵、虚灵独存，周身内外激荡回旋、悠扬相依，其乐无穷。练功时要求修炼者顺应自然，心常静、势常蓄，实则发、虚则收，轻重缓急、自然而然。

武者的人格构建，还需要在顺应自然中合频于上述势态去入境言道，阐述：武者在这样一个练功状态下逐步让自己得到了各个方面的修炼，理解了天地人及其相互关系，明白了什么是自然；如何让自己做到更自然；让自己产生由内而外的安详之态；在不断挖掘自身潜能的过程中，对自身进行进一步的了解，并做到逐步精准地使自己更上一层楼；在训练的过程中理智地对待一切身体的反应；理解一步一景的真实含义；摆正入境言道的态度；学会入境述相的技巧；表现出对景来不迎去不送的释然；随着修炼的深入慢慢体会功法内的博大精深，及天人合一的思想价值。当这些元素都能默默地从你内心中与身体里体现出来时，那么，它们对你完善自己的人格构建已经产生了巨大的作用，你也就会显得更加沉稳、更加深邃了。

实践证明没有健全的人格，就无法成就一个优秀的武者。武者的人格构建不会仅仅只局限于三型一体的影响，自从武者步入武林的第一天开始，就已经进入了习武之人人格形成的初始期，其中家庭、社会、群体都会对武者人格的构建起到重要的作用。

武术的三型一体实质就是通过三类不同的表现形式，来降服武者内心的心魔（内在执着）与克服外魔（外在干扰）的过程，并在这个过程中逐步完成武者的人格构建。

所谓心魔，是指由内心升起恐惧、慌乱、贪婪、邪恶的念头，如果你不能驾驭它，就会被它牵制着走，并因此做出许多非理性的事情；外魔则是由外而来，有不知其所以然的力量，干扰或侵犯身心的安定。其实，心魔和外魔对人的影响常常是相互呼应的，但只要武者能够做到自心不执着，一切内魔、外魔无能得便。

当一个人内心脆弱的时候，外魔就很容易乘虚而入。反之，倘若保持心中平定，不忧不惧，外魔的力量再强大，也无奈你何。不论心魔、外魔，都是那些出乎生命主体的感受，也就是从心里的不安和执着中来，其实世界上并无永恒不变的实体，只要抛弃内心的执着，于是心无所着，再强大的外魔也都不攻自破了。

武者人格的构建对武术文化的继承与发展，应有机地结合当下的时代背景和现实条件，从多角度、全方位进行慎重思考；人类社会的发展归根到底是人类自身的发展与完善，用马斯洛需求层次学说解释为以追求与完善“自我实现阶段”为最终目标。因此在既有利于武术文化发展，又有利于人类自我实现完善的前提下，人们正努力探寻紧密联系它们的纽带，以便构建起顺利通往彼此的桥梁，即在传承武术的过程中运用全方位的功能展现，才能更好地做到有目的、有意识、有规划地加强对武者健全人格的塑造与培养。

第六层，阐述三型一体为基本表现形式的彩虹人生。

在自然界的天空中，有时会显现出一个内紫外红，颜色排列有规律的圆形或半圆形彩环，这彩色的光环就称为彩虹。

我们都知道中医独特的望、闻、问、切四诊合参的诊断方法和辩证原理，是中医治疗疾病的基本原则和方法。中医治未病的思想，针对“病人”的机体情况，根据阴阳平衡理念开出具有“君臣佐使”内在关系的药方，于是，中医的任何一张药方都有极强的针对性。就中医针对某个具体的“病人”而言，因为时间变了，病情也会随时发生改变，因此表现在药方上同样也要发生相应的变化，再配合中医养生保健的理念和方法，及更具针对性的养生方法。于是，病人在这个治疗过程中病情得到了比较彻底的根治。

传统武术是以三型一体的改变来定位的，以此作为具有针对性解决特定问题的训练处方。该处方具有的独立性就如同自然界任何三个点都可以构成属于自己的、唯一的三角几何图形，并确定属于自己的形态与面积，由三条不同边色组成的三角形就如同一张不同的武术运动处方，不同的药方则具有自己的独立性特征。如果某张处方相对应的只是具体的某一种混合调配后的颜色，那么，三角形的三条边线分别为红黄蓝三原色组成，由于其中三条线的长度不同可组成不同的三角形，由长短不同的三条线对应的不同比配的三种颜色调配出来的色彩自然不同，无数个三角形自然能够调配出自然界不同的色彩。不同的三角形由不同边长组成表现出的颜色就不同，于是就有了所有不同颜色的药方构成的围绕色盘的完整的彩虹圈，支撑彩虹的所有药方的共同目标就是让武者的机体达到“精盛”“气足”“神旺”的效果。在达到这个效果的过程中，实现对武者健全与完美人格的构架，使武者的人格得到不断地完善，成就一个真正的武之君子。

不同人的身体条件不同，心理素质等方面的情况也不相同，切入传统武术学习的时间也会不同，在习练过程中所产生的问题更是不同。在传授与训练的过程中教练就应该有的放矢，拿出更具针对性的处方，在练习中处理好处方中大同与小异的关系，让每一个习练者都能够真真切切地感受到传统武术对自己的帮助，让传统武术在训练的具体安排中凸显其鲜明的针对性。如此，传统武术服务于大众，惠及习练者才能够更广、更深、更具体。

总之，以“精、气、神”为核心的色盘，由内核而外的散发共有六层组成：

第一层，以本我的形态把“精、气、神”体现出来。

第二层，确定以三型一体的形式为展现自己的平台。

第三层，以能量为主线，勾画出三型一体中各自的表现形式与能量之间的内在关系。

第四层，说明“精、气、神”在各形式中的运行，如何对人体产生有形与无形的功效。

第五层，说明“精、气、神”长期修炼对人产生的作用，很自然地形成身心强健与人格构建的内动力，从而实现按照规范改造武者的目的。

第六层，以三原色为基本元素构成世界上肉眼可见的不同颜色，把这些颜色汇总分类就形成了彩虹。我们将彩虹放置在最外一层均匀环绕着以共同形成一个完整的色盘，寓意有三：首先，按需配方，照方抓药，单值对应，动态处理；其次，不脱整体对习练者进行全面修炼，又能够有的放矢；再次，标志着传统武术的最终目标是引导武者朝着七彩人生迈进。

由内而外形成如同风扇一样的螺旋式色盘，体现的是色盘功能展现的动态特征，标志着传统武术三型一体的运行就是在动态中以整体结构为形式来展现其功能特点的。

我们通过训练“精、气、神”的运行与转换，以加大对人体的影响，让我们的生命更具活力与激情。我们在不断挖掘人体潜能的过程中、不断地写实进取中、不断地写意陶冶中，通过“精、气、神”的修炼不断地夯实武者的生命质量，完备习武者的必备素质，即百折不挠的毅力，锲而不舍的精神，勇往直前的追求和人生炼狱般的苦修，明白“千里之行始于足下”的道理，让武者在境中感受到传统文化的博大精深。其实，这就是一个在入境的文化体悟中的言道过程，并在过程中完成武学的学习与修炼。相信传统文化在以武术三型一体的这种属于自己独特的形式传承中也不断地得到丰富与完善。

当我们领悟了色盘的含义，那么就能真正感觉到，彩虹之所以会那么的美丽，美就美在它能以色彩的形式让我们在境中通透地感知武之哲理。如此，便能据此以武入道，去追求武者的幸福，并实现每一个武者尽可能完美的人生，从中收获属于自我的价值体现，最大限度地接近孔夫子描述的人生，即知者不惑、仁者不忧、勇者不惧。

六、传统武学体系的构架

通过色盘我们进一步了解了传统武术的功能及价值，并明确了如何让三型一体的传统武术的价值落实到具体的形式上，有的放矢地产生为我所用的价值。我们已经明确了武术的表现形式，不是为了形式而形式的套路教条，也不是为打而打的实战暴力，更不是为修而修的功法做作，传统武术是中华民族关于技击攻防的驾驭文化，三型一体内的技击存在而又有别于其他任何一种搏击形式的技击表现。从色盘的内容概述来看，色盘毕竟是理论上的总结与概括，从武学的角度上来看理论，那些只能从理论到理论的理论是没有实际价值的空洞理论，只有那些真真切切表现在实践中能够去指导实践操行，并能产生正面价值的理论，才是我们需要的理论。那么，我们如何才能落实色盘所描述的那些形式诠释出的价值呢？色盘产生价值的目标是什么？完成目标的操作途径、方式、方法等具体行为又该怎么表现呢？

我们把上述问题用一幅武学构架图将其内在关系描述出来，如图 1–4–5 所示：

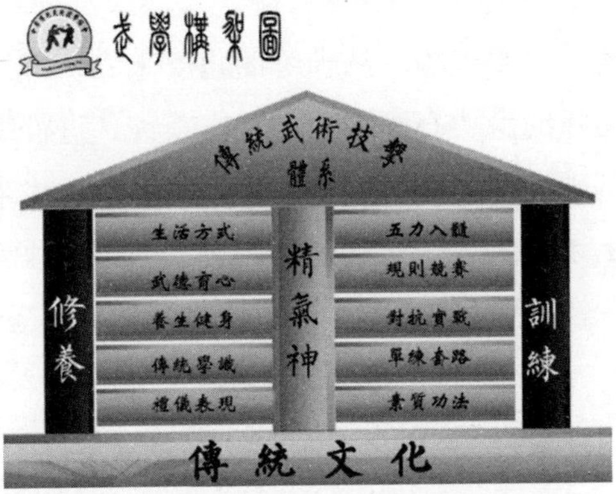

图 1–4–5　武学构架图

图 1–4–5 所展现的是传统武术的构架图，这里所阐述的传统武术内容都是根植于传统文化的基础上，对人体最基本的元素“精、气、神”进行深入的诠释与阐述，其真实目的是正确而又准确地把握住武之“脉”，这样才能使我们按照“道”的规律来规范自己修炼与训练的方式，以及相应的方法及手段，同时又是规范武者在思维、语言、行为等方面的模板。

一个合格的武者应该非常清晰地知道，自己在习武的道路上需要的是什么，人生目标是什么，始终保持不忘初衷的态度，明白自己从什么地方来，又要往什么方向去，最终又能真实地到达什么地方等一系列问题的答案。

武者的目标与行为，就是围绕着如何夯实自己生命质量而展开的表象，通过“精、气、神”的运行而展开的具体行为分为两类：思想的修养与技法的训练。修养主要体现在训练场以外，以实现武者在现实社会中渐渐形成的、逐步完善的、始终恪守的、更健康的“生活方式”，并以此为生活主体的表现形式；训练主要体现在以训练场为平台的相关习练形式上，以通过技法训练实现武者“五力入髓”及相应能力的储备。

下面以修养与训练两个部分为主线，逐步深入诠释“武学构架图”的内涵。

第一部分

训练：传统武术的三型一体构建成了“打练结合、内外兼修”的独特体系，通过规范的训练使练习者能够从技击的各种形式中认知这个世界，并从中感悟人生的真谛，在完成“体悟积累”的过程中，再逐步过渡到“心悟的升华”。

通过色盘的诠释我们清楚了三型一体的功能与价值，但如果要把其中的功能全面展现出来，唯一的方式方法就是合理而又科学的训练，训练是其中非常重要的手段，同时又是不能够绕开的重要阶段，我们必须认真对待。

面对一个“原始材料”上手训练，从训练的角度来看，首先要理解的就是学生的基本情况如何，根据学生实际的身、心等方面的基本条件，进行综合分析与目标设定，考虑的是该如何打好他的基础，让更夯实的基础得以支撑学生将来武学道路上的发展，旨在让学生能在这条道路上走得更远，并从中获取更大的习武收获。所以说，这个阶段的任务就是全面深入地了解学生，并解决学生的身体素质与功法基础的构建。

（一）素质功法

1.身体素质

身体素质的训练计划要根据学生的年龄阶段与实际情况来制订，根据不同年龄阶段的青少年在身体形态、运动素质等方面的情况而定，把握其中的发展规律，明晰不同年龄段表现出的各种形态、机能和运动素质的发育状况是不均衡的、渐进的，并存在着“运动素质发展敏感期”。所谓“运动素质发展敏感期”是指某种运动素质在儿童、少年时期有机体自然生长发育的基础上，在某些特定的年龄阶段发展得较快。在儿童、少年时期，如果能按照运动素质发展敏感期的规律进行训练，就能取得良好的训练效果。

在少儿身体素质敏感期和心理品质成熟期，加强对其身体素质与心理品质两方面的训练，是非常重要也是很有必要的。同时结合多年运动训练的实践及成果，对少儿运动员在此特殊时期按照其内在规律进行专门化训练，在此基础上，我们才能在训练中把握少儿敏感期的特点，并将其合理运用到武术素质和技能的训练中，达到事半功倍的训练效果。

总之，武术素质训练应该紧密结合训练理论，进而在更广泛的范围内得以指导武术的训练与实践，达到提高武术训练的科学化程度。

我们把机体容易显现出的力量、速度、耐力、灵敏、柔韧等五类身体素质的功能提升的训练归类于武术训练的阳性训练方向，但这只是武术素质训练的一个方向。还有一个关于体内不容易显现出来的机体筋骨内劲与内气等方面的功能，这些机体功能提升的训练就是武术训练的阴性训练方向，是通过向内挖掘机体潜能的功力训练。

2. 功法基础

功法的训练就是成就内气与内劲及其运用的过程。我们现在已经清楚了，从传统文化的角度来看，“气”是一种极其细微的物质，是构成世界万物的本质。人体中的气主要由先天的肾气（也称元气）、后天的水谷精微之气（也称谷气）、口鼻吸入之气（也称清气）等共同组成并参与正常的机体运行。通过从丹田气入手进行相应训练的过程，就是调动人体内各种气的积极性的过程，就是运用可以随时得到调节、补充的后天之气，去滋养、扶植先天之气，使气血调和，阴阳相济，则人体脏腑器官自然会健旺。丹田是人体的发动机，丹田内气充实，身体健壮，功力自然提升，动作的表现与技法的运行就会内劲充沛。

功法训练就是一个不断夯实自己，提高练习者身体与心理素质的过程，在这个过程中，我们通常是按照这个方向进行修炼的：

功法训练必须先去掉机体的拙力，否则机体的劲力就不能形成一个整体，也就永远都是表现局部之力，并且，这类局部之力既无益于身心，也对健康无益。例如，人体在婴儿状态时属于无拙力的状态，但只是一种低级的无拙力状态，不是武学上追求的那种能够支撑技击实战的劲力。

通过功法练习先把拙力去掉，换成新劲，从而改变从前的用力习惯，产生全身整体之力，表现出牵一发而动全身的用力，在调整用劲的状态中逐步掌握调整用力的要求。

重建用力状态，逐渐形成全身整劲，而后再通过时间修炼的积累，让身体不断地把整劲做大并练强。让内劲的功能逐步在发力中体现出来，这就是功法训练的系统工程。

通过训练的进一步深入，让机体的整体参与更加彻底，让机体内更多的筋、骨、膜加入到劲力运行的发力系统中来，并随着训练的再提升，机体内的“精、气、神”不断强壮，能促使机体发力系统的功能进一步强大。此时，表现在发力系统中的肌肉力量仍然会起到较大的作用，但已经不是发力的唯一主角了。

通过功法训练慢慢就能领悟到抛弃拙力而新劲渐生的妙处，这是逐步改变局部用力，养成用全身整劲的关键。随着拙力去尽，全身通畅，气血运行无碍，就是后天转先天的具体表现，随着习练者对内功的感受逐步深入，五脏功能就会越来越强。

（二）单练的套路组成与训练形式

武术套路是一连串含有技击和攻防含义的动作按照顺序与要求组合而成。武术套路是一项内涵丰富、形式多样且具有独立体系和多种社会功能的运动项目。传统武术的各门各派都有属于自己的套路，且源流有序、拳理明晰、风格独特。各拳种都具有自身独立的套路体系，能够以套路的形式满足武术比赛、武术健身、武术技击防身对练、武术教学等多方面的社会需求。武术套路不应该凭空产生，无论是什么类型的武术套路，都应该遵守组成套路的基本原则。

组成武术套路的三大原则是：技击性原则、强体健身性原则、主题性原则。

无论武术的表现形式发生多大的变化，武术技击的本质属性绝对不能被泯灭。技击之所以成为武术的本质特性，是因为离开技击性，武术就已不能称之为武术，也就无从再深入谈其发展。因此，组成武术套路，首先应考虑武术的技击性，写意技法是组成套路的灵魂，是判断动作性质的一把标尺，缺此就无法判断动作的性质归属；其次，写意的技击形式必须符合人体的生理特性与生物力学等现代科学的要求，这样才能够符合人们对健康的需求，所以，套路不能脱离强体健身性的要求；再次，套路是人们根据自己对武术的理解，以及对练拳的实际需要，对武术单式动作进行组合、编创而来，所以，套路必须突出自己的主题。

套路的组成，不应该是只为了这个世界上多有一个套路，而强制增加一个数目那么简单，套路的组成一定是有其核心思想的，只有那些具备了核心思想的套路，并按照套路规矩的要求而组成的所需套路，此套路里的技击动作才能够围绕着核心而展开，套路的健身价值才能得到体现。例如：组成套路的核心思想可以是突出练习某特定的劲力、步法、身法、某类技法，等等，这样的套路才是有内容、有价值的。

一般教学顺序是：①先完整示范所要教的动作，再概括性讲解；②然后分解示范，具象性讲解；③再是领做，示范中同步讲解；④最后学生练习，教师纠正错误。当然这些程序都不是绝对的，具体教学中应该结合实际情况灵活运用。

在具体的教学中我们要做到以下四点要求：

突出套路的核心思想：套路的组成需要有其组成的核心思想，教练在教学中应该不断地强调学员要将其牢记在心，并通过具体的动作演练体现出来；失去了主题的套路就是没有灵魂的，只是类似于一盘散沙的动作集合，尽管其中的动作仍然具有一定的技击含义，那也只是不能够为主题服务的游离技法，动作的价值就必然大打折扣了。

突出套路动作组合的合理性：套路的动作来源不能够异想天开，或脱离现实的胡编乱造，客观上来讲，套路是通过写意的形式把“现实”中的技击实战场面艺术性地再现到训练场上，那些为套路而套路的动作表现，由于是脱离了地气的杂耍，必然会导致习练者产生错误的技法认识，习练者一旦形成这类错误的动作意识，对今后的武术发展是有害无益的。

强调套路动作的应用：套路的完整演练不仅是写意技击的表现形式，同时还是一种训练形式，在套路训练达到一定阶段后，还要注意将技击意识全面落实到动作上去，例如：动作的劲力如何在不同的状态中表现出来；动作的技击含义该如何体现出来；这几个动作所形成的动作组合为什么会成为经典；套路中动作的写意与写实的距离到底有多大；等等。当习练者对这些方面的问题有了一个清晰的认知后，套路的质量也就有了更大的提升空间。

套路中传统文化的自然表现：优秀的武术套路不但能够强体健身，使肢体得到锻炼，而且还能够愉悦心灵，提升人们的道德观念，增强民族自豪感，激发自强不息、强国强种的斗志。同时还能满足社会各方面对它的不同需求，针对现实中具体的发展需要，创编与之相适应的武术套路，因为有能力满足社会上的较大需求，也就更能促进武术长久持续的发展。

我们只有将套路组成与训练形式严格按照原则来运行，这样处理的套路才能达到拳架规范的要求，才是标准评判体系能够形成的前提。同时又能够以自己的方式服务于技击，能够真正做到“解放”踢、打、摔、拿、跌等技法，并能够表现出自己的运行规律。同时套路技击动作的运行，又能够突出因势利导、引进落空、避实击虚、崩弹发力、一弹而起、伤筋挫骨、犯者立仆、出奇制胜等技巧的特点；手、眼、身、法、步在套路的招式中都能够围绕动作的核心展开，这样的套路价值很自然地就被体现出来了。

（三）武术的对抗实战训练

传统武术关于技击类内容在对抗形式中的表现是各式各样的，总体可以把它分为两大类：徒手类与器械类。徒手类又分为实战、推手与对练；器械类则分为长兵、短兵、对练与其他。

传统武术的技击运行如用量子力学态叠加原理的思维来思考，那么技击表现可落实在各个方面，其结果原本就是由对抗双方表现在各方面的能力差异所决定的，同时彼此间的互动又都受到时空中诸多元素表现在立体多面上的影响，技击运行只能放在四维空间中分析才能够更贴近真实的境况去感受攻防，这就是控制与反控制思想在武术运动中的综合体现。如果我们用绝对的眼光去看技击，那么就会把技击看成是扁平、直线、不变、没有空间张力的机械运行。

传统武术的实战从形式上看都是通过对抗双方技法的比拼，在开展控制与反控制权的争夺过程中达到技击者追求的技击目的。控制与反控制主要体现在对抗中所表现出对“时间、空间、技能、体能、智能、心理与机体的承受力”等多方因素，在强势与弱势中的驾驭能力。

从技击类项目的竞技能力的组成来看，由体能、技术、战术、心理、智力等五方面因素共同构成，各因素间相互作用、相互影响，它们统一在技击思维网络管理的完整运行系统之中，共同体现出经纬技法构架的各项功能。技击思维网络是人们大脑活动的内在程式化的关于攻防的思维系统，它对技击者的技击行为起着决定性的引导作用。技击思维网络的构建决定着经纬技法构架的运行，以及对待各种条件的态度，并直接影响技击时的心态与成败。要获得技击中的成功结果，技击思维网络的正确构架是前提。很多人总是将失败归罪于外因，常埋怨对手强大，却不反思自己的技击思维方式是否存在问题。技击思维网络是实战对抗中分析与看待技击势态的角度、方式和方法。不同技击思维网导致看待技击的角度、方式不同。

经纬技法构架所展现出的竞技能力是五个方面因素在对抗中的综合表现，这些就是我们在训练过程中必须要在习练者身上解决的问题。训练的目的就是解决在赛场上如何到对手身上更多地获取所需的“技击效果”，这也是五方面因素训练的共同目标，任何一种素质都应该围绕着服务于如何获取“技击效果”这个核心实现自己的价值。

为了能够发挥素质的最大功能，在训练中我们要处理好各类基础素质之间的相互关系，让这些关系有机结合形成更大的完成任务的能力。经纬技术构架的训练，其实质就是针对如何顺利提升受训者关于攻防智慧与谋略水平的运行。运行中的智慧更多地体现在，对经纬技术构架的技法本身的理解与掌握，而谋略则更多地体现在经纬技术构架在实战对抗中的战术表现与运用。二者是有区别的存在，表现在智慧的主体是受训者这个“人”，而客体则是自然天地中经纬技术构架的“道”，是人类针对技击规律的探索，是用来解决技击问题的技术本身。谋略的主体也是受训者这个“人”，但客体是经纬技术构架使用的对手，而对手也是一个希望战胜他的对手的“人”，因此，这是个由“人”针对“人”的计谋算计，其实质不是为了解决问题，而是为了解决制造问题的这个“人”，即对手。

技击者之间的技击水平不同，则很大程度地说明他们把这五方面因素转化成支撑技法构架的能力不同，也就说明各素质之间的贡献值各不相同，其结果是直接导致他们的技击水平在实战中的表现出现较大差异。如果我们在训练中很好地解决了这些问题，训练也就能取得事半功倍的效果。根据具体对抗势态的不同，五种素质在对抗中主辅地位的关系，也在随时随势发生着相应变化，当处在主要地位的因素发生改变时，必定因此而导致对抗势态发生根本性的变化。

围绕着经线技法与纬线技法的技法训练展开，是技法提高的训练指导。传统武术技击是围绕着经纬技法构建起来的技法体系，通过符合其内在运行规律的训练，让习练者逐步构建起适合自己的合理的技术构架，并在不间断的训练中夯实自己技术构架的质量，以确保在赛场上使用技法的自如程度，确保做到技法的游刃有余。

我们在训练中要牢记：一切不以攻防为目标的动作展示都是体操行为的杂耍做作，擂台上动作的技击含义只能以写实的形式来表现，攻防技击阈值太高而无法用写实形式体现出来的那些动作，只能归类于花拳绣腿，技击动作的制胜必须遵循“简洁、实用、敏捷、精细、合理、恰当、全面加特长”的技击要求。

当然任何技击类项目的制胜规律都受本项目《规则》《规程》等外部的强制条例所制约，所以说影响和约束技法的发挥并不完全来源于技法本身。项目的表现既受到运动形式、运动能力等来自内部条件的约束，同时还受到《规则》《规程》的影响和制约。要做到在对抗中顺利地诠释控制与反控制的思想，展现驾驭控制与反控制技法的能力，就必须在训练中让习练者彻底了解，制定本项目《规则》《规程》的精神、条款要求与技击特点，要让它们做到内外统一，才能够共同发挥所能产生的最大能效，决不允许有内外冲突的矛盾出现，否则技击思维网络就不能在对抗中保证完整、统一、简洁、流畅。如果使用自相矛盾的技击思维来指导技击实践，那么，对技击能力的展现必然是灾难性的。

控制与反控制是技击类项目制胜的关键所在，我们需要在训练中建立一套完整而又有体系的技击思维网络，这是技击对抗顺利进行的前提，网络对技击对抗中各要素进行统筹兼顾，使体能、技术、战术、心理、智力等因素都能够围绕技法发挥出最大的功效，以达到制人而不制于人的技击势态，这样就能够顺理成章地、很稳妥地把握住对抗中的控制权。据此，习练者在赛场上也就有了实现技击目标的手段与途径，技击目标的价值实现也就成为现实。

（四）武术的规则与竞赛

武术运动的竞赛规则与规程是竞赛场上的“法律”，保证着竞赛活动有序进行和持续发展。规则的合理与否可以直接影响到竞赛的质量和项目运行的结果，不同的规则决定了武术各种运动形式的发展与存亡。好的竞赛规则不仅能促进竞赛水平的提高，吸引更多的优秀人才参与其中，使受众面更为广泛，达到真正教育人、锻炼人的目的，而且还会提高比赛的观赏性，使其获得更多的经济支持，进一步促进运动项目的发展。

项目的竞赛规则是运动竞赛理论体系构建的重要一环，还是连接运动竞赛理论和实践的纽带。因此，规则对运动项目及其竞赛的发展，具有重要的理论意义和现实意义。

竞赛的实质就是把经纬技法构架的内容搬到赛场上，并将这些内容尽可能量化，旨在便于对手之间进行技击运行所产生结果的相互比较。因此，在量化后再进行数值上的比对，以此判断或比对关于胜负因素内容的排列秩序，于是，就有了理性并权威的胜负评判结果。

技击形式要进入交流或竞赛，就必须有一套可行性的竞赛规则，只有得到大众普遍认可的规则才能被大众遵守，只有被大众遵守的规则才具有权威性，在具有权威性的规则下竞赛出来的结果，才具有被大众普遍接受的前提。

开展传统武术竞赛的宗旨是：以确保竞赛安全为前提，还原技击本来面目为目标，彰显中华传统文化中表现在攻防技击形式上的控制与反控制的驾驭能力。

因此，传统武术的规则制定就应该围绕着项目的宗旨而展开，同时与开展竞赛活动有关的一切行为的评判，也就有了评判正确与否的标尺。

传统武术的实战竞赛规则是武术实战比赛中必须遵循的规定和法则。随着传统武术实战项目开展的呼声越来越强，要开展就必须先制定与武术实战相对应的竞赛规则。规则的制定也就明确了比赛的性质和形式，保证了比赛的公正性，以及比赛运行的组织秩序。

我们要清楚任何规则都不是一成不变的，它是项目宗旨的一种形象表现，会随着武术实战的发展而发展，以项目的宗旨目、标引导着项目朝既定方向发展，因此竞赛规则也需要在武术实战运动开展的过程中不断地修订与完善，同时也一定会受到当时的科技发展以及社会环境等多方面的影响。

规则虽然在不同时期与阶段呈现出不同幅度的改变特征，但必须始终坚持规则的基本原则，并恪守武术实战运动的本质特征，即体育性、真实性、量化性、核心性、发展性、自然性。

体育性:公平、公开、公正永远是竞赛场所最符合人性的标准,应该受各种文化的尊重。

真实性：从写意技击中解脱出来，与现代搏击类项目的表现风格接轨，展现武之真“我”。

量化性：竞赛中技击效果的评判，因为有了可量化的比较得以客观地排序。

核心性：项目发展需以诠释核心思想为己任，因此赛场上的技法展现需要规则的束而导之。

发展性：项目处在动态发展中，还会随着状态的改变而改变，但发展目标始终如一。

自然性：技击源于生活又高于生活，所展现的内容都能在生活中、三型一体中找到影子。

规范的竞赛体制使竞赛操作时，评判的裁判工作与组织要求有核心的指导思想；使竞赛中的裁判员更合理、更规范、更人性、更文明地使用手中的裁判权;竞赛组织的构成，从组建的根本上得到全面正确的保证；引导裁判人员在评判中朝着公正精准的方向开展工作，这就是项目得以持续发展的根本保障。

（五）五力入髓

项目的灵魂在于项目内的核心思想，其发展必须围绕核心思想而展开，项目发展得如何，可以通过其形式所诠释出来的核心思想是否纯真、纯正与全面来衡量，脱离了核心思想的项目就会偏离方向。三型一体的传统武术构架及相应的竞赛体系，其目的都是为了更全面地诠释项目的核心思想而存在的表现形式，绝对不是为了形式而形式的教条。项目所有的表现形式都必须指向一个目标，那就是让习练者以武入道，以历练成一个真正的“武者”，也就是“三型一体”与“竞赛”透过形式显现出本质意义。因此，传统武术也很自然地就具备了以武“化人”的功能，它能够通过各种形式的共同运行，完成让一个“普通人”转化为一个符合于“武道”的“武者”。

从传统武术的角度来看，真正的“武者”应该是怎样的一个“武之君子”呢?

近代著名思想家梁启超认为，培养“尚武精神”对于人格塑造和民族发展具有重要价值。从教育的层面看，“尚武精神”的主体并不是武力本身，更多的是在行武的过程中对受训者“心力”“胆力”“功力”“智力”“魅力”五类“力”的综合训练，目的是培养习练者成为一个真正的“武者”，以获取一种自强不息的人生态度与勇于竞争的能力储备。

在此，传统武术所指的“武者”已经不是一种对“习武之人”的泛泛描述，这种从传统中来的规范使武者真正得以回归传统，并已经对习武者产生了具体的“量化”要求，该要求主要体现在五种能力的全面提升，以获取五方面能力在武者的身心中得到综合体现。

1. 下面就五力，即“心力、功力、胆力、智力、魅力”分别进行相应的分析，详见阐述五力关系的“五力入髓”图（图 1-4-6）

图 1-4-6　五力入髓图

（1）“心力”，五行属火，具有四方散发的特征。

心力者，由执着而产生的能量。在中国上古时期，诸多修炼之士、贤人学者早就体认到了其中的道理，还留有许多文献记载，例如北宋的欧阳修在《坐忘论·收心》中说：“万事以心为本，未有心至而力不能者。”表现在人的身上就是武者生命之根本，是觉知见闻的能源，心力不强者，其价值则难以显现。

有了心力才能有人们通常所说的“坚持不懈、永不放弃”的执着精神，“滴水穿石、锲而不舍”的坚韧不拔，即便面对任何艰难险阻，都能保持一往无前的态度。它能深深地根植于武者对生命、对亲人、对武术、对同门，以及对武林的热爱，它的价值常常是迸发于事物发展“生死存亡”的危急关头。提倡“尚武精神”就是要把这种精神，从局限于爱生命、爱亲人的个体至爱之情，升华为爱民族、爱国家，为国赴难的崇高的爱国主义精神。

（2）“胆力”，五行属木，具有向上奋进的特征。

胆力者，由自信支撑起的克服困难的精神力量。表现在武者身上是一种敢想敢干、敢作敢当、毫不畏惧的气概，在面对一切艰难险阻时自然会体现出那种本能的自信与从容。当面对任何强手时都能够很好地驾驭住自己内心的恐惧，表现出藐视困难的勇气，流露出那份武者发自内心的坦然。

提倡尚武精神，同样也是重铸民族形象的需要，改变“日惧外人之分割，日畏外人之干涉”，畏首畏尾的精神状态，让每一个国民都能够树立起民族之自信、奋发民族之雄心、光大民族自强不息之传统、鼓荡起“敢与列强相见于竞争之战场”的勇气。

（3）“功力”，五行属土，具有沉稳、厚重、信守、承诺的特征。

功力者，支撑一切的实力。“土”即功力。土生万物，其中蕴含着一切所需的元素及其之间的关系，它是实力的综合体现。君子以厚德载物就是分别从有形与无形两方面来分析武者的实力与内涵。对武者而言，有形的东西，没有比功力更厚道的了，武者所要表现出来的武学思想，也没有什么不是承载在功力之上的；无形的东西，则没有比德行更重要的了，只有让自己德行更高尚，才能承担更重大的任务。

梁启超曾有这样的阐述：“体魄者，与精神有密切之关系者也。有健康强固之体魄，然后有坚韧不屈之精神。”提倡“尚武精神”的一个重要内容，就是要通过习武的锻炼，尽可能去改善中华民族每个公民的身体质量，使中华民族成为体格强健、勇武有力的雄健民族，使国民养成完备的体格，以此为基础去求得所需的民族性格。

（4）“智力”，五行属水，具有滋润万物、坦率进取的特征。

智力者，由合德支撑起来的聪慧。智力是武者在获得武学知识和运用知识解决武事中所遇问题时，所表现出来的必须具备的心理条件或能力特征。从心理学的角度来解释，较多的人认为智力指的是认识方面的各种能力，包括观察力、记忆力、想象力、思维能力，其核心是抽象思维能力。

老子在《道德经》中最崇尚的东西就是“水”，称“上善若水”。水是武者所能够体现出来的最高、最美的德。水能滋润万物，技击对抗表现出来的虽然是形式上的博弈，但透过形式体现出来的却更是对抗双方智力的比拼。对抗中的智力是技战术等技击思维得以实施的根本保障，智力能够在赛场上借助一切可利用的元素，并将其转化成写实的战斗力，让一个武者通过控制与反控制去驾驭攻防，使自己在擂台上得到身心的全面洗礼。如何才能做到将一个同等实力甚至优秀于自己的对手打败，没有一个好的智力作为前提，这个要求就会成为一个无法完成的预期目标。

（5）“魅力”，五行属金，人格方正由内而外显现出的潇洒。

魅力者，由人格支撑起来的潇洒。这里所阐述的魅力是内指人格方正的魅力，外指为人圆和的气质而显现出的魅力。武者具备了这股五行属金的力量，就能凭着这股力，即便武者是再弱小的一个人，也能够具备征服外界一切有形与无形的潜力。

武者将技能、学识、性情、品德修养等综合素质融铸成自己的人格，是以自己的素质为基础，通过与自然环境和社会环境的相互作用而进行的。武者在武事活动中所表现出的独特鲜明的人格魅力，通过思想、武德、行为、举止、气质、风度、知识、能力等众多方面展现出来，武者高尚与完美的人格魅力可以对社会产生正面效果的感染力与辐射力。

通过上述五种“力”的深入修炼达到入髓的效果，会使习武之人达到身体强壮与心理强悍，且在日常生活中不仅是一个身体健康的人，还是一个有温度懂情趣会思考的人，表现在跌宕起伏的工作与社交中，拥有处变不惊的内心。五力入髓能让武者在未来的人生道路上，独自走过那些或喜或悲的漫长岁月，坦然面对而绝不怨天尤人。

2. 阐述武者所备五力之间的相生相克关系

图 1-4-7　五力生克图

金生水："魅力"，五行属金，表现出武者具备了金的属性就拥有了人格方正的特征。说明武者只有人格方正，才能真正做到《大学》里所阐述的"知止而后有定，定而后能静，静而后能安，安而后能虑，虑而后能得"之道理。武者通过"知、止、定、静、安、虑"的修炼过程后最终做到了有所得，这就是一个以武入道产生智慧的过程。因为武者身上最原始的智慧是从武者人格内部转化而来，正所谓"定能生慧""有德者居之，无德者失之！"

金克木：人格的方正是武者必须恪守的品质，但这里讲的恪守并不等同于迂腐的"墨守成规"，谨小慎微要是到了凡事都怕出错的程度，当面对武事活动需要承担责任时，就会出现"前怕狼后怕虎"的畏惧心理。此时，武者必备的胆力也就在所谓的"小心谨慎"中被克制住了，这种现象就如同自然界中矿藏过于丰富的土地上很难长出茂盛的树木一样。

水生木："智力"，五行属水，说明武者具备了水的属性就拥有了滋润万物智慧的特征。武者通过修炼使得自己具备了透视事物的能力，正因为能够准确把握事物运行的内在规律，才能做到按照规矩处理问题而"不逾矩"，这就是武者自信之根源，也是处理事务、产生"胆力"的支撑。就如同自然界"因为水灌溉树木，树木便能欣欣向荣"是一个道理。

水克火：透视事物的洞察能力，是成就武者事业的基本素质。然而，事物都是一分为二的，如果武者凡事都依仗着自己的聪明与智慧去解决，就会衍生出做事情不脚踏实地的坏毛病，在武事中就会逐渐失去执着的耐心、坚持、热爱、勇气等这些武者必备的基本素质，如此就会因为自己的"小聪明"而逐步丧失这些优秀的品质，这就印证了"聪明反被聪明误"的道理。就如同自然界"火被熄灭，是因为火遇到了足够让火熄灭的水""水能载舟亦能覆舟"的道理。

木生火："胆力"，五行属木，表现出武者具备了木的属性就拥有了积极向上的品质特征。在武事中，但凡不具备胆力者，一概表现出寸步难行甚至出现畏惧与退缩的状态。只有在武事中表现出应有的大无畏精神，才是迈向成功的必备条件。武者有了敢于面对一切困惑的自信与从容，也就有了执着于"坚持不懈、永不放弃"的前提，在坚持的过程中也就产生了"不畏险阻、一往无前"的心力。表现在自然界中，就如同火以木料作为燃烧的材料，木材被烧尽，火则自动熄灭。

木克土：武者具备了敢于面对一切困惑的勇气是难能可贵的财富，但任何事情都存在着其正反两面性，正因为"勇者无敌"的道理会使得武者过于依赖于自己的无畏精神，所以就会因此而表现出发自内心的浮躁，对武事的处理就容易违背最基本的"脚踏实地"的办事原则，使得"沉稳、厚重、信守、承诺"等必备素质被现实逐步浸湿。就如同自然界中，因为树根吸收土中的营养，以补己用，树木强壮了，但土壤如果得不到补充，自然会出现土质的瘠薄。

火生土："心力"，五行属火，表现出武者具备了火的属性就拥有了四方散发的执着特征。因为武者身上体现出了"永不放弃、永不言败"的精神，才能够把简单的事情做到极致化，使得事物的功能与特性都能够很自然地显现出来，在这个过程中，武者身心中蕴藏着的"沉稳、厚重、信守、承诺"等品质会自然地显现出端倪。武者在武事活动中表现出来的状态与自然界中"因为火燃烧物体后，物体化为灰烬，而灰烬便是土"的现象极其吻合。

火克金：武者表现出来的心力，具有坚持不懈的优良品德，在处理武事方面才能深入到事物的核心，并把握事物的内在规律，促成事物朝着有利的方向发展。然而事物的发展往往具有物极必反的运行规律，如果处理事物时过于突出自己内心的"执着"，没有控制好其中的"度"，结果往往会事与愿违，任其无度地发展下去就会使武者内心人格所外显的魅力失去支撑。因此，真正的武者一定是能够明确和懂得，如何在不违背原则的基础上去变通，这是把握"度"的核心。心力如"火"，只有把握好"度"才能为我所有。如同冶炼制造，烈火的温度足够高，才能熔解所有金属器皿；同时因为把握好了"度"，又可以把金属"锻造"成我们需要之"器"。

土生金："功力"，五行属土，表现出武者具备了土的属性就拥有了沉稳、厚重、信守、承诺的特征。自然界的"土"蕴含着人类所需的一切元素。武者身上所具备的"沉稳、厚重、信守、承诺"等元素是一个武者在武事中产生一切需要的基础来源，是武者自身的宝库所在。当武者已经具备足够强的功力时，也就能够很好地把自己的人格魅力体现出来，在"不怒自威"中却又显得具有非凡的"亲和力"。武者在武事活动中表现出来的状态与自然界中"因为金属蕴藏于泥土石块之中，经冶炼后才能提取金属"的现象类似。

土克水：武者表现出来的功力，是武者成就一切武事的基础，缺此其他任何事物的成就都无从谈起。所以，武者的"沉稳、厚重、信守、承诺"等特征是无价的品质。但是，如果武者仅仅是沉迷于自己的这些品质，就会让自己表现出固执、偏激、孤独、死板等相反的一面，这样就会导致武者在事物处理的方向选择中产生智昏的误判。这些负面的因素一旦出现，势必会抑制武者智力的进一步发挥。这一现象就如同自然界中用土能堵住水流形成堰塞湖所表现出同样的工作原理。

在武学教育体系中，授徒的本质是通过用规律认知、规则、技法、拳理与功法等知识进行相关的传授，让习练者参与进来，促进学生（学员、徒弟）身心健康（生理健康、心理健康、人格健康、全面发展）的成长过程。对“心力”“胆力”“功力”“智力”“魅力”的综合培养是武学教育中显现出的独特性，换用其他文化形式来培养“五力入髓”就会显得力不从心，武学在这方面具有无可替代的功能。其中包含着对一个普通武术习练者升华成为真正武者的必备的量化要求，这些功能是其他教育形式很难齐全的表现方式，也是武学最具价值的地方。

在我们现在的武术教学中，要让习练者真正意识到“五力”对自己的价值。只有这样，我们才能够积极主动地把“五力”的价值体现付诸具体的教学当中，而不是将其重要性仅仅只停留在口头上。如果我们只是天天把理论挂在嘴边，“五力入髓”的价值就永远体现不出来；除了条条框框的说教，没有更具体鲜活的教学行为，武林生态就永远不会步入规范！这不仅是我们对武术表现在认知上的要求，也是弘扬中华传统文化的需要，更是对传统武术传播的要求。

切记：武术教学的价值，不仅要在武者机体的建构过程中得以体现，更要在武者精神成长的建构过程中得以展现。在这个过程中就能够很好地诠释出，传统武术是一项以“胜己之术，化人之道”为核心价值观的文化表现形式。

通过“五力入髓”不间断地修炼，直到将这五种力量注入武者的骨髓，融入武者的心身，成为武者有机的一个部分。从生理知识中我们就能够明白，骨髓是人体重要的造血机构，通过“五力入髓”后再用骨髓所造之血去营养机体，这才是成就武者的基础“物资”。当“五力入髓”时，就意味着拥有者已经成为一个不折不扣的强者，这种强不仅仅表现在武事上，还可以表现在学习、生活、工作、社交等方方面面，这就是传统武术给我们带来的真真切切的价值。现实中“五力入髓”所带来的价值已经远远超越了传统武术本身，这些正是每一个社会上普通的自然人都追求的素质目标，然而这种价值的获取却又不能被其他形式所取代，这就是我们要弘扬传统武术的重要原因。

社会上不同的“我”组成不同的“小家”，不同的“小家”组成了“大家”，“大家”组成了这个“国”，因此，“五力入髓”既然能够成就一个武者的强悍，就能够通过强悍不同的“我”去强悍不同的“小家”，再达到“大家”强悍的社会效果，如此便是为强悍国家与民族做出巨大的贡献。梁启超说：“国民自信其兴，则国兴；国民自信其亡，则国亡。”作为中华传统文化重要组成部分的传统武术，既然具备了这个利国利民的功能与能力，就应该承担起这份神圣的责任，为民族的振兴做出自己应有的贡献。

第二部分

传统武学体系构架的示意图，其所围绕的中心就是阐述以“精、气、神”为核心的在不同阶段的表现、发展以及目标体现。传统武术通过三型一体诠释出自己表现在功法、套路与实战等方面的功能，并以三型一体在各阶段分别以各自的形式去获取价值体现，以及运用不同的竞赛作为各种锤炼手段，较清晰地阐述了传统武术“胜己之术、化人之道”的思想。习练者据此，才能在习练的道路上逐步将自己打造成一个真正的武者，达到“五力入髓”的升华。

关于习练时间的分布问题，客观地来说，任何一位习练者的时间安排都应该分为两个方面，即训练时间与非训练时间。训练时间所追求的目标是通过三型一体规范的训练与竞赛的洗礼，达到武者“精、气、神”方面质的提升，实现武者“五力入髓”的升华。

那么，训练以外的非训练时间又有一个什么样的目标与途径呢？传统武学构架图已经给出了答案，那就是习武促使习武者从一个社会的“自然人”，转变成为一个内心乐意接受武林规矩的相关制约，以及愿按能力承担社会责任的武者，并以此实现武者在生活与修养方式上的健康及规范。同时，通过传统武术的生活与修养方式，以实现习练者对自己在“忘我”与“求真”方面的不间断修行，并从中获取自己所需要的形而上的精神满足，即幸福感！

下面我们就传统武术习练者脱离训练场在非训练时间，如何形成良好的修养方式，进行相关的阐述。

1. 礼仪表现

“礼”是一种认知的行为，是一种符合“德”的要求，表现在武者外在的行为上。“礼仪”是指武者按照武林之“德”的要求表现出来的仪式。“礼仪”一词在中国古代就作为典章制度和道德教化来使用。“礼”在字典里的解释是：由一定社会的道德观念和风俗习惯形成的、大家共同遵守的礼节。“仪”是指人在礼节中所表现出来的容貌与举止。在人际交往中，凡是把人内心待人接物的尊敬之情，通过美好的仪表、仪式表达出来就可以作为“礼仪”。

中国古代思想家荀子认为：“礼者，所以正身也；师者，所以正礼也。”礼可以端正和规范人的行为，使人们从野蛮走向文明，理智文明地处理遇到的各种问题，从而起到修身养性、化性起伪之功效。“文以载道，武以明德”，武术礼仪是武德的重要表现，也是中国传统美德的精粹与提炼。

武术礼仪是指传统习武者在武林生态中为建立起人与人之间的特定关系，并为所有习武者共同认可、接受或使用的仪式，它是构建武林生态必须具备的一套礼节和行为准则。

在中国自古武术就与礼仪结下了不解之缘，从原始宗教礼仪仪式的“武舞”，再到代表国家礼仪的一个重要内容的“射礼”与“角抵”，在当时，这些与武术相关的内容与形式都属于国家礼仪的一个重要内容。

历代传统武术的各门各派对武林界礼仪的要求都非常重视，相应的礼仪内容同样是非常丰富的。从弟子入门拜师学艺仍要行叩头跪拜之礼开始，最常见的就是抱拳礼；在传统武林中还存在其他许多礼仪形式，如鞠躬礼、举手礼、握手礼、合参礼、无为礼、见山礼等。

纵观武术的历史发展过程，我们可以归纳出武术礼仪的历史发展特点，即礼中有武、武中有礼。礼中有武是指古代礼仪的内容中有武术，如武舞、射礼、角抵，他们都是当时的礼仪内容；武中有礼是指武术中包含着丰富的礼仪内容，如射礼、少林武术、太极拳及其他传统武术，各个门派都有各自比较完整的礼仪程序。

目前，我国正处在一个非常重要的社会转型时期，一些传统的道德标准已被打破，而新的道德准则又没有完全建立起来。如此便很自然地造成习武之人在道德意识方面出现了不和谐的模糊认识，没有了思想上的自我约束，自然就会随之引发出社会上许多不和谐的事件，这些理应引起武林界与社会各界的普遍关注。武者只有内心有“德”，生活才会有明确的目标，在处理具体事情上才能具备最基本的自控能力，只有发自内心的礼仪才可以支撑起武者的精神。

由于人们缺少传统礼仪文化和传统武术礼仪等方面的知识，又缺少专业人才对其进行深入研究，也就很自然地形成了人们只能面对武术礼仪单一、枯燥的形式，而感叹当下武林界的内涵太“空洞”的表现。武学架构中完全有必要重新构建现代武术礼仪体系，进而规范武林生态，丰富现代武术文化。武林界的每一位个体都需要端正态度，从我做起，从现在做起，让各自都能够通过标准的礼仪来规范自己的言行。

武林生态之中的每一位习武者及相关人士都应该熟练地掌握一套完整、规范、体系的武术“礼仪”，以体现自己内心之“德”。这些“礼仪”对习武者自身的修身养性有着巨大的价值，对社会的秩序规范具有难以估量的促进作用。

武术礼仪对构建良好的武林生态有着较大的现实意义：

在武术的学习与实践活动中，礼仪是继承和发扬优秀传统文化的一个窗口。武术礼仪文化作为中国武术文化的组成部分，学习和展现武术礼仪就是每一个武者学习、传承和传播武术文化的过程，这样，中华传统文化就能以武术中的礼仪形式得以相应地继承和展现。

礼仪的规范对礼仪中的每一个个体，都有一个非常严谨的思想与行为标准的要求。

对武者而言，这些礼仪上的规范从微观的角度来看：有助于习练者养成尊师重道的良好品德和坚忍不拔的意志，以及对礼法的恪守；从宏观的角度来看：有助于每一位武者培养高度的爱国主义情操，更有利于武者对中华民族“文化自信”的培养。

在礼仪的规范中有利于武者培养良好的行为习惯和方式，礼仪作为规范或行为模式，在人们社会生活的各个方面，都发挥着极其重要的作用。

规范的武术礼仪对武林界的社会形象与武林生态良好秩序的构建有着巨大的促进作用。武者良好的文化素质体现要从良好的武术礼仪开始，礼仪能够让武者摆正自己的心态并脱离心情的浮躁。通过武术礼仪能够提升武者的领悟境界，坚信并坚守自己做人做事的基本原则和价值取向，把握住外界不利因素的干扰，确保做到不忘初心，并能够正确地看待自己。

在现今的地球村，身处各种文化的交流与碰撞之中，武术的礼仪就是一个展现自我的文化窗口。武术礼仪的构建是武术软实力的体现，武者可以通过礼仪体现武术的本质与内涵，真正实现以人为本。同时武术礼仪的展现也是继承我国民族性格的需要。

武术礼仪能够将武林中的每一位武者很自然地融入这个社会当中。讲礼重仪是中华民族世代传承的礼仪文化，是祖宗前辈留给我们的宝贵财富。讲究礼仪、追求文明、融洽和谐的人际关系，是这个社会对每个人的基本要求，更是武者适应这个社会发展的需求，同时也是构建和谐社会和武林生态的需要，更是促进武者全面发展的需要。

武术礼仪对武者的修身养性而言有着巨大的现实意义，规范的武术礼仪的实施，呈现出武者内心修养的提升，表现在礼仪上的功能已经表明了武者在伦理、教育、文化、审美等方面的理解与认知。

2. 传统学识

武术具有体育的普遍属性，其内容量却又大于体育的内涵，是“武术的内涵与外延要远大于体育所涵盖范围”的缘故所导致的。体育的主要价值在于运动与竞技本身，而中华传统武术的主要价值更多地体现在它的文化性和传统性中，我们需要这样的传统来维护自己的文化自信，达到国人在精神境界和文化层面的诉求。传统武术是中华传统文化不可缺少的、重要的一个组成部分，是中华民族传统文化的一个缩影，它承载着中华传统文化的巨大形态，根植于我国传统文化的沃土中，在中华历史上绵延数千年，它扎根于我国的民族文化之中。传统武术以技击为核心、三型一体为外在的表现形式，讲究形神兼备、内外双修，追求的是一种防身、健身、修身、养身、强身与内心强大的效果，在获取效果的过程中贯穿并融合多种表现形式，展现出既可以多人一起又可以单个人进行的一种传统修炼行为。

三型一体的武术形式所展现出来的再生功能是多方面的，尤其突出地表现在个人修身养性方面，成熟的传统武术早已超越了只有一种最原始的写实技击属性的范畴。因此，传统武术已经不再是从前那种单一技能的体现，完整的传统武术应该是集竞技、健身、教育、娱乐及艺术观赏性于一体的综合表现形式，关键是其中涵盖了关于人性中“性命双修、心身并育”的整体优化理论，把人与环境视为不断进行物质、能量和信息交流的统一体，把人体功能的强化和优化看作是精神与物质紧密联系的统一的活动体。

武者在修炼的过程很自然地感受到传统武术独特的文化特征，因此，渊源悠久的中华武术数千年来对于中国传统文化，其中包括哲学、兵学、宗教思想乃至中医学等有着诸多方面的深刻影响。此时，武者在修行过程中能够不知不觉地、渐渐地感悟到传统文化更深刻的内涵。

武者的修炼过程，其实质就是以武为形式对传统文化进行新角度、新层面的感受与认知。我们都非常清楚地认识到武术萌生于中国传统文化的土壤，其发展与演变过程必然带着显著的传统文化烙印。张岱年先生认为：一个没有深厚文化底蕴和强大文化竞争力的民族，很难说是一个有希望的民族。中国传统文化以儒、释、道为哲学基础，这些哲学思想蕴含在武术技击理论及实践的运用之中，同时也形成了历代武术家个性气质的思想基础。例如：道家主张道法自然，提出无为而治、以雌守雄、以柔克刚、刚柔并济的思想，表现出柔静的特征，提倡以人与自然为核心，以无为、虚静、自然为主旨，在修身养性与凝神静气中体现出人与天的和谐；佛家主张觉悟，主张去“认识觉”和“悟知觉”，为将来做一名觉者或大觉者，最终成就无量觉而努力，强调的是明心见性，重在顿悟；儒家倡导以人与社会为核心，以礼制心，注重内心的修养与社会实践等。通过不断地修炼，逐步培养出武者像水一样的品质，表现出道家的“上善若水”、儒家的“智者乐水”、佛家的“善念如水”。

武者在修炼时充分体现出了中国传统文化价值取向下的中华武术之审美观，这是武者修炼的质量保障，是传统文化在武者修行中的充分体现。中国传统文化中天人合一、阴阳、刚柔之气和拟物制像等，这些哲学思想的内涵生发出丰富的具有中国特色的美学艺术范畴，同时又奠定了中国传统审美观念。

中华武术在几千年的漫长发展过程，吸收了中国传统的文化思想精髓，逐步成为中华文明的载体，并成为中国人的一种生活方式。在传统武术中所蕴含的中国传统美学思想和传统的美学价值观，这些才是中华传统武术千百年来泽惠大众的本质。在中华武术中，无论是在技击攻防的形态特征上，还是动作运行在节奏、韵律、意境上的追求，等等，这些都体现出了传统美学的思想内涵。

传统武术联系着中华民族古老、悠远而清晰的血脉，其博大的内容、纷迭的流派，以及与中华文化交融的和谐精神和伦理道德，都体现着对中华传统文化的尊崇与感悟。中国传统武术的理论和技术，都反映了中华传统文化的思想精髓与精神主导，成为深深烙在国人灵魂深处的文化印记，以及一种民族化的生活态度与方式。

传统武术即健康的生活方式。任何一个武者都必须生活在时代的风尘中，无法脱离现实的喧嚣，更不可能背弃自己存在的现实，我们需要一种健康的生活方式并强化自己的社会生活能力。

3. 养生健身

养生健身是武术的价值与功能之一。武者习武，不仅是为了获得一种自卫防身的手段与方法，同时也是为了通过健身强体以提高自身质量，并达到延年益寿的效果。当武者离开了武术训练与竞技场时，也就很自然地回归到各自修行的生活当中去了。当武者形成了以修行为自己生活方式的模式时，养生与健身就成为修行者的重要内容。

传统武术在其发展的过程中，受到了中国传统养生文化的极大影响，传统养生理论和方法与武术相互融合，形成了传统武术功法中的练养观。在传统武术理论中，三型一体形式的修行，其核心就是“精、气、神”的修炼，其中“气”占有重要地位。“气”被视为武术的本根，传统武术的种种外在形态和神韵，均是“气”的演化与体现，因此，就有了“武之主于气也”之说。传统武术将人作为一个整体来修炼，认为每个人都是自然界中的一个小宇宙，而由小宇宙、天地、自然共同组成的则是一个大宇宙，传统文化认为：人这个小宇宙与自然界的那个大宇宙是同构的。在练功实践中以攻防动作为结构，以刚柔、动静、虚实、开合等为运动规律，以人身小宇宙的运行来体察、探索自然大世界之究竟，在物我交融的拳械运动中，实现了人体自我身心内外的和谐统一、人与自然的和谐统一，此谓之“天人合一”。

传统武术的养生以阴阳作为理论构架，把阴阳作为“道”来认知，阴阳变化就是传统武术的技击之道，“道有门户，亦有阴阳。开门闭户，阴衰阳兴”（《吴越春秋・勾践阴谋外传》）。阴阳变化是拳道的规律，“若不明阴阳，则无变化之妙”（《拳经拳法备要・二则》）；阴阳变化又是传统武术的养生之道，武术各流派的养生基本原理都基于此，“太极行功，功在调和阴阳”，“在动静之中寻太极三益，于八卦五行之中求生克之理”。阴平阳秘是武术养生家追求的最佳状态，武术功法的修炼就是采用不同的手段和方法，促使人体内部阴气平和、阳气固密，阴阳平和协调，保持相对平衡，则身体健康，精神愉快，这就是长寿的基础。

中国传统的“精、气、神”理论、经络原理融合于武术之中，构成了武术理论的内涵，并发展成为“内炼精气神，外炼筋骨皮”“内外兼修”“形神合一”的武术练养理论。武术养生重视内炼精气，导引形体，讲究动静结合、内外结合、练养结合、形神结合，使传统武术由技击之术的单一功能，向涵盖养生之术、健身之术、修身之术等多功能方向演化，形成具有健身功能含义的，融技击与养生为一体的表现形式，逐步成为中国武术文化的重要组成部分。

传统武术极其重视人体“精、气、神”的修炼和三者互相依存的关系。认为:“精”是根，是构成人体和促进生长发育的基本物质，“气”又是“精”的载体，“精”以“气”的形式流布全身，不断补给人体生理活动的能量；“神”是“气”作用的表现和结果，源源不断的“气”的作用，使人的“神”（即思维、意识）及其他活动得以产生和维持。

根据传统医学中的精气神学说，传统武术提出了“内外兼修”的修炼原则，在这些原则的指导下，进而产生了包括外练手眼身法步，内练精神气力功；内练一口气，外练筋骨皮；内三合，外三合；阴阳变换、开合牵送；动中求静，静中求动；柔中有刚，刚而不僵，细长深匀，气沉丹田等练功要求。武者通过相应的修炼达到挖掘人体内在潜能的功效，另一方面又利用人体气血调和、经络疏通，很好地体现了武术修炼在养生健身方面的价值，使得武者在修炼时实现还精补脑，从而增强生命活力，达到延年益寿的目的。

武者通过自己真真切切的修行，以自身为平台全面证实了修行对身心健康的价值。

4. 武德育心

“德”的本意就是按照“道”的要求去顺应自然、社会、人性以及人类的客观需要而表现出来的言行。习武者以德行为先，遵守奉行武德，乃终身大事。在武林生态之中就能力而言，可以表现出“道有高低，术有专攻”的特征，但对每个习武之人的“德行”要求，人人平等只能等同对待并没有任何例外。当然，恪守武德的难度并不亚于武技的精进，从不断提升的角度去要求修身修性的武德修炼，其艰难要远远超过技艺提高的难度。

武德必须对习武者的行为产生必要的约束作用，因为武德是发自于武者内心的、自愿的、自觉的、主动的、与要求一致的行为捆绑。当然，武德不只是对武术习练者的行为约束，更是对搏击类项目所有参与者的行为指导，对现实社会的精神文明建设有着极其深刻而又深远的意义。

武德对习武者的思想与言行都有较严格的规范，但文化形式所营造出的技击生态决定了技击术的功能特点。例如：在历史武林这样一个特定的生态环境里，为了江湖上各自的安全起见，习武者之间的礼节约定俗成地规定了，不允许彼此间轻易发生肢体方面的接触，因此“抱拳礼”就成为武林中喜闻乐见且最具标志性的礼节；而西方文化中却不曾有肢体接触的禁忌，所以产生的是彼此间有接触的“握手”礼节。

历史朝代的不同，左右尊卑的标准也会有所不同。总体而言，武林人士在行“抱拳礼”时，如果用左手掌抱右手拳，通常都表示抱有“谦恭”“承让”的态度，具有“请多包涵”的意思；而右手掌抱左手拳则通常被视为“挑衅”“滋事”的态度，具有“随时领教”的意思。因此，武林界有必要在业内对“抱拳礼”及相关的礼仪规范进行统一认识，以及建立在统一认识上的统一行为规范，经可行性论证并必须得到社会的普遍认可与接受后，再有条不紊地向社会统一推广。

武者恪守武德的规范能够使自己获得修养上的升华。

自古以来武林各门派在择徒方面都慎之又慎，关键所在就是看弟子的武德能否达到本门相关规矩方面的要求。武德的形成和严格执行，无疑对武术流派的传习和健康发展，起到了一定的积极作用。各门派戒条的主旨，无一不是中华民族思想意识在武术界的反映，无一不体现出中国传统武术中的道德准则，诸如以健身为要旨，以自卫为信条，反对好勇斗狠、恃强凌弱，主张尊师重道、谦恭和美等。这些道德准则，代表了中华武术的主流意识，鼓舞和教育了千万武林人士。各武术流派之所以能涌现出一大批彪炳武术界的名师高手，与这些戒条的教戒是密不可分的。

武者以武修炼的过程是一个不断克服困难，由未知到已知，由知之甚少到不断认识、了解事物的过程。因此，要取得好的修炼效果，在修炼过程中加强武德的教育与熏陶是绝对必要的。武德不是空洞无物的口号，在修炼的过程中武者才会在境中逐渐明白为何要遵守武德的道理。

一个有一身武功的人，当他走向社会直面不同的人、事、物时，他的态度恰恰是他修行效果的具体体现。在现实生活中要求有武德的人，既不能好勇斗狠，到处招摇显摆，又要礼貌待人，尊重对手。如果没有过人的自我克制能力就无法做到这些，这就是武者在实践中履行武德的表现。因此，中国古代武术对习武者各方面都提出了具体而又严格的戒律。显然，从这些戒律的范围来看显得非常广泛，几乎涉及一个人生活的各个方面。所以说，习武本身就是一种修炼的生活方式，要使自己的行为不违反戒律，自觉地遵守戒律，就必须加强品德方面的自我修养。

武者的修行就是一个武德培养的过程，如把尊师重教、礼仪礼貌、友爱团结、诚实守信、维护公众利益、遵守社会公德等内容落到实处。通过长期的艰苦训练和公平竞争，使武者逐渐做到不理奢浮，兢兢业业，克己正身，谦虚谨慎，具有思想抱负，进入高尚品位的人格境界。这些要求对武者的行为规范来说起到了较大的作用，长此修行下去会让武者成为一个有修养与社会公德的人。

武者对自己在行为规范等方面的要求就是修行，在武者技击能力不断提高的过程中，所达到的不只是单纯的健身、养生、防身，而是以技击修炼为途径，培养习练者任劳任怨、吃苦耐劳、修身养性、知难而进等优良的思想品质，以达到内外兼修、身心合一、武德兼备、知行合一、形神同炼、物我统一的境界，最终升华为“武道”精神、“武道”人生。

武者的修行从战胜自己的欲望开始。“欲”字的繁体写法是“慾”，意思是“内心想要”，由谷、欠、心三个字组成。“谷”代表粮食、食物，下面有口，因为民以食为天，所以人的第一欲望就是食欲；“欠”是代表还不够、不满足、不知足；“心”是指凡是对某人某事起心动念、有了想法就是欲望。

对凡人而言，有七情六欲都属正常，但是对于一个具有武功之人来说，如果不加以控制自己的欲望，就会在一些特殊环境里因为自己有能力控制局面而放纵自己的欲望，这样就会让自己进入到一种畸形的生活状态中去，或许这就是产生人生祸害的根源。古人一直告诫习武之人不可纵欲，因为习武之人除了七情六欲之外，还应该有武德，有仁义礼智信，同时告诫武者不应该为欲望而活着，提高自己的道德修养才是关键。

“欲”字和“余”字同音，说明欲望是人的生命中多余的因素，老子曰：“天之道，损有余而以补不足。”对人来说，欲望有余而道德不足，所以欲望满的人容易招损，诸事不顺。

“欲”字又和“愚”字同音，说明欲望会使人变得愚蠢。因为人的本性是纯真善良和有大智慧的，如果被欲望控制了，那么就会变得非常自私、狡猾和狭隘，这时他的思想就像被乌云遮挡的太阳一样，再也无法放射出本性中那份智慧的光芒。

“欲”字又和“狱”字同音，说明一个人如果完全被欲望控制的话，无节制放纵的最终结局就是遭恶报、进监狱、下地狱。我们看到“狱”字的结构是“两犬对言”，说明欲望会使人变得行为丑陋、言语粗俗、不说人话。

人的欲望是永远都不会得到满足的，从“欲”字的结构来看就说明了，只要放开欲望，人就永远都是“欠”它的，而且它一旦控制了人，人的喜怒哀乐就不能自主了，人就会成为欲望的奴隶，因此而迷失自己。老子有句话说得好：“胜人者有力，自胜者强。”能够战胜自己的欲望的人才是真正的强者。

武者应该努力克制自己的欲望，做到无欲则刚。所谓的解脱，就是自己的思想脱离了欲望的控制，使得自己善良的本性开始做主，这个过程在修炼中就叫作超凡入圣。

在武者修行与训练中，要摒除欲望的干扰，始终保持自己情绪上的安定，精神上的愉快，做到“和畅于中，喜形于外”，不使自己有“愤怒乖戾之气，悲思抑郁之情”。练功一旦这样入境收效自然就快，日积月累真气就会逐渐充足，随之五脏六腑都会禀受真气充足的滋养，各种功能随之加强，而隶属各脏器的情志活动也必然随之平和。

所以说，武者的修行从战胜自己的欲望开始，这才是真正走向强者的正途。

5.生活方式

从历史中走过来的中国传统武术，一直是我国农耕生活中的一个重要内容，它的存在与国人对安定的生活、健康的生活、快乐的生活等方面的需求紧密相连，已经成为中华民族历史长河中的一种表现在生活当中的重要的文化形式，并不同程度地影响着人们的生活方式，而生活方式对文化的形成又起到决定性的作用。中国传统武术作为传统文化的一种代表形式，无疑映射着中华民族的生活方式，自然是一种民族化生活方式的体现。

文化在严格意义上来讲，指的就是精神价值，而在广义层面上来讲就是指生活方式。文化是某种生活的样法，或一种文明所形成的生活方式。生活方式，是指在一定社会条件的制约下，在社会主体的相关价值观的指导下，社会中的个人、群体或全体社会成员为满足自身的生存和发展需要，而进行的全部生活活动的稳定形式和总体行为特征。生活方式首先是一定社会历史条件的产物，社会的生产方式决定着人们的生活方式。

在武林生态中的武者需要形成一种独特的生活方式，这是武术人适应社会大环境的需要，只有良好的生活方式才能逐步支撑起一个武术修炼者不断完善自己的精神追求，以及满足不断修善自己身体质量的健康要求。武者的“心”若是没有安放的地方，那么，无论他身处哪里，其实质都是在流浪之中。但是，形成武术人的生活方式与武术人表现在礼仪规范、传统学识、武德育心、养生健身等方面的完整修行息息相关。

习武者形成良好生活习惯的过程，其实又是在现实中不断展现武术功能与特征的过程，并在此过程中有意识地培养并逐步形成一套适应自己又符合社会要求的、健康的、良好的生活习惯，这就很自然地把武术人的训练与修养习惯完全融入武者的生活方式中去了。社会中的诸多元素通过武术人全面的修行，都能够让它们在自己的生活中彼此相互交融形成一个整体，因此，从各自的生活方式中就可以体现出每个武术人的思维方式和性格特征。

具备一个健康的生活方式是武者修行的目标，生活方式（Lifestyle）从具象的层面来看是一个内容相当广泛的概念，包括人们的衣、食、住、行等物质生活，和精神生活的价值观、道德观、审美观以及与这些方式相关的方方面面。武术人就是通过“礼仪规范、传统学识、武德育心、养生健身”等方面的全面修行，来实现这些物质层面与精神层面的价值目标的。修行本身就是生活方式的一种表现，当这种生活方式成为多数武术人认可并共同追求的标准时，我们就可以把这种生活方式理解为在一定的历史时期与社会条件下武术人的生活模式。详见武者的生活意境图（图 1–4–8）。

图 1–4–8　武者的生活意境图

武者在三型一体的习练过程中，通过对技击的各种形态不断体悟，在武术不同的表现形式里长期磨炼，在敢于面对任何强者表现出亮剑精神的同时，不断消磨个人的好斗之心、争强好胜之心，培养忍耐之心和高尚品格，净化人的心灵，从而使人具有仁爱诚信、谦和礼让的良好品行。另外，中国武术虽以技击为主要内容，但武林界却一直以“兵刃之举，圣人不得已而为之”为思想正宗。故技击之道，尚德不尚力，重守不重攻，就技击而言，“不战而屈之兵”是武者修行中所追求“控制与反控制”的最高境界。中国传统武术正是在这种原则指导下，通过对人的道德与理性的规范，以强大的自身来威慑对手，以高尚道德去影响对手，以仁慈之举来感化对手，以诚实笃信来善待对手，处处体现出中国文化的精髓，这些正说明了传统武术是一种民族化生活方式的道德理想楷模。

通过武术的表现形式与功能去追求健康、长寿是武者的主要行为方式，特定的生活环境使武者形成了传统而又朴素的，以健康、长寿为目标的幸福观和生活价值观。这一生活目标成了武者闲暇生活方式的主要追求，并因此在日常生活中形成了一套养生的活动方式和认知体系。长期以来，武者一直把传统武术作为诠释修身、养性、强身、健体的主要生活方式，使武术成为武者生活中不可或缺的一部分，并始终伴随武者的一生。

武者在生活中的表现应该是：不管遇见任何人，都要真诚地走进对手的心里；无论碰到任何事，必须明白善良是永远不会过期的道理；美丽的外表也许会打动人，但真诚的内心更能感动人；武功再强势、语气再凶悍，也许会让人口服，但善良的行动更会让人心服；凡事都能做到“不做作、不敷衍、不世故”，以突出习武之人的本真。

武者在生活中如遇不适，则应该多去感悟“通”字的更深层的含义。反复琢磨并多多引申，对照心里，对当下进行如实的探究，对应着思想意识和情感情绪去理顺，把“通”装进身体、放入脑海，然后反思自己的生活方式并通过逻辑分析找出其中的因果。

王阳明说：“人须在事上磨炼，做功夫，乃有益。若只好静，遇事便乱，终无长进。”生活就如同修行“若只好静”，只把自己停留在理论上，而不通过现实中的事情来诠释其中的道理，历练就成为一句空话，长进也就只能是一种理想。因此，武者应该用“懂包容、懂尊重、懂让步”来体现自己的善，生活中把握做人绝对不丢根本与做事牢记初衷的基本原则，并处处体现出武者以自己的方式诠释出“放得下包袱才能走得从容、意志坚强才能站得稳定、心里坦然才能活得踏实”等人生哲理。

武者的厚道并不代表笨拙，因为武者内心明白厚德才能载物；武者的善良不代表软弱，因为武者明白这才是做人的本性;武者的忍让并不代表退缩，因为忍会带来风平浪静，让会带来天高海阔;武者的宽容更不代表怯弱，因为宽容是美德，既然是美德就不会有错;武者的“糊涂”从不代表内心迷茫，哪怕是面对误解、委屈与不公正，一概以不愿计较而大度应对；武者的真诚是有话就直说，因为他内心明白违心奉承是应付，忠言逆耳是责任；武者的饶恕并不是抛弃原则，适度的宽容会让事情朝好的方向发展；武者的情义不是代表太执着，因为他在意曾经的美好时光，割舍不掉那份难舍的缘分与情谊，这样才是武者现实生活中真实的表现。详见武者的生活模式图（图 1-4-9）。

良好的生活方式会让武术人在不断地学习、探讨、训练、交流中积极进取并有所收获。作为一个武者应该端正自己的态度，明白这个世界上没有谁能够做到不付出丝毫就可以获取成就，唯一可以不劳而获的就是贫穷，唯一可以无中生有的只是梦想。武林生态中的道路虽然布满荆棘，但只要你愿意坚持走下去，总会有好的结果。如果在前进的道路上，因为一时看不到美景而拒绝坚持走下去，那么所有曾经的付出都将前功尽弃，这样放弃的就是希望。武者的人生贵在行动，如果面对选择迟疑不决时，不妨先迈出小小一步。只要是前进就不必产生遗憾，我们只需在前进的道路上坦然面对一切，若是美好，就叫精彩；若是糟糕，就叫经历！这就是健康的生活态度，武者就在这样的生活态度中逐步前行，并使自己的人生得到质的提升。

图 1-4-9　武者的生活模式图

（1）武者生活的具象分析"图"

生活中的武者都曾渴望过命运的波澜，到最后才发现：人生最美的风景，竟是内心的淡定与从容；每个武者也都曾期盼过外界对自己的认可，到最后才明白：无论你身边围绕着多少人，灵魂只能独行；训练中的武者总会计较付出与成绩的回报，到最后才懂得：得到的一切终将成为历史，只能空留浮名。

武者的生活组成与其他人是极其一致的，都由物质生活与精神生活两方面共同组成。

物质生活包括：衣、食、住、行、劳动工作、休闲娱乐、社会交往、待人接物等；

精神生活包括：价值观、道德观、审美观以及与这些方式相关的方方面面。

武者生活组成的形式支撑，主要体现在礼仪表现、传统学识、养生健身、武德育心这四类方式上的修炼，在修炼中逐步使得武者达到物质生活符合"道"的要求，精神生活符合"德"的要求。

武者通过修炼表现在对精神与物质两个方面认知的逐步提升，以促使武者渐渐达到无欲无求的"空"的境界，实现武者"心中无缺就是富，被人所需就是贵"的生活价值观的形成。

武者是按照"空"的修炼要求逐步在其中求得"四个字"的真实感悟，即"忘我"与"求真"。因为，只有建立在健康的生活方式基础上的修行，武者才能做到真正的忘我，这样入"道"求真才能显"德"，才能做到"入境言道""入境述相"，这正是探究武学真谛的前提。

良好的生活方式有益于武者在修行中甩掉一切包袱，把自己从复杂、繁重的思想压力中解脱出来，寻找到真实的自我，那个真正能够与自然相吻合的我，在与自然的吻合中去感悟大自然告知武者的“天人合一”的思想精髓。例如：在三型一体的表现形式中，武者在对抗时只有进入忘我的境界之中，才能更真切地让自己身体的这台机器，按照机器自身的规律来诠释经纬技法构架运行，这才是天人合一的入道技击表现。但是，这种忘我的境界是靠武者自身在修行中获取的，没有任何人可以真正给予，正所谓“功夫在诗外”讲的就是这个道理。

求真是让生活构架及与之相关的功能，都按照自己的逻辑关系与自身及外界发生相互关联。武者只是在这些关联中顺着其势态将自己化作一个“道”的代言人，使自己表现在任何方面的思想、情感与言行都符合“道”的要求，这就是“德”在武者身上的体现。于是，在武者的生活方式中也就自然有了对“厚德以积福，逸心以补劳，修道以解厄”的思想要求，以及现实行为的具象反馈。

武者只有进入了“忘我”的境界，才能够逐步在自己所在的境界中“无我”，只有“无我”才能让自己的所有功能，在不受外界的影响下，将其真正的价值全面地彰显出来。武者在修行中如果不能进入“忘我”的境界，就很容易将那些不符合“道”的因素掺杂进去，就会让那些违背逻辑推理、功利欲望之心等消极情绪，以及情感中的负面因素渗入其中，武者的生活方式就不再纯净了，生活方式表现在各方面的功能也就必然受到影响，也就难觅心中的那份幸福感了。

为了确保生活方式的质量，武者要做的就是让“忘我”与“求真”融入自己的心灵，并在物质生活和精神生活中将其诠释出来。

传统武术作为中华民族文化的重要组成部分，其特有的文化内涵始终体现出中华民族特有的文化特征，反映出中华民族的文化属性，体现着民族化的生活方式，也造就了独特的、富有魅力的武者的生活方式。

（2）武者良好的生活方式应该让练功显现出“不练而自练，不养而自养”的效果

天下没有不劳而获的好事，养生更是如此，不付出就不可能得到，种瓜得瓜，种豆得豆，因果报应是其中的铁律，怎么会在“不练而自练，不养而自养”中得到所需效果呢？难道练功会有天上掉馅饼的事情发生吗？显然，其中有许多我们需要进一步了解的道理。

首先让我们从习惯的概念出发来落实它的逻辑原点并进行相应的推理。

我们都知道习惯，是指积久养成的生活方式。同时良好的习惯又是建立在自身程序上的。任何文明的诠释都是由一系列良好习惯的集合所形成的内在组成架构，并由其中的内程序表现出来。通俗的理解就是在日积月累中，有意识地通过实践或经验而使自己

逐步适应下来，并养成相对固定的方式，表现在工作、生活、学习等的习惯之中。养成习惯是通过有意识地逐渐养成而不易改变的行为过程。“不练而自练，不养而自养”的本质，就是建立在武者生活方式中的某些特定行为的基础上，完全符合武学原理的要求并逐步养成良好习惯，例如：在大小便时可以有意识地养成扣住牙，并在精神不散中配合完成握固与微提踵等相应的运作，这样细微的行为一旦养成习惯，那么就可以在自然中不自觉地将自己的肾气固住。日常生活中将自己保持在“心放空，体放松”的状态里可以养成许多类似的良好习惯，并可使之逐步成套，让那些深奥的养身理论与科学的理念都能自然地充分诠释出来。只有表现出润物细无声的特征，才能将其中的价值体现深入到日常生活之中，并且在自然间形成对身体产生良好结果的引导，多方的、立体的、长久的良好习惯就会表现出始终环环相扣的修炼行为，于是便逐步表现出在养生、功力（增长或者维持）等多方面的具体成果。武者一旦养成了良好的习惯，“不练而自练，不养而自养”的相应结果就在习惯的束而导之中产生、拳拳伏应中运行、潜移默化中完成。

良好的正面习惯养成后能够对机体获得大益处，并在毫不做作的自然之中完成益处的收获；相反，恶劣的负面习惯一旦养成后，对机体带来的危害则是无穷无尽的。习惯导致的影响无论是正面的还是负面的，这个过程同样都是在自然而然中悄然完成的，例如：从正常的角度来看，人们不会故意去完成一个得病的过程，因为得病基本上都在被动未知的情况下完成，但获取与完成得病的过程就可能是各式各样不良的习惯而导致的，只是表现在具体的个体身上所产生的相应病变状态各异罢了。

因此，养成良好的习惯对一个人的身心健康是至关重要的，武者尤其更甚。

武者生活中良好的心态习惯是一切良好开端的基础。其原理是正确把控思想上的“空”与身体上的“松”，有目的地去营造心态的氛围与引导心态朝更有益于健康的方向发展，并养成习惯支撑良好心态的长久维持。

武者要做到的就是在永无止境中修缮、积累、完善，循环往复，以诠释“不练而自练，不养而自养”的思想表现。

在有了心态基础的情况下，养成符合于武学的良好习惯主要表现在以下四个方面：

动作习惯：这是指具象的身体形态。良好的习惯养成应该从循序渐进中养成一些符合指向相应要求的内部挂力开始，并使之逐步形成得以松紧自由转换的内部结构。

意识习惯：这是指抽象的意识对机体养成良好习惯的影响。通过良好的符合武学要求的意识培养，并形成相关习惯，以获得持久的意识引导，使机体朝着有益于养与练的方向发展。

行为习惯：这是指具体某个个体表现出来对特定事物的态度与处理方法。同样一件事情的认知与处理方法不同，因此而导致的结果或许也不一样。为了使事物朝着一个良好的方向发展，每个人都必须养成良好的行为习惯，以形成相对固定的态度与处事方法。

生活习惯：生活是指人类生存过程中的各项活动的总和，范畴较广，一般指为幸福的意义而存在。生活习惯就是积久养成的生活方式。在生活方式中养成物质生活和精神生活符合武学要求的良好习惯，使得武者能够在生活习惯中逐步形成对人生的一种良好诠释。

习惯的表述方法：让习惯把握在“有”与“无”之间，体现出武者顺其自然的本性。

习惯的表现方式：让武者于日常生活与工作社交表现在坐、卧、行、走之中。例如，让每一个习练者在生活中自然养成“握固、叩齿、咽津、鸣天鼓”等强本固肾的生活习惯。

武者一旦养成了如此这般的良好习惯,就能很自然地让“拳以人显”表现在生活的“无形”之中，在“不练而自练，不养而自养”之中自然产生应有的武学硕果。

武者应该在良好的习惯中产生修炼效果，在习惯中对自己的本能欲望加以控制，并随着修炼能力逐步增强，自我控制能力也随之得到同步提高。良好的习惯表现在生活中的方方面面，体现在每一个武者的日常中，就是能否处理好与这些因素之间应有的平衡，例如：保持与气候变化的一体、夫妻阴阳的和谐、喜怒情绪的把控、饮食营养的均衡、居处环境的选择等，并通过具象表现在日常的作息、饮食、睡眠、社交、情趣、爱好等的坐卧行走之中。

只有让生活方式中所体现出来的所有习惯都能够符合武者的规范，才会距离成功更近！如果控制不住自己的行为和欲望，纵欲的结果就会使你远离成果，距离失败更近！

因此，良好的生活方式成就的武者，一定是一个懂得取舍的人，有良好习惯的人，能够“学会自制与自律，懂得慎独和自省”的人！

总结：武学构架图

传统武术构架的核心是通过武术训练与武术修养的表现形式，对武者进行符合时代的教化，以达到武者精神上的升华。

自从有了人类社会，就有了社会习俗、生活经验、劳动技能等的传习与教化，并渗透到社会生活的方方面面，上至帝王治国，中到社会精英地方治理，下至帮会的行业管理，无不与教化密切相关。在教化逐渐成为一种治理术的当今社会，如何利用教化来有效地治理武术人，使其在完善自我的同时更好地服务社会，已经越来越成为一种弘扬武术精神、展现武术人形象的社会需求。

传统武术的教化主要体现在“生存”“生活”和“生命”三个方面,即“生存教化”“生活教化”和“生命教化”。

首先，武术的“生存教化”。生存是一种本能，是武者作为一个个体存在于这个社会的首要条件。任何教化都应该把个体的生存放在教化的首位，以武术为形式的教化，则通过武术的功能特性从强身、防身、壮心三个方面实现武者的生存教化。

其次，武术的“生活教化”。教化不仅仅是一种理论，也是一种生活表现，即通过日常生活中的仪式、风俗、习惯等对个体的生活方式产生潜移默化的影响，形成武者风格的生活方式。通过礼教、德教和学识三方面共同完成对武者的生活教化。

再次，武术的“生命教化”。生命的教化是追求生命的升华，而生命升华的过程，就是生命净化的过程，也就是将自己所有的“不洁”净化成“净洁”，并逐渐地消熔我们的灵魂，同时逐渐切入生命的“空性”。武者主要从三个方面切入以实现生命教化的价值与意义，分别是摒去心灵的尘垢，使得生命的负荷及重量减少，修行让心灵自然得到“轻松”感；进一步的修行解开一切缠缚，使得心灵得到应有的“安详”；更深入的修行使得武者能够逐渐切入生命的“空性”。

武者训练与修养的阴阳两条线的历练，其实质就是一个武者从武学的层面对自己进行性命双修的过程，这里的“性”指人内在的道，心性、思想、秉性、性格、精神等;“命”指人外在的道，身体、生命、能量、命运、物质等。如果说“命”是指人的生命，“性”是指人的精神意识，那么很显然，对人的生存来说，两个方面都是不可缺少的，而人的存在实际上就是命与性的统一。作为人，不仅要有形气所表现的生命，而且要有精神意识所表现的性，所以人是生命（命）与精神意识（性）的统一体，这就要求性命对人不仅要有形，还要通过形来表现出精、气、神，因为人的性命是一个完全统一的整体。武者就是通过双修来实现它的。传统武术的双修就是通过“五力入髓”实现训练目标与“生活方式”的规范的修行，以达到“神形兼修”、心身全面的修炼，以获取精神生命与生理生命健康发展并使其得到质量提升。

由于人的存在既离不开性也离不开命，机体是性与命的统一体，所以武者修身养性都必须达到性命双方的平衡，通过合道的修行才能略有收获；否则，只进行性与命中单方面的苦行就很难有收获。所以武者的训练与修养必须遵循性命双修的基本原则，并从性命双修的理论中吸收做人、做事和健身的生命智慧，使自己的人生变得更健康、更美好。

当然，武者在练功时应该尽可能做到放下一切，做到既要合道却又不可执着于相，其实质就是考验每一位武者的“心性”问题。这个问题对于每一位武者而言，可以说是一个比较大的、不易逾越的难题，如果能够跨越这个障碍，就可以得到较大收获。所以说，武者的练功过程就是一个朝着理想目标前行并不断规范自己的过程。

武学构架图的两部分共同诠释了，习武的目标就是通过阴阳两线的修与炼，使武者成为一位有作为的人。这是武者人生的必修课，而不是可有可无的选修课。

在这个训练过程中，每个人会因各方面因素的影响，导致技术水平参差不齐，这是非常正常的现象。但透过训练这个现象所体现出的有助于每个人内心的强大与行为的规范的价值是同样无限的。此时，武学训练会成为那条让我们成就完整自我的“船”，人生中的许许多多目标都可以通过这条“船”去达到、去实现，其实，就我们行“船”的每一个个体而言，没有必要去纠结这条“船”是什么品牌，是采用曾经收获过多少奖牌的材料打造而成的“船”，我们只需通过自己的努力，用汗水与心血去构建这条“船”就已经足够了。如此，只要坚持不懈就能够到达自己心中的目的地，因此，每一条船的组成或许会有所不同，但它们的价值都是均等的，这些“船”之间并不存在任何本质上的差异，都必将成为每个武者自己心中无价且永恒的财富，武者必须好好珍惜这条只属于自己的“船”！

七、构建良性循环的武林生态

武林生态是由特定时空内所有相互联系、相互作用的武林因素结合而成，形成具有一定运行功能的系统整体。武林生态不是指武林中某个点的状态，也不是某些局部的运行情况，而是指在一定空间内形成的一个包括一切武事在内的完整的运行系统。良性的武林生态应该是处于动态的不断运行的状态之中，并且具有系统内一定的自我修缮功能，在运行中始终能够体现出传统武术功能价值的统一整体。

图 1-4-10　武林生态

只要是良性的武林生态，即便是处在低迷、萧条的时代，也能发现生态中那些武者高贵的身影；处在繁荣盛世之中的武林，自然就会不断涌现出敢于直面生态中黑暗的勇士。因此，我们要客观地认识到良性的武林就应该是这样一个高贵与勇敢并存的生态环境。我们相信无论在任何时代，尽管这样的武者注定是少数，但他们的存在恰恰体现出武林中脊梁的价值。

武林生态形成并长久得以维系，究其根本取决于两个方面的因素：第一，必须具备表现在社会不同层面，对武事始终保持关注或追求的那部分人群长期存在，这是组成生态的基础；第二，必须具备长期维持群体所有人都具有超越武术单一事件关注的凝聚，表现在趋于一致的形而上的意识形态作为人与人之间衔接的纽带，这是生态得以维系的保障。

构成武林生态的基本条件由若干武林中的要素所组成，各个要素之间相互联系、相互作用，又相互制约，因此产生出与各个组成成分不同的武林中许多新的功能，并逐步形成武林生态的整体功能。

武林生态的核心应该是由许多具有崇高信仰的武者所组成，他们的武技可以不是最高的，但人格却是集体中最完善的。我们应该明晰无论是个体还是集体，但凡缺乏信仰，都会表现出组成生态中的每一位个体与集体都缺乏基本的是非感。如是，缺乏是非的这些人自然就会丧失亏欠感与内疚感，他们的世界都是由“利益”组成的往来而已，即便是他们犯了错，甚至于犯了罪，也不会觉得自己的行为有什么不妥，以至于产生高人一等的优越感或占得便宜的喜悦感，生态如果由这些人组成，他们就会把武林引入到万劫不复的境地。我们构建的生态在运行中应该具备理性的规避与约束人性中的残忍和冷漠的机制，纵观历史，我们应该从中吸取经验与教训。

在武林生态中，每一个人的思想意识与行为活动，没有不受各自大脑中文化所展现出的功能影响的。因此，武者不仅仅应该有一个坚定的信仰，同时还需要具备向善的素质与相应的规范，因为无论是谁都不会从降生到这个世界，就具有与生俱来的社会性的文化特征。

一旦武林生态形成了稳固的结构，并具有了它旺盛的生命力，武林生态就能够让生态之中的所有人，在潜移默化之中逐渐形成符合武林规范的集体心理判断，并且这种判断的一致性还是从生态内每一个个体的潜意识之中产生的，由此逐步形成了符合武林生态的思维结构与认知模式，并规范出武林生态的行为准则。

在武林生态中的人，他们的社会性活动都在潜移默化中受到环境的熏陶，或主动自觉中所得，或被动灌输中去接受，也就在无形中逐步受到自己已经获取的文化的控制。因此，凡是规范有序的武林生态必须首先去营造氛围，一个能使生态中每个个体得以理性思维与规范行为的环境与氛围，是武林生态步入良性循环的前提。

武林生态是由项目功能与价值诠释为核心，运行目标与运行模式为平台，项目思想与集体凝聚为目标，道德规范与有序运行为指导，和谐相处与师徒关系为榜样，待人接物与行为准则为约束等六个方面共同组成的一个有机的运行系统。

下面我们就武林生态中的每一项功能逐个进行阐述：

1. 项目功能与价值诠释

传统武术是以技击为核心功能，通过三型一体为核心展现的表现形式，以此为平台不断扩大自身在强身、养身、修身等方面的外延功能，并形成了各个具有相应文化特征的小体系，表现出自己独特的文化现象。

传统武术这种文化形式所带来的功能，就是武林生态产生、生存、发展与维系正常运行的核心所在，武林生态的运转围绕着这个核心而展开，并进入良性循环。

传统武术的价值诠释主要从核心开始，通过实战、套路与功法这三种形式将核心的价值以写实或写意、直接或间接的形式表现出来。由于传统武术所涵盖的面较大，它的价值表现形式与表现特征各有不同，同时内容在不同的流派表现出的风格也会有所不同，各自在社会得到的认知也会不一样，再加上各地表现出来的风土、习惯各有不同，因此，各自的表现形式与表现风格都会得到与自己的价值观、审美观、认知习惯相同或接近的人们喜爱，其中的一些人很容易成为极力支持的拥趸。经过长期的沉淀后也就会自然表现在武术流派的传承、价值观、风格、爱好等方面，这些持有不同要求的人，组成了许多各具特色的武术群体，表现出来的形式成了该地区组成武林生态的主要成分。当然，还有一些具有家族传承却又喜欢单枪匹马独自习练的武者，也有许多抱着游戏武术的态度自学成才，纯属业余爱好的习练者，这些散兵游勇的爱好者同样是组成武林生态的一个部分。

这里需要强调的是具有官方性质的各地不同等级的武术专业队、各大专院校的武术专业队以及体校的运动队，在这些体制内，各部门训练的人数较民间相比属极其微少，但他们的存在对民间社团性质的武林生态产生的影响却极其巨大，这已经是社会存在中不争的事实。

那些散落在各地的武术馆校、武术俱乐部、具有武术性质的道馆，虽说多数都属于民间性质的教学、培训场所，但他们的运行模式所表现出的效果却具备对官方武术运行不足之处进行功能补充的作用，具有以专业队的后备军与梯队形式存在的特征，同时又对武术的社会普及做出了较大的贡献。这些场所的存在是社会对武的需求所造就的，极大地满足了许多人对武术习练的需要，虽然他们的绝大多数并不具备进入专业队的条件，但在此处却得到了相对规范的训练与学习。虽然他们表现出的形式与风格具有相对的特殊性，但这些都是武林生态的一支极其重要的组成部分。

武术的功能通过社会上不同的人群与个体表现出来，并由这些不同层面的人共同来组成某个特定时空里的武林生态，在生态的不同群体里，存在着或追求比赛成绩为核心的价值体现，或追求强身健体为核心的训练体现，或追求养身健康为核心的修炼体现，或追求修身为核心的练心体现等不同目标的表现形式，武术以这些不同的形式来诠释，过程中自然体现出武术不同的功能价值。

2. 追求目标与运行模式

以下是对中国武术协会的宗旨与国家体育总局武术运动管理中心相关资料的介绍。

宗旨：遵守中华人民共和国宪法、法律、法规和政策，遵守社会道德风尚，团结全国武术工作者和爱好者，调动一切积极因素，继承和发扬中华武术优秀文化遗产，倡导和普及群众性武术运动的开展，努力促进武术运动技术水平的提高，发展武术事业，积极稳妥地推动中国武术走向世界，为实施全民健身计划，增强人民体质，振奋民族精神，促进社会主义物质文明和精神文明建设服务。

介绍：国家体育总局武术运动管理中心于 1994 年设立，是国家体育总局直属事业单位，带有部分行政职能，作为中国武术协会常设办事机构，对武术运动项目进行全面管理。

中心成立后，不断修改、完善武术竞赛套路和散打竞赛规则以及段位实施的有关规定，相继出台了《武术裁判员管理办法》《经营性武术组织管理规定》《关于审批举办国内、国际武术活动的通知》《中国武术会员制》《中国武术段位制》等政策法规性文件，规范了武术管理。现正加强竞技武术、社会武术和武术与全民健身活动的开展、管理工作，组织多方面力量推动武术科研、宣传、市场开发和武术的国际推广工作，是国家层面促进武术事业健康、全面发展的绝对力量。

从二十世纪五十年代国家体委设立武术处以来，到现如今的国家体育总局武术运动管理中心，一直对武术行使着全面管理的职能，为武术的发展奠定了基础，并做出了一系列历史性的决策。通过中国武术协会“实体化”和实施会员制、段位制，以社团形式组织开展全国武术工作，并代表中国参加国际武术活动，逐步建立健全了全国武术管理的组织体系。

武术协会是属于自筹资金运行的具有民间团体性质的社会组织，武术运动管理中心则是体制内全额拨款的国家官方职能部门，目前这两个团体在全国各地的表现形式基本属于一套人马配两块牌子的运行状态，也就是说目前的武术协会与武术运动管理中心都归属一个管理。这个管理涵盖了武术运动目标的规划与武术运行模式的设定，并监督全国由上至下对规划目标的实行状况，管理与调整着关于完成下达任务后在模式中表现出的具体执行效果。

通过上述内容的分析与现实中的实际运行表现，国家层面拨款的体育机构与武术项目的管理部门表现出对武术政策及有关规定进行制定的绝对性，及由国家资金资助的各院校的研究机构与武术运动队，最直接地表现出对所制定政策执行的垂直性，表现出在武林生态中阳性的一面；而武林生态中社会上的民间武术却表现出阴性的一面。由于当今社会士绅阶层的消失与宗族制的弱化，有的甚至消失了，士绅阶层与宗族制所具备并应该表现出的社会功能受到了极大破坏，导致传统意义上的社会组成从结构上发生了巨大的变化，除了偏远山区与农村仍然若有若无地保留了一些残存，现在的城市几乎难觅踪影。从传统武术发展的角度来看，纯粹的传统文化的表现形式较大地失去了生存环境，传统武术的表现形式在当今纯粹以自己鼎盛时期存在的形式去要求所需发展的土壤，但那个时代早已不复存在，因此就导致阴面的民间武术表现形式处于绝对的附庸地位，于是就形成了当今武术生态的现状。在这种运行模式产生相应效果的同时也带来了许多无法回避的顽疾与恶习，并产生出许多官方与民间关于武术认知上的冲突。因此，为了武术进一步发展，武术运行的平衡点需要进行重新认知与界定。

从生态文明视角来看武林生态的建设，政府是环境质量这一公共物品的主要供给者。

3. 项目思考与集体凝聚

无论是用自然科学去认知武术，还是用社会科学去认知武术，武学都是一门严谨的学科，与其他任何一门学科一样都有着自己的自然属性。在训练的具体运行中，我们可以表现出对某个技术或功法修炼的不同看法，以及在方式方法中所表述的不同见解，但都应该具备的就是“求真”的态度，以及武道在自身的体现，以此为出发点来求得自己所需的训练成果。因此，在武林生态中允许有各自的观点、看法、方式与方法的存在，但各自表现在武学探究与训练中的性质应该相同，修炼的目标应该相对一致。

武林生态中的人的认知会逐步深入或发生改变，具有一定的动态特征。人所处环境的改变、经验的积累、所遇的事、所遇的人、听过的课、看过的比赛等，都有改变自己从前观点或看法的可能性。所以，认知都处在动态之中，一个人不同时期的认知也会有所不同，即便是一个人的观念不变，随着对某事的认知变得更加深刻，显现出来的认知水平也会提高，较原来也会更规范、更深刻。

表现在武林生态中无论是哪个时空环境里的某个人，都会有自己对武术的基本思想，以及关于武术认知的基本态度。因此，关于武术的思考就会有许多，主要表现在武术观、思想、学练武术的目的、功能的需求与诠释方法、不同流派与现象的认知等多方面。

在武林生态这个社会大家庭之中，动态的认知导致大家都保持一个观念的可能性极小，即便两个人抱有相同的观念，也可能会随着环境的变化产生新的不同，因此，认识即便是再正确也会有人持反对意见。产生不同的认知是非常普遍的，我们要用一种平常心去接受生态中那些不同的认知。

认知可以不同,但生态中大家认知的方向应该具有基本的一致性,如传统武术构架(五力入髓与生活方式)、色盘、各阶段价值体现(现阶段生活、工作、学习、社交等多方面的体现)等价值的认同应该保持一致,但实现中的这些认知价值的方式方法可以各具风格,表现在求同存异中实现彼此的同一个目的。

二人为双、三人为众就已成集体，无论你身处怎样的集体，要使这个集体能够发挥出应有的功能，就要允许集体中有不同的思考，集体中的任何成员都应该具有发自内心的凝聚力，这就是武林生态得以正常运转的最基本的功能保障。

核心是武林生态中的每一位武者都具有求同存异的思考，目标一致才有凝聚的基础。

通过规范的武术思考与集体凝聚引导武林生态朝着向善的方向发展。因为，人的社会关系都是具有从属特性的，首先是社会的人，其次是武林中的人，再是一个武学有成就的人。引导向善的结果就会表现出随和的武者素质，低调的人生修养，为人处世的基本良心底线。

随和是一种素质，一种文化，一种心态。随和是淡泊名利时的超然，是曾经沧海后的淡然,是狂风暴雨中的坦然。但随和绝不是没有原则。随和的人,是容易控制贪欲的人,因此，他可以很好地控制自己的世俗欲望。

低调表示一种谦虚谨慎的态度，不张扬。低调是隐藏自己的能力不显示出来。“道有道法，行有行规”，为人沉敛，胸襟开阔，怀有一颗感恩的心，懂得欣赏别人，待人谦和有礼节，不傲慢自居，不恃才傲物，主动吃亏，把名利得失置之度外，常以宽容之心度他人之过。

良心是做人的底线。人心向善，武者唯独不能丢的就是良心，否则，就是丢掉了这条做人的基本“底线”，必然会把自己送入失败的人生“黑洞”。良心就是武者注重自己的做人修养，只做善事、不为恶行的心态，拥有了这样的心态，就会像孟子那样，浑身都闪耀着大丈夫的浩然正气；就会知恩图报，见义勇为，助人为乐，爱岗敬业；就会把自己的利益置于相对次要的位置，成为一个真正问心无愧的武术人。

只要武林界中的每个人都表现出随和、低调与良心的基本素质，都能够“认认真真做事，清清白白做人”，那么，这些人所组成的武林生态，无论他们处于从政、经商、任教、打工、种田等什么行业,在为人处世之中都能做到“对得起天地良心,于人于己无愧我心”,在随和、低调与良心的待人原则中就会自然流露出武林生态中美德、智慧与修养的光芒。

当生态圈里的民众都能够保持一种从善的行为指向时，这个生态圈仍然处在落后或无所作为之中，那么就应该反思这个群体之中精英层的能力了。只有面对现实努力提升自己，脚踏实地去务实，而不是将更多的责任推卸给生态圈里的广大民众，这样的生态圈才是具有活力与前途的集体，如此，才能真正体现出武林生态中的武术思考与集体凝聚的价值。

4. 道德规范与有序生态

我们先从“德”字的字形来解释它的含义。“德”字是由“双人旁”“十”“目”“一”“心”组成的。《说文解字》解：“德，升也。从彳，悳声。”因此，“德”可解为人的道德、人的“心性”往上升华之意。因“德”有向上攀登之意，也是指修炼者修炼的精进，所以“德”字从“彳”旁。“彳，小步也，像人胫三属相连也。凡彳之属皆从彳。”（《说文解字》）意为“彳”就像人下肢的股、胫、足三节相连，意思是小步走。但“德”的这个行为表现，即小步走，不是跑，不是跳，不是在平地散步，也不是在原地踏步，而是一步一个脚印地往上走，向上攀登。对常人而言，“德”的大小决定了一个人能力的大小、幸福的程度。所以，要“得”就得有“德”，要“得”就得“失”，要“得”就得“舍”，要“得”就得付出。对修炼者而言，“德”的大小决定了修炼者修炼的难易程度、“功”的高低、可能达到的层次和果位。

“德”右边是“十目一心”。我们先说这里边的“一”字。现在都把“一”理解为数字，在《说文解字》里对这个字的解释最多，这里所谈的“一”是指“惟初太极，道立于一，造分天地，化成万物”，所以这个“一”是万物之祖，是一切东西的始祖和本源。从一中派生出阴阳、派生出天地。所以这一横实际就把天地分开了，上面是天，下面是地。而“十”就是“十方世界，四面八方”，“德”字在“一”上面的“十目”就是说满天是眼。“一”下面的心，当然就是指人心，所以老天的眼睛看着人的心。过去有一句话“头上三尺有神灵”“暗室亏心，神目如电”，就是说老天的眼到处都是，满天的眼看着地上的“你”。这就可以看出古人认为什么是“德”了，那就是不管有没有人看着你，有没有法律追究，你的行为都得符合天理才是真正的“德”。

武德是习武者的道德规范和道德品质。在漫长的岁月里，中国古代武术不仅逐渐形成了一整套自己独特的理论、技术、功法，也形成了一套与武术密切相关的道德体系，这就是人们常说的武德。因此，武德是传统武术在几千年的实践和发展中，习武者不断从优秀的中华传统文化中吸取营养和智慧，逐步形成的习武之人的传统道德准则，是中华民族传统道德的重要组成部分，也是中华民族宝贵的精神财富。武者的武德育心大致包括两方面的内容：道德品质与人伦规范。

传统武术一直将优秀的品德作为追求的主要目标，让它指引武术人沿着正确的轨道前进；一直置优秀的品德于首要地位，让它成为武术的灵魂；武林界向来将有无优秀的品德当作评价武林人物最重要的标准，以激励习武人士；一直用优秀的品德作为有力的武器，鞭挞武林生态中的不良风气与武林败类。

武林人士深知，武术技法的行使是受人们的思想控制的，它是否施展在正确的地方，完全决定于武者的思想。所谓“心正则拳正，心歪则拳偏”。武者在学练武术之前，必须先学习与培养高尚的品德，如拳谚：“练武先练德，教人先教心”“未曾学艺先学礼，未曾习拳先习德”。

这些都充分表明武林人士从来都不会从单纯的武术技法的角度去看待武术，而总是将武术与品德紧密地联系在一起进行参悟。他们认为“无德无拳”，坚持“文以评心，武以评德”。

修行对当下武林生态的构建有着巨大的现实意义。传统的武德强调习武者要仁爱、守礼、忠诚、谦让和宽厚，这些都反映出中华民族热爱和平、不畏强暴、严于律己，不只是追求精湛的武技，而且还要通过道德修养，真正做到“沉得住气，弯得下腰，抬得起头”，追求一个武者充实的精神世界与谦和的优秀品质。

前文已经阐述了：“礼”是由一定社会的道德观念和风俗习惯形成的、大家共同遵守的礼节；“仪”是指人在礼节中所表现出来的容貌与举止。因此，“礼仪”就是武者按照武林之“德”表现出来的仪式。

武林生态的第一要义就是能够成就出合格的武者，一个有武德懂礼仪的普通人，而不是要求生态中的每一位成员都要获取怎样辉煌的成绩，或者成为一个如何有成就的武术家，以及成为武林界精英等。因为这些内容的归属，完全是每个人自己的技法追求与德行修行的结果，以及师徒之间关于技法训练的目标实施等范畴。

在这样一个参与人数众多、庞大的群体之中，各人的要求都不尽相同，具有混杂的特点，因此武林生态表现出典型的庞杂状态。

武林生态所形成的环境可以影响到环境里每一个人的情绪，当影响超出了人所能承受的情绪限度时，人就会在环境里不同程度地被迫改变自己的性格，并由此而逐步形成生态环境里整个群体的性格。武林之人同样也是社会性生物，相当一部分时间都是在武林生态中的这个公共生活中分享与度过的，当人长期在一种不健康的环境之中就会形成负面的性格，必然会导致所在社会交往中的挫折。武林生态必须构建自己的良性循环，武术的功能只有在形成一套自己的规范礼仪的社会状态下才能得到更全面的诠释，使得生态中的彼此都能得到相互尊重，因此，我们必须建立起武林生态中的合理秩序。

常态的秩序会使得武林生态中的每个个体都能端正彼此间的态度，摒弃那些与道德规范、有序生态相悖的思想以及行为习惯，立足现实，即便是面对茫茫人海中的任何势态，都能够满怀一腔热情，做到时刻坚持那份通情达理的自省，并同时又能自觉焕发出内心独立、理性、自由、深广、鲜活合道的思考力和判断力，坦荡地对待自己和生态中的任何他人，为武林生态秩序的构建自觉且默默地贡献出自己的努力，并因此而产生应有的积极作用。

武林生态只有构建一套完整规范的礼仪秩序，对那些直接或间接与生态有关联的人产生影响，形成对他们内心欲望的约束，以道德规范去培养并逐步形成生态中每个人的羞耻心、责任感、自豪感与荣誉感，指导生态中每个个体的行为向善，才能共同构建出良好的武林秩序。而不能让武林生态中出现以暴力来强制真理或绑架观念的现象滋生，这样脱离规范的生态圈是不能正常运行的，更是不能长久的。只有介于此，以德为核心才能够体现出武林生态中以礼仪为表现的长幼有序的规矩。

5. 和谐相处与师徒关系

择师为难，敬师为先，自古无师不通圣；武者的训练与修行虽苦，却应以武德为重，才能成就出真正的武者。这些内容都是儒家文化中“忠”“孝”“仁”“勤”在武林生态中的现实体现，以明确武者的道德观，并指引每个武林生态中师徒个体“修身、正己”的方向，以组成浓厚的氛围塑造武林生态之“家”风。

武林生态这个社会环境要得到规范的良性循环，就必须处理好生态中的各类关系，这是生态得以进入良性循环的基础。“亲其师，信其道”这句出自《学记》的关于中国教育的古训，就很好地阐述了建立良好师徒关系的必要性。在武林生态的各类关系中最基本也是最重要的当属师徒关系，然而，正常的师徒关系一般在彼此间的教学与训练等形式之中体现出来。因此，处理好教学中的师徒关系，才能把控其中体现出的教学质量，这是生态进入良性循环的根本。因为，武林生态中的每个成员都有自己的师徒关系，才能建立师徒关系中的武术教学活动，从某种角度来说，如果没有建立这两个方面的关系就很难成为一个真正意义上的武林中人。武林生态就是许许多多个有师徒背景的武术人，通过彼此关系的相互纠缠共同构成的一个社会集体，只有规范好这层关系，才能对武林生态步入良性循环奠定基础。因此，规范师徒关系意义重大且深远，从这个角度来看，武林生态有别于其他行业类别的环境，具有自己的特殊性。

武技的获取主要是通过教学与训练的形式来完成的，我们要明确生态中教学的目标是训练普通的习武者，还是培养武术精英，培养目标的不同会表现出教学形式上的相应区别。因此，师生在教学中都是“以学生为主体，教师为主导”来完成教学过程的。

有了教学目标，具体教学就是围绕着如何实现目标而展开。教学质量需要通过教学中的师生互动过程来具体完成，师徒中的任何一方都有可能成为整体的关键点，只要条件允许都会直接影响到教学质量，于是在传授的过程中对师父与徒弟都必须明确各自的职责与规范。

为了达到教学大纲规定的预期效果，教学中的师徒双方都必须有各自全面而又规范的行为准则，师徒彼此间都应该摆正各自的位置，教学过程中的任何一个因素如果处理不当，都有可能埋下影响甚至破坏教学秩序的伏笔。因此，师徒关系的处理就显得非常重要。

下面就师徒的规范提出相应的要求：

师父的要求

首先，构建师父的合格人性，明确传道授业解惑的目标，使自己具备合格的收徒条件；

其次，对专业理论知识与技法的掌握，构架起自己完整、全面、正确的武学认知体系；

再次，明确武术行业、专业与职业的区别，找准自己的定位，能够教导徒弟有自知之明，明确什么能为、什么不能为，并且要有不断进取的态度。

师徒关系

构建标准的师徒关系，关键是师父要让徒弟产生“敬畏”之心，这是因为武学本身的特殊性，决定了“敬畏”在训练过程中的价值不可忽视。

敬：徒弟发自内心对师父的敬重。前提是师父一定要教给徒弟真才实学，不能像批发产品一样敷衍，要让徒弟真正从师父那儿学到知识、练出技法，这样徒弟才能真正地敬重师父。

畏：徒弟对师父表现出敬服之意。徒弟“畏”的表现，需要师父在徒弟面前树立起一面高标准的道德旗帜，自己做到处处是表率，这样徒弟才能真正地“畏”。这里需要注意的是“畏”与“怕”是两个不同的概念，切不可将其混淆。

徒弟对师父的“敬畏”要建立在以下基础上才能产生出积极态度：

一是尊敬，因为师父在技法上能够教给徒弟真功夫，并且能比较系统地传授技法与知识；

二是敬佩，因为师父的道德标准较高，可以成为徒弟的楷模与偶像，徒弟才会真心敬畏师父，服从师父的教导，这种心理感受绝不是怕师父的鞭子抽打而产生的恐惧与害怕。

陶行知说：“真教育是心心相印的活动。唯独从心里发出来的，才能达到心灵的深处。”他还说：“你若把你的生命放在学生的生命里，把你和学生的生命放在大众的生命里，这才算是尽了教师的天职。”但是，如果教师（师父）本身就不是一个合格的产品，在训练场上面对学生（徒弟）只会照本宣科，甚至于随意地胡说八道，这类教学对学生（徒弟）没有任何方面心心相印的丝毫触动，教师（师父）也就难尽自己的天职，甚至于会让学生（徒弟）产生被糊弄与受欺骗的感觉，学生（徒弟）也就很难从内心产生对这类教师（师父）的佩服与敬重。

如果徒弟看到的师父只会投机取巧地迎合与折腾，言行中毫无道德标准可言，甚至于丧失了做人最基本的底线，徒弟对这类师父不畏也是很正常的回应。

营造一个良好的武林生态，师徒关系是非常重要的因素，因此，我们要规范必要的师徒关系，唯一要做的就是让生态内的师父们都端正好自己的态度，人人都有一副能够支撑起自己理想的脊梁。那么应该如何做才能够体现出这一点呢？笔者认为，需要从下列四个步骤中进行构建：

第一步，让师父感觉到自己是武学价值的传承者，武学知识就是师父心灵的亮点，对师父而言知识是无价的，而且知识越多师父的价值就会越高。同时师父还必须构建起自己求真的基本武学态度，应该清晰“武学必须按照武学自身的轨迹运行与发展”的道理，不能被其他与武学无关的虚假价值观绑架。

第二步，建立起师父们对待武术的学术意志，让他们树立起为实现武学追求而必须构建起来的、正确的、坚定的心理指向，而不是以唯长官意志为自己意志的奴才意识。

第三步，完善师父自身的人格，让每一位师父都在不断完善自己的过程中提高自己，把师父是知识与武艺的化身及代言人落到实处，师父必须处处以楷模的形象展现自己的言行。

第四步，体现出正确的价值观，不能被利益所诱惑，明白不吃嗟来之食的道理，处理好各自的利害关系，即便是师徒关系也要处理恰当，切不可把师徒之道维系在眼前的利益上。师父要做的是通过自己的言行，让那种“重赏之下便成懦夫”的说法失去市场。

让任何一位师父都能够真切地感觉到自己的价值所在；自己生活在这个世界上是独一无二的个体；有着无可取代的价值；在武学追求上有着自己明确的学术意志；有着完善的人格；对自己有着充分的肯定与认可；在任何场合都能体现出自己的行为准则；在任何利益面前都不会“投降”与“屈从”;不会为“利益”而丧失原则,更不会把失德的“逐利”作为自己的人生目标。在师父身上看到的只能是武者的气度、风骨与高傲!

徒弟的要求

徒弟在得到师父面传心授并探得武学精髓时，尊师重教显得尤为重要，这也是徒弟思想品行上的直接体现。怎么才能做到徒弟的本分呢?

中国人原本就尊师重教，遥想曾子避席，程门立雪，千年之后仍令人钦慕不已。传统折射到俗语，也有一句贴切的话叫“师徒如父子”。

从人类文明史来看，真正的教育长期以来都是稀罕物与奢侈品，正因为教育资源如此稀少，师父和弟子的关系才会显得更加亲密无间。

首先，由于教育的短缺，从前的徒弟在学成之后，便有了养家、立足的本事，这一现象表现在武术、中医等传统类艺业方面尤其如此。习武如果没有师父的面传心授是很难得其精髓的，以站桩为例，虽然仅仅是一个姿势，但若莽撞模仿，无人指点细节，自然不可能懂其奥妙，终究修不成正果。

其次，如果习成之后，祛病健体，可以防身，可以报国，即便不以武为生，但因为具有更强壮的身体与强悍的心理，也能更好地去支撑自己的事业。

再次，环顾目前武林界，仍有许多老拳师为武术的发展呕心沥血，于教学中竭尽全力，诚心可感，所以弟子们理应敬师如父。

作为徒弟具体应做到如下几点：

第一,诚心以待,杜绝妄语。要明白“口常清净,优钵花香”的道理,语言是内心的反映,既然从师学艺，便要一心一意尊师教诲，切莫心生妄念，更不能背地多舌，臧否师门。

第二，为往圣继绝学，常思传承。武学是联系师徒的纽带，师父也期待后继有人，徒弟当思师父一片苦心，勤学苦练，将师门武学发扬光大。

第三，忠臣无境外之交，弟子有束修之好。意即忠臣不应该有境外的私交，徒弟应该有主动给师父束修的好意。束修是干肉，孔子说过：“自行束修以上，吾未尝无诲焉！”只要有人自行送给我干肉，我就没有不教他的。可见，拜师学艺，礼节与礼仪是万万不可忘的。

第四，师父有愿，弟子服其劳。师父或老迈，或身陷困境，或有种种不便之处，徒弟、弟子、学生都应当不辞辛劳，理应按照自己的能力范围主动去设法解困。

总而言之，师待徒有义，徒待师有情，如此便师徒和谐，武风清正，以此为基础单元去构建和谐的生态武林，武林生态就有了步入良性循环的前提，武学的传承必将连绵不绝。

构建合理的师徒关系，让武林步入规范的生态中。

在传统文化中孕育出的众多的堪比家人一样的交情中，师徒之情大概属于最为特殊的一种，在所有的师徒之情中，中国传统武术传承中的师徒关系，则又是最有代表性的一支。中国人自古便有着尊师重教的价值观，“天、地、君、亲、师”被视为“人之五伦”，师徒作为天理伦常中极重要的一种人际关系，虽然与其他交情一样多是一种建立在非血缘关系基础上的情感，可师徒关系中却蕴藏着浓于血缘、不输血亲的能量。

从前的中国传统社会中，以投师学艺为纽带而组成的师徒传承，几乎是所有中华传统文化的各类艺术形式发展过程中的普遍现象。师徒制是传统文化中模拟血缘关系构建的一种传承方式，也是武术的唯一传承方式，在绵延数千年的武术传承中，师徒制作为武技继承发展的重要手段，使得武术发展始终保持着顽强的生命力。

所谓“一日为师，终身为父”中的师父这个称谓，本身就带有一种很强的家长式情感。当然，传统的师徒教育多从儿童抓起，徒弟从小跟在师父左右，也就更加固化了这种亲情概念。

过去的学徒无论是投入哪个门派，学的内容都完全由师父打算，当然这种形式的传授与现在学校的教学形式，彼此间存在着很大程度的差别。

随着时间的进展与时代的变迁，社会大环境影响着这种传统意义上的师徒关系，基本上已经逐步演化成现阶段老师与学生、教练与队员的这种师生关系。如果从细微处去感受，毕竟当下的师生和从前的师徒还是不完全一致的，给人的感觉是：师生关系更像是社会大环境中的一类关系，而师徒关系则更像家庭小环境里的家人关系。

师父这个称呼包含着“师”与“父”这两个语义层面，能够从这个高度来诠释这层关系正是源于中国传统的价值观，把师徒关系上升到具有血缘感的高度，以及这层关系带来彼此间的天然责任感。而这种建立在不是亲人胜似亲人的师徒关系下的技艺传授，也就天然地具有了一种家传的意味。

在武林界，无论是谁都应该认真而又真诚地对待“师父”这个神圣的称呼，人人都应该对师徒这层关系有自己更深切的理解。在从前的武林社会中，凡是入师门就要在心中明确建立这层关系，这是师父，这是徒弟，入门必须呈上拜师贴，这就是师徒关系的契约。大家都很自然地把这个契约当成一种天然的相互约束，延续着这份民族的情感，这种师徒如父子又加上一层约束关系，过去拜师，入了师门，师徒就如父子，拜师的契约上就已经非常明确地锁定了彼此的关系，师父对徒弟无论是在专业上还是生活上，都要负起为师的那份责任。

在这个过程中传授武学技艺仅是师徒传承的一个方面，师父同时还要在徒弟成长的过程中，担负着规矩约束和道德教育的责任。为人师表，以身垂范，师父以自身的道德、学识和行为去感染、熏陶徒弟，在潜移默化中完成对徒弟武者精神的灌输与培养。师父是技艺上的教育者和徒弟成长过程中家长式的教导者。师徒传承是双向的，师父择徒，徒弟择师，师徒之间承担着相应的责任和义务，师父对徒弟传授技艺，徒弟尊师重道，认同师父的价值，只有这样才是真正意义上的师徒关系。

武学的完善和发展需要武林界每位同仁共同的不懈努力，历代先贤对前人积累的武学技艺在继承中不断地实践操作，对技艺的价值认同和自觉实践共同构成了师徒传承。

了解了师与徒的含义，明确了各自的职责所在，并找到了自身的定位，按照自己的身份做自己本分的事情，恪守职责，这本身就是武德的一种体现。这一切都是促使武林生态得以良性循环的必备前提，也是教学过程中师徒彼此都应持有的基本态度，同时也是教学质量的基本保障。如此便合辙于笔者早年所作的对联，上联：授徒育才处处合数术；下联：传武明道时时法阴阳；横批：生态武林。

建立在责任承受基础上的师徒关系，双方要收获武学成就就要在四个方面对各自进行相应的历练，以增加彼此间的承受韧性，即经得起烦嚣、受得了气愤、经得住挫折、耐得住时间。处理好师徒关系本身就是为人处世的一种具象表现，是成就武学，承受武林生态中万事万物从善的起始点。心胸豁达开朗的武者，凡事皆看得高远，不会被眼前的得失所蒙蔽；心中狭隘的习练者，则处处与他人计较，这就是徒增烦恼的表现，这类表现往往阻碍了他们内心前往获取更多武学成就的通途。

6. 待人接物与行为准则

行为规范，是社会群体或个人在参与社会活动中所遵循的规则、准则的总称，是社会认可和人们普遍接受的具有一般约束力的行为标准。包括行为规则、道德规范、行政规章、法律规定、团体章程等。

行为规范是在现实生活中根据人们的需求、好恶、价值判断，而逐步形成和确立的，是社会成员在社会活动中所应遵循的标准或原则。由于行为规范是建立在维护社会秩序理念基础之上的，因此对全体成员具有引导、规范和约束的作用。引导和规范全体成员可以做什么、不可以做什么和怎样做，是社会和谐的重要组成部分，是社会价值观的具体体现和延伸。

庞杂的武林生态看起来复杂多样、变幻莫测，似乎没有什么规律可循，但生态中的每个人却都希望武林社会处在一个井然有序的良性循环之中。这就需要一套具体的约束规则来制约与控制生态中的个人和集体的具体行为，这也就是武林生态走向良性循环的前提。

武林生态中的每个人都需要具备为人处世的基本原则，要有承受万事万物的胸怀。

只有那些心中有原则与心胸豁达开朗的人，才能做到凡事看得高远，不会被眼前的得失所蒙蔽；事实证明，那些心胸狭隘、处处与人计较的人，往往会徒增烦恼，几乎不能获取真正意义上的武学成就。要让武术成为一项真正文明的运动，就必须在武林生态中，让每个个体的行为都能凸显做人的三大基石，即人性底线、平等观念、契约精神。

（1）人性底线：就是任何人、任何组织和机构，都不能以实现所谓的崇高目标为借口，以牺牲武术生态中任何人的健康、道德甚至生命为代价，去实现集体所谓的宏伟目标。即便是这个目标实现之后，确实能造福这个集体，也不能以这些牺牲为代价去实现。原因很简单，无论是人的自然生命还是道德生命，都比世间万物更值得珍惜。生命消逝，实现所谓的目标即便是再崇高，都是得不偿失的，甚至是犯罪的。

为了获得成绩、为了取悦观众、为了所谓的血腥，即便是这些成果会带来巨大的作用，即便是再辉煌的成就也不值得去拥有，而且要坚决抵制。

（2）平等观念：是指在武林生态中的人和人是平等的。在武林生态这个社会环境里做到待遇人人平等，是指在集体中的社会待遇和集体中所受的关怀都是平等的，这不是指集体中要均贫富。因为，各人能力的差异和自私是由人的天性所决定的，所谓人人平等，终极目标只能做到社会待遇和集体关怀的平等，而不是从集体中所得到的财富平等。

要实现所有人在武林生态这个社会环境里的待遇平等，就必须有相应的规章制度和行为规范并保障它的落实。事实证明，民主制度是迄今为止，实现人人平等的最好制度。应该明确，它只是追求武林生态中人人平等的有效手段，而不是目的本身。如果一个集体，不能体现出真实的民主秩序，武林乱象就得不到根治，所谓武林生态中的人人平等，就成了画饼充饥。

只有人人平等了，武林生态中每个人的积极性才能得到大幅度的提高，人的潜能才会充分发挥。整个生态的活力就激发起来了，生态中每个人的幸福指数才能逐步提高。

（3）契约精神：这是武德的一种表现形式，就是人与人之间，凡事都要遵守约定，凡事要讲诚信。定好的协议，必须执行；说过的话，不能食言。

契约精神，是武林生态得以进入良性循环的重要基石。虽然人与人之间表现在先天与后天上的天资与财富、师承与阅历、修为与成就等各个方面都无法均等，但是这些可以通过表现在道德、规矩和法律上的平等来取而代之。从而，让最初在生态中表现出不公平的每一个个体，其自身的要求都符合社会的规范和法律的约束，由此形成武林生态中由规矩而产生的平等。

武林生态中表现出“物质利益的来往，有规矩的契约；行为生活的交往，有精神的契约”的运行特征。武者之善，并不仅仅是与冷漠、奸诈、残忍、自私自利相对的一种品质，更是一种精神的契约。只有武林中的每颗人心都向善，生态才能被阳光照耀，所以善的契约应该表现在每个武林人的言行之中。生态中只有懂得珍惜这种契约的人才是高贵的；懂得为冷漠付费的人才是明智的。

社会上把以伦理为逻辑基础的儒学思想，作为营造武林生态之中相关人文环境的指导，由于各方面条件的不同致使各自所在位置有可能不同，但彼此的关系却是建立在人格平等为前提要求的人际交往模式中的往来，并在生态中得到自然的展现。与此同时，生态中各类型的具象表现，更需要诠释出其内在的现代文明的标志，即契约精神，因为只有契约精神才是突出现代文明的基础。该现象也是在武之脉的脉搏跳动中展现出世界文明之元素的脉象，更是传统武术现代转型与世界文明接轨的前提。

一个人人不遵守契约的武林生态，一定是无序混乱的。一个人人不讲诚信的武林，契约再多，也毫无约束力。武林生态之中不违背国家法律、社会道德以及武德修养的那些人，无论他们在武林中的武术门派、师承、认知、观点、水平、能力如何，也可能是社会各阶层的各类人士，只要接受契约要求就能按照合理的规范将他们有机地组织起来，让他们为了共同目标走到一起来。在此氛围里更有效地去收获武术成果，并有效地去实现生态中各自不同的人生价值。

通过规则、条例、门规、武德修养来规范武林生态，是建立契约精神的世俗手段和必要保证，让那些不遵守契约的人必须付出相应的代价，这就是约束力的生命所在。所以，任何一个文化形式、运动项目，如果缺少契约精神就不可能真正诠释出它的价值，走向市场、惠及民众就是一句空话。

市场面前，人人平等；规矩面前，人人平等。这是契约精神的精髓。所以，契约精神，既是市场的基石，也是法制的基石，还是民主的基石。

当武林生态能够凸显的精神是“人性底线、平等观念、契约精神”时，武林生态中处理相关的人际关系以及待人接物，才会有章可循，得以彻底摆脱野蛮，使得每一个个体在这个环境内都能够做到“少年能守志、中年能守身、老年能守节”。武者的人生就是一段不断再进步、再成熟的时光，在这段时光里让生态内的“你、我、他”很自然地步入并融入现代文明的大家庭之中。人们在以武入道的过程中虽然每个个体都有着各种的技法种类与水平层面上的差异，但都能在这个氛围里逐步表现出彼此间在精神层面上的共鸣。在武林生态中的自己没有必要非要优于他人，只需做到今天的自己超越了昨天的自己就是真正的成功，那么，此时武术运动的发展就已经进入了坦途。

综上所述，武林生态由武林中的上述各个要素结合而成，在一定空间里形成一个动态平衡的功能系统，系统里的各个要素之间发生着各种关联，通过“围绕武术功能与价值诠释为核心，运行目标与运行模式为平台，项目思想与集体凝聚为目标，道德规范与有序运行为指导，和谐相处与师徒关系为榜样，待人接物与行为准则为约束”等多方面，共同组成一个武林生态的运行系统。

在生态中的每个人尽管人格平等，但是因为彼此的差异会表现在能力不同、情况不同、环境不同等方面，因此各自可以完成的任务自然会有差异。集体中的你可以在生态中寻找到自己的定位，体现出各自的才能，以最大限度地服务于集体，你可以是：理论家，科学地阐述清楚事情；战略家，表述清楚项目发展的路径；领导人，带领大家按照规范前行；组织者，团结尽可能多的力量产生凝聚力；实干家，做到排除万难，切实推进事物发展；勇士，行事之中具有敢于牺牲的勇气；支持者，提供一切力所能及的帮助；旁观者，给予道义上的支持。不同类型的人，他们各自的技术水平、知识结构、认知阶段、关注重点、考虑的问题都会有所不同，但只要方向一致就是同志，就应该团结起来，共同齐心将武术向前推行。

世界潮流浩浩汤汤，顺之者昌，逆之者亡！对于武林生态而言，已经从先天性的丛林法则中走来，然而，这只是上天为我们设置的走向后天文明规范的起点。武林生态如果不遵循社会的文明法制，自然就会陷入丛林法则的泥潭之中，那么就避免不了被现代文明所抛弃的命运，因为该生态会在丛林法则的恶性循环中耗尽自己，直至最终被淘汰出局，待其文明归零之时，必然会被其他形式的文明所吸收、改造或替代。

检测武林生态优劣的唯一标准是“生态中所有的文化、精神、伦理、人性、灵魂、标准和道德是否得到每个人发自内心的价值认可与行为表现”，这样的系统才能够使武术的各种功能与价值，在生态中得到更理性、更人性、更全面、更广大、更深刻的诠释。同时让武林生态中的每一位都能得到武术给自己带来的，表现在精神上、身体上、技击层面上的恩惠。

要使得武林生态进入良性循环，并持有旺盛的生命力，长久地走下去，那么我们就只能坚持生态中必需的公平与正义。《尚书》里面有“人心惟危，道心惟微，惟精惟一，允执厥中”这十六个字；王阳明也说：“欲破山中贼，先破心中贼；破山中贼易，破心中贼难。”构建一个良性循环的武林生态必须从我们每一个人的心开始，一切规章制度都要归属于此，这才是形成和谐武林生态的关键所在。

第五节　武术价值的展现

传统武术的内容丰富且练习形式多样，在三型一体的表现形式中，既有写实风格表现技击的实战对抗，也有用写意形式表现技击的套路，同时还有支撑技击表现的功法训练形式。不同的套路有着不同的核心，表现核心的内容影响着所形成的不同套路，因此不同的套路有不同的动作结构、技术要求、运动风格和运动量；实战的表现形式有着更写实的表现风格，对武者的历练从心理与生理同步进行，习练者因此获得的收获也是全面的；功法训练是对人体功能充分挖掘的产能模式的运作，通过人体三调的练习达到夯实机体能量聚集、能量运行、能量发放的功法训练，其过程表现出运行中的健身与养生，其结果却是支撑技击形式的表现。

传统武术三型一体的表现形式，分别适应人们不同年龄、性别、体质对武术的实际需求。这个特点决定了人们可以根据自己的条件和兴趣爱好，对传统武术进行选择性的练习。同时，它对场地、器材的要求可以做到繁简不论，可以在标准的竞赛场地上完成训练，也可以在“拳打卧牛之地”中驰骋，练习者可以根据自己所能支配的场地大小来变化练习内容和方式，即使一时没有训练器械，也可以有徒手练习与练功的不同方式。

一般来说，传统武术的习练受时间、季节限制比较小。较之不少体育运动项目，具有更为广泛的适应性。传统武术能在广大的民间历久不衰，与这一特点具有密切关联，利用这一特点可以为现代群众性体育活动提供许多方便，使武术的一部分内容以及相应的表现形式可以进一步地社会化。

传统武术是一个长期的训练模式，具有广泛的适应性等特性，这个适应性表现在任何人都可以根据自己的个体情况和实际需求，在“桩功、套路和对抗”中调配出适应自己的最佳训练模式，以提升自己的“精、气、神”，达到各种不同的训练目标。在人类完整生命的时间段中感受其表现在生理、心理上的变化规律，以及社会环境对人的综合影响。

现将这个时间段根据人类自身生命运行的特征进行相应的划分，然后再结合传统武术三型一体的表现形式，分别阐述在不同时间段内的武术各形式所构建出的功能，并将其体现在习练者如何提升生命质量的具体表现之中。

一、传统武术学习的四个阶段

武术是一种生活方式，其训练内容应该是值得深究一辈子的事，其运行形式就如同挖井，表现在不同的深度会有不同的收获。

不同阶段的年龄结构有属于自己的区域表现特征，我们从传统武术习练的角度对年龄段进行划分：第一阶段的主修对象是 12 岁以前的少年与儿童；第二阶段的主修对象是 12~25 岁的青年与学生；第三阶段的主修对象是 25~60 岁的中年及参加工作人员；第四阶段的主修对象是 60 岁以上的老年及退休人员。在这些不同年龄段的传统武术习练中，习练者运用三型一体中的套路、功法与实战所组合出的各自比配是不同的，虽然都是以提升生命质量为最终目标，但不同阶段所表现出来对生命提升的认知角度各有不同，因此各阶段的训练内容各有不同，与之相对应的运行方式与表现形式自然各具特色。

我们将传统武术三型一体表现在不同阶段的比配情况，通过指标图的形式更直观地展现出来，见示意图（图 1–5–1）：

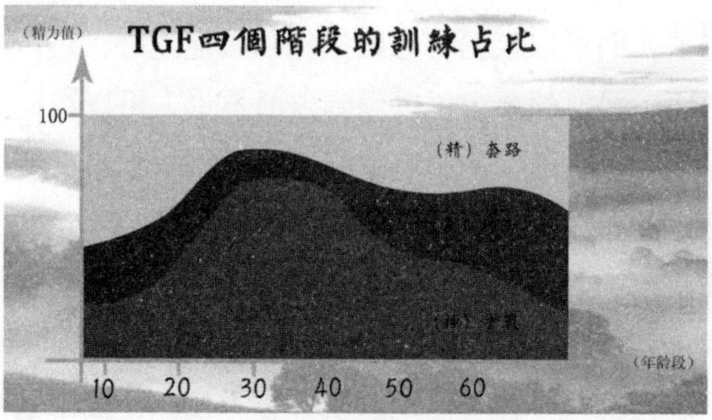

图 1–5–1　三型一体比配总图

示图解析：

结合前文“传统武术色盘的概述”内容结合时间元素进一步进行解析。中间的三色分别代表传统武术三型一体中实战、功法与套路的表现形式，同时又对应着三型中每一型主修的“精、气、神”，分别是实战主练神、功法主练气、套路主练精。

坐标的横轴代表着习练者的年龄阶段，从 10 岁—20 岁—30 岁—40 岁—50 岁—60 岁。时间轴可划分为四个阶段，分别是针对少年儿童的第一阶段；针对青年的第二阶段；针对中年的第三阶段；针对老年的第四阶段。

坐标上展开的三原色，分别代表着主修的“精、气、神”，表示人生在不同年龄阶段围绕着“精、气、神”而展开的修炼。修炼通过功法、套路与对抗三型一体在不同阶段的权重调配而展开。

纵轴上的颜色比配不仅说明了调配出最适宜每个人不同时期与不同状态下自己的训练形式，还表示着三型一体所投入的精力比配，形成了完整坐标所阐述的综合内容。坐标内不同阶段的任何一根垂直的纵轴线，表现出了与之相应的三型一体中三种颜色含量在训练中的比配组成，无数的纵轴共同组成了任何年龄阶段所有结构的比配集合体，同时说明了不同阶段训练的三型一体比配的变化特征，每一根纵轴都说明这个坐标位置在此时所代表三型一体之间的比配与结构，进一步横向解读就能够诠释出该阶段的某时间区域内相对应的训练结构，以及“精、气、神”表现在训练中的目标、任务与要求。

通过不同的训练比配的改变，表现在三型一体模式内的各型的比配在发生相应变化，在横式内产生了针对此时而调配出的最佳的训练表现，在每个阶段、每个区间、每个瞬间的训练都落到实处。因此，收获也处在不断上升之中，明晰了自己的行为轨迹，达到让武者的生命质量得到夯实的训练效果。

训练比重见图 1–5–2：

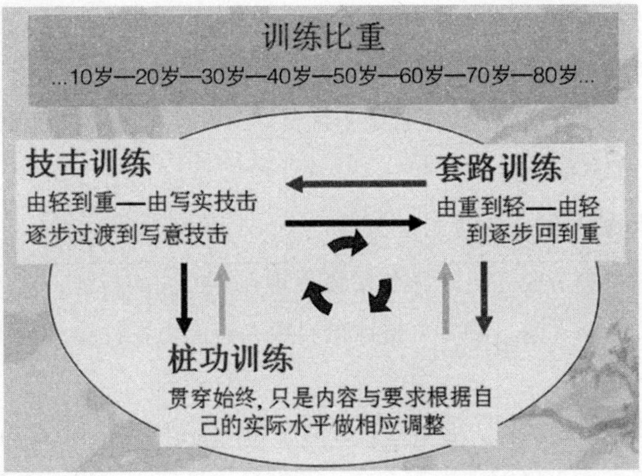

图 1–5–2　三型一体训练示意图

上述为传统武术项目的训练模式，在这个模式中任何一个练习者都可以通过掌握上图的内容走向，调配出最适合自己的训练模式，让传统武术的表现形式做到真正的三型一体。在这个过程中无论是自己练习还是有针对性的教学，只要把自己植入模式运行中，成为其中的一分子，那么就能够支持你更好地传播武术，同时又能成为不断收获的传统武术人。

在传统武术的训练之中，表现在课程中的具体教学需要有的放矢，明确具体的定位。因为传统武术项目的设计是一个长期的训练模式，不同年龄、体质、性别的习练者都可以根据自己的特点与需求，在“桩功、套路与对抗”中调配出适合自己的最佳训练模式，并且还可以根据自己训练后的机体变化，继续做出训练内容甚至模式的进一步适度调整，以达到通过“精、气、神”的提升，实现自己的训练目标。

每个人都能够通过设计来为自己找寻到最佳的训练模式，同时又能够通过此训练平台完成自己的训练任务，实现最大限度地收获自己所需的训练成果。

二、关于四个阶段的内容阐述

武术的教学与训练是一个严肃的事情，介入的每个人都应该把自己当作品牌来经营，教学中的任何人在武术活动中的每一次亮相、说过的每一句话、做过的每一件事，上面都标志着自己的 logo，若干年之后，武林生态中你的归属究竟是精品、正品还是次品的定位，一切都是自己造就的结果。我们需要端正认识，不去奢望人人都能够在这一辈子成为巨匠，但是我们的确能通过努力做到不断提升自己，这样我们才值得拥有更好的明天，武者的人生字典里必备的词语应该是“阳光、善良、正直、正义、正气、能量、温暖、厚道、坚持、努力”，让我们身边的一切因我们而变得更加美好。

真正的武者要从小就培养“君子忧道不忧贫”的思想观念，形成正确的三观与武术观，并逐步构架起自己的武学体系。

第一阶段　构架少年儿童的完整人格

第一阶段的核心任务是：针对该年龄段表现在各方面的特征，对习练者进行完整人格的构架，让他们具备完整、稳定、健康的自我，有能力在社会活动中呈现出一种稳定的个体行为方式。

人格是指人的性格、气质、能力等特征的总和，也指个人的道德品质和能作为权利、义务的主体的资格。而人格魅力则指一个人在性格、气质、能力、道德品质等方面具有的吸引人的力量。在社会上，一个人能受到别人的欢迎与容纳，实际上就是他具备了一定的人格魅力。

通过传统武术的训练来完成提高该年龄段生命质量这个核心任务，围绕这一核心而展开的运行是：强身固精，夯实基础，为今后的全面发展做好身体、心理、人格等方面的储备。第一阶段的训练要求是：让今后的发展空间更大，更具潜质，并提供全方位提升的保障。

构建完整与健康的人格构架，能够表现出武者今后个体的行为与价值结构的社会表达，不受社会环境微观变化的干扰，也不会随着社会环境的不同而发生剧烈的变化。这就是武者应该具有的稳定的自我人格，从中很自然地表现出武术人“个性”的行为特征。

每一个个体从成长、成熟到达圆融自在的境界，都要经过很多痛苦的历练与生命的大跃进，而承受这个不断往上跃进的重点却在于如何构架出一个完整而又健康的人格构架，因为规范的武者人格构架，会让武者今后人生道路上的每一个当下都有前行的支撑。

在武者今后的人生道路上处处都需要体现出强烈的自尊、自信、自豪，铁肩担道义，以天下为己任的特征；怀着对武学深沉的忧患意识、社会责任感与历史使命；修身养性，以大丈夫的气概，心怀拯溺解悬、济世救民、平治天下的远大理想，而这些恰恰都是构成武者人格内涵的重要部分，也体现出了武术人的自我价值期待。

在心理学中经常会运用“个性”这个词来表达人格的概念。我国的《大百科全书·心理学卷》中就有人格即个性的提法，把对人格的探讨归属于个体与个体差异的领域。人格又是指一个人与社会环境相互作用表现出的一种独特的行为模式、思维模式和情绪反应的特征，也是一个人区别于他人的特征之一。

人格包括两部分：性格与气质。性格是人稳定个性的心理特征，表现在人对现实的态度和相应的行为方式上。性格从本质上表现了人的特征，而气质就好像是给人格打上了一种色彩、一个标记，性格可分类为人类天生的共同人性与个体在后天环境、学习影响下所形成的独特个性；气质是指人的心理活动和行为模式方面的特点，赋予性格光泽。同样是热爱劳动的人，气质不同的人表现也会不同：有的人表现为动作迅速，但粗糙一些，这可能是胆汁质的人；有的人很细致，但动作缓慢，可能是黏液质的人。

从教育学与心理学的角度来分析，人格构架的封闭时期以十二岁为分界线，十二岁以前人的人格特征可以通过训练去塑造、去改变，而十二岁以后就基本定型了，定型后的人格只有在人生命运发生大起大落的刺激后才能够加以改变，否则很难改变。一个人的人格构架定一旦型后，只能在强制约束的前提下，才有可能适度加以修缮。

根据第一阶段人格的发展特点，对其进行健全人格的培养。将积极心理学作为指导思想，以第一阶段人格结构为理论依据，依据我国该年龄阶段人格发展特点确定健全人格的培养目标，以传统武术为健全人格的手段进行相应的构架。

传统武术对第一阶段人格的培养与训练从五个方面的维度入手，即智能特征、认真自控、亲社会性、外倾性、情绪稳定性。

智能特征维度：包括聪慧性、探索创新、文艺兴趣、自主进取四个特质；

认真自控维度：包括认真尽责、攻击反抗、坚持自制三个特质；

亲社会性维度：包括同情利他、合群守礼、诚实知耻三个特质；

外倾性维度：包括善交际、精力充沛、乐观开朗三个特质；

情绪稳定性维度：包括暴躁易怒、敏感焦虑两个特质。

第一阶段（小学生）的人格同样由上面五个维度的十五个特质构成，五个维度与幼儿相同，但包含的具体特质会有差别，幼儿智能特征中的文艺兴趣特质在小学生身上随着年龄增长则逐步消失了，而在认真自控维度中出现了计划有序的特质。

（1）传统武术对智能特征维度的训练

传统武术着手于智能特征维度的训练内容，主要从聪慧性、探索创新、文艺兴趣、自主进取四个特质上来对学生进行训练。

牵涉到这个年龄段的智能因素有很多，但总结起来可分为七类，从整体上来阐述训练内容，应该从以下七个方面着手。

语言智力：要求学生用自己的语言复述今天上课的内容，以及自己的感受，以此经常锻炼可以提高学生各自的语言表达能力。这方面内容一般安排在每堂课的结束部分完成较合适。

逻辑智力：对课堂上发生的事情或自己的感受进行分析，培养学生善于分析因果关系的逻辑推理思维。这种能力的培养可以在课堂上随机安排内容，也可以在专门的总结会上完成。

结构智力：对所学习的动作进行必要的描述与适度的分析，以培养学生的空间智力与想象思维。课堂上适度安排学生对动作及动作运行的认知内容，有利于方向视觉和结构能力的培养。

节奏智力：对动作节奏的培养是武术训练的重要内容，培养节奏可从听觉入手，在机体的节奏反应中培养出对节奏动作的能力。节奏能力是表现时间轴的重要因素，应着重培训。

身体智力：训练中通过个人身体活动的练习，体现出用自己机体来表达动作控制的能力，以实现自如地完成训练内容。动作的表现体现在训练的方方面面。

人格智力：在课堂的训练中要求学生能够主动地体现出回应他人、理解他人和与他人共事的能力。这种互动的人格智力是能从他人眼中看出来的天赋，训练中要注意深度去挖掘。

自我智力：课堂中老师针对出现的问题或有意识地提出预先准备的问题，让学生思考后再进行回答。这是培养学生沉思默想的能力和敢于阐述自己真实感情的能力，能够培养出学生自我反省的能力和沉思默想的习惯。

总之，在传统武术的教学中要有意识地培训学生的这七种智力，让学生自然地受到更全面的培养与教育，让他（她）能够迅速完善自己的人格构架，达到早日成才的目的。

（2）传统武术对认真自控维度的训练

传统武术着手于认真自控维度的训练内容，主要从认真尽责、攻击反抗、坚持自制三个特质对学生进行训练。

第一，对孩子进行良好的课堂常规培养，形成良好的“惯性行为”。

培根说：“习惯真是一种顽强而巨大的力量，它可以主宰人生。”处于“模式期”的儿童只要进行不断地良好常规的培养，就可以让孩子形成良好的行为习惯，在习惯成自然中逐步做到自觉遵守纪律。

第二，促进孩子自我概念及自我意识的快速发展。

处于“他律阶段”的孩子喜欢别人听他的、满足他的需求，按他的要求去行动。在教学中可根据实际情况与学生商议一些可选择的教学内容，以满足学生的合理要求；同时又可要求学生的行为必须符合某些课堂规定，以达到改变一些学生难以控制和改变已有习惯的行为方式。另外，也可在班上树立某方面的“榜样”，去影响其他孩子，从而达到相应的调节和控制作用，以实现教练的期望。

第三，提高孩子的道德水平，培养行为自觉性。

这里所指的“道德水平”是相对于这个年龄段的孩子而提出的。培养的前提是让孩子明确什么是好的，什么是坏的，上课时必须建立孩子的是非观，通过是非观的建立来训练学生围绕着是非为标准的控制与调节能力，此时教练应该多观察学生的行为与言行。因此，教师与家长在日常的各个环节中都应对孩子进行有机地渗透，以完成相应的品行教育。

第四，防止孩子出现认知与行为脱节的现象。

认知是孩子对是否应该进行某种行为的认识和判断，而行为则是孩子在实际情境中做出的反应。教练的任务就是观察孩子的言行是否一致，例如：从他们的身体动作或面部表情，就最能感觉到他们是否在认真听课。教练与家长要达成共识，不仅应该在认知上对孩子进行教育，更重要的是要引导孩子将认知融入实际的行为当中，用认知自觉控制与调节自己的不良行为，同时又以良好的行为来促进认知的发展，使得二者成为一个和谐发展的统一体。

第五，统一教练与家长的观念，在对孩子的要求方面做到保持完全一致。

如果教练与家长表现出对孩子不同的观念和要求，就会导致孩子无所适从，不懂得应按哪种要求去调控自己的行为,这就不利于孩子对自身的行为有统一正确的认识。因此，成人之间，包括教练与教练之间、教练与家长之间及家长之间，都应在教育观念与价值观念上保持一致，并采取步调一致的教育措施，使孩子明确成人的要求，从而达到按照一致的要求自觉行动，在行为上保持相对的一致性。

当然，在具体的培养过程当中，我们也常常碰到一些故意犯错和屡教不改的孩子，在对这些孩子进行教育时，我们应该多一分耐心与细致，务必问清事情的经过，尽可能准确、公正、合理、客观地对他们进行教育。只有这样，孩子才会对教师产生信任感，才会逐渐变得自觉、自律、自省，从而更加的自立、自主、自信。

孩子的自觉性提高了，他们就能较好地调节和控制自己的行为，这对他们在学校乃至今后的成长都会产生深远的影响。它可以使孩子以最合理、正确的方式去行动，也使孩子在成长的过程中逐步认识社会、适应社会，从而更符合社会对人的需要，实现人与社会的互动。

（3）传统武术对亲社会性维度的训练

传统武术着手于亲社会性维度的训练内容，主要从同情利他、合群守礼、诚实知耻三个特质对学生进行训练。

学生的社会性行为训练可以分为：

培养学生亲和社会方面的行为：指学生做出对他人或社会有利的行为。教练在教学过程中应该针对具体内容培养学生，如合作、分享、谦让、助人、安慰、赞扬等方面的能力与态度。

全面抑制学生反社会方面的行为:指学生对他人或社会产生敌视、伤害或破坏的行为。当教练在课内外发现类似情况或苗头的出现时，就应该进行正面的制止，并给予应有的指正，同时还要加以正确的引导。教练在教学过程中应该给学生多做解释，让学生在内心建立起知耻之心，同时密切关注学生是否有语言方面或者身体方面的进攻行为，也可以发动班上的同学进行相互监督，观察彼此间是否会出现身体攻击或者言语攻击等，并给予及时制止的权力。当然，还要注意学生行使权力时对“度”的把握。

（4）传统武术对情绪稳定性维度的训练

传统武术着手于情绪稳定性维度的训练内容，主要从暴躁易怒与敏感焦虑两个特质对学生进行控制等方面的训练。

我们要了解导致学生出现情绪不稳定的因素有很多，主要来自这几个方面：个体自身因素、家庭环境因素、教育环境因素、社会环境因素等。

不稳定的情绪表现出来的问题往往是：攻击性较强，会攻击同伴，也会攻击教师；不服从命令，有抗拒行为；以不恰当的方式宣泄情绪。

学生的不稳定情绪，常以攻击性行为的方式表现出来。而攻击性行为是指由于欲望未能满足或遭受挫折，使攻击者把愤怒、敌意、憎恨和不满等情绪导向对一定的人或其他目标的进攻行为。攻击性行为包括直接攻击和间接攻击。直接攻击是对造成挫折的对象以直接反击，主要通过打斗、嘲笑和损物伤人等形式表现出来。间接攻击却不将攻击的目标对准构成挫折的一方，而表现为以下情况：一是对自己缺乏信心，自轻自贱，把攻击方向转向自身，产生自责；二是因害怕对方的权势地位而不敢直接攻击；三是挫折来源不明或是若干挫折的长期积累，往往产生“迁怒”而寻找“替罪羊”。

针对学生反映出来的具体问题，我们有必要找到症结所在，个体身上的表现形式是什么，了解事情的前因后果，做到有的放矢地解决具有针对性的问题。

方法一：隔离法

隔离是指当学生在课堂中表现出某种不良行为时，应该及时停止他正在进行的活动，先用语言阻止或削减该不良行为的延续，再把该学生转移到别的情境中去。比如：让学生进行面壁思过、针对性地要求单独完成某个动作或进行某运动量的练习，直到教练认为学生的不良行为消失，并且情绪稳定了，再让学生参加正常的教学活动。

方法二：消退法

消退是指在特定情境中，行为者产生了以前被强化的反应，如果此时的这个反应得不到行为者希望的结果，那么当他下一次遇到相似情境时，该行为的发生频率就会降低。例如：当学生在上课时故意做搞怪动作，为的是引起老师的注意，就可以采取不加理睬的方法来处理，使行为者得不到需要的注意而逐渐减少搞怪的行为；在训练时面对某些学生喜欢流眼泪的行为，也可以采取冷处理的方法，任其流泪，平时则注意教给他（她）如何正确表达需要与感受的技能。

方法三：强化法

使用正强化帮助个案控制不良的情绪并加以正确引导。有的学生做某些事情总是一意孤行，教练在控制不影响他人的前提下，可以先稳住其情绪，然后顺着学生的思路在可控的范围内强化他的行为，指导学生看到不良情绪继续下去的后果，让学生明白这个后果并不是自己所需要的，届时其行为就会停止了。

方法四：发泄法

固定一个对象或环境进行情绪的发泄以减轻心理压力。教练在教学中应该善于观察学生的情绪变化，这种观察可通过语言交流、眼睛观察、班上同学汇报等渠道进行，如果觉得有必要进行引导与宣泄，可以让学生到单独的房间或操场进行发泄。如大哭、大喊、大叫、大笑、打闹等;还可以在确保安全的基础上让学生通过打沙袋或打实战的方式，将内心的不良情绪宣泄出来。

教练适度定制一些大运动量的训练计划，关注在训练前后学生情绪方面的变化。我们发现大运动量的训练对于稳定学生的情绪，改善学生因情绪问题而导致的行为，具有一定的调节作用。

在教学过程中，教练应该有意识地培养学生自我控制情绪的能力，尤其体现在学生控制暴躁易怒与敏感焦虑等不良情绪的能力。这些都会直接影响到他们今后的学习与生活，因为这是成功人士的共同特性。

（5）传统武术对外倾性维度的训练

传统武术着手于外倾性维度的训练内容，主要从善交际、精力充沛、乐观开朗三个特质对学生进行训练。

具有外倾性这类人的性格特点是心理外倾、开朗活泼、兴趣广泛、感情易露、决策果断、独立性强、不拘小节、喜欢交际、比较轻率，缺乏自我批评的勇气。

传统武术怎样正确对待与引导学生呢？

首先，教练要对本班的学生有一个比较全面的了解，并给每一位学生建立相应的训练档案。对每位学员进行客观的分析，表扬目前他们性格中值得肯定的部分，指出不足并在训练中有意识地将其往性格爽朗、遇事不怯场、反应迅速等方向引导。如针对学生的具体情况设计计划，从兴趣与情感出发，监督其养成坚持的恒心，逐步促使其习惯的形成。

其次，对于怕与“本班同学”接触的学生，教练要设法引导他们对周围环境和事物产生兴趣。鼓励学生参加集体活动，并有意识地安排相应的对抗练习，或者具有一定挑战性的素质练习。

再次，这个年龄段的学生常以“别人也都这么干”为理由去做某件事情，在一定时期他们的信奉、见解、爱好、憎恶甚至偏见也都视集体而定。由于同辈集体的行为准则为他们提供了价值判断和日常行为的新的参照点，结束了这个年龄段的学生在思想、情感和行为方面的不确定性、无决断力、内疚感和焦虑，所以他们往往下意识地过高地估计同伴集体行为准则的价值，并积极地认同和服从它。

教练应该多教一些这些学生与队友交流的沟通技巧，并鼓励他们与本班以外的其他人员交流。例如：在条件允许的情况下，尽可能多安排运动队与运动队之间的联谊会，鼓励他们多参加或者参观不同类型的交流赛，组织他们参加与人格健康相关的活动。

在十二岁之前应该对学生的个性有一个规范而又正确的定型，这是教练与家长共同的职责，超过了这个年龄段就意味着人格基本定型而很难加以改变，外界只能适度影响与控制。在某种条件下，个性中的某些因素会在特定的环境中发生相应的行动，所以教练在教学过程中应该有针对性地安排他们的训练、学习、社交和生活，使学生得到更好地成长。我们要清楚的是性格不存在好与坏之说，对于学生的性格培养，如何做到为今后的发展服务，发挥其长处，克服其不足，具有一定的现实意义。

传统武术针对这个年龄段孩子的培训，是以突出培养兴趣与完善人格构架为己任，并以此来构建起武术训练的内容体系。

通过前面的诠释，相信读者对于传统武术在这个阶段的主题思想已有了一个比较深刻的认知。传统武术项目的设计是一个长期的训练模式，不同年龄、体质、性别的习练者都可以根据自己的特点与需求，在“桩功、套路与对抗”中调配出适合自己的最佳训练模式，并根据自己的实际变化做出训练模式的适度调整，同时不断地通过“精、气、神”的提升与否来衡量自己的训练效果。

完整的人格构架是事业发展的基础，是获得人生成功的保障，这个阶段的任务要得到更好的夯实，在人格构架的训练中表现出的“严格”就显得非常重要，在这个训练之中的每个人都要清晰“严格就是大爱”的道理！有了生活化的严格标准才能够表现出练功无处不在。

通过传统武术的习练，成就自己“独立的思想以及完整的人格”，并消除内心的浮躁与傲慢，唤醒内心的善因，通过习练逐步培养出自己的能力，以实现自己完成结善果的人生目标。由于对待训练的态度不同，导致习练者造成的效果也会不同，右图明晰了习练者所持的训练态度与所得的训练结果之间的因果关系（图 1-5-3）。

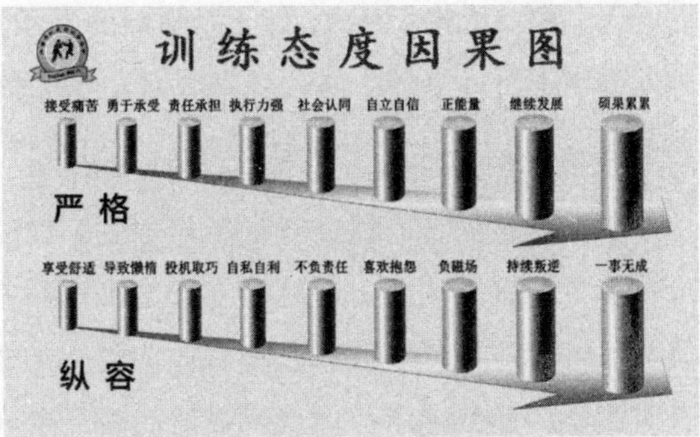

图 1-5-3　训练态度因果图

下面让我们了解一下在武术训练中严格与纵容态度导致的结果是什么。

严格虽然在训练中会产生痛苦，需要我们自己去承担，但承受痛苦是自己在训练中必须首先学会承担的责任，在承担责任的同时完成训练任务就是执行力的体现。有了执行力的训练结果就会容易被认可，在认可中习练者的自立与自信心就容易形成，有了自立与自信心就容易在行事中体现出正能量的阳光一面，阳光一面的持续体现就是一个不断强化夯实习练者自身的过程。人生中一件又一件有正面结果的事情的累积，就说明了这是成功的一生，因此，严格的训练要求对改变一个人的命运会起到积极的作用。

以此对照，纵容虽然在训练中会让人感觉舒适，但不断的舒适会让受训者滋生懒惰，懒惰在内心不断强化的结果是不愿意付出并孕育出自私自利的习惯，随之而来的就是对训练表现出不负责任的敷衍。有了这些不良习惯，在面对不同的训练内容时都会自然产生杞人忧天的抱怨，有了抱怨就容易在行事中的人体内产生出负磁场的一面，一旦负磁场持续体现就会致使诸事不利而导致叛逆。人生若由一件又一件有负磁场左右的事情来累积而成就只能以失败告终，在一生中习惯了无所事事、只等坐享其成，终究只能是一事无成，这些只能说明这是失败的一生。因此，不负责任的纵容式训练势必会毁了一个人的一生。

武术在这个年龄段的习练者中可以通过寓教于乐的习练，充分体现出完善人格构架的教育功能。通过习练给他们造就健康体格的过程中，可以同步给孩子们带来乐趣、梦想、快乐、成功、自信；孕育出睿智而又灵活的头脑；培育出善于发现世间事物、关爱、团结、奋进、友爱的美好品德；历练出需要的意志与毅力。这才是传统武术能够给予的，同时又是孩子们真正需要得到的收获。

我们坚信随着社会的发展，越是发达的社会和优越的生活环境，越是需要构建孩子们健康完整的人格，因为，孩子是祖国的未来，祖国的建设需要一批身心健康的人来完成，因此，当下每一个孩子都有必要得到人格构架方面的身心锻炼。

第二阶段　锻造真正的武者

第二阶段的核心是针对青年与学生（12~25 岁）：通过三型一体的训练达到质量的极致夯实，使普通的武术习练者在参与训练后都能够被锻造成为一个真正的武者。该年龄段的习练者应用传统武术三型一体为形式的极致学习、训练与修炼等运行，表现出习练者对武学的极致追求，体现出成就武者需要在习练的运行中从多角度不断地达到身心极致深入撞击，以便让自己获得武学中的极致体验，并沿着追求极品的道路上去成就自己，收获那份符合自己投入的极致成果。

对绝大多数人而言，传统武术三型一体的训练并不能要求人人都要走上职业化的道路，现实的状况也不可能满足所有想走职业就可以职业化的空间需求，毕竟还存在着市场平台的大小、技术程度上的要求等一系列问题。市场的形成是由市场需求与你的价值来共同决定的，并在彼此的相互选择与淘汰中适者生存，所以不能步入职业是绝大多数习武者的真实结果，但任何人对武术的习练却必须做到尽可能地专业，但凡世上之事毕竟是只有专业才能创造出更大价值，所以专业是一种态度，而职业是一种生存方式，二者有着本质的区别。

1. 专业对武者的重要性

人生的历练需要更专业的形式才能够获取更深入、更直接、更广泛的经历与感受，以及理性且体系化的专业知识。在这方面，传统武术三型一体的结构特性决定了其功能，是不能被其他教学与训练形式所取代的。表现在不同阶段的目标都非常明确，并可以在这个点上不断聚焦并发散开来，同时又不脱离整体的内容体系，做到彼此之间的相互呼应，运行中大家各自的目标都非常清楚，也很一致。

社会对专业有更现实的需求。就与人们看病都希望奔到“三甲”医院去同理，并且挂号都希望能挂“专家”号，家长找学校找机构也是一样，所以“全纳”教育也有其无奈和必然。其实人们都非常清楚现在的医疗水平发达了，就硬件而言很多医院都可以拥有更好的机器来做筛查诊断，但就软件而言，医生的诊治能力才是病人最关注的，所以硬件可以花钱置办，而软件却是花钱未必能够有效的。对于传统武术而言，三型一体构架中所显示出来的专业特性正是社会急需的功能，其中有道不尽的价值。

传统武术需要专业思想的价值体现。专业思想教育是传统武术的重要组成部分，在武术习练中对习练者的培养发挥着不可替代的作用。虽然很多高职院校都比较重视学生的专业思想教育，但从目前社会上的武术馆校与俱乐部所培训出的结果可看出，专业思想教育要真正取得实效并不容易。必须充分认识到专业思想在训练中对习练者培养的重要性，把专业思想教育纳入我们的理论构架中，作为传统武术理论构架的重要组成部分；牢固树立专业思想教育意识，把专业思想教育贯穿于习练者受训的全过程；精心设计，有效实施，相互配合，形成合力，切实提高专业思想教育的实效性。伴随着社会的快速发展，传统武术的模式也应逐步驶入快速发展轨道，随着社会需求而发生数量和规模的扩大，传统武术就应该更加关注对培养质量的把关。

2. 传统武术三型一体在这个阶段的价值体现

（1）套路

武术套路是三型一体的重要形式，是中华武学区别于其他技击类运动的重要特征之一，三型一体的训练就必须具备习练武术套路这一写意的技击表达形式。随着武术习练的深入，习练水平的逐步提高，套路对习练者的作用也就逐步显现出来，无论是关于套路所要体现的核心思想，还是动作里包含的技击含义，或者是动作的劲力体现，或者是动作衔接与节奏、气势与风格等等，在套路的演练过程中都能淋漓尽致地展现出来。于是习练者融到套路中去了，套路“附体”于习练者的身躯，达到了内外合一与神形兼备，习练者也就开始进入套路的写意技击境界之中了，成为套路的“代言人”，武的“化身”，此境中的“我”俨然已经不是世俗中的“我”了，仿佛此时的我已经开始“升华”，并且成为一个“合德”之人。

套路训练的三种状态：

①“入境”。武者在习练过程中深谙套路的规矩与要求，套路中的每一招、每一式完全按照要求来运行，不会有任何敢于越过雷池半步的举措，此时习练者要追求的训练效果就是把自己融入套路当中去，让自己与套路合为一体。这是一个熟练技巧的过程，习练者通过训练熟练掌握套路的动作运行规律，演练技巧，理解动作的技击含义，让自己在套路演练中的一举一动都符合套路的规矩与要求，所以说“入境”就是一个武者合规矩的训练阶段。

②“境中”。习练者在上一个阶段的训练中已经掌握了套路的基本规律，自己的一举一动都完全符合套路的规矩与要求，于是习练者逐步进入到了套路的境界之中。在境中的武者已经娴熟地掌握了套路运行的规律，动作的表现主体已经从入境时的“人”去主动“合”动作，开始逐步过渡到由境中的我来“驾驭”动作的转变，表现出曾经“约束”自己动作的框架已不再重要，在这个阶段表现出习练者能够“脱规矩而合规矩”的特征。更重要的是习练者在套路中的一些动作的处理会根据演练时“境中”的状况而适当出现相应的即兴处理，于是，能够表现出天衣无缝的“天成”特征，表现出写意技击在套路中的真正魅力所在，此时的套路流畅留下的是习练者那种“大彻大悟”后的平淡，显现出“涅槃”的境界，没有躯体的束缚，只有技击与身体、灵魂之间的交流，这就是“境中”的一种唯美。

③“皆境”。随着习练者进一步的套路训练开始由“明规矩而守规矩”的“入境”阶段，过渡到“脱规矩而合规矩”的“境中”阶段，习练者通过前面两个阶段的历练，表现在训练中各方面的水平都得到了较全面的提高，开始上升到“随心所欲而不逾矩”的“皆境”阶段。随心所欲是套路演练表现出脱离规矩的最佳状态，此时的“我”已经没有规矩的概念，所有行为都显得那么无拘无束，虽然已经完全摆脱了规矩的束缚，但处处都不与规矩发

生任何冲突，处处都是境界，究其原因就是很好地诠释了“规矩的背后就是自由”的哲理。只有自由才能够真正体现出武者的思想，才能够对武者自身产生应有的价值，所以说自由是无价的。当然这个“皆境”阶段必须是建立在前面两个阶段之上的阶段，顺序是不可以颠倒的，有了前面“入境”与“境中”的两个阶段做“皆境”的基础，“皆境”的价值体现就有了可能，我们万万不能为追求而追求所谓的“皆境”，那种丢失了基础去追求的“皆境”，本质上就是“乱境”了。

（2）功法

武术功法是三型一体的重要形式，但因为具有既难练又耗时且不易出成效的特点，于是常常容易被当下许多人因为“浮躁”而忽略。但这一武术表现形式恰恰是武术至关重要的内容，在三型一体中起到支撑作用，也是中华武学区别于其他技击类运动的重要特征之一。三型一体的功法训练是武学大厦的基础，是根基，功法就如同高楼大厦那个不容易看清楚的地表以下的基础建筑物。

功法修炼会让习练者达到平静、心静、神静的境界，入静也是心灵的净化过程。因为只有平心凝神，才能感悟到身边世间万物的动静变化。

习练者通过“平静”让自己的身体开始得到一种精神上的保养，让自己的身心逐步脱离俗世，逐步具备得以入境的环境。

习练者通过“心静”让自己的身心进入到清心寡欲、闲适怡然的境界当中，使得自己的心态不会在欲海中沉浮，做到“无欲真神仙”，身康体健。

习练者通过“神静”让自己建立对自然大道之理，在此深刻认识的基础之上达到思想上的大彻大悟。

习练者潜心修炼的过程就是一个以身证“道”的过程，并从中体会到“天人合一”的宇宙奥秘。

功法训练的三种境界：

①炼精者，是炼未纯之心，立清净之基。此炼心养精之初功也。炼心者，是炼入定之心也。前此定心不固，每为识神所迁，心与气离。法在心息相依之时，即把知觉泯去，心在气中而不知，气心合一，是炼心合气之功也。此为练功第一境界，炼精化气。

②炼气者，化气之精为真精。若能一心不动，便可运行。河车转动，聚精会神，则灵根充实矣。从此心液下降，肾气上升，是为坎离相交，水火既济。浩浩如潮，蒙蒙如雾。法在于金水初生之时，霎时而到尾闾，调停真息，鼓之舞之，乃能滔滔逆上，至于天谷；涓涓咽下，落于黄庭。如此生生不息。血化为膏，意凝为土，土中生汞。汞性圆明，遇

物不迁。此为练功第二境界，练气化神。

③炼神者，此为真神。性定神不移；真气聚而心不散。以有投无，以实入虚。如潮如火，如雾如烟。往返自如，顺逆随心，经脉八达，百骸畅通。真神既出而心不惑，真气无往而不宜，高踏云霞，遍游四海，致足乐也。但灵心不虚，则不能包涵万有，此所以有炼虚一着也。炼虚者，心胸浩荡，众有皆无。清空一气，盘旋天地间。是我非我，是空不空。此所以神满虚空，法周妙界也。此为练功第三境界，练神还虚。

修炼是完善人体的唯一途径，所谓修炼，第一是修，第二是炼，修与炼是不同的两个概念，不同的两种方法，把它们组合在一起，才能完善人体提升的过程。所谓修，就是要修补人体的残缺部分，把人体修成一个完美的、正常的、灵活运作的机器。同时把失散的灵气收回来，把身体的六神补全，把人体细胞丢失的成分收回来，完善到先天的程度。所谓炼，就是把人体的精华炼成一体，让人心合道。修炼就是提炼人体的精华，去除杂质的过程，也就是很多人体精华炼成一块，把多心变为一心，八识变为一识，六根变为一根，一心一意，一念清净。

（3）实战

武术实战是三型一体的核心表现形式，该形式与世界上所有搏击类项目一样，得以用直接写实的攻防来表达自己的技击思想，同时又是用中华传统文化的思维来思考技击对抗的表现形式，所以是中华武学区别于其他技击类项目风格的重要特征之一。三型一体的训练就是武者练习写实技击能力的表达形式，随着武术习练的深入，习练水平的逐步提高，实战对习练者所起的作用也就逐步显现出来，无论是关于技击思想的表现，还是动作运用的瞬间思维，或者是动作的劲力体现，或者是动作衔接与节奏、气势与风格等，在技击对抗中无一不体现出技击的精神。这种在擂台上通过武者体现出来的精神给人以健康向上的动力，是一种敢于直面困难、知难而上的勇气。在攻防之中，淬炼了武者自己的灵魂。

在训练对抗中找到自己的弱点，认清自我，不断完善，挑战自己的极限。当习练者具备这类精神也就进入到攻防的境界之中，拳我不分将自己“化身”到这种技击攻防之中，如此，便能够体现出真正的战胜自我的状态。

实战的三个阶段：

①第一个阶段：“本我”

本我就是习练者在实战中所表现出来的一种技击本能，是身心最根本的东西与习性的呈现，此阶段的技击表现是一个只为获取技击效果的求果阶段。当然，对抗中去获取技击效果的要求并没有任何不妥，“只要能够打赢的拳就是好拳”是这个阶段最为通俗的一句话，说明了在现实的实战之中为了求得技击效果原本就是大家的共识。

习练者刚开始进入实战练习阶段时，考虑的只是如何掌握技法的运用，围绕着如何获取技击效果而展开提示技法使用能力的训练，通过对技法的理解与熟悉和反复淬炼去获取征服对手的能力。这个阶段的武者只是为了解决如何获取技击效果而练，也就是说，该阶段习练者的“打”是为了“打”而“打”的“打”，只存在表现攻防中最原始的特征，此时的“打”并不受到任何形而上的尤其是道德范畴等方面的因素影响，表现出无论在什么时空里的攻防实战，都具有不惜一切代价只是为了获取胜利的特点，然而这个阶段为“打”而“打”的胜负结果，并不会给习练者带来武技以外的更多收获，更谈不上技击本身能够为其带来相应的充实感与幸福感。

②第二个阶段：“自我”

自我就是习练者对自己思维、想法、意识进行反思的过程，这个过程的最大特点是习练者对自己内心的全面剖析。习练者通过第一个阶段的唯技击效果的追求，进入了对技击效果追求的迷茫区，于是习练者开始自我反省那种为“打”而“打”的行为，开始到自己内心去寻求解脱迷茫中“精神枷锁”的钥匙。此时的习练者深入到自己内心世界开始进行自我救赎，在客观的自我分析中逐一否认自己内心性格上的缺陷，例如：贪婪、愤怒、怀疑、限制、妒忌、羡慕、害怕、羞愧、担忧、狭隘、憎恨、欺骗、欲望、自私、懒惰、虚伪和虚荣等负面的性格特征。这些负面因素会时时刻刻萦绕在自己内心，随时出来袭击自己并影响自己的行为与决策。此时习练者就会发现自己原本就是一个矛盾的复合体，矛盾的形式中共同存在着“高贵与低贱、荣誉与耻辱、快乐与悲伤”，然而感悟到原来这些矛盾的根源就在自己的心灵之处。于是这个阶段的习练者就会自觉进入一个自我救赎的阶段，其实质就是自我心灵净化的过程。

在这一阶段，习练者开始认识到自己内心的性格缺陷，并逐步否认与改变那些负面的性格特征。在这样一个身心内部发生改变的过程中，从外表上看或许会感觉到较原来散漫无力，水平似乎也还在原地徘徊不前，甚至于还会出现水平倒退的迹象，但是，此时的内心正在进行一次有力而又华丽的转变。

③第三个阶段：“超我”

超我就是外界事物，例如对法律、社会舆论、道德标准等方面的认识后而产生的升华。根据弗洛伊德的说法：人的自我是无法抑制住本我的，必须要用超我才能控制住。习练者通过心灵的自我救赎，在自我否定的过程中达到自我净化的效果，这让习练者进入了一种全新的境界，它将前面两种阶段的特征融为一体。崇高与无情、宁静与超然此时在习练者身上寻找到了最佳的承载平台，因为此时习练者的“德”之厚已经足够承载这些内容。这就是一个武之君子应该具备的品质，此时，了无牵挂的武者自然会在技击对抗中显现出那种冷漠而勇敢的性格特质。

超我中的武者呈现出来的态度只有宁静与超然。武者已经把人生视为一场必须进行且无法回避的战斗，除此之外，别无出路，在该阶段诠释武道是唯一的目标。武者面对外部的杀气与邪恶，采用宁静与其进行搏斗，同时勇敢地面对自己内心的敌人。武者通过不间断的修炼能够控制住自己内心的敌人，不至于让这些内心的敌人妨碍自己的行动，正是这种超然和宁静之力使武者得以镇定自若、通情达理地面对人生的任何挑战。

此时，武者能渐渐地领悟到“生”与“死”的真正含义，发现灵性世界与世俗世界之间并无区别或冲突，当武者完全抛开“生死”又无惧“生死”时，也就没有了生与死的羁绊，他的精神力量将变得更加强大，俨然已将其铸造成为自己征服现实社会的最重要的武器。

当我们将这种精神上的远见卓识运用到生活的各个方面时，我们就能在精神世界和物质世界两个方面双双获得最大丰收。很多时候，我们关心的只是自己的“得”与“失”，却并不知道如何才能活出最好的自己。我们应该知晓如何祛除痛苦、怀疑和失败，这些才是赢得人生至关重要的内容。一个人的成功一生是终身的大彻大悟，在寻求人生的归途之中怀揣着自己的梦想，而不是做着别人的梦，或者去实现着他人的理想。心灵的智慧才是人类生命之根。我们无须去征服别人，当我们成功地征服自己之时，我们就已经能够自如地主宰自己的世界了，这就是武者表现在“胜己之术，化人之道”上的最大收获。

3. 竞赛对武者修炼的功能与作用

竞赛是在一定规则指导下进行的一种博弈，是武林生态中必不可少的组成部分，是促进传统武术运动发展的一种有效手段。它能给参与者一个展示自己的舞台，能给予竞争者自信和勇气；它又是教学量化检查的重要方式，还能够促进人们相互之间的交流，提高技术水平、增进友谊。

三型一体的传统武术是一个竞赛的复合体，三型的每一种表现形式都可以有自己不同的竞赛方式，无论是哪一种竞赛形式都是以争取胜利作为直接目的，参赛者必须按照《规则》进行相关的竞赛，并表现出相应的技法、规范、体能、功力、心理、智能等多方面的素质，这是综合能力的全面较量。传统武术将这种竞争性的身体活动，在不失竞赛本真的同时，有意识地提升为一种“君子之争”，即将传统武术关于攻击性本能之“争”导向一种形而上的道德修炼。随着传统武术竞赛的进一步发展与完善，传统武术竞赛功能的全面展示，也将成为参赛者武术生涯中必不可少的一个组成部分。

竞赛之所以成为习练者生活必不可少的一部分，是因为竞赛既是促进传统武术运动进入有序发展的引导手段，同时也可以检阅习练者训练的成果，还是衡量教学水平的一杆标尺；它能给参与者提供一个公平展示自己才能的舞台，给予竞争者成就自信和勇气的空间，促进参赛者在竞赛中进行相互平等的交流、对自己的技术水平进行客观的定位、观察项目的发展状况与技术走向，同时又能够增强参与者之间的友谊，感受项目从竞赛角度带来的魅力。

其实传统武术还可以通过竞赛这一表现形式，进一步挖掘出参与者心中最原始的那种武者必备的本能，那就是自强不息、顽强拼搏、超越自我、回归超然的精神。

当一个传统武术的习练者，在赛场上能够表现出对成绩与荣誉的正确态度时，就能真正做到得之坦然，失之淡然，争其必然，顺其自然。那么，面对最后的竞赛结果，无论是闪亮夺目还是差强人意都能够欣然地直面接受，此时就能够感受到从竞赛的角度有助于促使习练者升华成一位真正武者的价值所在。

（1）积极开展传统武术竞赛有着重大的意义

发挥宣传教育作用，推动武术事业发展。通过传统武术竞赛的广泛开展，可使成千上万的观众，特别是广大青少年从中受到教育，了解传统武术运动的特点与意义，培养参与的兴趣与意识，可吸引和鼓励更多的人参加到项目中来，在群众中开展对推动项目意义非凡。

竞赛是检查教学与训练工作成绩的形式。平日训练的情况很难进行具体的量化比较，因此，训练中有什么进步，出现什么问题，都可以通过竞赛反映出来，这是改进训练的重要途径与方法。任何参赛者，无论水平高低，都能通过竞赛来检验和促进实际的运动水平，以及获取技术水平量化后的实际成绩。同时竞赛活动也是参赛者、教练员们互相学习、相互交流的时机。

竞赛可丰富人们的业余文化生活。参加传统武术各种形式的竞赛与比赛观赏，都是一种富有情趣的、高尚的业余文化生活。人们可以从竞赛中得到技法运行的享受、武德的熏陶、体育精神的激励，可以消除工作、学习带来的紧张和疲劳，竞赛起到了调节生活、添加乐趣、振奋精神的作用。

通过竞赛可以加强团结、增进友谊。校内外的这种形式的传统武术竞赛活动，是加强班际、系际、校际关系，增进友谊的有效途径，对维护学校的安定团结起到积极作用；

国内的竞赛可以促进各省市区、各民族之间的团结；国际的传统武术竞赛活动，可以加强国家之间的交流，促进我国人民与世界各国人民之间的相互了解与友谊。

竞赛是发展和培养传统武术各类型人才的主要途径。优秀选手无一例外的是在各类型的小竞赛中被发现后再逐步培养，最后又在各大赛场的竞赛中确立地位与收获成就的。竞赛是众多选手成长和展露才华的大舞台，一批又一批的优秀选手就是通过竞赛走向全国、走向世界，成为传统武术项目的风云人物。

竞赛有利于培养学生的优良品质和集体主义精神。传统武术竞赛不但有利于增长学生的技术能力，在精神层面上更能体现出它的巨大价值，通过竞赛可以有目的地培养学生敢于拼搏、不畏强者、奋发向上、锐意进取以及遵守纪律、服从裁判的品质和集体主义精神，对集体、对学校、对社会的和谐具有积极作用。

（2）竞赛对每一位传统武术习练者的帮助是多方面的，主要体现在：

塑造参与意识、培养对习练的积极性和主动性。比赛活动重在参与，习练者参与其中就会为了赛出成绩而积极主动地去为比赛做准备，训练目标的确定也随训练态度更积极主动，从而培养参与者做事积极主动的性格。

塑造竞争意识。无论是什么形式的比赛，都会以竞争的形式出现，通过不断地参与各个类型的竞争来明确参与者的实际水平与准确定位，认识自己与强者的实际差距，在竞赛中培养出自己的竞争意识，为今后的训练提供真实的依据。

通过竞赛来清洗内心的恐惧，塑造勇敢的个性，解放自己的天性。只要是比赛就要严格按照规则的要求在赛场上进行平等的竞争，参赛者站在赛场上，面对赛场内的对手与裁判，以及赛场外观众无数不同的眼神以及不同的表情。参与者在赛场上锻炼自己勇敢的心理，逐渐战胜内心的恐惧，让自己平时的天性在众目睽睽之下得到充分的解放，于是成就了参与者敢于面对公众，坦然镇静的成熟心态。

竞赛是挫折教育的最好方法。是竞赛就会有胜负，随着竞赛的进行直至产生最后的结果，只会有一位冠军产生，绝大多数参与者都会以“失败者”的身份退出比赛，只不过失败的时间与层次各有不同罢了，即便是冠军也意味着今后会面对更强大对手的挑战。所以说，竞赛对参与者就是一种挫折教育，但能产生让参与者在成长中面对人生挫折的正确心态和自理方法。比赛本身有高低之分，因此，在比赛活动中，成绩不理想、发挥失常、本身水平存在差异等，都能让参与者从中学会如何看待自己的失败。面对失败勇于重新再来，就能培养出不屈不挠的顽强个性。

在竞赛中学会欣赏，排除嫉妒心理。比赛过程中参与者要学会肯定优秀的对手，并能理性地欣赏对手，欣赏的目的就是学会对美好事物和人的理解，技不如人是可以的，也是正常的，但不能让自己的内心有失落感，更不能在内心产生嫉妒。参与者要让自己具备健康的心性、宽广的胸怀，不要产生嫉妒心理，这是成为一个大度与善解人意之人的前提。

通过竞赛寻找不足，保持发扬优秀的一面。比赛的过程就是相互学习交流的过程，即使再好的成绩也会有不足之处，参与者要有自知之明，知道自己优秀的地方，不足的要改进，摆正姿态不去找借口；优秀的一面要保持，逐步完善，实现完美。以此教育参与者保持戒骄戒躁的态度，明白永无止境的事物规律。

学会分享，培养自信。比赛的过程很重要，无论比赛结果如何都值得鼓励，比赛本身就是对参与者的肯定。学会分享荣誉，会让参与者滋生出一定的成就感，这就是自信心产生的开始。自信心是每一位正常人在成长中必须具备和保持的一种积极心态。

开阔视野，增长见识，丰富阅历。不同类型的竞赛表现出的特点各不相同，凡是大型比赛或活动大多带有一定的主题性，内容与方式各有不同，参与者在其中会体验到不同的感受，从而产生不同的阅历、经历。这些阅历、经历丰富了参与者眼中的世界，为塑造自己的人生观起到引导的作用。

（3）从竞赛中感悟自己

参与者在整个参赛的时间段中，必然会与比赛、与裁判、与自己、与对手、与队友、与教练、与家长、与朋友、与相关机构、与社会舆论等多个方面发生各种关系，要把控好面对及处理这些关系的心态，并妥善处理好相关事宜。

参与者可以通过竞赛的方式来悟透自己，因为在竞赛中可以很清晰地感受到，自己对胜负得失的内心感受与对荣誉的真实态度。

人生在世，谁都是和“自己”相处最多、打交道最多的那个“人”，但是这个“人”却往往悟不透“自己”。所谓“入境言道”，竞赛就是自己入境了解自己的这样一个平台，当参与者参与其中之时，意味着参与者已经将自己植入“境中”，在境中的自己感受着与正常生活和训练完全不同的环境与要求，此时的“我”会与平时的“我”产生哪些方面的不同，在瞬息万变的竞赛场上就会给出标准答案。

在这个过程中参与者通过竞赛入境开始逐渐真正悟透自己、真正认识自己、真正欣赏自己、真正心疼自己，开始寻找或矫正自己人生的航向，从而撷取到生命的真谛。参与者只有悟透了自己，才能把握住自己，才能成为一个真正的武者，生活才会有滋有味。

4. 成就现实中的武者

无论是从中华武术“内外兼修”的角度、“练养结合”的角度，还是从增强中华武术的文化内涵和民族特性的角度考虑，现代竞技武术套路、实战以及功法运动的发展都合乎于道。

通过三型一体既全面又深入的习练，习练者的身心得到了全面的洗礼，从而武者逐渐得到相应的收获，并进入相应的境界。

经过前面各形式的历练，一个普普通通的武术习练者逐步成长为一位标准的武者。一个标准武者的形象严格来说，应该是通过武学为形式的修炼去实现自己人生的最高境界，从武者的形象可表现出佛为心、道为骨、儒为表，以及大度看世界的特征。武者的历练支撑着驾驭之能，并处处流露出得以驾驭一切的气势，成就了自己独立思考的态度，形成了属于自己的价值观与精神世界，摒弃外界的一切诱惑，并从容地过着那种原本就属于自己的生活。

就现实中武者的行为表现而言，应该是：或许他可以不是一个武功绝世的人，在生活中更有可能是一位普通到不能再普通的平民，或是一介儒生，或是一个弱女子，等等，其实与任何身份都无关，但只要是一位真正的武者，他就具备了武者必备的精神，这精神代表着正义、尊严、信心、勇气、忠诚和荣誉。这就是武者价值观的体现，也是武者精神世界对自由的向往和憧憬，更是武者生存的尊严保证，代表了武者为人处世的公平，还代表了武者即便面对不公，仍然能为保护自己和亲友宁愿舍身的正义血性。因此，我们要确保正义的力量永远在每个武者的身上流淌。

为人处世要有大的格局，武者有属于自己的格局，体现在他的眼光、胸襟和胆识之中。曾国藩说:谋大事者，首重格局。为人处世，最忌讳畏首畏尾，举棋不定，胸中没有大格局，走一步算一步，目光短浅超不过脚步，如此终究难有所成。大的格局是拥有“坐拥云起处，心容大江流”的气魄，只有让自己的格局变大，才能够使自己站得更高，看得更远，做得更好。

武者的为人处世，最重要的不是唯能力的高低，而是要尽可能让自己的格局变大。有了大的格局才能够承载得了武者的大胸怀，有了大胸怀才能够产生大抱负，有了大抱负才能够成就大气魄，有了大气魄才能够形成大视野。

我们都知道，只要是“人”自然就会产生智商与情商等方面的高低差别，这是一个必然的现象，但是，智商与情商的高低并不阻碍我们做一个正直的“人”，因为二者并没有必然的内在关系，因此，成为一个好人只是一个态度问题，而不是能力问题。所以说，真正的武者与“商值”的高低关联并不大，但与人的格局却是成正比例的。

武者在人生道路上都会遇到不同的坎坷，古语说“人挪活，树挪死”，过于执着于一念，就打不开局面，可能会让我们的路越走越窄。而转换思维，努力去放大自己的格局，就能开掘出一个全新的视野，打造出一个属于自己的广阔舞台。

武者的生活态度是积极的，但又是简约而不简单的，生活不需要有意识安排得太满、太复杂，也不要把人生设计得太拥挤。不管做什么，都要给自己留一些空间，以保证自己可以在其中从容地转身。人生的道路上没有人能够避免得了痛苦，武者尤其如此，因此，更需要懂得追求生活中属于自己的快乐，即便是业余爱好也要用专业的态度去对待，这就是武者对待生活的态度。武者的一辈子，就是一个个按照武道的生活方式进行的画面，并由此所组成的一幅人生风景画的长卷，只要能够做到令自己流连忘返，在精神上不离不弃就已足够了。

武者健康的生活方式，要有一套适合自己并能持之以恒的生活模式，明确生活中保持心理健康的重要性，做到时刻保持乐观的心态。拥有一个健康的生活模式是人们一直所追求的，生活中的健康养生是一门严谨的学科。但生活模式却因人而异，人人都可以有自己的保健方式与方法。

武者的工作态度是敬业的，对待工作的态度，实际上是一个道德问题，即职业道德。凡是工作就要付出应有的努力，我们正是为了事业上的成就和荣誉，才能发自内心在某些方面付出自己的更多精力。如果你把所从事的工作当作自己喜欢的事情来做，那么你就能挖掘出自身更多的潜力。只有保持一种积极的心态去工作，即使所做的工作再辛苦、机械、烦琐，你也能从中感受到自己的价值和工作中的乐趣。在你完成工作的时候，成功之芽也正在内心萌动。

这里要强调的是武者的工作并不意味着一定要与武术产生多大的关系，无论武者是向社会提供商品，还是提供服务，或者是搞管理，以及专职科研，只不过是武者所承担的某项工作罢了，所以说武者有可能会从事任何一种职业。武者的内心非常清晰，无论是什么类型的工作与职业，对武者而言都要坚持自己的工作原则，不为逐利而丧失武者的底线，要把工作当成展现自己人生抱负的平台，用武者的精神去成就“行行出状元”的现实版神话，并争取从中实现自己的人生价值。

信念支撑着武者：武者之所以能成为把握自己命运的强者，关键之处就是武者能在自己的灵魂上形成信念，并能够善待自己的信念。

不同的人会有不同的性格，不同的性格会造就不同的命运，不同的命运会得到不同的人生结局。武者是在自己的历练过程中逐步建立起自己内心的信念的，因为信念让武者的精神世界有了支撑，使武者有勇气去面对一切挑战。

武者应该明白：何事可为，何事不可为，何事该如何为，于是在不知不觉中就走到了那块属于自己的领地，这就是武者的人生之路。操纵这一切的手就是武者内心深处的信念。因为，信念高踞灵魂之上，在不动声色中完成对武者的驾驭。

每一位武者都有一个属于自己的精神世界，而这个精神世界只有信念才能够将其支撑起来，这个信念就是武者精神世界里的王，我们要坚信"信念为王"的道理。

信念虽不是武者现实世界的统治者，却能够驾驭武者的心灵世界，是武者内心深处的自己；不是高高在上的压抑者，而是快乐轻松的引领者；不是世俗世界的权利，而是精神世界的权力。信念就是武者的快乐、武者的向往、武者的追求、武者受压抑时的希望。信念能够在暗中监视着武者，引导着武者，支持着武者，当武者最终走完了自己的一生时，在回望自己一生中所有的一切时，其实这一切都是武者的信念在现实世界的显现。

客观地说，武者的信念有时也会出现生病、打盹、睡觉、假寐、疯狂、变态、低沉、高调等现象。但我们坚信每一个人内心的信念都是向往美好与亲近高贵的。就信念而言并没有什么高、低、贵、贱之分，也没有什么黑、白、美、丑之别。即使某人有最凶残的兽性，即使某人有最狡诈的人性，即使某人是魔鬼一般的力比多，我们依然要相信他的心灵中仍然存在着信念的美好。佛教认为，人皆有佛性，作恶之人弃恶从善，即可成佛，所以才有"放下屠刀立地成佛"之说。因为只有有了信念，武者才能在阳光下谈论快乐、良知、光明、公正、自由。

武者只有善待内心的信念，敬畏内心的信念，才会沿着一条美好的道路一直走下去；

如果扭曲心中的信念，亵渎心中的信念，就意味着人生选择了一条泥泞路而行；

武者对自己的信念的态度决定了武者的人生高度，因此，真正的武者都会善待自己灵魂中的信念！

第三阶段　武者在新环境里的完善与功能诠释

1. 该阶段是指工作时期如何在社会、家庭、人生中体现价值，实现事业价值

孔子的思想博大精深，后人对孔子的思想解读也是仁者见仁、智者见智。孔夫子从年龄与实际时间的角度出发，阐述了他对人生不同阶段的发展构想，《论语·为政》有云："吾十五而有志于学，三十而立，四十而不惑，五十而知天命，六十而耳顺，七十而从心所欲，不逾矩"，其中清晰地呈现了孔夫子的生涯发展观。

一个武者未必是一位成绩斐然的人，但一定是一位"五力入髓"的人，因此，他的

习武之旅就不会是一种为形式而形式的表面文章。通过“三型一体”的透彻修炼与“竞赛”的全面洗礼，把一位普通的习武者“教化”成一位合格的“武者”，使得他的思想、言谈、举止均符合“武道”的规范，成为一个合格的“武之君子”。

2. 通过传统武术前面两个阶段的历练，传统武术的形式逐步显现出自己的特点

传统武术在运行过程中看得见的是一种武术表现形态，看不见的是形态中武者共同的价值观和彼此认同的行为方式。传统武术是一只看不见的手，培养学生更多的是从人性开始而不是只从技术入手。

传统武术要求习练者在学习中首先摆正自己的态度，因为习练者必须非常清楚“二十岁的贪玩，就会造就三十岁的无奈；而三十岁的无奈，就会导致四十岁的无为；因为四十岁的无为，就奠定了五十岁的失败；五十岁的失败就会酿造成一辈子的碌碌无为！”其中的道理。所以，武者不允许自己在应该奋斗的年纪去选择安逸，不努力的结果就是失去了一双人生腾飞的翅膀。当然，我们仍然鼓励一个人在任何年龄都要有敢于从头开始的勇气与行动。

3. 各年龄段的划分

从人力资源的角度来对职业生涯进行划分，以年龄为依据，每十年作为一个阶段比较合适，即参加工作至三十岁为一个阶段，三十岁至四十岁为一个阶段，依此类推。

（1）当武者步入参加工作至三十岁这个时间区域

要做的就是面对现实尽可能依靠自己的本领独立承担起一份自己应当承担的责任，并确定自己的人生目标与发展方向。或者说，这个时间段的武者应该坦然地面对一切。正所谓“三十而立”，这个“立”是对立身、立业、立家三个方面的概括。

这个时间段任何一位武者都必须面对的一个问题，就是参加工作适应职场，让自己的事业起航。

这个年龄段的武者要尽量表现出在习武中培养的独立、自信、精力充沛等特点；同时又需要调整自己对这个阶段“初入社会，处于艰难的适应期，有时会怀疑自己的选择，比较浮躁，不断尝试”等一系列现象的适应。作为一个已经“五力入髓”的武者就应该审时度势，理性地思考和慎重地选择，不要因为自己的情绪影响了决策。

这个年龄段的人思想普遍都比较前卫，在不断地与外界交往的过程中能很轻易地获取更多的信息资源；容易接受新的事物和观点，有很强的个人主义和自觉性；强调自主和平等，容易对话；对物质也有更大的追求和依赖感，希望拥有别人拥有的一切，并向往体面的生活。但由于多数人都是白手起家，缺乏经济基础，往往在择业方面更具功利性，

有着希望在最短的时间内获得最多的报酬的心态。

此时的武者正处于自主独立、精力充沛、意气风发的阶段，希望有更多的尝试，但相信自己、明确目标、适度调整是应该牢记的，正所谓“不忘初心，方得始终”，是武者就应该做到恪守自己的目标。

作为人生事业发展的起点，如何起步，直接关系到今后的成败。而这一发展阶段的主要任务之一，就是选择职业。因此，要在充分做好自我分析、内外环境分析的基础上，选择适合自己的职业，设立自己的人生目标，计划自己发展的步骤；要彰显出武者的气场，在职场上树立自己良好的形象，做好自己对未来的发展影响极大。

作为一个武者，有必要根据自己所处的环境坚持适度的训练，同时养成坚持训练与学习的良好习惯。这对武者而言是很有必要的，一来可坚持锻炼强悍自己以不忘武者本色，二来不断学习可以让自己更全面地规避事业中可能遇到的风险。

武者应该明确自己必须负起社会和家庭的责任，这也是对武者最起码的要求。尽管有时现实会与我们的期望出现较大的距离，但作为一位武者就应该具备较强的抗压能力，此时正是体现“武者”与“普通人”的不同之处。

（2）当武者步入三十至四十岁这个时间区域

武者开始咀嚼世态的冷暖，感怀岁月的无情，往事悠悠，十年弹指一挥间，在经历了许多疑惑、彷徨、振奋、欣喜之后，是沉思、是恍然大悟……此时的武者已经少了激情，多了沉稳；少了冲动，多了冷静；少了烦恼，多了理智；少了放任，多了责任；少了盲从，多了自我……武者经历了从三十岁到四十岁的历练，应该成为一位有理智并且清醒的人。对外，他明白了社会；对内，他明白了自己；对自己，武者更多的是明白了责任。

武者从三十岁开始就步入了人生的分水岭，在三十至四十岁的十年期间应该得到很好的历练，运用这个年龄段的优势即“心态稳定、有信心，年富力强，积累一定的经验，表现出较强的能力，工作已驾轻就熟”，很好地支撑自己的事业发展；同时又要克制这个年龄段的劣势，表现出常为寻找自己的位置而不断地变换工作的苦恼，对年轻一辈的追赶已经开始产生危机感，有的已经成为自己发展道路上的竞争者。作为一位合格的武者，就应该始终让自己在工作之余不断地补充新知识，最大限度地提升自身竞争力。

过了三十岁就已经迈过了而立之年的这道坎。这个年龄段的职业人士可以说是公司里的“少壮派”，工作已驾轻就熟，人也开始走向成熟，有足够的能力和精力处理、应对工作上的种种局面。三十多岁就如人生的期中考试，是检验前阶段成绩的时期，审视过去，思考未来，并自觉与不自觉地将此当作人生的重要门槛；许多人还对自己的人生进行了调整，有些人从打工者转身成为创业者，有些从这个行业跳到另一行业，此时的思考和调整都是相对成熟而理性的，因而出现了所谓的“三十岁现象”。

四十岁的武者，首先要端正的仍然是态度，表现在无论身处何位都必须做好自己的本职工作，这不单是为了生存的需要，也是为社会做贡献的需要，更是必须尽到的社会责任，只有每个社会成员的辛勤工作，才能换来整个社会的进步；其次，这个年龄段的人，其父母都开始老去，所以必须承担起赡养老人的家庭责任，尽心尽力地尽早去尽孝；再次，其子女仍然处在学习阶段，培养教育好自己的子女，既是父母的责任，也是为社会延续和发展应尽的社会责任。四十多岁，是人生辉煌时期，也是为社会和家庭贡献最大的时期。

武者在这个年龄段更应该注意的是让自己多年打造的完整的人格，“五力入髓”的能力体现在工作上、生活上、学习上，去创造出应有的价值。同时根据自己的实际情况用传统武术“三型一体”的基本模式调配出最适宜自己的修炼模式，在保持修炼的过程当中，在工作之余多补充一些新知识，提升自身竞争力。一个生活在知识经济时代的武者，只有不断完善自己，更新知识结构，才会有更多的精力、更大的能力去面对自己需要解决的问题，同时也会产生出更多的机会。即便武者拥有再辉煌的过去也都已经成为历史，要使能力再提升，继续学习是唯一途径，因此，必须保持平和的心态，坚持下去，不断地充电才是正道。

（3）当武者步入四十至五十岁这个时间区域

这是一个逐步感知“天命”的年龄区间，中国古代哲学中把天当作神，天能决定人类命运。在孔子的学说中，“五十而知天命”，“天命”就是让我们真正理解乐天知命的道理，不能有丝毫的强求，当你明白了这个道理，一切就都通达了。

作为一位武者，就是要明确自己什么事不必做，什么事必须做，要做该怎么去做，努力让自己成为一个怎样的人，在现实中如何实现自己的人生观。这个年龄段中的人生命基本过半，人生的大体轮廓依稀可见，无论是学识，还是阅历，以及自制力，都到达了自己的最高境界，人生的方向基本不会发生变化了。如此，到了五十岁，自然就知道了自己的命运轨迹，要学会不怨天；知道了自己的人生定位，要能够不忧人；知道了自己未竟的责任，要承担不懈怠。

武者步入四十至五十岁这个年龄段，也就进入了人生的成熟与无奈期，并在成熟与无奈之间来回摆动。武者应该很好地利用这个年龄段的优势“处事老到、经验丰富、专业精湛”，同时又要避免这个年龄段的劣势“来自家庭和工作的压力变大，在工作中感到从未有过的寂寞，担心被淘汰，力求安稳”。作为一位合格的武者应该始终保持自己的本色，做到“适应角色转换，始终保持应有的活力和激情”。

四十至五十岁的职场人士具备了心智成熟等优势，这是一个充分显示个人能力的年龄段，在工作中选择的范围会变得很大，同时又是需求最大的年龄阶段。但是，这个年龄段的人上有老下有小，其生活、经济压力可以说是一生中最大的时期，因此身体的承受自然会变大，保持锻炼、坚持修养就显得尤其重要，如何保持身心健康是这个年龄段的重要内容。

这个年龄段的人到了人生最成熟的阶段，在成功和辉煌带来快乐的同时，也时常伴有许多压力，但武者要做到的就是坦然地面对，因为武者的再发展需要更了解社会，更了解自己。

总体来说，四十多岁面临着人生的众多转折，这个年龄段透着许多年轻人无法体会的酸楚，还有幸福。处理好了，武者就能在这个年龄段体现出与众不同的优势。

（4）当武者步入五十至退休的这个时间区域

此阶段是人生的转折期，在走向六十岁的年龄阶段里，真正的武者应该表现出，无论在任何环境里听到好话或者坏话，都能很自然地听得进去，却又不会因此让自己心动或者生气，做到始终保持内心平静。胡适说：耳顺是能容忍“逆耳”之言，听“逆言”不觉得“逆耳”。更为重要的是，人到了这个岁数，不管听到什么言论，遇到什么坎坷曲折，都能做到冷静却不激动，可做深入思考，使自己的情绪顺应客观环境，顺应事物规律，学会不暴躁、不气馁、不悲伤、不退缩，达到宠辱不惊、始终如一的境界。

武者修养的最高境界，就是武学思想“控制与反控制”在人生道路上的价值体现，做到能控制和把握住自己，让自己沿着“道”不断地前行，于是武者走向六十岁的过程，就是不断接近这种境界的过程。六十岁的人看透了人生，六十岁的人看透了生命，六十岁的人看透了名利，也就乐于接受这个现实。

武者至此，经历了岁月的打磨，经历了曲折和挫折，留下的只是人生足迹，让武学的精髓在自己的人生道路上，不断地支撑着一个真正的武者再前行。在前行的途中创造价值，实现属于武者的人生目标，同时也成就武者丰富的阅历、修为与涵养。

这个阶段是人生中的晚秋，尽管武者的生活脚步变慢了，却也可以细细品味人生，欣赏人生旅途中的各种景色，享受向社会提供自己辛勤劳动后的成就感，享受无忧无虑的轻松生活，享受品味酸甜苦辣的回忆所带来的另一番别致的感觉，武者的晚秋也就有着与众不同的风采。

无论是在事业上继续发展，还是准备退休，武者都面临着人生新的转折问题。由于武者拥有的身体基础与修炼习惯，以及现代生活水平的普遍提高，此阶段乃至以后的岁月，都需要继续保持着身体健康，保证工作效率是非常重要的前提，因为这个前提直接关系到每个武者下一步人生规划的制定，因此，做好当下，规划好今后就显得十分重要了。

主要内容应包括以下几个方面：

①确定退休后的二三十年内，你准备干点什么事情，然后根据目标，制订行动方案；

②学习退休后的工作技能，最好是在退休前三年开始着手学习；

③了解退休后再就业的有关政策；

④寻找退休后新的工作机会。

第四阶段　老有所为与快乐人生

实现身体价值与心理价值的体现，达到老有目标，老有所想，老有追求，老有所为，实现长寿、健康、充实、大成的人生境界，做到人生总结不留遗憾，保持良好心态，保持“每天练练功，快乐又轻松”。

这里我们有必要正确理解“衰”与“老”的本质区别。这是属于不同纬度的两个概念，所对应的两个字的归属，“衰”指的是人在精神上的沉沦，而“老”指的是身体机能的退化。

通常会把两个字组成一个相对固定的词来用，那就是衰老，但衰与老表现在具体的每个个体身上就不会一致不变，恰恰都会有不同的表现，有的人少年老成，而有的人却未老先衰，有些人年纪轻轻在身上就找不到活力，对于本年龄的问题已经没有思考，完全失去了朝气，结果是对生活丧失了应有的希望，这就是一种精神往下坠落的沉沦，这是人在精神层面上由内而外发生腐败的一种堕落与混浊表现。而有些人进入耄耋之年依然精神矍铄，随着年龄的增长机体不可避免地会出现相应的机能退化，尽管我们可以通过科学合理的训练来延缓衰老，但并不能改变自然的规律。然而年龄增长却会让他在精神上变得更加强大与澄明，身体所表现出的气象则更加青春，给别人的感觉就显现出老而未衰，或老而不衰的特征。能够做到如此，便会让大家感觉到活得越来越纯洁，越来越通透，越来越有魅力，所散发出来的磁场强度也越来越强大。

我们都应该理性地认知人不可改变的事实就是变老，但我们却可以通过自己的努力掌握一种力量去尽可能地抵制与延缓衰老，这种力量就是精神上不断地向着光明成长与升华。无论你现在的身体健康与强壮到什么程度，每个人都会存在机体不听使唤的那么一天，但只要是我们的精神不断向着光明，那时越来越真、越来越善的你依然会越来越美丽。

如果我们要让自己永葆青春，在保持机体健康的同时，还有确保内心的健康，这样才能够表现出那种由内而外的清澈，活力永驻。我们需要做的只要一点就可以了，那就是保证自己永远处在向上的状态之中，朝着光明不要停歇，不断地让自己成长，让自己在精神上变得更加强大，这就是抵制衰老的法宝。如此便会让自己活成一束美丽的花，无论谁接近你，他就是在接近光明，这就是一个真正的武者在人生旅途中的责任与使命，即便是在生命消失的时候也要让自己的生命之光能够绽放出落日般的华丽。

武者的人生朝着七十而去，要逐渐达到从心所欲的境界，也就是说要顺从自己的想法，调整好自己随遇而安的心态，只要感觉想法没有错误就尽快去做，但在行事中却要做到“不逾矩”。因此，真正的武者在实现愿望时应该做到的是：从心所欲要顺其自然；从心所欲要随遇而安；从心所欲要不逾矩。

从心所欲要顺其自然，对外界，没什么抱怨了，养老金有多少不需要太去计较，孩子是否常来也不要太在乎，对物质生活没有过高要求，能吃好就行，房子不在大小，够住就可以，对自己，有兴趣的事就去做，对别人的看法不需要顾忌。根据自己的实际情况调整“三型一体”的训练内容，获取最佳的训练方式与训练内容，以养身为目的按照要求坚持训练，使得自己的训练符合武学规律与要求。因为每一个人的身体条件及情况各有不同，但朝着衰老方向运行却是生命的规律，所以即便是身体出现衰老现象也不必产生惊慌，武者应该对生命的“生”与“死”早已有了正确的认识，即便是面对死亡也不应产生内心的恐惧，一切顺其自然才是王道。

同时，有条件、有故事、有经历、有积淀的人完全可以拿起笔写写回忆录，不论好坏，能够把那些自己认为有价值的人生体验、武学上的经验进行总结，并以文字的形式表述出来，这就是一件非常有意义的事情。如此，第一，可以老有所为，对自己几十年的人生就是一个很好的总结;第二，这本身就是对社会极其有意义的一件事情，惠及他人，让后人吸取自己人生中好的经验，同时避免自己所走过的弯路，以及所犯的错误。

从心所欲要随遇而安，武者的经历从训练场到擂台再到工作岗位，如今退休在家，人生的风风雨雨已经经历，现在即便是面对生活中的各种遭遇也都会保持坦然面对的心态，武者需要做到是：遇到高兴的事，不过度兴奋；遇到悲伤的事，尽快摆脱伤感；遇到失意的事，不要过于计较；甚至对疾病的伤痛也能坦然面对，默默承受。总之，不管是遇见什么事，都要保持从容安定的心理状态。

从心所欲要不逾矩。从心所欲是指按照自己的意思，想怎样便怎样；不逾矩就是指不违反规矩。既要按照自己的心愿想怎么办就怎样办，可又要做到不逾矩，合乎规矩，具体该如何操作呢？武者是按照这三个字的要求去做的，即情、理、法。一般来说，违法的事，谁也不能去做；如何讲情讲理，倒是应该注意的，和老同志、老同学、老朋友之间，在家庭内部之间，就要多讲情少讲理，甚至在家庭中就只讲情，别去强调讲理了，这个只有亲情的环境里已经没有什么谁是谁非的概念了，老两口能够相伴健康地度过余生，这就是幸福。只要合乎情、理、法的事，那就是想做什么，就做什么，只要你感兴趣，只要你高兴，只要你快乐就可行。

有人说：六十岁越往后的人，健康已经是一种责任，作为一位武者更应该明白这句话的分量，以及这一观念的真实意义。这个时期的健康已经不是自己一个人的事情了，此时的健康属于爱人、父母、子女、兄弟姐妹这个大家庭。与健康相比较曾经是否拥有仕途其实都一个样，七十岁越往后的人，曾经经济条件的好坏其实也是一个样。这个阶段随着年龄的增长，年纪越大，人与人之间的差距越小，人人都将趋于一个样，大家共同的目标都是追求身体健康，身体健康是保证生活质量的基本条件。武者应该深刻地认识到，高寿不是刻意去追求就能得到的道理，只要按照“道”的要求运行自己的生命，自然就可以独享天年，所以，别去刻意追求所谓高寿（长度），真正需要武者去做的与追求的，恰恰是提高自己的生命质量（宽度）。拥有高质量的生命，这才是一个武者完美的人生。

人在人生的征途中前行，七十岁也是人生旅途中的一段，前七十年已经度过，七十岁以后又是新的起点。我们需要一直把自己放在人生旅途中，这样就会感到来日方长，就不会感叹自己年老力衰、来日苦短了，就会高兴地过好每一天，向前看，新的一天总会有新的生活内容，也总会有新的快乐。武者就会看到生命的一份希望和念想，记住来日生活的美好。

这个阶段的武者在生活中有两个方面必须注意：

第一，完成从前想做又没做的事情；把自己的武学心得加以总结，让自己的经验成为大家的财富；把控以健康为核心的养身模式，调整三型一体的训练内容，获取最佳的训练方式与内容；时间、环境等各方面条件允许时可以培养自己武术以外的兴趣爱好。

第二，养成良好的个人卫生习惯；注意三餐的要求；掌握饮食原则；平衡营养。

三、四个阶段的总结

武者历经四个阶段的洗礼，这样的人生就是一个不断夯实自己生命质量的一生。每一个武者天生都是一个不同的个体，武者的人生就是将自己与生俱来的这块原始材料，通过一生将其雕刻成一具“佛像”的过程。这块原始材料可以是不同材质的，形态也可以千差万别，哪怕是一块普通得不能够再普通的石头，只要经过千锤百炼都能使之逐渐成形。即便是一颗微不足道的沙粒也可以成就艺术价值极高的微雕佛像，所以说，真正的艺术品与材质无关。

人生道路不可能是永远的通途，不能保持一帆风顺的人生才是真实的人生。如果人生拒绝打磨，那么就意味着永远是一块普通的原始材料，因此，人生的失败往往因为我们“不愿”努力或“不懂”努力的方向而造成，尽管人生征途会有起起落落，实属正常，只要是悟透了其中的道理，任何年龄都是武者的“最佳时期”，所以真正的武者具有敢于直面人生的勇气，具有让自己打磨成一尊佛像的信念，与原材料无任何关系，就佛像与佛像比较而言，其价值都一律均等。

第六节　武学体系的构架

我们要明确的事实是，在我们脑中形成的武学知识结构很大程度上并不由个人主观所决定，而是被那些无形中所谓的武术认知习惯与传说所绑架，以及受自己所在的武术圈里的氛围引领所设定的。武者从小接触了怎样的武术信息，就在潜移默化中逐渐成为一个相应的武术人，起始的信息一旦有误，那么就会致使所形成的三观随之出错，这就是常说的“你所坚信的，未必就是真理”的原因。传统武术在现实中的表现已经足够说明问题，正因如此，在当下构建科学的武学体系已经是迫在眉睫了！

今天的武术如果仍然停留在感性的经验集合里徘徊，那么武学就很难构架起自己的理性框架，然而，完善武学体系并构建规范的武林生态是传统武术转身的必备条件。要让传统武术完成这个转身，我们就必须从武的各类表象中去看清武学的本质，领悟出武术内在的道所表现出的规律。从规律中理清天、地、人之间的内在逻辑关系，端正每个习武之人的意识，并找到相应的方法打开束缚我们身心封印的规律。作为万物之灵立于天地之间的人，通过合道的意识去实现身心中的觉醒，使得武学能从感性的经验表述提升到理性的理论诠释，并从中挖掘出武学的最大价值。武者在这个寻道过程中不断地得到改变，并变得真正的强大，这是武者与道的和谐，又是德的直接展现，其中的所有一切收获都是武者与道相合的结果。

只有将武学进行规范，并构建起科学的体系，传统武术才能够真正做到：从经验走向理论，感性走向理性，局部走向整体，再逐步走向完善，直至完美的发展过程。

一、构建完整的传统武术体系

构建完整的传统武术体系，应该从组成武学体系的五个子体系的构建开始，即理论思想体系、技术构架体系、技功训练体系、交流竞赛体系、市场运营体系。如图 1-6-1 所示。

图 1-6-1　TGF 体系关联图

下面就这五个子体系的构架进行相应的说明：

1. 理论思想体系

以诠释控制与反控制为核心指导思想，并围绕着此核心展开，构建起传统武术的理论体系。这是围绕着“精、气、神”功能与价值而展开的运行，以诠释技击中控制与反控制思想为基础原点，由此而形成一套完整的理论思想体系。

理论思想体系如果要用一个字来总结，那就是武学之“道”。

2. 技术构架体系

理论毕竟是形而上的抽象思想，要把这些抽象的思想表现出来，就需要围绕着这个思想运用具体的形式表现出来。《易经・系辞》载：“形而上者谓之道，形而下者谓之器，化而裁之谓之变；推而行之谓之通，举而措之天下之民，谓之事业。”传统武术的思想就如同大道无形，然而形而上的思想毕竟抽象，只能通过传统武术三型一体的具体之“型”进行表述，这个“型”就是形而下的“器”。“器”用之物为有形，是为形而下。

传统武术以桩功为用力基础，以控制与反控制为技法的指导思想，以空间轴为技击主轴、时间轴为技击辅轴，二轴共同营造对抗环境，以三动（已动、待动、源动）运行规律为攻防核心支撑经纬技法，以构建自己的技法体系。通过击打、跌摔、拿把等类型的技法追求技击效果来实现体系思想的技击价值，并以功法、套路与技击对抗这三型为基本平台，共同展示中华传统武术的技击表现形式。

传统武术的项目设计是一个长期的训练模式，不同年龄、体质、性别的习练者都可以根据自己的特点与需求，在“桩功、套路与对抗”中调配出适合自己的最佳训练模式，并且根据自己表现在习练中的变化做出训练模式的适度调整，以便通过“精、气、神”的提升达到自己的训练目标。

每个人都能够通过设计为自己找寻到最佳的训练模式，同时又能够通过生态之中的训练平台结识更多志同道合的习练者并进行交流。

技术构架体系如果要用一个字来总结，那就是武学之“法”。

3. 技功训练体系

技功训练体系主要包括技法训练与功力训练（功法与各类素质训练）。

再合理的技术构架，也只能说明技法的作用，以及组成技法的要素彼此之间的逻辑关系，虽然阐述了体系构架的合理性，但仍然很难真正体现出技术体系中真实的使用价值，因此，我们还需要一套与技术构架相匹配的训练体系，如此才能将技术构架中的价值体现出来。

控制思想表现在技法体系之中，完整且广泛，我们在训练中如果从整体入手就会感觉范围太大，面对技击技法的运转而茫然失措；如果只从某个技法入手又会犯游离挂单的错误，因而导致技法运用零散不能归整。要在训练中保证不出现上述错误，我们就必须构建一套与之相应的训练体系，以控制与反控制思想为核心，以技击对抗的实际攻防运用为技法的出发点，按照体系内的内在结构顺序，通过训练一对一地解决矛盾，确保每个训练内容既不脱整体也不落单。

根据技术构架的三型一体，需要按照各自的自身规律进行训练形式的价值诠释，同时又要构建相应的功力支撑做好价值诠释的保障。传统武术的训练不仅仅是一个实际的运行与服务，它同样是传统文化以武术为平台的一种表现形式。训练的运行中承载着许多传统文化的元素，围绕着“精、气、神”让传统文化形象化，让不同的人群得以吸收其营养，通过展开各种形式来服务大众，习练者在健身、强身与防身的同时，也实现了自己所需的精神强悍，在此过程中让参与者以一种更直接的写实形式体会与认知人生，使自己在求真的训练中达到生活态度更健康。

技功训练体系如果要用一个字来总结，那就是武学之“术”。

4. 交流竞赛体系

训练体系所产生的价值需要进行量化，只有量化后的训练效果才能进行相应的比较与衡量，并可得出训练质量的评价，否则训练就很难得到客观真实的评价，评估训练质量就会成为儿戏。因此，传统武术必须具备一套对自己训练质量进行衡量的交流与竞赛体系。

交流竞赛体系构建的核心是：确保竞赛安全的前提下，用传统思想去还原技击的本来面目，并彰显以传统文化为基础而形成的武学思想。在交流与竞赛的运行过程中，可以逻辑地分析出技术构架、训练体系与技击思想的内在关系，并以此形成符合不同特色与自身要求的交流与竞赛模式。

通过交流与竞赛体系的运行，可以非常清晰地把训练效果进行量化，并通过量化的比较来判断出训练的效果；同时还能够通过交流与竞赛的形式，来检验训练是否严格按照技术构架的要求进行；更重要的是通过竞赛的检阅去感知技术构架诠释技击思想的效果。

交流竞赛能够推动专业建设，推动训练课程建设，推动训练教学改革，推动理论与实践相结合的教学体系建设，推动最佳教学模式的形成，促进规则的进一步完善，调整教学方式改革，同时也能够推进传统武术的师资队伍建设，深化协会与各馆校的合作，还是传统武术与市场接轨的重要形式，促进与规范武林生态进入良性循环。通过建设交流与竞赛体制机制，开展全面的竞赛，可以提高学生的主观能动性，充分挖掘其各方面的潜能，全面提高技能型人才的培养质量。

交流竞赛体系如果要用一个字来总结，那就是武学之“赛”。

5. 市场运营体系

任何一种好的文化形式终究是要惠及民众的。要让传统武术走得更规范，并且走得更远，还要能深入人心并惠及每个习武者，这就需要传统武术具备一套完整有效的造血体系，即市场运营体系。

围绕市场，以获得市场为目标而筹建的执行体系。以市场化运营为中心的管理体系的核心就是树立正确的市场营销理念，拿出一套商业模式让传统武术对外完全与市场接轨，对内建立内部市场，实行经营性管理，用内部市场机制带动企业管理，达到激活武事商业化经营局面的效果。

市场经营性的核心就是完成让传统武术的商业亮点，如何在市场上转换成真金白银，让介入传统武术的每一个人“不但要吃得饱，更要吃得好”，要实现让传统武术的价值体现在每一位习练者身上。

市场运营体系如果要用一个字来总结，那就是武学之“商”。

总结：传统武术的五个子体系可用五个字来概括，分别是道、法、术、赛、商。武学就是通过这五个子体系共同构建而成的一套完整有机的体系构架，它的内在关联应该从道、法、术、赛、商的顺序进行逻辑梳理，绝对不能够背道而行。如果构架的起始原点就出现了定位上的错误，或者后一个子体系的形式在表现前面子体系思想的诠释上出现了问题，就如同衣服上的纽扣在前面扣错了，需要及时承认出错并随即更正，否则坚持扣到最后一颗纽扣才发现，就必须去做更大的返工。这五者的推进关系可以通过下列视图加以说明，见图 1–6–2。

图 1–6–2　TGF 体系运行顺序图

二、传统武学的梳理

历史学家亨廷顿有一个文明冲突论的观点，他认为在历史中参加竞争的基本单位并不是国家，国与国之间的竞争本质上都属于不同类型的文明之间所发生的竞争，历史就在一次次冲突的发生与解决之中前行，不断地获取推动前进的动力而实现社会发展。武学的发展与完善自然不会脱离这个轨迹，要得到涅槃重生的武术本该如此。

让技击能够符合现代文明的要求，获取技击价值的最大化体现，同时能够表现出人类各民族所追求的共同的文明的意志，实现对武文化共同的价值追求，不同的民族都在运用自己的文化进行着各自的探索，于是在国际舞台上就有了目前以西方文化为主导的、不同形式的现代搏击类项目。虽然说文明求同，但实现共同目标的文化形式是可以存在差异的，中华民族需要运用自己传统的文化为元素，根据对武的理解与底蕴，并符合自己的三观规范，在遵循技击共性的基础上，形成一套属于自己且能实现目标的方式方法，即现代的传统武术技击。

中国武术萌生于中国传统文化这片土壤，中国传统文化孕育着它形成，养育着它成长，在受到外来搏击术冲击的当下，我们要做到的只能是促进武术的不断发展与进一步完善。然而，发展与完善之中武术的表现形式与价值体现，依然要受到中国传统文化的影响和制约。在世界文化大融合的今天，传统武术应该在中国哲学思想、民族人格特征、民族性格、民族价值观，以及丰厚的民族文化内涵等方面做出更大贡献，我们更需要用传统武术的形式对世界文明有所作为。

中华传统文化孕育出来的传统武术，折射出中国文化的整体性、协同性等特征，并形成了属于自身的武术观，构建出传统武术三型一体的表现形式。长期以来中国人民以自己的思维方式、行为准则、价值观念、审美情趣，经过历代先辈的砥砺揣摩、千锤百炼，才形成了具有民族性格的技击表现形式——中国传统武术。

从传统武术中去梳理并规范传统文化的脉络，主要体现出以下四点：

（1）作为基础哲理的阴阳五行思想。

（2）解释大自然与人类社会关系的天人统一思想。

（3）指导解决社会问题的中和中庸思想。

（4）指导如何对待自身的修身克己思想。

传统文化中孕育出来的武学思想自然能把传统文化中的许多元素兼而容之，例如：取佛家之禅机，取道家之清寂，取儒家之中和，开创了别开生面的中国武道文化。

我们知道成就武术技击的基本原理是“道”的武学体现，因此，不会因人而异，也不会因时而异，它是客观存在的事实，是不以人的意志转移而转移的客观存在。只要人性不变、人的结构不变、人的特点不变，武术技击的原理就永远存在。只是人们无形的智力对技击原理的运用与对技击资源的开采、使用各有不同而已，合“道”是武术的唯一选择。

符合自然、吻合人性，以自身为平台挖掘功能、强化功能，并按照技击规律，将此功能表现在对手机体某处，以产生所需的技击效果，围绕此核心对需要的基本元素进行整合，此就是符合“道”的行为表现。

孕育出符合“道”的实用主义技击思想，这种技击思想形成了武学的核心。

无论是传统武术的武学思想，还是诠释武学的表现形式都必须合“道”，传统武术的表现形式与别的技击形式的表述一定存在着许多不尽相同之处，但它们各自都表达着代表该项目所希望表现出来的技击思想与内容，即用自己的方式方法去表述自己的技击思想，以达到征服对手的目的；然而这些不同的表现形式，表现在传统武术的内容形式上，主要是通过“踢、打、摔、拿”四个类型的技击方法来展现。

于是就有了运用“四击”的表现形式去诠释传统武术技击思想的方法,即踢、打、摔、拿。“踢、打、摔、拿”就技法而言有着自己内在的运行规律，“四击”作为传统武术综合表现的技法而言，需要有自己独特的平台进行展现，就能够突出提升“精、气、神”为核心的平台特色，围绕此核心构建起体系的表现平台，该平台的表现形式是以功法、套路与对抗为内容的三型一体的表现形式。

“踢、打、摔、拿”四击所表现出来的形式，表现在写实的对抗形式;写意的套路形式;产生技击效果的功力训练形式。通过这三型一体共同构建起武术完整的表现形式。

一个以传统文化为核心、适应当下社会环境为前提进行重新构架的武术新体系，是以突出提升“精、气、神”为主题特色而构建的训练模式，以桩功、套路与对抗为内容的三型一体为载体的表现形式。

“精、气、神”表现在套路形式上,主要通过套路的习练达到“精盛”的锻炼效果;而“精、气、神”以实战形式用以表现,则主要通过实战的对抗达到“神旺”的锻炼效果;功法是“精、气、神”全面夯实、提高、升级的重要环节,通过规范的习练使得机体达到“气足”的效果。

通过三型一体不间断练习的过程，努力让自己的机体成为一个精盛、气足、神旺的整体。通过内化修养、外勤训练，三型一体构成打练结合、内外兼修的完整的独特体系，通过规范的训练，使练习者能够由体至心深切地感受到传统武术传递出的魅力。

三型一体所围绕的元素基础就是“精、气、神”这人体三宝。

在“三型一体”与“竞赛”的洗礼中，习练者的精、气、神得到了充分的提升，习练者也从一个普通的学员成长为一个真正的“武者”。在这个过程中三型一体对武者的“化人”功能逐渐显现，使得受训者在“心力”“胆力”“功力”“智力”“魅力”等方面的综合素质得到全面提升，通过在不断练习中“量”的积累实现了“质”的飞跃，使得武者身心中自然体现出自强不息的人生态度，以及勇于竞争的心理素质。

围绕“精、气、神”这三宝而展开的三型一体训练，目标就是让武者“五力入髓”；通过训练以外的修养提升，对三宝提升有着直接与间接的帮助。

在三型一体的训练中自然会产生许多问题，训练原本就是一个不断发现问题，再解决问题的过程，并从中寻求其内在规律之所在，感悟其中“道”的价值，以达到修养心智的效果。

同时在训练与修养的前行中，武者能够逐渐改变自己的不良习惯，形成一个健康合理的生活方式，体现在使自己有一个正确的健康观念、饮食起居习惯、接人待物的生活模式，修正自己的人生观、价值观使之能达到符合“道”的要求，并逐步从中建立起自己能够体会与感觉得到的幸福感。

通过传统武术修养，习练者能成为一个“精神强悍、身体强健、技术强大、道德高尚”的普通而又不普通的人。

在长期的训练过程中，习练者得以慢慢体会到以下四点的真正含义：

（1）把练功融入生活，让练功生活化；

（2）德的厚度决定了武者的高度；

（3）真正的武者练功无时不在；

（4）强健的身体，健康的心理，正确的追求，规范的行为是武者必备的素质。

于是，经过传统武术的长期训练，习练者的思维与行为规范中体现出以下四点态度：收欲明理、尊道守德、以礼沐事、格物求真。

武者在习练中感悟出武德真谛，继之以礼仪、学识和坐定等形式来实现其价值，诠释其意义，并透过传统武术修炼的视角，去形成一种自己内心认可并能自觉恪守的生活方式。

同时，在这个习练过程中，习练者得以逐步实现人生中基本的也是必需的修身、齐家的任务，同时根据自己的实际情况与能量大小，或直接或间接地服务于实现或治国或平天下的抱负与理想。

三、传统武术（武学）认知图

目标的实现需要完整的运行体系，并需要构建起能在大众中得到普及与提高的通道，并不需要把每一位训练者按照圣人的标准与要求进行训练，只需有一个崇高的目标值得武者终身不断地追求与接近，价值就已经在其中得到充分的显现（见图 1–6–3）。

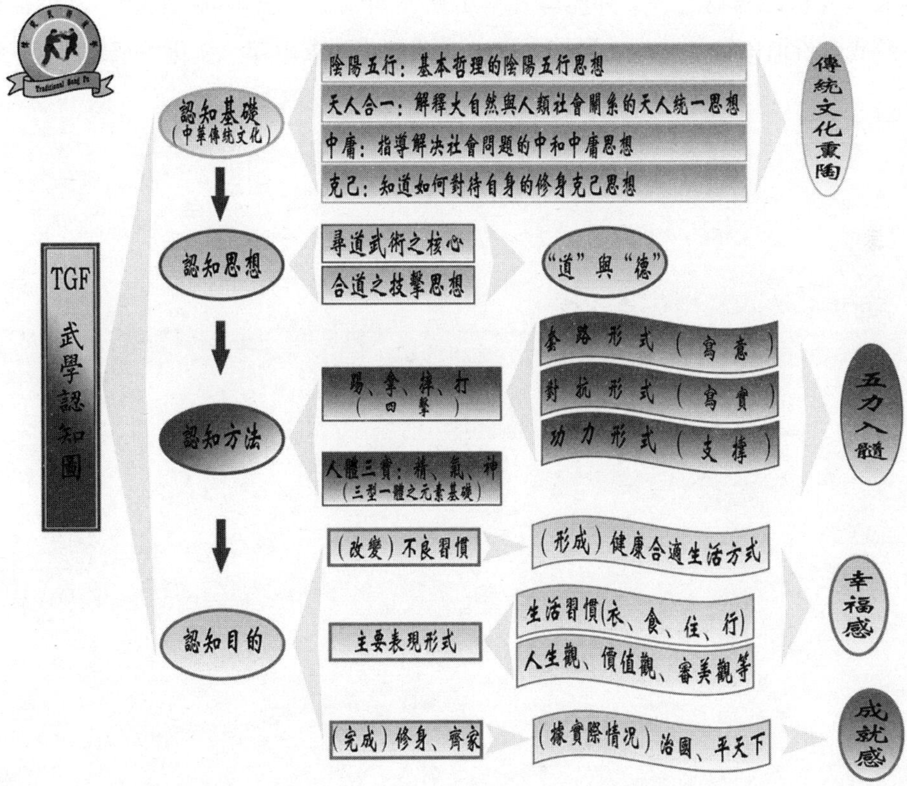

图 1–6–3　TGF 武学认知图

历史的发展规律告诉我们，人类的每一次大变革，都离不开思想力量的指引；人类每一次文明的进步，都是思想力量推动的结果。思想的进步，首先就是繁荣了文化的发展，其次就是带来了社会的进步，结果就是促进了历史的前行。任何一种文化形式的发展与完善或消失概莫如是，武学自然也是按照这个轨迹在震荡中、在折返中、在血泪的洗礼中不断前行。

我们有充分的理由相信：人类石器时代结束的原因，绝对不会是因为地球上的石头都用完了。事情总是这样，当一种文化形式不能全面满足这个社会的需求时，人们就会设法用新的文化形式去取而代之。人类始终都朝着更文明的方向前行是历史发展的规律，传统武术作为中华文化的一种具有代表性的表现形式，它的发展自然不能脱离这个规律而独存。如何完善武学体系，合理挖掘其内在价值服务于当下，让武术得以完成自己适应时代的华丽转身，是武术从游离走向整体、从感性走向理性、从经验走向理论的关键。

传统武术价值认知的核心，在于能以“武”的形式去服务于武者人性的净化，从入境中感悟去恶为善的格物之理，并能够升华出从善如流、疾恶如仇的行为，从而清晰地展现出衡量武学价值诠释的路径、目标与标准，即武化中求生存、文化中求发展！

中篇

技击的技术构架

（上）

Zhongpian（shang）Jiji de JishuGoujia

在哲学研究中理念与存在是两个概念，它们二者的关系是“理念先于存在”，存在需要在实践之中去体验理念的构思，并从中推理、演绎、实现理念价值的逻辑性与科学性。武学的理论体系就是符合人文的理性化的武学理念，而技击的技术构架则是满足社会对武学需求的表现形式，是武学理念具象化的存在，武学理念必须通过客观存在的形式将其诠释出来。因此，技击的技术构架必须是能将理论体系的思想充分体现出来的表现形式，同时该形式又是能够在现实之中充分满足社会对武学需求的客观存在。

传统武术技击的技术构架旨在更好地理解以技法的形式去诠释本项目的技击思想，做到对技法运用的决策、运筹与动作的攻防构思进行设计，做到以传统文化为基本元素更合理有效地诠释技击。以此为前提，对技术体系构架进行全面整体的模式构思，使得更广泛意义上的战术、技术、功力等诸多元素都能符合技击原理，并更有逻辑地协调好元素之间的关联，使之融合成为一个有机的关于技击运动的整体，使技击表现既能遵守现代搏击的共性，又能呈现传统文化的诸多元素，以达到符合民族审美习惯的特征。

《易经·系辞》说：“阖户谓之坤，辟户谓之乾，一阖一辟谓之变，往来不穷谓之通，见乃谓之象；形乃谓之器，制而用之谓之法，利用出入，民咸用之谓之神。”从武学的角度来看这段文字，这里所阐述的阖辟变通之道都是建立在技术构架基础上引领技击运行的技法诠释，展现出技击运行的阴阳变化之理，而技击之中的象器之法则是由对抗双方共同呈现出的形态中的表现，它表现在三型一体的任何形态之中。只有建立在合理的技术体系构架之上，技击者在应用经纬技法进行技击运行时，才能在恰当的时间，出现在恰当的位置，做出恰当的动作，以此去解决技击势态之中的具体问题者就可称之为神，这也是技术构架通过技击运行所表现出的技法之魂。如此，便能突出“明者远见于未萌，智者避危于无形；祸因多藏于隐微，而发于人之所忽”的技法运行特征，这就是技术体系构架在时空轴上完美结合所表现出的最佳技击诠释。

当然有了合理实用的技术体系构架，仍然不能脱离与之相匹配的功力支撑，因此获取相应的功力是必备的前提，否则就不能通过所习练技法的展现去诠释技术构架的功能。当构架已经具备了与之相互匹配的功力支撑时，如何让构架中的技法运行产生应有的技击效果，关于组成构架的合理性与构架的操作性等方面的思考自然就摆在了面前。

第一节　关于技术体系构架

一、为什么技击需要技术体系构架

技击对抗之所以需要一套完整的技术体系构架，完全是由我们在实战对抗中理性追求技击效果的需求，以及技术体系构架所能展现出来的，在技击中具备引领技击者行为规范的功能来决定的。只有以此为平台才能更全面地诠释出控制与反控制的技击思想。

“构架”的名词解释是“构架”，亦通“构驾”，指结架材木。出自《淮南子·本经训》。同时也引申为对事物发展的运筹决策，事物内各种关系合理的、完整的构思设计。传统武术的技术体系构架是所有技击的攻防元素逻辑关联的集合体，产生于系统地对集合体内各元素的关联进行符合技击的总体设计与规划，实现了理性获取技击效果的运行渠道与行为方式。技术体系构架需要对体系内有关技术动作的运行结构与动作间彼此的相互关系进行抽象描述，用于指导技击对抗中处理对手各类技法表现与势态变化的应对措施，至此，体系内的任何动作已经不再是单打独斗的、游离于集体的、孤立随意的行为体现。传统武术技击的技术构架的基本构成，包括围绕在控制与反控制指导思想下，表现在功力支撑平台上由经线与纬线技法共同组成的技法体系。

中国历史上大一统政治体制下的社会背景、人文环境、武林生态等诸多因素的制约，加上武术训练在过去保护措施极其不发达，人们又缺乏基本的科学精神，在没有科技支撑的情况下，彼此间全面且直接的交流成了一件非常困难的事。从训练、交流或打擂台的形式还原到历史之中来看，其技击的后果所牵涉的因素都太多，且牵一发动全身，已然是一个相互纠缠的综合体。然而“打”又是武术的核心，该问题在任何年代都没有谁能够将其回避，于是就在各种因素都能平衡的基础上，为了解决问题应运而生了大家都能普遍接受的表述方式——搭手，并逐步对搭手的实战模式进行必要的完善，归根结底只是人们心中一种更接近实战的说手形式，这毕竟只是特定时空中的产物。它将真实的技击按照自己的需求划出了一部分元素来组成相对攻防的表述，这种形式与实际的绝对攻防的表述已经相差甚远，因为现实中的实战所包含的是技击的整体内容，任何一个内容的处理正确与否都会直接导致技击结果的走向。所以说搭手看似有道理，但前提是建立在有限制的基础上，虽然对技击训练有一定效果，其价值却极具针对性。

如果在动作解释（说手）时可以具有明确的针对性，被解释动作以外的其他因素就可以不予考虑，双方只需把所有的注意力集中在单纯的该动作本身即可。为了体现被解释动作的攻防效果，所受外在因素的影响并不客观，与实战中的势态相差甚远，对外在因素的取舍由说手者主观来决定，被说手方只需“配合”完成运行即可。这样的行为目的是很明晰的，为获取“技击效果”，“被说手”方似乎完全置身在“说手方”按照牝牡骊黄的要求所设置的实验室之中。

当然，为了对动作的理解，单纯说明动作的技击含义采取这种方式的确是有可取之处的，却不足以使之成为一种完整的训练模式，并且会不恰当地引领技法走向脱离现实的“巧”，因此，这种方式的价值体现仅仅止于说明动作的技击含义而已。

能把动作的技击含义在实战中运用出来是一种驾驭动作的能力体现，“说手”中解释动作的技击含义与“实战”中实施动作毕竟是两个概念，不能将其混为一谈。为了讲解动作含义的这种解释形式（说手），从实际技法运用的角度来分析，该形式容易脱离实战势态与技术构架内各元素相互关联所产生的影响，所以，“说手”只是为清晰说明动作的技击攻防含义，剥离了部分影响表述的元素，以此为前提而形成的一种技击解析形式。由于说手时不受条件限制，这种解析形式容易脱离实际的技击势态与技术构架运行的特点，因此，说手时动作的含义体现更多地表现出单向行驶的“串联”特征，而不是技击势态中所要求的综合元素立体展现的“并联”表现形式。在双方技术构架的纠缠之中，对抗是在“动态的技法表现中，受动态的技击势态影响下，双方对功力相互牵制中，彼此都受时空感觉等各方因素的综合影响下”而展开的技击行为，而说手只把阐述的框架局限在动作本身，如此，希望“说手”能彻底清晰地阐述技击的表现是远远不够的。

民间的许多传统武术流派多数已经习惯于只用“说手”的方式来训练技击，并以此替代整体构架下的实战表现，这种从动作本身来看似乎有道理的“串联”技击表述，但在现实中运用价值并不大的“复盘式”表现形式，正是传统武术关于技击表现的最大顽疾。如果在缺乏技击构架支撑的对抗训练中延续，那么实际的技击需求就只能用游离的或本能的或功力的动作到实战中去驰骋，长此以往终究会有被“擂台”上产生的技击结果“打醒”的时候，否则就会被“擂台”遗弃。

技击终究是要回归自然的，如果不能将技击形式表现在所需的环境中，那么就很难在更大范围内去满足符合人性的技击运行要求。这个问题在我国二十世纪七十年代末开展散打项目的试点运行时就已经积累了许多相关的经验，所以关于此内容的认识我们应该抱有理性的态度。

技击需要技术体系构架，构架能很好地指导技法的训练与运用。在构架中的任何元素都不再孤单，表现在技法、动作、功力等方面都可以产生相互的呼应，在势态中按照构架的指导去理解当下就能表现出各种随机变化的技法运用。技术构架又如同一张由关联技术动作所组成的运行网，对抗中具有疏而不漏的功效，对手的任何变化都囊括在其中，做到运筹帷幄。技术构架需要不断地在现实中运行，并得到相应的检验，在检验中不断地完善，我们要坚信“实践是检验真理的唯一标准”的正确性。

技击对抗不能只是停留在单动作的简单交锋之中，完整的实战需要由对抗中各个环节共同组成，但凡在任何环节之中只要出现某些不达标的因素，技击运行或许就会因此带来不良后果。理性的技击形式应该合理地把这些因素进行归纳总结，理清这些因素在不同环节内的逻辑关系，在构架中需要怎样的技法去表现，那些与技法相匹配的技术动作就会被赋予思想与灵魂。

在入境述相的思想引导下，看待实战中的势态都应该用动态的眼光，因此，势不同境也自然不同，与之对应的相也随之处在变化之中，要使技击者在此状态中的技法表现游刃有余，仅仅只靠练习者的本能反应、经验积累、刻苦训练是远远不够的。只有把技击建立在完整合理的技术构架平台之上，才具有完美运行的前提，所以技术构架的建立是感性技击走向理性技击的重要标志，对技击者的技击水平提高有着不可忽视的意义。

二、绝大多数传统门派的技击表现与现代技击无法接轨

武术是中华传统文化的一部分，有着几千年的历史，它涵盖的内容多，涉及面广，在诸多因素的共同作用下形成了中国独有的复合型表现形式。人们通过武术中各种复合型形式的实践，以达到健身、强身、防身、修身、养生、社交、技击等多种功能的效果。在特定的时空里，某些权势人物根据地域环境、知识结构、经验积累、家族思维习惯等，创编出适合自己需求的、具有诠释某种独特思想的武术运动表现形式，通过长时间不断的实践与理论上的完善，逐步形成了某种风格并被社会普遍认可与接受，于是就形成了相应的武术风格、流派或拳种。

由于各门派的传统武术在中国独特的历史进程中，已经演化出复杂的形式并且具有行为神秘的特征，使得绝大多数民间武术家们更愿意把主要的精力与更多的时间，用在与其他流派表现在招牌性动作和仪式上的区别之中，以体现出其演练的技法内容更有技巧、更有特征、更有风格、更有视觉冲击力，而对于采用让技法上擂台参加实战的表现方式，以证实自己技击的真实性来说，却普遍存在着难言之隐的顽疾。

武术的核心功能原本就是技击，只是在技击的习练过程中，逐步衍生出了武术表现在健身与养生等方面的功能价值。然而，传统武术多数流派的技击行为，显然与现代搏击的潮流不吻合。传统武术之所以不能够崇尚写实技击的对抗，关键是需要从思想上端正自己，技法应该在打中运行，并体现出打中随势而变的特性，因为在变中会不断地受到内在与外在诸多方面因素的影响，要求技击者具备随势引导技法施展，以适应主次因素发生改变的能力，同时又能够把控住这些因素反作用于势态的变化。因此，技击对抗的运行，应该用综合的动态的眼光去对待与处理，而不是始终处在静中言变的“说手”之中，更不能要求对手的技法运用必须按照自己的要求来配合变化。如果用开车来比喻，实际对抗应该是在开碰碰车，而不是在开固定轨迹与节奏的火车。所以，写实技击对抗不能抱着火车司机的心态，以“我”为中心，要求对手按照自己的需求并默契地配合着出动作，而是要抱着开碰碰车的心态，否则在双方触碰的搏杀之中就无法体现出技击的原始特征，也就不能称之为技击对抗，充其量只能称之为对抗节目的表演，准确地说，朝着这个目标的运行只是表演的排练，而不是为满足实战需求的技击训练。

由于传统武术在意识上缺乏正确的技击认识，在训练中与现代科技少有本质上的联系，导致现实中的传统武术在技击习练形式中多表现出：说手练习和讲解动作的居多，真正上台打的却极少，有的甚至采取规避的态度对实战避讳不谈，或以其他方式全面替代实战。甚至有些流派的说手还有意识地加入一些封建迷信的内容，坚守故步自封的保守思想，并将一些礼教的陋习也融入武术的技击表述之中，致使许多拳种门派的技击表现与现实的实战需求南辕北辙，如此表现显然不能符合现代的技击之“道”。因此，迄今为止各流派几乎无一例外地无法拿出一套能使本门派技击风格上擂台的技击训练模式，或者干脆拿出自己只会一招制敌以决生死的腔调，完全脱离了竞赛交流必须凸显体育精神的原则，言下之意就是千万别对我提“打”，要谈“打”你就承担不了“打”的结果。站在搏击运动的层面来看技击交流，实战只不过是教学过程中最寻常的一个普通环节而已，再完美的技法训练都替代不了实战的功能，每个习练者都必须面对而无法回避，凡是具有搏击能力的武者，几乎无一例外都要反复经历实战的锤炼。然而，表现在传统武术各门派之间的实战交流同样是微乎其微，甚至没有，许多传统流派基本上抱着“动嘴可以，动手不可”的态度，这种脱离了求真的武术态度已经完全违背了技击科学与体育人文精神。

无论以什么形式来表达武术，武术都必须体现出其原始的本质特征，即技击实战。这本是再寻常不过的基本常识，相信即便是站在非习武者的角度来审视这个问题都会达成这个共识。其实各流派都有许多愿意着手技击挖掘的人士，他们都立足于能将本流派的技法诠释在擂台上，并希望自己在擂台上具有超强的技击能力。事实证明，具有如此设想与各自形式付诸行动的人如过江之鲫，或明或暗前仆后继地不断涌现出来，他们不仅仅有着对中国传统文化热爱的情结，同时也是在用自己的行动与方式来证明自己在武中的价值存在，完全匹配武术这个名称给予自己存在的身份价值。因此，这类证实行为在民间各个层面都普遍存在着，表现在各方人士对传统武术实战价值的追寻之中，并且该现象在武术界中一直没有终止过。但迄今为止，现实的残酷已经给出了大家都不愿看到的结果，那就是追寻者到最后都饱含着失望与沮丧，都以无奈的心态退出了各自的武术技击寻梦之旅。

那么，为什么大家从不同角度、不同层面的探索都会得到同样失望的结果呢？唯一的解释就是现实中武术的各流派对技击的态度、表现的形式、技击的特征、个性与共性的理解等一系列的认知，与擂台上的现代技击需求存在着某种程度的距离，他们往往把本流派的技击功能表现看成是技击的全部，显然与现代搏击所表现的内容与形式有较大的出入。因此，导致了互不接轨的现象，对此结果虽是各说各的理，但其实力要表现在擂台上却不具备与现代搏击在一起切磋与交流的前提。

从技击形式的表现特征来看，不同类型的技击风格彼此间都是可以进行相互交流的，这是由技击特性的本身所决定的，为了完善自己，应该鼓励彼此在同一个时空里相互切磋与交流，以实现共同提高的目的。然而，传统武术的各个流派却集体表现出无法融入现代搏击的大家庭，也无法表现出写实技击的共同特征，这个问题显然不是出在某流派或某个人身上，而是出在我们技击文化中的基因里存在着无法回避的顽疾。因此，体现在各流派共同的运行特征中，与佛家所讲的“相由心生”“缘起性空”的道理是一致的。

在此，我们有必要回顾一下各武术流派在传授技法时的共性特点。传统武术讲究的是口传心授，多是对方怎么打你、你该怎么防守的说手形式，平时多是只讲动作的技击含义，并不强调动作的实战训练，因此，实战中必备的各种基本素质的要求就可能在训练中被规避，由此而不可能具备，更谈不上完善。表现在缺少技击势态中对攻防动作的反应、判断、瞬间思维、技击思维网络，以及对抗中起到支撑作用的协调、速度、力量素质等。他们误认为技击者只需停留在明白了某些动作含义就能够在擂台上随意驰骋，对因为动作使用的技击阈值太高而无法在实战中运用出来的道理并不清楚，在这样的前提下强制进行的对抗，结果是显而易见的。举个很简单的例子，实战中对方边腿踢你，练习现代搏击的选手会很自然地做出“一只手格挡，另一只手反击”的技法运行。而有些传统武术习练者或许就不是这样处理，针对对方的边腿他的反应或许是要先做一个云手，这样的云手动作在单独演练时似乎感觉很美观，可在现实中对方已经踢中你了。另外，有的拳种讲究这种劲、那种力，每一个动作都有几十种用法，极度夸张技击运行与效果，虽然能让习练者即刻就产生一种“高、大、上”的感觉，但此“神功”在现实的擂台上根本就无法展现。许多传统武术习练者在同现代搏击选手交流时，常常在一个照面的交锋中就已经分出了高低。其实，明末清初的武术家吴殳在他的专著《手臂录》中就强调了“技愈巧，愈不得施”的观点。

三、传统武术的发展需要完善写实技击的表现

就像中国有中医，韩国有韩医、日本有日医一样，从文化的角度来看武术，武术也并非中国独有，几乎所有民族都有自己武术类的传统格斗运动。当然，纵观世界有些国家的传统武术类运动都或多或少地存在着漠视技击实战的现象，同样也表现出更注重仪式与表演方面的内容特色，这些传统武术类表现形式较为突出的是精神方面的文化特点。如印度的“卡拉瑞帕雅图”，巴西的“卡波拉”，锡克人的“盖塔卡”，拉美黑人的“踢瑞瑞卡”。

相对而言，由于日本古代有武士制度，欧洲有骑士制度（更早的希腊罗马有尚武好勇传统，其拳击和斗兽极其残酷），体现出他们民族更为务实的技击观，社会上逐步形成了一个长期以习武、作战为生的武士阶层。当时的社会制度也提供了合法的定期比武机会，使得这些国家的技击形式中体现出的实用性更为突出，所以，欧洲和日本也就很自然地成为现代各种格斗术的发源地，并在社会中产生出搏击运动。

例如，近现代的泰拳在官方的有力支持下，经过多年改良，去除奇怪无效的招式，大力引进了西方拳击的技法、规则和训练方式，再加以泰化，使得泰拳成为世界上最盛行的搏击项目之一，同时又反作用于世界各类搏击运动的发展，并普遍被世界各种搏击类项目所借鉴模仿，还对自由搏击的发展起到巨大推动作用。

全面回顾中国各流派传统武术的方方面面，社会对武术的功能需求是不同的、立体的、

全面的，因为中国在民间还有一个传统的认知习惯，那就是把武术仅仅当成锻炼身体的体育运动来练习。当然，体育是外来词，体育这个概念很晚才被引进中国，之前社会的各阶层对体育的需求基本上就是通过武术的训练来获取的，武术自然为社会承担并提供了有关体育等多方面的功能。

体育活动是一种复杂的社会文化现象，它以身体与智力活动为基本手段，根据人体生长发育、技能形成和机能提高等规律，达到促进全面发育、提高身体素质与全面教育水平、增强体质与提高运动能力、改善生活方式与提高生活质量的一种有意识、有目的、有组织的社会活动。

由于中国历史的特殊性导致武术功能的进一步开拓，以满足社会不同阶层与人士的需求，导致社会上出现把武术当成健身运动来练习的甚多，把武术当艺术来练习的甚多，把武术当作一种社交手段参与操练的甚多，以业余身份练习武术者甚多；而把武术当作搏击练习的却甚少，真正的专业练习者也甚少，在各说各法的环境中希望统一思想并非易事。为了适应社会的需求，武术写实技击的表现形式逐步弱化，出现了实战被乾坤颠倒的异常现象，这种现象在特定的历史背景下以一种常态而顽固地延续下来，在外来搏击没有冲击中国武术市场时，人们对这种现象仍然存在着普遍的共识，那就是所有的技击都应该以说手的形式来表现。

各流派的武术训练模式基本上是延续着“基本功、套路与说手技击”的程序，按照这三个阶段的教学与训练的流程进行着。只不过各流派在三个阶段的内容与要求表现出的着重点各有区别罢了。显然各流派在这个过程中的“说手”技击表现出来的技击理念与训练模式，以及能够实现的训练效果，同现代搏击相比较都是有较大不同的。

关于技击理念，传统武术表现在各流派对武术技击的要求更在乎的是动作中技法含义的高、大、上，而对这些高、大、上的动作在现实中运用的条件与要求，以及可行性似乎考虑得并不多，甚至都不在他们考虑的范围内，于是就会在套路中常常出现把一个动作尽可能细分的思维导向，以至于一个动作可以解析出几十个运用方法。在试手的过程中这几十种的动作含义个个用法看上去都会令人仰望，但表现在现实的擂台运用中几乎完全行不通。据统计,各流派的许多大师终其一生都没有参加过真正意义上的擂台比赛，几乎谈不上实战体验，有的只有他们在“说手”时的威武，留下更多的只是关于他们的江湖传说，因此，很自然地出现了各种版本的“意淫”描述。

传统武术技击的训练模式通常从基本功开始，通过功架不间断地套路练习，或者通过动作的单练来掌握动作的基本功架，从中去体验“拳打千遍其意自见”的道理，然后在这些动作规范基础上展开无休止的技击的更深入的习练。此时师傅的表现是较全面地讲解习练动作的含义，并进一步通过“递手”方式来建立该动作的某些攻防概念与感觉，并在这个基础上开始针对本流派固定的小组合进行相应模式的对练，如此继续进行下去就会逐步把许多小组合的对练串起来按照规范形成一个完整的对练套路。还有些流派通常会设置一定的前提条件，进行有前提要求的、在一定范围内的攻防转化练习（例如：推手练习），并要求不断练习直至能将其烂熟于心，并能够举一反三，就如同熟练背诵经典诗文一样，做到脱口而出，在此则要求动作表现做到抬手就有，练出自身本能的反应。有了这些似乎还是不够，因为各流派几乎都有自己独步武林的绝技，那就是本门内让大家都仰望的“绝招”。

上述论述是许多传统武术流派自古延续至今的训练模式，看上去的确有它合理性的一面，通过这些方法的练习，对提高习练者动作的技击水平显然会起到一定的积极作用，由于训练模式受到时代的局限，其中始终贯穿着的还是以“我”为中心的技击练习，这显然是与实际的技击表现相悖的。因为，背诵古人的文章与自己创作文章，并进行相关内容的辩论或答辩毕竟概念不同，不以满足实际技术需求为目标的技术训练，是脱离实际环境的技击练习，终究不能够入境。以自我为中心的训练模式看似很有道理，其实不然，技击的含义与运用方法的确都要理解，但实战毕竟是通过攻防去获取技击效果的一种能力表现，没有一个科学的、理性的、体系的训练是很难培养出这种能力的，就如同跑步人人都会，但没有经过专业训练，跑步水平肯定不会很高。因为，人体内在的潜力需要科学系统地挖掘才能够展现出来。然而，中国武术中各流派的技击表现恰恰与现代技术需求的常识相悖，显然与现代搏击的观念相互不兼容，更谈不上彼此之间的接轨。

武术界的各流派一直都以自己的习练流派创立在几百年前的某朝某代而沾沾自喜，并而引以为豪。有些流派甚至为此而牵强附会地把本门功夫说成创建于某某神人或伟人之手，这样似乎会显得含金量更高，同时也会感觉更有文化成分，也就更为高大上了。其实，从科学的角度来看技法的合理性与否，与创立的时间并没有本质的必然联系，时间至多也就是在经验积累上会存在一定的价值，我们审视任何一门技法时都应该用严谨的态度去面对它，并用科学的方法去研究它。

我们要明白，任何一门古老的武术流派都是为满足当时人们的需求而创造出来的，它们属于时代的产物，几百年前的武者绝对不会为今天我们的需求而创拳。当时的武者只生存在属于他们的时代里，也就有了属于他们的社会背景、社会认知、知识结构、人生阅历、功能需求、武术的定义以及与武术定义相符合的训练方式，所有创拳的元素只属于他们那个时代，这些元素的综合结论是：当时的创拳及对武术的需求与今天的我们没有必然的关系。

时代的发展，火器替代了冷兵器，使冷兵器丧失了国家层面的地位，武术的功能在世界环境的氛围里被迫逐步退出国家武备层面的需要。武术为了生存必须开始以新的形象展现在社会上，根本的原因就是今天的我们对武术的需求与古人相比较已经发生了本质的改变，我们暂且不论那些古老的拳法曾经是否创造过多少辉煌的历史，如果其价值与今天社会的需求格格不入，后人就不乐意继承它，那么，它是否还能继续存在下去，或许这个话题才是值得我们深思的。

在如今的地球村是一个文化大交融的时代，各种类型的文化形式相互交流已经成为一种趋势，把传统文化重要表现形式的武术融入世界搏击舞台自然属于我们的责任与本分。武术的技击本质决定了它的存在绕不开技击的正面交流，要想偏安一隅进入独处状态本身就已经说明了许多问题。从前武术技击的表现形式一直都属于各门派比较隐晦的话题，时代不同了，对武术的要求也发生了根本的变化，人们对武术的需求开始变得更具体、更直接、更形象，如果不从根源上对武术的功能与实际价值进行必要的分类与量化就很难适应这个时代，对那些不科学的武术形式，那些封建、迷信、粗俗并无科学文化内涵的武术意淫，人们的反应会非常简单，那就是弃而远之。

许多传统武术流派从拳理上看似都很有道理，但它们的可操作性、技术表现与实际效果则不然，尤其是它们的技击运用的“说手”是一回事，擂台上的实战表现又是另一回事。玄之又玄的古拳谱的确不易理解，但武术技击的表现终究是要落到实处的，这是无法规避的时代要求，然而要落到实处就必须直面地将这些内容体现出来，如果没有一个科学的训练是很难实现最终目的的。

我们要明确地知道自己对武需要的是什么，传统文化的特性在哪里，文化的元素该如何以武的形式表述出来。当今武术表达自身价值的方式已经发生了根本性的变化，如何吸取外来文化中那些能为我所用的因素，我们要仔细甄别、认真萃取，从而构建起符合人性、适应当下人们需求，能够造福社会的武术表现形式。

总体而言，文化突出的是民族个性的一面，而文明表现的却是各个民族共性的一面。人类的各种文化表现出来的文明会随着时间的进展程度越来越高，这就是历史发展的规律，各类技击的表现都应该得到符合历史规律的发展，武术这一文化形式尤其如此；任何古今中外的技击形式只有经过专业化体系的锤炼，才能够产生符合历史潮流的、最优秀的、最符合人性的表现形式；只有让技击这一表现形式在擂台上不断历练、不断经过竞争交流，才能日益提升其实战水平，闭门造车的结果正好相反；传统武术的技击能力要使人折服，必须拿出经得起质疑检验的证据。

四、技击技术应该具备前瞻性的表现特征

技击技术的架构是攻防运行的体系。其价值主要体现在通过技法运行实现技击对抗中对势态的把控，为实现理性地获取技击效果，在对攻的态势中具备预知下一步后续技击运行的前瞻性，那么怎样才能体现出技击的前瞻性呢？

双方对抗时的任意环节都在特定的时间与空间中运行，表现在当下时空的相互纠缠、相互影响的状态里。此时，对抗仍然在动态中进行着，可是对抗双方下一个动作运行所处的环境与状态，完全来源于上一个彼此纠缠的交往中势态变化的结果与延续，对抗就在这种前后的因果势态中往前推进。

拳谚有云：拳打两不知！在对抗中，任意一方发起进攻时，另一方都需要有一个判断的过程，以明晰对手在什么部位出现什么动作，并以此为据进行方法的主观或本能的筛选，在众多的技法中选择最恰当的应对技法，确定后的同时调动身体的相关部位，在形成相应反射弧的过程中产生具有针对性的应对动作。这个过程在实际运用时是有严格的时间限制的，始于对手本次启动，终于完成本次动作或下一个击点启动的时间区域内必须完成相应的内容，超出了这个时间段再完成这些应对运作的内容就毫无意义了，甚至适得其反。这个时间区域就对手发起进攻的击点从起始点到终点的运行过程而言，完成动作的空间运行区段为：上肢的手上动作一般在 50 厘米左右；下肢的腿上动作一般在 100 厘米左右。在实际对抗中完成每一个动作的时间正常情况应该在 0.2~0.3 秒 / 动。因此，完成一个针对性防守或防守反击应该包括“判断对手进攻—选择防守方法—启动防守动作—完成防守动作—跟进反击动作”五个步骤，根据防守或防守反击的针对性原则，要求整个过程必须在对手完成进攻动作的 0.2~0.3 秒 / 动内完成。这就要求练习者必须在保证头脑清晰的基础上突出快、准、整等动作运行特征，并体现出反应、启动、组织、协调、平衡等各方面的能力。

在正常的技击对抗中，动作在 0.2~0.3 秒内完成，其中包括有形与无形的综合内容。通常一个没有经过规范训练的非专业人士，要想在 0.2~0.3 秒的瞬间内完成这五个步骤的动作运行，几乎是不可能完成的任务，但是技击的特性决定了人人都必须遵循内在的规律，否则只能本能或被迫地采用乱打的“王八拳”去应对。然而，这种遵循规律的能力与你是否属于武术业余人员、专业人员或者嫡系传人等等，并没有本质联系，该能力的获得

只与你是否受过这方面的专业训练有必然的因果联系。当通过合理的训练具备了这方面能力时，如何才能在一个瞬间用合理有度的科学方法驾驭自己的技击行为呢？这就回到了我们本节所提的技击技术应该具备前瞻性的表现特征这个话题了。

所谓技击技术的前瞻性，讲的就是在技击对抗中，对下一步动作运用的提前预知与实施的感知能力。一个选手表现在对抗中的前瞻性通过动作的预知与驾驭能力来体现，这些往往是判断一位选手实际前瞻性能力的主要指标，不仅仅牵涉到瞬间的技击思维等问题，面对技击体系技法运用的前瞻性探究涉及的是技击运行的整体，必然会涉及技击的方方面面。

当选手具备了基本的前瞻性能力，不但能在动作运行的瞬间体现出一个“快”字，同时还能表现出自己思维网络的精准性，还有动作表现在空间轴中变网的严密性，以及调整动作受力的合理性。即便在任何一个瞬间受到了强力的攻击，表现在所布网的任何一个网点上的接触，都因为具备前瞻性而表现出能够顺利化解对手进攻的技法运行前提，并将自己受威胁的程度降低到最小。对抗中要让选手在瞬间完成技击的内容表达，就需要进行获取前瞻性能力的完整而规范的训练，只有这样才能有条不紊地将技法顺利表现在技击对抗的现实中。

要获取技击对抗的前瞻性，首先要理解前瞻性理论的支撑依据，有了理论支撑才能有表现在技术上的从容体现。只有具备了理论认识与掌握到其中的规律，抱有正确态度敢于去认真实践的人，才能在技击对抗中表现出大智慧。

我们知道技击对抗是综合能力的体现，而不是对抗双方表现在某一方面与某一个部位的局部能力的体现，对抗中任何一个方面的因素如果没有处理好，都有可能成为对手制定战术的依据，其结果是非常不利于自己的。因此，我们需要具备前瞻性的能力，以便于对自己各方面因素进行统筹规划，在不同势态中围绕着技击思维运行，处理好经纬技术构架中各因素彼此间的主辅关系，目的就是现有的条件下如何在确保守网的基础上形成自己最佳的战斗能力，以便到对手身上获取最好的技击效果。

要让前瞻性的价值在技击中真正体现出来，仅仅只有对前瞻性的理解还是远远不够的，规范的训练是不可或缺的一个关键环节。只有通过合理严格的训练，才能让必须在瞬间体现出来的能力得到应有的价值发挥，因此，只有按照规范训练后的选手才能够表现出前瞻性能力在技击中的从容状态。这是前瞻性在技击对抗中对势态运行的预见性，引导技击者该如何完成下一步行动的价值体现。

当然，技法的使用切莫用“一加一必然等于二”的单纯思维方式来要求技法结果，因为技术运行的结果受综合因素的影响，其中包括许多未知与不可控因素的影响。所以，只凭自己的技法运行去判断对抗的结果必然会与现实产生一定差距，长此以往地进行指导就会走进只做“说手”的误区中。

我们需要明确的是技法能够使用出来，必须具备技法运行的“指导性”与“方向性”的特征。技法与技击结果只是技击模式中模糊的程序运行表现，它们与这个模式是一因多果的关联，表现出的只能是概率与指向，其实质是《易经》智慧在技击中的体现，只要坚定地按照要求不断夯实自己就会有收获，能力就在这个坚信过程中不断得到提升。

传统武术技击的技术构架是指为了很好地诠释本项目关于技击思想在技法运行中的理解，体现在技击对抗中对技法的运筹决策，以及对技击运行之中动作运用的构思与设计更为合理有效，以此为前提进行的关于技击的整体构思，规范地使整体技击运行中的战术、技术、功力等诸多元素都能有机结合，并融合成一个技击的有机体。只要有了合理的技术构架，前瞻性的价值才能得到最佳的体现，将其体现在对抗中自然就有在“恰当的时间，恰当的位置，做出恰当动作”的技击运行，这就是技术构架在时空轴上完美结合的最佳诠释。

当然前瞻性能力的体现毕竟属于意识的范畴，在指导技术构架运行的过程中还必须具备相应的功力作为支撑，只有这样才能使经纬技法得以最大限度地施展，否则就不可能规范地体现出技术构架的应有价值，并表现出这些技法展现所需要的技巧。因为技击对抗本身是一个整体性的展现，构架中如何才能让所做的技法运行产生出希望出现的技击效果，前提就是不能偏颇构架中任何一个方面的技击因素。

第二节　关于技击的时空轴

一、时空是技击表现的本质特征

从物理学的角度对时间进行定义，时间就是事件从发生到结束的时刻间隔。

时间的基本概念：一切宏观物质状态的变化过程都具有持续性和不可逆性，此性质是它们共同的属性，而此连续事件的度量称之为时间。

空间的哲学定义：内涵是无界永在的，外延是一切物件占位大小和相对位置的度量。“无界”指空间里任一点都居中，“永在”指空间永现于当前时刻。

空间由不同的线组成，线组成不同形状，线内便是空间。空间是一个相对概念，构成了事物的抽象概念，事物的抽象概念是参照于空间存在的。

空间是与时间相对的一种物质客观存在形式,但两者密不可分。按照宇宙大爆炸理论，宇宙从奇点爆炸之后，状态由初始的“一”分裂开来，从而有了不同的存在形式、运动状态等差异，物与物的位置差异度量称之为“空间”，位置的变化则由“时间”度量。空间由长度、宽度、高度、大小表现出来。通常指四方（方向）上下。

1. 动作的时间与空间特性

时间指的就是物质整体状态运动变化的持续性。宇宙是物质的，物质是运动的，宇宙物质总是从一个整体状态变成另一个整体状态，这种变化的持续性就是时间。

时间不是物质，它是由物质的运动产生的，是物质运动的表现形式。

运动决定时间，不是物质在时间中运动，而是时间随物质的运动而变化。物质运动的不可逆性决定了时间的一维性，时光不能倒流，也不能穿越时空。同时性是由物质的相对空间位置决定的，是唯一的，与参考系的选择无关。

（1）时间表现出来的动作特征就是速度与节奏

动作表现出来的空间概念可分为哲学的空间概念和数学的空间概念。

①哲学空间：三维的，具有容纳物质存在与运动的属性；

②数学空间：多维的，从点的零维到面的多维（线是一维的，平面是二维的，体是三维的，曲面是多维的）。

空间是具体事物的组成部分，是具体事物具有的一般规定。表现在武术运动中，凡是用眼睛可以看到、用手可以触到的具体事物，能够表现出来的动作都是处在一定空间位置中的具体事物，都具有空间的具体规定，没有空间规定的武术动作根本不存在。

（2）空间是运动的存在和表现形式

①运动有两种具体的表现形式：行为和存在。

行为是相对彰显的运动；存在是相对静止的运动。

具体事物只有在一定的空间里才能存在。任何一个动作行为都存在于一定的空间里，都有一定的空间位置作为表现形式。一切具体的行为、现象、事情都在具体的空间里发生、发展和结束，都以具体的空间规定作为表现形式。

②空间不仅是具体事物存在的表现形式，而且也是抽象事物存在的表现形式。

运动其实就是物质的空间位置的远近按秩序发生的变化，是一个物质的空间位置连续不断改变的过程，这个过程在空间上是连续的没有间断的。位置是空间概念的核心，是产生时间的根本，在空间中只有位置是唯一确定的，因为在同一时刻，物质所处的位置是唯一的，目前还没有发现物质能同时存在于两个空间的证据，也就是说，不存在同一时刻物质既在这儿又在那儿的情况。其他空间概念包括方向、位移、距离、速度等都是由位置变化而衍生出来的概念，宇宙中的任何物质变化，包括力、能量以及各种社会事件等等，最终都要归结到物质空间位置的变化之中，正是由于这种位置变化产生了相应的时间认知。

武术在技击对抗中所表现出来的动作就是机体在空间位置发生变化，由此而产生了动作的时间概念，所有关于时间的概念最终都是要通过动作的空间位置来确定的。

物质运动的某一具体位置产生了空间的概念；物质运动的方向和空间位置的远近次序产生了时间的先后概念；物质在空间两个位置间的运动过程产生了时间间隔的概念，不同运动过程的比较产生了时间的长短概念。时间只是描述物质运动过程的一个参数，是描述物质运动过程的一个量。

在武术活动中我们能确定的只是技击动作的相对位置，这里所描述的动作位置也都是指相对的位置概念。

因为时间是由物质的运动产生的，运动决定着时间，所以时间会随着物质运动的变化而变化，运动是原因，时间是结果。我们必须要搞清楚这个因果的主次关系，是时间随着物质的变化而流逝，并非物质随着时间的流逝而变化。

2. 技击动作表现在时间轴与空间轴的基本概念

人类社会是物质世界长期发展的产物，人类的武术活动自然也属于这个物质世界的一个组成部分，时间和空间自然也就是武术运动的存在方式。

武术的技击表现形式其实质就是研究时间、空间与人体在技击对抗中为获取技击效果而展开的动作运行的内在关系。

明朝戚继光在他的专著《纪效新书》中有关技击理论就有许多关于时空的论述，其中有“顺人之势，借人之力”；乘“旧力略过，新力未发”之机；“其进锐，其退速”；“不动如山，动如雷震”；以及“刚在他力前，柔在他力后，彼忙我静待，知拍任君斗”。这里的拍可以理解为动作在时间轴与空间轴两个方面的意识阐述，即空间轴的含义是指技击对抗中击打目标的落点，表现在可拍打的位置上；时间轴的含义是指技击对抗中动作运行时的节奏，表现在节拍的拍点上。

时间和空间是运动着的系列动作功架运行与转换的存在方式。武术活动中的任何动作表现都是不能脱离时间与空间这两个方面的因素而独立存在的，即便是时空中任何一个方面的因素缺失也是不能存在的。

（1）时间轴为主轴、空间轴为辅轴的表现形式

在武术技击对抗中，通过与时间相关的元素为技击主导去获取技击效果的表现形式，例如：通过“速度、方向、节奏与反应”等时间元素的变化，产生支撑技击对抗中的技法运行，以获取相应的技击效果。运行中以此为突破口产生对抗中需求的时机，而把空间相关的基本元素作为辅助元素，任务是支持时间元素去主导技击运行变化的表现形式，以体现空间元素在对抗中的辅助价值。

对抗中通过动作的速度、节奏与机体的反应等时间轴元素，所表现出的综合变化来主导技击运行，而运行中的动作的空间轴变化只为辅助，表现出只以预备式的基本功架作为原始的、相对恒定的动作。动作运行时以恪守预备式的空间构架为特征，以出击后迅速回归预备式的方式来运行，尽可能减少因空间轴元素的失控变化所带来的影响，空间轴的变化就是围绕着如何支持与服务于时间轴变化而产生相应的变化运行，以此来表现出以“时间轴为主轴而空间轴为辅轴”的技击表现风格与特点。

（2）空间轴为主轴、时间轴为辅轴的表现形式

武术技击对抗中通过与动作空间结构相关的元素为技击运行的主导，并以此为技击运行是支撑去获取技击效果的表现形式，例如：通过“平衡、构架、支撑、路径、轨迹、角度、大小、位置、作用点与重心的变化”作为获取控制与反控制的突破口，目的是在对手机体上获取相应的技击效果。而与此同时，对抗中表现在与时间相关的速度、方向、节奏与反应等基本元素只作为服务空间运行的辅助元素，旨在围绕着如何支撑空间轴元素主导的技击运行的表现形式，以此体现时间元素的价值。

对抗中通过动作技击运行中的空间元素的变化，表现出动作变化不仅仅是以预备式为基本的、原始起点的、相对恒定的动作，更重要的是通过动作的空间构架的运行变化，去控制与影响对手在对抗中动作运行的结构发生改变，迫使对手产生动作功架上的空档与用力结构的失调，并在控制中利用空档或失调进行技击运作，去强制在对手身上产生自己需要的技击效果。这个技击运行过程中的速度、节奏与机体反应等时间轴上的元素变化，只是为了围绕着如何支持空间轴元素的技击运行而展开，并持续服务于由此而产生出的相应的动作构架变化，以形成“空间轴为主轴而时间轴为辅轴”的技击对抗的表

现风格与特点。

二、动作运行的时间轴与空间轴分析及彼此间的相互关系

中西方技击基础理论上的不同所产生的壁垒，主要来源于中西方科学体系关于时空的基础理论与研究方法的不同。具体表现在西方科学使用的是绝对时空观下关于技击的形与数关系的量值表达方法；而中国传统文化关于技击的认知，则是通过相对时空观下技击属性表现在形与数一体关联关系的综合表达方法。所以，中西方文化关于技击认知的理论基础的不同，归根到底就是技击时空观认知属性的问题，西方的认知是绝对的观点，而中方的认知则是相对的观点。

西方文化对技击的认知可以说是建立在技击绝对时空观基础之上的人体科学理论体系，它研究的内容是通过人体表述攻防而组成的技击对抗形式中，抓住对抗双方动作与动作之间相互的关联关系，表达的是技击对抗现象的攻防过程中，缺少了什么技击素质，则通过训练加以补充什么素质，更多的是以时间轴为主轴、空间轴为辅轴的形式将对抗表现出来；而传统文化在研究技击运行表述的过程中，更多的是研究如何使机体自身结构完整的技击体系，如何在对抗中去促使技击运行表现在时间系统与空间系统的和谐性，以及技击态势与环境的和谐性，更多的是以空间轴为主轴、时间轴为辅轴的形式表现出来。二者都是关于如何运用时间元素与空间元素对技击时空体系进行技击阐述的一种观念。

1.技击的实质就是在对抗中处理好时间与空间两个方面的元素运行

（1）寻找出对抗中“动作结构、时间、空间”三者在技击运行中，所发生的那些“纠缠、辩证、统一、整体”动作现象中蕴含的内在规律，并充分认知和遵循这一内在规律。

（2）处理技击对抗中动作结构—时间—空间三者间的相互关系，博弈过程中能处理好这层关系的一方通常能够获取技击的主导地位，而另一方则容易成为失利方。

动作结构—时间—空间三者之间的关系建立，是通过动作在时间轴与空间轴内的主辅关系来得以体现的，但不同的主辅关系体现出来的动作表现方式不同，支持不同表现方式的因素就源于对时空认知的文化背景不同。

时间与空间是任何事物的存在方式，动作的运行自然不能脱离时空而存在，所以说，技击动作在时间轴与空间轴上运行的表现形式，必然是动作存在的基本形式。但时空二轴对动作运行的影响力会有不同，其中谁为主轴、谁为辅轴决定了两种技击形式的表现风格，究其根本是两种完全不同的文化背景体现出来的对应的表现形式。

2.中华传统文化是以空间结构变化为主线条的表现形式

中西方关于时空结构所表现出的特性是有差异的。《论语》中记载了这样一段话：“知

者乐水，仁者乐山；知者动，仁者静；知者乐，仁者寿。”山水、动静、乐寿这些相对概念的组合充分表现了二者的差异。这种差异性体现了不同地理环境下生长的人所显现出来的差异性——海洋国家的人更突出“知”的特征，而大陆国家的人更多地显现出“仁”的特性；西方海洋文明体现出“主动”的民族特征，东方农耕文明则体现出“主静”的民族特性。例如，从古代中国人与古希腊人的比较中所表现出的不同就可看出其中存在的差异。中国虽然东面临海，然而古代的“中国”，却是一个大陆国家，从“中原”一词也可以看出当时的地理环境。于是，在文化方面则反映出用词和思想都明显地具有大陆地理环境的特征。因此，古人心目中的世界就是“天下”“九州”“四方”或者是“四海之内”。从孔子时代到十九世纪末，中国的思想家从来就没有过海上冒险的经历。在现代人看来，其实孔子和孟子所住地的坐标位置都离大海并不算远，但是在《论语》里，孔子只有一次提到了海，说：“道不行，乘桴浮于海，从我者，其由与！”；孟子提到海的话也同样简短，他说：“观于海者难为水，游于圣人之门者难为言”。孔子只想泛舟于海，孟子也只是望海惊叹，而后人也都没有在孔孟的基础上有所发展。孔孟的儒学可以说是中国文化的核心，渗透在生活的各个方面，包括思想、哲学、文化、社会、教育甚至经济，“仁、义、礼、智、信”几乎已成为每一个中国人做人的准则与信仰。儒家的入世观念，虽然在某种程度上说明了他们积极参与社会的“有为”，然而，以和为贵、温柔敦厚、政教为先、“乐而不淫、哀而不伤”的中庸哲学，则最能看出古人“柔”“中”的一面。再看道家、墨家、阴阳家、名家等诸家，都在不同层面上体现出典型的东方之国的“温文儒雅”或者是“无为以有为”的文化特性。“控制与反控制”的技击思想就是这种特性的具体体现。

中国是个大陆国家，中华民族历来依靠农业维持生存。在一个农业国家里，财富的首要基础就是土地。因此，在中国历史上，一切社会、经济思想以及政府的措施都以土地的分配和利用为中心。农业生产被认为是立国之本，在一个重农轻商的国家里，商人在历朝历代自不免受到轻视。在中国的传统社会里，把民众按行业分为士、农、工、商四等，士通常来自地主阶级。既然以农为主，土地就成为禁锢人们思想的一把枷锁。

在农耕文明孕育下产生的文化表现形式自然脱离不了它的范围，守土卫国的价值观中就体现出了中庸平衡的文化特征，在这种文化背景下并不鼓励人们去开拓创新，只需要保卫好祖业就算尽忠尽责了。其实这些内容所诠释出来的核心，就是围绕如何守住原本属于自己的那个“空间”而展开，在这个指导思想下所产生的武术形式自然具有突出“空间”元素的特征。因此，武术讲究结构平衡、位置角度、内外交叉、圈里圈外、重心高低、内外相合，以及建立在机体结构上的“精、气、神，意、力、功，内三合、外三合”等一系列相关内容。

传统武术在技击实战中只有通过空间结构合理变化的运行，才能在具体的攻防中把上述元素很自然地体现出来，这正突出了中华传统文化空间结构的特点。以空间结构变化为主线条，表现出传统武术技击对抗中的传统文化特征。

3. 海洋文化的表现特征是以时间为主线的表现形式

海洋文化起源于临海民族的海上活动，人们在从事航海与海上渔业中，长期与大海打交道，在海上经受着海水的洗礼和熏陶，久而久之，形成了不同于内陆文化的海洋文化。大海的特点造就了海洋文化的蔚蓝色特征，表现在勇于冒险的开拓精神，海洋文化的天性就是冒险和征服。海洋与陆地相比有很大差别，大海是危险的，大海的危险性迫使从事海上贸易的民族必须具备基本的开拓精神。

例如：生活在海洋国家里的人们靠贸易来维持繁荣，他们首先是商人。身处在海洋国家的商人们，有更多的机会见到语言、风俗都不同的他族人民。他们习惯于变化，对新奇事物并不惧怕。而且为了货物的顺利销售，他们必须对所制造的货物不断进行改进与创新。因此，西方的工业革命首先发生在英国这样一个靠贸易维持繁荣的海洋国家，自然不会是偶然的现象。

冒险精神的形成与他们所处的海洋环境和进行的海外贸易相关联，因为海外贸易是冒险精神产生的土壤。商业贸易是一个必须承担风险的领域，海洋上同样充满了各种难以预测的危险。从事以海洋为交通媒介的海外贸易，就需要冒更多的风险。乐于以此为业的民族，必然是一个勇敢无畏、富有冒险精神的民族。最初支撑西班牙人和葡萄牙人去开拓“地理大发现”这一伟大事业的精神支柱，除了追求海外财富的强烈欲望之外，那就是他们勇敢大胆、不屈不挠、热情蓬勃的民族精神。大洋上的惊涛骇浪、殖民地的荒漠原始、贸易中的冲突拼争，都不能阻止他们奔向海外，冒险是海洋民族特性的本质特征。

在海洋文明孕育下产生的文化表现形式，自然体现出开放的海洋民族文化，他们凭着自己敏锐的天赋向外不断开拓，并在开拓中追逐着财富和利益，使自己不断地变得强大。这种海洋文化所体现出来的特征，从海洋文化在社会经济生活中的体现来看，主要体现了“重商性”“开放性”“外向性”；从对异域文化吸纳的视角加以把握，体现为“多元性”“兼容性”；从人类海洋文明史的视角出发，则主要表现为“开放性”“原创性”的进取精神。

在这种文化背景下鼓励人们去开拓创新的表现，其围绕的核心就是不断地在开拓中突出“时间”的特性。在这个指导思想下所产生的西方搏击术的形式自然强调突出“时间”

的元素而展开，因此，西方文化孕育出来的技击更讲究的是速度、节奏、快慢、虚实等时间轴的内容，表现在形式上就是对基本的预备式为基点的空间结构有着贯穿对抗始终的恪守，以支撑对抗中时间轴的价值体现，并没有成为技击主导的刻意要求，更多的是体现预备式在技击中功架的恒定性。

西方搏击术在实战对抗中突出的是守住预备式，在时间元素上寻找技击的突破口，并在对抗中进行强制性地调动时间轴元素的运用，迫使对手因为时间轴元素的运行不当而露出时机；或者是因为过程中素质有限难以维系时间轴的正常运行，如对抗中没办法跟上节奏而被对手抓住时机，这种技击对抗的主线就是科学地运用了时间轴元素去获取对手技击效果的表现形式。这种技击的运行表现正突出了西方文化的时间结构特点，以时间结构变化为主线表现在搏击对抗中就是时间轴为主轴的技击形式，表现出符合奥林匹克运动宗旨“更高、更快、更强”的运行特征。

而对于环海的国家来说，如古希腊人，他们则难以理解“守土”中的含义，甚至有所误解地认为古代的中国人眼光竟如此的狭窄。稍晚于孔子的苏格拉底，西方哲学的奠基人，再到后来其学生柏拉图再到亚里士多德，在他们的哲学思想体系中则明显地表现出与孔子、孟子、荀子的不同特点。从《荷马史诗》中所体现出来古希腊人的战争精神，诠释的是英勇、好斗、争强、不畏牺牲、刚毅，再看古希腊的骑士精神，及古希腊神话中所表现出来的英雄气质，忠君爱主、行侠仗义的传说故事，大多也都是发生在海上或是临海而作，与中国儒生的“守内与不发”表现出极大的差异。

中西方文化的不同，所表现出的民族特点的差异，其渊源主要来自于地理环境，而最明显的体现就在内陆与海洋的区别。民族特性是民族文化的组成部分，民族特性所体现出来的海洋文化特征是这个民族海洋文化中最凸显的部分。海洋文化促进了多元文化的交流、渗透与互补，反映出对当今世界各民族技击文化发展产生的巨大影响，并逐步形成技击表现的大趋势。

这种文化背景下孕育出来的就是奥林匹克这种文化形式，以时间为特征的技击形式，如拳击、自由搏击、击剑等搏击类项目；并强劲有力地影响了世界上许多民族与国家技击形式的变革、发展，甚至再构建，如泰拳、跆拳道、散打等搏击类项目。

黄河是中华民族的母亲河，以汉族为主体的中华民族是典型的农耕民族，尊农为本，视商为末。但中国自改革开放特别是进入 21 世纪以来，经济结构发生了根本性变化，今天中国海洋文化中的商贸意识也非历史中任何时期可比。海洋权益、海外利益日益扩展，海外贸易成为中国经济发展的巨大牵引力。20 世纪 70 年代末与 80 年代初期的中国武术散打项目就是在这个文化背景下产生的武术技击表现的新形式。

散打所表现出来的文化特点显现出与西方海洋文化更为吻合的特征，其表现形式就如同用葫芦装白兰地，容器是地地道道的中国货，但里面的内容虽说都是酒，已然是此酒非彼酒了，所以散打与传统武术所表现出的形式与技击风格有着较大的区别。

在今天的地球村，世界搏击类文化已经进入了大交融时代，相互间的渗透在所难免，传统武术要回到从前的独处状态已无可能，更不能强制剥离开那些已经渗透进来的文化形式。技击文化的表现所突出的就是思想，溯本求源其核心内容仍然是文化，只是将我们要展现出来的文化元素，通过什么形式、用什么方式、如何展现出来的问题。现在的技击表达已经更为先进，武术已经进入到今非昔比的现代社会，我们拥有了更先进的科技手段，这样就能更淋漓尽致地将所要表达的传统文化用更合适的形式展现出来。

今天任何一种文化的表现都在这个多元文化的背景下展开，通过彼此间的相互交融去克服本民族文化中的顽疾，在比较中练就自己的鉴别能力，只有通过异质文化互补共生，才能促使本民族技击形式得到真正的完善。在追求和谐共生的今天，任何一种文化形式都必须具备共生的价值基础，只有找到不同文化中体现出来的共同基准点与落脚点，才能够让自己的文化融入世界文化的大家庭，使自己成为世界文化大家庭中不可或缺的重要一员。

综上所述，时空元素表现在技击对抗中各有属于自己的主要特点，那就是：时间轴的特点是节奏；空间轴的特点是平衡；时空共同的特点就是自然连顺，以体现技法表现在动作运行中的内外结合。

任何动作都是不脱离时空元素才具有现实的技击表现基础，因此，无论时空元素处于怎样的主辅轴关系，只要是技击对抗都需要共同具备期间的各个要素，只不过在不同的主辅轴中各要素的表现会有相应的权重改变。

对抗的彼此双方在以空间轴为主轴、时间轴为辅轴的技法运行的形式表现上，为了使经纬技法建立在规范的结构变化运行中得到自然、连顺、流畅的表现，同时又合辙于势态中对抗的节奏。所以说，在对抗中需要突显出的更多表现特征就是：你打你的攻防，我走我的经纬；既要彼此关联，又要各自独立。

传统武术技击对抗以桩功为用力基础，以控制与反控制为技法的指导思想，以空间轴为技击主轴、时间轴为技击辅轴，在彼此相互纠缠中共同营造技击所需的环境；以三动（已动、待动、源动）为核心支撑经纬技法构建技法体系，表现出技法中阴阳同行为主的攻防一体的特征；而在攻防中表现出的纯阴与纯阳技法则为辅，通过击打、跌摔、拿把等类型的技法去追求技击效果，以此来实现体系思想的技击价值，并以三型一体为基本平台共同展示中华传统文化的技击表现形式。

第三节　经纬技法体系构架

体系，泛指一定范围内或同类的事物按照一定的秩序和内部联系组合而成的整体。这个整体可以由不同的小体系组成。自然界的体系遵循着自然的法则，而人类社会的体系则要复杂得多。影响这个体系的因素除人性的自然发展之外，还有人类社会对自身认识的发展。

关于体系，往大了说，总宇宙是一个体系，各个星系就是不同的子体系；往小了说，社会是一个体系，人文是一个体系，宗教是一个体系，甚至每一个学科及其内含的各分支均是一个体系，一人、一草、一字、一微尘都能成为一个体系。大体系里含有无穷无尽的小体系，小体系里含有无尽无量的、可以无穷深入的更小的体系。众多的小体系构成了一个大体系，乃至总体系。总则为一，化则无穷，反之亦然，这就是体系的特征。

控制与反控制是传统武术技击的指导思想，该思想表现在技击对抗的方方面面，通过具象来表现，主要体现在时间轴、空间轴、心理布控、技法体现等诸多影响技击运行的因素上。时间轴：主要体现在动作运行速度、节奏等时间轴上的因素被控制；空间轴：主要体现在动作运行中的空间位置、重心平衡等空间轴上的因素被控制；心理布控：对抗势态中的迫使对手在心理上产生影响技击运行的心理反应；技法体现：主要是动作运行因为被控制而导致不能正常诠释出技法含义与体现出动作符合势态的应有功能。

传统武术实战对抗是一个完整的技击体系，如何将传统武术技击的控制与反控制思想真正体现在技击体系之中，需要我们将各种技击因素放在技击对抗的环境与形式中进行分类细化，以如何产生技击效果为核心展开总结，感知到那些表现在技击框架内运行的不同规律，并理顺其中的相互关系。于是，我们提出了经纬技法体系的构架。

在技击势态中，若干个由技击者自身因素所组成的关于技击的经线技法，与若干个由对手因素组成的关于技击的纬线技法，由经纬技法共同组成了传统武术的技击体系。

这些与经纬技法有关的技击因素与技击意识相互联系，共同形成了关于技击运行的系统，并构成了一个有利于技击对抗以彰显特定博弈功能的实战有机整体。

传统武术的技击体系是一个相对封闭的技术体系。在完成技击对抗的过程中，该体系内的对抗双方在共同营造技击氛围的同时，也都与对手在这个相对封闭的技击对抗的环境之中，通过攻防形式在体系内相互纠缠，接受彼此技法，进行以产生技击效果为中心的对抗交流。

下面我们就传统武术技击体系进行深入的具象阐述，该体系是由技击对抗中恒定不变的因素所组成的经线，与根据对手和势态变化发生相应变化的纬线共同交织构成，其宗旨是为了更好地指导人们在实战对抗中，更理性地获取自己所需的技击效果，让人们在技击的实践活动中具有更强、更有效的前瞻性，自己的资源能更有效地得到利用。当人们在技击理论研究上能有更为理性的思考时，那么人们在技击实践活动中就能理性地克服以往“说手”类形式中的系列顽疾，并能合理解决在以时间轴为主轴的技击形式中缺乏参与者安全保障的问题，使得我们的技击思考能在更客观、更接近现实的交往中理性探究。

一、经线技法的组成

这里的“经”从技术结构上看，隐喻类似于织物上纵向的经线或经纱，表现出不受外界影响恪守自己的特征，对技术构架起到了支撑作用。我们把技术构架中那些不受外界影响在技击中仍然需要始终恪守的技击因素进行归类总结，由这些因素共同组成技击对抗的基础，并在此基础上让自己去适应不同的技击势态，同时又表现出经得起对手冲击的特征。从恒定不变的角度来诠释控制与反控制的技击思想，将这些因素进行体系化整理所组成的技法我们称之为经线技法。

组成技击经线的内容：一张网；两个目标；三动原理。

1. 一张网

网的基本结构：以分布在机体的左右七星点位（腕、臂、肘、肩、胯、膝、足七个点位）为基本元素，按照传统武术技击的预备式框架为基本形态（图 2–3–1）。

构成网的结构：以由点而线，由线而面，由面而网，再由局部而整体的形式组成技击所需网络。如图 2–3–2 所示：“两腕与两脚连线的上下面为网的前置面”与“上下相合的两肘与两膝为左右面”共同形成环绕机体正侧的曲面构架。

图 2-3-1 七星图

图 2-3-2 布网图

功架中与网关联的空间划分：前置面与人体的中线之间及左右面内的上下空间区域为网内；七星点位就落在由前置面与左右面所构成的网上；网面以外的空间区域称为网外。

网的功能体现：撑开网包裹着整个机体，以防护对手任意角度的随时进攻，同时自己的进攻也从此展开，其表现就如撑伞，并伴随着技击运行的始终。功架中网上的任何一个点位都不是孤立存在的，各点之间都相互依存，并且各点在网上的位置都是相对固定的，共同表现出“守中顾侧，上下一体”的防护功能。

网的表现特征：随着动作变化中七星的运行，导致功架上由各点组成网络的环绕曲面的形态也随之产生变化，但网络的功能与要求却不会因为形态变化而发生改变。对抗中习练者必须始终恪守一套完整的、随势而行的、具有相应功能的动态网络。

网上的技击运行：由网上的左右七星位共同构成防守严密的网络，七星各点位相互支撑，共同形成一个完整的防护体系。通过在网上的运行来形成功力与技法的展示平台，以此防护体系为平台将机体的各种功能按照技击需求进行相应整合，使经纬体系构架的功能因为融入网中而得到最大程度的诠释。

网的基本要求：这里指的是技击对抗中任何功架中所布之网，目的是表现在技击对抗中能使动作显现出更全面完整的防护功能，针对任何形式的进攻都要求达到疏而不漏的防护效果。只有坚守住这个基本的功能，才能够更好地出所布之网在其他方面的功能。

功架中所布之网是由各节点为支点和围绕着各支点活动的杠杆转动的各个区域衔接共同构成。表示在布网形态的动作中，机体针对某任意进攻位置进行相应支点为核心的运作，以及机体其他相关的诸多位置围绕核心的相互配合，共同组成完整布网的防守有机体。从数学的几何构架上看，这张网络就是由机体左右各七星点位，及其针对进攻而产生的活动区域所共同组成的立体曲面构图。功架上这张网络图除了数学的空间结构意义外，还应该具备合理的力学结构，网络才能形成满足实际技击攻防运行的功能，成为解决实际问题的应用模型。

功架在布网后表现在攻防中的状态，能使该网络成为类似于坦克功能的防护平台，通过它把网上各个点、线、面的信息联系在一起，组成一个完整的技击防护体系，达到疏而不漏的防护效果。一张有质量的网络是对手在实战对抗中最先面对并必须解决的问题，有了一张高质量的网络作保障，才会有“不合理的进攻是要付出代价”的技击思想的转变。

功架中布网的构建越规范、守网运用越严谨，那么在技击对抗时的意外发生就会越少出现。有了守网的基础，技法表现的具体动作就有了在技击中有条不紊运行的前提，技法要求的“控中、守中、用中、取中、归中、回中”就有了基本的参照。

从控制的具体形态来看，首先就是通过网的功能表现出来，当表现在控制对手的进攻运行时，那么就显现出网上的防守形态；当表现在控制自己的网上进攻运行时，那么就表现出建立在网上的进攻形态。技击的网上控制运行本身就包含着进攻与防守，所以在运行之中往往无须做作地去表现出动作的绝对攻防，都是基于在控制与反控制的运行中去体现其中的攻防功能，当然，具体的表现形态可根据实际势态中的情况，以及技击运行的需要而产生相应的区别。

控制对手的表现主要体现在，设法不让对手的功架顺利体现出进攻的功能运行；而自己的动作功架却能控制动作运行，体现出对空挡的产生与进攻驾驭的功能。

这些技击表现都是在动作功架上的网上运行，是布网功能的自然体现，并且，这些技击表现，更多的并不是以单纯的进攻与防守的形式体现出来，而是在动作功架网络上表现出攻防一体的完整运行。

2. 两个目标

技击的运行实质是到对手身上去收获自己所需技击效果的过程，为了获取技击效果表现在全面围绕着“靶”与“把”这两个目标，而展开的技击对抗各类形式的运行。形式的运行中技击者在不断地寻找与制造时机中获得这两个目标的条件，在获取这两个目标的同时会按照自己的要求，通过动作中的劲力运行等方式，强制到对手机体上去摄取成果，例如：被击中而导致对手机体某功能丧失的技击结果，或者机体被击打时产生所需的反应等收获；也可以通过落位去固住对手机体上局部的关节与部位功能，以及迫使对手处在被动中的受控状态，并从中收获需要的技击效果；还可以通过对对手重心运行的把控，迫使对手的平衡与机体的用力结构受到破坏，并从中收获所需的技击效果或可用时机。

技击运行就是对抗双方在不断追逐两个目标的循环往复中延续，只有在一方落实与另一方完全丧失了两个目标的驾驭，导致技击效果的产生并导致技击运行无法继续（有客观与主观方面的原因），才会致使本次技击的表现形式结束。

（1）起手击靶的靶位目标

通过控制与反控制的相生相克表现攻防，当动作运行驾驭了通往击点靶位的空间轨迹时，也就有了收获击打成果的途径。在动作力点运用这个轨迹运行时，完成本次劲力运行的击打，一般有三种通往击点靶位的方式，分别是：

①有控击打。以空间轴为主轴、时间轴为辅轴的技击表现形式为驾驭的前提，表现形式是通过控制对手某空间位置的基础上完成对靶位目标进行击打。形式表现是在击打的瞬间仍然处于打控一体之中，其特点是在击打的过程中仍然保持着对被击打者相应的控制。

②脱控击打。在以空间轴为主轴、时间轴为辅轴的驾驭前提下，表现形式是建立在控制对手空间位置的基础上产生具有时间特征的时机，并利用此时机去击打势态中的靶位目标。表现形式是在击打的瞬间放弃对对手的适度控制，并同步完成对靶位目标的击打，形成在有选择地放弃控制的时间内，同步完成击打运行的现象。

在击打的起始过程中完成了以空间轴为主轴向时间为主轴的转型变化，迫使对手在完成转型的时间差里无法利用时间轴上对他有利的因素。其特点是在击打的过程中虽然在空间轴上脱控，但其间的动作运行却表现出在时间轴上的被动，迫使对手在“我”发力击打的过程中很难完成相应部位的反控制。

③无控击打。在以时间轴为主轴、空间轴为辅轴的牵制前提下，表现形式是在以时间元素的变化为依据、空间位置变化为配合的基础上，获取时机对靶位目标进行击打。表现形式的特点是在击打的过程中不依赖接触对手的动作去改变其功架而产生对机体的控制，只是通过时间因素的变化去牵制对手的功架运行，由此而产生相应的时机，同步在没有任何机体可控制的接触中击打目标，由此而产生技击效果的技击运行形式。

（2）对抗中落点成把的把位目标

通过控制与反控制的攻防相克的整体运行，目标不仅仅是击打的靶位，技击的需求还表现在对把位的控制与反控制的争夺之中。当驾驭了对手机体某把位的活动空间时，也就成功限制了对手机体局部功能的展现，并可通过控制把位去全面影响对手整个机体身形的正常运行，在对触点的控制中达到迫使对手网络运行被全面驾驭，把位控制在围绕控制区域的受力点而展开。

在运用这类把位控制时一般有三种通往把位的功能体现，分别是：

①用于控网。空间轴运行的主要方式，就是通过触点进行彼此间的控网运行。运行中展现出，落实接触位的支点使彼此间控制运行通过该支点传递力量，以达到攻防相克之中的技击交往；还可以通过接触位产生技击所需的把位，同时也能为更好地形成靶位与靶位运用奠定基础。

在技击运行的过程中，通过对触位支点进行“开、合、牵、送、转”等控制技法的运用，以达到控制对手网络而产生必要的驾驭效果，表现在封网、破网、撤网、牵网等控制中的驾驭表现。

在控网的过程中对抗双方都为寻找或创作出两个目标，并运行着规则范围内所允许的竞争，以实现从触点出发“起手击打有靶位，落手固控有把位”的技击思路，这是产生技击效果的重要一步。

②用于拿把。在技击对抗的控网交往中，对抗双方都会通过触点做足文章，不仅仅表现在彼此之间的网斗上，还表现在通过触点对对手相应部位的活动限制上。例如：限制局部关节的活动范围；通过对对手移动部位的落点控制，以达到对对手机体“重要部位”功能的影响；通过对对手触点的控制，以便达到从该限制位将控制扩展到全身的技击要求；并通过触点进行力的传递，以达到对对手源动牵制的控制效果。

③用于摔打。在网斗的过程中，对抗双方是不能脱离彼此间的触点而产生把位的。在恪守自己网络完整的基础上通过触点产生所需把位，并创造出摔法技术要求的运用空间。在运用摔法的表现中，主要是通过触点控制对手的运动空间，同时通过把位上受力程度进一步增加，以达到影响或破坏对手重心稳定的效果。这里所阐述的对力量的进一步影响，可以是全面控制平衡的基础上在把位上的用力进一步加强的运行结果，也可以是主动方突然发出的一股力迫使对手产生机体的失衡状态。例如：通过触点运用力的传递，以达到对对手源动的控制，当对手源动的限制达到一定的程度时，重心的平衡自然也就随之被破坏；当然，还可以通过抓袖、抓领等把位控制去牵动对手的重心，迫使对手的重心轨迹朝着控制方希望的方向运行，对手也就很自然地受到控制或被动地摔出去。

通过三种控制把位的手段，体现出不同的功能：在技击运行中两个目标原本就属于一体，通过两个目标的使用要求产生区分，以实现不同的技击效果。在完整的经纬技术构架的运行中，把与靶之间的相互转换实属技法运用的范畴，因此，在经纬技术构架中把与靶的运用，不是两个不可调和的、不兼容的技法体现。在空间轴为主轴的技法体系内则可以表现出，各技法之间有时处在相互纠缠的状态之中去实现技击运行，因此，在体系内的各技法的运行具有不能绝对分开的特性。例如：在击打靶位时将对手击倒，而出现摔的效果；摔倒对手导致对手机体出现岔气现象，而达到击打的效果；技法中的击打未中目标时，随即使用开合运行却又是由靶转把的表现；控制中采用先脱把后击打的技法运行，则是由把转靶的表现。在一个流畅的技法表现中，只需不断展现出技击功能，以此去产生相应的技击效果，而不应该在技击运行中，刻意被那些技法运用中的转变而羁绊，因为它们原本就是一体，战胜对手的目的只有一个。

3. 三动原理

三动原理是控制与反控制技击观在技法中诠释的基本方式。

三动是技击中机体完成动作运行时各部位可归属的三种运动类型，即已动、待动与源动。

三动原理就是阐述机体在持续运动中动作构架中各部位的功能体现，从中所表现出的动作运行规律，通过对动作运行的三动特征进行分析，以及进一步对动作表现出的三动之间内在关系的了解，实现全面揭示出技击内在运行基本规律的效果。

将三动原理运用到现实的技击实战中，就是如何运用它们的相互关系，服务于控制与反控制的技击思想诠释。

（1）已动：是指已经启动的动作，在力点朝着目标（把或靶）的劲力运行中，动作已经产生了相应的速度变化，此时整体动作中表现在力点运行的机体部位称为已动部位，机体已动部位的运行状态称之为已动。

（2）待动：是指在动作的已动运行中，机体某部位将会或有可能会再次产生相应的用力运行，但该部位并没有表现出动态的速度变化，此时表现在整体中的具有隐性运行特征，机体在所构架动作中该部位的待启动部位称为待动部位，机体待动部位的运行状态称之为待动。

（3）源动：是指实战对抗中机体运行的用力基础，具有底座的支撑特征，通常是指机体的重心与整条脊柱部位。源动虽然不能直接产生技击效果，但是动作的运行以及技击效果的产生都不能脱离它的支撑。对抗中表现在重心与大龙部位的运行称之为源动，动作中机体重心的平衡维持、已动与待动的运行都需要通过源动的驾驭才能体现出来。

三动原理是诠释技击技法运行规律的理论，从动作中三动的分析来说明动作内的劲力运行如何服务于技击的表现特征，这是技法普遍遵循的运行规律。其中：已动是指技法在动作中的显性表现，是正在运行的攻防与网斗，具有相应的动作威胁，是直接产生技法效果的主要途径；待动是指技法在动作中的隐形表现，是已动消失即将显现的储备已动，又是正在运行的攻防与网斗中的辅助，与已动的此消彼长构成了技法的持续运行；源动是指技法在动作运行时的中转平台，是已动与待动相互转换的基础支撑，源动虽然不直接参与攻防与产生控制效果，但脱离源动支撑的动作就无法实施技击运行，更无法产生所需的技击效果。

通过对三动原理的理解，我们把原理运用到对抗的技法当中去，就能从三动的动作运行中感悟到技击对抗中的规律与特征，使控制与反控制的技击思想得到更深入、更全面地实施，更好地做到在理性技击的运行中去收获所需的技击效果。

三动原理是以布网为前提,朝着两个目标进行“防已动、限待动、牵源动”的技击运行。

三动原理在技击对抗中的使用技巧是：需守网、需整动；明已待、明哼哈；有锉钩、有节奏；知待动、知后续；显功架、显功力；隐源动、隐控势。

二、纬线技法的组成

组成纬线技法的内容：一种入门；两种感知；三环守中。

关于技击体系内的纬线技法阐述：这里的“纬”从技术结构上看，指隐喻类似于织物上横向的纱或线，跟“经”相对，是组成技术构架的不可或缺的可变部分。从地理的角度来看，纬线是地球表面某点随地球自转所形成的轨迹。纬线随着位置的不同会发生纬度的变化，在这里就对应说明了在技术构架中，由对手或势态的变化而发生相应变化的技击因素，把这些因素综合起来共同组成了技击纬线。纬线在技击环境里的技法运行，体现在技击互动中与对手共同营造环境与氛围的表现过程，并在运行之中有意识地去引导与改变技击势态朝着所需的方向发展。

从恒定的角度来诠释控制与反控制的技击思想，把环境与氛围内这些因素进行体系化整理并从中找出导致势态变化的因果关系，为了能够获取引导势态发展的控制权而组成的技法，我们称之为纬线技法。

1. 一种入门

“门”是对抗中为了区别双方切入空间位置，针对人体完成动作时机体被人为划分出由上而下的三个区域，并由此所形成针对动作功架中细化的空间位置概念。按照传统的方法一般将门分为中门（也有称正门）、大边门、小边门。

入门是指对抗双方从无效距离到有效距离产生在具体某个门上的技击性切入运行，

由此而形成能够落实在具象位置与角度的对抗。技击的特性决定了每一次切入只能完成一次某个具象的入门，不同的入门位置构成的彼此双方的空间形态是不同的，从不同的角度入门与对手所形成的物理形式上的空间结构就不同。也就是说，同样的动作因为切入的入门与角度不同，导致同样的靶位运用，但其运行的路径与落点位置会随之发生相应改变，由此而产生的技法运用也必须进行相应的变化或调整。

每一次对抗中的切入只能以一种入门方式来进行，因此每一次入门都具有唯一性的特点。由于入门的不可逆特征，决定了入门必须符合技法使用的要求，这样才能在入门的位置中显出更有价值的空间位置与结构,因此要牢记切入的三要素分别是“（选择）入门、碰撞（触点为受力支点）与（根据技法的需要所进行）封撬”。

动态中的技击形态决定了对抗双方的位置会根据实际需要而不断地发生相应的转换，过程中也伴随着双方切入时各自技法的使用，并由此产生切入时对“门”的需求，而导致相应的入“门”改变。实战中可以因为某个角度的控制达不到要求而进行“门”的切入变化，旨在追求获取更好的控制效果，也可以是配合战术的需要，而发生相应运行的转变。

入门是对抗双方在切入时表现出双方所守各自布网的相互纠缠，是从对峙的调整状态转为对抗的交手状态之间的过渡，是从安全的无效距离过渡到瞬间就可能产生技击效果的有效距离，切入的质量往往会影响到彼此间正在运行的控制效果。

2. 两个感知

两个感知是指双方入门对抗时，在双方纠缠中所产生的关于动作变化的感知，其表现可以从动作中显现出来，归结为对抗双方各自对驾驭时间轴与空间轴两方面能力的感知。

对抗双方都有自己的网络与各自的技法，以及相应的表现方式，但在实际对抗中展现出的擂台搏杀与“说手”之间却有着本质区别，其间主要体现出来的区别就是关于动作表现时对时间轴与空间轴的两个感知。因为，尽管属于相同的两个动作的纠缠，由于双方擂台搏杀与“说手”之间所表现在两方面的感知不同，导致反馈到不同人身上产生对技法运行的影响必然不同，同时还表现在对控制与反控制的影响，由此形成技击发展不同驾驭的走向引导。这是因为同样的时间因素如速度与节奏，对不同人所产生的影响是不同的；同样的空间结构的变化以及结构变化中的功力支撑，对不同人产生的作用也是不同的。各种因素都有可能导致机体产生不同的感知，即便是同样的动作表现在不同人身上也可能会产生不同的感知效果，不同感知所表现出来的技法影响产生了技击势态的进一步改变，在控制与反控制的博弈中就会因此而发生局势的较大变化，最终影响技击结果的走向。

对抗在功力的支撑下在相互纠缠中进行着相生相克的技法较量，但过程中的两个感知对技法本身的实施必然起到较大的影响，其运行是在时、空两条主线持续产生相应的感知中进行的。技法变化中又产生新的感知，新的感知又继续影响技法的运行，技击对抗就在这种互动的推进中进行着，实现着控制与反控制的技击指导思想。

将驾驭时间轴与空间轴两方面能力的感知落实到服务于产生技击效果的两个目标上，那么具象的表现就落实到彼此间对抗动作纠缠的排位与运劲的相互博弈之中。

不同的入门位置决定了彼此间产生相互纠缠的起始空间的结构不同，入门后同步进行对空间位置的调整，确保自己在势态中对把位与靶位始终掌握着主控地位，而同时又能有效地抑制对手的主控地位。当对手掌握了主控地位时,则必须进行相应的反控制运行，以展开彼此间的对攻博弈。

凡是产生两种感知的空间架构的变化，往往对应着技法运行中动作的排位表现。此时动作内的劲力运行的核心就在于支撑自己动作排位的顺利实现，以表达出技击的控制与反控制思想，如此运行所追求的结果就是获得把位与靶位的控制效果。

技法的运行无法脱离两个感知的支撑。当通过排位得到了把位或靶位的主控时，则需要劲力在运行中按照靶位所处位置击打的轨迹进行发力，通常采用无死角发力的方式到所控位去产生所需的技击效果；或者通过对控制把位的施力运行，以达到对对手机体某个部位的活动区域产生受限效果，以此致使对手某些技击功能的丧失。此间，两个感知伴随着技能的推进在隐形中一直支撑着这些技法运行的全过程。

劲力的运行在常态与发劲时是有区别的，由此而产生在彼此间的两个感知也不会相同。动作建立在时间与空间并重的动态浑圆之中，常态下动作的整劲表现运行在支撑动作技法的功法之中，表现在动作中排位的价值体现，自然会产生不同的机体感知；而发劲时的劲力运行，则是建立在通过三才劲力的发放，表现在追求击靶的技击效果或通过控靶限制功能的技击效果之中，由此产生的机体感知才具有较强的冲击力。

3. 三环守中

每一次完整的交手一般都由三个部分共同组成，为了便于分析，我们又把每一个部分称之为一个环节，通过对抗中的不同特征表现在时间轴上的顺序共划分为：切入的第一环节、对攻的第二环节、结束的第三环节。

（1）具体内容如下：

①第一环节：从对峙的无效距离调整到双方进入切入，并产生入门对抗的实际接触

过程。在此过程中，双方从对峙转为对抗，这是一个双方从布网到入网的过程，通过具体的入门与对手并网，开始出现纠缠，彼此都希望自己能够从中得到一个更有价值的空间位置与可以更好地施展技法的空间结构。

②第二环节：在切入后的有效距离内进行双方对抗的对攻过程。此环节双方都进入了以对攻为主的相持阶段，通过排位等空间结构的运行与变化使自己的网络更具控制价值，旨在从占据空间架构的结构优势基础上延续引导技击对抗的控制权，或改变自己被动的局势，为求得把与靶的实际效果进行相互的对攻较量。对抗双方都在围绕着此内容而展开时空元素的博弈，于是就有了相生相克的攻防，此间的每一个动作与每个感受都有可能直接影响到对攻的效果，动作使用基本上遵循“远腿、近手、贴身摔拿”的技法总则。

③第三环节：这是对抗的收官阶段，也是一次交手中结束对抗的运行过程。因为经过前两个环节的对抗，双方局势产生了实际的优势与劣势，优者希望继续扩大战果，劣者希望能有所挽回或理性结束当下的对抗。表现在对抗中的目标是优者希望扩大效果，劣者希望脱离被动或减少损失。

这三个环节共同构成了每次对抗的全过程，三个环节环环相扣，互相影响共同形成一次有机的对抗整体。

有了技击对抗的三个环节的大概念，建立在这个大概念下各环节内具体动作的表现，同样是有相应规范要求的，那就是经纬技术构架的技法运行需要技击者建立起必要的“控中”意识，因为“守中”是经纬技法运行的基本原则。守中在传统技击对抗的技法中意义很大，主要是守中对坚守网络的完整性起到了至关重要的作用，同时对经纬技法的运行起到了变化与中转作用的平台价值，脱离了“控中”的动作意识，网络完整的核心点就容易丧失，建立在此基础上的守网、固网、撕网、破网等动作纠缠中的排位，就容易失去控制与反控制动作运行的坐标参照。从进攻的角度来看，破坏对手的守中位置，以获取对手两个目标的空间因素就会有更多的价值体现，并表现出可利用因素的概率相对变大；从防守的角度来看，机体受力如果落实在中线上，那么与大龙所处源动的用力关系就会立刻增加。

（2）守中在经纬技术构架中体现出了巨大的作用，那么，我们在具体的技法运行中如何体现出守中的意识呢？

以机体的主线为基准，动作做到“守中、封侧、兼顾上下、布网的机体左右七个基础点位形成网络的相互呼应”的运行原则，具体的排位运行中也要时刻提醒自己在不丢中的基础上展开动作的攻防转换，技击对抗的过程也是三个技击环节中贯穿着守中、用中、寻中与归中的运行过程。

表现在三环中的守中是在不被破网的基础上，通过时空感知的反馈为前提，努力对两个技击目标获取实现应有价值的驾驭，表现在通过“用中”与对手在不同的距离与位置的博弈，并在理性中使用技法去获取技击效果，而不是被对手获取技击效果。该技击具有空间轴为主轴、时间轴为辅轴的运行前提，并由此去引导技击势态发展的变化运行。

三、经纬技法体系的认知

1. 经纬技术构架体系的技击表现

在经纬技术构架体系内运行的技击对抗，彼此间博弈的动作运行都伴随着双方各种不同的攻防技法的变化而进行着，实质上是对抗双方应用着各自的技术体系，并通过双方的体系内技法表现出的动作纠缠中，在控制与反控制的技击思想指导下相互制约着对手，并共同成就了当下的技击势态，组成了完整的技击表现形式。

对抗中，由于一方的技法中呈现出的动作形态、用力性能与方式的变化，对抗的另一方所表现出来的技术运行也同样会发生相应的变化。一方的动作运用对另一方的运动形式有着直接的影响，如攻防运行中动作表现出的功架形式、用力方法、用力大小、方向和作用点等诸多因素，都会影响到对抗的另一方的技术体系内，使具有针对性要求的内容发生相应的变化。任何一方的攻防变化，都会导致双方在网斗时纠缠中的排位发生相应的改变，使得各自的动作表现出围绕着控制与反控制而展开的各种直线运动、弧线运动、圆的运动，以及由此而产生的对抗中各种空间结构的变化。其中，对抗双方动作的变化都希望势态发展能朝着由自己控制与反控制的方向引导或驾驭，并影响正在发生变化的技击空间。

经纬体系所表现出的技击运动的效果，更能突出体现技击运行的进展由强者一方主导动作变化的规律，强者能控制技击对抗纠缠的走向，并表现出技法的运行更具连贯性和流畅性；而缺乏在对抗中对技法运行驾驭的一方就容易成为被动方，导致缺乏或无法组织进行体系的运行指导，则更难在对手主导的技击势态中表达出自己的技击方法，也就无法到对手身上获取自己所需要的技击效果。这就是技击双方在时间轴与空间轴上，控制的主动方与被动方表现在技法运行中动作的驾驭能力的体现。

2. 经纬技法体系的表现特征

体系的特征不仅表现在对原理的理解与诠释上，更应该体现在实际对抗中对技法控制与反控制的娴熟与操作的驾驭能力上。

经纬技法体系的价值需要体现在对抗双方的实战中，通过在完成某些技法运行或动作的操作中表现出来。技法的运行或动作的操作是可以观察的外显活动，如：技法上表现出来的守中、排位、破网等娴熟运行；或者动作中展现出来的速度、劲力、精确性或连贯性均可在势态中被感知。

训练中我们习惯将那些娴熟、精准，并能够轻松、连贯完成的技法或动作称为熟练的技法或熟练的动作。经纬技术体系技能形成的重要标志就是达到控制思想指导下技法娴熟与动作熟练的体系操作，而体系的操作则需要具有以下一些特征：

（1）有意识的调控逐渐减弱，经纬体系自动显现

拳谚“无意之中是真意”讲的就是技法与意识的一种关系。在经纬体系技能形成的初期，人的内部语言对促进体系内容的理解起着重要的调节作用。受训者完成每一种技能动作都会受到意识的调节与控制，此时的意识控制作用稍有减弱，动作就可能出现停顿或错误，在这种情况下受训者显出的紧张是很自然的反应。随着经纬技法运行技能的形成，有意识的控制逐渐减弱，整个经纬体系内的各类技法或技术动作的运行，根据技击需求会逐渐组成一个动态的、自动化的、本能反应的动作系统。

受训者在实战中根据技击需要完成战术实施后，经纬体系的技能就可以本能自然地通过服从于与当前战术实施相匹配的技法及动作全面完整地展现出来，而不需要刻意去关心体系内某个动作的应用。由于经纬体系的技法动作的自动化，使得在具体运行中扩大了人脑加工动作信息的容量，也使在实战中完成动作的紧张程度得到缓和。

（2）经纬体系的运用需要信息的支撑并产生互动

技击对抗的特点就是与具体的对手进行直接的攻防博弈。博弈的技法运用需要具有较强的针对性，其中技法的变化就需要信息来支撑，并产生相互间的影响。事实证明，经纬技法中任何动作的使用都受势态中的因素影响。信息来源可以从视觉、听觉或触觉中获取。综合这些信息所产生的刺激建立起立体的辨认势态的本体感受，以引领经纬技法在实际对抗中有针对性的运行。

指导经纬体系技法运用的线索大致可分为三类：

第一类，通过视觉与听觉得到的关于对抗双方在技击环境中的感知；

第二类，在与对手接触时所产生的双方对空间驾驭的感知；

第三类，在与对手接触时所产生的彼此对时间驾驭的感知。

随着训练的深入，开始能觉察到自己在对抗时与对手表现在动作上的诸多差别，以

及驾驭经纬技法能力上的区别，还可真切地感知到是什么原因导致彼此在经纬体系技法驾驭能力上存在差距，并能实现在训练中产生使技法日趋完善的训练目标。

当经纬体系内的技法相当娴熟时，习练者就能根据微弱的信息感知去判断经纬体系技法该如何实施。这时习练者的大脑已经具备了大量经纬体系的技法与特有的一系列相关信息储备，当某一信息出现之后，习练者的机体就能在体系框架内进行一系列的本能反应，在本能中表现出最具针对性的、最有效的、最实际的经纬技击技法运行方案。

（3）加强两个感知的作用

在技能形成的过程中，通过提高感知的反馈，对技能动作的学习和完善也起着重要的调节作用。在动作技能中，反馈可分成外反馈与内反馈两种。外反馈是指视觉、听觉等提供的反馈，它们具有外部的信息源。例如：对初学者的基本动作就能通过旁观者的信息反馈而得之。内反馈指技法运行中由机体内产生并提供的动觉反馈，它们是机体在运行中的自然结果。例如：落把时感知到落点的位置，表现在触碰点上双方的用力与反应状态等一系列的动觉反馈，这就是内反馈。

在动作技能形成的不同阶段，起调节作用的方式也在变化。在技能形成的初期，内反馈与外反馈都很重要，但来自外界的视觉外反馈相对而言起着更重要的作用，人们根据所看到或所听到的结果，对反应进行调整和校正，使动作向所要达到的目标发展。随着技能的形成，外部感觉的控制作用逐渐为内反馈的动觉控制所代替，内反馈的动觉在动作技能的调节中起着越来越重要的作用。信息反馈方式的主辅变化，是经纬技法体系技能提升的重要标志。

随着体系内技法的娴熟，动作的表现就不仅仅靠视觉对信息的控制，两个感知在技法使用中都起到重要作用，尤其在第二环节内的对攻中更能表现出经纬体系的技击价值。

（4）经纬体系形成技击运行程序的具象表现

在经纬技法引领下所完成的一系列动作与组合，成为对抗双方在实战中都会去自觉运用的动作运行系统，即一种在技击势态中通过实际动作表现出来的，具有运动程序特征的具象表现。通过经纬体系表达的在任何方面的技能都是由一系列动作根据势态进行随机而成的组合。

经纬体系的技能化运动程序表现在两个方面：

①规范技法的连续性表现是动作执行三环运行表现在时间元素上的要求。

按照三个环节的先后，规范地进行经纬体系的技法表现，先入门，再破网，通过网斗最后获取技击效果；与之相应表现出来的技法动作一个接着另一个，前后连贯，一气呵成，这是经纬体系技法很协调地表现在时间轴上的连续性。

②统一体系内技法的同时性协调是三环运行时经纬技法动作在空间轴上的表现特征。

体系在技法上表现出以空间轴的变化为主，以时间轴的变化为辅，并突出网斗中的控制权的争夺。

经纬体系内技能的表现，根据势态与攻防的需求，在具体的技法实施中既需要连续性的统一协调，又需同时性的统一协调，构成体系运行本能的、协调化的、随机对应的、适应互动的、攻防运动的程序性技击流程，这是技战术同频、合辙于体系的基本要求。

（5）具备维持体系技法运行的正常驾驭能力

实战的最大特性就是技击双方最直接的攻防表现。攻防表现在控制与反控制环境里的对抗双方都在极力地摆脱对手的驾驭，力争拿到引导势态发展的主动权。要控制主动权就要具备，即便对手控制了某些主导因素并由此带来不利，仍然能在不利势态中显现出维持经纬体系技法正常驾驭的能力。

对抗双方在实战中操作经纬体系技法所表现出来的实际的技击能力，在面对不同的对手、不同的环境、不同的心态时，技击者所表现出的技战术水平或许会呈现出完全不同的状态。看谁具有更强驾驭经纬体系的实战能力，最好的检验办法就是看对抗双方谁能在不同势态中更具把握体系驾驭的控制权或反控制权，因此要求技击者在任何势态里都要努力确保经纬体系的技法正常驾驭。

优秀的武者能在最恶劣的势态范围里，面对强手维持协调和准确的技法运用；真正的武者能在自己完全失利的状态下摆脱困境，始终恪守经纬体系的技法要求，哪怕是存在任何一线时间轴或空间轴上的有利信息，都会理性把握，成为支撑战胜对手的重要因素；有过实战经验的习练者都非常清楚，在具体的实战过程中有许多因素都是预料之外的，这些因素突然出现完全可能对势态的发展增添许多不确定性，由此带来的冲击有可能会导致技法不熟练者手足无措，然而，只有那些具备符合体系的瞬间思维者，才能在调整中仍然娴熟使用技能并将其发挥至巅峰，如此就无惧于这些意外了。

（6）明晰经纬体系技法与功法的关系

它们之间的关系表现是：功法产生的功力能很好地服务于经纬体系技法的运用；经纬体系技法的运用能很好地展现出所需功法的合理性，以及相应功力的支撑效果。

它们之间的表现形式是：功法在不变初衷的前提下，应该适度改变自己的表现形态以产生功力的方式去服务于技法；而技法在攻防含义的展现中，一定要在功力的支撑下才能获取相应的技击效果。表现在体系内技法与功力要实现相互间的互有关联，才能得到技法与功法之间的相互平衡。处理好它们的关系就能在对抗中更好地展现出技击中形态与意识的真正统一，旨在夯实技击水平并从中获取最佳的技击效果。

（7）经纬体系技法对技击者的要求

实战需要技击对抗展现的是技法构架的合理性，但前提是要落实到对使用体系技法之人的要求，因为经纬体系的构架已经是相对完整与固定的技术体系，只有使用这个经纬体系的“人”才是处在一个动态的可变的状态，因此，体系技法相对稳固的对抗双方，进行较量的既是双方所能掌握的实际可操作技法，其实质更是使用技法之“人”的博弈。

于是我们有必要对技击对抗中的武者在状态中的要求进行相应的规范，这样才能够更好地处理好技法与“人”的关系，达到技法与“人”合而为一。对武者在技击势态中的具体要求可以用四个字来概述，那就是:“忘我”与“求真”。因为，只有把后天之“我”从实战的技击环境中解脱出来，留下的才是那个道中之真“我”，其中的原理是:进入“忘我”的境界才能入“道”，具有“求真”的态度才能显出真“德”。

因此，技击对抗中只有进入忘我的境界，才能让经纬体系融入机体之中，并使机体这台机器按照自己的规律运行，这样表现出的技法才是“天人合一”的入道诠释。

求真是让经纬体系的技术构架及与之相关功能，都按照体系自身的逻辑与外界发生相互关系，武者只是在此势态中将自己化作一个用本能去护卫经纬体系的技术构架运行的驾驶者，驾驭中并无“我”的思想与喜、怒、哀、乐等情绪介入，此境中只有把体系功能正常发挥出来的驾驶者。

对抗中的武者只有进入了“忘我”的境界，才能逐步在境界中做到“无我”，只有“无我”了才能让技术构架的功能不受“外界”影响，使经纬技法按照“本身”的规律运行，如此才能真正显现经纬体系的技术构架应有的功能价值。

对抗中如果不能确保技击运行的纯净，受到如缺乏瞬间完成的技击思维网、胜负欲望的包袱、情绪与情感的羁绊等因素的影响，并让这些因素参与到经纬技术体系的运行之中，就会左右体系的功能体现，那么，此时经纬体系所表现出的技法运行就已经不纯净了，所产生的功能效率也就必然受到影响，技击效果势必不会理想！

武者要做到对传统武术经纬技术构架建立准确的认知，还需要通过实践让武的技击价值，通过内化在自己的躯体、形态与心中得到充分地诠释，并使各相关元素皆能按经纬体系内技术构架的内在规律引导，使其按照自己的轨迹正常有序地运行。如此，才能表现出经纬技术构架技法的本我特征，在实战中才能做到：守得住（网）、进得去（门）、变得了（法）、得得到（果），让控制贯穿（技击运行的）始终。

第四节 对抗中的表现形式

上一个章节描述了传统武术技术体系的经纬构架，本节就将构架在技击对抗中表现出的基本结构进行更完整、具体、细致地阐述。通过全面仔细地对技击构架中的技术运行进行分析，最大限度地挖掘出体系所能表现出来的功能，探明经纬线内各因素间的相互关系，时间轴与空间轴的主辅关系，以及时空二轴在技法上的表现特征。

正所谓：药无贵贱，中病者良；法无优劣，契机者妙。这句话阐述的道理正是如何围绕着产生所需的技击效果而展开技击运行。哪怕是一个最简单的技击原理，只有专心致志地去理解、去揣摩、去实践，找出其内在关系，才能把原理用最佳的表现形式诠释到与之匹配的时空之中，如此就一定能产生所需的技击效果。只要我们坚持围绕着这个中心进行不懈的训练，就一定会练就获取不同技击成果的能力。

为了进一步了解经纬结构的功能，我们必须建立一个完整的技击平台去进行诠释，如此我们才能把技击对抗的组成与结构放在这个平台进行更具象的分析，所分析的经纬构架的功能也就在其中得到显现。

平台能让我们从庞杂的技击表象入手，去分析导致实战中势态变化的规律。因此，我们有必要把这些表象进行归类，并通过对这些不同归类的表象进行分析，透过现象了解其中的变化规律，以帮助我们在技击对抗中明晰势态变化特征。据此，经纬构架的技法功能也就能有的放矢地去引导技击势态的发展方向，这本身就是体现控制与反控制思想的具体表现，对把握对抗中的主动权具有积极的作用。

对抗中无论是时间轴为主轴、空间轴为辅轴，还是空间轴为主轴、时间轴为辅轴的时空主辅的技击运行关系，技击对抗都应该表现出它们的共性。就表现特征而言，可以有时空轴中不同主辅关系所表现出的不同个性，但必须遵从结构共性的基础上所表现出的个性特征，否则个性就没有可以展现的基础，个性的价值体现也就无从谈起。

通过对技击对抗的表象进行归类与分析，我们把一个完整的对抗过程分为自由状态、调节状态与交手状态。并以此完整的对抗过程为平台，对归类后的状态逐一进行分析，其中对抗状态是技击功能得以全面展现与技击效果产生的主体。

我们进一步将对抗状态中的表象根据其技击表现的特征归为三类，按照表现在时空轴上的特征分别在归类中对其进行更具象、更深入的分析与总结，并得出了关于组成技击结构的三环论。这样划分的目的旨在能够剖析交手时的组成与结构，使我们对庞杂而又充满假象的技击势态有深入的了解，以及能够进行相应的理性分析，使得经纬构架技法的运行规律及功能诠释得到更直观的显现，使对抗中的技法观察、分析、学习训练与运用能够更加直观、系统。通过三环论的学习并将其应用到训练当中，将会对技击水平的提高起着巨大的现实意义。

规范的技击运动在长期发展的过程中，必然会逐渐形成自身的技法运行特点，以及实战对抗的最佳表现形式。但是出于历史的原因和人们关于技击的惯性思维，人们注重实战经验的不断积累，普遍满足于眼前的表面需求，而对技击结构的关注似乎并不充分，更缺少深层次关于技击的理性思考，因此，技击动作要得到长足的持续发展，需要构建一套更科学完整的关于技击结构与技法应用的体系。

下面就在平台上对技击结构的组成与技法运行进行具体的分析，详细内容如下：

1. 对抗状态的划分

以规范的赛场对抗为前提进行相应的技击状态分析，其中技击的表现主要有三种状态，即自由状态、调节状态与交手状态。

三种状态下的动作特点分别为：

（1）自由状态：对抗双方都身处安全距离（也称无效距离），或在比赛中场上裁判喊“停”至“开始”之间的时间段内。处在实战的无效距离状态时，任何一方都不能或不允许做出让对手产生直接威胁的动作；《传统武术竞赛规则》规定裁判在未发出“开始”口令的时间段内，任何一方都不得有任何进攻动作出现。在此状态下对抗双方都是自由的，彼此的动作表现也都是“自由”的，因为不必要或不允许出现进攻行为，所以该状态中可以没有“任何”技术上的规范，此时对抗双方都处于安全状态，只需酝酿好各自关于即将进行的技击思考即可，并不需要也不允许在此时表现出具体的进攻或让对方产生威胁的行为。

（2）调节状态：在比赛中，场上裁判喊“开始”至“停”口令之间的竞赛时间段里，队员的身心从自由状态全面进入对抗的对峙状态。当完成了自由状态的调整，为了让自己设想的技战术得到充分的实施，开始逐步进行具体技法上的要求与落实调整，在这个调整状态中除了做好必需的布网并从心理上接受对抗压力的调节外，还要在技法运行的动作中表现出有针对性、有目的的自我调节，即将使用技法所需的距离、角度、动作姿态与动作感觉调整到最佳状态，在此基础上去捕捉对手时空两轴所暴露出来且能为我所用的战机，或创造所选入门的战机。当条件成熟时机出现的一瞬间，需果断进行入门切入，技击的同时性特征决定了切入的表现可以是同步捕捉战机所做出的进攻，也可能对方先进攻而“我”采用防反动作。第一环节出现了对抗双方瞬间的实质性“接招”时，就意味着切入状态的结束。

（3）交手状态：第一环节的切入，可以是主攻的也可是主防的，可以从不同的角度来完成，中门、大边门、小边门；前手切入、后手切入；前腿切入、后腿切入；上盘、中盘、下盘。当这些因素综合在一起时，意味着任何一方面的变化所出现的彼此间的切入，所形成对抗的空间结构都是不同的。不同的空间结构意味着同样的经纬技法的运用，表现在彼此守网与用网等技法结构会出现相应的差别，因此要求所表现的方式必须根据具体空间结构进行相应的调整，对抗就是在这个特定的由双方共同组成的空间结构里所进行的技击运行的推进与延续。否则，一旦脱离了这个前提，而一味地、教条地进行某技法的运用表现，势必会导致经纬技法运行的不流畅。交手状态是双方切入后进行实质性对攻的时空，这是对抗双方综合实力的主体体现，截止到场上裁判喊“停”的时间段内。此状态是全面实施技战术的对攻时间段，更是检验前面技战术的设计是否合理、实施是否顺利、表现能力是否达标、动作的功力支撑如何、各方面的素质是否能够满足技战术的需求等，这是对抗双方综合实力的较量。

（4）对抗时三种状态一般都按照自由状态、调节状态与交手状态的时间顺序进行着。但有时双方对抗的激烈程度加大、节奏加快，导致在对抗中的自由状态明显会减少甚至被忽略。例如：因为比赛时间有限而一方必须追分，或因战术需要迫使对手在高密度、高强度的状态下进行对抗，或因为商业赛事的市场运行的需要等，此时的对抗就会导致双方用于调节状态的时间明显减少。

2. 三种对抗状态的特点

通过对技击中各个环节及环节间转折等内容进行剖析，使我们了解技击运行的内在规律，抓住各环节时空轴表述技击的特性，从而在技法运用中使自己更自觉地遵守规律与运用特性，并在对抗之中能够实现“明于术而不拘于术，守规矩而又能脱规矩”的技法运行效果。

下面就对抗的三种状态进行具体的分析。

（1）没有威胁的自由状态：由于对抗双方都处在相对安全的状态之中，所以在这个距离的对抗双方都能够积极主动地、不受威胁地按照自己的要求，从容地调整自己的身体状态与规范动作，比如：按自己的方式进行布网，并规范动作、调整心态或恢复体能。当然，在此时对抗双方最需要做的还是总结上一回合交手时机体的两个感受、势态导向、技法使用效果与战术实施状况，以及需要调整的内容，总结交锋时彼此的得与失，同时又要根据以往的经验与理论的推理，对下一回合交手进行时空轴驾驭的预知思考，更需要仔细察觉对手动作的真实体验与心态行为变化等表现，做到明察秋毫。

通过这些机体感性的体会积累与理性的思考后，自己可逐步从中感知到即将交手的突破口应该在何处，并针对已确定的突破口进行这个回合交手前有针对性的战术设计。

当感觉具体的战术设计已经完成，那么就应该使用相应的技法寻求突破口，入门实施战术，此时要做的就是在对峙中围绕着设计的战术进行调节性实施。从开始的自由状态通过调节逐步过渡到切入前的双方相互对峙的局面，当身体的状态调整到具备了足以应付这一次交手的感觉时，就可以进行下一步的实战切入。当然，只要对抗双方中的任何一方调节状态完成，就可能在瞬间打破双方对峙的僵局，随时因切入自然进入交手状态，而不是等待双方完成切入前的调整。对峙中的任何一方先发动进攻就意味着对抗的调节状态都已结束，即使另一方仍然处在实际的动作调整状态之中，也会因对手的切入而被迫停止当下的调整,被动进入及时的交手状态。只要双方处在有效的对抗距离范围内，一方的切入就说明了彼此已经处在交手状态之中，尽管是另一方在对手切入的同步主动移动到无效距离，那也是双方关于第一环节的交往。

（2）对峙的调节状态：当完成了自由状态的调整，为了让自己设计的战术得以实施，需要逐步进行技法要求上的相应调整。这个调整不但体现在时空上有形的技法要求，更主要表现在心理上对无形的博弈压力的承受，此时必须完全克服怯敌之心，努力把自己带入没有得失也没有胜负的境界当中去，最大限度地把注意力投入到对抗中。因为技击的运用要求把自己的机体看成只是技法的表现平台，这样才能排除杂念并限制不利因素对技击运行的负面影响，最大限度地、更全面地挖掘技法展现所需的一切。如距离、角度、各种素质、动作姿态与动作感觉。

只有进入“忘我”的境界才能很好地去捕捉所需的战机，对手表现出来且又能为我所用的时间轴与空间轴中的战机。当然，这些战机的表现可以是直接的，也可以是潜在的。此时，要做的就是清晰对手可能采取的技战术；对手具备哪些威慑并如何表达这种能力；同时对手的弱点又“隐藏”在什么地方。当这些情况都已了如指掌时，要做的就是根据经纬构架的技法运行要求，去把握时机或创造时机去运用技法抢夺所需的技击结果，过程中让对峙时的劣势不被对手利用，使无形的优势顺利转化成自己切入时的更强势。

通过对各因素的“诱导”与“整合”，争取做到最大限度地优化自己的技击能力，力争最大限度地挖掘自己的技击潜能，据此为前提就能很顺利地理顺自己的技击思维网络。

这个势态之中该采取什么战术也就很明晰了，用什么技术动作去支撑去完成该战术也就在同步中显现。当时机出现的瞬间，只要被对峙的任何一方抓住并表现在实施的行动之中，那么对峙的调节状态就自然结束。为把握这个瞬间的时机，对峙双方可采用规则允许的任何形式进行切入，当切入动作启动时彼此的交手也就开始全面展开了。

（3）攻防得失的交手状态：交手状态就是双方进行实质性对抗的时间，此时是全面实施技战术的时间段，更是检验前面设想是否合理的试金石，如战术实施是否顺利，技术表现能力如何，各方面的素质是否能够满足技战术的需求等等。总之，这时是对抗双方综合实力的全面较量，是产生技击效果的主体。

交手状态内的因素构架是一个非常庞杂的体系，按照时空顺序表现在对抗中所展现出来的势态分析，其势态特点主要表现在三个方面：

①从无效距离到有效距离，双方机体开始产生接触；

②机体接触后势必进行全方位的博弈，这是对抗的综合实力的具体表现，此时的势态变化随着各自技法的实施，在技击运行中有着自身的内在变化规律；

③通过双方博弈的全面展开，必然会产生各自的具体感受，以及适应势态所产生更细化、更实际的需求，此时双方对当下势态的感知与态度可能会截然不同，在双方共同影响势态变化的状况下，对抗双方对势态的进展各有期盼。

（4）交手状态的进一步划分。为了深入分析技法特点，我们从技击对抗交手状态全过程的细化入手，根据对抗时场上势态表现出的特点进行归类，人为地把一次交手的完整过程划分成三个小部分，并找出各个小部分动作运行的表现特点。

每一次的交手中都是由这三个小部分共同完成的，为了便于分析，我们按照对抗的时间顺序的延续特征，把每一个小部分称之为一个环节，按照时间顺序进行划分的三个小部分就成了三个环节。下面将分别从以时间轴与空间轴为主轴所表现的相关形式进行相应的阐述。

①第一环节

此环节从无效距离的对峙调整到双方已产生实际接触的对抗过程，表现在各种切入的入门方式之中。在此过程中，双方从对峙转为对抗，无论是采用进攻或防守等某一种方式入门，都是为了争取获得双方产生接触时更有利于自己的空间结构，并以此力争在交手双方共同营造出的势态中对主动权的驾驭。

以时间轴因素主导技击的分析：以时间轴来表示动作的技击特性，需要表现出的就是动作恪守节奏时“快”速入门完成切入的特点，力争使对手因为判断有误或反应不及时而营造出瞬间时机的产生，并进行相应时机的把控。当然，这里所阐述的“快”并不是运行动作时为了速度而速度的浮躁，而是体现出动作中承载使命的运行特征。

以空间轴因素主导技击的分析：以空间轴来表示动作的技击特性，需要表现出的就是此环节中，动作由独立布“网”转入到彼此切入时双“网”在碰撞后，产生在纠缠之中的“网”所形成各自动作在新的环境中新的结构平衡。力争控制自己的动作功架在切入时经受冲撞或击打时功能不受影响,保持动作守“网”结构完整的基础上运行仍然通畅；同时控制对手“网”在切入的瞬间被迫动作形态结构受损,以及导致动作功能的运行受阻，动作构架由此而产生出相应的空档或者把控。当然这里所阐述的网的新的结构平衡，并不是指某一方单个动作的形态表现，而是指通过双方动作在入门时所产生的“碰撞”后，动作承载的各种功能却仍然在“网”上展现出来了,并显现出动作的各种技击使命等特征。

②第二环节

此环节展现的是切入后在有效距离内对抗双方彼此对攻的技击过程。此环节的技击双方都进入了以对攻为主题的攻防相持阶段，此间每一个动作的出现都具有不可逆的运行特点,过程中的任何变化都可能直接影响到技击运行的走向,并产生相应的对攻的效果。动作的攻防运行在传统武术技击“控制与反控制”的思想指导下，经纬技术构架的技法使用基本上遵循“远腿、近手、贴身摔拿”的总则。

以时间轴因素主导的技击分析：控制着实战场上的节奏，通过把控对手的反应与判断以获取时间差产生的瞬间时机；用合理的动作节奏与更快捷的动作速度去完成动作的技击功能，以及展现出动作带来的技击效果;从动作时间特征中体现出更强悍的技法能力，展现出动作运行时所需的功力支撑；以及在彼此对攻的过程中，体现出此时必备的、更强大的心理承受能力。

以空间轴因素主导的技击分析：表现在对抗双方的网斗过程中，在网斗纠缠时如何保障自己网络的结构与功能始终完整，同时又要力争破坏对手网络的完整，以便在网斗中撕破对手的网，从中获取自己需要的空档，并利用对该空档的施力获取自己所需的技击效果。这个过程是体现对抗双方在对攻中有目的地进行排位的动作运行，在当下特定的势态中彼此间都处在不断构建与破坏彼此动作构架的空间结构之中，以体现彼此之间攻防技法运行表现在空间轴上博弈中的技击特征。

以空间轴为主轴的技击体现主要在对攻中保持自己网的合理性、严密性与稳定性，要在网斗的纠缠中完成空间变排位的运行指导，当获取到可以把控的空档时，应具备完成无死角发力的技法能力，以及发力所需的功力支撑，旨在有条不紊地获取在此空间位置产生的技击效果。

③第三环节

该环节是由对攻转入到对抗结束的技击过程。因为经过前两个环节的对抗，双方已经在当下产生了相对优势与劣势的势态结果，此时在对抗中的动作特点是优者希望扩大战果，因此要乘势继续把对抗维持下去，表现出逼近的趋势；而劣者希望尽快结束对抗，以脱离当下对抗的被动局面，表现出逃脱的趋势。在具体的势态运行中，优者为了扩大战果，继续着自己的进攻并不断扩大战果，为了确保实战的“安全”，此瞬间裁判按照裁判法的要求必须喊“停”，终止对抗，此时对抗就自然结束了；劣者希望能有机会挽回一些成果，或者如果没有机会则希望安全地结束此时的对抗，使自己成功进入到无效距离，那么该过程就是第三环节的运行，只要第三环节完成就意味着这个回合的对抗已经结束。

以时间轴因素主导的技击分析：通过时间轴因素来表达对抗中双方优劣的技击形式。优者的动作此时会表现出更强的进攻节奏与更大的杀伤力，以求得在暴风骤雨般的强攻下摧毁对手岌岌可危的防守，为的是更快地获取技击效果；劣者需要做的是保持技击思维清晰，通过严防死守抗住对手快速和更具威慑的强悍进攻，并从中找到突破口抑制对手进攻，或者快速脱离到无效距离。

以空间轴因素主导的技击分析：通过空间轴因素来表达对抗中双方优劣的技击形式。优者的动作此时会表现出更强的破网控制能力，并通过获取的空档力争更大的技击效果；通过空档的把控力度加大表现出更强大的杀伤力，以求得技击运行中更合理的动作空间结构，并从中体现出来更大的控制力，着力于通过空档的获取去力争转换成更大的技击效果。劣者通过动作中更简洁的守“网”以抵抗住对手的破网进攻，在此过程中网的纠缠要尽可能完成破坏进攻方的动作运行、平衡或发力，以达到反控制对手，使对手虽然得势却不能将势态的优势转换成实际的技击成果，并从中找到突破口脱离威胁，得以快速转移到安全距离，以完成技击对抗的这一次交锋。

3. 三个环节的理论分析

通过对交手状态所体现出的特点进一步归类分析，找出其中各环节动作运行的规律，我们又把交手中共同营造的势态特点按照符合时空轴运行的要求，进行相应的三个环节划分。因此，我们可以把双方交手时组成技击结构运行的全过程，看成是由三个环节中各技法的呈现而共同组成的。

技击动作在一个回合的交手全过程中，所表现出的三个环节中的时空轴特性如下：

时间轴的时机多是快慢、节奏、间歇与反应等一系列时间元素的变化而导致产生的；

空间轴的空档多是平衡、重心、方位与路径等一系列空间元素的变化而促使产生的。

时空是动作存在的基本形式，无论是时间元素还是空间元素，技击都缺一而不可运行。技击动作运行的制约表现脱离不了时空双方面的元素，无论是以时间轴为主轴，还是以空间轴为主轴，只是技击对抗是以什么形式运用时空元素去共同展现技击的问题，时空元素中的任何一方都不能脱离另一方的辅助作用，时间与空间的元素都不能在技击运行之中独存。

在时空轴上的这三个环节共同构成每次对抗的全过程，无论是以时空因素中哪一种主辅形式来表现，组成技击的三个环节环环相扣，彼此间互相影响，共同形成一个有机的对抗整体。

（1）三环结构分析

技击结构的三环论：技击对抗中三个环节的论述，简称三环论。

通过三环论我们就能更加直观、系统地深入到技击对抗的结构内部，去分析、把握对抗势态变化的因果，了解这些对我们今后关于技击的学习、训练与技法运用等方面的效果提升，能起到巨大的促进作用。

通过三环论的学习将会对技击认识的提高有巨大的现实意义。

任何事物都有其存在的形式，武术技击自然不能例外。在任何对抗中，双方为了达到技击目的，在控制之中制服对手（进攻得分）与保护自己（防守安全）。对抗中的彼此都会尽力去把握当时势态的主动权，据势态所需各自运用自己理解并能使用出的动作（技法）进行博弈，以达到控制对抗势态的主动权。在彼此争夺而互不相让的博弈中构成了双方的多次交手，在多次的接触中，双方都为收获所需的技击效果，根据势态的需求使用当下时空轴诸元素来表现各种技战术，在对抗的过程双方都自觉或不自觉地循环在对抗的相应环节中。

这个循环就是：“……第一环节：双方对峙从临界状态的时空因素调整到切入对抗的过程；第二环节：切入后的综合对攻过程；第三环节：结束对抗的过程……”这个过程在技击对抗中不断地重复着回合的更迭，追求每一次交手中每个或某个环节的技击效果，并在交手的回合循环往复中去获得自己需要的技击结果，直至比赛结束。

三环论是以技击对抗中不可逆的时间为顺序，人为地将每次完整的对抗过程分为三个环节，在每个环节中按照各自所需的时空轴的秩序表述自己的技法运行，共同构成每一次对抗的三个环节运行的全过程，运行之间环环相扣，形成每一次交手的一个有机的对抗整体。

为了对武术技击理论进一步了解，通过三环论的认识会使我们进一步清晰、明确时空轴表现在武术技法上的运行规律，从而使自己在技击活动中更自觉地遵守武术技击的内在规律，并以技击规律为依据有目的地去指导技击的实践活动，使我们在技击活动中做到：明于术而不拘于术，守规矩而又能脱规矩。

（2）与技击有关联的关于时空方面的基本概念

距离：攻防双方所在位置之间的间距，通常以彼此间的重心为基本参照。

距离分为无效距离与有效距离。

无效距离：对峙时不能直接应用单动步法移动或动作进攻触及对手的距离。

有效距离：对抗过程中凡是能够运用单击动作直接产生技击效果的距离。

有效距离又可分为远距离、中距离、近距离。

远距离：对峙中双方通过快速移动的动作出击，并能击中目标的间隔距离。

中距离：对抗中不用移动步法就具备击中对手的间隔距离。

近距离：对抗中已经具备使用贴身靠打与摔拿技术的间隔距离。

距离感：对抗中，技击者对所用动作产生最佳技击效果，对应所需的最佳距离的感觉与判断，不同的动作在具体的运用中所产生的距离感不同。

角度感：通过中线落实对手的机体参照目标与自己所处位置之间，在使用动作产生最佳效果的角度感觉，不同动作的角度感觉不会完全相同。

角度差：攻防动作偏离目标的角度差数或彼此间同样的角度所产生的不同感受。

时间差：攻防双方在一个节拍内完成相关的攻防动作时，所产生的时间差数。

距离差：对峙时，由于对抗双方表现在生理结构与身体素质等方面的综合因素存在差异，导致双方在相同的距离内却产生了不相同的距离感觉。

角度：以对抗双方的中线为基本的参照线，从自己的动作运行所在位置出发，预计进攻方向与进攻目标形成的运行轨迹；或者理解为：通过进攻目标产生事实轨迹，这些围绕目标运行的动作轨迹时，产生的直线或切线与参照线所共同形成的夹角，统称为动作角度。不同的角度切入进去的空间结构会有所区别，其根本原因就是导致所入之门的不同，致使攻防二者彼此间共同组成的空间结构也会不同。由于动作运行之中的对抗彼此都处在动态中，因此，动作的角度变化也处在相对的动态变化之中。

（3）门与盘的概念

门与盘都是针对机体形成动作功架时表现在各部位所在位置的空间概念。门是左、中、右纵向划分机体表现在动作功架的空间区域；盘是上、中、下横向划分机体动作功架的空间区域，这是一个动作功架划分的相对的空间概念。

正门是指两肩为原点朝着对手正面延伸至两手臂内侧之间的空间区域，区域内以自己的中线为重点参考。正门又称中门。

正门的两侧则可称之为侧门、偏门、侧边或侧角等。因为在现实的攻防对抗中，技法的动作运行基本上不会以绝对对称的构架形式展现出来，所以就有了关于“大侧门与小侧门，大偏门与小偏门，大侧边与小侧边，大侧角与小侧角”等空间范围的动作概念。

凡是功架的前手的外侧称之为大侧门，后手的外侧称之为小侧门。（图 2-4-1）

盘的空间区域的划分，可分为上盘、中盘与下盘。一般把髋关节与肩之间的躯干部位称为中盘；髋关节以下的下肢为下盘；肩关节以上的头颈部位为上盘。（图 2-4-2）

图 2-4-1　门

图 2-4-2　盘

（4）调节

泛指对峙双方对自己所展现动作进行结构上的规范整合、技击功能上的感觉调试、技法运用在距离与角度等所需位置上的调整。

对抗中的任何动作要得到较好的发挥，都必须满足该动作运行所需的时空条件。因为，任何动作的技击价值都要在某个特定时空才能够显现出来，所以，对抗时要顺畅使用出某种技战术就必须进行相应时空上的调节。当调节到动作所需的时空要求时，动作的功能就具备发挥出来的前提，这就是为什么对抗双方在交手前，都会有一个相对的调节过程，这个过程就是对抗中的对峙双方在调节所需状态最重要的表现形式，以及在第一环节切入前的最主要任务。

在具体的技击环节内进行相应技法运用时，为了使所用动作在运行中获得应有的效果，必须保证所用动作对当下的时空要求。在彼此间的控制与反控制的博弈中，双方都存在着这样的心态，即尽力使自己在“顺”势的状态中进行对抗，却希望对手处在“背”势的状态中与自己交手。为了在博弈中得到这样的势态效果，就需要在对抗中不断地为动作的使用进行环节的相应调节，以达到势态对己有利的目的，这样才有利于动作在环节中发挥出更大的效果，这些都依赖技击者的调节能力才能得以实现。

对抗的环节在调节—交手—再调节—再交手的一个不断循环往复的过程中进行着，直至一方达到技击目的或比赛结束才能被终止。

调节是环节内对抗的重要组成，具体有三种形式：

己方调节：为了获取更好的技击运行的感觉，自己主动调整动作功架、距离、角度与身心等内容，以获取所需的位置与状态。

彼方调节：从对手调节中寻找符合自己技击运行的感觉，自己在调整好身心与动作功架的同时，关注对手调整动作的距离与角度，当对手调到“我”所需要的位置时，则迅速出击直接使用。

双方调节：围绕着获取技击运行的感觉，双方调整距离与角度，以争取尽快调整到自己所需要的位置与状态，同时设法阻碍对手获取所需的空间位置与技击运行，双方都在为自己的技法寻找运行的最佳条件。

攻防是对抗的中心内容，一般由“切入—对攻—结束”三个环节组成，往复进行。

相对应的分别为第一环节、第二环节、第三环节。

4. 三个环节的攻防特点

攻防中的每个环节都各有自身运行的规律，下面就各个环节技击运行的技法与方式，以及相关的要求进行适度的分析。

（1）第一环节：目的在于如何通过切入的形式来完成入门的任务。这样才能使对抗双方从游离的无效距离切换到对抗的有效距离之中，以构成彼此实质性的攻防对抗。此环节的要求不仅仅是通过切入去收获相应的技击效果，更重要的任务是为后面环节创造时间轴或空间轴上的优势，并营造出自己技击所需的运行氛围。在具体要求上可以采用调整动作的布网、彼此间的距离、入门的角度等手段，在技击思维网的控制下酝酿好具有同时性特征的技击准备，选择好恰当的技法，争取达到破坏对手的布网防守、源动平衡或直接得点；争取主动，并保证入网后网的完整以保护自己，并做到为下一环节奠定良好的基础。

第一环节要求技击者在动态浑圆的机体平台上做到布网完整、步法移动到位、反应快、目标明确、判断准确、动作迅速协调、技击思维网清晰。

第一环节的切入形式通常有三种：

①主动切入：双方对峙时，一方采用主动入门的进攻切入形式，主动方的主动切入称为主动切入。

②自然切入：双方对峙时，由于自己主动采用防守并配以相应的守网准备，有目的地等待对方的主动切入，并借助对手的切入完成自己需要入门结果，这种切入形式称为自然切入。

③被动切入：双方对峙时，一方没有做好必要的切入前准备，或机体处在失去防守、平衡破坏的状态中，而导致无法完成当下应有的调整，在此状态下出现被动接受对手入门的切入方式，被动方的被动切入方式称为被动切入。

（2）第二环节：主要目的是通过经纬技术构架下的技法对攻而产生得失，并从对攻中分辨出双方控制势态能力的强弱，以便于收获应有的技击效果。经过第一环节的入门产生接触，并进入第二环节的综合较量过程，要求技击双方都具备较全面的动作攻守能力、破网与守网技巧，以及相应的杀伤力、抗击打能力、较强的体力。本环节是全过程的全面的攻坚阶段，是综合实力的全面较量。

第二环节的对攻形式通常有三种：

①主攻：以进攻技法为主要手段的对攻形式，主要在占据优势或战术需要时采用。

②主防：以防守技法为主要手段的对攻形式，主要是处在劣势或战术需要时采用。

③攻防兼备：根据势态需要把攻防技法结合起来的对攻形式，主要在实力相当或战术需要时采用。

（3）第三环节：主要目的是结束对抗。通过结束对抗以便能重新调整自己，再进入下一回合对抗，这一环节要求技击者有较强的时空感、步法移动能力和平衡能力。

第三环节的结束形式通常有三种：

①自然终止：对抗双方的其中一方主动脱离此间的有效距离，导致另一方无法维持当下的对抗，于是对抗就自然结束；当裁判按照竞赛的要求认为对抗必须终止，因此喊“停”终止对抗；或出现与《传统武术竞赛规则》要求条款相冲突的现象，必须按规定终止竞赛。

②接触终止：主动采用接触类技术终止对抗的方法，通常包括进攻与防守两大类。

③闪躲终止：一方主动采用不接触的技术终止对抗的方法。通常包括采用身法、步法调整空间位置等方法，主动使对抗中的身体脱离当下的有效距离。

（4）赛场的情况千变万化，双方的每次接触都受到自己技击思维的指导，并且经纬技术构架下彼此所用技法、战术或功力支撑不会完全相同，因此，对抗中的三个环节就会应景出现，每一次出现的技击环节自然不会总是那么完整。

例如，甲、乙对峙。当甲主动切入，乙自然切入，但乙第二环节对攻能力强，甲就没有必要勉强进行第二环节对攻了，完全可直接采用第三环节技术，结束此时的对抗，争取在第一与第三环节产生技击效果，主动地省略掉第二环节的劣势对攻。

当甲主动切入，由于甲把握机会能力强，乙被击倒而致使比赛结束。此时，甲、乙都省略了第二个环节。甲的切入动作既是第一环节的主动切入，同时又是第三环节的接触终止；而此时乙虽未做任何动作，却在被击的瞬间已经同步完成了技击的两个环节，即被动切入与自然结束这两个环节。

当甲逼迫乙到擂台边角，虽未切入，但乙被逼而下擂台，对手下擂台的瞬间对抗中的第一环节与第二环节都在自然中结束了，此时只有第三环节存在。

当一方擅长摔，只要摔法运用成功，裁判就会按照《传统武术竞赛规则》的要求，在此状态下随即喊“停”，此时的摔就成为对抗的第三环节动作。

对抗时三种状态一般都按照自由状态、调节状态与交手状态的顺序进行着。但有时双方对抗的激烈程度加大、节奏加快，在对抗中的自由状态就会明显减少，有时甚至会被适度忽略，随着激烈程度再进一步加大，调整状态也会相应受到影响。例如：比赛中一方为了追分或因战术需要，也可以是抓住时机加大技击效果，势态要求迫使此时要进行高密度、高强度的对抗，因此，此时的对抗就会导致自由状态与调节状态的时间明显减少。

在交手状态的三个环节间的状态是以时间顺序进展的，整个对抗的过程由三个环节共同完成，但在对抗各环节中表现出来的情况是有差异的，环节之间常常表现出：前面的环节替代后面的环节，并构成由环节叠加来完成的一次完整的对抗形式。例如：只有第一环节的切入比拼的对抗形式，双方的对抗只停留在切入的环节上，此后没有进一步的对抗就结束了彼此的再接触，使对抗又回到调整状态，这种现象说明第一环节已经叠加了第二环节与第三环节的对抗；双方的对抗也有在第二环节对攻时，突然被裁判员喊“停”、一方突然主动放弃比赛、一方已被摔倒或一方被击倒而结束对抗等现象出现，此时第二环节的对攻已叠加了第三环节的脱离功能，第三环节很自然地被第二环节叠加而替代了。

5. 经纬技法在环节中的表现

（1）预备姿势（即预备式，以正架为例）

预备姿势通常也叫作预备式、警戒式或格斗式，是格斗前所采用的临战运动姿势，也是技击对抗之中一种常态动作功架。它是属于进攻与防守之间的一类动作，是攻防动作的起始，能体现出较好的进攻发力功能，同时又能够很好地展现防守的严密性，以及对抗中动作运行的快捷性。从动作构架上看，它不仅能使身体处于强有力的状态，而且能形成最佳的快速反应能力，在保持重心稳定的同时利于快速步法移动与身法变化，能够做到可随时启动的进行进攻和防守的启动运行，动作要求暴露面小，这样就能有效地保护自己的要害部位。

经纬技术构架的价值体现从预备式开始，但预备姿势没有一成不变的、绝对固定的动作架势，只要在对抗中能满足预备式功能所需的动作功架都可以成为预备式。但无论是采用哪一种预备式都应该以在练习时，感觉到功架在摆放时具有相应的舒适感为准，千万不能有别扭的不适感，并能在预备式这个功架平台上的任何位置自由地做出技击所需的各类型动作，而不是强制性地为完成动作而完成动作；动作功架应该体现出松而不散、紧而不僵的特点，同时又要感觉到功架的不同部位都能够承受适度的外力冲击，要让自己的身体处在一种从内到外充满弹性的待发状态之中。

预备姿势分为左实战式和右实战式，即俗称的正架与反架。

下面以左实战式（正架）的功架为例，完成预备式动作构架要做到：

①从两脚开立起，见图 2-4-3（1），进入浑圆桩，找到身备五弓的力感，以及机体浑圆之整劲。两脚前后开立，前脚跟与后脚尖距离约同肩宽，见图 2-4-3（2）。

图 2-4-3（1）

图 2-4-3（2）

②双手由内抱转为外撑，掌心由内同步转向外，同时感受机体的浑圆整劲与身备五弓的力感，以及劲力是否会在运行的过程中减少或丢失，见图 2-4-3（3）。

③左脚跟为轴，脚掌外展40度；以右脚前脚掌为轴，脚跟外展45度，同步将头与躯干左转45度，带动目视前方5~10米处，同时感受机体的浑圆整劲与身备五弓的力感，以及劲力是否会在运行的过程中减少或丢失，见图2-4-3（4）。

④以双手劳宫穴为轴，将两肘关节自然下垂，形成完整的预备式。意念“强敌”在前方5~10米处，同时感受机体的浑圆整劲与身备五弓的力感，以及劲力是否会在运行的过程中减少或丢失，见图2-4-3（5）。

图2-4-3（3）

图2-4-3（4）

图2-4-3（5）

预备式机体各部位的具体要求如下：

①上肢做到：左臂弯曲略大于90度，掌尖用力斜朝前上，掌心微回收，掌面呈球状，掌根微前顶，落位中线偏同侧，高与下颚齐；右臂内曲约90度，落位中线偏同侧，高略低于前掌位；左右两掌于中门合力守住中线位，做到双肩自然下沉、两肘下垂并稍向前外侧撑开，下颌内收，目视对方关注区，余光罩住对手全身。

②下肢做到：髋关节充分打开，以产生机体起落胯步法运行的启动空间；圆裆将弧线撑开与两髋关节的关节腔形成一个有机的整体，并使之具备联动运行的功能；左脚全脚掌着地，右前脚掌着地，脚跟稍抬起与地面微微有缝，两膝稍弯曲，自然里扣，保持两个下肢以弓形状支撑的弹性，确保膝关节与踝关节都只是弓形中不挂力的机体部位。

③重心要求：身体重心在两脚之间，重心位置要方便于前后左右上下方向的移动；

④躯体做到：保持机体中正，做到头顶、项领、含胸、拔背、收腹、塌腰、敛臀、带脉整体松沉，打开前后胯微突命门并做好泛臀规范，自然状态中悬住丹田位，并扩充丹田所在区域的活动空间，将身弓打开让机体隐约感觉所呈弓状即可。

预备姿势的各个具体部位都要求把桩劲融入动作的功架中去，在整体、自然、松沉的要求下，做出如下表现：

①下肢：脚在技击运动中尤其重要，要求在承受体重、保护平衡的同时，因技战术需要不但要做出各种步法移动与腿法动作，还要协调整体，配合并支撑动作发力。

脚：左脚尖微内扣，感觉舒适为度，两脚近似平行。前脚跟与后脚趾间距为本人两脚，两脚间横向距离稍宽于肩，脚跟似贴而又非贴于地面，前脚微向后撑，后脚微向前蹬，略成裂地之势以共同承受重心。

踝：放松，自然，始终保持弹性状态，并呈现出随机变向的待发功能。

膝：两膝关节略带弯曲，并微内扣，始终略具弹性，能够随时调动。

前胯：收胯敛臀，两胯连线水平控制重心，与躯干保持完整，不使上下肢脱节。

②躯干：就技击运动的特点而论，要求暴露给对手的有效部位越少越安全，以减少被对手击中的概率，躯干的要求在一定程度上起着重要作用。通常躯干保持撑开身弓，做到两肩微内扣，含胸拔背、尾闾中正、沉肩敛臀，背部略呈弓形。

③上肢：在技击运动中的特点是灵活多变，承担更多的控制与反控制的技法任务。

手：左前右后，双手持掌松撑，各手指自然弯曲呈球状，前臂稍向内旋肘关节的夹角略大于等于 90 度，落位于中线偏同侧，高与下颚齐，左指高与鼻齐，右指略低于左指位，整体劲力体现出松而不散的特点，并能根据需要做前后、上下等不同位置的调整。

臂:大小臂内曲约 90 度,落位中线偏同侧,高略低于前掌位,两掌合力,保持上肢臂弓，守住中线位。

肘：肘下垂稍向前外侧撑，两肩下沉，以舒适为度，并将两肘内侧微夹保护两肋部。

④头：要求下颌内收，头顶竖颈，严防下巴上抬或歪头，目光盯住对方两眼与两肩范围的关注区，用余光罩住对手全身，目光应该聚光，且不能有散光现象出现。

⑤呼吸：要求养成用鼻完成腹式呼吸的习惯，呼吸时要求做到气沉丹田，息中体现出深、长、匀、细、缓等呼吸特征。

在学习预备式的过程中，应始终感受到机体的浑圆整劲与身备五弓的力感存在，并可通过常对镜子练习功架，以检查自己的姿势，并注意各部位的位置与力感要求。

（2）对峙姿势

开放势：双方对峙，一方预备式是正架，另一方预备式是反架，所共同构成的对峙姿势称为开放势。[图 2–4–4（1）、（2）]

图 2-4-4（1）

图 2-4-4（2）

闭合势：双方对峙时所采用的预备式均为正架或反架，由此共同构成的对峙姿势称闭合势。[图 2-4-5（1）、（2）]

图 2-4-5（1）

图 2-4-5（2）

（3）步法

步法是传统武术技击的重要基础技术之一，拳谚有云："先看一步走，再看一伸手；步慢则拳慢；练拳容易走步难……" 这些都说明了步法在技击实战中的作用。

传统武术技击运行存在一个非常突出的问题，那就是在静态之中感受机体的浑圆整劲与身备五弓的力感往往显得相对容易，但凡是在对抗时全面结合步法与身法的变化，并将机体牵入到应景的随机动态之中，那些原本具备的浑圆劲力与各张弓的力感就容易随之减弱甚至丢失，这样就会使运用中的技法在动态之中的劲力，因缺乏内在平衡的支撑而不得施展。因此，在进入真实的技击对抗后，机体必须进入相应的动态浑圆状态，否则，建立在浑圆平台上的劲力运行就失去了施展的前提，那么，通过此劲力支撑的经纬技术构架也就失去了技法运行的基础，因此要现实技击对抗的前提是机体必须进入动态的浑圆状态。

动态浑圆要求机体必须在实战的动态中全面体现出浑圆的各种功能。主要表现在：机体在步法与身法的运行时要求适度悬住丹田，尽可能将前胯充分打开，始终保持髋关节的关节腔具备最基本的弹性；通过两个关节腔的缩展运行产生步法移动的基本原动力，使下肢的根关节在缩展中展开步法运行；强调下肢这两张弓始终按照要求处于崩住状态，以始终保持步法移动时所需的弹性，并不允许与机体产生任何脱节现象；膝关节不允许有挂力现象，步法运行中的机体仍然处于松沉、自然与整体的浑圆劲力状态。

步法是技击中移动身体的方法。灵活、稳健而敏捷的步法是经纬技术构架得以施展的基本要求。技击对抗在动态浑圆之中的机体运行，不仅需要调节重心以维持身体功法中的始终平衡，动态浑圆也是技法使用的基本，同时不是三才劲崩弹发放的基础，认真学习和演练动态浑圆是提高实战能力的重要环节。动态浑圆的步法在具体运作时需要表现出来的技术特征是沉、整、活、捷、稳、准。

步法的技术特征及要求：

①沉：指步法移动时由内而外显现出来的动态浑圆状态，表现出机体的松沉特征。这里的沉不仅仅表现在机体的浑圆之中，也是步法运行时的沉稳体现，同时还表现在运行之中呼吸的气入丹田要求。

②整：指步法移动时机体所体现出的身备五弓的一体劲力。技击对抗原本就是整体的表现形式，绝非是机体局部的表现行为，只是存在着机体如何按照技法的要求进行各部位不同的主辅整合而已。建立在浑圆平台之上的各种类型的要求不断地完善着“整”的内涵与要求。

③活：指步法移动、变换要灵活敏捷。步法移动不只是单个动作，更是练习与应用时的各种步法移动的动作组合。这就要求移动时根据需要灵活多变，不僵不滞，步法间的衔接要自然、顺畅并富有弹性，才能更好地为技法服务。步法移动时应该轻松自如，虚实变换,不让对手抓住身体特点,给对手造成方向判断的困难,尽量让人处在“动态”中，而避免处在不能变化的“静止”中。

④捷：指通过步法在动态浑圆的状态之中完成快捷与迅速的机体移动。无论是对抗双方对峙状态中的调整，还是互相对攻中的相持阶段把控，快速移动都是时间轴元素体现主动权的基本保证。进攻一方在发动进攻时，必须快速接近对手，只有调整到技法使用的恰当距离时才能得到施展；同样，防守一方也必须相应具备快速移动与躲闪的能力，以此为前提的防守或反击才能提高技法的成功率。

⑤稳：指步法移动的稳定性。经纬技术构架是以空间轴为主轴、时间轴为辅轴的技击表现模式，动作空间结构的表现是技法运行的基本要求，重心是否稳定则是支撑技法施展的基本要求，步法移动是否稳健是技法施展的质量保障，只有掌握了动作结构的空间稳定性，技法才有更大的发挥空间。

⑥准：指动作运行对时空的掌控能力，表现在瞬间时机的把握与落点到位的把控。练习者的空间感表现在对距离与位置的把握上，要求移步法时，步幅要适宜，落点到位要准确。准确地步法移动能为进攻、防守和防守反击赢得时间上的主动。移动的质量不以步幅大小的绝对值来衡量，而是以实战时对所需位置的精准落位。如果进攻时移动的步幅不准，就不能产生最佳进攻效果，也会影响到第二次进攻和归位防守；防守时步法移动的距离不准，就可能被击中、错失良机与受到不利反击。把握步法移动的准确性主要取决于习练者时空的感知力，而这种能力的获得有赖于长期的实践和不断的实战摸索。

6. 动态中的浑圆

针对那些静态桩时，机体更容易产生浑圆整劲的感觉，可是机体一旦需要按照技法的需求进行具体的随机攻防运行时，人体势必会处于身法或步法相应变化的运行中，尤其是处在实战对抗的动态之中时，机体的浑圆感就容易随之而丧失。因此，需要对机体内在的要求进行规范，以适应攻防，达到符合技击的机体动态中浑圆的规范要求。

建立在“静态”桩功的浑圆劲力的基础上，机体由“静态”浑圆的桩功转而开始步入“动态”浑圆的整体运行之中，并以此为平台开始逐步结合各方面因素，以支撑技击对抗的一系列关于攻防的运作。

通常机体表现“动态”运行都以全面打开前胯作为训练的切入点，首先要保证动作运行中髋关节的关节腔具备充分的缩展空间，并从中获得必需的关节区域的肌腱弹性，由此产生机体在步法运行中的结构基础，如同汽车减震系统的作用。而后胯打开突出命门以强化身弓，以便丹田周边更具松沉的充盈感，同时立起身马引领四弓，完成身备五弓的整体感，机体运行中的底盘效应才会体现出来。

建立在这个前提条件下的前胯运行，导致关节腔的缩展产生在不脱离整体的状况下完成身体移动的弹力。机体移动与技法要求在这种机体的运行中得到完美结合，经纬技法体系构架在这种机体动态浑圆中才能得到充分的体现。

运行中的小腹要求适度悬住丹田，并收整小腹的整个区域，让悬住的丹田与前后胯、五张弓以及相应的呼吸挂上力感，通过夯实浑圆的这个整体，在浑圆之中调整前胯髋关节的关节腔的缩展以产生下肢运行的原动力。根据技法需求进行不同步法的运行，以及相应的身法运行，并在各自运行之中体会动态中的浑圆感，动作在内外三合的规范下浑圆感就会显得更强，当产生了感觉后就需要通过训练加强步法所协调的机体动态浑圆。

通过训练使各关节腔按照规范逐步打开，在建立动态浑圆时需要保持机体最基本的基础骨缝，并使机体始终处于自然撑拔的常态之中，骨缝表现出似有若无的状态特征，当机体需要按照技法运行或发劲时都能在这个平台上自由诠释。当机体运行时，若丢失了常态的撑拔就很难全面体现出劲力崩弹中那些先天运行的元素，也会因此而很难体现出运行的质量效果，尤其是连续崩弹的劲力运行。保持常态关节腔的撑拔状态，以此表现出在关节腔的正负展缩中，都必须具备本能地回弹到常态撑拔原位的功能，恢复到常态位的能力越强，崩弹效果则越好，并成正比关系。

保持机体的动态浑圆必须体现在三个方面：步法中浑圆不丢；受冲击时整体不散；三才劲运行不受阻。

动态中的浑圆体现因为将机体内的劲力盘活了，因此才能表现出更有利于基础技法的运行；动作中表现的技法元素，如开、合、牵、送、转等控制，因为具备了动态的浑圆劲力支撑，也就更能表现出应有的驾驭能力，体现在技法表现中能在自然承载对手体重的受力基础上产生所需的运行效果。

动态浑圆运行，通过进一步的深入训练得以产生并锁住这种机体的浑圆力感，还需使之固定成为机体的一种常态。通过不断加强机体在动态浑圆中带来的整劲训练，就能把曾经训练过的内容都在此动态中自然体现出来，如此，就为技法施展所需机体支撑的松紧转换提供了运行的保障。尤其是三才劲的劲力发放与常态下的整劲表现形式。

随着训练的劲力不断增强，表现在机体上动态浑圆的功能也会随之加强。

7. 预备式布网分析

我们要把关于“网”的理论表现在具体技法的运行体系之中，就要求在动作功架中实施全面具体的布网，以获取技击对抗中必备的功能。首先要求“网点”表现在动作各部位的准确定位与各“网点”相互关联，共同组成“布网”在整体结构上的完整性；其次要求将建立在此动作功架上的“布网”功能充分体现出来。

（1）上肢布网的摆位

相对静止的预备式以两掌封住中线，体现出六面劲的撑拔朝前的劲力，主要封住上盘与中盘上段的空间位置。

①以两肘为圆点支撑左右前臂的弧线运动，主要封住中间［图 2–4–6（1）］、侧上［图 2–4–6（2）］与侧下部位的空间位置［图 2–4–6（3）］。

②以两掌劳宫穴为圆点支撑左右两肘侧向往上的弧线运动，主要封住上盘侧面部位的空间位置，见图 2–4–6（4）。

图 2–4–6（1）

图 2–4–6（2）

图 2–4–6（3）

图 2–4–6（4）

（2）下肢布网的摆位

①相对固定的重心控制，从预备式［图 2–4–7（1）］起始，建立以前胯关节为支点，在提膝关节的基础上完成：内扣［图 2–4–7（2）］、外冲［图 2–4–7（3）］与前顶［图 2–4–7（4）］等相关封堵内容。动作完成时要确保机体其他部位的结构不变且重心平稳，分别以两膝部位去封住“肘关节以下与膝部位去关节以上区间”的正侧面空间位置。

图 2–4–7（1）

图 2–4–7（2）

图 2–4–7（3）

图 2–4–7（4）

②相对固定的重心控制，以预备式膝关节为支点完成左右侧的摆动［图 2–4–7（5）］，

用脚掌在两侧部位内堵［图 2-4-7（6）］、外封［图 2-4-7（7）］膝关节以下区间的正侧面空间位置。动作完成时要确保机体其他部位的结构不变且重心平稳。

图 2-4-7（5）

图 2-4-7（6）

图 2-4-7（7）

（3）两手正面位置布网的控制

①在预备式的基础上，双手随机云手的运行，以控制正面腿法的空间位置，见图 2-4-8（1）、（2）、（3）、（4）及对抗图。

②在预备式的基础上，双手同步完成前手拍压，后肘正面顶肘，封顶住对手高腿法的空间位置，见图 2-4-8（5）及对抗图。

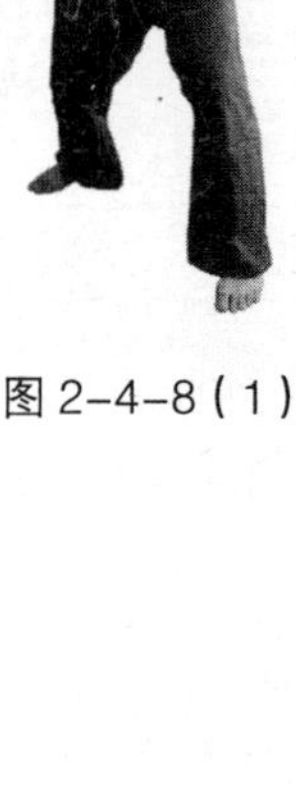

图 2-4-8（1）

图 2-4-8（1） 对抗

图 2-4-8（2）

图 2-4-8（2） 对抗

图 2-4-8（3）

图 2-4-8（3） 对抗

图 2-4-8（4） 对抗

图 2-4-8（5）

图 2-4-8（5） 对抗

③在预备式的基础上，双手同步完成前手上提，后肘正面顶肘，封顶住对手中腿法的空间位置，见图 2–4–8（6）及对抗图 a、b。

图 2–4–8（6）

图 2–4–8（6）a　对抗

图 2–4–8（6）b　对抗

（4）两手侧位置布网的控制

图 2–4–9（1）

在预备式的基础上，进行双手搂膝拗步的运行，以控制对手侧面腿法时出现的空间位置，见图 2–4–9（1）、（2）、（3）、（4）、（5）、（6）、（7）。

图 2-4-9（2）

图 2-4-9（3）

图 2-4-9（4）

图 2-4-9（5）

图 2-4-9（6）

图 2-4-9（7）

8. 完整的布网需满足以下要求

形：左侧、右侧、正中；上盘、中盘、下盘；尽管在对手无规律状态进攻时，所布之网仍然保持严密与完整。要求：布网之形的覆盖要全面，做到疏而不漏。

力：布网的每个部位都应该具备基本的对外来冲击力与击打力的承受能力。要求：外形做到在不同部位都适应外力冲击而网不变；内部保持受外力冲击而机体内劲路顺畅。

行：动态中的技法运行时，所布之网始终保持功能完整。要求：技法在结合步法或身法表现时，仍能保证网的功能不会丧失。

变：指网在动中不发生功能减弱现象，做到心中有网，触碰处皆有网，网无处不在，疏而不漏；从守网见网再到脱网仍不丢网，做到网无处不在，功能处处体现却又在技法运行时不受网的约束，处处是整网，尽管表现的瞬间是局部网的功能体现。

布网的功能体现：守中、顾侧、上下一体、全身各点相互呼应形成一个功能完整的网络整体；在网的运行中突出守中、用中、回中，并能够自然地成为三动原理诠释功能的空间平台。

第五节　三环中的技法表现

一、第一环节的技术

对峙双方的任何一方认为调节状态结束，都意味着随时可能进入交手状态。通常进入交手状态，只需对峙中对方的任何一方瞬间启动入门便开始了。

第一环节：处在对峙中的任何一方开始启动，第一环节就已经处在进行之中了（以正架闭合式为例进行如下动作分析）。

第一环节切入，即从无效距离进入有效距离，对抗彼此产生了实质性的空间位置改变。此时的技击势态表现为，对抗双方的身体从无接触进入产生接触的过程，在此过程中双方从互不接触的对峙阶段，转为彼此通过肢体或机体产生接触形成博弈的对抗阶段。

进行切入环节的入门要求包括心中有流畅的技击思维网络、机体的肌肉筋骨体现出动作功架上的整劲、经纬技法运行体现出动作在网行时的严谨、入门的正确选择等，这些要求都是组成完整切入动作不可缺少的因素。

切入不仅仅表现在各自所布之网的纠缠开始，更重要的是需埋下在第一环节切入时完成楔子嵌入的伏笔，以服务于空间轴为主轴的对抗任务的完成，如此才能表现出更便捷的经纬技法控制，更直接地体现出技击对抗中对所需空间的驾驭能力。

切入就是在无形的技击思维网络指导下所形成的有形入网，过程中所表现出来的是具体的可实施的技战术动作，无论各自采取什么战术，在具体实施经纬技术构架的攻防过程中，双方都应在纠缠中力争突出所实施技战术的主动性。

（一）主动进攻方表现

切入时争取在入门触碰的一刹那就占据空间位置的主动，通过主动切入的方式去争取入门的空间排位优势，并在此优势运行中，力争带来相应的收获。但是，在这个运行的过程中，是否真的能抢占到切入时所预期的收获，应从以下几个方面来衡量。

（1）迅速切入，导致对手在入门的一瞬间出现如下表现：

①迫使对手不能针对主动方的切入，做出有针对性的、相应的、正确的判断；

②虽对切入做出判断，但由于反应时间太短，致使对手判断错误或动作运行失误；

③对手所布之网的质量低劣，导致所布之网的局部空间结构被破坏，因此出现空档；

④对手虽具备了相应的判断，但由于切入速度太快或切入位置精准，致使对手支配机体产生动作的效果失常，主要原因体现在：不到位、不准确、不及时或不具威胁力。

（2）具有强大杀伤力的切入，会给对手在入门的一瞬间造成心理上的压力，迫使对手因为心理压力太大而致使动作变形或支配技战术的能力下降，导致对手应该具有的实际水平在对抗中发挥失常。

（3）使对手的动作运行，因为“我”的切入冲击，导致其在入门时所布之网被迫锁住，或者所布之网被破形。这种破坏主要表现在对手实战姿势（预备式）在入门时出现功架、平衡、协调、节奏、移动、身法、反应等方面的运行质量问题，导致对手技法运行在“我”切入动作的影响下，不能正常支配自己的动作，而被迫处于运行的被动状态。如此，则能为我方在第二环节的全面对攻创造有利条件。

（4）把握好切入时机，在入门的瞬间直接产生技击效果，该效果的形式主要表现在直接击中对手、杀伤对手、破坏对手的身体平衡、对手被锁网并被直接控制。

（二）防守反击方表现

防守反击方在等待对手自然切入时，在第一环节的防反中应力争表现出所需技击效果。因此，在对手切入时的一刹那需要主动做好防守，无论采用什么类型的防守，都应通过以下几个方面来梳理入门时获取效果的原因，以进行动作质量的衡量。

（1）针对对手的进攻，防守是否做到了主动、网固、严密、不漏、主次有序、攻防有间，以及后续反击动作的自然衔接，达到攻防合二为一，形成融为“一体”的攻防组合。

（2）无论是同步反击还是分步反击都要很清晰地表现出防反的动作节奏，防守的动作能够与对手的切入产生应有的动作纠缠，显现出攻防之间的充分“融合”。形式上主要表现在动作空间排位的把控合理，劲力运行的顺序有机，攻防有明确的针对性与主动性。

（3）灵活运用三动原理，迫使对手技法运行的待动不能在入门的一瞬间自然作业，导致其不能顺利进入第二环节；而同时确保自己的防守动作与后续反击能衔接顺畅。防守与反击动作的选择，应该考虑彼此衔接兼容的动作进行组合，以确保动作组合的运行质量。因此，只有三动原理在技战术中诠释恰当，才会使对手的动作运行受到很大程度的限制，迫使其进入第二环节的动作衔接不顺畅。

（4）为自己下面环节的主动创造条件，主要体现在把握当时对抗势态的控制权，使第二环节的对抗环境更利于自己经纬技法的发挥，更有效地做到避实击虚的选择，并利用好自己在当下可为的战机，引领势态朝着有利于自己的方向发展。

（三）双方主动进攻

拳打两不知。当双方都采取主动进攻时就形成了彼此在第一环节切入时的对攻，此时双方的动作都处在进攻的动态之中，只要动作一出现，从启动之始就固定了该动作在切入时运行的轨迹与性质，这个状态对双方而言基本是一致的，这就会导致以下几种情况出现。

（1）一方速度快，而另一方速度慢。如果双方其他条件均等，那么速度快的一方可能会先击中速度慢的另一方（未击中或动作质量不达标则另当别论），被击打的一方必定在瞬间因为机体受外力冲击，而导致动作运行在力度、力点、力的运行轨迹等方面受到相应的影响，影响程度将与受力程度成正比，所产生的对抗势态将直接影响到进入第二环节时的先手，以及对攻时的主动性。

（2）一方杀伤力强，而另一方杀伤力弱。假设双方抗击打力等一系列的条件均等，那么力量大的一方可产生更强大的击打效果，因杀伤力的区别而产生的击打效果各不相同，由此对双方的心理承受力的影响会有较大区别。对抗中引领势态的主动权将被杀伤力更强的一方掌控，由此，导致双方进入第二环节技击的对攻状态会有质的区别。

（3）一方准确度高，而另一方准确度低。这是一个关于动作使用效率的问题，当一方在击打对手时动作的力点偏离目标或未击中目标，就意味着该动作的作用效果不大或已成为一个废动作。在双方互相击打时，一方准确度高就有了击中对手的保证，而另一方准确度低的动作效果自然低下，说明在不能击中对手却在做动作的这段时间内，自己的机体将会处于相对“静止”“露白”而不产生任何威胁的运行状态之中。所以，准确度低的这一方会迫使自己进入第二环节的对攻中，并处于被动局面。

（4）一方动作克制另一方动作。任何一个规范的技击动作都应该表现出攻防两方面的含义，当双方同时启动彼此的进攻时，双方动作的攻防则互以对手动作的攻防为产生技击效果的因果。双方的动作在瞬间的攻防中遵循着动作之间相生相克的规律，被克制的一方将使自己处于被动局面，而克制方将会在此状态下引领势态朝着更有利于自己技法施展的方向运行。

（5）双方的切入势均力敌。表现在：双方攻防均衡的动作使得双方的切入在第一环节受对手相同程度的影响，双方有同样的主动权进入第二环节的对攻，此时表现在先转入第二环节对攻的一方更易占得主动。他们可以采取进攻动作进入第二环节，也可以采取防守的形式进入第二环节；或者双方的动作在切入时形成了犬牙交错状态，导致双方动作纠缠在一起相互抑制。此时，谁能够先找到突破口达到转变动作运行的效果，谁就能够先脱离被纠缠的势态，那么，他就容易把握此时的先机完成第二环节的对攻任务。

（四）双方均防守反击

当双方都采用防守反击战术时，彼此都希望对手先出进攻动作，目的是以便自己能针对对手的进攻，采取有针对性的防守反击。当双方都不做切入动作时，就会使对抗处于一种相对“静止”的对峙状态，如此下去，只要任何一方都不采取真正意义的切入动作，对峙的僵持就会一直延续而不被打破，双方就不能形成实质性的对抗，哪怕是一方采取佯攻。为了在实际的比赛中将此对峙的僵局打破，根据《传统武术竞赛规则》的精神要求，在此时引导场上裁判员采取指定任意一方先进攻的方法来破解僵局，迫使一方在规定的时间内必须先采取主动进攻，使实质性的对抗得以展现与持续。

（五）第一环节的表象

从切入的运行来看，由入门而形成的空间结构的对抗表象是技击对抗不可缺少的环节，所以，对抗首先表现在第一环节切入技法的比拼。如果对抗双方的切入都不能突破无效距离，进入有效距离并形成有威胁的切入，那么双方就仍然处在第一环节切入调整的“游斗”之中。此间,也许一方做了一个或几个切入动作,但都被另一方拉开距离而化解;或另一方守网坚固而无法入门；又或许是某一方的战术需要等因素的作用，导致一方无法完成实际的切入。说明这次对抗的第一环节虽然使用了几个切入动作，但都没有完成入门的任务；也许会是一方切入不成而停止切入，而另一方又开始了他的切入，在犬齿交错中往来而不能形成实际的入门效果，则说明对抗虽然还在进行当中，但都只是围绕着对抗第一环节的博弈而展开。这也说明第一环节的对抗可以是一次交往，也可以是多次交往。

（1）为了提高第一环节切入的成功率，我们应该明确这个环节的运行有些什么要求。

①第一环节切入能否入门成功，标准就是能否具备较强的控制有效距离的能力；

②切入后能否按要求进入第二环节，取决于切入后是否具备控制对手待动的能力。

（2）第一环节的切入方法与动作质量是决定切入成败的关键，其目的就在于要求切入时的动作必须能够控制对手动作运行的时空。动作的质量主要表现在以下两个方面：

①在使用切入动作后，如果没有达到切入目的的动作是否能够顺利收回。

收回是指使用出去的动作是否能够回到做下一个动作的启动位置或起始状态。击打出去的动作能否收回是重新组织下一次切入的基本保证，第一环节的运行如果几个动作都未切入进去，则说明第一环节的任务一直没有完成。对抗双方如有一方处在切入的运行当中，当切入方的动作不能收回时，那么切入方的布网就会容易被对手破坏而致使自己处在被动局面；因为不能收回动作而被对手抓住时机反切入，就会被对手强制带进第二环节形成相应的被动；动作不能收回时，即便是对手不切入，自己也无法形成有效的再切入动作。这些结果皆因无效的切入动作不能收回所致。

②在使用切入动作后，如果已达到了切入目的，入门时是否能够顺利衔接后续动作。

第一环节与第二环节的衔接是否形成一个有机的整体，是切入的后续能力的体现。动作的时空驾驭能力如何，不仅仅是自我感觉劲力的充足与技法的娴熟，更需要通过作用在对手身上的效果来证实，动作使用出去后，当下的势态是否允许自己按照技法运行的要求继续做出有效的动作，才是维持对抗的根本。当切入到有效距离时，能否自然地做出具有威慑的后续动作，决定了自己是否能够保持基本的技击状态，在有效的距离内按照经纬技术构架的运行要求“咬”住对手，并灵活使用三动原理保证第二环节的拼打优势。

双方切入环节在进入有效距离的拼打时即已宣告结束，第二环节的对攻可以在有效距离的任何位置产生，也可以在切入后立刻退回到无效距离进行重新调整，同时也完成了第三环节的功能，使第一环节与第三环节的运行发生重叠，使对抗又重新回到对峙状态或自由状态，此时的对抗也就自然结束了。

（六）动作解析

下面将第一环节的各类常规切入动作均从对抗双方正架预备式的开放式对峙开始（图 2–5–1），彼此间对峙的距离根据切入的实际情况适度调整，且分别从主动进攻、防守反击与同步进攻三方面进行相关内容的阐述。

1. 前腿切入

运用前腿切入通常在抢点时或主动切入时应用率较高，在做这个动作的过程中要始终保持身法的协调、距离的控制、守网的质量，以及前腿动作本身与机体的有机配合。

（1）前边腿

①前边腿切入

图 2–5–1

图 2–5–2

在功架规范的基础上，将丹田运行起来，通过筋骨的崩弹把击点部位的劲力鞭打出去。

原地前边：近距离对峙开始，重心由两腿之间过渡到右脚，使用后脚为支撑脚的同时起前边腿（图 2–5–2）。该动作使用简便，但作为切入动作击打的机动性受到距离的一定限制，因为该动作的结构限制了它的主动性。限制主要表现在：主动去调节与对手间的距离，或主动进攻对手。只有在对手发起进攻并在达到了自己所需距离时，才能使用，所以，原地前边一般在防守切入中运用率较高；也可以在第二环节的拼打中运用，基于双方的距离基本上保持在有效距离的范围内，该动作的使用率才较高。该动作在使用时由于前提条件的限制，应该特别关注守网的严密性与牢固性等方面的要求。

上步前边：中距离对峙开始，“我”右脚向前（或前微偏右）方向进一步或半步（视需要确定步幅）[图 2-5-3（1）] 的同时承载重心，在重心过渡到右脚的同时起左边腿 [图 2-5-3（2）]，高度根据需要而定。该切入动作的过程分为上右步与起左腿两个部分组成，动作可充分借助上步的惯性起腿，因此动作力量会较大；但也正是因为由两个动作组成，所以运行的时间会相对较长。该切入动作一般在追逼对手的主动切入时应用率较高，在使用时由于前提条件的要求，应该特别关注此时守网的严密性与排位的灵活性等方面的要求，为下一个环节的任务奠定基础。

图 2-5-3（1）

图 2-5-3（2）

单脚滑步前边：中、远距离对峙开始，对峙时突然前脚提膝，重心由两腿之间过渡到右脚（后脚为支撑脚），支撑脚的前脚掌旋转蹬地 [图 2-5-4（1）]，前滑的同时起前边腿 [图 2-5-4（2）]。动作要求：起单滑步时提膝，右脚步落时所出左脚边腿则定型，整个过程一气呵成。该动作使用需支撑腿有力，且滑步时有足够的平衡能力，前脚的击打应该突出的更多是速度而不是力量，整个动作的完成应该注意身法的协调，过程中不能让自己下意识地破坏网的完整性，这是由该动作的结构组成决定的。该动作在第一环节切入中展开“斗腿”时运用率较高；也可以在第二环节的拼打转入到第三环节的无效距离时运用，只是在运用时滑步的方向相反而已。

图 2-5-4（1）

图 2-5-4（2）

双脚滑步前边：中、远距离对峙开始，双脚同步蹬地使重心前行同步于身体前滑［图 2-5-5（1）］（注意：不是上蹦与跳，而是步法贴地向前滑行，要表现出重心平稳），在滑行中机体不丢整力，在顺势的丹田挂力中提左膝、起左边腿［图 2-5-5（2）］。动作运行要做到双脚同步到达各自的目的地，即前脚击打到目标，同时后脚着地稳定支撑。动作要求：起双滑步时提膝，滑步落地则出腿定型。这个动作也可防反中运用，如先做退步防守，再做前滑步前边腿。动作过程中需处理好胯部、根节与丹田的关系，理顺发力的路径与顺序，这样动作协调前滑的惯性才大，可增加击打力度，同时又可以加快切入的速度。一般需要靠速度去抢点时应用率较高。

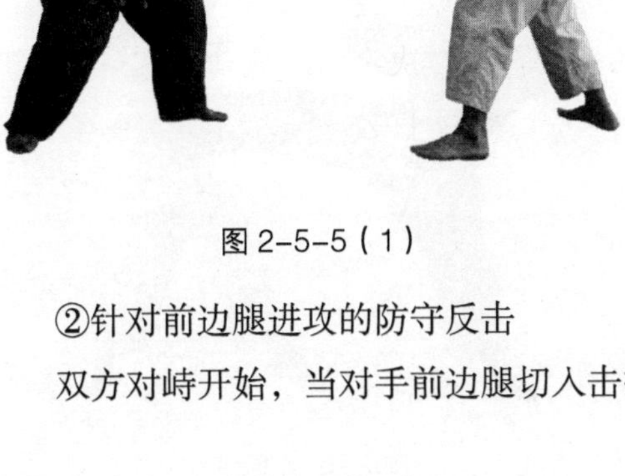

图 2-5-5（1）

图 2-5-5（2）

②针对前边腿进攻的防守反击

双方对峙开始，当对手前边腿切入击打“我”下盘时：

第一，“我”守网提膝防守的同时重心并不后坐［图 2–5–6（1）］，迫使身体产生短暂的超越器械状态，守住网的前提下，在提膝防守时内扣 45 度角顶膝关节，以封堵对手前边腿动作中的胫骨内侧位。与对手的前边腿接触的瞬间需迅速前压重心，前脚落步点尽量靠近对手的重心垂影处，可做压网控制对手待动；或在落步的同时做后手正面冲击切入［图 2–5–6（2）］，动作要做到落步与击打同步到位。

图 2–5–6（1）

图 2–5–6（2）

第二，“我”以守住网作为前提，当对手前边腿切入击打“我”下盘时，同节奏做前脚蹬腿，直接击打对手中盘。动作可分为前半拍提膝防守［图 2–5–7（1）］，后半拍出腿蹬击［图 2–5–7（2）］，整个过程的前后各半拍不能间断，确保蹬腿时具有一定的初速度，从起腿到击打动作的整个过程要流畅；也可同步完成前蹬腿，直接迎击对手中、上盘，动作要用“快”去突出一个“抢”字。做前蹬腿动作时重心应该适度前压，支撑腿可根据需要调整距离做相应的前滑步，整个动作力争做到后发先至。在进行切入时要求动作做到连贯，一气呵成。

图 2–5–7（1）

图 2–5–7（2）

第三，对手前边腿扫踢切入击打“我”下盘时，“我”守住布网并提前脚，用脚掌拍击对手胫骨远端的踝关节内侧［图 2-5-8（1）］，根据自己后面动作的需要寻找落步点落步，落步时紧接前手冲拳［图 2-5-8（2）］。在动作运行过程中，首先，要求在做前脚内扣拍击时突出瞬间的爆发力，触点的落位要准，如果不能做到位，则对自己将会是不利的，因为对手的力点会更主动；其次，要使阻击的部位准确落在踝关节内侧区域，因为阻击的部位与力度直接关系到动作的效果；再次，阻击完的前脚落步在什么位置必须结合后面动作而定，否则由于动作距离不合适，必然导致后面动作的技击效果不够理想。

图 2-5-8（1）

图 2-5-8（2）

第四，对手前边腿切入击打“我”下盘时，“我”守住网并用后脚脚掌截击防守对手胫骨部［图 2-5-9（1）］。截击时做到后脚脚尖外展以增大截击的接触面积，同时前压重心成反架，在右脚落步的同时做反架的后手（左）冲击对手中上盘［图 2-5-9（2）］。在采用截击腿防守时，动作应该快捷，突出一个“抢”字，以提高动作的成功率；也可以截击防守后重心前压，推网前行控制距离，用后（左）边腿反击对手中上盘。在起截击腿与后面动作的整个过程中，要注意在守住网中处理好双手摆放的位置，既要确保网在防守中的严密性，又要让身体的各部位充分协调。

图 2-5-9（1）

图 2-5-9（2）

第五，对手起前边腿的同时“我”起前腿［图 2-5-10（1）］，在“我”起前腿防守对手进攻的同时，借起腿的惯性做侧挂腿，击打对手左侧面腮部［图 2-5-10（2）］。由于动作的运行路线较长，所以一定要控制好动作的重心，处理好髋关节、丹田、劲路与呼吸的关系，把握动作的使用时机，要做到提膝挂腿的前半部分属提膝防守，而后半部分则转为进攻。整个动作要一气呵成，不能做成是两个动作的合成，只有一气呵成才能突出动作的自然衔接与速度。做动作时要使躯干略后仰而不丢身弓，并使身体在运行动作时适度右转，击打到目标后应该迅速下压前腿并起身完成相应动作。

图 2-5-10（1）

图 2-5-10（2）

双方对峙开始，当对手前边腿切入击打“我”中盘时：

第一，当对手前边腿切入击打“我”中盘时［图 2-5-11（1）］，“我”上步用前手里挂防守，前手防守避开力点同步后手控制待动［图 2-5-11（2）］，紧接着用前手顺势发出前手崩弹击打对手躯干正面［图 2–5–11（3）］。整个动作在守住网的基础上，由防守与反击前后两个半拍组成，两个半拍分步完成。左手从防守位到对手躯干位进行的无死角击打，要体现出应有的崩弹效果，所以，动作路径要顺畅且突出节奏。

图 2–5–11（1）

图 2–5–11（2）

图 2–5–11（3）

第二，当对手前边腿切入击打“我”中盘时［图 2–5–12（1）］，上步前手里抄防守控制已动，同步后手压网封堵进去，并抓住对手右手袖把位的待动位［图 2–5–12（2）同步］。完成动作时应该注意：前手抄抱对手前边腿时的角度，以便能够锁住对方小腿的把位，及后手控制待动抓住袖把［图 2–5–12（3）、（4）］，并同时要考虑回收路线“圆”顺至自己体侧，以方便下一步的锁把位出效果；也可以采用分步完成，前手抄接防守［图 2–5–12（5）分步上］，避开对手力点后，紧接后手压网抓住对手右手袖把位［图 2–5–12（6）分步下］。动作要求：同步动作要求上步重心前压与前手动作同时完成；无论是分步还是同步完成动作运行，前脚上步的落点要逼近对手的重心垂影处，做到近身落步；整个过程要保持把网撑起来，要确保达到所需的动作效果，还需要全身体现出“一动无有不动，一静无有不静”的“整”劲特点。

图 2–5–12（1）

图 2–5–12（2） 同步

图 2–5–12（3）

图 2-5-12（4）　　图 2-5-12（5）分步上　　图 2-5-12（6）分步下

第三，当对手前边腿切入击打“我”中盘时［图 2-5-13（1）］，“我”前脚适度上步并重心前压，右手下压拍挡回拉防守，同步前手崩弹击打对手下颚位［图 2-5-13（2）］。准确判断对手前边腿的最佳接触点，做好步法与躯干协调的身法调整，确保重心能顺利前移，把握动作交换的节奏，为后面动作奠定基础，在对手落步时“我”可接后手击打对手面门。

图 2-5-13（1）　　图 2-5-13（2）

第四，当对手前边腿切入击打“我”中盘时［图 2-5-14（1）］，“我”身体微下沉，侧顶肘防守（用肘寻找对手的胫骨内侧位），同步压网控制对手待动位［图 2-5-14（2）］。两手配合协调不丢网，前手进压封堵待动，后手肘关节分步撞击对手躯干的薄弱位［图 2-5-14（3）］，为下一步动作创造所需空间。动作过程需结合步法完成，并控制好所需的距离。

动作要求：在做上述动作时一定要保证劲路顺畅，撑开网并守住中位，身法是衔接各部位的关键，身法要自然，发力要“整”。只有这样才能做到以最小的网变排位，去应付对手千变万化的动作冲击，以确保自己在精力、体能、动作形式上的最大优化。

图 2-5-14（1）

图 2-5-14（2）

图 2-5-14（3）

双方对峙开始，当对手前边腿切入击打“我”上盘时：

第一，当对手前边腿切入击打“我”上盘时［图 2-5-15（1）］，“我”撑开网做后手原地起肘侧封并防住已动，同步前手封堵对手待动［图 2-5-15（2）］，用同侧肘寻找对手胫骨内侧位触点并避开击点，继续调整彼此间的距离与角度，再做近身上步的后手托掌击下颚［图 2-5-15（3）托掌、（4）托掌（背面）］或掼拳［图 2-5-15（5）掼拳、（6）掼拳（背面）］防守反击；也可做上步起肘侧封防守，让击点落在“我”大臂或小臂外侧上，同时前手进网控制待动。动作应适度近身，以加大控制效果，同时调整下一步后手击打的距离；还可利用上前步压重心所产生的惯性来加大后手的杀伤力。

图 2-5-15（1）

图 2-5-15（2）

图 2-5-15（3） 托掌

图 2-5-15（4） 托掌（背面）

图 2-5-15（5） 掼拳

图 2-5-15(6)掼拳 （背面）

第二，对手前边腿切入击打“我”上盘时，“我”撤步防守［图 2-5-16（1）］，再滑步前边反击，或滑步前脚侧踹切入反击［图 2-5-16（2）、（3）］。在做撤步防守时应该注意退出的距离应该适度，这一点很重要。如果撤步的距离不够，则起不到防守的效果；过量虽达到防守的目的，但也徒增反击的难度，所以，撤步防守的距离适度最为关键。当撤步出来后，还应保持网络的正常运行与身体的重心稳定，以便于下一个动作的自然运行。

图 2-5-16（1）

图 2-5-16（2）

图 2-5-16（3）

（2）前脚侧踹

①对抗双方从对峙开始，前脚侧踹腿切入

第一，原地前踹：上体后压而不破网的支撑，控制好胯、丹田与劲路的关系，使重心后移的同时收住前腿，使大腿与躯干折、大腿与小腿折、踝关节收屈成折状［图 2-5-17（1）］，在三折回收蓄力的基础上，通过丹田的崩弹使击点以直线形式踹击目标，支撑脚前脚掌旋转把胯放出去，以协助前脚发出整力［图 2-5-17（2）］。完成侧踹腿的发力动作时，应保持开骨缝开合的整体弹性状态，过程中机体不能有任何形式的松散状态出现。由于原地击打的控制范围有限，使用时应该撑住网，并把握时机做到在有效距离内去抢点、迎击等功能体现，该动作在自然切入时应用率较高。

图 2–5–17（1）

图 2–5–17（2）

第二，收步前踹：重心前移，后脚迅速收向前脚［图 2–5–18（1）］，收步落地时重心压在后脚并使其成为支撑脚，同时前脚提收膝［图 2–5–18（2）］，需在前腿形成三折回收的蓄力状态时再做侧踹动作［图 2–5–18（3）］。由于前脚起腿收步的时间较长且预动较大，因此，这类形式的进攻一般把收腿作为防守，而把出腿的侧踹作为反击，运行动作要一气呵成。根据实际需要，动作同步与分步完成皆可，但使用时以防反的主动切入方式出现为宜。

图 2–5–18（1）

图 2–5–18（2）

图 2–5–18（3）

第三，滑步前踹：保持重心在两腿之间，运行中也可略微偏后，后脚蹬地、前脚提膝回收蓄力的同时上体后压，后脚蹬转向前滑行［图 2–5–19（1）］（包括正前方或侧前方的滑步），在支撑脚前滑落步的瞬间必须同步完成前脚侧踹［图 2–5–19（2）］，前脚的收放在支撑脚滑步的起始间完成，滑步距离的大小与方向视需要而定。双方对峙时，由于距离控制较为主动，所以在主动切入抢点时应用率较高，但动作相对复杂，使用时应体现出动作的整力，并注意击点的上下角度在运行中的变换，以增加对手的防守难度而提高动作的成功率。

图 2-5-19（1）

图 2-5-19（2）

②前踹腿的进攻与防守反击

双方对峙开始，当对手前踹腿切入击打“我”下盘时：

第一，对手前踹腿切入阻击“我”下盘运行时，“我”可采用提膝前冲防守［图 2-5-20（1）］，通过向前的冲压有意识地去控制对手的待动与距离（可正冲也可往对手侧面冲），把握控制距离的主动权，在落步的同时使用前手抓袖把位［图 2-5-20（2）正面、（3）背面］或胸襟把位［图 2-5-20（4）正面、（5）背面］；或前手控待动后手追击目标［图 2-5-20（6）］。整个切入过程分步完成。

图 2-5-20（1）

图 2-5-20（2） 正面

图 2-5-20（3） 背面

图 2-5-20（4） 正面

图 2-5-20（5） 背面

图 2-5-20（6）

第二，对手前踹腿切入阻击“我”下盘时，“我”通过左侧上步躲闪防守［图 2-5-21（1）］，借助左侧上步的惯性使重心过渡到前脚，并迅速起后脚蹬腿击打对手中、下盘［图 2-5-21（2）］；或勾踢对手支撑脚；或后手侧冲拳。在完成动作的过程中，双手撑住网并注意保持守“中”，而不丢“中”，后蹬腿反击时需前脚配合，做到落步支撑前掌实后跟虚，并以前脚掌为轴旋转，贯穿上下，使后腿动作能够一气呵成。整个过程由侧上步与正蹬腿两部分构成，需分步完成。

图 2-5-21（1）

图 2-5-21（2）

双方对峙开始，当对手前踹腿切入击打“我”中盘时：

第一，对手前踹腿切入击打“我”中盘时［图 2-5-22（1）］，“我”抢在对手完成出腿的这段时间内，上步完成前手抄抱防守，并后手完成守中顶肘前送的动作，阻击对手脚底涌泉穴位置［图 2-5-22（2）］。动作完成需要两手配合，且两手的位置有严格的要求，使用动作应控制在对手侧踹前送的途中截击，确保侧踹腿在膝关节 135 度前被截，双方的力量都聚集在涌泉穴的区域内，双方发力的撞击越大技击效果就会越好。

图 2-5-22（1）

图 2-5-22（2）

第二，对手前踹腿切入击打“我”中盘时［图 2-5-23（1）］，“我”可用前手里挂接腿防守（注意:双手摆放的位置，后手需保持守中，前手完成钩挂动作，整个过程要连顺）［图 2-5-23（2）］。此时，后手压网落点可完成抓袖把位［图 2-5-23（3）后袖、（4）前袖］或胸襟把位［图 2-5-23（5）正面、（6）背面］，但应该注意两个把位的同步控制，为下一个上锁扣动作埋好伏笔；也可以前手钩挂防守后并不锁控把位，随即回收，把握时机分步出击，冲拳击打对手上盘的头正面；或后手掼拳击对手上盘的头侧面，整个动作由前后两个半拍的分步节奏完成。

图 2-5-23（1）

图 2-5-23（2）

图 2-5-23（3） 后袖

图 2-5-23（4） 前袖

图 2-5-23（5） 正面

图 2-5-23（6） 背面

第三，对手前踹腿切入击打“我”中盘时，“我”通过侧上步以达到躲闪防守的效果［图 2-5-24（1）］，同时接近对手并获得自己所需距离，在撑开网并上步近身的同时，重心需压在前（左）脚，借助惯性做后脚的反边腿击打，目标为对手前脚的膝关节窝处［图 2-5-24（2）、（3）］。动作完成的时间应该控制在对手收腿恢复预备式之前，整个动作发力要整，一气呵成地完成，中间不允许有任何停顿现象出现。

图 2-5-24（1）

图 2-5-24（2）

图 2-5-24（3）

第四，对手前踹腿切入击打“我”中盘时，“我”通过不接触防守向后撤步躲闪［图 2-5-25（1）］，做到以收前脚为主，重心后压到后脚，拉开且避开力点控制好距离。当对手侧踹腿回收时，“我”迅速侧身做前脚侧踹滑步，目标在对手的躯干［图 2-5-25（2）、（3）］，完成动作时应该控制好距离。回收压重心与出击时重心前送二者方向互逆，所以在重心转向的过程中需要确保支撑脚具备基础的承受力，以保障动作运行，否则会导致因为中间的转换时间太长而失去最佳的反击时机。

图 2-5-25（1）

图 2-5-25（2）

图 2-5-25（3）

第五，对手前踹腿切入击打“我”中盘时，“我”用接腿摔反击。接腿摔技术的关键在控制好接腿所抢的把位，只有将把位卡稳了，才有可能使用好后面不同类型的摔法，如果失此前提，则后面技法的使用将会成为空中楼阁。当把位控制符合规范后［图 2-5-26（1）］，则可根据对手力点的不同变化，采取相应的把位变化，以便进行相应的用把，有的放矢地去产生摔的效果。双方的距离与角度等位置不同可采用不同的摔法，如双方相距较远时可用摇臂涮腿［图 2-5-26（2）］；再如接腿后且已近身时则可用勾腿［图 2-5-26（3）］；如果对手进行防守，则可根据双方的位置在内侧或是外侧等位置变化，以进行相应的变把摔。

图 2-5-26（1）

图 2-5-26（2）

图 2-5-26（3）

双方对峙开始，当对手前踹腿切入击打“我”上盘时：

第一，对手前踹腿切入击打“我”上盘时，“我”抢在对手起腿到折叠收腿的这段时间内，上步采用前手拍压防守同步后手守中顶肘前送，阻击对手脚底涌泉穴位置（图 2-5-27）。动作完成需要两手配合，且两手的位置有严格的要求，使用动作应该控制在对手侧踹前送的途中截击，侧踹腿尽可能在膝关节弯曲过 135 度被截，双方的力量都聚集在涌泉穴的区域内，双方发力产生的撞击力越大技击效果就会越好。

第二，对手前踹腿切入击打“我”上盘时，“我”用后手拍击外挂防守［图 2-5-28（1）］，紧接斜上步前手掼拳击打，以完成分步防守反击［图 2-5-28（2）］。在做拍击防守时应注意身体微右转与适度后仰，但要始终在不丢网的状态中保持身体平衡，当对手的进攻力点被成功拍击外挂防守后，须迅速略微向左侧斜上步近身做前手的击打。整个过程应该在对手前踹腿落步调整前完成，确保动作组合流程的完整性。

图 2-5-27

图 2-5-28（1）

图 2-5-28（2）

第三，对手前踹腿切入击打“我”上盘时，“我”提双手封网采用紧密封堵防守［图 2-5-29（1）］，使侧踹腿落到“我”左右两臂外侧上，在对手待动动作启动之前，“我”上步前冲完成左右手的反击动作［图 2-5-29（2）、（3）］。在做提手紧密封堵防守的同时，应该注意双手的摆放位置，要做到疏而不漏，这样既确保能够始终盯住对手的动作变化，又不影响到自己下面的动作运行。上步时应该把握对手收腿的时机，做到上步与左右手动作的协调一致，要在对手收腿起身而又未完全调整好身体姿势前完成击打动作。

图 2-5-29（1）

图 2-5-29（2）

图 2-5-29（3）

第四，对手前踹腿切入击打“我”上盘时，“我”撑住网退步防守［图 2-5-30（1）］，后边腿反击［图 2-5-30（2）］。通过后撤步避开对手进攻的力点，当对手回收侧踹腿时压网近身，紧跟上步做后边腿击打对手下盘。动作要在对手前边腿落地的一瞬间完成，并要借助上步的惯性增加击打力度，上步的幅度视双方的距离而定。

图 2-5-30（1）

图 2-5-30（2）

第五，对手前踹腿切入击打“我”上盘时，“我”撑住网近身下潜抱腿摔［图 2-5-31（1）、（2）、（3）］。下潜的目的是躲闪防守对手用前踹腿击打“我”上盘，待到对手前脚下落的同时，“我”下潜近身主动进攻去抢正落步的前脚把位，通过缠抱对手的把位，以达到控制对手把位的目的。当控制住对手的重心时，应该迅速使用把位，以产生更好的摔法效果。

图 2-5-31（1）

图 2-5-31（2）

图 2-5-31（3）

（3）前脚蹬腿

①对抗双方从对峙开始，采用前蹬腿进攻时，通常会有以下表现形式

原地前脚蹬腿：运行之中保持撑开网，重心后移，提前脚膝关节的同时勾住脚尖，形成三折的弹簧状态［图 2-5-32（1）］，力挂丹田将下肢关节腔充分打开，借提膝回收的

压力起前脚完成蹬击［图 2–5–32（2）］。一般在做强攻、阻击、截击时的自然切入中应用率较高。

图 2–5–32（1）

图 2–5–32（2）

第一，上步前（左）脚蹬腿：运行之中保持撑开网，后（右）脚上步［图 2–5–33（1）］，借身体向前运行的惯性压重心在右脚，同时提左脚膝关节，然后出击左蹬腿［图 2–5–33（2）、（3）］。一般在双方调整步法中判断对手将撤步且跟进时应用。

图 2–5–33（1）

图 2–5–33（2）

图 2–5–33（3）

第二，滑步前脚蹬腿：运行之中保持撑开网，前脚提膝的同时脚滑步完成前蹬腿［图 2–5–34（1）、（2）］。动作强调做到滑步与前蹬腿发力同步完成，一般在抢点的主动切入时应用率较高。

图 2–5–34（1）

图 2–5–34（2）

②双方对峙开始，对手前脚蹬腿切入的防守与反击

当对手起前蹬腿击“我”中盘时，“我”撑开网并拉开距离防守，在避开对手蹬腿力点时迅速回落防守腿[图 2–5–35（1）]；当对手的蹬腿开始落步时，“我”快速压重心到后脚，并速起前脚，用前脚蹬腿反击对手[图 2–5–35（2）、（3）]。做动作时应该把握双方落步的时间差，这是一种创造时机的手段，整个运行过程应该重点突出动作的节奏。

图 2–5–35（1）

图 2–5–35（2）

图 2–5–35（3）

当对手起前蹬腿击“我”中盘时，“我”撑开网，做前手里抄接腿，同步重心前压，后手抓对手胸襟把位进行锁把控制[图 2–5–36（1）、（2）]，或异侧袖把位进行锁把控制[图 2–5–36（3）、（4）]。控制运行要注意在两个把位稳固时重心回落两腿之间成马步，并在两手控把位时做到同步中相互呼应，在进行揽、缠、撑、锁的运行中控制住对手。过程中两个把位要固定，且配合形成有机整体，揽缠上锁要体现出“紧”字，切莫有任何松懈。同时，在运行中控制对手的源动，动作要一气呵成，不给对手插入解脱的时空。

图 2-5-36（1）

图 2-5-36（2）

图 2-5-36（3）

图 2-5-36（4）

2. 后腿切入

后腿切入主要以后边腿为主，其次是后脚蹬腿，至于后脚侧踹腿则很少在第一环节以切入的形式出现，这主要是由双方所在的位置所决定的（双方位置的距离与角度的参数）。后脚边腿在第一环节中使用虽然离对手的距离较远，但整个动作的发力过程只要转胯甩（扫）腿即可完成，力点的运行轨迹圆顺，身体起伏不大且击打面较大，整个过程只需本人动作平均节拍的 3/4 的时间就可完成。正因为加速时间与轨迹都长，到达目标时的速度与力量就相应较大，杀伤力也相对其他动作的切入更大。同时，也正是因为后边腿的起始位置与目标位置较远，且使用的节拍在切入时略多，所以，对手防守时间相应较长，这样会有利于对手进行针对性的防守。

后脚蹬腿在作为第一环节的切入动作时，动作由较明显的前压重心再提膝回收与反击前蹬组成，所以动作的起伏与弧度相对较大。动作的运行需要相当于本人平均一个节拍的时间来完成，但只要动作规范就能很好地利用前压重心的惯性与身体重量，因此能够产生较大的杀伤力。由于后脚蹬腿的动作完成有上述特点，在切入时只有在对手的反应变得较迟钝而不能及时反应时，或体能较差不能够有效反应时，或受到较大的打击而没有能力反应时，此势的后脚蹬腿作为第一环节的技法切入才会收到较好的切入效果。

后脚侧踹腿一般不在第一环节以切入的形式出现，主要原因是动作的击点运行路线太长，且身体起伏的幅度较大，整个动作过程由前压重心的转体提膝收胯与转体放胯出击等动作环节共同组成，较为复杂，使用时间不低于自己完成通常动作的一个完整节拍。作为第一环节的切入动作应该具有突然、简洁、快捷、易行的特点，如何能够让对手因为速度快而出现判断模糊，并因此让对手产生动作驾驭的难度，这样的切入动作才能够起到开路先锋的作用。如果完成动作需要达到平均一个完整节拍的时间，那么无论该动作的其他方面具有多大的优势，都会因为运行时间过长而失去作为切入动作的基本条件。况且完成后脚侧踹腿的动作相对比较复杂，所以，在第一环节的切入中，一般情况下不采用后脚侧踹腿。

（1）双方对峙开始，后脚表现出各种腿法的切入

①后边腿

原地后边腿：运行之中保持撑开网，重心前移，以前脚的脚掌为轴旋转髋关节［图 2-5-37（1）］，同时起后边腿击打对手同侧面［图 2-5-37（2）］。当调整到合适距离时，或对手逼近达到距离要求时，或撤步防守时使用。总之，在避开对手的进攻后，应迅速起后边腿进行抢点的自然切入。

图 2-5-37（1）

图 2-5-37（2）

上步后边腿：运行之中保持撑开网，前脚上步，目的是调整对抗时双方所需的距离［图 2-5-38（1）］，当感觉落步达到了自己所需的距离时，在落步的同时起后边腿击打目标［图 2-5-38（2）、（3）］。

图 2–5–38（1）

图 2–5–38（2）

图 2–5–38（3）

为了达到所需的距离也可通过小跳步追逼等方法进行调节，当达到所需距离时，则可用后边腿进行强攻重击，整个距离的调整过程应该是主动的；也可先做撤步调整，设法把对手引进来，当对手重心前压或开始上步时，就可再上步做后边腿切入；在后腿运行中感觉距离有变，可通过身法、胯、重心等方面做细微的调整，以达到所需的击打距离，过程中的调整要与发力相协调。

②后蹬腿

原地后蹬腿：运行之中保持撑开网，重心前移，并用左膝关节稍屈支撑[图 2–5–39（1）]，身体略左转，右腿屈膝前提，勾脚尖，脚跟向前蹬出，力达肢跟［图 2–5–39（2）］。所做动作根据需要亦可送髋，前脚掌前送，力达前脚掌。使用时根据需要选择相应的技术动作。

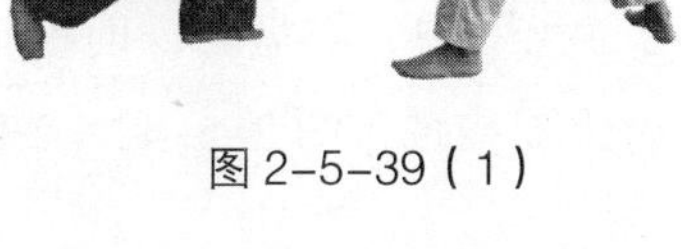
图 2–5–39（1）

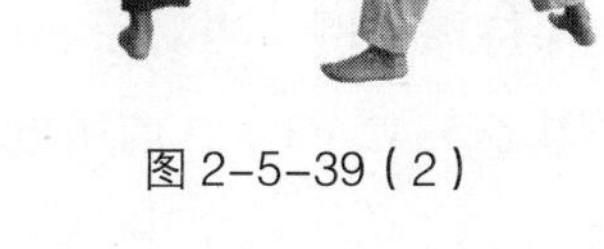
图 2–5–39（2）

上步后蹬腿：运行之中保持撑开网，前脚微抬上步［图 2–5–40（1）］，后脚蹬地，前脚落地的同时承受重心并稍屈支撑身体，借前冲的惯性，右腿屈膝前提，勾脚尖［图 2–5–40（2）］，力达脚跟发出后蹬［图 2–5–40（3）］。所做动作根据需要亦可送髋，力达脚掌。上步的目的旨在掌握控制双方距离的主动权，同时也可加大惯性以增加杀伤力。

图 2–5–40（1）

图 2–5–40（2）

图 2–5–40（3）

（2）双方对峙开始，对手后脚腿法切入的防守与反击

①当对手起后边腿切入击“我”中、下盘时

运行之中保持撑开网，当对手起后边腿切入击“我”中盘时，“我”前脚提膝外展 45 度角侧顶［图 2–5–41（1）］，触点落在对手胫骨内侧；当对手起后边腿切入击“我”下盘时，“我”用脚外侧外翻击打对手胫骨内侧［图 2–5–41（2）、（3）］，落步前压重心的同时上步前手冲拳击对手上盘，并可通过前冲拳控制双方的距离，以便为下面的动作使用创造条件。

图 2–5–41（1）

图 2–5–41（2）

图 2–5–41（3）

运行之中保持撑开网，当对手起后边腿切入击“我”中、下盘时，前蹬腿阻击对手后大腿根部［图 2–5–42（1）］，前压重心，紧接用后边腿扫踢［图 2–5–42（2）、（3）］。

图 2-5-42（1）

图 2-5-42（2）

图 2-5-42（3）

注：阻击动作应该把握好动作的时机，阻止的着力点要准确，观察时要做到明察秋毫确保判断准确，动作启动及时，力争做到“彼不动，我不动；彼微动，我先至”。

运行之中保持撑开网，当对手起后边腿切入击“我”中、下盘时，“我”上步前手外抄接对手边腿，同时上步前压重心，同步用后手去控制对手边腿同侧袖把位［图 2-5-43（1）］，待两个把位控制稳固后，右转体成马步锁住对手［图 2-5-43（2）、（3）］；也可以在控制对手后边腿时完成后手的击打；或前手外抄接对手边腿，同时后手前伸由外往内侧压对手同侧头部，当压住对手的头部时，再做右手回拉侧下压右转的回带旋转摔；或下压的同时，做右脚勾踢对手支撑脚。

图 2-5-43（1）

图 2-5-43（2）

图 2-5-43（3）

②双方对峙开始，当对手起后边腿切入击打“我”上盘时

运行之中保持撑开网，当对手起后边腿切入“我”上盘时，“我”提同侧肘去撞击对手胫骨内侧［图 2-5-44（1）］，同时左侧上步、后手冲击打对手下颚［图 2-5-44（2）］。要求在对手落步前完成后手击打；或者前压重心贴近对手并起右脚勾踢对手支撑腿。这一动作过程中的防守、上步与勾踢不允许有任何间歇，要做到：防守严密、上步紧凑、

勾踢有力、落位准确。

图 2–5–44（1）

图 2–5–44（2）

③当对手起后蹬腿切入击打“我”中盘时

运行之中保持撑开网，当对手起后蹬腿切入击打“我”中盘时［图 2–5–45（1）］，“我”后手往外侧钩挂控制把位，同时前手抓住对手异侧的前手（左）袖把位，形成两手把位的左右开拉控把［图 2–5–45（2）］，使对手两个把位分别落在“我”前大腿的两侧，以达到锁住把位的效果［图 2–5–45（3）］；“我”前手拍档的同时前脚上步，分部做后手冲拳击打对手上盘；或“我”前手里挂，紧接后手掼拳击打对手上盘；或双手接蹬腿，并前压重心，后脚脚尖外展上步，做前脚勾踢腿；或前手里抄接蹬腿，接腿涮摔。

图 2–5–45（1）

图 2–5–45（2）

图 2–5–45（3）

3. 前手切入

从动作的表象来看，当对手所表现出来的预备式重心偏前腿时，意味着对手起前腿做动作切入的概率降低。由于对抗中的双方位置决定了彼此间前手距离对手较近，以前手完成出击动作的时间不会大于平均动作 1/2 个节拍的时间，是所有动作中最简单直接的一类，动作运行具有速度快、时间短，但威慑力相对较小的特点，它的出击往往令人反应不及。正因为击点与目标太近，所以击打时很难发出较大的杀伤力，也不容易做出具有更大威慑力的动作，这是训练中需要解决的问题。所以，技击者为了加强前手的杀伤力，一般采取加大运行路线，如：通过丹田力的运转激发出具有崩弹的整力；或者通过上步来加大前冲的惯性力量；也可以通过加大力点的运行时间与轨迹，把直线运行改为弧线运行，这就是对抗中前手进攻常常会以弧线形式出现的主要原因。

由于前手具有上述特点，所以，前手在第一环节中的运用一般是不以得分或杀伤力为己任的动作运行。前手的切入往往与入网排位的使用紧密相连，为了使自己占据时空控制的主动权，通常需要在切入中得到技术构架所需的“势”。前手的出击快，回收更快，完成开、合、牵、送、转等控制技法的条件则更具优势，既方便迅速入门，主动进入纠缠中的抢位造势，又可以把营造出来的“势”干净利落地交给下一个环节进行实质性的运用，以便把握主动权去产生更大的技击效果，这样也会对经纬技术构架的功能诠释起到更重要的作用。

（1）对峙双方预备式开始，前手拳法的切入

①上步前手掼拳：撑开网并将机体处于动态浑圆之中，前脚上步或双脚滑步［图 2-5-46（1）］，同步完成前手掼拳［图 2-5-46（2）］。要求做到步落拳到，通常在逼近对手时，从对手的上盘侧面去找突破口，动作应具有一定的突然性。

图 2-5-46（1）

图 2-5-46（2）

②上步前手冲拳：撑开网并将机体处于动态浑圆之中，上步与前冲拳同步进行［图 2-5-47（1）、（2）］，再回到预备式。要求上步要突然，切入要直接，一般逼近对手时，结合步法从正面突破。

图 2-5-47（1）

图 2-5-47（2）

③上步前手横切：撑开网并将机体处于动态浑圆之中，右手配合运行之中，可先左手微合再做横切［图 2-5-48（1）、（2）］。要求动作运行要协调，劲力运行要顺畅。

图 2-5-48（1）

图 2-5-48（2）

（2）双方从对峙开始，对手前手拳法切入的防守与反击

①运行之中保持撑开网，对方前手进攻，“我”采取前手（异侧手）掌根封堵防守，封堵点应该错开拳峰落在拳面下沿的中节指节上，并有意识地往斜上方顶压，同时肘关节控制好对手同侧后手，形成双手始终不丢“中”并在其中运行三才钩的状态，为下一步各技法的运用奠定基础；动作也可以用同侧的后手来完成封堵防守，防守后的归位要迅速，动作也必须娴熟，要求所体现的功能与所达到的效果相同。整个过程应该体现出所撑开的网在任何部位都具有所需的力感，都不会因为对手的前手进攻而发生相应的形变，这是一个典型的守网动作。（图 2-5-49）

②运行之中保持撑开网，对方前手进攻，“我”从中门切入，前手横切同步后手封堵，双手形成一个三才钩攻防构架，进行严密控制，身体略前压，此时的关键是做到不丢网，前臂的肘关节控制对手同侧手的待动变化。双手在做控制时应该注意位置的摆放，要明

确下一步的两个目标在什么地方，同时始终不丢对内的整劲，对外落在触点的骨缝力。（图 2–5–50）

③运行之中保持撑开网，对方前手进攻，“我”从大侧门切入，后手横切同步前手封堵，双手形成一个三才钩攻防构架，进行严密控制。运行中做到身体略前压，此时的关键是不能丢网，横切的后手用力方向指向异侧的待动与前臂的肘关节控制对手同侧手的待动相互呼应。双手在做控制时应该注意位置的摆放，要明确下一步的两个目标在什么地方，同时始终不丢对内的整劲，对外落在触点的骨缝力。（图 2–5–51）

图 2–5–49

图 2–5–50

图 2–5–51

④运行之中保持撑开网，对方前手掼拳进攻“我”，“我”采取同侧提肘侧防［图 2–5–52（1）正面、（2）背面］，同步前手封堵对手的后手待动，双手形成一个提右肘式的三才钩攻防构架，以达到控制对手此时的动作效果，为下一个环节的技法运用奠定基础。在把握住对手出拳的瞬间，“我”启动提肘防守使得对手掼拳动作的内侧与“我”肘关节接触。

图 2–5–52（1） 正面

图 2–5–52（2） 背面

⑤运行之中保持撑开网，对方前手掼拳进攻“我”，“我”采取前手异侧封堵防守，同步后手封堵对手异侧的后手待动，双手形成一个带有交叉形态的三才钩攻防构架，以

达到控制对手此时的动作效果［图 2-5-53（1）正面、（2）背面］，为下一个环节的技法运用奠定基础。在把握住对手出拳的瞬间，“我”启动提肘防守使得对手侧门进攻动作的内侧与“我”肘关节接触。

图 2-5-53（1） 正面

图 2-5-53（2） 背面

4. 后手切入

后手在第一环节中的切入，一般以后手正面击打进攻较为常见，因为对峙双方的位置决定了彼此在第一环节从对峙过渡到切入时的这段距离通常不会太近，而后手拳要解决的首要问题就是切入的距离，所以，在以后手拳做切入动作时，一般会通过上步等方法去弥补距离上的缺憾，在机体内可通过身法上的变化使后手的起始位置在不破网的基础上往前拉，以改变在距离上的不足。如：身体重心略前压使躯干微微前俯，同时通过身体躯干的转体突出沉肩与送肩功能，通过打开各关节腔可加大击打的距离，并体现更强的崩弹效果。在预备式的对峙过程中也可适当地调整自己后肩的位置，使后肩能根据切入的需要做相应的前后移动，这样可适当调整双方的初始距离，对下一步后手的切入有一定的帮助。这里要注意的是对抗中任何一方所调整的距离对双方而言都均等，因为，后手做第一环节的切入动作在把握距离上的主动性并不如前手，所以，用后手去主动切入主要表现在后手的正面冲击，规范的后手冲击在切入时所表现出来的威慑力是强大的，并且与其他动作的衔接也较便捷，因此，后手冲击在第一环节的切入动作是拳法中最常见的一种进攻方式。

后手掼拳在距离上也属于中距离的范畴，在做切入动作时必须结合步法才能弥补距离上的不足，其力量是由外向内发放的，因此要求动作体现整体的旋转力时与冲拳会有不同，要做到劲路通畅，把丹田力崩弹出来并贯穿到击点。作为切入动作的击点运行路线与击打目标的距离较远，所以，后手远距离掼拳在第一环节的切入动作中使用率并不高。

近距离掼拳与抄拳的距离要求更短，有时甚至贴身时才能具备更强的作用。从对峙到对抗，要使对抗双方的距离直接过渡到近距离，甚至过渡到贴身距离，其中运行的难度要比中远距离大得多。正因为如此，在第一环节的主动切入动作中并不常用，通常不会直接采用掼拳与抄拳入门开路。

为了弥补后手在第一环节中在距离上的弱势与技法上的单调，有时候会偶尔使用转身后手鞭拳之类的动作，这样的“突发”性动作往往会起到出其不意的效果。由于此拳在运行中将肩部充分拉开，并使身体侧身与手臂没有夹角，以保证击打的距离最大化。同时，动作的力量主要来源于整个身体躯干的旋转，为的是确保动作产生最大的线速度与击打力，这样诸多因素决定了转身鞭打中更容易产生较大的杀伤力。但是，由于该动作运行过程中的路线复杂，并有一个转头的视角盲区，动作结构会导致对手有相对充足的反应时间，同时对对手的动作变化不能做到全程监控。所以在对抗中如果频繁地主动使用转身后手鞭打动作，成功率必然会下降，但出其不意的突发性使用就会起到意想不到的效果；如果使用动作时通过防守来加大对手的反应难度，据此再做转身后手鞭打则是提高成功率的有效手段。

（1）对峙双方预备式开始，后手拳法的切入有如下表现形式

①上步后手掼拳：运行之中保持撑开网，前脚上步，同时做后手掼拳［图 2-5-54（1）、（2）］。要求做到力从丹田起，丹田发力要整；当正面进攻时，一般做自然切入时用，也可用在主动切入时。

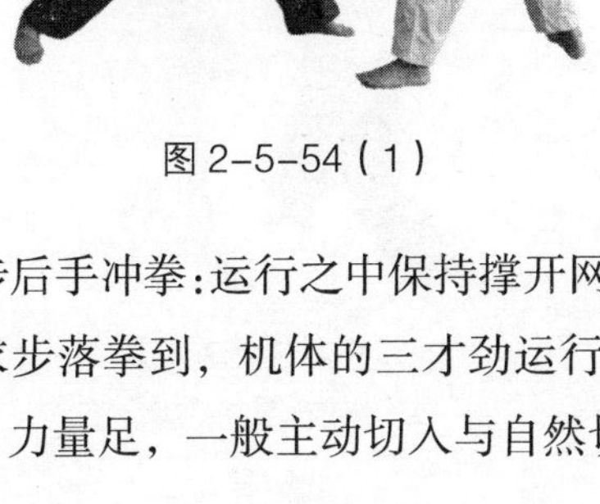

图 2-5-54（1）

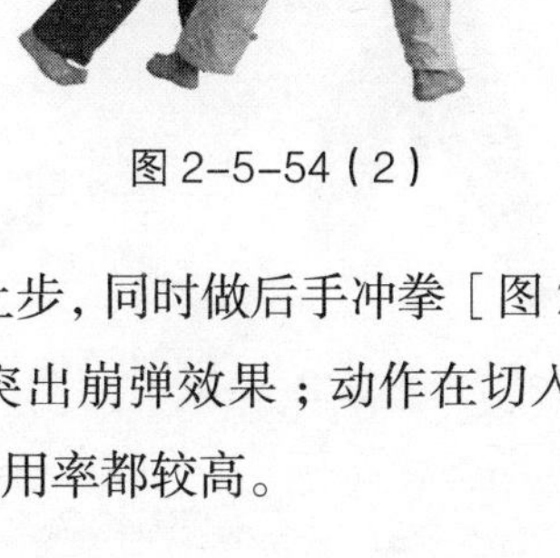

图 2-5-54（2）

②上步后手冲拳：运行之中保持撑开网，前脚上步，同时做后手冲拳［图 2-5-55（1）、（2）］。要求步落拳到，机体的三才劲运行要整，突出崩弹效果；动作在切入时，要求做到速度快、力量足，一般主动切入与自然切入的运用率都较高。

图 2-5-55（1）

图 2-5-55（2）

（2）双方对峙开始，对手后手拳切入的防守与反击

①运行之中保持撑开网，对手后手进攻，“我”采取前手（同侧手）提前臂封堵防守，封堵点应该错开拳峰落在拳面下沿的中节指节上，并有意识地朝内往斜上方顶压，同时后手肘关节控制好对手同侧后手，双手始终不丢三才钩的撑网，以达到防守的严谨，为下一步各技法的运用奠定基础；动作也可以用异侧的后手来完成封堵防守，同侧手的指向应该有控制异侧待动的意识，防守后的归位动作也必须娴熟，要迅速归位初始的预备动作，要求所体现的功能与所达到的效果相同。整个过程应该体现出所撑开网的任何部位都不会因为对手的前手进攻而发生相应的形变，这是一个典型的守网动作。（图 2-5-56）

②运行之中保持撑开网，对手后手掼拳进攻，“我”采取同侧手提肘侧防，同步后手封堵对手同侧手的待动，双手形成一个提肘式的三才钩，达到控制对手此时的动作，为下一个环节的技法运用奠定基础。在把握住对手出拳的瞬间，“我”启动提肘防守使得对手掼拳动作的内侧与“我”肘关节接触。（图 2-5-57）

图 2-5-56

图 2-5-57

③运行之中保持撑开网，对手采用后手掼拳进攻，“我”采取后手异侧位封堵防守，同步前手封堵对手异侧的前（左）手待动，双手形成一个带有交叉形态的三才钩构架，达到控制对手此时待动空间运行的效果，为下一个环节的技法运用奠定基础。在把握对手出拳的瞬间，“我”启动提肘防守使得对手掼拳动作的内侧与“我”肘关节接触。（图 2–5–58）

④运行之中保持撑开网，对手后手冲拳进攻，“我”采取前手横向切入小侧门时后手同步封堵击点，双手形成一个三才钩进行严密控制，身体略前压。此时的关键是不能丢网，横切的前手用力方向指向异侧的待动与自己后臂的肘关节控制对手同侧手的待动相互呼应。双手在做控制时应该注意位置的摆放，要明确下一步的两个目标在什么地方，同时始终不丢对内的整劲，对外落在触点的骨缝力。（图 2–5–59）

⑤运行之中保持撑开网，对手后手冲拳进攻，“我”后手从中门切入时，采用前手封堵击点，并使后手同步横切对手前臂与封堵前手，双手形成一个三才钩进行严密控制，身体略前压。此时的关键是不能丢网，横切的后手的肘关节控制对手同侧手的待动变位，两手相互呼应。双手在做控制时应该注意位置的摆放，要明确下一步的两个目标在什么地方，同时始终不丢对内的整劲，对外落在触点的骨缝力。（图 2–5–60）

图 2–5–58

图 2–5–59

图 2–5–60

⑥运行之中保持撑开网，对手后手冲拳进攻，“我”采取前手从小侧门切入，拍击的落点在同侧对手腕关节处，后手同步右下绕从中门横切于对手肘关节前端，对手右拳落在“我”右肩前上方，双手形成一个反架势三才钩进行严密控制［图 2–5–61（1）、（2）］，身体略前压。此时的关键是不能丢网，双手向内横切的动作落位要准确，用力要正确，前手用力方向指向异侧的待动与自己后臂的肘关节控制对手同侧手的待动相互呼应；右手的落位也可以是对手襟把位，还可以是对手的喉扣位。双手在做控制时应该注意位置

的摆放，要明确下一步的两个目标在什么地方，同时始终不丢对内的整劲，对外落在触点的骨缝力。

图 2–5–61（1）

图 2–5–61（2）

⑦运行之中保持撑开网，对手后手进攻，“我”采取前手（同侧手）掌根封堵防守，封堵点应该错开拳峰，落在拳面下沿的中节指节上，并有意识地朝内往斜上方顶压，同时后手前伸抓对手袖把位[图 2–5–62（1）]，并迅速回收到起始位，控制住对手后手的回收，以防对手近身做前手的待动点启动，肘关节控制好对手同侧前手，双手在控制住对手袖把位的同时始终不丢三才钩的撑网，以达到防守的严谨，为下一步各技法的运用奠定基础，如牵带［图 2–5–62（2）］；动作也可以用异侧的后手来完成封堵防守，用同侧手抓住对手后手冲拳过来的袖把位，双手的指向应体现出控制异侧待动的意识，防守后的动作同样是三才钩的姿势动作，同样要求不能丢网，所体现的功能与所达到的效果相同。整个过程应该体现出所撑开的网在任何部位都不会因为双手的位置发生变化而丧失功能。

图 2–5–62（1）

图 2–5–62（2）

⑧运行之中保持撑开网，对手后手进攻，“我”双手严密封堵［图 2–5–63（1）］，重

心后压同时收前脚［图 2-5-63（2）］，收腿蓄力在身体后仰时做侧踹腿击打对手中或上盘［图 2-5-63（3）］。双手在做封堵时应结合躯干右转，后压重心与收腿应该连贯一致，侧踹腿要在迎合对手完成冲拳的时间区域内完成动作，争取对手进身与“我”进身的两股力量能够产生相互撞击，这样才能产生更大杀伤力的动作效果。当然也可做其他类型的腿法，如侧闪勾踢，或下潜抱摔等技法。

图 2-5-63（1）

图 2-5-63（2）

图 2-5-63（3）

二、第二环节的技术

通过第一环节的切入，入门后在第二环节中双方都进入了以对攻为主的相持阶段。在此环节中，双方都身处有效距离，彼此所处的势态由双方在第一环节的切入对抗共同营造而成，并顺时延续而来。此时双方在对抗进行中的所处势态，必定是一个承接的、动态的、可变的、发展中的势态，此间双方的每一个动作都可能直接影响到势态的变化与发展，并具有不可逆的动作效果特性，对抗双方所做的任何一个动作，无论动作运行是对是错，或对动作运行的效果满意与否，在对攻中都有可能影响甚至改变此时对抗的势态走向与技击效果的产生。此时，在网斗中为了获取两个目标进行彼此间的博弈，选用那些更符合三环规律的动作去实施技战术时，都应遵守并满足技法运行中“远腿、近手、贴身靠摔”的空间特征与要求。我们应深刻理解这一动作在时空的运行特征，并通过下苦功训练来掌握它，这样，在第二环节中表现在双方动作排位上的变化，就有了一个选择动作与应用技法的总体技术框架作为自己的行为指导。

第一环节切入后的双方在对具体入门时所产生的势态处理，导致使用动作的选择往往限制在特定的第二环节内，在对攻形式上只能落实在符合该势态空间的区域表现内。例如：同样的动作切入，入门在正门还是大小侧门都会有不同的空间结构，在此前提下的排位与网斗也会表现出相应的变化。在此势态继续发展下的对抗，就会引导出沿着此轨迹运行中对抗形式产生更显著的表现，双方在此势态发展中进行第二环节的对攻时，动作使用越多，显现出来的差异就会越明显。

值得注意的是第二环节中的技法使用，如果不是战术需要或是占有绝对优势，尽可能不去做无谓的假动作。因为假动作的目的是使对手产生错误判断或出现错误行为，而假动作本身的杀伤力却是很有限的，而在多数的对攻中，做假动作的这些时间与空间，恰恰是对手处在进攻状态之中，更何况此环节的动作运行在真假之间的度，在实际对抗的运用之中比较难把握，因此，此时的假动作往往会成了人为地给自己制造危险的行为。此环节在以时间轴为主轴的脱打时，对手如果不做针对性的应手，那么这段时空内会因为假动作不能牵制对手，又不能够给对手制造威胁，那么在做假动作的这段时间内自己所产生的杀伤力就丧失了。此时，如果对手进攻自己就会使自己处在被动的局面，这样就会导致动作的势态导向背离做假动作的初衷。然而，此环节的特点就是对攻，所以，在第二环节内如果主要是以时间轴为主轴的脱打形式的对攻时，通常对对手做假动作一般是不给予应手的。

上述所指是针对脱打而言的技法运用的要求，如果是以空间轴为主轴的缠打，则需要进行更具象的分析，因为空间轴变化是通过以排位破网为手段的博弈，双方博弈中追求的始终是动作架构的合理性，此时通过触点建立在双方动作相互纠缠基础上的对抗，在彼此缠绕的基础上对对手动作的三动进行控制，以达到对对手动作变化的驾驭。通过三动原理去感知运动的变化规律，在空间轴的运行中用假动作会让对手对“我”的动作运行产生错误判断，这是以空间轴为主轴、时间轴为辅轴表现在缠斗中的技法特点。

（一）第二环节，在经过第一环节切入后，双方入门后已从对峙阶段进入对攻阶段

由于双方在切入时所采取的基本技术与战术不同，同时在运行过程中，对抗双方所表现出来的守网能力、动作功力、基本技术的扎实程度、战术的实施能力、营造技击环境的能力也不同，且经纬技法体系构建的规范和技击思维网络的构架也会有所不同，这些所有相关的因素都有可能导致入门后的对抗结果存在较大区别。

以不同形式入网的切入形式体现出，双方为了入门所采取的主被动态度，以及相应的行为，在此势态下双方会产生各自不同的感受，具体区别主要有以下几类：

1. 一方主动切入，另一方被动切入

当一方主动进网切入达到预期效果，入门时击中或控制住了另一方，迫使另一方在接触的瞬间出现失控，此时主被动方自然产生，被动方已完全处在被动局面。

（1）被动方在进入第二环节要改变入门时的被动局面就必须迅速做到：调节好机体

平衡不失整劲，即刻复网并恢复技击所需的功能，控制住不利势态以使自己脱离威胁，并争取引导势态发展、有效组织反击或控制对手的再进攻，以防自己产生实质性的损失。

（2）主动方必须抓住被动切入方力争在瞬间想摆脱困境的心态，迫使对手在调节动作的过程中恢复功能的复网难度加大，此时被动方已不具备完成更有威胁的进攻，把握此时机努力使第一环节的成果在第二环节的对抗中进一步扩展，迫使第一环节中处于被动切入的一方更加被动。主动切入方要达到拳谚所述的“得一点必跟一串”就必须继续维持进攻力度，此时的主动切入方只需进一步逼紧被动切入方，围绕两个目标展开进攻再进攻的方式去获取技击效果。具体表现在经纬技法的框架中所运用的那些与此势态吻合的技法，通过自己能够发挥出来的最具杀伤力的单动或组合来表现，目的就是在此时能更好地扩大战果，不给对手任何喘息的复盘机会，力争第二环节的对攻阶段获得绝对的优势。

2. 一方主动切入，另一方也主动切入

此时对抗双方都处在主动切入的局面，在双方抢攻时，其中网更坚固、构架更合理、方法更巧、功力更强、抗击打能力更强、速度更快的一方更容易占据入门的优势。由于处在第二环节，双方此时的对攻实质是彼此综合实力的比拼，然而对抗双方在各方面的优势与弱势并不会完全均等，尤其是表现在对势态优劣的不同认知上，这里指的各方面主要是指进入有效距离内对抗的彼此，将上述因素表现在踢、打、摔、拿等技法运用上的强弱效果，以通过动作效果来战胜对手而实施的技法要求。对抗中双方在经纬技法体系中所表现出的各因素，或许一方在这里占据优势而另一方却在那里占据了优势，双方都会尽力隐藏自己的弱势，并企图能够有效地抑制对方的优势，或力争用自己的优势因素去支撑技法以转化成技击效果，这些是对抗双方都必须面对且应该立刻解决的问题。

3. 一方主动切入，另一方自然切入

此时的一方主动切入，另一方自然切入，只要双方入门时的网都没有被破坏，彼此间就不会产生实质性的主被动方，各自经纬技法的使用都不会受到影响。表现在对抗双方中的一方希望主动切入，而另一方也“接受”对手的这种主动切入方式，这仅仅只是双方切入的入门形式而已，在切入过程中只要方法得当，双方进入第二环节的优势就不会有显著的差异，彼此在该势态中表现出来的优劣，应该结合技法与排位等具体问题进行具体分析，但对双方总体的强弱势比较应该趋于均等。

（二）第二环节对攻表象的主要表现

第二环节对攻的表象主要表现在:运用拳、腿、摔、拿（把位）等技法进行全面对攻。

对攻的主要表现形式一般有以下三种状态：

1.进入第二环节时表现出空间轴为主轴、时间轴为辅轴的对攻形式

双方在对攻中以排位守网等空间结构变化去创造空档与把控把位两个技击目标，并由此进行技击运行以获取所需要的技击效果，过程中的时间因素服务于空间结构变化与服从空间因素为出发点，去获取技击效果而体现价值的技击表现形式。

例如：在对攻中通过触点去完成开、合、牵、送、转等技法，以达到迫使对手破网的空间效果，因此而产生空档与把位两方面的目标，并通过目标的施力去获取所需的技击效果，时间因素在其中起到服务功能的辅助作用。

主要表现在守网、缠斗、摔法、拿法、有触点的控制与反控制等方面。

2.进入第二环节时表现出时间轴为主轴、空间轴为辅轴的对攻形式

双方在对攻中表现在动作的速度、节奏、快慢、反应等时间元素上的变化，据此去创造动作运转中空间结构上的空档与反应上的时间差而产生所需的时机，并在稍纵即逝的时机中去获取所需要的技击效果，过程中空间结构的变化服务于时间因素而获取技击效果，由此而体现价值的技击表现形式。

例如：在对攻中通过不需要运用触点功能的拳法与腿法等技法，通过动作的快速击打或移动以达到迫使对手动作变化与反应不及时而产生时机，并通过把位时机去击打目标以获取所需的技击效果，空间结构等因素在其中通过动作变化去支持速度与反应以起到相应的服务功能的辅助作用。

主要表现在步法移动、身法变化、拳法击打、腿法击打以及相应的防守方面，以达到创造与使用时机的效果。

3.进入第二环节时表现出时空主辅轴的表现因势态发展需要而相应改变的对攻形式

技击中表现在时间轴与空间轴的主辅关系并不存在好坏之分，都是为了获取技击效果的一种指导技法运行的表现形式，由于各人的认知不同、技击思维网络不同、技术构架不同、训练情况与水平不同、经验积淀不同，同样的势态不同人采取解决问题的方式也会不同，表现在对抗中有时以空间轴为主轴、时间轴为辅轴解决问题更为合理，有时又以时间轴为主轴、空间轴为辅轴获取技击效果更为便捷，因势态发展需要以及技击者自己的实际情况而定，因势利导而相应改变对攻形式。

例如：通过空间轴为主轴、时间轴为辅轴的形式获取了空档，在使用空档时却改用时间轴为主轴、空间轴为辅轴的抢攻形式去获取技击效果；也可以通过时间轴为主轴、空间轴为辅轴的形式去强攻对手，当不能获取效果时可转变为空间轴为主轴、时间轴为

辅轴的控制形式，力争在控制中创造所需的空档，以便自己始终掌握对抗中的控制与反控制权。

（三）第二环节对攻时常见的几类动作表现

1. 我方第一环节用前手切入，此时“我”前手按照需要暂缓收回，则在第二环节中以下情况较普遍出现

（1）当“我”前手切入顺利得手时［图 2–5–64（1）］，则下面的对抗可选择自己习惯的动作组合进行如下的连续进攻。

①击打类

前手（后手封待动位）接后手冲拳（前手待动封位），再接前脚边腿（守网击打）［图 2–5–64（2）、（3）］。

图 2–5–64（1）

图 2–5–64（2）

图 2–5–64（3）

②固把类

前手回收落右肘关节内侧位，将自己的后手从侧门切入抓对手胸襟把位，并与前手部形成三才钩合夹对手前臂，配合身法顺时针内绞控制对手肘关节［图 2–5–64（4）、（5）、（6）］。

图 2–5–64（4）

图 2–5–64（5）

图 2–5–64（6）

（2）当“我”前手进攻未果时［图 2–5–65（1）］，对手用左手掼拳反击“我”上盘。

①击打类

第一，对手用左手掼拳击“我”上盘，“我”左手回收身体微左转反架封挡对手已动，右手同步横向侧压对手待动，卡住对手的动作争取影响对手的源动变化［图 2–5–65（2）正面、（3）背面］。当感觉卡位的力感已有，则做左手的切掌或冲拳击打对手侧面下颚位。

图 2–5–65（1）

图 2–5–65（2） 正面

图 2–5–65（3） 背面

第二，对手用左手掼拳击“我”上盘，“我”右手侧提肘封堵防守对手已动（不丢中），左手并不回收直接做“开”法，掌心朝外侧压对手右手前臂并控制对手源动，与右手提肘防守，形成左右横拉之力［图 2–5–65（4）正面、（5）背面］。当感觉有卡位的力感时，则可重心微前压并同步做前推右掌击打，用掌根小天星位击打对手下颚位［图 2–5–65（6）背面］。

图 2–5–65（4） 正面

图 2–5–65（5） 背面

图 2–5–65（6） 背面

②固把类

对手用左手掼拳击“我”上盘，“我”右手侧提肘封堵防守对手已动（不丢中），左手回收到对手异侧肩位，可直接做“侧开”动作［图 2–5–65（7）］，掌心朝外侧压对手下颚侧以牵对手源动，与提肘防形成左右横拉之力。当感觉有了卡位的力感时，右手从对手左腋下绕穿抱住自己左大臂前端，同步身体左转下压固定住对手左臂［图 2-5-65（8）］，还可以继续锁住对手肩关节达到完全控制的效果［图 2-5-65（9）正面、（10）背面］。此时已经达到同时控制对手三动的效果，可用反边腿击打，或身体左转用左手侧压回带将对手摔出去。

图 2-5-65（7）

图 2-5-65（8）

图 2-5-65（9） 正面

图 2-5-65（10） 背面

（3）当"我"前手进攻未果［图 2-5-66（1）］，对手用右后手冲拳击打"我"中、上盘时。

①击打类

"我"左手并不回收而是直接做"外开"，掌心朝内侧压对手左手位，以控制对手待动，与此同时用右手开掌封堵对手后手冲拳，同步朝左侧上半步形成封堵侧推的效果［图 2-5-66（2）、（3）］，顺势提右肘击打对手左侧肋部位［图 2-5-66（4）、（5）］。

图 2-5-66（1）

图 2-5-66（2）

图 2-5-66（3）

图 2-5-66（4）

图 2-5-66（5）

②固把类

左手回收下压抓住对手胸襟把位，同时右手开掌，掌心朝对手已动的后手冲拳顶压，当感觉已有卡位的力感时则左脚横开［图 2-5-66（6）］，身体左转将重心朝左后方完成歇步［图 2-5-66（7）、（8）］，旨在把对手控制在左后方位。

图 2-5-66（6）

图 2-5-66（7）

图 2-5-66（8）

（4）当“我”前手进攻未果时［图 2-5-67（1）］，对手侧闪防守并用前手掼拳击“我”上盘。

①击打类

对手后撤躲闪使得“我”前手进攻因为距离不够而失效，当对手疾步用前手掼拳反击“我”右下颚时，“我”做前手回收异侧反架封堵防守对手已动，同步后手正面迎击对手面门，以力争达到影响对手源动的效果［图 2–5–67（2）正面、（3）背面］。

②固把类

对手后撤躲闪使得“我”前手进攻因为距离不够而失效，当对手疾步用前手掼拳反击“我”右下颚时，我做前手回收异侧反架封堵防守对手已动［图 2–5–67（4）］，同步重心前压，后手外绕过对手肩上方侧压对手下颚（手型是掌心朝外 、虎口朝下）。当感觉有卡位的力感时，迅速右转朝侧后方压对手下颚，以达到固住对手的效果［图 2–5–67（5）］。

图 2–5–67（1）

图 2–5–67（2） 正面

图 2–5–67（3） 背面

图 2–5–67（4）

图 2–5–67（5）

（5）当“我”运行前手冲拳的同时，对手用右手冲拳击“我”上盘［图 2–5–68（1）］，如果从“我”前臂外侧击打，则形成一个同侧两臂交叉。

①击打类

“我”右手开掌前顶对手已动，落点在拳面下沿［图 2–5–68（2）］，同时用右肘控制对手待动，前手回收外展虎口侧压对手右手手臂，同步后手沿着自己左手臂横切掌击打对手异侧下颚［图 2–5–68（3）正面、（4）背面］。

图 2–5–68（1）

图 2–5–68（2）

图 2–5–68（3） 正面

图 2–5–68（4） 背面

②固把类

“我”右手开掌前顶对手已动，落点在拳面下沿［图 2–5–68（5）］，同时用右肘控制对手待动，前手外绕虎口侧压对手手臂，身体右转用左肘关节带到对手大臂，带到的同时左脚前蹬，重心后坐成仆步状，同时右手配合左臂形成环抱结构，以固住对手肩关节［图 2–5–68（6）］；也可借助对手身体前压的惯性起左脚内侧位迎击，用侧踹腿击打对手异侧膝关节内侧［图 2–5–68（7）］；或者起右脚做右横蹬，击打对手同侧左膝关节内侧处［图 2–5–68（8）］。

图 2–5–68（5）

图 2–5–68（6）

图 2–5–68（7）

图 2–5–68（8）

（6）当“我”前手进攻未果时［图 2–5–69（1）］，对手起前蹬腿击“我”中盘时。

①击打类

“我”前手回收，侧身抄抱对手已动的踝关节［图 2–5–69（2）］，右手下压对手踝关节与脚面位，当产生锁控对手踝关节的感觉时，则迅速完成右手做后手冲拳，击打对手面门［图 2–5–69（3）、（4）］。

图 2–5–69（1）

图 2–5–69（2）

图 2–5–69（3）

图 2–5–69（4）

②固把类

“我”前手回收，侧身抄抱对手踝关节，同步右手前伸抓住对手右手袖把位[图2-5-69(5)]，身体右转成马步，两手配合使得对手的两个把位相合而得以固定住对手［图2-5-69（6）］。

图2-5-69（5）

图2-5-69（6）

（7）当“我”前手进攻未果时［图2-5-70（1）］，对手起后边腿击打“我”中盘［图2-5-70（2）］。

图2-5-70（1）

图2-5-70（2）

①击打类

“我”回收左手并上步完成由里朝外的格挡，以防守对手的已动，同时右手不丢中位控制住对手待动，在对手已动腿落地前“我”同步完成后手正面冲击，击打对手面门并左手归位守中，确保过程中不丢网［图2-5-70（3）、（4）］。

图 2-5-70（3）

图 2-5-70（4）

②固把类

“我”回收左手并上步用外抄接腿，在“我”左肘关节位处控制住对手的后边腿［图 2-5-70（5）］，右手从“我”大臂与对手脚背间插入，并同步完成左手扣握自己右前臂、右手推压对手右脚面［图 2-5-70（6）、（7）］，配合身法下压。目的是两手配合控制住对手的右踝关节，即给对手踝关节上锁扣。

图 2-5-70（5）

图 2-5-70（6）

图 2-5-70（7）

（8）当“我”前手进攻未果，对手起前踹腿时［图 2-5-71（1）］。

①击打类

“我”回收左手侧挂防守对手已动［图 2-5-71（2）］，同步采用后手正面冲击对手上盘，并控制对手源动［图 2-5-71（3）］；“我”回收后手冲拳守网，同时感知对手的重心与距离，并迅速起右脚反边腿击打对手落步左膝关节后窝处［图 2-5-71（4）］，落脚进右弓步双推掌［图 2-5-71（5）］。

图 2-5-71（1）

图 2-5-71（2）

图 2-5-71（3）

图 2-5-71（4）

图 2-5-71（5）

②固把类

前手回收抄接对手已动，落点在侧踹脚的踝关节内侧，同步重心前并同步冲顶右肘，落点在涌泉穴周边区域［图 2-5-71（6）］，右手配合左手控制住对手左脚，重心后移做涮腿摔［图 2-5-71（7）、（8）］。

图 2-5-71（6）

图 2-5-71（7）

图 2-5-71（8）

（9）当“我”前手进攻未果时［图 2-5-72（1）］，对手起后高边腿击打“我”上盘［图 2-5-72（2）］。

图 2-5-72（1）

图 2-5-72（2）

①击打类

回收前手做三才钩提肘侧顶，用肘尖撞击对手已动的胫骨中端内侧［图 2-5-72（3）］，在防守已动后前脚根据情况调整位置完成后脚勾踢腿的动作［图 2-5-72（4）、（5）］。在完成动作时可根据双方所需的最佳距离在完成防守已动后进行细微的调整，使得做勾踢的距离最佳。

图 2-5-72（3）

图 2-5-72（4）

图 2-5-72（5）

②固把类

前手回收由下往外抄抱对手已动，右手异侧拍档防守已动，达到左手缠抱控制已动，而后手有效防守住对手已动［图 2-5-72（6）］。当两手都有了控把的感觉后，左肩关节可继续配合完成对所控腿的上扣动作［图 2-5-72（7）］，以锁住对手的控把位。

图 2-5-72（6）

图 2-5-72（7）

（10）当“我”前手进攻未果时［图 2–5–73（1）］，对手起前边腿进攻“我”中盘。

①击打类

“我”前手回收固网控制对手待动，同步起左腿顶膝与右肘外撑侧封对手已动的前边腿，此时重心不能够有后座现象，争取触点落在已动的胫骨内侧［图 2–5–73（2）］，前脚落步的同时起后手正面冲击打对手面门［图 2–5–73（3）］。

图 2–5–73（1）

图 2–5–73（2）

图 2–5–73（3）

②固把类

“我”回收前手做里抄接腿控制对手已动［图 2–5–73（4）］，并在抄接腿的同时用后手同步前冲抓对手后手袖把位［图 2–5–73（5）］。当两手的控把有了力感时，可进行身体右转成马步，两手配合同步上扣，锁住对手两个被控把位［图 2–5–73（6）］。动作过程中不允许有任何停顿现象，运行一定要一气呵成。

图 2–5–73（4）

图 2–5–73（5）

图 2–5–73（6）

2. 当第一环节用后手切入时，在第二环节的对攻中以下情况较普遍出现

（1）当后手切入成功并产生效果时，则可在接踢、打、摔、拿、跌以及控把等相关技法中，使用出自己习惯的动作组合，如：接前手冲拳［图 2–5–74（1）、（2）、（3）第一组］、接下潜抱摔［图 2–5–74（4）、（5）、（6）、（7）第二组］、接前边腿［图 2–5–74（8）、（9）、（10）第三组］、抓胸襟把甩控［图 2–5–74（11）、（12）、（13）、（14）第四组］等。

图 2-5-74（1） 第一组

图 2-5-74（2） 第一组

图 2-5-74（3） 第一组

图 2-5-74（4） 第二组

图 2-5-74（5） 第二组

图 2-5-74（6） 第二组

图 2-5-74（7） 第二组

图 2-5-74（8） 第三组

图 2-5-74（9） 第三组

图 2-5-74（10） 第三组

图 2-5-74（11） 第四组

图 2-5-74（12） 第四组

图 2-5-74（13） 第四组

图 2-5-74（14） 第四组

（2）当“我”后手进攻未果时［图 2-5-75（1）]，对手用前手掼拳击打“我”上盘。

①击打类

“我”将固网中的左手开掌，异侧封堵对手已动，同步右手不回收直接右转横开，落点在对手右下颚外侧或胸襟位［图 2-5-75（2）、（3）]，目的是牵割对手的源动。当有了开掌感觉后，右手往“我”右下方钩带，同步左手小天星做横切推掌击打，目标在对手下颚［图 2-5-75（4）]。

图 2-5-75（1）

图 2-5-75（2）

图 2-5-75（3）

图 2-5-75（4）

②固把类

“我”将固网中的左手开掌，异侧封堵对手已动，同步后手不回收直接右转横开，落点在对手右下颚外侧［图 2-5-75（5）］，目的是控制对手的源动。右手回收从对手左肩后穿插腋下［图 2-5-75（6）］，身体左转成歇步，过程中两手与身法配合锁住对手大臂［图 2-5-75（7）、（8）］。

图 2-5-75（5）

图 2-5-75（6）

图 2-5-75（7）

图 2-5-75（8）

（3）当“我”后手进攻未果［图 2-5-76（1）］，对手前手攒拳反击“我”上盘时。

①击打类

“我”以同侧手由内侧向外展、由前往后扣压进行回带提肘回防［图 2-5-76（2）］，也可用“我”的右手与对手的手腕形成缠压状，在回防的同时用前手正面击打对手面门［图 2-5-76（3）］。

图 2-5-76（1）

图 2-5-76（2）

图 2-5-76（3）

②固把类

后手不回收直接右转横开［图 2-5-76（4）］，落点在对手右下颚外侧，同步将固网中的左手开掌指向已动进行封堵［图 2-5-76（5）］，两臂交叉的瞬间身体右转，微上右步挤压对手源动，将对手推击出去［图 2-5-76（6）］。

图 2-5-76（4）

图 2-5-76（5）

图 2-5-76（6）

（4）当“我”后手进攻未果［图 2-5-77（1）］，对手后手冲拳反击“我”上盘时。

①击打类

“我”前手守网固位封堵对手已动［图 2-5-77（2）］，右手回落至对手后手冲拳的前臂近端（靠近右肘关节），两手形成三才钩，“我”右肘注意控制对手待动守住网，右手往右下方侧压，同步做左侧推掌击打对手面门［图 2-5-77（3）］。

图 2-5-77（1）

图 2-5-77（2）

图 2-5-77（3）

②固把类

“我”前手守网固位封堵对手已动［图 2–5–77（4）］，使对手的后手大小臂夹角停留在小于 135 度角，同步右手回落至对手异侧右臂靠近右肘关节处，“我”左右两手形成三才钩，右肘注意控制对手待动守住网，右手控对手肘关节大臂段与“我”左臂横压以钳制住对手前臂。当有了力感时左脚往后蹬地，且右脚后退半步，同时身体后坐并右转，通过对手右肘关节牵制对手源动［图 2–5–77（5）、（6）］，或将对手摔至右后方。

图 2–5–77（4）

图 2–5–77（5）

图 2–5–77（6）

（5）当“我”后手进攻未果［图 2–5–78（1）］，对手用后手掼拳击打“我”上盘时。

①击打类

“我”做回收后手成异侧封堵防守［图 2–5–78（2）］，分步击打出我左手横切掌［图 2–5–78（3）］，目标为对手上盘的左侧。

图 2–5–78（1）

图 2–5–78（2）

图 2–5–78（3）

②固把类

“我”同侧左手提肘阻挡侧防，同步右手回带控制对手胸襟把位［图 2–5–78（4）］。当有了控制力感时，左脚蹬地右脚后退半步，同时身体后坐将对手胸襟拉向“我”躯干，并出左手用掌迎击对手面门［图 2–5–78（5）］，击点通过“我”左掌小天星与对手下颚位体现，两手需形成较强的由前击与后拉共同形成的对撑力。

图 2-5-78（4）

图 2-5-78（5）

（6）当“我”后手进攻未果［图 2-5-79（1）］，对手用正面的腿法进攻“我”中盘时［图 2-5-79（2）］。

图 2-5-79（1）

图 2-5-79（2）

①击打类

“我”做回收右手外挂防守［图 2-5-79（3）］，用左手从正面同步完成击打对手上盘的进攻［图 2-5-79（4）］。

图 2-5-79（3）

图 2-5-79（4）

②固把类

“我”回收右手做外挂接腿，同步用左手前冲抓对手异侧左袖把位，两手控把稳固后做同侧的左右对开的牵拉［图 2-5-79（5）］，同步上右步使膝关节穿过对手膝关节下侧，通过固住两个把位控制对手［图 2-5-79（6）、（7）］；或者当感觉可控制住对手源动时，“我”放开右手［图 2-5-79（8）］，贴身进步采用横肘击打对手躯干肋部［图 2-5-79（9）］。

图 2-5-79（5）

图 2-5-79（6）

图 2-5-79（7）

图 2-5-79（8）

图 2-5-79（9）

（7）当“我”后手进攻未果［图 2-5-80（1）］，对手用前边腿击打“我”中盘时［图 2-5-80（2）］。

图 2-5-80（1）

图 2-5-80（2）

①击打类

“我”做回收右手侧封，运行中要用肘关节去寻找对手胫骨下端位区域［图 2-5-80（3）］，同步用左手正面进攻击打对手的上盘［图 2–5–80（4）］。

图 2–5–80（3）

图 2–5–80（4）

②固把类

“我”做回收右手外抄接腿，同步用左手前冲抓对手异侧左袖把住［图 2–5–80（5）］；两手控把稳固后做同侧的左右开拉，同步重心前压，左手向斜后方拉压，右手提肘迫使对手前腿控制在“我”大臂之上［图 2–5–80（6）］；“我”右手环绕对手小腿扣握“我”左手腕关节，同时重心下沉配合身法成马步控把，以锁住“我”两手控制对手的两个控制把位［图 2–5–80（7）、（8）］。

图 2–5–80（5）

图 2–5–80（6）

图 2–5–80（7）

图 2–5–80（8）

（8）当“我”后手进攻未果时［图 2–5–81（1）］，对手前边腿击打“我”上盘时［图 2–5–81（2）］。

图 2–5–81（1）

图 2–5–81（2）

①击打类

“我”回收后手成肘击已动，侧击对手高边腿胫骨内侧端，同步左手成掌侧面封堵待动［图 2–5–81（3）］，并需要达到防守稳妥的效果，紧跟重心前压完成左脚上右步，并跃过对手重心的垂直位［图 2–5–81（4）］，同步运行弓步双手推掌［图 2–5–81（5）］。

图 2–5–81（3）

图 2–5–81（4）

图 2–5–81（5）

②固把类

“我”回收右手拍击防守已动，同步左手抄抱已动［图 2–5–81（6）、（7）］，两手环抱对手小腿中部，右肘关节提肘顶压对手脚内侧，上顶之力与两手环抱之力形成一上一下的对峙力，此时应该重心提起以配合双手锁住对手踝关节［图 2–5–81（8）、（9）、（10）］。

图 2–5–81（6）

图 2–5–81（7）

图 2–5–81（8）

图 2–5–81（9）

图 2–5–81（10）

（9）当“我”后手进攻未果［图 2–5–82（1）］，对手用后边腿击打“我”中盘时［图 2–5–82（2）］。

图 2–5–82（1）

图 2–5–82（2）

①击打类

“我”后手回收守中固网，前手向下格挡已动［图 2–5–82（3）］，前手回收替代后手守中固网，同步后手做正面对攻击打对手面门［图 2–5–82（4）］。

图 2-5-82（3）

图 2-5-82（4）

②固把类

“我”左脚朝左侧前方上步避开对手已动击点，左手由内向外抄抱对手的后边腿［图 2-5-82（5）］，同步右手由上往斜下方压制对手脚外侧，两手配合捆住对手踝关节，并强制上锁扣［图 2-5-82（6）、（7）］。当控制力感已有，则做提右膝环绕对手膝关节并下压成歇步，以锁住对手膝关节位［图 2-5-82（8）、（9）］。

图 2-5-82（5）

图 2-5-82（6）

图 2-5-82（7）

图 2-5-82（8）

图 2-5-82（9）

3. 第一环节“我”用前腿切入时，在第二环节的对抗中一般有以下攻防现象普遍出现

（1）前边腿

当前边腿击中对手［图 2-5-83（1）］，并乘势逼迫对手处于被动切入状态时，可紧接动作完成组合进攻。此时可选用的动作组合范围很广，例如：前边腿—前手固网接后手冲拳［图 2-5-83（2）第一组］；前边腿—接下潜抱摔［图 2-5-83（3）、（4）第二组］；前边腿—两手固网接后边腿［图 2-5-83（5）、（6）第三组］；前边腿—接后手控对手后手袖把，左手外侧切入上三才钩［图 2-5-83（7）、（8）第四组］。所有的动作组合都进行分步完成，组合中要突出动作节奏。

图 2-5-83（1）

图 2-5-83（2） 第一组

图 2-5-83（3） 第二组

图 2-5-83（4） 第二组

图 2-5-83（5） 第三组

图 2-5-83（6） 第三组

图 2-5-83（7） 第四组

图 2-5-83（8） 第四组

①当对手针对“我”前边腿的切入进攻采取提膝防守时［图 2–5–84（1）］。

第一，击打类

“我”可在处理第二环节时采取抢攻，在前手固网稳定的基础上，后手抢攻的动作可以是后手正面进攻等［图 2–5–84（2）］，要争取在对方提膝落步前完成抢攻动作。

图 2–5–84（1）

图 2–5–84（2）

第二，固把类

“我”可在第二环节的处理上采取在落步时，用前手抓对手异侧的前手袖把位［图 2–5–84（3）］，并在后手固网稳定的基础上，在对方任意提膝起步时完成牵袖把位动作，目的是通过牵动大龙去影响机体重心的支撑，迫使对手起腿受限，致使落步点紊乱而失去重心平衡［图 2–5–84（4）或（5）］；在对手维持平衡的时间里进行后手的进攻，击打对手面门部位［图 2–5–84（6）］。

图 2–5–84（3）

图 2–5–84（4）

图 2–5–84（5）

图 2–5–84（6）

②当对手针对“我”前边腿做“我”一时不能明确判断的反击动作时[图 2–5–85（1）]。

第一，击打类

无论对手针对“我”采取拳法或是腿法做防反时，“我”都可先撤步，通过重心后压先拉开距离；无论对手采取拳法或者是腿法进攻“我”，“我”只需固住网进行不接触防守，当通过躲闪防守避过对方的击打力点时，“我”再通过上步或滑步近身，做针对对手进攻时控制距离的前脚侧踹反击［图 2–5–85（2）、（3）、（4）]。

图 2–5–85（1）

图 2–5–85（2）

图 2–5–85（3）

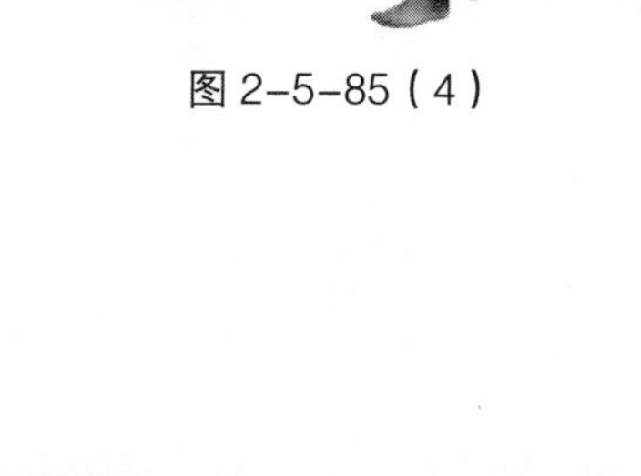

图 2–5–85（4）

第二，固把类

采用牵袖把位并进行全面控制的技击模式。“我”可在第二环节采用前边腿落步，前手抓对手前手袖把位［图 2-5-85（5）］，当对手起后手时“我”可横牵，以带动对手源动去影响其后肩运行，并阻截后手动作轨迹［图 2-5-85（6）、（7）］；当对手起前腿时“我”可朝下牵动，以通过牵动对手源动影响其支撑脚平衡而无法起腿［图 2-5-85（8）、（9）］；当对手起后脚时，“我”可朝斜下方牵动对手源动，以影响对手支撑脚平衡而无法起腿［图 2-5-85（10）、（11）］。有了袖把位的牵动，在对手调整动作与维持平衡时，“我”可根据情况做第二环节的进攻。注意：进行牵动的时机应该把握在对手启动的一瞬间完成。

图 2-5-85（5）

图 2-5-85（6）

图 2-5-85（7）

图 2-5-85（8）

图 2-5-85（9）

图 2-5-85（10）

图 2-5-85（11）

③“我”前边腿进攻未果时，对手做撤步防守，并用后手掼拳反击“我”上盘[图 2–5–86（1）]。

第一，击打类

“我”可在前脚落步的同时做后手异侧反架防守对手已动，同步用前手侧按对手待动位[图 2–5–86（2）]，待卡位有了力感时做后手的横切掌，击打对手异侧下颚位[图 2–5–86（3）]。

图 2–5–86（1）

图 2–5–86（2）

图 2–5–86（3）

第二，固把类

“我”可在前脚落步的同时做后手异侧反架防守对手已动，同步用前手抓住对手待动袖把位［图 2–5–86（4）］，待卡位有了力感时前手横拉袖把，同步身体微左转做后手的横切掌，形成从对手大侧门切入的三才钩以控制对手源动［图 2–5–86（5）］。在控制中，可根据空档效果完成相应的进攻。

图 2–5–86（4）

图 2–5–86（5）

④对手做提膝防守，并用前手掼拳反击“我”上盘时［图 2–5–87（1）］。

第一，击打类

我可在前脚落步的同时做前手异侧反架防守对手已动，同步用后手侧按对手待动位[图 2–5–87（2）]，待卡位有了力感时做前手的左横切掌，击打对手异侧下颚位[图 2–5–87（3）]。

图 2–5–87（1）

图 2–5–87（2）

图 2–5–87（3）

第二，固把类

“我”可在前脚落步的同时做前手异侧反架防守对手已动，同步用后手抓住对手待动袖把位［图 2–5–87（4）］，待卡位有了力感时后手横拉袖把，同步身体微右转做前手前推对手把控前臂，同步重心左压用右脚踝关节钩住对手踝关节，形成一个手臂推压与脚尖勾锁呼应的全面控制的状态［图 2–5–87（5）、（6）］。

图 2–5–87（4）

图 2–5–87（5）

图 2–5–87（6）

⑤当对手防守“我”前边腿［图 2–5–88（1）］,并起前边腿反击“我”中盘时［图 2–5–88（2）］。

图 2–5–88（1）

图 2–5–88（2）

第一，击打类

“我”用前手挂防，避开对手前边腿力点，并分步完成后手侧门进攻的反击动作［图2–5–88（3）、（4）］。

图 2–5–88（3）

图 2–5–88（4）

第二，固把类

后手向外抄抱控制对手已动，同步用前手抓把于对手异侧前袖或胸襟［图 2–5–88（5）］，身体左转，右手提肘，抬起对手小腿并扣住“我”左手前臂，形成一个完整的扣［图 2–5–88（6）］。

图 2–5–88（5）

图 2–5–88（6）

⑥当对手用前蹬腿截击“我”的前边腿［图 2–5–89（1）］，并接后手冲拳进攻“我”上盘时。

第一，击打类

“我”双手固网重心后压控制所需距离，并收前脚成撤点步，当避开对手力点后，速起前脚侧踹进攻对手躯干［图 2–5–89（2）、（3）、（4）］；或跳出有效距离到无效距离，进入脱离对抗状态［图 2–5–89（5）、（6）］。这样可以暂时脱离对抗以便再重新整理技击思维，组织后面的再对抗。

图 2–5–89（1）

图 2–5–89（2）

图 2–5–89（3）

图 2–5–89（4）

图 2–5–89（5）

图 2–5–89（6）

第二，固把类

“我”双手固网控制住重心稳定，两手固网仍然不变［图 2–5–89（7）］，对手后手右冲拳击打“我”面门，“我”前手开掌封堵已动，后手前伸抓住对手袖把位［图 2–5–89（8）］，重心后坐于右脚的同时，完成横拉所控袖把并身体右转，将对手甩至右后方［图 2–5–89（9）］。

图 2–5–89（7）

图 2–5–89（8）

图 2–5–89（9）

（2）前脚侧踹腿

①当“我”前脚侧踹腿切入击中对手［图 2–5–90（1）］，假设此时对手处于被动切入

时，“我”可紧接自己习惯动作组合进攻。如：或接后手冲拳［图 2-5-90（2）第一组］；或衔接前脚侧踹腿进行连击对手中盘［图 2-5-90（3）、（4）第二组］；或接近身抱摔［图 2-5-90（5）、（6）第三组］；或回收前脚的落步寻找最佳落点，做后脚边腿击打对手中盘［图 2-5-90（7）、（8）第四组］；或进身控制袖把位。动作组合要在运行中，根据势态的变化边调整边完成。

图 2-5-90（1）

图 2-5-90（2） 第一组

图 2-5-90（3） 第二组

图 2-5-90（4） 第二组

图 2-5-90（5） 第三组

图 2-5-90（6） 第三组

图 2-5-90（7） 第四组

图 2-5-90（8） 第四组

②当对手用拍挡防守“我”前脚侧踹腿并做出针对性防守［图 2-5-91（1）］，且用后边腿反击“我”中盘时。

第一，击打类

“我”在落步的同时重心前压做前手的侧面格档防守，并做好右手的守网，重心前压分步做后手进攻击打对手面门［图 2–5–91（2）、（3）、（4）］；“我”可重心继续后压，支撑脚向后小跳闪躲防守，当避开力点的距离迅速再前脚提膝后脚滑步做前脚侧踹腿，击打对手躯干部位［图 2–5–91（5）］。

图 2–5–91（1）

图 2–5–91（2）

图 2–5–91（3）

图 2–5–91（4）

图 2–5–91（5）

第二，固把类

前手外抄接对手边腿的已动，后手稳住做好守网［图 2–5–91（6）］，右手侧压与左手缠抱控制对手小腿［图 2–5–91（7）］，同时起右脚由外缠绕对手膝关节［图 2–5–91（8）］，形成独立步控制对手小腿的一个锁扣，当对手下蹲时“我”可重心前压成歇步控制［图 2–5–91（9）］。

图 2-5-91（6）

图 2-5-91（7）

图 2-5-91（8）

图 2-5-91（9）

③当对手用拍挡防守“我”前脚侧踹［图 2-5-92（1）］,并继续用后手冲拳反击“我”上盘时。

第一，击打类

“我”前脚回收并向前落步，在落步的同时前手从小侧门做拍档防守，并用后手同步从中门做推压已动，两手形成合抱的三才钩［图 2-5-92（2）］。右肘注意控制对手待动动作的防守，重心前压并微右转做前手击打对手同侧下颚位［图 2-5-92（3）］。

图 2-5-92（1）

图 2-5-92（2）

图 2-5-92（3）

第二，固把类

“我”前脚回收并向前落步，在落步的同时做前手从小侧门拍档防守，并后手同步从中门做推压已动，两手形成合抱的三才钩［图 2–5–92（4）］。右肘注意控制对手待动动作的防守，右手握控对手肘关节位向右下方转体，通过压带将对手发放出去［图 2–5–92（5）］。

图 2–5–92（4）

图 2–5–92（5）

④对手拉开距离顺利防开“我”前脚侧踹［图 2–5–93（1）］，并起后中、低边腿反击“我”时。

第一，击打类

收回前脚的同时提膝侧顶防守［图 2–5–93（2）］，同时两手控制位置做好守网，重心前压做后手正面进攻击打对手面门［图 2–5–93（3）］。

图 2–5–93（1）

图 2–5–93（2）

图 2–5–93（3）

第二，固把类

“我”用外抄缠抱击来的后边腿，并后手做好守网，重心前压的同时做好针对性的配合控制［图 2–5–93（4）］，再接右脚勾踢［图 2–5–93（5）］。

图 2-5-93（4）

图 2-5-93（5）

（3）前蹬腿

①当“我”前蹬腿主动切入击中对手时，对手处在被迫进入被动切入之中［图 2-5-94（1）］。

“我”可在对手进行机体调整时迅速使用出自己习惯而又具有威慑力的动作组合，如：前蹬腿切入—后脚边腿［图 2-5-94（2）、（3）第一组］；前蹬腿切入—前脚侧踹腿［图 2-5-94（4）、（5）第二组］；前蹬腿切入—左右手冲拳［图 2-5-94（6）、（7）第三组］；前蹬腿切入—后手冲拳—后脚蹬腿［图 2-5-94（8）、（9）第四组］。

图 2-5-94（1）

图 2-5-94（2） 第一组

图 2-5-94（3） 第一组

图 2-5-94（4） 第二组

图 2-5-94（5） 第二组

图 2-5-94（6） 第三组

图 2-5-94（7） 第三组

图 2-5-94（8） 第四组

图 2-5-94（9） 第四组

②当对手成功防守“我”前蹬腿［图 2-5-95（1）］，并用后手冲拳进行反击时。

第一，击打类

“我”可用前手从小侧门处进行拍压防守［图 2-5-95（2）］，同时后手做好守网动作，再分步用后进攻击打对手面门［图 2-5-95（3）］。

图 2-5-95（1）

图 2-5-95（2）

图 2-5-95（3）

第二，固把类

“我”前脚落步的同时做前手小侧门拍档防守，与后手同步从中门做推压已动，两手形成合抱的三才钩［图 2-5-95（4）］。右肘注意控制对手待动动作的防守，身体右转并带动右手转向对胸襟把位的抓控［图 2-5-95（5）］，向后拉与前手推掌形成一组对抗力，击打对手面门［图 2-5-95（6）］。

图 2–5–95（4）

图 2–5–95（5）

图 2–5–95（6）

③当对手成功防守“我”前蹬腿［图 2–5–96（1）］，并采用侧闪上步用前手掼拳进行反击时［图 2–5–96（2）］。

图 2–5–96（1）

图 2–5–96（2）

第一，击打类

“我”右手提肘封堵控制对手已动，左手侧按对手待动［图 2–5–96（3）正面、（4）背面］，右手做侧面的弧线进攻，用掌根击打对手左下颚［图 2–5–96（5）正面、（6）背面］。

图 2–5–96（3） 正面

图 2–5–96（4） 背面

图 2–5–96（5） 正面

图 2–5–96（6） 背面

第二，固把类

“我”可在前脚落步前压重心的同时，用前手反架推挡防守已动，并做后手侧压控制对手待动，争取影响其源动［图 2–5–96（7）正面、（8）背面］，右手抓控对手异侧袖把回拉时，同步完成左手横切掌击打对手左侧下颚的进攻［图 2–5–96（9）正面、（10）背面］。

图 2–5–96（7） 正面

图 2–5–96（8） 背面

图 2–5–96（9） 正面

图 2–5–96（10） 背面

④当对手成功防守“我”前蹬腿［图 2–5–97（1）］，并用右手掼拳反击“我”上盘时。

第一，击打类

“我”可采取前手提肘封堵防守［图 2–5–97（2）］，同步后手做好守网动作，紧接着重心前压做好后手正面针对对手上盘的进攻［图 2–5–97（3）］。

图 2–5–97（1）

图 2–5–97（2）

图 2–5–97（3）

第二，固把类

“我”可在前脚落步前压重心的同时，用后手反架推挡防守已动，并做前手由内而外缠绕侧压对手运行掼拳的后手已动大臂位［图 2–5–97（4）］，固住把位，协调身体，并左转以控制对手［图 2–5–97（5）］。

图 2–5–97（4）

图 2–5–97（5）

⑤对手防守“我”前蹬腿成功后［图 2–5–98（1）］，采用前脚腿法进行反击时。

第一，击打类

“我”可重心后压，用前手里挂或拍压进行防守［图 2–5–98（2）］，并前压重心，分步做后手正面进攻击打对手上盘［图 2–5–98（3）］，迫使对手不能起身，再紧接前边腿击打对手上盘［图 2–5–98（4）］。

图 2-5-98（1）

图 2-5-98（2）

图 2-5-98（3）

图 2-5-98（4）

第二，固把类

“我”重心前压，用前手抄抱对手已动，并与后手配合形成固把控制［图 2-5-98（5）］，在后手拍压与前手形成合抱的控把运行中，通过重心后移完成摇臂的涮腿摔［图 2-5-98（6）］。

图 2-5-98（5）

图 2-5-98（6）

⑥对手防守“我”前蹬腿成功后［图 2-5-99（1）］，采用后边腿反击时。

第一，击打类

“我”朝对手进攻腿的同侧提膝外展做封堵防守［图 2-5-99（2）］，紧接重心前压，分步完成后手正面进攻，击打对手的上盘面门［图 2-5-99（3）］。

图 2-5-99（1）

图 2-5-99（2）

图 2-5-99（3）

第二，固把类

“我”前手外抄控制对手已动，后手前伸抓固住对手右手袖把位［图 2-5-99（4）］，重心前移起右脚环绕对手被控脚的膝关节［图 2-5-99（5）］，使对手承受被指控方强施的三股力，分别是：左手将对手踝关节向上提的力，右手抓控对手右手袖把往我右后方牵拉的力，我右脚向下压对手被控膝关节的力。通过三股力的协调配合，力争达到完全控制对手的效果，如果对手企图解脱，“我”可进行重心前压完成更深入的歇步控制。

图 2-5-99（4）

图 2-5-99（5）

⑦对手用阻击防守“我”前蹬腿，但并不做反击时［图 2-5-100（1）］。

第一，击打类

“我”可重心后压撤步让开对手的进攻力点，同时做好双手的守网［图 2-5-100（2）］，再迅速完成针对正面对手中盘的后脚进攻［图 2-5-100（3）］。

图 2-5-100（1）

图 2-5-100（2）

图 2-5-100（3）

第二，固把类

“我”前脚落步的同时前手抓住对手前手袖把［图 2-5-100（4）］，如果对手有动作启动则做相应的袖把牵制，以破坏对手的进攻动作；如果对手没有启动，则可做退步回拉袖把，同步起右脚侧踹腿击打对手躯干［图 2-5-100（5）、（6）］。

图 2-5-100（4）

图 2-5-100（5）

图 2-5-100（6）

4. 第一环节是后腿切入，在第二环节的对抗中一般以下攻防现象会较普遍出现

（1）当第一环节的后边腿主动切入顺利［图 2-5-101（1）］，对手被迫进入被动切入时，“我”可迅速衔接自己习惯的或具有威慑力的动作组合，进行攻击对手以扩大战果。

如：后边腿击打对手中、下盘，右脚落步在对手外侧（已经成为反架的预备式），在落步的同时左后手完成正面进攻［图 2-5-101（2）］；迫使对手防守，当对手进行防守时，“我”可后压重心迅速起右脚侧踹击打对手中盘［图 2-5-101（3）、（4）］。

图 2-5-101（1）

图 2-5-101（2）

图 2-5-101（3）

图 2-5-101（4）

（2）“我”后高边腿主动切入，对手后撤躲闪或用综合防守［图 2-5-102（1）］，当避开“我”的力点后，再上步做左右冲拳反击“我”时。

①击打类

“我”落步成反架预备式时，继续守网固位防守左右冲拳［图 2-5-102（2）、（3）］，分步做前右脚的正蹬进攻，击打对手中盘的躯干部位［图 2-5-102（4）］。

图 2-5-102（1）

图 2-5-102（2）

图 2-5-102（3）

图 2-5-102（4）

②固把类

“我”落步成反架预备式时，继续守网固位做好防守，前手进攻封堵，后手前伸迅速抓住对手胸襟把位［图 2-5-102（5）］，同步右手配合左手完成控把位回拉，并将对手重心下压到前脚支撑的同时，“我”起左脚内扣勾踢对手支撑前脚，以破坏对手重心平衡，力争将对手摔倒［图 2-5-102（6）、（7）］。

图 2-5-102（5）

图 2-5-102（6）

图 2-5-102（7）

（3）“我”后中、低边腿主动切入，对手提膝防守并用后手掼拳反击“我”上盘时［图 2-5-103（1）］。

①击打类

此时“我”落步在对手外侧已成反架预备式，可用右手异侧位反架档进行掼拳防守［图 2-5-103（2）］，避开对手力点时迅速用左（后手）侧面反击对手上盘［图 2-5-103（3）］。

图 2-5-103（1）

图 2-5-103（2）

图 2-5-103（3）

②固把类

此时“我”落步在对手外侧已成反架预备式,采用左手提肘封堵对手后手掼拳的已动，右手前顶侧并控制住对手胸襟把位［图 2-5-103（4）］，通过右手回拉与左手横切击打对手下颚部位，形成一股对拉力，以收获更多的技击效果［图 2-5-103（5）］。

图 2-5-103（4）

图 2-5-103（5）

（4）“我”后中、低边腿主动切入，对手提膝防守［图 2-5-104（1）］，紧接着对手用前脚侧踹反击“我”中盘，此时“我”落步在对手外侧已成反架预备式，重心后压用右手里抄接腿［图 2-5-104（2）］。

图 2-5-104（1）

图 2-5-104（2）

①击打类

此时，“我”前压重心接左手弧线击打对手上盘［图 2–5–104（3）］；或做上左步接右脚勾踢腿反击［图 2–5–104（4）］。

图 2–5–104（3）

图 2–5–104（4）

②固把类

此时，前压重心接左后手击打对手上盘面门［图 2–5–104（5）］，动作回收抓控对手胸襟把位［图 2–5–104（6）、（7）］，右手前穿与左手手腕合并扣紧，同步身体左转形成一个完整的扣锁［图 2–5–104（8）正面、（9）背面］。

图 2–5–104（5）

图 2–5–104（6）

图 2–5–104（7）

图 2–5–104（8） 正面

图 2–5–104（9） 背面

（5）“我”后边腿进攻，对手在身体侧面接腿［图 2–5–105（1）］，对手欲进行接腿摔，“我”做手配合支撑，完成顶膝关节动作，以维持身体平衡［图 2–5–105（2）］。

图 2–5–105（1）

图 2–5–105（2）

①击打类

此时，在顶膝的同时右前手抓对手胸襟把位，并以胸襟把位为支点，进行前推与膝关节形成对拉之力，迫使对手脱开已经控制的把位［图 2–5–105（3）］；当对手脱把时，“我”迅速完成左手的横切掌进攻，以击打对手左下颚位［图 2–5–105（4）］。

图 2–5–105（3）

图 2–5–105（4）

②固把类

当顶膝不能迫使对手脱手时，则右手可往回拉对手的胸襟把位，以完成被控腿的钩裆动作［图 2–5–105（5）］，并同步完成左手在对手面门的支撑，通过双手的两股对拉力并配合好此时身法的调整，以便机体在动作运行中更加协调［图 2–5–105（6）］。

图 2-5-105（5）

图 2-5-105（6）

（6）“我”后蹬腿主动切入，对手用前手挂挡防守［图 2-5-106（1）］，再用后手冲拳反击“我”上盘时。

图 2-5-106（1）

①击打类

落步成反架，“我”双手调整好防守网络，并严格守网进行封堵对手后手冲拳的已动动作［图 2-5-106（2）］，阻挡防守的同时重心后压起腿［图 2-5-106（3）］，在对手回收冲拳时，“我”紧接着完成前（右）脚正面的中盘进攻［图 2-5-106（4）］，进攻时可用支撑腿去适度调整或控制双方的距离。

图 2-5-106（2）

图 2-5-106（3）

图 2-5-106（4）

②固把类

落步成反架，“我”前手从中门侧压对手的后手前臂后端，后手封堵对手冲拳的已动击点［图 2-5-106（5）］，双手成三才钩的防守模式，后手配合前手完成在触位处进行的横开控制，并配合身体右转，通过控制对手大臂以牵动其源动［图 2-5-106（6）］，同步用左后手追击，击打对手上盘侧门［图 2-5-106（7）］。

图 2–5–106（5）

图 2–5–106（6）

图 2–5–106（7）

（7）“我”主动用后腿切入进行针对性的阻击，迫使对手在完成进攻动作时下盘被封堵［图 2–5–107（1）］。

①击打类

当对手后撤企图摆脱被动时，“我”顺势上步控制距离，并在确保守网稳固的基础上前压重心，形成开放式的反架对峙，并完成左右手的正面进攻，以击打对手上盘［图 2–5–107（2）、（3）］；或“我”在用拳击打而对手后撤时［图 2–5–107（4）］，“我”收前脚，并在调整重心时紧接着做滑步前脚侧踹腿，以进攻对手中、上盘［图 2–5–107（5）］。

图 2–5–107（1）

图 2–5–107（2）

图 2–5–107（3）

图 2–5–107（4）

图 2–5–107（5）

②固把类

当对手后撤企图摆脱被动时，“我”在确保守网的基础上前压重心，顺势上步控制对手前袖把位［图 2–5–107（6）］，通过袖把的牵制来驾驭技击的控制权。当对手有启动的意向时，“我”可做相应的袖把牵制，当“我”需要获取技击效果时，可通过袖把的牵制获取自己需要的目标，如：牵袖把控制对手运作前边腿的击打［图 2–5–107（7）、（8）］。

图 2–5–107（6）

图 2–5–107（7）

图 2–5–107（8）

三、第三环节的技术

经过第一环节的切入与第二环节的对攻等技法较量，由于对抗双方围绕经纬技术构架的技战术能力、功力、心理状态、势态的把握能力等综合因素所表现出来的实力各不相同，必然会导致对抗双方产生在对抗局面上的优、劣或均等的不同情况，并通过动态的势态全面展现出来。

大凡获得优势者都希望继续扩大战果，直至获得优胜的比赛结果；而处在劣势者希望能对当前的不利势态进行控制，尽可能挽回颓势，以确保实力不受损失；势均力敌者更努力地引导势态朝自己希望的方向发展，以获得平衡中有利于自己突破的砝码，并把握和运用时机以获得控制比赛的主动权。对抗双方在对抗中自然会产生不同的对抗局面，势态中控制与反控制的优劣不同，势必导致对抗双方对相同势态产生不同感觉。

按照《传统武术竞赛规则》规定，在对抗中能够产生更多规则认可的技击效果者为优，因此，第三环节就成为每一次交手中对抗双方最后争夺以产生技击效果的“最后”机会了。由于此环节的势态表现方式与前两个环节有所改变，是对抗双方虽在势态延续中却容易发生得失转折的环节，于是就显得非常重要。

由于双方在前面两个环节对抗的技战术表现不同，所以他们体现出来的功力也不尽相同，势必会导致第三环节出现以下几类情况（以比赛的表现形式为主线条进行分析）。

（一）自然终止

只要出现《传统武术竞赛规则》规定必须停止对抗的状态时，就必须由场上裁判行驶权力即刻停止比赛，例如：比赛时间到了；比赛双方中的任何一方出现犯规现象，裁判员对犯规运动员进行受罚时；运动员出现受伤现象时；运动员出于客观原因举手要求暂停时；处理场上问题或擂台上有险情出现时；因为比赛场地的客观环境等影响比赛时；等等之类的情况一旦出现，场上裁判都必须强制停止正在进行中的对抗。

当出现以上情况时，场上裁判员必须叫“停”比赛，或由裁判长鸣哨强制使比赛停止，具体内容可参看《传统武术竞赛规则》的裁判法。

对抗的自然终止是为了使比赛在更合理、更安全、更公平、更公正的轨道上进行下去，这是人性化的具体表现。为了对抗能够正常进行，对抗双方都必须按照《传统武术竞赛规则》规定的条例进行相应的比赛，当出现上述情况时则说明比赛中仍然存在着不合理或不适应比赛的因素，于是场上的执行裁判员必须让比赛按照规范停止并进行及时处理，以确保人性在比赛中得到真正意义的诠释。

只要裁判员叫“停”，比赛双方的对抗就不允许再进行下去，这样，对抗双方的攻防博弈也就很自然地被终止了。此时，无论对抗双方处在对抗中的什么状态（自由状态、调节状态与交手状态），也不管双方处在交手状态中的哪个环节之中（第一环节、第二环节与第三环节），只要裁判员示意停止比赛，比赛就应该停止下来。这种终止对抗的决定权与行使权掌握在场上执行裁判员与裁判长手中，运动员只能按照裁判员的评判做出相应的运行，没有任何可协商的余地。

（二）接触终止

这种终止对抗的方法是对抗双方在交手时都处在有肢体接触基础上的表现形式。

1. 进攻终止

在前面环节的交手中，当一方由于破网而处在相对防守的被动状态时，另一方可抓住对手忙于防守而不能集中精力或能力组织有威胁力的反击这一难得的短暂机会，用更多的精力去进攻（或重击），以便尽快终止比赛；也可以在对手完成调整自身动作的时间段内迅速出击，从而迫使对手被击中或继续处在防守的状态，然后在主动击打对手的同时快速使自己从有效距离移动到无效距离，即便对手此时做好了动作调整并有能力组织有效进攻，也会因为距离而无法形成有效的对抗，此时对抗也就自然终止了；可以是被动方在对手全力以赴地进攻时固网死守，并通过相应的阻击或步法移动等方法主动拉开距离，脱离这种环境，使对手无法延续他的优势，而致使对抗自然终止；还可以在对手停止进攻的瞬间做同步击打，因为越是把注意力放在进攻中，他此时的防守意识通常会越弱（根据注意力分布原理可得知），在对手短暂的适应中主动退出而终止对抗，使得对抗自然终止。

进攻终止结束对抗的形式基本有如下几种：

（1）前手击打的退出：通过前手进攻迫使对手处理“我”的进攻动作，当对手在处理“我”的前手动作时，“我”可主动撤步退出到安全距离，过程中形成规范的守网后撤。

如：前手冲拳撤步［图 2-5-108（1）、（2）、（3）］。

图 2-5-108（1）

图 2-5-108（2）

图 2-5-108（3）

（2）后手击打的退出：后手进攻迫使对手处理“我”进攻动作的同时，“我”后手回收动作的同时撤步，撤步时重心后压与收拳同步完成，过程中形成规范的守网后撤。在收后手拳时，不要因为要撤步而影响动作质量。

如：后手冲拳撤步［图 2-5-109（1）、（2）、（3）］。

图 2-5-109（1）

图 2-5-109（2）

图 2-5-109（3）

（3）前腿击打的退出：前腿击打的第三环节技术，要求动作的平衡掌握达到娴熟的程度，否则动作会出现弄巧成拙的现象。在完成动作的过程中要形成规范的守网后撤，要很好地处理步法、重心与支撑腿之间的协调关系。

如：前腿正蹬［图 2–5–110（1）、（2）、（3）蹬腿］；前腿边踢［图 2–5–110（4）、（5）、（6）边腿］；前腿侧踹［图 2–5–110（7）、（8）、（9）侧踹］。要求所做的前脚击打动作的质量不能因为步法的运行而有丝毫降低，否则就达不到击中的要求。同时在动作过程中重心过渡后脚时，应该适度结合支撑单脚的小跳步法。在小跳时应该注意路线与方向的变化，双手的防守以封堵为主，动作应该严密，如势态变换需要环节转换应该做到可随时调整。

图 2–5–110（1） 蹬腿

图 2–5–110（2） 蹬腿

图 2–5–110（3） 蹬腿

图 2–5–110（4） 边腿

图 2–5–110（5） 边腿

图 2–5–110（6） 边腿

图 2–5–110（7） 侧踹

图 2–5–110（8） 侧踹

图 2–5–110（9） 侧踹

（4）后腿击打的退出：后腿击打在第三环节中表现的特点是后腿完成动作后，身体退出的位置与近身时的姿势正好相反。也就是说，正架进身、反架退出，或反架进身、正架退出，在完成动作的过程中要形成规范的守网后撤。

如：后脚正蹬［图 2-5-111（1）、（2）、（3）蹬腿］；后脚边踢［图 2-5-111（4）、（5）、（6）边腿］，前脚转成后脚，承受重心，小跳出来。

附：撤步的技术要求是正退侧走，做到牵引对手从正面追击，“我”再从侧面走弧线脱离，以通过变向来增加对手的追击难度，在走步法时应该时刻有防守的动作意识。

图 2-5-111（1） 蹬腿

图 2-5-111（2） 蹬腿

图 2-5-111（3） 蹬腿

图 2-5-111（4） 边腿

图 2-5-111（5） 边腿

图 2-5-111（6） 边腿

2. 防守终止

在前面环节的对抗中，假设对方处于得势状态，通常对方会争取利用有利势态去创造更好的技击效果，此时的得势方一定会表现出更多的进攻性。为了尽快摆脱被动局面，被动方需要迅速调整好自己的状态，以便重新争夺对抗的主动权，否则就必须立刻终止对抗，防止自己所在的被动局面进一步恶化。主动终止对抗的目的是以便重新组织新一轮的交手，在新一轮的交手初始，双方的机会又回到了一个相对均等的起跑线上，这样就很自然地摆脱了上一个回合的被动局面。

从技术运行的层面上看，在第三环节中的被动一方往往处在被对手进攻的势态之中，所以，被动方在主动撤出有效距离对抗的同时，必须全程做好守网与固网等的全面防守。这个环节的技术构架基本上是在结合步法的手网中运行的，过程中通过封堵与拍挡等技术来完成对抗的终止任务。

（1）双手形成规范的守网并根据对手的进攻进行紧密用网防守，同时双脚后撤跳出至无效距离。

双手的防守主要由针对对手前手［图 2–5–112（1）、（2）、（3）前手］、后手［图 2–5–112（4）、（5）、（6）后手］的防守构成。

图 2–5–112（1） 前手

图 2–5–112（2） 前手

图 2–5–112（3） 前手

图 2–5–112（4） 后手

图 2–5–112（5） 后手

图 2–5–112（6） 后手

（2）通过接腿破坏对手的动作节奏，同时在脱手时做击打退出［图 2–5–113（1）、（2）、（3）、（4）接腿甩击］；或做接腿摔退出［图 2–5–113（5）、（6）、（7）接腿摔］（在对抗中如果摔法使用成功，对抗自然结束，也就无须再退出了）。

图 2–5–113（1） 接腿甩击

图 2–5–113（2） 接腿甩击

图 2–5–113（3） 接腿甩击

图 2–5–113（4） 接腿甩击

图 2–5–113（5） 接腿摔

图 2–5–113（6） 接腿摔

图 2–5–113（7） 接腿摔

（3）后撤前脚提膝严密防守，双手形成规范的守网防守，支撑腿同步做急速小跳步退出。

如:防前手［图 2–5–114（1）］，防后手［图 2–5–114（2）］，防腿法［图 2–5–114（3）、（4）、（5）］，以上动作衔接退出运行［图 2–5–114（6）、（7）、（8）］。

图 2–5–114（1）

图 2–5–114（2）

图 2-5-114（3）

图 2-5-114（4）

图 2-5-114（5）

图 2-5-114（6）

图 2-5-114（7）

图 2-5-114（8）

（三）闪躲终止

1. 主动脱离

对于在前面环节中自己处于完全被动状态时，被动方应积极主动地去寻找结束被动状态的途径。此时，最好的办法就是通过自己主动脱离有效距离，从而迫使对手无法再组织有威胁的进攻。

也可以是双方在前面的环节中都无法寻找有效的突破手段，表现在对抗双方胶着在一起，其中任何一方都不能做出具有威胁的动作时［图 2-5-115（1）］，为了打破僵局，其中一方主动脱离有效距离［图 2-5-115（2）、（3）］，以便重新组织下一次交手，谋求下一次交手有所突破。

图 2-5-115（1）

图 2-5-115（2）

图 2-5-115（3）

2. 被动脱离

在前面环节的对抗中，假设我方占据了一定的优势，这种优势会迫使对手处于被动状态，此时，我方自然希望继续对抗下去以便获得更多的技击效果。而处于被动状态中的对手，则更迫切地希望尽快结束对抗，使自己能够脱离被动势态。此时，这种由对手主动通过步法、身法等不接触防守方法来控制与“我”的有效距离的脱离方法，就对手而言就属于被动脱离。

一方被动脱离会使主动的这一方在脱离中占据的优势突然消失或发生变化。成功的脱离使得主动方原本具备的优势因为距离而丧失，如果被动方能够顺利脱离，此时的被动方就会从有效距离的危险中过渡到无效距离的安全中。

例如：“我”的腿已经被对手接住，“我”可采用二次发力的挣脱法进行脱离［图 2-5-116（1）、（2）、（3）、（4）、（5）］。

图 2-5-116（1）

图 2-5-116（2）

图 2-5-116（3）

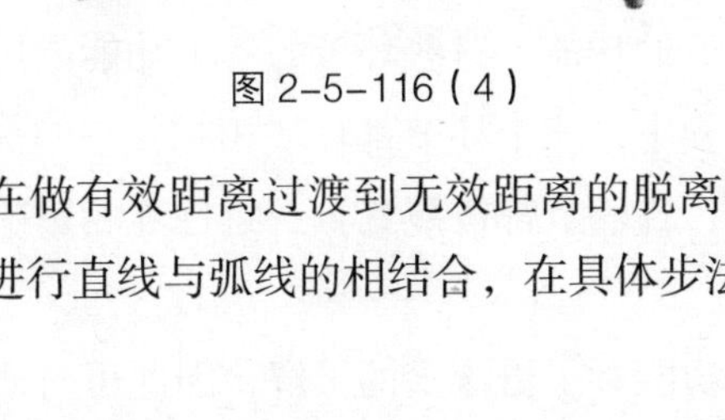
图 2-5-116（4）

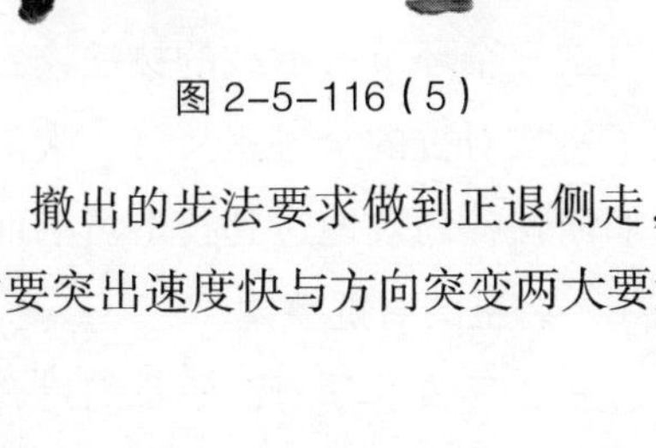
图 2-5-116（5）

在做有效距离过渡到无效距离的脱离技术时，撤出的步法要求做到正退侧走，路线需要进行直线与弧线的相结合，在具体步法移动中要突出速度快与方向突变两大要素。

四、环节的载体功能

任何事物都有其存在的形式，武术技击的技法表现自然不能例外。任何形式的技击对抗，对抗双方都必须要为技击效果的认同达成技击者共同的认知，以此展开的攻防行为可作为技法运行的目的，即制服对手或者获取技击效果，并同时通过防守保护自己。为此，技击者都尽力运用对抗时需要完成，而自己又有能力驾驭的动作与技法，以此为手段去追求彼此同样的技击目标，于是在此过程中就构成了对抗双方以攻防为形式的多次接触。我们通过对双方多次接触对抗的过程进行全面分析，得知对抗双方在对抗中都自觉或不自觉地重复着对抗时的相应变化。

（一）环节的载体功能

为了深入分析对抗中的技法特点，我们从技击对抗的全过程细化入手，人为地把一次交手的整个过程划分成三个小部分，并按照这三个小部分出现的时间特点分为三个环节。通过对这三个小部分（三个环节）的过程动作表现分别进行归类、分析与总结，从中找出它们的共性与特点。

通过人为地把对抗过程划分为三个环节，那么，所有经纬技术构架在对抗中所表现出来的基本动作、功力、技战术与技击思维网络等一系列的表现也都承载在这三个环节内，已经非常直观地表现出它的载体特征，在这些载体中可以承载所有需要表达的技击内容。

由于这三个技击载体的特性各有不同，所以，由这三个载体所承载动作的技法特征也不一致。

我们回顾看看三个环节的特点，它们分别是：

第一环节：从对峙的无效距离调整到双方已接触（切入）对抗的过程；

第二环节：切入后的有效距离内对抗双方进行全面对攻的过程；

第三环节：在主动或被动中结束对抗的过程；

上述特点已经说明这三个环节所表现出来的特性各不相同，它们分别承载着相应的技法内容去表现本环节的特征，共同完成对抗的全过程。

所以这三个环节所承载的技法诠释了各环节的功能，这些环节的各个功能的展现共同构成了每次对抗的全过程。每一次的交手过程中，三个环节都环环相扣，它们都共同围绕着如何快捷高效地达到技击目的而运行着，各环节都按照其自身特性互相影响，共同形成一个有机的对抗整体。

通过三个环节的学习，使我们对各环节的功能有了更深入的了解，因此可对武术技击的诸多现象进行更深入、更透彻、更直观地观察与研究。

在技击理论研究时，我们通过对三环论中各环节及环节间的剖析与再认识，使我们进一步清晰、明确传统武术技击的内在运行规律。因为明确所以才能够抓住各环节的特性，从而使自己在教学、训练等技击运行与研究中，更自觉地遵守与运用这些规律，并做到“明于术而不拘于术，守规矩而又能脱规矩”。

环节的载体功能表现在具体的每个环节内，并通过环节或环节之间的运行表现出来，它所承载的表现形式多种多样，可以是体现具体动作击打功能的表现形式；控把动作的表现形式；技法的攻防意识；各类技法的融合表现；战术意识的表现等。

（二）环节内容的具体阐述

1. 对抗中动作功能的表现形式

环节内的对抗有各种各样的“击靶”与“控把”表现方式，但从技法的表现形式上来看主要有两类，即脱打与缠打。无论采用哪一类表现形式，它的相应技法施展都有自己的前提要求，如果前提受限，其技法使用很自然就没有发挥的余地，它的功能也就不能够得到显现，这是不随人的意志转移而转移的。我们要抓住事物发展的根本，并在源头加以疏导与扶持，如此就能让传统武术的精华逐步地、自然地表现出来。

2. 在各自环节中建立相应的复合型攻防意识

要建立环节中复合型的攻防意识，就必须根据各环节的特性去构建切实可行的技击思维网络，再回归到各个环节中去指导对抗行为。需考虑如下问题：比赛中需要什么功能来满足技击需求；在对抗中哪个环节可作为技击效果（得分）的突破口，哪些环节又可做获取技击效果（得分）的辅助；这些辅助环节又应该如何配合主要得分环节完成任务；所需的这些环节之间的相互关联又是怎么样的；如何才能够更便捷地获得技击成果；各环节用什么技术才能够更好地展现参与者的技击思想。

实际的对抗时各环节实施的运行，其实就是一个不断展现一系列相关技战术的过程，技击者在展现环节的同时又是一个承受着巨大的心理压力的过程。在各环节运行时，技击者应该具备赛场的应变与调节能力，这样才能把所掌握的技术、战术恰到好处地组织起来，并在各环节中加以展现。赛场上还需要技击者具备在瞬间对势态精确分析、判断、制定决策并通过攻防等方式付诸行动的能力，这就要求技击者在各环节中必须建立稳固的复合型攻防意识。

攻防是有机的整体，是组成完整对抗的两个部分，如果人为地把“攻”与“防”二者分开，就会导致对抗中二类技法的运用时顾此失彼或各顾各，甚至相互排斥，而无法满足技击的实际需求。但是，在对抗的瞬间要做到兼顾攻防二类技法，并能实现在势态中任意调节攻防及相互转换的确不易。所以，我们只有建立复合型基础上的攻防一体意识，并通过合理规范的训练使得技击者逐步具备这方面的意识，建立这样的整体攻防意识才能做到拳经所说的:“攻中能守守不丢，守中善攻练家愁，严守只为攻必进，能攻才能好防守。”

3. 技法的完整性

要使对抗中三个环节出现的问题都能在瞬间得到体系化地解决，我们就应该让三个环节在对抗中的表现融合成一个整体。几千年的传统武术技击实践早已证明“踢、打、摔、拿”四击原本就是一个范围内的完整技术整体。“四击”之间不同的功能共同充实着其技击内容，如同一个球体可从不同角度看到相同的球面，它们原本就是一个整体。只有完整的技击功能，才能使武术技法在对抗中表现得游刃有余，使对抗中的各环节做到无技击功能的空白区。假设在对抗中一定范围限制性地放开“拿”法，以及相互“缠抱”时对击中解开限制，那么由此而产生的技击表现就会因此发生相应的变化，顺着这个思路我们就能够寻求到一些我们希望展现的技击现象，这样对保护与整合传统武术技法的完整性与科学性是有帮助的。

我们在尊重完整性的大前提下，对传统武术技法的甄别筛选时应该有目的地对其内容进行归纳、优化、简化、精化，在继承的前提下萃取其中的精华，结合现实的需要通过实践创新而发展，把技法的全面性、完整性与实用性等特性的诠释落到实处。

从体育属性层面上看，传统武术的有些技法因为存在着一定的安全隐患，所以必须用《传统武术竞赛规则》加以进一步体育化的规范。在充分保证安全的前提下让“四击”逐步地以完整技法的姿态进入竞赛，这不仅是可能的，也是可行的，更是弘扬传统文化所需要的。只有全面整理武术技击理论突出展现其技术体系与风格，这样才能使当下武术的发展有质的超越，且避免与世界其他技击项目雷同的尴尬。

通过三环理论在训练和竞赛中的运用，根据各环节的特点允许使用各类技术，同时又能确保对抗中的“安全”，这两者间的矛盾平衡在环节中的展现需要有“度”的把握，这“度”的要求还可通过《传统武术竞赛规则》有目的地进行约束与引导，实现技击理论与实践的统一，这能使武术中丰富的技法内容不因不恰当的限制而丢失，真正武术“技击”的精华才能得以表现。“踢、打、摔、拿”整体技法较完整地进入竞赛，必定具备了能体现出相当品位的观赏价值，更是项目发展的必然。在“四击”中各种技法与功能的展现相互辉映又提升了其审美价值，符合了社会文明进步的趋势。

4. 强化战术意识

战术意识反映在技击对抗的各个方面，强化战术意识对驾驭经纬技术构架获取技击效果具有较强的现实意义。

技击战术训练应先树立正确的战术指导思想，遵循传统武术技击的技术规律和相应的竞赛规则。它是衡量技击者技法成熟与否的重要标志之一，对抗中任何人的战术应用都离不开战术意识。

把战术融入三环理论中去，能使战术表现得更加细腻与更为具体。任何一种战术如果只是孤立存在,那么它的价值都是极其有限的。我们应该让技击思维网络上众多的战术，都能围绕着更便捷地达到技击目的这一主题去展开，战术意识就是选择技击思维网络中各个具体战术运用的一种感觉，战术意识的强弱也是衡量技击思维网络质量的重要因素。

战术意识在指导具体战术实施时不能脱离各环节的特性，所以，在培养战术意识之初，就必须结合对抗中各环节去建立战术的整体概念。战术意识的形成是一个在不同环节中不断被熏陶的过程，需用较长时间在训练中去体会、理解、感受和在实战中去磨合，它既受技击者自身素质、技术、心理、战术思维、战术原则等意识的支配，同时也受教练（师父）的训练水平、训练手段、训练目的以及技击环境等因素的影响，在比赛中还受竞赛对手的实力制约。

通过在训练中对参与者整体观的战术意识培养，将更有利于技击者的实际技击水平的提高，战术意识必须从理论上和技法上得到有机的统一。

在最初训练时，就应该有意识地培养技击者正确的战术意识，在结合具体的训练内容上由浅入深地逐步培养，这就是武术训练整体观的表现。

第六节　经纬模式功能体现

一、关于经纬构架的模式

1. 技击模式的组成

技击模式由经线与纬线共同编制而成，组成经纬线的各因素彼此关联，形成一个引导技击者在实战中驾驭技法去理性获取技击成果的有机整体。

在实际对抗的模式运行中，技法在不同距离所表现出的特征可描述为：远距离顶着盾牌拿着鞭子入门；中距离支着杠杆撬开所需的空间去对攻；近距离通过浑圆中的“捆肢”方法，通过表现在纵横向的驾驭能力去控制机体的三节运行，旨在深入挖掘相互纠缠中的技击空间。对抗中任何距离的调整都是围绕着获取技击效果而展开的相应空间位置的运行。

技击模式在控制与反控制的技击思想指导下，通过符合于经纬技法的运行，创造出时空轴中所需的优势，并运用以三才劲为基础的无死角劲力运行，去获取所需的技击效果，如此便能在技击运行的过程中将经纬技术构架的技法施展得游刃有余。模式中，通过把控技击对抗的各个环节，产生出相应的技击结果，并在持续的回合运行中周而复始，直至对抗结束。

我们发现技击对抗平衡之中的某种因素发生变化时，模式内的其他因素也会发生相应的变化，以谋求技法运行在模式内的新平衡，同时迫使攻防运行中的平衡也发生相应变化，建立在此基础上的技击各因素之间的联系称之为关联。通过经纬线来共同反映技击对抗中各因素彼此间的相互关联的技术体系称为经纬构架模式。

技击模式内的关联中，技击者必须恪守对抗中始终不变的技击中各因素的恒量追求，通过经线运行来体现这些恒量；而对抗中根据各自在实战中攻防的需求，彼此都在因势利导中控制那些互为因果的，表现在互动中的随势而变的各动态因素的变量，通常通过纬线运行来体现这些变量。以技击对抗中的攻防为变之起因，三动原理的运用为技法动作变化的运行指导，对抗从切入的入门开始，就产生了“入门不同而出现的入门后彼此共同形成的结构不同，不同结构中的彼此间的时空感觉也会不同，动作运行表现在三环守中用中的情况就会发生相应的不同”等。表现在实战对抗中的技击运行，必然呈现出其中所发生的多种因素变化的动态发展状态，经纬构架模式的功能就体现在如何更有效地把这些因素规范化，并共同形成一股控制与反控制的驾驭力量，以驾驭技击发展的方向，去争取轨迹目标与把位目标的主导权，并通过功力支撑去实现目标主导下的技击效果。

2. 模式组成部分的相互关系

（1）经线为核心的自动运行

技击模式内经线的组成内容：一张网、两个目标、三动原理。

这是技击对抗中不受外界因素影响，自始至终都必须恪守的基本恒量内容。这些内容必须在技击中由自己本能地体现出来，其功能属于不受时空改变而发生改变的自动运行，但是必须在对抗中经受攻防的检验才能体现出其符合技击的规范、质量与价值所在，它的目标与要求不会改变，但它的表现形式是多变的。

（2）纬线为核心的他动运行

技击模式内纬线的支撑内容：一入门、两种感知、三环守中。

这是技击对抗中的对抗双方，根据技击动态的需求而发生的变化，过程中发生了符合攻防技法变量内容的相应变化，因此，必然会导致相应的基本因素发生变化，对抗双方在寻求与破坏平衡之中延续着对抗，直至产生技击效果。对抗中这些变量内容的落实必须通过与对手的互动才能体现出来，脱离了具象实体的接触表现，对抗也就失去了纬线以互动形式存在的时空。对抗双方彼此制约着经线因素的功能体现，纬线的表现更多地体现在对抗结构的形式随势变化上，与经线相同的是，其价值的体现仍然需要经受实战中的攻防来检验。

（3）经纬线组成的联动运行

联动的核心就是强化体系控制功能在技击中的效率体现，控制的效果通过时空轴上的运行体现出来，其在经线为核心的自动运行与纬线为核心的他动运行之中，共同组成经纬构架的运行模式。它们在运行中彼此相互支撑，共同完成技击对抗的目标，围绕着如何获取所需的技击效果而展开。技击过程中需要迫使对手在时空轴上的技法表现，因为被控制而不流畅，甚至堵塞与停滞；在模式的引导下，则能为自己的技法运行在特定的时空轴中提供流畅的保障。这个保障来源于能完全控制一切不利的技击因素，使经纬线组成的联动运行成为技击对抗各因素产生最大功效的后盾。

3. 模式的基本运行

模式的运用是不能够脱离对手而成立的，模式得以运行的核心就是三动原理的运用。固网提供了三动原理运行的平台，入门决定了三动原理施展功能的空间区域，两个目标确定了三动原理的运行方向，时空轴上的两种感知保障了三动原理的运行不会脱离对手的变化、本体状态与实战的需求，而得到求实务真的全面展开。对抗中的运行处在动态的变化之中，不同的环节具有不同的技击特点与表象需求，表现在其中的三动原理也会具有相应的诠释特征，做到有的放矢才能最大限度地体现原理的价值。

对抗技击模式的运行就是在这样一个机制中展开的，以体现技击效果的价值。在技击对抗的三动原理运用中，要明确在控制对手已动与待动的二动之中谁是主控、谁是辅控，当然实际运用中的主控与辅控是可以互动与转换的，可根据实际需要去调配主控与辅控的落位。一般的情况是通过主控去控制对手的待动或牵制对手机体的源动，以及配合辅控运行，辅控的运行则围绕着两个目标的运作而展开，主辅控制的共同运行体现出三动原理的指导价值。

在运用三动原理指导下完成网斗的过程中，表现在三动原理指导下的排位工作是通过达到平衡、松紧、动静、守整、离中、脱位（指脱离了原位，而动态的轨迹与静态的固定位即为原位）等方面的效果来体现的。

以脱位为例：在网斗的过程中使对手在原有动态中的运行轨迹被迫脱离，或者使得原有静态的相对稳定的固定位置被迫移位，因此产生了所需的两个目标。在这被控的两个目标的过程中要产生所需的技击效果，仍然要以击打与锁把的形式来体现。

当落实技击效果时，实施给对手的控制在转为时间轴为主轴时或许会同步消失，对手或许会随即进行相应的防守。当对手的防守追上了“我”的进攻，那么进攻就会随之而失效；当对手的防守跟不上“我”的进攻，那么技击效果随之产生，此时的攻防彼此就存在着时间速度上的比拼，这个比拼决定了技击效果产生与否。从中表现出的不及，即一方的防守已跟不上另一方的进攻技法动作的运行速度，这正是时空主辅轴互换表现在以时间轴为主轴、空间轴为辅轴的控制功能的运行特征。

当“我”去落实技击效果时，实施给对手的控制仍然保持着空间轴为主轴的特征，表现出其中的控制并没有随着产生技击效果的运行过程而消失。对手并不能随即进行具有针对进攻的有效防守，在过程中对手的局部仍然处在被控制状态，对手只能做出被控区域以外的运行，以影响或改变被“我”控制的局势。在此获取技击效果的过程中，对手进行的空间结构的变化如果合理，则能抑制“我”的再进攻，否则就不能影响“我”的再进攻。此间要获取技击效果，既需要功力支撑，同时还与技击势态密切相关，此时，彼此间还存在着空间结构合理与否的比拼，决定了技击效果的产生与否。从中表现出技击过程中对手动作功架的空间被牵制压缩或被迫变大而导致脱位变形直至其功能丧失，迫使对手的动作在空间位置的控制中无法完成所需的防守技法的运行，这类技法运行体现出以空间轴为主轴的功能特征。

二、三动原理运用中表现出的变化规律

经纬技法构架的技击运行中的动作脱离不了三种表现方式，即已动、待动与源动。并由这三动共同构成技击中技法的运行与表现，所以我们有必要在理解三动结构的基础上，进一步了解三动之间的相互关系。

1. 构成已动与待动的关系

已动与待动从时空轴的表现上看，对二者的定位，所能表现出的都是攻防之中相对的而不是绝对的概念。动作运行中的机体的某个部位在此时属于已动，瞬间就可能转变成待动，或者进入应用的蛰伏状态；当初的某位置的待动随着势态的变化或许在转念之间已经转变成了已动，或者继续待动，也许进入蛰伏状态。从表现顺序来看，已动永远在待动之前出现，已动明确表现出的永远是正在进行式，体现在明处的动态之中，表现出已动运行的阳性特征；待动却处在相对的静态之中，具有一定的不确定性，犹如一座火山随时都有可能爆发，因为根据势态的改变，原来的待动或许进入了蛰伏，而原来的蛰伏部位，则有可能顺势转变成了待动，或许待动因为被控而无法启动，表现出待动运行的阴性特征。在动作的发力运行中，一次已动的启动可以产生一个或多个力点，如两手同时发力的“双凤掼耳”，当具有某含义的发力动作一旦启动，那么已动的轨迹就无法被轻易改变，要改变只能在中途有意识地放弃而提前回收；而网中的待动由于处于相对的静态，其中机体任何一处蛰伏的部位都有可能成为新待动的击点被启动。蛰伏位是否成为待动，取决于技击思维网是否将意识落到守网的某个具象位置上，此时的蛰伏位在技击思维网的一念之间就已成了待动。待动能否启动成为真实的已动，仍然要根据技击势态的运行状态而定，同样是技击思维网的一念之间，待动又可能被蛰伏，蛰伏又可能重新成为待动，体现出待动的易变性特点。

2. 构成已动与源动的关系

已动是不脱离整体的局部动态表现，而源动则是机体基础平衡的控制表现，代表着维持整力的一种基础表现形式，二者就是一种局部动作与整体用力的关系。已动与源动之间的关系处理得当，已动的运行效果就好，处理不当，已动的表现效果就不佳；源动与已动之间的关系处理得当，那么在动作运行中机体的空间结构就能始终保持合理的、符合生物力学结构的要求，以确保技术构架的正常运行。

已动与源动的关系主要是通过用力模式的运行，以及动作形态在结构上的改变等方面的内容表现出来的。用力模式的运行主要表现在源动支撑中已动的力源运行，而形态结构的改变需要确保源动与已动之间劲路的顺畅，它们共同表现出更显性的技击攻防的特征，通过直接获取技击效果的形式来表现彼此之间的关系。

3. 构成源动与待动的关系

机体的待动属于整体浑圆中的某个局部的劲力运行，而源动则是代表着机体整体用力的一种基础表现形式，因此，二者是浑圆中待发的局部表现与整体的基础之间的用力关系。在表现形式上二者都具有相对隐蔽性，而待动则具有相对稳定、源动则具有更恒定稳固的特征，其中待动却在技击思维网的意识指导下处于再蛰伏与随时启动之中转变，因此具有隐形动态的变化特征。但二者的表现都不能脱离整体而单独存在，其中由于待动具有易变性的特征，更加突出了待动依赖于守网而不脱整体的表现形式，如果源动脱离了整体，那么表现在整体中的所有三节运行就都会支离破碎。同时源动的运行主要通过重心或大龙来表现，源动如果脱离了整体也就随之丧失了应有的功能，没有功能的源动位无法支撑具体的技击运行，源动也就因此失去了原本的价值。

同属阴性表现的源动与待动，在用力模式的运行以及形态结构的表现上具有较大的一致性。这种一致性的表现，体现在用力模式中属于浑圆劲力的局部与整体的关系，表现在形态结构上则是网的局部与整体的关系。无论是源动还是待动的运行，都不能脱离与网的关联，因此活动幅度都不会过大，劲力相通相互影响，在构架模式的运行内共同服务于攻防，保护自身，服务于技击，并围绕着如何获取技击效果而展开各自的机制运行。

三、经纬构架模式的机制运行

对抗从无效距离的对峙开始，此间彼此的功架表现皆为守网，经纬构架的机制运行也就从守网开始。针对各类状态下的守网，必须以对手的进攻与自己的技法使用等要求为前提，技法的使用建立在网上，并通过守网体现出相应的措施与方法。

从经纬技术构架的动作运行来看，一个动作的发力运行应该包括劲力的发放、劲力对目标的冲击、完成发放后的落点归位以及下一个劲力的再发放……如此循环往复。

其中劲力发放时，劲力的产生与运行轨迹、劲力与被击目标的力点运行与力透效果、劲力发放完成后的回收轨迹，以及与下一个劲力发放的合频展现，就组成了一次完整的劲力运行。这样一次完整的劲力发放，其中任何一个瞬间的表现都可以影响技击运行。经纬技术构架的实际运用已明晰其中，内在劲力表现在产生、运行、消失以及再产生的表现规律，外在劲力表现在轨迹上的外放、击打、回收的运行特征。这些都是直接影响技法运行的重要因素，如能控制得当，就能很好地引导技法的展现，以及所需势态的营造。

从经纬技术构架整体结构来看，如何全面体现结构上“网”的功能，是技击对抗中首先需要考虑的问题，如果不能确定具体动作在“网”上的功能，那么在技法表现中就很难形成动作中相互呼应的三动运行势态。一张完整的网的主要功能应该体现在三个方面：外在有形的网的架构是否合理顺畅，内在无形的对网的驾驭是否能与之相吻合的技击思维网成为有机的一体，支撑内外两个方面的功能施展都得以正常运行的功力是否与之匹配并符合要求。

1.守网

机体处在动态浑圆的不同对抗状态下，旨在防守的守网表现一般可分为三类：对抗双方处于相对静止状态下的守网（静态守网）；对抗彼此处在调整状态之中但不发生直接接触，只表现在身体所处移动状态下的动态守网；对抗中双方已经发生了接触，在彼此接触中的技法运用所表现出用力（发力）状态下，那些有针对性的守网。

从对峙开始逐步进入全面的技击实战之中，对抗必须从入门的第一环节切入开始，只有入门才能产生实际的对抗接触，才有后面环节的博弈可言，切入的过程就是将双方各自动作功架的网进行嵌入式合并并在产生纠缠的状态中进行攻防运行。

通过第一环节的切入，才有了对抗双方入门并网的开始，这种并网的现象我们称之为入网（入门的统称）。入网的方式主要有以下几种：

以主攻的切入形式进入经纬构架的技击运行中；

以防守的切入形式进入经纬构架的技击运行中；

以对攻的切入形式进入经纬构架的技击运行中；

以被动的切入形式进入经纬构架的技击运行中。

针对上述“对手入网”的切入形式，表现出的守网方式主要有以下几种：

单纯守网：无论对手采取什么方式切入，在没有决定发生实质性对抗时，所采用的只防不攻的守网方法，表现出了“切而不入”的特征。结合步法与身法的守网，通过严谨的守网确保对手只能运行第一环节的切入，彼此的对抗却进入不了第二环节的全面对攻之中。

同步进攻：对手切入的同时“我”也进行有针对性的同步切入，旨在达到入网时收获动作功架中更合理的结构、更有利于自己的空间优势，并能由此而展开更全面的对抗博弈。

主动抢攻：待发中判断对手在对峙中所体现出来的切入预兆，在对手开始启动而又未完成启动的瞬间先入为主，对手在有意识切入时瞬间被反切入，会表现出注意力分布不足的状态，以完成抢先入网获取有利空间，实现动作用力模式的优势，并由此而展开全面的对抗博弈。

全面主控：无论第一环节的切入采取什么方式，确保网络的完整与严谨，做到所布之网疏而不漏，不仅仅要体现在控制对手已动的运行，完成控制对手的待动才是全面主控的主要内容。只有迫使对手的待动不能正常运行，控制的效果才会因此而产生，并由此而展开更全面的对抗博弈。

2. 网斗

完成了第一环节的切入，入门后的实战对抗很自然地进入了第二环节的对攻。从经纬构架模式的角度来审视该阶段的攻防博弈，这个过程的用网通常会以围绕双方的网斗而展开，其实质是彼此间进行网的纠缠，以获取自己在时空轴上的优势。指导网斗运行的核心就是三动原理。

在网斗的攻防中应该努力做到：始终保持自己网的完整；到对手网上寻找自己的两个目标；当出现或得到自己所需的空间位置时（即得位），必须同步发力去产生效果。这就是网斗的三要素：（保持网络）完整、（运行中落实）目标与（为获取技击效果）发力。

3. 破网

在网的纠缠中，当自己得位时，则说明对手的网已处于被控状态，网斗的效果是通过破网来实现的。破网是指迫使对手网络失去或限制了网应有的运行功能，主要通过能否得到“把”与“靶”这两个目标的需求来衡量。

破网的基本原理：使对手在守网中出现空间离位与时间离位。通过入门时双方动作功架所产生的支点落位、用力状态、排位结构三方面着手运行，在守住自网的基础上，根据对手技击运行，攻防纠缠中“我”的三动表现做到“防已动、控待动、牵源动”的运行要求，以迫使对手在守网中出现空间离位与时间离位等状态。

实际对抗中破网的网点离位要求主要体现为空间离位与时间离位两种形式。

时间离位：控制中由时间主导的离位，原理是根据动作运行的特点，表现在从离位到主动归位之间所产生的时间差，由此而产生的时机。

空间离位：控制中由空间主导的离位，原理是通过控制强迫对手改变动作结构的运行特点，表现在迫使对手动作的关键部位的离位，只有通过重新排位才能使离位点归位或进行相应的补网，由此而产生的空档。

在实际对抗中，要看控制空间离位与时间离位是由谁来主导的，如控制是针对网点离位（失网功能）与偏离角度（运行轨迹）现象进行相应的技法运行。这样有针对性的运用就会收获事半功倍的技击效果。

破网的技法表现主要是通过“开、合、牵、送、转”等具体方法的运用来完成。引导运用开、合、牵、送、转的方法是网斗纠缠中博弈的具体表现，以达到网点离位的破网效果。

网斗的原则是：保持网的完整；保持网的功能；保持网的再生；保持网的稳固。

在网斗中应做到：攻不离控，防不离控，控中再生攻、防，如此循环往复，在经纬技法引领下不断延续着当下的攻防对抗。

4. 网斗中的技法表现

传统武术技法的动作通常采用弧线运行模式的“三开”技法动作表现，必须在“拨开、撞开、牵开”的综合用劲中才能得到效果的综合表现，因此，在任何一种具体网斗动作的控制体现中都应该包括这些内容。所以，“拨开、撞开、牵开”三种用力在具体技法运行中都是综合体现的用劲表现形式，体现出综合运用的特点。

对抗双方间的空间位置构成了时下特定的技击空间，空间内的技法表现在破网中以应用“三开”为突破口，具体的技法表现形式为：左右上下皆为拨；由我及彼即为撞；由彼及我则为牵。在机体内通过丹田挂力的用劲，表现在“拨、撞、牵”的运行之中，已经体现出“开、合、牵、送、转”等具体的动作形态。

5. 力控与形控

上述破网技法的运用主要采取力控与形控两种途径来完成。

力控：指控制过程中通过限制对手动作的正常用力运行，使其脱离或受阻于自己的劲路，以达到控制效果的表现。

形控：指控制过程中通过限制对手动作的形态结构变化，使其朝有利于“我”的方向发展，以达到控制效果的表现。

牵涉到源动的控制主要通过力控的形式来表现；牵涉到已动与待动的控制则更多的是通过形控来体现。当然，无论对哪一动的控制表现都不会是孤立的，控制必须是彼此间相互联系的，只是在此状态下由谁来控制以及以哪种控制方式为主导的区别而已。

6. 三动原理在技法中的运用

三动原理的运用是建立在如何控制对手技法运行的基础上，全面展开的综合技击表现。主要表现在主控位要力争间接性地控制对手待动点位，并通过对手的待动点位去控制对手的源动，以达到影响对手动作启动运行机制的联动表现，并有意识地去解脱自己的辅控点位，同时在此过程中创造出对手的时空离位，通过两个目标的劲力运行产生所需的技击效果。

动作的功架造型与动作间的转换在上述过程中表现出：技法围绕着三动原理展开，动作围绕着技法运用而展开相应的运行。在此过程中，没有哪个动作是为了摆造型而存在的摆设，在经纬技术构架下的各种运行的表现与形式，其目的都是为了在攻防中获取所需的技击效果。

7. 网斗中技击行为的表现特征

对抗之中果断采取行动的行为是达到技击目的的主体，行动的过程会迫使势态中双方技击运行的选项相对减少。其间，对抗双方往往是行动力强的一方主导着势态的发展，因为技击运行的本身就是技击者引导势态的过程，并引领势态朝着各自所需的方向发展，表现在强势方使势态越来越明朗地朝着削减复杂性、有利于自己经纬技法施展的简约方向发展，并能从中带来相应的技击结果，而弱势方在共同营造的势态中所产生出的感受却恰恰相反。对抗双方彼此技击互动的结果又产生了既成事实的新的势态，在技击对抗的推进中也就减少了弱势一方的选项。

所以网斗中所表现出的行为特征告诉我们，在技击对抗之中我们需要具备合理的经纬技法构架，同时还需要各方面良好素质的支撑，这才是在对抗中得以引领势态的基础，尤其是势态中果断的行动本身就是技击对抗中必不可少的心理素质的体现。

四、关于劲力运行的认知

技击运行中只要出现了时空的离位状态，技击者就必须有意识地去产生相应的技击效果，技击效果的产生最直接最根本的就是必须解决动作的劲力运行，杀伤力达不到产生技击效果的任何动作运行，都应该有意识地在具体的实战对抗中限制出现。

劲力运行是传统武学体系中至关重要的内容，是许多传统武术习练者终其一生追求的重要内容之一，我们可以把它理解成机体内能量运行与瞬间绽放的艺术。

劲力运行必须达到的三要素：力源、路径、开骨缝。

1. 机体三才力的储备

通过功力的相应训练让机体具备了力源、路径、开骨缝等基本功能，并使机体有了六面对峙劲的储备，从中逐步获取：由丹田与大龙运转的天力基础，骨缝撑伸由地面反作用上来而产生的地力基础，以及把周身每一张弓按照技法运行的四象要求所整合起来的人力基础，共同组成传统武术各类技击所需三才力的运行基础。

2. 发力十六字诀：提踵曲行，卷间崩弹，项领额顶，松整支撑

在发力时通过三个两点构成了联动发力的基础运行模式，不仅要求在动作运行时机体要做到整体、松沉、自然，并需要在此劲力运行方面具备必要的认识，同时机体自身必须储备发力的基本素质。

3. 无死角发力

无死角发力：在技击空间里，任意两个位点都能完成获取可产生技击效果的发力形式。

无：就是不存在或者没有的意思。

死角：对抗中击点未能触及的空间或通过动作运行达不到的角落，即目标位置。

4. 发力动作的运行

发力运行是发力时骨缝面两端朝劲路所指定方向的缩展，以及发力结束后的骨缝恢复到初始状态的表现过程。过程中关节腔的缩展很自然地形成击打时的弹性表现，同时又在击点上表现出“贴”与“透”两方面共同组成的劲力运转。

通过动作在不同角度的弧线崩弹，以达到击点与被击点在空间位置上的自然触碰，此类触碰具有崩弹之力的强制贴压。此过程的要求是贴压落位准确，尽可能通过崩弹的贴压将击点部位深层的密度在瞬间加大，因为击点区域的密度与机体其他部位的不同，就会通过被击点通向大龙，并在两者之间形成一条大密度的挤压线。

通过贴压在对手机体所需挤压线的基础上进行“透”的技法运用，透的运用是在贴的基础上进行旋转，迫使高密度的挤压线接受旋转的驾驭，通过挤压线的大密度结构将力传递到身体的另一端，以达到实际的力透技击效果。

一次完整的发力动作通过贴与透的运行来共同完成，二者由整体中的两个部分共同组成，只是存在着使用的先后区别，必须是先贴然后再透的运行过程。

发力是瞬间的运行，必然要在这个瞬间完成贴与透，在运行中并不是一件容易做到的事情，必须通过合理的训练才能掌握该技巧，尤其是在刹那间必须完成由贴转换成透的动作运行，必须潜心理解并进行针对性的训练才能掌握。其中的转换无论是出现过早与过迟，只要转换在“度”中把握不当，都不会产生理论上应有的发力效果。

5. 双方在网斗中的劲力状况

动作功架中的双臂位置摆放有着内、外、交叉等形式，对抗双方从这个构架去完成中门与大小侧门的双方接触，就有了对抗双方肢体上平行、交叉与尖角等具象的接触形式。有了接触，双方肢体的内外交叉也就自然产生了，于是可以在此基础上展开相应的运行，

并表现出“横、斜、竖、直与螺旋式”的劲力运行方式。根据技法运用的需要，对抗双方在网斗中展开“开、合、牵、送、转”的劲力博弈，相生相克的动态攻防形式也就在其中运行了。

6. 功法与技法的关系

功法与技法的关系是：功法支撑技法的施展，技法诠释功法的价值。

功法的支撑决定了技法必须与之吻合，否则再强大的功力也支撑不了不匹配的技法施展；在相互吻合的前提下，强大的功力支撑会开拓技法施展的空间。

技法的诠释需要与之匹配的功法（力）支撑，否则再精巧的技法也会因为技击阈值太高而成为花拳绣腿的空架子，致使无法产生相应的技击效果。

总结：经纬构架模式的运行表现在技击对抗的方方面面，有攻防就有三动原理的表现形式存在;经纬构架的技法体系覆盖着技击对抗的普遍现象，在三个环节的对抗形式中，存在着循环体现经纬技术构架功能展现的时空，认真理解与努力挖掘是获取技击效果的有效途径。

我们不能把自己局限在只是理解了经纬构架的价值所在的层面上，因为这些毕竟是理论上的东西，要知道“纸上得来终觉浅”，要将理论转变成所需的技击效果，终究是要把它落实到训练上。下面的章节就让我们一起探讨，如何把经纬构架的价值诠释出来，并运用到传统武术训练体系中。

中篇 传统武术的功力（下）

Zhongpian（xia）
ChuantongWushu de Gongli

生命中存在着一个自然的生命发动机，可以再造生命，它在生命的原始构成中就已经存在，它的运行体现在人体精、气、神等能量补充的过程中。当我们掌握了这种补充能量的运动规律，就可以人为地补充能量，于是，我们就可以做到“夺天地之造化”了。

如果我们有意识地运行这个机制，人为地提高人体的“精、气、神”质量，并进行符合规律的人体修炼，有意识地去实现“炼精化气”“练气还神”的运行，那么我们就能有目的地通过相应的练习让自己变得更加健康与强劲。从人体的元精开始，经过自身合道的运行，把元精逐步转化为元气，这是一个生命物质提纯的过程；再通过元气的转化来蕴养精神，则又是另一个生命提纯的过程，然后补充到人体的经络和五脏六腑、四肢百脉之中，以提高人体的生命质量。从武学角度来审视之，只要武者习练时进行“内练一口气”与“外练筋骨皮”的内外运行，并处处都表现出合“道”的行为，那么，习练者自然会从中收获丰硕的成果。

早在2000多年前的《黄帝内经》中，就有“提挈天地，把握阴阳，呼吸精气，独立守神，肌肉若一”的阐述。不论这个理论来源于先民健身实践，还是以后的健身实践来源于这些基于传统哲学的理论，或是关于健康理论的指导，从中都能看出中国古代先民在健身方面的探索实践，已经达到了令人惊叹、登峰造极的程度。

桩功，亦称站桩功，是传统武术中基本功的主要内容，是支撑传统武术技击表现的最重要的特征之一。它既是一种强健身体的活动，又是一种修养身心、陶冶性情的方法。

实践告诉我们，站桩从表面上来看，最基本的要求就是：按照规范保持一定的姿势，通过“三调”使机体在该姿势中进行相应的功法运行，并让姿势按照规范要求坚持一段时间为基本形式的锻炼方法。我们从这个形式往深层次探究得知，桩功经过一代又一代的传承与总结，是先辈们智慧的结晶，基于不同的人群、不同的锻炼目的和不同的功效追求，目前桩功已经发展出了各种不同的传承流派和训练方法。

《黄帝内经》提醒世人，掌握了天地阴阳变化的规律，才能够调节呼吸，吸收精纯的清气，超然独处，令精神守持于内；锻炼身体，使筋骨肌肉与整个身体达到高度的协调，以最大限度地去实现生命质量的提升与长度的延伸，这就是修养的结果。通过站桩能疏通经络、畅通气血、平衡阴阳、安和五脏、运化六腑、温养身体、调节神经，达到养身、健身与强身的功效，以实现健康养生与功力不断积攒的目标。

练功可以疏通经络、调和气血，使人体增强自我调节生理机能，以达到强身治病的目的。传统武术的练功方法简要易行，它既不伤脑筋又不费力气，既不讲究场地的排场又不苛刻时间的长短，行、站、坐、卧均可进行相应的练习，具有广泛的适应性。

第一节　桩功的基本概念

站桩能达到疏通经络、畅通气血、平衡阴阳、安和五脏、运化六腑、温养身体、调节神经的功效。科学证明，机体受到较长时间规范的功法训练后能收获“力生于骨，而达于筋，松于肉，顺通脉络，展于皮毛，筋长劲长，骨重神清”的习练效果。

如果把站桩比喻成种植一棵生机勃勃的树，那么，要求机体保持着如同树一样不动之动、上虚下实的状态，并表现出活树那种遍体似弹簧的特征。我们可以去感知这个世界上所有活物的机体，它们的共同特性是都处于一种松沉状态，而僵硬与紧绷往往只属于死物。站桩需要一再强调放松自己，机体只有松才能圆活，松才能变通，松才能吸储。只有如此才符合自然规律，这样的功法才是自然而然的道法。

一、传统武术为什么要练桩功

自古以来，历代拳家常说“入门须站三年桩”“百练不如一站”。“站”是动词，指的是动作行为；“桩”是名词，指的是形状。传统武术之所以重视桩功，就是因为站桩属于武术功力的根基，是支撑技法表现的基础，是不可忽略的基本功。

在技击对抗中，无论技击处于哪种状态都需要桩功的支撑，无论对抗中击打、擒拿，还是摔跌的技法表现，或是双方处于胶着状态下的控制与反控制势态，技击双方都必须涉及一个关键问题——稳定性，就是在此时的对抗中往往稳定左右着势态发展，谁具备了更稳定的重心，谁在对抗中就具备了更大的发言权。

我们通常会把对抗中的招式看成是“桩”的移动状态，所以武术运行中的动作就具备了内外相合、整体与稳定等特点。对抗中的所有招式在表达的过程中都需要相应的稳定性与劲力的支撑，因此就需要通过从桩功修炼中获取；同时，技法运行也无法脱离站桩的劲力要求，这就是把桩融入所有动作当中去的道理。

拳经云：由定生势，由势入定。没有桩功，就很难出整力，下盘自然不稳，人处于不稳定的状态下也就无法与对手谈论什么招式了。据此，我们就能理解桩功在技击对抗中的作用了，正如建造房屋的基础，地基如不牢固，高楼大厦岂能高高耸立，真正的武术行家们无一例外地强调“未打拳，先练桩”是极其有道理的。

当然，我们也常常能从许多经典的武学著作中看出强调站桩重要性的观点，我们可从具体动作来分析这个问题。人的机体状态无非由放松、紧张这两种组成，但是完全的放松，人体则“散”，相反，人体完全处于紧张状态则“僵”。从武学的角度来看，一个人如果处于一种或“散”或“僵”的状态之中，机体就无法表现出技击所需的劲力运行，也就谈不上具备相应的杀伤力，因此这种“散”或“僵”的状态都无法适应技击需求。我们在翻阅所有武术门派的拳谱时，都会看到他们是如何强调放松要求的，在对放松的解释中也都会要求练习者的身体处在“紧中求松”的状态。因为技击对抗需要人体处于这种状态，其实站桩就是如何让机体实现紧中求松的一种练习方法。通过站桩练习调理出来的“紧中松”才是技击需要的真松；求得真松之后，真紧自然就容易表现出来了，此时机体所表现出的“松中紧”才是真紧。所练的“紧中松”保持着整体的撑拔劲，用的“松中紧”确保了发力的纯正,击打时用真紧打出技击所需的劲力才能够获取所需效果，这就是站桩所追求的方向与训练的目标。

站桩练习通常没有很复杂的套路，很少有这样或那样的外形动作难度，对机体要求的条件也不是太高。只要是发自内心去学习，你就会发现桩功不仅易学、易练，而且容易收心，容易出功。站桩通过调心、调息、调身等训练手段，坚持练习，身体就会变得沉稳有劲，周身四肢内劲增加，丹田之气随之变得充足。

通过站桩建立起来的机体弹力条件的反射，称为“内劲”“劲”“整劲”“浑圆力”等。此为传统武术独具特色的劲力运行方式，也是中华武术最具代表性的核心内容。

通过站桩获得的劲力是对抗中支撑攻防产生技击效果的主要因素，当然，站桩除了具有技击作用外，还具有相应的健身作用。当内气充盈达到一定程度后，我们就可以有目的地将内气应用在技击对抗或者养身中，也就有了人为地将站桩区分为技击桩和养生桩的概念。

通常站桩并没什么性别、年龄、场地、器械等方面的刻意要求，任何人随时、随地均可练习。而且，站桩可以与生活打成一片。只要与意念要求不发生冲突，通常在休息的时候、看电视的时候，皆可同时练习站桩，而不用占去太多的空闲时间。

二、只有传统武术对站桩有相应要求

中国传统武术体系历来都重视桩功训练，而西方搏击类项目则不然。从功法理论的角度分析，重视桩功的根本原因就在于表述技击时对时空轴的主次关系的建立，中西方的态度存在着根本上的差异，致使技击中各元素服务于时间轴与空间轴的主辅关系不同，决定了它们各元素功能的诠释方式也会有所不同。因此，中西方在技术构架中阐述出的技击思想与具体的技法运行必然会有所不同，导致中西方技击的表现形式存在着相应的差异。

例如：以时间轴为主轴、空间轴为辅轴的西洋拳击，是以节奏与速度引领对抗的技击表现形式，拳击在对抗中就是以充分体现出时间的特性去获得主动，表现在通过高速度、高密度、强化节奏的拳法与步法组合变化去获取时机，以支撑习练者得到所需的技击效果，同时也以此来显现练习者的实际水平。在时间轴为主轴的表现形式中决定了，只有如此才能够更好地寻找到所需的空隙而出击。因为拳击的空间轴在对抗中属于只服务于时间轴的辅助轴，所以只要求技击者在对抗中尽可能地把双手提起，始终保持好基本的实战姿势即可，在完成任何动作后都要求迅速回到起始的实战姿势，基本不用在空间结构上做更深层次的文章，于是就出现了少接触、善游斗、尽量不搂抱、忽略擒摔的技法体系与项目表现风格。因此，在时间轴为主轴的对抗中，节奏感强与步法灵活就成了双方取胜的关键，但这类项目中对彼此的稳定性没有过高的要求，所以，在拳击的技术体系中没有桩功要求是合理的现象。而传统武术却是以空间轴为主轴、时间轴为辅轴的技击表现形式，在表现形式中突出的是控制与反控制为核心的技击指导思想，诠释控制讲究开、合、牵、送、转等技术的综合运用，表现出技击攻防结合、削打合一的特点，对抗中总是需要考虑如何在控制住对手的防守和进攻时表现出更强的招法威慑。这样，就会迫使双方在技法的频繁使用之中，势必围绕着在空间控制权的争夺表现中获取各自的主动等。双方在这种技击的表现形式中争夺发言权，会给各自的身体增加更多技法以外的接触与额外的诸多负担，此时的稳定性往往决定了各自技法是在主动还是被动的状态中使用。双方在这种把握稳定性的负担中进行技法变化，缺少稳定性随时都会被对手牵动重心、控制三动、破坏防守、威胁平衡。因此，传统武术技击只有脚下生根、间架稳固才是不受制于人的基本保障，保障稳固才能将自己的技术正常发挥出来。对抗中，机体有了稳定性技法未必能全方位地表现出来，但机体失去了稳定性即便是再好的技法都无法表现出来，故而，在空间轴为主轴、时间轴为辅轴的技击形式中强调桩功是很有必要的。

传统武术的修炼体系主张内练与内壮的观点，主要通过修炼达到机体在气、血、筋、骨、膜等方面的旺盛，以实现机体的全面强健。同年龄段的孩子，为什么有的身强力大，而有的却矮小瘦弱呢？究其根本就是机体内气、血、筋、骨、膜等基本要素的旺盛程度不同，表现在孩子身上呈现出先天性足与不足的问题。这个先天，指的是形而上的，即孩子从娘胎里秉受元气的厚薄；形而下的，就是表现在孩子机体上筋骨气血的强壮与否。我们认为，健康与长寿完全取决于这些因素，而武者在对抗中的攻防克敌的技法展现，也是依靠这些因素所表现出来的能量支撑进行的。

从传统武术的角度来看现代体育，对西方体育的态度也并不是一概否定的，比如游泳、慢跑、快走，都是值得推崇的很好的锻炼方式，关键是训练强度必须把握“火候”（即度的概念），控制在不损害健康的范畴内进行。西方体育在训练中强调的是超量恢复与挑战极限，所以在意识中对把握平衡的“度”的概念并不强，给人的印象是但凡训练就必须上大运动量与大训练强度才会产生相应的训练效果。主要体现在体育训练中“超量恢复”的原理被极限化地夸大使用，导致的后果往往是习练者的机体发生病变，或者因承受不了而发生局部的伤痛，当这些现象积累达到一定量时，势必会对习练者的机体带来严重的后果。

三、传统武术通过站桩提高技击力量

这也许是传统武术习练与研究中无法回避的、必须面对的焦点性问题，因此也就会自然地产生出许多争论的话题。

事实证明，所有练习传统武术的人都认同站桩可以高效地提高自己的技击力量，使自己在技击对抗中的技法展示有了功力支撑，要表现传统武术的技击就无法回避它。传统武术中各门各派的多数习练者，由于功法训练中许多内容的内视无法具象，以及其中的训练感觉无法量化，加上训练方法与人为观念上都有许多问题存在，势必会导致习练者在一定阶段内遇到站桩效率偏低，甚至出现徘徊不前的情况，因此就会滋生出不同的解决问题的设想，并产生出许多相应的想法，于是争论的话题随之不断产生并繁衍。

因为不能够真正理解为什么站桩会提高技击力量的基本原理，所以行为上就表现出不知道该如何应对实际中出现的问题，无法确保自己在不断地收获中坚持站下去。于是在一些人心中站桩就成了千奇百怪或五花八门的东西，各种各样的论调此起彼伏，然而，却很少产生出有明确指导与具备说服力的结论。比如有人称：站桩不在时间长短，关键是站的对与否，可是如何才算站对了呢？在一步一景的功法训练中，又有谁能拿出量化的标准数据呢？或者拿出来的理论能够很好地解释关于“站透”“用意”“松紧”或者“绝妙的”力量体系等内容呢？实践证明，这些论述都无法成为真正意义上的“权威”结论。

理解站桩应当从根本点出发，从解释为什么可以获得技击力量说起，明确目标，规范途径，知晓阶段，了解要求，一步一景，继而才能明确当下的桩应该如何站才是对的概念。

四、传统武术技击为什么需要控制与反控制的劲力

首先我们应当了解传统武术技击所说的技击力量是什么。应当肯定的是，传统武术技击所说的技击力量与散打、拳击及现代搏击类型的项目相比较，有着明显的区别。主要如下：

（1）传统武术技击是以空间轴为主轴、时间轴为辅轴的技击表现体系，该体系最大的特点就是以空间结构严谨的逻辑变化为攻防运行的主线，对抗中往往在双方接触时通过触打的变化为表现形式；而现代搏击基本都是以时间轴为主轴、空间轴为辅轴的技击表现体系，技击类型基本是以隔空发力的击打为获取技击效果的表现形式。

现在很多人在分析传统武术技击时离开了这个核心，脱离了这个基本特征去探讨技击所需的力量，混淆了功与法的因果关系，于是就陷入了逻辑上的悖论。站桩获得的技击力量本来是以空间轴为主轴、时间轴为辅轴的技击表现体系的用力方式，突出的是如何围绕着触打的变化而展开服务，表现的是“控制与反控制”的基本力量指导，却与那些专门以时间轴为主轴、空间轴为辅轴的技击表现体系的技法用力模式产生了混淆，希望在以隔空脱打的技法发力模式中找到自己的表现领域，就如同强制把铅球选手的用力模式运用到排球技法中去，结果证明都是徒劳的行为表现。所谓触打变化的体现，根本特征是，该技能主要体现双方在搏斗中，从接触在一起到产生有效打击之间的那段技法用力的时空范畴。

因此，过去的许多武术先贤在传统武术技击中的有关论述，基本上都是针对触打的变化而言的。而“制人不制于人”“打人容易放人难，放人必须控在先”，以及传统武术技击的臂、手运用，搏击方法等，都是围绕着如何更好地使用触打的技法内容而展开的论述。

（2）触打技法的运用主要目的是实现在控制中击打；时间轴为主轴的技击类项目对技法表现的认识，虽然也有关于控制方面的技术表现，但通常不会将它上升到核心思想的地位。

接触控制中的击打，核心就是使对方的源动得到控制，通常表现在控制住对方重心

变化后的击打。所谓控制源动，本质上是指对方脊柱的变化，以及重心的运行，使得对手因“我”施加相应的力量而导致源动处于不稳状态，相反，己方的源动却完全处于可控的主动状态。

（3）民间的传统武术，历来就没有戴拳套的要求，同时技法中还有运用指尖、指关节等部位作为击发点去参与击打，在没有安全保护措施的基础上，自然会使机体产生毫无意义的伤害。再由于传统武术的竞赛体系仍然很不完善，导致脱打技法难以得到合理的体现。

（4）触打技法的技击运用非常重视站立双方对重心平衡的破坏与维持，根据牛顿第三定律（作用力等于反作用力）可知，重心平衡被破坏所遇到的阻力又主要取决于该对手的体重。因体重乘以摩擦系数等于摩擦反作用力，又因双方的摩擦系数在同一场地而相同，所以除对手体重特别大外，一般对抗双方接触后的作用力合力并不会相差太大。因此，在通过相触破坏对方重心平衡的较量中，力量的大小与灵活就成为获胜的主要因素，如果对抗双方表现在力量方面的能力基于一个层次又没有控制的状态中，那么对抗中的“顶牛”现象就自然产生了。

（5）在通过接触破坏对方重心的较量中，全身的整体应变能力容易成为关键素质。而整体应变能力取决于：全身整体的联动水平；感觉对方力量运行的判断能力；处理对方力量表现的应对水平。

五、传统武术需从桩功中获取所需劲力

传统武术通过站桩让身体从“松沉、自然、整体”的基础要求入手，建立机体符合武学要求的用力结构，逐步改善习练者的用力习惯。根据一步一景的具体表现，使机体劲力运行逐步达到全面、整体，并实现相互间的联动要求。站桩中外静内动的运动模式是获得整体联动素质的最佳办法，全身通过站桩中的细致要求，逐步获得缠斗时触打技击运用所需的基本素质，例如：机体的感觉、劲力的运行、肌肉的松紧转换、精神的假借能力、处理挂力的技巧等方面的素质要求。然而，这些技击中必备的素质，只有在站桩的松静训练中才能不断地从身体的灵性中逐步发掘而获得。技击中所表现出来的能力，也就在“不期然而然，莫知至而至”的本能中体现出来，而这样挖掘“本能”的表现会在站桩中得到本质性的体悟。

我们现在不仅需要明确站桩是如何获得这些技击所需的基本素质的，更要了解在站桩中是因为哪些因素，才会使机体的素质被逐步挖掘出来。

（1）我们可以从神经体系的“静力定型”规律来分析，给身体一个对称、和谐、适当的静力负荷，建立在此基础上进行桩功练习。因为时间是站桩获取功效的基本保障，于是坚持规范的训练收获也就积少成多。它与“动力定型”的重复次数是动作成型的关键，二者是同理的。

（2）从本能的肌肉感觉中获取功能去支撑动作的技击表现是提高技击质量的重要因素，站桩时做到以去掉有为的意念为目的去对待无为的意念，以获取驾驭肌肉本能运行的能力。从本能的判断能力获得来看，在站桩中得到消除意识控制和影响是功法技术上的关键，这样才能很好地挖掘人体当中超越自己意识控制的更神奇的能力。通过在长时间的站桩中保持没有任何人为因素影响下获得该能力的训练，让习惯性、无用、后天的意念影响逐步消除。

（3）训练在没有后天意念影响的情况下，通过长时间的规范站桩，逐步获得机体本能功能的展现。技击对抗中，在彼此的肢体接触中要获取控制权是需要发挥人体“本能”的机能才能够完成的，从对抗双方纠缠中各自对重心的态度以及处理方法都可直观体现出来。我们可从人体在跌倒时会自动校正重心的这种“本能”现象中看出，传统武术技击训练需要获得这种本能的自我调控能力。站桩就是要获取技击对抗时控制双方重心在竞争状态中的自我调节本能，通过站桩改变后天习惯，逐渐去除人为调节的影响，获取本能的最佳调控方式。

通过上述分析可以看出，站桩能获得触觉活力的关键因素是：站时规范的姿势形态；桩功动作在时间上的保证；去除练习时后天人为的意念影响，发挥出先天的“本能”。

然而，站桩中虽然获得了相应的触觉能力，但这些仅仅只是技击对抗的基础素质，只有通过实战对抗的检验，才能够判断训练中所获的功能是否与实际所需相吻合；素质能力的大小，只有通过实战技击的锤炼才能提出具体量化的需求。因此，站桩只有不脱离技击的实战形式，才能真正获得实战所需的触感需求。

综上所述，站桩能获得自己无为的触觉活力。而获得触觉活力的关键是长时间、去后天人为化的站桩，站桩的基本要领就是先要真正地理解站桩获得技击触觉能力的原理，才能在训练中做到让机体规范完成微观机制上的运转与调控，并从中获取所需。

六、练好站桩能给机体带来益处

站桩是中华武术独有的一种训练形式，也是中华传统武术最重要的基本功。我们要明确站桩的目标，才能使我们的训练朝着完成目标的方向进行，有了方向就可以据此构建起一套纯自然的机体用力机制。该机制的功能主要表现为：规范肌肉内大量不同运动单位的肌纤维所进行的强烈的交替性收缩，产生武学意义上的更强大的弹性势能。按照相应的技击发力模式，规范地发放这些弹性势能，既可支撑技法运行的空间范围，又能增强技法的击打力度，如控制与反控制能力，重心的本能把控，动作的速度、力量与综合冲击力等。

人体在训练站桩的过程中，处于一种适度放松、用小力的“内”运动状态中，并且，人的注意力相对集中，精神放松，呼吸均匀，处于一种温和的有氧运动之中。做这种运动可以促进人体的内循环和内分泌，同时人体免疫系统的活动会显著增加。坚持训练也就很自然会增加人体的免疫力和抵抗力，还能使人体脏器的各项机能都维持在一个较高的水平。人体自身的免疫系统是人体疾病的最好的“预防者和医生”。通过站桩增强自身的免疫力，从而达到预防一些疾病和治疗一些慢性疾病的目的。而且，站桩对改善情绪、减轻压力都有相当程度的帮助。

在舒适得力要求为前提的站桩中，自然会逐步练出内劲，并构建起机体相应的弹力条件反射。在练习站桩时，全身主要肌肉内的大量肌纤维进行着强烈的交替收缩，自然会有大量的化学能产生并在过程中不断地转变为机械能。这样，就可以燃烧掉很多机体内的多余脂肪。因此，只要保证坚持站桩训练，就能收获一个很好的减肥效果。所以说，正确的站桩既能够练出“内劲”，又不失为一种较好的减肥运动。

站桩练出内劲后，人体在一些特定的姿势中就具备了引发机体弹力性条件反射的能力，使人体处于一种技击所需的弹性状态之中。这种弹性状态让人感觉到很舒适、轻松、自然，是一种浑圆一体的机体整体劲力的体验。

正确的桩功给人带来的这种身体感觉是很难从其他运动形式中获取或得到体验的。当然，错误的站桩同样会对机体产生相应的负面影响，会导致练习者不能出功，也无法体验应有的身体感觉。

规范的站桩不是静止不动的，绝对的静止不动就成了“死桩”。正确的站桩要求体现出“静中求动”的特征，用一定力度的运动，当出内劲后机体会逐步产生相应的劲力系统，劲力系统的运行有利于人体免疫系统活动的增加。当然，对劲力系统的要求主要表现在技击桩的训练上，如果是单纯的养生桩，状态就完全不同了。养生桩并不需要机体构建服务于技击对抗的所谓的劲力系统，因此，养生桩的练习只求达到机体的平衡，而无须习练者体验到劲力与有关攻防的条件反射等方面的本体感觉。

功法练习的作用主要表现在增长功力、强身健体、预防保健、陶冶性情、开发智能、延年益寿等方方面面，可以帮助从事这些活动的人增强心理稳定性，消除紧张心理，调动生理潜力，提高其所从事活动的效率。

桩功是中华文化的瑰宝，练习者可以通过站桩去了解、体验中华文化的魅力。站桩除了具有强大的技击价值外，内劲的获得对身体健康是有大益的；同时还能体现出很好的健身与养生价值，是传统武术在技击、健身和养生中的价值体现。

传统武术与西方体育是两个截然不同的练养体系。西方体育强调的是如何在训练中上运动量与强度，而在训练后一般都通过睡眠、饮食、医疗保健等手段进行以恢复为目的的调补。传统武术把“练与养”看成是组成一个整体的阴阳两个方面，于是练就是养、养也就是练，通过对精、气、神、筋、骨、膜的内在锻炼，逐步达到习练者身心不断强健的效果。

七、站桩的核心

站桩要求习练者心静体松，只有松得开，才能沉得下；只有沉得下去，沉至脚底涌泉穴贴地，才能产生所需的反坐力将机体蹬撑起来，如同液压千斤顶力撑汽车底盘一样，这才算是入境。只有在练习中达到了这些基本的要求为前提时，才容易理解站桩核心内容的阐述。

桩功的核心就是通过相应的功法练习，实现“养丹田”与“练脊椎”两方面的收获，这就是站桩的核心所在。只有抓住这个核心才能够让身体成为一个用力整体，通过练习使机体达到“肌肉若一”的状态。从技击的角度或者是养生的角度来看，这两个部位能产生武学意义上最需要的“气”与“劲”。

传统武术最强调龙、虎二劲，这里讲的龙、虎二劲就是从丹田与脊柱处产生的，通过养丹田增加腰胯之力，通过练脊柱增加大龙之力。因为，传统武术习惯性地称脊柱为大龙，称腰胯为猛虎，所以，把表现在脊椎上的劲力称之为龙劲，主要是取龙形搜骨之意；把表现在腰胯上的抖劲，称之为虎劲，取意于虎的腰胯之功。

脊为躯干的主宰，脊如果能把弹力体现出来，那么，一个人的整体弹力就有了表现的基础。身备五弓，脊柱是关键的一张弓。功力表现在纵横方面的技能最主要的支撑就是脊椎和腰胯功能，身上有龙虎之能技法的使用，空间就会随之扩大，功力增强后的胆力也会随之提升。

传统武术的各个桩功都要求撑开“六面劲”，保持机体的“四上一下”，衡量动作是否标准与规范要抓住核心，核心的体现就要抓住骨盆、脊椎。训练中，通过对骨盆、脊椎位置规范的摆放，以及功能挖掘的运行要求入手，确保训练方向的正确，再有训练时间做保证，丹田与大龙的功能就会逐渐显现，习练者机体中就会逐渐表现出“蛇”的肌肉特性，即全身有“一条”肌肉组成运动的训练效果。此阶段就是机体在体内建立并完成合理的“劲力”使用模式的过程，过程中机体游离的局部用力会逐渐汇集在一起形成一个完整的“合力”，并表现出机体的整劲储存状态，这股整劲是后面练习三才劲发放的基础。

第二节　功法的基础认知

功法中的劲力运行，实质就是通过训练将机体内那些游离的可用能源，按照武学的要求进行相应的规范，以产生出能够为技击服务的能量。在通常规范的功法运行中，都以抓“丹田”与“大龙”这两个核心而又根本的问题入手，使得丹田之气在自无而有、自微而成、自虚而实、积沙成塔的过程中渐渐完成由量变到质变的积蓄，当达到“气盛”的效果时，丹田所产生的能量就能够为我所用。

以技击为目标的练功，归根到底就是十个字，即“内练一口气，外练筋骨皮”。这里所讲的“气”是指人体的元气，也就是人得以维系生命的能源。通过合理的传统武术的功法修炼，达到增强肌体活力、改善内脏器官功能、促进新陈代谢的功效。这就是机体质量的具体表现，有了机体质量人就会精力充沛，益寿延年也就很自然地表现在习练者旺盛的生命力之中。“筋、骨、皮”指的是人的形体，通过传统武术的训练，可以增强人的体魄，使肌肉发达、骨骼坚实、韧带柔软、皮肤健康，人体的健美体态也就表现出来了。

《黄帝内经》中有云：“呼吸精气、独立守神、肌肉若一”。这三句话表现在功法的训练中就有了“三调”的表现特征，练功的主要手段就是通过三调对机体进行训练。所谓的三调就是调息、调身、调心。

通过三调对内进行“精、气、神”等的正确导引，使相应的训练达到机体内壮的效果；同时对外进行“筋、骨、皮”的训练，以达到机体外壮的效果。这样就能通过训练使机体达到唤醒功能、修缮功能、增强功能、应用功能、保养功能的训练目的。

功法练习可以增强人体的“精、气、神”，并能有效地把训练所得到的“精、气、神”服务于技击所需，为技击能力的提高奠定能量基础；或者运用到健身与强身方面，为我们的身体健康服务，实现价值的最大化。

为使桩功能够实现上述目标，我们的训练就必须具备相应的手段与途。通常起步训练是从机体的筑基补漏开始的，这是最基础的训练阶段，也是功法训练的切入口。

在筑基阶段对机体筑基补漏的任务基本完成后，就应该进入以加强机体质量为目的而展开的基本训练阶段，该阶段主要进行以充实机体内气、夯实机体质量为要求的训练。

待到机体有了一定的功力储备后，可以逐步过渡到对功力使用的应用阶段。该阶段对内可达到健身与养生的功效，目标是如何更好地促使机体进一步维持健康状态；对外可服务于攻防技击，目标是如何增强功力去支撑技法运用，在服务于技击对抗中最大化地去获取所需的技击效果。

上面各阶段的区域划分不是绝对的而是相对的，此划分只是让我们在训练中建立一个比较清晰的层次感，通过人为的划分将训练目标区别开来。事实上，在完整的训练体系中，并没有绝对清晰的区域，例如：同样的“松”在不同的阶段都有严格要求，但机体状态的感觉是不同的，在训练中呈现出反复振动中螺旋式上升的势态，习练者在不断增强功力与提高技击能力的需求中完成训练任务，并在反复的过程中不断提升完成训练目标的新要求。

一、功法训练的基本要求

功法训练的首要任务是剔除身体的拙力，拙力不去，机体运行相应技法的所用之力就会永远受它的干扰，如此表现，既于技击无益，又于身心健康无益。

其次，重建机体的用力模式，逐渐形成全身的整劲，得以处理好局部与整体的关系，再通过岁月修炼的积累，把机体的整劲不断地做强与做大，以达到功力更浑厚的效果。

再次，处理好劲力与功架的关系，不仅仅是劲力与静态功架的关系，更重要的是突出劲力在功架变化过程中，体现出处理好彼此互为因果的关系。

最后，处理好劲力与技法的关系，技法是体现技击思想的载体，能否获得所需的技击效果，取决于技法的合理性与劲力实际支撑的水平。

武学是一个整体，我们在认知、训练与教学的过程中，不能够缺少其中的任何一个重要环节。我们允许有属于自己的喜好，但必须尊重技击的共识，不能将个人的喜好成为顾此失彼的理由，兼顾是我们必须要持有的、基本的武学态度。

传统武术所讲的“力”还有一个概念是指力存在的一种状态。练功时我们要找到力的临界点，把力调整到归零状态，因为这种用力状态是意识最容易感受到机体穴位与经络运行感觉的状态。为了让机体达到这种练功所需的状态，需要对功架中的机体、各部位、各方面都进行相应的要求，比如“松”“静”“沉”等，下面就机体有关要求做一个梳理。

松：就是说在保持正确姿势的前提下，在机体不散的要求中，尽可能做到机体上的全面放松，同时卸去精神上的压力，让身心尽可能做到空、无。

沉：原指物体在水中自由下落之意，这里指的是机体在达到松的要求后，会自然产生机体往下落的下陷感。于是，在功法训练中如果达到了规范的“松”就会产生相应的“沉”感。因此，松沉一般都是作为一个固定词来运用。

静：就是在站桩过程中，尽量保持意识的安静与专一。当然也最好保持环境的安静，以免影响心神专一。

自然：就是在锻炼过程中，严格按照功法要求操作，不要人为地把不符合规范的力量与意念强加进去，牵制呼吸及体内气血运行，训练中尽可能减少这些人为因素的影响。

整体：在功法训练过程中，机体通过将“六面劲”撑开、“四上一下”支起来，达到构建一个完整“舞台”的效果，整体也就在这些对挣力之中逐步形成。

前面说到了姿势与健康，在历史的传承过程中，人们为了便于掌握和记忆，总结了一套简单有效的规范功架的口诀，如头顶虚悬、双目垂帘、舌顶上腭、面带微笑、含胸拔背、沉肩坠肘、虚腋开胯、舒指松腕、尾闾中正、宽胸实腹、顺臀溜胯等。我们依然吸取传统教学方法中的有益经验，并应用这些人们耳熟能详的口诀俗语。

下面来谈一谈站桩对全身各部位姿势的具体要求。

头：头要正，百会上领，下颌微收；口合微闭，舌抵上腭，神情平静；目光平视，自然呼吸，全身放松，使周身上下气脉保持平衡与和畅。

颈：颈部的要求用“头顶虚悬与虚灵顶劲”的口诀就可以非常形象地描述出来，头部百会穴好像有根虚拟的绳子把头部轻轻吊起悬在空中，不对颈椎产生额外的压力，使之转动轻灵，这样，颈椎也就自然保持着最佳的天然曲度。

面：面带微笑是人体面部肌肉最放松的自然表情，能给他人带来良好的感觉，同时也能对自己反馈出良好的场能信息。面带微笑能促使自己心情愉悦，有助于保持良好的心态。

眼：讲究的是眼光内敛，要求将眼光从望远转为渐近直到收回颅内，再配合双目垂帘，使两眼皮像窗帘那样自然下垂，不加紧闭的意念。保持这种自然垂帘的状态，符合局部气血的通畅，同时也因为双目垂帘，使得目光不外散，也就不容易受到外界诱惑而能保持心神内敛。俗话说闭目养神，其实就是中医所说的肝开窍于目，闭目而使精魂不散。也有的锻炼方法出于特殊的原因，为了避免闭眼带来复杂的内景而影响心神安宁，要求睁开或半睁开眼睛锻炼，即使如此，也要求不能东张西望、思想涣散，而要求眼光收近，二者思想一致。只有在技击对抗等具体功效需求的训练中，才会对眼神的收放及引领提出进一步的要求。

舌：要求舌顶上腭，但初学者往往因为不习惯反而会造成舌部的紧张。所以，我们提倡在站桩的初始阶段，无须刻意去做舌顶上腭，只需自然放松即可。等达到一定训练程度后，因为头颈部平衡与体内气血运行，需要舌顶腭部的配合，此时再加以规范即可。即便没有这种力量产生，在站桩站到一定程度时，舌下出现津液泉涌，汩汩然咽下阶段，稍加意念即可舌顶上腭，此时就可以很好地掌握放松的要领，而不至于为了舌顶上腭反而造成紧张。

肩:肩部的要求是沉肩，就是把肩放松，做到不绷紧与不端肩。肩部的放松有个特点，就是部位的拉长感觉。也就是配合肘部向外或向下引,使肩峰处肩臂骨交接处出现一个凹，就会产生把肩臂拉长的感觉。所以阐述时都会把沉肩与坠肘放在一起说。肩膀要很自然地耷拉着，往下松，这时锁骨、胸部有点沉，所以肩下松时还要往两侧外撑。有的人站桩时间一长就身上流汗，两手冰凉，原因就是肩肘没放松，气运行受阻。

腋：腋的要求就是不要紧夹，要表现出张腋、虚腋与开腋等状态。张腋，即放松腋部感觉，其空隙能放下一个小气球；虚腋，从规范的沉肩坠肘中可以体会到虚腋的感觉；开腋，既可便于肩臂气血的通畅，还能减轻两肩对两肺的压迫，从而使肺的工作更加自然顺畅。

肘：讲肩腋的时候就已经提出了相应的要求，即坠肘，就是说在任何时候，不管在什么位置摆什么姿势，都要有外展下坠的意念或趋势，以拉长肩臂的特殊经筋。

手:手指自然舒张，中间仿佛握有一个气球，两手小心翼翼地捧着它、抱着;两臂圆撑，和身体环抱成半圆形，手的位置开始时可以放低一点，以后再慢慢上升。但两手高度根据桩法的需要而做具体要求，一般要求在高不过眉与低不过脐的区间内。

腕：要求平直放松即可。在立指的锻炼时通常会有立腕与踏腕的要求，即腕横纹小指侧也就是尺骨尽处有向前送的意念或趋势。

指：五指自然舒展伸直即可，不要用力挺直，指缝中如同夹住了一个小棉球。

身体：上身挺直，不能塌腰翘臀；胸部微含，把背拉直；腹部放松微微回收；会阴微提，尾闾下垂指向地里。会阴微上提，气就能往上升，配合着百会上领，这样上下气机连成了整体，气机平衡，内蕴充足，才能显现出“站如松”的挺拔英俊、内气浑厚的姿态。同时要注意尾闾下垂，如此，体内气机就会充足、通畅；身形就会出现微下坐的表现，且下坐时就能做到空胯、虚腹股沟、膝盖不过脚尖的动作要求。

胸背：该部位的要求是含胸拔背。想象自己在抱一株粗过合抱的大树，尽量把臂指放长想要环抱住以使两手接触的那种感觉。也有人形容，如同在很多人的公共汽车上抱着自己的孩子，环抱的双臂既要抱好孩子，又要抵挡别人挤着孩子的那种感觉。这里所举的例子是让我们去体会含胸的感觉，我们一定要清楚，任何时候“松”都是胸的唯一要求。含胸的目的就是使胸部得到更好的放松效果。

腰：平时我们直立时，腰部命门区域呈现向前弯曲状；站桩时，我们需要微微用意把命门向后凸起。要做到这一点就要保持前述的身体姿势要求，并需要稍屈膝来配合。

腹：当前述要领都做好了，小腹只需放松就自然达到了要求。只有做到放松、放松、再放松，这样，小腹慢慢感到充实，胸部慢慢感到空旷，就能逐步达到宽胸实腹的要求。

裆：裆部整体要圆，绝对不能够产生尖裆的现象，要使裆位具备撑圆的趋向或意念。

腿：该部位的要求是屈膝。平时人体的整个重量直膝承担，力量多由骨骼对直承担；而屈膝后，参与承担体重的筋骨肌肉就会有所不同，初始会觉得较直立更费劲而更易疲劳。此时，对腿的要求就是做到紧中求松，通过紧来保持下肢的成弓姿势，在腿部耐受力逐步得到提高的过程中，习练者仍然要尽可能使腿部做到放松、放松、再放松。

膝：膝盖微屈，不能过足尖；大腿根部空虚，呈现似坐非坐的状态。前面说了，命门的微微后凸，需要通过屈膝来配合完成。一般的屈膝需要处理好松紧，以不挂力为标准。

脚:一般的桩法讲究两脚平行向前“呈口”形站立,两手抬至胸前,两脚站得不能太宽,脚跟外沿比肩稍宽一些，脚尖和肩宽度差不多，脚踏实地，无妄用力。但是有些特殊的桩法会从不同的角度提出要求。身体重心具体落在脚的某个位置，可根据不同的桩法进行不同的要求，其落点也都会不太一致，但是大多都要求在涌泉一带，也就是脚的偏前 1/3 左右。

趾：自然落地。有些特殊的桩法要求用力扒地，则需要根据桩法的具体要求进行相应的规范。

前面我们把身体的各部分姿势要求简单地介绍了一下，但其中并没有对胯进行相应的阐述。这是因为对胯的要求比较复杂且难以体验，尤其是刚刚开始训练时，在实际动作运行的操作过程中太过注意胯的要求，反而会引起胯部的不必要的紧张，所以对胯的具体要求，我们放在介绍具体的桩法训练时穿插进行，在需要的时候另行讲解。

二、功法的基本知识

下面介绍关于练功的基本概念，内容都是练功者在具体的实操前必须清晰的一些基本概念，只有对概念有了清晰的理解与全面的了解，才能够对功法的功理有更加深刻的理解，训练中的配合才能落到实处，训练的展开才能够顺利，训练目标才能够得以实现。

由于相关内容非常广泛，我们就一些重要的基本概念进行简单的介绍。

1.关于换劲的认识

这个概念是在功法训练的初始就必须明白的，并是该阶段工作展开的核心之所在。所谓“换劲”指的是将自身那些与技击及养生要求不相符合的劲力、用劲习惯，通过功法练习加以修炼，以达到符合功理要求的更改。有关劲力的内容还包括劲力的产生、劲力的蓄养、劲力运行通道的劲路构建、劲力的发放、劲力的其他表现形式、劲力的表现习惯等等，这些都属于劲力的训练范围。

换劲需要处理好动作运行与人体重力的关系。其实，所谓出了劲，就是在运动中已经掌握了机体重力的变化。掌握了身体重力的变化也就基本达到了换劲的要求，同时也就具备了发放内劲的前提。有些人所谓严格地按照拳架来训练，如果脱离了本质要求或许会离初心越来越远。

换劲的目的就是掌握劲力的运动规律。练功的本质就是明白劲力、学会用劲。发劲就是传统武术的一种用劲形式，掌握了正确的发劲方式就说明已经改变了原有的用力习惯。

换劲是练功的一个必经阶段，其实质就是更改原先的用力习惯。通过掌握符合武学要求的劲力运动规律，再通过规范的训练使得原来那些不常用的肌肉、韧带、肌腱、肌膜都被调动起来，并将其功能激活，且能将其按照拳理要求使用起来。所以，换劲阶段会使机体内那些从来不运动的部位，按照要求逐步调动起来，并按照拳理的要求参加相应的运动。于是，身体相应部位就会自然产生相应的生理反应，那就是疼痛与不适应，但过了这个阶段，身上就不再疼痛，并且会逐步自然舒适起来。但随着水平的再上升，机体又会有一番疼痛的适应过程，并会反复出现相应的适应现象。当习练者各部位的功能都全部体现出来时，并不断地增强其运动功能，就会出现更加强大的运动功效，即功力。

通过规范的训练，机体内会产生出技击所需的内劲，这是通过神意气力高度协调的结果，也是内劲产生的基础。内劲的产生必定有一个体悟的过程，这个过程要完全靠自已点滴地、慢慢地积累，由体悟的积累逐步达到心悟的升华，就这一点对任何人而言，没有捷径可走。

当机体有了内劲，机体在运动时就会展现出空松圆活、经络通畅、全身通透等特点，同时习练者还会感觉到身体出现浑圆一体、精力充沛，浑身较过去更具力量的现象。如果用中医的语言来表述就是筋络通畅了，因为通则不痛，百病自然不生。

习练者检验自己内劲的最简便的方法，可采取推墙法：面对着墙，一只脚踩在地上，一只手去推墙，看看身体能否感觉到由脚到手形成了一条线的劲路通道或绷紧的弓感。其原理就是“力生于跟，主宰于腰，顺于肩胛，形于手指”。

换劲最普遍的方法就是从站桩入手，站桩是我们改变用力习惯的有效方法。现在举个简单的换劲例子，例如：我们平常拿个杯子只用手的力量就可以，一般都不会有用整劲来完成这个动作的概念，因为这样是违背日常生活的常识或习惯的。那么在什么情况下才会表现出机体运用整劲呢？又如：搬动一个大的东西，当两只手都搬不动时，就会有本能运用整劲的表现。在搬一袋三十公斤大米上楼时，通常会将其扛上肩，这就用到了整劲。运用整劲时腰胯必定参与其中，这也是搬重物会伤到腰的原因。所以，腰胯参与体现出了整劲特点。

站桩就是以徒手状态养成用腰胯力的习惯，使腰胯参与养成自己常规的用力方式。比如一个“抱”的用力感觉，这个“抱”就包括了手、脚、膝、腰等机体多部位同时用劲，这种动用“全身”所集中产生的那股合力就是整劲。能够参与的机体部位越多就说明越整，表现出来的效果通常也就越好。

当我们对站桩练内力有了理解，训练内功也就有了围绕此而展开的行为核心。功法练习虽然可以有不同的训练形式，也可以有不同的功法要求，但中心思想并不会变。

在训练过程中，随着机体的整力水平逐步提高，根据不断加力训练原则的运用，达到不断开拓整体用力的表现空间，也就有了训练提高过程中一步一景特点的体现。随着水平的提高与境界的提升，以前认为的“完美”认知，过一段时间就会感觉到某些认识上的不成熟，于是又有了今天进一步的“完美”；或许又经过一段时间的训练后，今天的“完美”又成了并不满意的答案。所以，功法训练要立足当下，抓住原则不放手，切莫好高骛远，丢掉一切不合实际的想法，做好目前该做的练习，不要脱离自己的实际情况去产生太多的想法，换劲只是桩功训练的一段景色而已。

换劲的原理就是把常规下的散劲通过站桩将其去除，让身体的散劲逐步变成一股完整的劲力，并做到能够让这股内力自由表现在机体不同部位，使其能够为我所用，以完成表现在养生之中或者技击对抗等方面的价值。

2.关于“气”的认识

在传统文化中有一个非常重要的内容，即“气”。如真要把“气”讲得清楚透彻是非常有难度的，原因是“气”在传统文化中包含着太多的含义，是典型的“一字多义”。语境不同，所言之“气”就会不同，有作“性质”言，有作“功能”言，有作“气候”言，如从“气、血、津液”学说上来说“气”，与上述又有不同。

早在春秋战国时期，古人就认为“气”是构成世界的最基本的物质，一切事物都由“气”的运动变化而产生。当这个观点被引进中医学后，就逐渐形成了中医学“气”的概念，而后又逐步将此观点引入武学，所以就有了“医武同源”之说。即“气，是构成人体和维持人体生命活动的最基本物质”。所以，当我们讨论“气”的概念时，一定要注意自己阐述的“气”所在的范围，是讨论“功能”“性质”，还是“气候”或“气、血、津液”里的气，否则就会因为文不对题而永远阐述不清，以至于越解释越含糊，直到一塌糊涂。

经络里面一定有某种物质的存在，这种物质就是“气”，经络并非我们解剖学上的神经网，也不是血管，而是“气”的运行通道。这是传统中医的观念，《黄帝内经》是这样描述的：“经脉十二，络脉十五。凡二十七气以上下”，黄帝又问：“愿闻脉度”，岐伯将人体的经络大致叙述了一下，然后说：“此气之大经隧也。”

不过这里的“气”可不是空气之气，而是一种相对特殊的物质。这种物质就像电磁波和磁场一样，看不见，摸不着，但是确实存在，并且带有能量。这种非空气之“气”，先秦的竹简上将这个字写成上下结构，上面一个“既”，下面一个“火”。后来有了简化的写法，上面的“既”字只剩下右半边，像个“无”字，底下则变成四点火（俗称四点水），“炁”被称为“无火之气”。只是再后来，将其统一简化成了“气”字。“气”是无处不在的，远到九天之外，近到方寸之内，都有它的存在。我们人体内自然也有，经络就是“气”运行的路线。所以用银针刺入经络这种行为在西医看来全无道理，而中医看来却是目的明确，是通过人为刺入经络去影响机体经络内气的运行，以达到治病的目的。《灵枢》中，黄帝问岐伯:“刺之有道乎？”岐伯答:“刺此者，必中气穴”，又说:“刺之要，气至而有效”，说明了这一问题。可以说，针灸的合理性就体现在它对“气”的把握上。

和其他物质一样，机体内的“气”也是分为不同种类的，不同种类的“气”对应不同的性质，而不同的性质则自然发挥着不同的作用，共同蕴养着我们的机体。最基本的就是阴阳二性，之下还可以按不同的分法，分成诸如寒热温凉四性或是金木水火土五性。

自然界不同的物质同样也内含有不同属性的气，下面以药材为例来做说明。有中医常识的人都知道，组成药方的君臣佐使内的任何一味中药，都具有最基本的三个属性：性、味、归经。"性"是四性，寒热温凉；"味"是五味，辛酸甘苦咸，实际上是五行的体现；"归经"是说药性会进入某一条具体的经络。事实上这个"归经"就已经非常明确地告诉了我们：中药的根本奥秘就是"气"，而不是西人所说的化学成分。因为所谓的"归经"就是中药被人吃下去以后，是要药性进入某条经络去发生治疗作用的。如用麻黄这味的性、味、归经来分析，则是：味一辛、微苦；性一温；归经一肺、膀胱。药入的是肺经和膀胱经，通过该经络之"气"的调理产生发汗解表与宣肺平喘等功效，达到治疗风寒感冒、咳嗽气喘等疾病的效果。药物的功效进入某条经络之后实现了对"气"的调理，气的寒热温凉之性就会发生具体变化，当达到机体所需的平衡时，身体就会回归到正常，也就达到了治病的目的。我们可以通过中医的层面去感受"气"在机体内的具体表现，以增加我们对"气"的理解与功法训练中的实际运用。

3. 关于内气

人体的内气，不是呼吸的空气，而是机体内不断运动着的具有很强活力的精微物质，内气流行于全身各脏腑、经络等组织器官，无处不到，无处不有，时刻推动和激发着人体的各种生理活动。正如《灵枢·脉度》说："气不得无行也，如水之流……其流溢之气，内溉脏腑，外濡腠理。"可见，气是以"如水之流"的形式运行于机体之内的。

内气的运动，被称作"气机"。内气的运动形式，虽然多种多样，但升、降、出、入则是内气最基本的表现形式。人体的脏腑、经络等组织器官，都是内气升降出入的场所。内气的升降出入运动，是人生命活动的根本，一旦止息，也就意味着生命活动的终止而死亡。

内气的升降出入运动，不仅推动和激发了人体的各种生理活动，而且只有在脏腑、经络等组织器官的生理活动中方能得到具体体现。这里应当指出，内气的升与降、出与入，是对立统一的矛盾运动。从局部来看，并不是每一种生理活动都必须具备同样的升降出入，而是各有所侧重，如肝、脾主升，肺、胃主降等。从整个机体的生理活动来看，升与降、出与入之间都必须达到机体的协调与平衡，这样才能维持人体正常的生理活动。因此，内气的升降出入运动，又是协调各种生理功能的一个重要环节。

在武学的角度来看，通过相应的功法训练使得机体的内气旺盛，达到升降出入运动之间的协调、强劲与平衡，来实现机体"气机调畅"；当内气在机体表现出升降出入的失调时，就需要通过相应的功法训练使机体从"气机失调"的状态中解脱出来，重新回归机体的内气平衡。《素问·六微旨大论》说："故无不出入，无不升降。化有大小，期有远近，四者之有，而贵常守，反常则灾害至矣。"即充分说明了气的升降出入运动，从局部来看虽然有所侧重，如系列化作用有大小不同，运动之时限亦有长短之差异等，但都有内在的规律可以遵循。功法训练就是表现出人为对机体内气调整的特征，在训练中使机体的内气维持在协调与平衡的健康基础上，使内气在机体内进一步得到充盈，并实现武学的价值。

4. 关于“阴阳”的认知

《易经》最核心的内容就是阴阳学说，“易有太极，是生两仪”。其中的“两仪”指的就是阴阳，阴阳代表两种物质势力，含有对立之意。古代学者认为：人类与宇宙万物皆由阴阳互动而成。《易经・系辞》云：“一阴一阳之谓道”，讲的就是宇宙间一切事物既对立又统一的法则，阴转为阳，阳转为阴，阴又转为阳，阳又转为阴，阴阳交叠运动，事物才得以不断向前发展。

阴阳的对立统一变化规律主要有四个方面，即“乾坤成列”“刚柔相摩”“刚柔相推”“动静有常”。指的是阴阳相依而存、相互矛盾、相互促进、主客易位。阴阳的对立统一变化规律体现在传统武术的诸多方面，武术理论对阴阳学说的移植和借鉴，已经成为武林中各流派阐述拳理的重要理论依据。功理中始终贯穿着阴阳变化观念，功法修炼中表现为动静、刚柔、虚实、进退、开合等对立统一状态，在动作表现上有柔中寓刚、如棉裹铁、静中有动、阴阳相济等阴阳的消长变化运行特征。

“阴”与“阳”仅仅是一对矛盾的双方代号而已，运用这个概念可以解释许多武学中的现象。以肌肉的运动为例，促使动作产生的肌肉运动方式具有两面性，因为人体所有动作的产生都是由主动肌（阳）与对抗肌（阴）共同协调组成的，通过阴阳各肌群之间的协同，同时表现出收缩（阳）与舒张（阴）相互作用所产生的结果。表现在握拳的动作时，则是掌心的主动肌收缩，掌背的被动肌伸展，同时作用于手部的各骨骼，从而产生握拳的动作形态这个结果。由于人类在成长过程中已退化了辅助肌的主动性功能，却加强了主动肌在运动中所起的作用，于是，导致神经系统对辅助肌的支配能力被逐渐削弱，以达到适合人类进化的单向的独特省力型运动方式的要求。但是，这种进化却导致人体许多优秀的运动功能丧失，产生的结果就是人体肌肉运动的阴阳不均衡。然而，关于肌肉运动方面的均衡功能，恰恰是传统武术所追求的训练目标，是功力产生的基础，是技法表现的基础，是功法训练的基本，未经过规范的功法训练，机体表现在这方面的功能都处于休眠状态。

5. 关于“松沉、自然、整体”的认知

《黄帝内经》中就提出了“人与天地相应”的观点，道家的“人法地、地法天，天法道、道法自然”的“自然观”也具体地指出了人体、地理、天象等一切事物的变化与发展，都离不开这个客观物质世界天然存在的总规律。“松沉、自然、整体”的认知就是该思想在功法训练中的总结。

“松沉、自然、整体”是关于功法训练的基本法则，该法则的要求贯穿功法修炼的全过程，主要体现在两个方面，即精神层面与机体层面。

精神层面的“松沉、自然、整体”主要有如下表现：

松沉：指功法训练中所保持的精神上坦然、轻松与沉稳的状态；

自然:指精神上合乎先天之表现，其中并不加后天之做作，是平衡与中庸的和谐体现；

整体:指训练中精神表现的完整一致,按功理运行,不脱离训练的主体,做到神不外露。

机体方面的“松沉、自然、整体”主要有如下表现：

松沉:机体不散的“紧”中所体现出来的“松”,“松”到透彻所表现出来的沉稳为“沉”；

自然：机体在不受来自外界或自身等任何因素影响下的一种纯粹的自我运行的状态；

整体：是指训练中的各种体会、感受、所指都建立在整个机体为前提的要求之中。

完整的一个人原本就是精神与肉体的集合体，缺失任何一部分都不能成为真正意义上的人。规范训练的目的在于使二者都能够在符合各自“道”的规范中运行，以达到二者的和谐统一，成为浑然一体的“一”，这是“天人合一”理论在规范训练中的实际体现。

6. 三调：调心、调息和调式

《黄帝内经》有曰:“余闻上古有真人者，提挈天地，把握阴阳，呼吸精气，独立守神，肌肉若一,故能寿敝天地,无有终时,此其道生。”其中“呼吸精气（调息),独立守神（调神),肌肉若一（调式）”是关于练功“三调”的最早文字记载。这精简的12个字，既有方法，又有境界，可视为心身整体观的精华。

调式、调息、调心是功法锻炼的基本操作内容。传统武术中形形色色的功法均围绕着这“三调”而展开，其区别只是三调的组成搭配不同而已，但三调缺一不可。因此，功法训练所要求达到的各种境界都是通过三调的操作，使三调融为一体并作用到机体所产生的效果，其过程即是从三调入手而逐渐步入“三调合一”境界的操作。

调式：训练中调控自身的身体功架，保持长时间维持在规定的姿势状态中，以调整全身气血的运行与分配。通常有行、立、坐、卧四种调式形式，无论是哪种形式，目的与宗旨都是一致的，并且任何一种姿势都要配合调心和调息产生作用。调式的原则是“以自然为高，以舒适为法”，表现出“舒适得力”的特征，其意义在于使身体的状态与练功需求的境界相应。

调息：训练中对呼吸进行调整、引导和控制，以帮助调心和意守入静。基本要求是呼吸做到“细、静、匀、长”，以逐步达到“无声无息、出入绵绵、若存若无”的境地。锻炼时要顺其自然，不可急于求成，要按照功法规范运行。

调心：习练者对自身的意识思维活动进行调整与控制。调心的基本要求是排除私心杂念，做到“清心寡欲”，以达到入静状态。所谓入静，就是通过意守的方法，把“胡思乱想”变为“静思专想”，再发展到“无思无想，恬静愉快，悠然自得”，以达到动中求静的效果。所谓意守，就是努力把自己的注意力集中在身体的某一部位或某种活动中，或者意守某种对身体有益的事物。

总之，练功的基本要求是“心要清，息要静，身要松”，并做到灵活调整动静、快慢、松紧等操作。三调之法，初练之人功夫浅，必然是“有意之调”，此时用意太过，反而耗神。练功纯熟之后，功到自然成，就会过渡到“无意之调”的阶段。概括起来就是“积极主动，持之以恒，舒适自然，循序渐进”。

7. 松与静的根本

关于“静”与“入静”。静，可以说是精神层面的修炼，练功时要求练习者心要静，如果心不静就不能进入练功状态，就不能对身体的放松有所把握，也就无法产生相应的体悟。静是对身心内外活泼、光明、无滞的关照。练习时我们尽可能不要刻意去求所谓的静，只要有了刻意求静的念头，就会丧失体会到真正的“静”的前提。然而，静也不是心如一潭死水，而是一种空灵。当你能体察到那些杂念生起之时，说明你的心已经处在静中。我们要客观认识“杂念”，正常的“俗人”内心一定具有“杂念”，如果刻意去把这些杂念消灭、赶走，也就破坏了现有的平衡，也搅动了原本属于你的这份宁“静”。如同一缸水里存在的一些沉淀，只要不去刻意搅动它，那么水就还处于相对清澈的状态，一旦搅动沉淀，一缸水也就“浑”了。如果你不刻意去求“静”，根本就发觉不了自己心中原本还存在着那么多的杂念。当你能够发现杂念，并能够正确地对待这些杂念时，说明你已经开始驾驭自己，正处在静下来的过程中。这个时候，习练者就无须再焦虑地去考虑如何排除杂念，而是坦然面对它的存在，要做到的就是忽视它、藐视它，因为，刻意排除杂念本身就是一种“过”的行为。功法讲究“过既是错”，原因就是此时的“自己”没有很好地把握住其中的“度”，正确的度会让杂念自动溜走，想留也留不住。此时不去管它，就是最好的管理办法，即“不管之管”，拳谚中所述的“似有似无是真意”，讲的就是这个道理。

关于放“松”。因为放松是传统武术永远不变的核心要求。没有放松的机体部位就永远开发不出所需的功能，也就不能从根本上提高身体能力。从武学的角度来看，“放松”是一个没有止境的概念，况且，紧是从松中出来的，一个松了的机体仍然需要去不断地求松，旨在获得机体由松至紧之间更大的活动跨度，这也是增加发力时对由极松至更紧的需求。一个初学的动作，从局部、静态来看往往感觉已经放松了，但从动作运行的角度来要求，可能还是觉得机体处于某种程度的僵与紧之中。所以，我们在练功时要因时而宜、因人而宜、因事而宜，还要因训练阶段而宜。关于松的要求只能从实际出发，千万不可提出不切实际的要求，更不能按照“高手”的要求让初学者一步到位，要从实际出发，在不同阶段掌握不同东西、不同水平提出不同的要求。

可以说“松与静”是对桩的核心要求。放松练习是一个长期的训练过程，需要在长期的练习中慢慢得到相应的体悟，所以我们应该从粗略而不是精确的要求开始，并进行渐进式的体会。有经验的练习者都非常明确，如果某人在练功初始就能完全做到符合拳谱上要求的全身放松，那一定不真实。实践证明，这样的天才过去没有过，现在也没发现过，相信将来出现的可能性也不会太大。所以我们要有正确的认识，摆正心态，逐步体会、慢慢达标。

开始练功时，不必苛求自己，只要自然就好，无须全部都做苛刻要求，把握住现在，逐步增加难度与提高质量，牢记循序渐进原则的要求即可。例如：训练之初，只要求习练者注意自身“肩部”的放松和“心窝”处的放松就好。肩部的放松，能很快地活开两臂，为以后的一些初级功架打下基础，才能逐步培训出有筋骨的发力，表现在开、合、牵、送等技法上；而表现在心窝处的放松，则是呼吸法练习的基础，才能逐步培训出所需的腹式呼吸，并表现出深、长、细、匀、缓的呼吸特征。我们可以把这两点作为整体放松的起点，并逐步扩展与延伸。

训练中我们要注意的是掌握并贯彻“由大到小”“由粗到细”“渐进清晰”“逐步细化”的训练原则，不要在功法练习之初就太过细致与具体，这样会让练习者一开始就云山雾罩而不知所云，更不知所措。

8. 关于功架

功架是一个平台或者说是一个载体，单独去看功架的形状仅仅只是个造型而已，静态的雕塑其意义必然有限，只有将其承载攻防含义，并具备功力的储备与发放、控制与反控制的技巧体现，使动态的思想在平台上得到诠释，这样才能赋予动作功架独特的生命力。所以说：动作无“形”焉能载“意”乎。

武学修炼的发展是逐步提高武者的武学造诣，并且是通往“道”之境界的引导过程。

通道者必言阴阳，阴与阳的大小相等，方向相反，同时存在，又同时消失。阴阳作为中华文化的重要组成部分，始终指引着武术的进步与发展；阐述着刚柔、形意、松紧等传统武术中的最基本原理。肌肉的屈伸是人体力量的重要来源，这是不争的事实。外家拳如此，内家拳亦如此，内功产生的内力更应该符合肌肉在矛盾对立统一时的力学原理。站桩中的“松、沉、意”等概念，其实质就是在练习中如何处理好这些相关矛盾的有效方法，但是要做好并不简单。

初学者应该先从动作的矛盾原则入手。对于初学者来说，“形”才是最重要的基础。“形”是“阴”，是看得见的实体，是力的载体；“意”是“阳”，它是我们练功所追求的目标，是武学的核心之一。古人把阴放在阳的前头是有一定道理的，例如“形意拳”就是把形放在前面，意放在后面。其实，应该说“形”和“意”是一样重要的。但是，在开始习武阶段，阴也就是形，必然成为主要的内容，此时的主角并不是意，这是由训练学的特点所决定的。练站桩，不重视练形，将来的意就没有好的载体予以表现其价值，也就不能练好功夫。意虽是好东西，但如果没有形做载体，谈论任何意的价值都是枉然。

人体肌肉从运动形式来看，由伸肌和曲肌组成，当人体直立时，两者一样长。站桩时腿弯曲，伸肌必然是软的，弯曲得越大，伸肌越是松，所以站桩时腿的弯曲就如同一张弓，伸肌和曲肌表现出一软一硬，即阴阳是也，且形由曲肌组成。顾名思义，曲肌就是使关节向内收缩的肌肉，而伸肌的运动则与曲肌相反。当曲肌工作时，伸肌则处于放松状态；伸肌工作时，曲肌在休息。理想的站桩就是要在曲肌持久工作的状态下，用意念调动伸肌参与运动，使那些应该参与运动的肌肉，都能变成一个对立统一的整体。若要达到这个效果，首先就要规范站桩的外形，双腿长时间弯曲站桩练习，把踝、膝、胯这些关节两端的曲肌连接起来，百炼成钢，形成一个推不动、打不烂、砸不毁的坚强整体。

从生理学层面来说，我们的大脑对人体骨骼肌的控制能力很不平衡，例如：对双手的驾驭能力非常强，于是手就显得较其他部位更灵活，这是人类生存的需要，是进化的结果；而下肢虽然很粗壮发达有力，但灵巧性就显得较上肢逊色一些。根据解剖学研究，下肢肌肉是上肢肌肉的三倍。然而，神经支配下肢肌群的能力却非常弱，脚的灵活程度远远赶不上手，若想它们形成一个整体，让下肢完成与上肢同样细致的工作内容会很有难度，有时还显得下肢有不完全听从大脑指挥的现象。难道双脚天生没有双手那样发达的神经吗？回答是否定的。大家都见过或听过，有些失去上肢者完全可以用脚来完成手的功能。这说明腿有很大的潜能，大自然赋予了我们每一个人的脚都有这个能力，只是我们没有按照规范去开发它的功能罢了。

通过功法练习与下肢力量训练，增加曲肌的耐力，强迫神经形成符合武学要求的条件反射弧，固定桩架，使站桩外形达到能承载意念的要求。这样就能让我们双腿上的神经变得发达起来，有助于我们形成符合武学劲力要求的运动模式。

9. 关于功架高度

站桩高度一般按高桩、中桩与低桩来进行分类。桩形的高度不同，用力不同，锻炼的细密程度就会不同，锻炼的效果自然也就不同。一般来说，站得低，费力气，其气粗，练意少（静的程度），反应快；站得高，用力少，易放松，易入静，其气细。采用不同的高度，加上呼吸、用意再配合功法，锻炼效果及功能也不尽相同。

如果抛开一些特殊的锻炼方法和目的进行站桩锻炼，仅从站桩的高度来说，到底应该选用什么高度，或者说怎样的高度才能显现出最好最快的训练效果呢？站得太低，超负荷未必能达到最佳锻炼效果；站得太高，又担心健身效果太慢，尤其是年轻力壮之人。在人生经历、心智还没有达到接受或爱好静谧的锻炼方法时，怎样找好站桩高度的切入点？随着时代的进步，传统门派生存的观念已经逐渐淡薄，传统的锻炼方法正在被逐渐公开和融合。关于站桩的最佳高度，可以用一句话来总结，即做向上摸高起跳动作时，以双脚起跳时处于似乎离地而又未离地的瞬间高度。

只要你仔细观察就能够得到自己在起跳过程中，最佳的用力位置与机体在这一瞬间的姿势结构，比如说起跳时两脚的宽度、两脚的脚尖方向、膝关节的弯曲角度、身体各部位完整的用力感觉。而功法对两脚宽度、脚尖方向、膝关节角度的要求，对髋关节“空”的要求，对头的自然上顶的要求，对身体的整劲要求，在起跳的一瞬间都已经给了你相关的提示。当我们在后面的功法训练中出现相关疑惑时，就可以从中得到开导。

至于站桩高度的把握，我们可以从双脚起跳过程中机体所处的不同状态去感知，以此判断出高、中、低的桩形高度。因为，在原地起跳摸高的动作过程中已经包含了高桩、中桩与低桩的最佳位置与角度，通过观察我们可以得知：下蹲开始往上转向时，当膝关节开始承受用力时的角度，就是低桩的高度；身体继续上行不断加力，当膝关节获得最大受力位置时的膝关节角度，就是中桩的高度;离地而又未离地的位置，就是高桩的高度。由于我们平时的功法练习多数只习惯于某种形式，因此有必要把其中的一些功理阐述出来，以便我们对站桩的功架高度有一个整体的概念。

10. 关于呼吸

呼吸是联系生理和心理的桥梁，是了解生理状况和心理状况的重要窗口。三调就包括调息，正常的呼吸是人身心健康的基础，也是功法修炼的核心之一。呼吸一般分为自然呼吸法与腹式呼吸法。

自然呼吸法：在平时习惯的自然呼吸的基础上，身体放松入静，然后将呼吸调整得柔细、匀畅、自然。由于人们的习惯不同及男女生理上的差异，自然呼吸可分为胸式、腹式及胸腹混合式三种。自然呼吸最好的老师就是婴儿。婴儿的呼吸在中医的角度来看不仅仅是腹部呼吸那么简单，还应该从专业的角度进一步来分析，因为此时的肝、肾、心、肺都参加了一个完整的呼吸循环，这就是先天的最健康的呼吸模式。

腹式呼吸法：传统武术技击的内功呼吸法。即呼吸的出入与腹部的起伏相配合，并辅之以一定的意念。腹式呼吸是建立在人体自然生理规律的基础上，结合内功锻炼的原理发展而成的，切忌生硬。腹式呼吸又分顺和逆两种形式。当然，还有一种同属于腹式呼吸的方式叫胎息，俗称内呼吸。

大家都知道肾是先天之本。如果一个人进入昏迷状态，凡是抢救时都要用“肾上腺素”，因为肾属水主纳气，肝属木主升发之力，借助的就是这股力。心属火属神明之官；肺属金主敛，金具有肃杀、变革的特性，金的特点是稳固。呼吸就是借助肺的属金主敛的功能，通过循环运行使心火下注，使心火与肾水相会于小腹丹田位，肾水上升使心火不亢，心火下注使肾水不寒。通过二者的相互交集，气也就有了坎离既济，于是形成了一个生生不息的循环。

如何让自己的“呼吸”达标呢？站桩之初，要从“紧”中求“松”的要求开始。在腿下蹲的过程中，就要学会放松与下沉。上肢要放松，五脏六腑都放松下来，只要上肢肌肉不紧张，就不会影响呼吸，如果训练中的呼吸未出现不适状况就无须刻意去关注呼吸的存在。这时的气就会自然下沉，呼吸也会越来越深、越来越沉，呼吸变成了胸腹式混合呼吸。这样的结果是扩大了胸腔的容积，加大了呼吸的容量。若你在意它，你会因为在意而动了心之火，就会导致身体紧张，并会造成呼吸受阻，使精神紧张，也同样会造成机体的气血受阻。

我们的呼吸过程原本就是一套非常完善的运行系统，在技法运行之中的呼吸表现需恪守“浑圆之中、宽胸实腹、呼长吸短、技息相合”的要求。在对抗中充分满足机体供养，并且能将呼吸淡化甚至遗忘却能维持正常技法运行的呼吸方式，这才是技击所需的呼吸表达形式。我们在训练中应该正确处理好其中的关系，努力提升相应的功能，因为在呼吸系统中的任何一个因素都会导致系统运行失衡，正常情况下让它进入自我运行即可，完全没必要去强制或引导它运行，否则，最终得到的效果往往会事与愿违。

下面就呼吸的具体运行做一个整理：

身如气囊：功法训练时把身体等同为一个充了气的大气球，随着拳势的蓄发、开合变化让身体产生相应的胀缩鼓荡现象。

蓄势时：体内的内气由四梢向丹田回收，身体有收缩感，此过程称为“合”，属阴。

发势时：体内的内气从丹田向四梢扩散，身体有膨胀感，此过程称为“开”，属阳。

把身体动作运行随着拳势的蓄发变化，由此产生连续、有节律的胀缩感称为“开合鼓荡”。机体中表现出来的不丢的身如气囊的胀缩感就是通常强调的“六面劲”，“鼓荡”就是体内开合过程的机体感受。六面劲是刚柔相济的弹簧劲，是具有球体感的膨胀劲，身体就是一个夯实的舞台，所有的劲力在这个舞台上才能够生根，我们可以将它理解为“母劲”。因此，对传统武术技击用劲表现的形容是：在具备了推着独轮车劲力基础上的技击运动。劲力的鼓荡、充盈程度标志着习拳者功力的深浅，这方面的修为对技击和养生效果影响极大。

“吸缩呼胀”与“吸轻呼沉”是身体“开合鼓荡”与拳势运行中呼吸相互配合的结果。

“吸缩呼胀”：蓄势时，随着吸气内气由四梢引向丹田汇聚，使得身体产生相应的收缩感；发势时，随着呼气使得机体所聚集的内气，按照技法的要求，从丹田按照劲路向四梢扩散，使身体产生相应的膨胀感。

“吸轻呼沉”：吸气时有气流沿督脉上行，机体会产生相应的“气贴背”之感，人体的上身会因为有了上提的气流而产生变轻的感觉，使蓄势中的身体转换轻盈灵活；呼气时有气流顺任脉下行之感，人体带脉以下会因为有了气流下行而产生下沉变重的稳重感，使发势时劲力运行更为沉稳有力。

长时间“吸缩呼胀”与“吸轻呼沉”的训练，有助于习练者的机体产生“宽胸实腹”的效果。当然，宽胸实腹效果的产生还需综合训练诸多因素，一旦形成就需要在功架之中守住它，因此在呼吸的运行之中就容易产生瞬间的胸腔负压，而促使呼吸的转折与交换达到一种本能的自然状态。如筑基构架、呼吸、意念等因素的综合作用，为的是宽胸实腹有助于机体形成武学意义上的弹性体，使机体随时可随技法需求处于启动的待发状态。

拳势呼吸很好地顺应了拳势蓄发的变化，这是适应功法运动最合理、最自然的呼吸方式。

拳势呼吸的方法用四个字概括就是“蓄吸发呼”，即蓄势时吸气，发势时呼气。技击对抗中的技法表现，只需把握呼吸“自然”二字即可，例如：初练时脑子里只需想着技术构架，无须考虑到什么呼吸。实际的实战对抗是不允许有所谓的调息单独占据你的运行时空，而独立进行呼吸的。因此，功法练习也不是单独完成的呼吸操，需要同步于技法的运行而在自然中展开，而不应该在技法运行中用“蓄吸发呼”来限制自己的呼吸，强制这样做会造成呼吸紧张和憋气，对身体反而有害。练功时呼吸要遵循“细、匀、深、长”的原则，在任何时候的呼吸都要以放松和舒适为本，养成自己的呼吸习惯，做到在无意识当中就已经遵循了相应的要求。

当你在练习中有了“吸缩呼胀”“吸轻呼沉”的感觉时，说明你的呼吸已经融入身体的开合鼓荡之中。开合趁着呼吸，呼吸促使鼓荡，形息互引，形气合一。当在自然中得以表现时，你就已经达到了呼吸的要求。

11.关于意念

说起练功就回避不了意念这个问题，因为意念有极大的威力和作用，如果不加以正确引导与运用就很难在武学上有更大的作为。然而意念却不是一个容易阐述的概念，要谈清楚意念的问题，论述者往往如同在刀刃上跳舞或针尖上翻跟头，因为一开口就有可能会言不由衷而讲不明白，乃至会导致在训练中产生出弊端。所以阐述意念必须要有一个对意念的正确认识，然后才能在习练中做到恰当地运用。

功法训练是通过三调的指导进行实际运行的，其中的调心就是关于意念的规范以及相应功能的开发，“神领无散骨”就是意念的功能，促成机体内骨与骨之间的关系达到符合武学规范要求的体现。“意念”是练功中必须关注的概念，即便是再有价值的功法，在训练如果缺少了“意”的功能体现，就会成为单纯的机械的力量训练，也就很难收获所需的训练效果，所以我们要养成正确使用“意念”的训练方法。因为不正确的训练方法一旦养成就很难改变，此为“学拳容易改拳难”，尤其是初学者需要谨记。

传统训练中无一例外地都会提出“精神安静、情绪放松、意念专注，保持一种超然怡然的心态”等类似关于意念方面的要求。所以说，当一个人处于情绪剧烈变动的时候，一般是不赞成马上就进行桩功锻炼的。

意念如何更全面深入地服务于训练？从训练的层面来看意念的价值体现，意念的精神假借在功法训练中的体现就是非常重要有效的训练方法。比如说，我们为了摘取河对岸树上的果实就必须设法先过河，意念就如同我们行走的拐杖与过河的舟筏，为了过河我们必须假借这些工具，这些工具就属于“有为法”。在功法的运行中表现出有了意念的帮助，我们才能够很快地构建起机体的用力模式，更具体的表现是：①意念诱导直接建立躯干以及肢体间的联系；②意念诱导直接在机体建立六面争力；③意念诱导贯穿于筑基、构架、试力、松紧、步法、发力等过程，其中每个训练内容都有相应的诱导手段为主线来体现意念的功能。从这些作用可以看出意念这个工具对我们的训练确实帮助很大,但是,即便如此也万万不可执着于意念。训练的目的是为了获取训练效果,而不能被自己的训练手段所左右,就如同在训练的过程中我们的目的是摘取对岸的果实,而不是为了坐舟筏而坐舟筏和划桨而划桨的行为本身,当我们到达对岸时,就必须果断地弃筏丢桨,毅然登岸。否则,就是忘了初心,反而会深受当初给你巨大帮助的“有为法”意念所害。

那么意念的有为法的表现是怎样的呢?众所周知的望梅止渴是一个典型的例子,即以意念的暗示来刺激和影响身体,从而短时间内增加体力、耐力和战斗力。在体育训练当中,意念假想的作用,已经远超大家的想象了,几乎每个奥运项目的争夺背后,运动员除了在训练场上激烈地挥洒汗水进行训练之外,更有相当比例的心理训练内容。例如,前撑竿跳冠军约翰·尤尔塞斯每次比赛前都使用“白日做梦”的技术。他想象自己赢得胜利;他逼真地想象自己在某一高度是怎样越过横竿的;他会把所有的细节一一地在脑海里审察一遍;他会想象到体育场和观众的情景;他甚至想象出草坪和泥土发出的气味。他说,这种想象力的运用在脑子里留下记忆痕,这些记忆痕将有助于他的临场发挥。对于他这种想象所发生效力的原理,身为外科医生兼作家的马克斯韦尔·莫尔茨博士是这样解释的:“你的精神系统不能区别想象的经历和实际的经历。无论哪种情况,它都自动地对你给的信息做出反应……机体会对你给的意念信息信以为真或想象为实的情况下做出恰当的我们所需要的反应。”

练功时,练习者通过抱球和抱树的意念假借,去获取和加强全身完整的浑元挣力,事实证明这是非常有效的方法。基于人体的复杂性和精密性,人无法用大脑来逐一指挥肢体,并将所有的关节力汇集起来整合,而成为拳术所需要的整劲。而我们的训练就是在模拟的条件刺激下,按照功法要求对机体进行模式化训练,让身体做出对应的调整和优化。比如我们在学拳的初期,不管老师怎样讲解与要求做到坐胯、提膝、脚趾抓地、脚心内吸等,学生总是很难做到位,但此时只要老师给学生一个推力,让学生本能地为了抵抗和化解这股力,很自觉地让全身一瞬间就把这些动作的要领都体现出来了,因此,有时你的身体总会比你的头脑更清楚动作的要领在哪里。站桩训练通过抱球等意念的假借,让身体各部位顺从着假想中的球面,适应性地、被动地接受着相应的张力,逐步使得各大小关节联结成为一个适应意念用力的整体,以实现身体肌肉若一的浑圆状态。再通过撕、拉、推、拔等意念假借,进一步强化机体的整劲,从而在相对短的时间内,塑造出一个符合技击要求的机体,让机体形成本能发动而又能整体而动的动力定型。

当功法运行经过了抱球、对拔、开合、推拉、缠拧等一系列意念假借的训练,用力构架的动力定型已经形成，所体现出来的功能也逐步全面与完善，并进一步得到稳固时，练习者假借意念获取劲力的效果得以体现，就算已经到达对岸了。欲求修为的深入和精进就需要完成下一个科目，此时，需丢掉这些当初帮助自己进步而有意为之的工具，在岸上找到果树摘取所需的果实。把机体调整到“拳无拳，意无意”的技击状态中，因为此时的“无意之中有真意”，在此阶段放弃当初有益于自己的意念，继续进行修炼才是对意念的正确态度与规范的处理方法。

这“无意之中的真意”是什么呢？很明显这个真意就是儒、道、佛三家都非常重视的“观”和“照”，即在心空似水、性明如镜当中，静观默照身体和外界的种种动静，不指挥、不干扰，任其天机自化，以达天人合一。勿忘初心，方得始终！这样才能够做到：扫除万虑，默对长空，内念不外游，外缘不内侵，虚灵独存，悠扬相依，表现出“身体端正却意念空洞”，真意就在其中自然体现出来了。

功法追求的意，可称为真意，是能真正含有能量，或者能指导激励产生能量的意识流。意，只有你在想，它才存在。真意，不论你想不想，它都在运作。我们学习修炼的目的是：求得后天与先天的沟通，最终达到用后天之意能驾驭先天真意的武学效果。

意为外在，属于阳；真意为内有，归于阴。二者相互沟通，阴阳相合。

《形意拳经》曰：“固灵根而动心，敌将也；养灵根而静心，修道也。”这里的动心，讲的是意念的有为法；静心，讲的是超越动静、有无的大道修炼。

大多初学而无师指导者，他们虽苦苦站桩修炼却往往难有进展，原因多在意念调配上不得真法，因为功法中的外形可以模仿，但正确的意念却难以得知。初学者最易犯的错误基本表现在意念诱导的不循序渐进和驳杂。有的在一次站桩中频繁更换意念诱导，或今天用这个意念，明天又用那个意念，极不稳定，导致对机体的影响不能够持续与规范。事实证明，站桩意念诱导如无阶段性、无相对专一性都是很难取得进步的。前车之鉴，后事之师，习练者不可不深思。

12. 关于三节

传统武术的动作构架与发力路径的训练是建立在对机体三节认知的基础上而展开的运行。

人体三节论在传统武术中许多门派的古拳谱里都有相关的论述，如“手为梢节，肘为中节，肩为根节”等。各流派都站在各自的角度阐述自己的观点，由于理解的前提不同、目的不同，所论述出来的结论自然不会完全一致。

下面我们就人体三节进行相应的阐释。

首先，我们要对人体三节的认识建立一个正确的观念，那就是人体三节的划分是相对的，而不是绝对的概念。例如：以人体为整体进行划分，那么根节是下肢，脚自然是根节；然而，以下肢为整体进行划分，那么脚就成为下肢的梢节。所以，关于三节的认识，应该抱着相对的目光去看待，而不是绝对的目光去把握，否则就会使机体内局部之间的劲路关系紊乱，导致各部位的劲力运行不合，发力不畅，甚至相冲。因此，我们必须先明拳理，如果认知上产生了困惑必定会导致实战中的无为。

以上肢三节为例，上肢的三节划分为：手掌为梢节，小臂为中节，大臂为根节。梢节相对于中节为阳，中节相对于梢节为阴；而中节相对于根节为阳，根节相对于中节为阴。运动的特点就是阳主而阴从，这个特点表现出了上肢劲路的阴阳关系。在冲击目标用意念引领劲路时则表现出：梢节领动，中节随之，根节再随中节而动。随技法施展在发力冲击目标时，梢节的主动引领会使劲力顺着这条劲路迅速贴近目标。从劲路的角度来看，根节主静而被动追之，只有这样才能顺着劲路同步地把“天、地、人”三才劲发放出去。这时表现出“节节分家”却又“节节贯穿”的动作势态，也突出了三节中阴阳相对与阳领阴随的运行特点。

上肢为整体的三节划分一般是手为梢节，肘为中节，肩为根节。

身躯为整体的三节划分一般是头为梢节，颈为中节，颈以下的躯干部位为根节。

下肢为整体的三节划分一般是脚为梢节，小腿为中节，大腿为根节。

以整个人体为整体的三节划分一般是双手为梢节，身为中节，双腿为根节。

三才劲通常以“起于根节，顺于中节，形于梢节”的劲力运行，对机体进行的三节划分如下：

地力的劲力通道：脚为根节、躯干为中节、手为梢节；

天劲的劲力通道：躯干为根节、颈为中节、头为梢节；

人力的劲力通道：通过四象位按照技法运行对身备五弓的整合所表现出来的运行路径。

动作中所运行的劲力通道（劲路）都服务于技法的要求，技法展现时，动作的劲力运行所遵循的法则是:梢节领起，中节随之，根节催中节。这样才能体现出劲力从根节起，主宰于中节，表现在梢节上的击点上的运行。

劲力的发放一定是由内动带动外动的过程，内是根节，外是梢节，中间是中节，只有根节才能更贴近、更贴紧丹田的力源位。因此，发力的根本就在于处理好各个根节与丹田的内在关系，于是劲力在发放时就有了“根节开、中节旋、梢节透”的顺序运行表现。

三节中劲路与劲力的关系表现为：

三节中的劲路由技法本身的运行决定，由劲力表现出的顺畅程度来判断其水准，属于后天认知的意识范围。劲路运行中要求做到：梢节领、中节随、根节追。根据对抗中技击意识的引领，确保劲力运行的劲路始终畅通，如同狙击手始终根据目标的移动保持机体在常态中就已经瞄准了目标。这样就有了控制与反控制的劲路保障与六面劲平台的支撑。

对抗时，表现在三节中劲力的发放要根据势态，由技法运行中所产生的时机来决定。准确而又正确地把握时机就可以本能地将劲力发放出来，并以此运行的效果来判断其水平，属于先天意识范畴。表现在无规律的状况中对随机出现的时机，要求机体本能地由内往外发放劲力时做到：根节开、中节旋、稍节透。将内力按照“见骨不见肉”的要求发放出去，让击点透过目标穿过大龙，如同狙击手锁定目标的击发，击发时的子弹运行则完全靠子弹自身的天然能力去产生效果。

劲路“由梢节、而中节、再根节”的顺序，由后天意识根据技击对抗中势态的攻防需要进行自我调节来决定如何展现，以及根据对手的变化而做出相应变化，其性属阳；劲力发放按照“由根节、而中节、再梢节”的顺序，何时击发完全由技击对抗中的时机来决定，具有很强的不确定性特点，这就是建立在劲路上的劲力运行，于是就能够根据时机出现而做出先天本能的自然性反应，其性属阴。

完整的机体三节中劲路与劲力彼此相互协调，通过意识的劲路引领使得本能的劲力随时、随机、随形而得以发放，在机体内形成一个符合传统武术经纬技术构架关于用劲的有机运行体系，共同服务于技击的表现，完成获取技击效果的目的。

13.关于身备五弓

武术各门派都有“一身备五弓”之说，身体的五张弓分别由机体的四肢与躯干共同组成。

从解剖的角度来看关节腔，只要肌肉用力，则肌肉牵制的关节腔腔内的骨节缝就会自然闭合，筋骨就失去了相应的活动空间。没有了空间这个前提，劲力发放需体现出的崩弹就无从谈起。所以传统武术主张松，但松只是条件之一，如果脱离整体太过强调松就软了，就会适得其反。

人体“身备五张弓”，由两臂弓、两腿弓与身弓组成，其中“身弓”是最大且最强的一张主弓。“五弓”虽可以单独使用，但价值有限，所以强调的是数弓联合，形成整劲。而“身弓”则是他们的后盾，缺少了身弓的“规范”，就缺少了“五弓合一”的前提。各拳谱中都常提到的“沉肩坠肘、含胸拔背、尾闾前收”，实际上就是阐述如何锻造“身弓”的要求，通过上压下挑，脊才能成“弓”。人体直立，重力导致脊柱呈“S”形，并分为胸椎、腰椎、颈椎几部分；而爬行脊椎动物并无这几个部分的区分，它们都在用整条“大龙”发劲，所以动物的“弓劲”则显得更为纯粹。而人的三椎中，以胸椎最为粗壮，所以我们要通过“压、挑”的方法，将脊柱锻造成弓，让胸椎为发劲起到更好的助力效果；通过“压肩，收尾闾”使胸椎成“弓”，并通过翻胯运转来达到劲力的发放，整个劲力由“贴背”至“透胸”，干劲利落地形成“透胸而发”的劲意。

说得更实在一些，我们无论是寻找阻力还是放松，最终的目的都是将各骨节打开，让大筋能够崩弹起来，就如同“开弓放箭”那样，先将弓拉开，再将箭发放出去。如果我们脱离了这些要求，只讲功架，那么就会表现出词不达意的现象。

技击中各种形式的发力都是五弓合一共同协作的结果，根据技法所需可一触即发，打人如放箭。将人体手足与躯干比喻为五张弓，下肢两弓以足与胯为弓梢，膝为弓把；上肢两弓以手与肩为弓梢，肘为弓把；躯干弓以尾椎与大椎处为弓梢，腰为弓把；通过四象位的整合让五弓合一，使五弓的弓把相吸相系，既相对固定又富有弹性。上肢两肘把位要始终有下垂之意，下肢膝把位有上提之意，结合身法的松肩落胯，使上下四把位与腰间产生联系，以此形成人身的一张大弓。这张大弓以大椎及上肢和下肢与尾椎形成上下两梢，腰部为弓把，意在肘、膝与命门的相系相连，使之紧密联系，形成一个完整的体系。

通过四象位的整合把两臂弓与两腿弓都挂到身弓上，使五弓得以合为一体，在这个整体中，身备五弓一合则五弓俱合，一开则五弓俱开，技法的劲力运行均为五弓劲力合一的表现。

14.关于脊骨

只要是传统武术的探究就要涉及关于劲力运行方面的内容，于是就一定规避不了涉及人体脊柱的问题分析。只有正视脊柱在武学中的地位与作用，才能端正我们对待脊柱的态度，引领我们正确地去挖掘脊柱在武学方面的功能。这样，对传统武术的训练才能有实际的指导意义，下面我们就训练中需要明确的几个关于脊柱的问题，提出来并做一些相关的梳理。

（1）脊柱撑拔，把四肢挂着脊柱上。传统武术训练要求用力模式的最大的特点就是整体，而人们后天的用力习惯几乎都是以肢体局部力为主的。站桩的最大目标就是改变这种与武学要求不相吻合的用力方式，并培养出符合传统武术技击要求的用力习惯，这个过程俗称站桩换劲。站桩通过机体内部的撑拔运动，迫使自己的脊骨拉长、腰椎展开、尾骨垂放、四肢松活。当机体达到了一定程度的通透时，只要动作一起就自然形成肢体与脊柱联通发力的劲路，绝非肢体手足的局部之动。

从解剖学的角度来看人体的内脏，其实五脏六腑通过筋膜分隔开来，共同悬吊于脊柱之上，由植物神经透过脊柱传入脏腑。手足十二经皆联络脏腑，脊柱起拔，则脏腑放松；脊柱松活，则脏腑强壮，此脏腑腧穴在脊柱旁侧之理。更有少阴之相火从第十四椎孔入督脉，上下熏蒸；太阳之寒水川流脊背，滋养筋骨，灌溉营卫，沐浴孔窍。筋得气血而柔顺，十二经筋因柔顺而伸张，伴行之十二经络得张而通。日常生活中可以感觉到只要是产生了劳累感，首先表现出来的生理症状就是腰酸背痛，这就是脊椎气血不通畅而导致的。如果我们通过功法练习使自己的脊正筋柔功能强劲，表现在脏腑、四肢的疲倦自然就消失了。

（2）脊柱做功是人与脊柱动物的本能。婴儿骨弱筋柔，不能支撑人体站立，就会本能地爬行；成人后直立行走，凡是遇到四肢不能承受之重力，都会很本能地用脊柱去完成做功；日常中见人推独轮车过沟坎时，也都是本能地运用脊柱做功，因为只有这样才能让车过得去坎。肉食动物在捕猎过程中就极大限度地利用了脊柱弹力，如猫捕鼠或虎扑中表现出的脊柱起拔等。在脊柱做功的捕食过程发力不会中断，这正是脊柱弹力做功的特点。

（3）机体松沉与身备五弓的配合。四肢放松，脊柱松活，四肢与脊柱之间以筋膜牵挂。人体身备五张弓，由于每一张弓都有自己的重心，五张弓就会有五个不断移动变化的分重心。运动就是根据技击的需要，根据技法使用的需要，通过四象位功能的展现，有机地把这五张弓整合起来。并根据技法所需妥善运用好这五张弓的五个分重心，按照技法劲路所需的要求相互搭配产生常态运行的合力。劲力发放时产生的“人力”与天力、地力共同合成技击所需的三才力，服务于技法，按照控制与反控制的指导，最大化地到对手身上去获取技击效果。

（4）丹田是力源。丹田是发动机，丹田是齿轮箱，丹田是万向轴，丹田是水压机。传统武术劲力都强调力从丹田起，开合呼吸之气的动力由丹田传递，驱动脊柱如鞭杆，丹田就是握住鞭杆的那只手。

丹田与脊柱就如同子弹与枪的关系，要产生所需的杀伤力，二者缺一不可。训练中如果只有脊柱的大龙功法，而不做丹田功法的练习，所产生的作用会非常有限。所以，动作的运行还要求与呼吸的开合及丹田的缩胀共同形成一个有机整体，并做好其中各方面的协调配合，否则就会导致体内的不平衡，动作运行的效果也会适得其反，从养生的角度来看，由于内部的不平衡，必然会影响机体健康。

君子务本，本立而道生。在做脊柱的大龙功法练习时，首先要做到的就是机体气血松和，不可板滞。只有身体松沉，意识放松，保持用意不用力的动作要求，机体的各个稍节才会很自然地通气而开劲路。练习时要使机体始终如一地达到技击要求，还需注意始终保持呼吸的顺畅，因为只要呼吸一失常，胸腔内的横隔膜就会发紧，动作的要求就难以达到，脊柱功能的发挥也就被局限住了。

15. 关于撑筋拔骨

撑筋拔骨从字面上来解释，撑是指撑开，即人为的一种扩展类的动作；筋是指筋膜、肌腱、韧带等机体的结缔组织，通常生长在肌肉组织的两端与关节腔内外，起到拉伸、牵扯、固定的功能；拔是指打开，即人为的并带有强制性的动作；骨在此处的意思是专门针对骨与骨之间的骨缝而言的。将“撑筋拔骨”四字综合起来的解释就是：按照功法的要求，把机体内筋膜、肌腱及韧带等结缔组织规范地撑开，以及机体相关的关节腔中的骨缝打开。

在进行“撑筋拔骨”的练习中，我们放松肌肉，在按照规范的动作要求运行时，还需要把握的是运行动作中所体现的“气通意到”的基本功理，如此才容易产生所需的训练效果。

在练习的过程中要注意严格按照步骤规范地进行训练，同时体会练习中机体所出现的细微变化。

首先，通过“三调”逐步建立各相关部位的正确感觉。

其次，各部位在有感觉的基础上逐步将该部位挂上力，挂力必须遵循“从无到有，从小到大，从弱到强，从慢到快，从局部到整体”的发展规律进行，切莫操之过急，不切实际。

再次，逐步增加对所挂之力的驾驭程度，达到各部位都能够按照拳理的要求运行，并得以体现出应有的功能，使之能够实现为我所用的目标。

最后，以机体为完整单位，将习练在机体各部位产生的功能有机地整合在整体中，并使之规范在拳理之中，让所获得的任何功能都成为整体用力的一个有机的组成部分。

在站桩的筑基阶段，功法训练的效果如何，往往与训练过程中“撑筋拔骨”是否达标，以及所产生的效果有着直接的关系。这也是筑基阶段训练的关键所在，该阶段的训练就是通过撑筋拔骨把机体内脏器的筋膜以及各关节的肌腱与韧带，按照要求扩展与撑开。武学意义上的机体结构必须承担起发力与受力等方面的功能要求，只有通过规范的撑筋拔骨训练，才能够使机体重新构建起符合技击力学的结构。从生理的角度来看，则更符合生理健康的规范，这就是传统武学所讲的拉开“大筋”。同时传统武术也有“筋长一寸，延寿十年”的说法。

16. 关于舌顶上颚

从解剖学的角度来看，人体颈椎和头颅组成的力学架构其实不是一个平衡体，因为颈椎并不是支撑在颅骨的正中心，整个脑袋有一半向前伸出，处于悬空状，除非人体平躺。因此维持头颅平衡必须时刻都靠这个区域的筋肉适度的紧张来配合颈椎的支撑共同完成，所以站立的人体会本能地处理这个部位的松紧，如果处理不当，就会导致机体的内气运行不通畅。然而，在站桩时对人体的要求是放松，势必会导致该区域的不平衡被显现出来，为了维持平衡，唯一的解决办法就是“舌顶（抵）上颚”。目的是让舌头切实起到支柱的作用，能够分担颈椎的部分承重，以使颈椎、颌骨关节、脖子和面部的肌肉在桩法运行时，得到放松的保障，给内气顺利通过这些部位的经络、肌肉、骨膜创造条件。舌头上顶如同桥墩，所以又称“搭鹊桥”。

舌顶上颚就是把舌尖稍微卷起，抵住上颚牙龈后光滑的部位，整根舌头稍微用力，下巴就会向上咬合。我们不能脱离呼吸只在静止的层面来看待舌顶上颚，如果不做与呼吸相应的配合要求，这样的要求是不全面的，效果也会非常有限。正确的做法应该是：吸气蓄势时，舌头后卷而顶上颚，这样才能促进机体形成相应的蓄势状态；呼气发劲时，应该平展而顶上牙龈甚至摧顶上牙齿，以达到所需劲路的运行效果，这是机体内发力机制的重要组成部分。

传统武术技击的整体运行需要舌部的配合，并严格按照拳理的要求规范运行，这样就可促使躯体与四肢完成符合经纬技法的“束展”运动。在拳谚“束展二字一命亡”中所阐述的不仅仅是机体在技击对抗中对筋骨的要求，同时也包括了肉之梢舌头的规范运行。

传统武术认为常练四梢通气血，所说的就是:指为筋之梢，舌为肉之梢，发为血之梢，齿为骨之梢。从实际中得出的经验告诉我们，舌头也要随同机体在技法中进行“束展”运行，才能够更好地盘活内气。通过舌头的规范运行，又体现出传统武术关于“束展二字一命旺”的机能特征，因为，在舌顶上颚的运行中舌边的唾液有效地分泌出来，滋养着口腔等部位，在这种被称为“琼浆玉液”之水的滋润下，本身就是一种“活”的表现。

17. 关于丹田的认知

丹田：内功名词。其组成：上丹田、中丹田和下丹田。丹田不仅仅是只有道家才讲的内容，其实，佛家也讲丹田，此为大道归一。

传统武术有“抓住丹田内功，哼哈二字妙无穷”的练功思想，强调就是要抓住丹田，并在自己的机体内进行符合功理的修炼，这才是功法的正道。练功的实质就是一个“醒丹田”“壮丹田”与“用丹田”的运行过程，习练者开始只需进行“寻丹田”的训练，当丹田有了相应的感觉，那么，练习者功力的进展就有了本质性的起步，真正的功力感觉就开始建立了。

丹田的概念原是道教内丹派修炼“精、气、神”的术语，现在已被各种类的功法广为引用。《东医宝鉴》引《仙经》之文，不仅指出丹田的所在，而且还阐述了丹田的功能：“脑为髓海，上丹田；心为绛火，中丹田；脐下三寸为下丹田。下丹田，藏精之府也；中丹田，藏气之府也；上丹田，藏神之府也。”古人称“精、气、神”为三宝，视各丹田分别为贮藏精气神之所在，因此，很重视丹田的意义，把它看作是“性命之根本”。

练功时动作可站、可坐、可卧，形式可以不同，但目的是一致的，此为归一。下面我们对功法训练中普遍涉及的，关于认识丹田的相关概念进行阐述。

（1）关于意守丹田

意守是指练功时将意念集中和保持在自身某一部位或某一事物上，以达到帮助练习者的意识进入该有的状态之中，并在此基础上发挥意识的能动性，并通过主动感知和调整自身功能活动，来达到良好效果的练功方法与过程。佛家称之为持戒，此为归一。丹田意守，是练功时将意念集中并保持在丹田部位的练功方法，这只是众多意守方法中的一种。但我们在实际的正常练功操作中是无法做到的，无法将意念仅仅守在具体某一个穴位点上长时间不移开，只能做到将意守在机体以某穴位为中心的相应的某个区域范围之内。因此，只需将丹田理解为这样一个区域范围即可，这样在具体的运行之中才更为合适，产生的修炼效果也会更好。有了这一点认知，指导我们在功法中的实际操作就会很有价值，其实，我们的修炼，练的就是整体，技击的需要更是整体，而不是局部或是某个点，所以，区域范围很重要，但也不能脱离整体来谈，这同样非常重要，切不可执迷不悟。人身虽可按照三个丹田之说来划分，但实际练功时，除特殊情况之外，一般所说的意守丹田，基本上都是指意守下丹田。古人认为下丹田和人体生命活动的关系最为密切。古书中对丹田的阐述有“性命之祖”“生气之源”“五脏六腑之本”“十二经之根”“阴阳之会”“呼吸之门”“水火交会之乡”等，就足以说明丹田在机体里的重要性，它是真气升降开合的枢纽，是汇集烹炼、储存真气的重要部位。

当然，从现代解剖学来分析，丹田所在的部位至今并未发现具有特殊形态的结构；从生理学的观点看，丹田部位也未表现出功能方面的特殊性。但这只是中西文化在认知上的差异，由此而导致的一种认识上的区别，就如同一个人的“重心”虽然存在，但是人的重心的直观认知却不能从解剖学与生理学的角度来呈现在你面前，因此，并不能由此得出“人不存在重心”的荒唐结论。其实这与丹田的认知是一个道理，所以，我们看不到解剖学上的丹田，却不能因此而忽视丹田的客观存在，世界的组成就是这样的神奇。

古人认为丹田是滋养全身的重要部位，故有“无火能使百体皆温，无水能使脏腑皆润，关系全身性命，此中一线不绝，则生命不亡”的说法。道家以织女喻肾，为真阴，在卦为坎；以牛郎喻心，为真阳，在卦为离。阴阳合则为真夫妻，阴阳合则生丹药，所以还有坎离交媾，男女媾精阴阳合而生丹药之喻，即心肾交、水火交、龙虎交，等等。这些都是古人在练功时的隐喻，其实这些都是在阐述丹田产生元气的过程与运行原理而已。

（2）关于气沉“丹田”

练功时所指的丹田，意境不同所指就会不同，不能够混淆在一起，更不能执着于固定的某一处，否则都有偏颇。就丹田位置的广义而言，一般有以下几种含义：

①指人体一定部位的上、中、下三个丹田；

②指具体的某个穴位，如“关元”穴等；

③指意念凝注之处，可以是体内，也可以是体外；

④指在练功过程中，人体有关的机体任何一处，所谓“处处皆丹田”。

道家将一定方式的修持称炼丹，这种思想也贯穿在传统武术的功法训练当中。王宗岳在《太极拳论》中所言：“虚领顶劲，气沉丹田”，就将丹田视为内功练习的重要部位。

把丹田看成人身中空处，即身体中间的虚空处，海底则是丹田之深处，呼吸若能与丹田海底相呼应，即是气息通畅的体现。庄子言其境：其息深深！当然，“丹田”是功能部位的代号而已，不可执迷。

不管是什么武术流派与功法，最初也是最重要的目的，就是降气，即把常人那些堆积于胸肺口鼻咽喉之间的气息平静下来，俗语谓之“平息”以达到拳经要求的“气沉丹田”。

气沉丹田通过自然体现出来的深呼吸来成就。深呼吸就是使自己的呼吸范围由常人的往返于口腔、咽喉、胸脯间，而深入到体内深处，到达丹田、海底，乃至足下。

呼吸深长，则清气自然上升，浊气自然下降，人体之阴阳则分。清气者人之神意，浊气者人之精气，清气上升，其人则心神清爽，浊气下降，其人则精气稳定，神升而意扬，气定则神闲，这也是人体内由混沌而无极，无极而太极，太极而两仪，两仪显阴阳，则逐渐契合天地自然运动的开始，故可称为象天法地。

这里要求的深呼吸并不是大口呼吸与喘气，而是练功时功法训练的要求，表现在肢体心意都安静下来，并强调过程中不给体内运行的气息造成障碍，这样的呼吸自然就会有深、细、匀、长、缓等方面的特征。气能沉下，日久习惯在下，上体虽然在用劲发力，但始终保持着呼吸的顺畅，自不会有气机雍膈胸中，这样可避免横气填胸之疾。

呼吸原本是一个自然的过程，也是一个根据习练者实际水平体现出来的自然表象，所以说现实中的“气沉丹田”，并不是要求大家在站桩或动作运行中，不分前提与要求一味地刻意把气沉入丹田，这样强制性地做就过了。要知道“过既是错”的道理，长期这样往往会导致机体的诸多不畅，所以在练习时应该多加注意。

功法训练时要求机体保持着似有若无的“悬丹田”的自然用力模式，这样机体在“呼吸以踵”的规范下运转，才能保持技击对抗时对峙常态中的整体。当技击势态决定了需要发力的瞬间，此时所需完成的动作就是收腹提肛的同时，完成气下沉丹田，把“悬丹田”状态过渡到小腹内的“惊炸”即“翻转”，以带动前胯为轮的发力环节，这个过程的劲力运行就是气沉丹田状态中的具体表现。在对峙常态中的一吸一呼之间，会伴随着“悬丹田”的自然束展，同时还会伴随着提丹田、落丹田等现象自然出现。这类束展现象可称之为“省丹田”，通常练习时会结合“哼”“哈”的发声以助发力，功力深厚者在进入搏击状态时，为适应对峙的势态，机体的用力模式就会自然产生“虎豹雷音”现象。

在呼吸时横膈膜的下降以压腹腔之内脏，内脏既受压迫则必压迫腹壁，腰腹诸肌肉群恐其凸出因之紧张而会用力支撑，以保持内脏的自然位置。此时，内脏之压力遂向下而沉于小腹。在小腹上，此种压力所及之点实合于重心之垂直线上的悬丹田位，因为是身体重心所在，因此可使机体在压力变化中保持相对安定的平衡状态。

（3）关于训练“丹田”

训练丹田是指丹田部位功能活力的训练，一般分三个步骤：①唤醒丹田气；②养壮丹田气；③应用丹田气。

我们认为丹田气属于先天自然之气，是可以通过意识引导归于丹田区域而感知到的气感。正常的丹田气每个人都有，自人出生之后的呼吸就已经转为后天，导致人体先天的丹田气就进入了休眠期。

训练的第一步就是通过呼吸、盘腰与开后胯等训练方法，将人体的丹田气慢慢地唤醒。

丹田气刚刚唤醒时功能极弱，从武学的层面来看并没有实际的使用价值，所以需要通过训练将丹田气变得强壮起来。因此，就需要第二步的运行，通过相应的功法训练，以达到养壮丹田气的目的。

有了壮实的丹田气之后，就意味着机体具备了武学意义上的能量，即可以表现出机体活力的相关质量，同时可将此能量体现在技击攻防之中，因为，强大的功力能够对技法表现起到极大的支撑作用。比如说丹田表现出的鼓荡功能，其中的鼓是丹田充盈的状态，荡是丹田运动的模式，从这个角度深入了解，可以理解丹田运动所表现出来的，如何支撑发力的特征。

这里需要提醒的是丹田训练具有一定的特殊性，主要表现在丹田处于不同状态下的训练。由于丹田部位是精、气、神的交汇点，同时又是转换点，该部位的功能体现很大程度上会受到“意”的影响，因此，习练者应该牢牢把握住对该空间部位注入所需意的关注“度”。如何做到符合功法的“精准、恰当、合适”则是训练技巧，因为，凡是丹田运行度准则顺，过重则易出现阳亢现象，机体就会表现出滞、呆、堵等反应；过弱则不易产生所需的训练效果。所以，训练应该结合自身实际情况、已备条件、修为程度等诸多因素，尽可能在师父口传身教的指导下，在比较、鉴别、循序渐进中逐步找到习练的感觉，进入到相应的境中去，并结合自己的实践具体把握最恰当的“度”。同时还需要把握住合理科学的训练功法与训练模式，如此就能够有条不紊地收获规划内的修炼成果了。

18. 关于尾闾

如果把人的躯干比喻为一座吊钟，那么，尾闾就是吊钟内的钟锤，这是传统武术练功的根本，也是大龙功法的起始点。尾闾所在的部位恰是人体上下轴的中心区域。人体身高相当于七个半头部位的长度。下巴到膻中为一个头部位，膻中到肚脐为一个头部位。直立时，膝到地面为两个头部位。从肚脐到大腿中部约一个半头部。人体上下的中点约在耻骨联合处，即是尾闾所处之位。

练习中要求松腰、松胯，这与尾闾有着密切的联系。要松腰，就得把胯松开，胯松不开，命门穴位就不易做到往后突起，要做到松腰、松胯就必须伴随着垂尾闾的规范，因为，这是一个区域的联动要求。尾骨有四节，连接在一起成一个整体结构，但它又不呈现自然的直状，练功就需要将其慢慢地练到直状下垂。训练垂尾闾这一关非常关键，尾闾体积虽小，却气机尚存，盘活该部位的功能对人体健身与养生的价值巨大。

“尾闾中正神贯顶，气透三关入泥丸。”尾骨与骶骨相接之处有骶管裂孔，外面被韧带封住了。脊柱管里面的脑脊液直接跟大脑相连，只要尾骨一转动，就会把骶管裂孔的韧带动，使得椎管里面的液体牵连而受到振动，并通过共振的原理将振动一直传递到大脑。于是，通过训练将该部位的功能盘活，只要尾闾一动弹，就会从椎管振动到脑脊液，内动自然会导致完全封闭的椎管内压发生相应的改变，因此，也就可以自然产生影响到大脑里的压力变化。

习练中要保持尾闾的中正，不能有歪斜，即便是完成动作时出现身体的形歪体斜，也要保证任何状态下尾闾的中正。保持尾闾直着往下垂，如同尾闾下面有一根绳子垂直牵着，而你却保持微坐姿势，感觉身体处在似坐非坐的状态之中。常态训练的运行时，尾闾保持中正往下垂，只有在发力时，尾闾才会如同枪里的扳机，往前一纳会阴就等于扣动了扳机，又如同将悬着的大钟里的钟锤从内部敲击钟的内壁，表现在将尾闾往前兜，前胯如轮的转动将丹田之劲力通往脊柱，并服务于技击表现。

19. 关于开胯

“胯”分前胯与后胯，是传统武术训练中基础的基础。前胯表现在髋关节，由股骨头与髋臼相对构成，在左右对称的杵臼关节结构之中；后胯属于脊柱的骶骨位，通常以假关节的形式存在着。所谓开胯就是把前胯的关节腔打开，使其能够满足机体松沉的需求；后胯打开就是将假关节通过训练成为一个可活动的真关节，将所困的大龙解锁，服务于劲路的疏通。

在练习的过程中，无论是前胯还是后胯甚至于机体其他关节，大家都必须明白“开胯与开弓”在工作原理上的相似之处。“开弓”需要外力的撑拔，开胯也一样，需要将前胯的“胯根”撑拔开，以及把后胯的假关节“解放”出来，这些前后胯的运作都需要借助外力。

开弓以后，射箭是一个自动化的过程，开胯也是一样，只要将胯开至如“弓”一般，就能够把“胯根”与“大龙”的大筋绷紧，如此就具备了在这些部位做到如“弓弦”般崩弹的功能体现。“开弓放箭”是“紧中紧”，意欲崩断弦；“撑筋拔骨”同样需要极力撑开与绷紧，在撑开至紧的当中寻找发劲的根源。

我们已经熟知了由极松到极紧状态的肌肉产生“爆发力”的原理，但对于“极紧”状态下，用更紧的方式产生更多的“弹簧劲”是训练中要解决的重点问题，其他关节也是如此。所以在“开胯”的过程中,“锁肩拉胯”就是类似于“开弓”的过程,也是打出“崩弹”劲力的根本前提之所在。

20. 关于命门

命门穴位于两肾之间，属督脉，有生命之门、先天之根本的含义。命门穴与任脉的神厥穴（肚脐）前后对称，与腰的带脉又缠绕一周。带脉的循行路线较为简单，起于季脉肋下方，横绕腰腹周围，前平脐，后平十四椎。带脉的“带”字，如同腰带围捆在腰腹间的意思，正因为其横行于腰腹之间，所以统束全身直行的经脉。足部的阴阳经脉都受到带脉的约束，带脉与冲、任、督三脉的关系极为密切，腰腹部是三脉的脉气所发之处，又为下丹田真气之所在。下丹田在脐内深入一寸，一般位于脐和命门三七开，位于大椎和会阴穴也三七开，符合黄金分割线0.618的优选关键数字，显现出位置所在顺应了先天自然之规律。因此，只有恪守气沉丹田、意守丹田、命门穴后撑等练功之法，才能通过神厥穴深部的经络网，使丹田生发之气遍走全身，因此，它的运行具有调节整体功能的作用。

开始站桩时可用手去触摸，以感受自己命门穴所在的位置及状况，正常人命门穴所在的位置都会显现出一个凹坑。其实初始站桩练功的重要任务就是填命门穴这个坑，只有将命门穴填坑的任务完成了，你的身弓才能完备出来，这是形成上下整劲的基本所在。

拳谚有云："腰为第一主宰"，足以说明练功对身弓构建的重视程度。身弓是机体的主弓，身备五弓中的四肢弓都依赖身弓这张主弓发挥作用，而主弓的弓把就是"命门"，该部位是带动四肢弓的主纲。通过主弓节节贯穿，并可达到对上下肢劲路协调的调节，也就是"命门"可完成调节上行与大椎、肩、肘、腕等劲力的贯穿，形成体内对拉拔长与相系相吸的有机整体。同时，"命门"对下行调节与胯、膝、足跟等的劲力贯穿，形成体内对拉拔长与相系相吸的有机整体，上下相合形成周身的完整一体，显现出运行中处处互溶的浑然一体，如此，方能做到"一动无有不动"的完整协调境界。

具体操作上，用意把"命门"后撑，如果采用前后开立步的预备式分析时，先取得前足蹬踏回弹指向髋关节的反作用力，同时用"命门"向后撑实形成向前的反作用力，并用这股命门产生的反作用力去平衡前方的来力，即前足从地面传递过来的反作用力，而同时需要通过圆裆等合理运用，让后足蹬地形成反作用力，以调节与维持机体的整体平衡。

如此，通过"命门"所表现出的功能，掌握主弓的整体调节活动，照应技法的要求协调上下肢四弓的活动，发挥主弓为中心点的弹力作用，服务于实战中经纬技术构架中任何一个具象的动作运行所需。

21.关于松腰

腰为肾之外府，肾中所藏元阴、元阳化生元气，注于气海以滋养全身。又以腰部为支撑人体的重要支柱，故传统武术中各流派都对腰的修炼特别重视。松腰就是传统武术练习腰部区域的重要要求，可使腰部逐步灵活。松腰后的腰部不仅要求能自然完成平圈转动,而且要能完成立圈与混合转圈等形式的转动。腰部进行这样的运动可增强肾的功能，使人元气充足，体现出古人谓"命意源头在腰隙"之意。又可通过腰部放松促使该部位的气血流通，从而保证腰部主宰全身活动的职能，古人说"力发于足，主宰于腰，形于四肢"，又说"力由脊发"，迫使腰部必须放松，否则就无法进入武学要求的境界。

从“命意源头在腰隙”这句话中理解，这里的腰隙是指腰椎之间的缝隙，即第二腰椎和第三腰椎之间的命门穴。命门前面，两肾当中的“混元神室”是元气发生的地方，是先天气场的所在地。后天气和先天气在这里混合变成人体生命的整体性的气。在性命学说里，性就是神意，命就是气。“命意源头在腰隙”的关键是这个“在”字。人的气和神意的发源地在腰隙命门，练功要的是能够从这里规范地发出意和气。一开始先注意命门，把神、意、气、形往命门集中，等集中好了，再从命门爆发到全身。坚持注意，养成意念就“在”那儿的习惯。命门相当于“一身备五弓”中脊柱那张大弓的弓背上的把手，丹田气通过脊柱这张弓和四肢连接起来，通过命门去牵动全身。

要做到上述这些要求，前提是保证机体有质量地做到松腰。松腰时要把命门松开，让命门自己在各轴上进行适度的运动,还要能做到（配合腹部回缩）从这个部位往里收气，将那些有益之气都收集至此。松腰将气敛入脊海就能逐步把机体脊神经（感觉神经、运动神经）的功能强化起来，使脊柱不仅会前后动，还会转着动。所以松腰能真正起到强化周身气的作用。

练功要求腰为主宰，要想主宰于腰，必须先把腰松开。松腰后将腰椎盘活，以至于脊椎可以逐节转动，才能够达到武学的基本要求。一开始练习腰为主宰，把肩、肘、腕放松后，腰一动，肢体跟着动；将胳膊抬起，身体转，胳膊也跟着转，身体回来，胳膊也跟着回来，如同鞭子跟随着鞭杆来回晃荡。如果转快点，即便身体停止转动后，胳膊还会继续走，最后再打个圈转回来。以腰带动形体将来气充起来后，身体一动，肢体就过来了。

松腰后，气机变化就会逐步加快，身体素质也会得到相应提高。高质量的松腰不仅会使组成脊柱的各脊椎都慢慢松开，还会使得腰两侧的肌肉、两个腰眼、腰椎和骶椎的连接部分也松开并富有弹性，整个背部的肌肉、肌腱、韧带也会像冰雪融化那样都慢慢地松开。

22. 关于圆裆

裆所处的这个区域其实是个综合体，裆只是对该区域笼统的叫法，所以指的不是具体的某个点。我们通常把两腿间叫作裆，裆劲就是该部位呈现出上下左右用劲，集合了各类用劲形式，体现在外形上就是圆裆。圆裆往往与松沉、中正相互呼应。

因为机体有了松沉与中正这些前因，才能够在裆部规范地产生圆裆的现象。圆裆，表现出裆部的弧形状形态，由该部位与下肢共同形成的裆部劲力内撑而形成，因此，机体的松沉、中正与圆裆是因果关系。松没有中正就不能下沉，没有了沉，裆也不能真正地圆，没有了圆就没有了撑，当然也就不会产生裆劲，所以也就无法蓄劲，如此遇到外来力的冲击时，功架就很难承受，更难运作化解之法。裆有规范的圆才会有劲的满，劲满了自然就会有一种圆的弹劲，当对手力量来时，不但可以进行化解，还可直接将来力用裆劲送还给对手。假使裆部不圆而产生了“夹角”，当你需要蓄力发劲之时，会因为尖裆使机体用劲在裆部往上浮，受到外力冲击时就无法转化而迫使机体的重心承受。此时的重心往往容易失去平衡，即便是再主动也会因为瞬间不平衡而转化成对抗中的被动。

中正的关键在于处理好脊椎与腰胯两者间的关系，因为整个松沉的重力要经脊椎下沉到胯裆之间再传递到脚底，通过反作用力共同形成裆劲而后再将圆档的劲上传到脊椎，形成身备五弓的联动，如果机体的脊椎没有中正劲力就不能表现出运行的顺畅。从筋脉气血运行的角度来看，背与胯裆的角度不对就无法确保动作运行顺畅。

裆劲在具体动作的运行时往往是一对矛盾的统一体，根据技法的需求运行动作，往往表现出组成裆劲的前后腿用力方向不一致，调动了全身肌肉的矛盾力与相互的协同作用，通过一系列的功法锻炼，使我们的机体在动作运行中形成彼此牵制与协调，最后达成一种恰到好处的动作运行轨迹，这也是肌肉实践经验累加的成就体现。

我们在练习的过程中不应该只注意动作功架上的问题，而忽略了先要有内在的能量，然后再有外在动作质量表现的道理。有了内在的能量，外在的招式也就具有了体现力量的提前。

23. 关于“哼哈”

传统武术的诸多流派对丹田功力都极为重视，随着修炼的深入都会慢慢明白对丹田的要求原本就是传统武术的核心之一。拳谱有云：“抓住丹田练内功，哼哈二气妙无穷。”丹田内转是丹田功法的重中之重，它是以丹田为枢纽，与腰同步旋转，并以其为轴带动周身气血走遍四肢百骸，贯通五脏六腑，形成周身整体的运行。

通过丹田内转的练习，在盘架时方能做到气沉丹田与所转丹田相互配合。拳家又有云：“引化转换、开发呼放、击打跌拿，均在丹田转换一瞬间。”由此可见，丹田内转在内家拳中的重要性。

其实“哼、哈”二气讲的就是丹田运行时，吻合“呼”与“吸”的息运要求。大量的功法文献都反映了“呼吸”对于“拿住丹田练内功”与“武术内功”是有巨大影响的。

通过对“哼、哈”二气发声过程的分析，“哼”对丹田气的蕴养容易使人放松，因而有利于在防守与牵引类的动作中体现；“哈”表现出瞬间的发声，必然会造成身体在瞬间的绷紧，就如同一只绵软的皮球骤然被高压气流充得像一个钢球，因而能够爆发出很强大的可传递性力量。当然全身瞬间的绷紧会迫使劲力的潜能在瞬间被激发出来，就如闪电一般转瞬即逝，因而有利于在进攻与推送类的发力动作中体现。

从功理来分析："哼"属阴气往下沉坠,"哈"属阳气往上升腾。无论是"哼"还是"哈"，在动作表现中都应该是发自丹田的一种本能之声，属于动作运行过程中的一种自然流露，就如同船工在拉纤时喊出的"号子"。哼哈就是动、静、开、合、转、送从丹田自然呈现出来的类似声音的气机表现，如同猫打架前在对峙中发出的声音，或如同赛车在发令前马达发出的轰鸣声，这类声音一般称之为虎豹雷音。孙禄堂老先生曾经就说过：内家气机之本就在动静开合之中。

这里要提出来的是哼哈的表现，并不是技击对抗中必须要体现出来的一种呼吸发声现象，也就是说，动作运行中是完全可以没有哼哈之声的，但丹田却是哼哈的住所，传统武术对哼哈所引申出来的道理是非常重视的。

在传统武术的动作表现中："哈"是将能量迅速发放出去追求产生各种技击效果的击打表现；"哼"是开、合、牵、送、转在动作控制中的用力表现。

总之，练习时呼吸与动作配合而产生的"哼哈"二气都属自然形成，完全没有必要去执着。

24.关于练功时的"意、气、力"

"有气者无力，无气者纯刚"就阐明了气与力的关系。调整成现代语序，结合动作运行的境况可以理解成"无力则气生，无气者纯刚"，这样意思就相对容易理解了。机体放松不用力是练功中内气产生的必要条件。内气无形无色，想要让内气滋长，我们练功时首先要做到的就是不尚力，做好膨松，顺其自然，在机体里找到"麻""热""胀"的感觉。在正确功理的引导下，练功时间久了就能体会到内气积聚得越来越多，等到内气充足的时候才能够慢慢体会到其强悍，才能够感受到为我所用的价值。

功法训练时所产生的力量是整体的、有机的、复合的、具备弹性的劲，并不是我们想象中的纯刚之力，纯刚显然是违背了传统武术中功法的原理。这里所指的纯刚的意思，就是无柔，因为纯刚也就必然易折。"无气者纯刚"的意思，便是如果动作运行体内没有内气的体现，技击对抗中的招式动作便只有僵硬的刚劲，而没有柔劲的变化，由控制与反控制思想指导下的经纬技法构架就失去了劲力的支撑。当我们清晰了气和力的关系，明确了"有气则力不僵拙，无气则纯刚无柔"的道理时，按照规范运行功法便会有我们期望的动作功力产生。

再讲一讲意与气的关系，此时，我们自然会想到"在意不在气"这句话。当我们通过练功初步有了内气体会的基础后，往往会刻意地去引导和体会自身内气的走向，这样就会导致练习者神情呆滞，反而会使内气僵滞不畅的现象出现。实际上，我们只要在日常训练中按照功理的要求处理好意念诱导中“内视”与“假借”的关系，并多做相应的练习，在假借中逐步加大比例，内气就会自然运行。功法练习并不需要去刻意找什么内气的感觉，因为，在意识假借的过程中内气总是在意识假借和动作内动的运行带动下，自然而然地按照既定的动作劲路运行着。此时，意识作用要很轻灵，意识越轻灵，内气越顺畅。

练功中要保持“尚气不尚力，在意不在气”的练功状态，我们才能够使功法的训练方法和要求达标；动作运行中养成良好的用力习惯，也就很自然地做到了用意不用力，技击相抗时也不会去用蛮力。当内气充沛鼓荡、运行顺畅时，我们技法运行便可以做到意到、气到、力到。动作在一气呵成的过程中完成，其中：用意是要求；用力是结果、是表现；用气是配合、是协调，三者相辅相成。这里需要注意的是，凡事都有一个循序渐进的过程，任何功法训练都只是获取功力的训练方式而已，要能够体现在擂台的实战之中，当然要具备一系列合理的技击理论的指导、技术构架的建立、功力的储蓄、技击经验的积累，还有日积月累的训练。要获得满意的实战结果绝非一蹴而就。

25. 关于机体的束展

机体在六面劲撑开后，随着训练的进一步深入，就会有逐步实现将全身的各关节缝打开的要求，再随着六面劲的劲力逐步醇厚，身备五弓中各关节的骨缝所产生的弹力也会随之增加，动作运行中也就会通过骨缝之间的空间扩展与收缩产生相应的崩弹劲力。

人体的关节，就像一颗颗珠子，如果单独存在，则很难有所作为，需要一根“线”将其串联起来，通过贯穿将其管束起来，形成一个有机整体，只有规范的管束才能发挥出筋骨具有的功能。这种使身体关节产生劲力的关键在于一个“束”字，束是通过身体的拧裹，如同将一个个关节按照能够发力的要求进行规范并上紧了发条，各关节彼此间通过这种束的机制要求，使得动作运行能够产生相应的“劲力”，在这个整体中的各个关节能够相互作用、相互依存，共同产生一个整力。

这个整力在机体中表现出如同将一根皮筋拧裹起来，由于在拧裹中将各个关节缝打开，迫使关节处在一个被管束起来的状态，这种状态就是“束”。全身的这种状态使得整个机体的各关节呈现出节节旋拧的“麻花状”，拧得越紧，“束”的效果越好，因此而产生的动能储备就越大。“展”是将束的能量储备发放出来，也就是说“展”是发力的一种形象描述，也是将“束”储备的能量力求最大功率地发放出来。这个过程要求机体内的充分协调，形成突出主题发力的核心技巧，它是支撑技法使用的基础，是产生技击效果的重要因素。因此，如果说“束”是产能，那么“展”就是用能。

在对抗的发力过程中，大龙就是依靠身体“束”的能量积蓄，使得关节旋拧，节节撑开，使得“大筋”能够撑开拉紧，并产生必需的能量储备，继而能够有“展”身崩弹发力的资本，动作劲力就是通过身体的“束”与“展”得以连续不断地表现出来的。对抗中要求“束”身而进，“展”身而发，并有“束展二字一命亡”的拳谚。在动作表现中，“肩打一阴返一阳”这种往返，就是大筋“弹”出来的，并不是刻意的做作。掌握了身体关节的束展之道，便能控制好身体的劲力来源与使用，使动作在保证功力要求的基础上，还能做到技法的此起彼伏与连绵不断，这才是技击对抗中对动作的要求。

第三节　功法的基本原理

桩功之道，流传已久。在我国最古老的医学文献《黄帝内经》中，就有“提挈天地，把握阴阳，呼吸精气，独立守神，肌肉若一”的描述，说明早在远古时代对桩的认知就已出现。关于站桩的阐述，吕祖在《指玄篇》曰：“此事本然无大巧，只争逐日用功多。”另据《金莲正宗记》卷四记载，道教祖师“全真七子”之一的王玉阳，为了修炼大道，“偏翘一足，独立者九年，东临大海，未尝昏睡，人呼为‘铁脚先生’。丘祖赞之曰：‘九夏迎阳立，三冬抱雪眠。’如此炼桩九年，而入于大妙”。由此可见，站桩也是道家修炼的一种方式。

道家认为：从本体一直到身体是一个越来越粗化、越来越固化的过程。太极无极是虚的，什么都没有，无形无质，这时候就会显现出光，往下就降低到气的境界，气比光会显得粗，再往下就是精了。所谓精就是一种液状的精华，而气状的精华则叫气。道家修行的原理是复返于精微。道家称仙人为纯阳，所谓阳就是精微的代表，阴是固化的、粗的代表。道家修炼的目标是机体的纯阳，说明其目标指向必定非常精微，这都是朝着目标一步一步提炼的结果。道家用的炼是火字旁的炼，可见道家对火非常重视，目的就是把这种粗的东西用火一步一步地炼回到精微的状态。所以道家最重要的东西就两个，一个叫药物，一个叫火候。药物就是形、精、气、神这些东西，火候就是你的意念，你要用火炼这些东西，要把这些粗的东西，一直炼到精微的地步。

道家修炼的方法分为五个阶段：第一阶段筑基生精；第二阶段炼精化气；第三阶段炼气化神；第四阶段炼神还虚；第五阶段炼虚合道。

传统武术的功法修炼就源于中国传统道家的丹道，在精气神三宝中，围绕着“精是生命的基础，气是生命的动能，神是生命的主宰”为核心而展开的在功能提升上的追求。表现在具体武学的功法训练之中，则是在人体功能提升的过程中结合武术追求的目标，以及突出武术自身的技击表现形式，而逐步形成了传统武术的功法训练体系。

孙禄堂著作《拳意述真》形意拳部分第一篇、《郭云深论形意拳》之第十三则中都有这样的诗句：“道本自然一气游，空空静静最难求。得来万法皆无用，身形应当似水流。”

有关内功原理的专著可谓是浩如烟海，所有的这些文献与资料都足以说明，传统武术的功法训练源于道家的修炼。在源于道家修炼的基础上结合武学的因素，为获取最佳的实现武学目标的形式，在武学范围内逐步形成了符合自身特性的功力训练体系，即功法。

所以，传统武术的功法修炼完全把道家的修炼理论借鉴过来了，认为功法修炼是完善武者人体的唯一途径。所谓修炼，第一是修，第二是炼，只有把它们组合在一起，才能通过修炼来实现人体的完善。这里的修与炼是两个不同的概念、不同的方法，所谓修，就是要修补人体已经残缺的部分，把人体修成一个完整的、正常的、完美的、灵活运作的“机器”。把失散的灵气找回来，把身体的六神补全，把人体细胞丢失的成分收回来，使之完善到先天的程度。所谓炼，就是把人体的精华炼成一体，使人诸多之心合为一心。也就是说，炼的功能能把人体各精华凝聚在一起，把多心变为一心，把八识变为一识，把六根变为一根，并使自己能自然进入一心一意与一念清净的境界。

传统武术的训练方法各门各派虽有各自的特色，但它们功法修炼的目标与方向都基本相同，下面就功法的基本走向做一个粗线条的梳理。

1. 筑基构架

（1）关于筑基。所谓筑基，顾名思义就是打地基的意思。这是传统功法进入规范训练的第一步，相当于高楼建筑的打地基，通常道家的修炼称“百日筑基”。现代医学研究认为，要纠正或重新在人体的机体内形成一种武学所需的神经反射，需要不低于三个月的时间才能完全形成。这是由人的生理特点所决定的，并不以人的意志为转移，“百日筑基”则暗合了这一规律。至于在实际训练中到底需要多少天才能全面完成筑基堵漏，这与选练的功法、师父的指点、练功的时间、入境的程度、个体的状况等诸因素都有着密切的关联，其中并无统一标准可循，更不由修炼者的主观愿望所决定。但武学的功法训练成果一定与习练者投入的时间、精力以及身体状态密切相关，但不可用一个绝对的时间数字来框定，通常以训练效果来判断较为合理。

（2）筑基的任务。主要体现在两个方面：①修缮身体，让身体成为一个整体，以堵漏失；②用精血化气后形成的体内真气（生命能量），去疏通修补身体的病变。当一个人处于儿童或少年阶段时，则会表现出年幼气旺的特征，修炼时可视个体的实际状况，体内元气未损者可省略此步练习。

（3）筑基的原理。功法的原理在于入禅定。欲入禅定，必须先打通气脉。但气脉怎么样才能通呢？理论上认为，一个人只有做到：六根清净，不逐六尘，不散乱不昏沉，正念坚定，人身的元气才能生机不绝，旺盛圆满；当心静久不动，元气一步一步积累，到一定的量后，气脉自动会被旺盛的元气打开。

因此，功法修炼的实际操作中，习练者必须严格按照功法要求做到抛开杂念，让自己那颗原本烦躁的心静下来。心静则不躁动，心不躁动则气聚，心躁动则气被牵动，气牵动则散，真气、元气随之散乱，也就不能通过督脉上行化作玉液。

（4）关于堵漏修补

①堵漏：为了控制生命能量的浪费，不使元气走失而进行的一种控制行为。当男、女进入青春期后，都会出现正常的生理现象，男会遗精，女有月经。这种现象在道家的养生中称之为“身漏”，即“漏身之体”。精与血为人体生命的“至宝”，也是人类繁衍生息的根本。为了对这种现象进行有效的控制，道家会对其进行“补缺堵漏”的修炼。道家先师吕祖所述的“顺则凡、逆则仙，只在中间颠倒颠”便是此意。

②修补：指的是修补已漏之身。这里所指的已漏之身，并不是单纯指男女生理中的走精与漏血，主要是指由于体内元气的走失，而造成的真气（生命能量）不足。因此，一般人认为未婚男女是童子身、练功无须百日筑基的看法无疑有其片面性。

（5）关于气机运行

从功法的修习中观察，修炼者在筑基阶段都会经历得气、行气、疏通和冲击四个过程。

①得气：功法训练时修炼者首先会感受到练功时腹内蠕动增强，频放矢气（屁），继而出现丹田发热、小腹发热等得气现象。

②行气：随着修炼者自身“堵漏”化气和练功中外气内收的能量积聚，小腹发热伴有充实感，这时体内的真气处在逐渐累积的表象之中，随之真气就会按照自身的规律在体内运行，身体会出现一些相应的反应。

③疏通：由于人体正常的组织和经络都是处于通畅的状态，因此气机运行通过正常的组织和经络时，一般机体并不会产生什么特殊的感觉。

④冲击：当气机运行到机体某部位有明显病变或有不正常的经络时，气行就会受到强大的阻力，这是因为机体所有气质性病变的部位，经络都处于淤滞或堵塞状态（如气滞、血淤、痰凝、湿聚等），气要通过就会受到病变的阻碍，于是形成了两个相反的运行之力，即冲击力和阻滞力。当病变部位受到气行视为的外力冲击时，很自然地就会出现相应的明显的生理反应，如疼痛、发热、出血及其他类似于病情加重的生理反应。这便是气功界通常讲的“气冲病灶”现象。道家修炼把这一阶段称之为“脱胎换骨”前的“大死大活”过程。

气冲病灶的过程，视个体的实际情况而定，少则几小时、几天，多则几个月，有的病情较重或年老又身患多种疾病的习练者，甚至会经历几年的气冲病灶的过程。撇开精神因素和念力调控的因素来看，气冲病灶过程的长短，通常是由修炼者自身所积聚能量的量级和体内需要修补的疾病的性质、严重程度及病变部位的多少来决定的，不应该用绝对的时间表来把控。

结合传统武术的基本动作来说明这个阶段的运行如下：

从基本姿势的要求开始，无论是最基本的浑圆桩形，还是最平常的三体式摆放，或各种类型的预备式，都应该严格按照传统武术功法的功理要求进行相应的动作规范。

一般而言，传统武术入门，首先的任务是通过站桩来训练功力。站桩有两个目的，一是使精神得以回返先天；二是使机体气血旺盛、调理阴阳。通过训练实现人体进入专气致柔如婴儿境界，这是因为人只有在无思无欲的状态中时，气血才是最活跃的。例如：通常刚出生的正常婴儿，只要完全健康，头半年的气血就处于最旺盛的状态，基本上不会得病。原因就是无思无欲，纯属先天状态。过了半年就开始容易得病了，究其原因就是此时婴儿的后天思维逐渐被打开，欲望慢慢来了。

传统武术和传统文化是一体的，对于人生命本质的探索让我们知道，只有在婴儿状态下才能从本质上激发气血的活跃，所以各种修行、各种武术门派，都要求习练者入静、无思无想，其实都是围绕着这个道理而展开的。当站桩进入到无思无欲的状态时，生命中最本质的气血就开始萌动了，如同冬眠后的虫子在开春时的萌动。气血的萌动乃至逐渐旺盛后就开始机体的阴阳调理，使机体得到修复。一段时间的站桩后，身体愈发强健，感觉轻盈灵快，身体也开始变得柔软，此时就可以开始其他形式的运动了。

桩法有很多种，但万法归一，都是为了堵漏与修补这两个目的。例如：形意门中的混元桩。所谓混元，就是《道德经》中“有物混成、先天地生”的意思。

通过筑基构架让机体内的功能激活，并达到通融与通透的平衡状态时，机体的气血就旺盛了，经络也就畅通了，才能达到精满、气盛、神旺的效果。因为，人身的健康，有赖于经络的通畅、气血的旺盛，则脏器得到气血不断地滋养，方能去陈就新，保持新鲜的活力；一旦经络堵塞，或者气血衰弱，脏器也会逐渐衰老，疾病即来。

我们还可以通过反向思维来理解这个道理，只有保持了经络的畅通，才能保持气血的旺盛，进而保持脏器的新鲜，于是健康就很自然了。通过站桩的练习旺盛了气血，通过行桩的练习强健了五脏六腑，通过易骨、易筋的练习过程，始终保持住周身筋脉、经络的畅通。当人的内脏器官始终保持在健康状态时，健康长寿就不会是空中楼阁。其实传统武术各门各派的功法目标都是如此，只是彼此之间在方法上或者处理问题的具体细节上会存在区分而已。

2. 铸造外胎

这个阶段功法训练的任务是:让机体充分得到撑筋拔骨的规范训练。正所谓筋长力大，通过锻炼把肌腱按照要求逐步伸展开，这样的筋骨才能按照技法的要求，迅速做到符合技击的收放，动作运行才能具备伸得更长、放得更远的结构基础，打击效果也自然会更强大有力。传统武术讲究入门先站桩，目的就是把身上的筋拉开，这是在机体求得整劲的基础条件。

去拙求整。拙是指拙力，整是指整力，去拙求整就是要通过站桩的方法，将机体的拙力去掉，换成符合武学要求的整力，同时也是指将人体运动中不符合武学要求的那些用力方式进行改换的过程。现实中那些没有经过专门功法训练的人，他们的用力习惯往往会伴随着机体的屏气、努力以及局部肌肉的僵硬，这种用力习惯显然是不符合武学规范要求的。屏气后呼吸停止，不利于身体的气化反应；局部用力，人体各部位自然不能整合，肌肉持续的收缩也并不能形成技击所需的力矩，故称这种用力方式为拙。整的用力方式是在未发劲时，机体呼吸自然，始终保持整体的放松；当发劲时，表现出人体精神上的高度集中，全身肢体的协调统一，肌肉运行同时向着同一方向的收缩，并向同一目标施加作用力。以前称这种用力方式为六合，即内三合：心与意合，意与气合，气与力合；外三合：手与足合，肘与膝合，肩与胯合。合者将其合而为一，通过内外皆合实现整体为一。所以在训练中必须明确一个整字，切莫局限在部分中求索合与不合。

传统武术在进行去拙求整的训练中，通常都从“松”入手，开始就要求做到全身机体的放“松”，意念上的放“松”。之所以从“松”入手，是因为无“松”则不能求“整”，只有“松”，机体的各部位才能实现“融合”，进而体会到“整”的感受。整是指人体各局部的机能状态得到高度统一的协调，它包括两种身体状态：一是整体的放松状态；二是整体劲力的运行状态。在整体的放松或用力状态，以及这两种状态互相变化的运动中，机体始终受到精神意识的统一控制，所以机体才能始终保持“整”的状态。由于初学者拙力未去，因此很难体认到整力，以及认知到整力的价值。只有把全身放松，让自己进入到“无”的境界，机体才能进入到体认“整”的感受之中。这时的“无”不能仅仅把它理解为绝对的空无，就如同“零”这个数，是无有杂念的状态。这个“无”实际是“有”中的一种杂念最少的状态，就如同音乐中的休止符，书法绘画中的布白，围棋中的留空一样。运动包括松、紧两种状态，这两种状态是一对矛盾运动存在的形式，两者相互对立统一，如果失去一方，另一方也就不存在了。

通过一段时间的站桩，机体逐步形成了武学意义上的整体，铸造了机体这个外胎，使机体构建成为运行劲力更合理的力学结构，表现出：关节稳定性、支撑能力显著增强，功架因此十分牢固，抗冲击能力显著增强等。如此坚持训练一段时间，习练者就会进一步感受到自己在每一动的内力感觉，好像是一种磁性力。脊柱的拉伸（背部两侧大筋挑起躯干）是整体劲力的根本。将机体脊柱各关节拉开后，动作外形由大动变为定位似的小动，而各关节之间配合形成脊柱的运转以带动躯干的劲力运行，完成周身大筋鼓荡，就实现了武学意义上的表象。

功法训练打开了机体所需的各条劲路，各劲路的融会贯通使机体成为劲路的整体。当这个阶段的功法训练达到预期效果时，习练者的机体就会表现出如同一座会走的“山”那样的沉稳状态，显现出推之不动、浑元一体的特征。

实际上，打通了劲路，就能使自己实现炼形与外壮的效果，但这些外胎成就所表现出的伸筋拔骨，从武学的层面上来要求还是远远不够的，原因就是如果缺少了内在的练气，就不能使机体完成内气的充盈，这就如同好的武器缺少了火药，无法发挥其功力。

3. 成就内胎

“丹田气”是一种看不见的能量，却是能使机体强健的非常重要的内容。武者都会非常重视内气的修炼，目的就是通过内气的修炼使自己达到内壮的效果。内壮的修炼基本上是从积蓄能量入手的，当人的体内气血充足后，机体就会自然显现出伸筋拔骨，这是一种极自然的现象，并非单纯的、外在的、形态上的、有意识的筋骨拉伸。这样，机体才能拿住丹田之气、气贴背后、敛入脊骨、渗入构架，打出哼哈二气，表现出静动全身、意在蓄神、不在聚气的运行特征。

在成就内胎时要构建起“身如气囊”的概念,就是训练时,把身体等同于一个充满“气”的大气球，随着动作的蓄发、开合变化等，机体会产生相应的胀缩鼓荡现象。我们把身体随着动作蓄发变化而产生出连续的、有节律的胀缩感称为“开合鼓荡”。

整个机体表现出来的“身如气囊”的胀缩感就是我们常说的“六面劲”,“鼓荡”就是体内开合过程的机体感受。六面劲是刚柔相济且具有球体感的膨胀劲，是一个通过机体形成的用力舞台，所有的劲力都在这个舞台上才能够生根，所以可称六面劲为“母劲”。在练习中，我们可通过“鼻吸口呼”或“鼻吸鼻呼”等方式，以运行自然为准，进行配合发力。

内胎的训练目的是使习练者达到机体内壮的效果，但功法训练所指的方向是练气入骨。这种方法是指通过一定方法的锻炼，使习练者的气能够渗入到骨头，通过达到夯实机体密度，以增加机体功能的效果。功法使气入骨后就会使内气沿骨髓行走。从生理学的角度来看，骨为人体主要的运动器官，骨髓腔内的红骨髓又具有造血功能。因此，骨气充足，可使骨质强壮与坚韧，血气旺盛，身轻体健。传统的“易筋经”功法就是通过杵槌捣打机体的肋与脊，以此达到气入于骨中的效果。武学功法上追求内壮效果的训练，实际上就是传统武术各门各派在拳谱上写的“易筋、易骨、易髓”等的内壮功夫。

通过呼吸的内胎运行，在与发力时脊柱随着拳势动作开合变化呈现出节律性的张弛，此时机体已经构建完成了相应的能量基地。

4. 夯实整体

内壮从积蓄能量入手，待体内气血充足后，会自然伸筋拔骨，而不是人为意识所致。成就内胎就是走向内壮的过程，通过呼吸与功架方面的筋骨锻炼，桩形逐渐产生六面的支撑力。于是，逐渐使五脏坚实，气血充盈，皮润毛坚，并提高了肌肉、骨骼、筋腱的拉伸与弹力，体内形成纵横交错的内劲场，处处矛盾争锋，全身内外蓄满了整体的惊弹、牵挂之势，周身如同一个已经压紧的弹簧架子，一触即发，产生反弹崩炸。这就是内外胎相结合所形成的发力形式，运行中突出了“紧中劲，崩断弦”的劲力特点。

通过桩法训练刺激支撑各关节的大筋，使之变粗，逐渐产生六面支撑的弹簧力。易筋成机体则五脏坚实、气血充盈、皮润毛坚,周身十二根大筋腾于体表,自然中提高了肌肉、骨骼、筋腱的拉伸与弹力，体内筋悬骨挂，外形悠扬，内蕴灵机，灵机一动处处神奇。此时周身热血沸腾，经纬技术构架技法一触即发，随意出手招招猛烈，炸力自然透体。

从生物力学的角度来看肌肉用力，通过肌肉的松紧变化来体现出其功效，肌肉越松，收缩时所产生爆发力的效果就越强。在收缩过程中机体里的劲路如同皮筋，当机体的六面劲撑开后就显得劲路更似“弓弦”，当对挣的劲力维持着机体的平衡时，“劲力”就显得随处都在，所以在这样的平衡状态中，机体内的阻力与动力势必共存，这就是我们训练中所说的“矛盾力”。

我们在练习桩功之初，通过筑基、构架撑起六面劲力，并逐步形成高质量的浑圆劲力，其中在机体内就已经有许多对挣的矛盾劲力构成，每一对劲力都平衡存在，并且互为阻力与动力，所以阻力越大，动力也就越大。

技击对功法修炼的要求是内外练习同步进展。拳可以“由柔入刚”，也可以“由刚入柔”，就如同传统拳所说的“内练一口气，外练筋骨皮”。其实技击要求内外两者在机体内必须同时存在，缺一不可。发力缺少“内练”，就没有底气；发力缺少“外练”，击点没有杀伤就不成“武器”，也就无法产生所需的技击效果。

用功理来分析“内与外”的关系，在发力时内外在劲路运行中原本就是一体的。劲力的运行通过内的“气”产生源动力，通过“外”构成劲路，以实现劲力按照技法的要求进行相应的崩弹发放。练习方法可以是“由柔入刚”，也可以是“由刚入柔”。如果从“由柔入刚”入手，其实是调整呼吸，先盘活“内脏”，整合身体的重力分布，在分布的调整中内外相合产生作为攻击的核心力量。如果从“由刚入柔”入手，可从“撑筋拔骨”的练习开始，在完成“身备五弓”打通劲路要求的基础上，再逐步在过程中强化内“气”的运行，达到内壮，实现内外融合为一体。

由此可见，内外不可偏颇，以劲力在技击中所追求的技击效果为目标，建立完整的发力过程为前提，内外的训练缺一不可才会具备发力顺畅的表现，才会求得所需的技击效果。无论是哪一种方式，最终还是要落实到现实的擂台技法上，并以此来检验其效果。

5. 体中之合

功法铸造了机体的外胎结构，同时又成就了机体的内胎质量，并使机体夯实之中蕴藏着技击运行的巨大潜力。然而，无论再强大的潜能毕竟不是成果，所以说再大的潜力只有发挥出来才能产生所需的功能效果，否则，仅仅就潜能而言难以达到武学意义上的技击价值，至多只能够体现在机体方面的健身价值而已。仅能如此，那么就脱离了传统武术的初衷，其行为表现就会逐渐远离技击这个核心思想，传统武术的价值也就得不到真正的体现，所以，我们在功法训练时应该明晰项目运行的目标，很好地把握住功法运行的轨迹。

任何动作的发力都离不开全身各部位的有机相合，全身相合通过机体外在的形与内在的意相互结合而实现，表现在手脚、肩胯、肘、膝、头、眼、身，以及上呼吸和丹田之气的相合。许多拳谱有六合之说，即内三合与外三合。内三合讲心与意合，意与气合，气与力合；外三合讲手与足合，肩与胯合，肘与膝合。其实传统武术不但要求的是六合，而是机体的全身都要相合。动作的运行无论是处于动态还是静止之中都要做到：一合无不合、一动无不动、一静无不静。形、神、气必须具备并且合一，这样才能体现三才之劲力。因此，我们在训练之中就必须突出“合”的要求，在构架中的各种架式都要从松、静、柔、慢入手练习。以避免动作起始时，为了劲力刚猛而从中产生拙力的窘境，道家讲：刚极是柔，柔极是刚。

具体的表现是外三合定动作的外在形态。在外形上要求手足躯干动作协调一致，这叫外三合。外三合是由人体交叉神经决定的：上下肢左右交叉相合，左手与右脚合，左肘与右膝合，左肩与右胯合，反之亦然。动作只要按照外三合的要求训练，外在的“形”就有了规范。

而内三合的具体表现则是汇神。有了外三合还要进一步做到蓄之于内的神、意、气、劲的内三合，即神与意合、意与气合、气与力（劲）合。外三合与内三合共称六合，做好六合，全身各部位动作自然协调一致地成为一体，就容易达到心动形随的境界。

在发力时机体只有达到内、外三合的一体之中，所发的劲力才能够“整”体如一。在站桩时通过不断地运用意识的转换，使身体动静之中所表现出来的横、斜、竖、直与螺旋等各种劲力，有机地结合为一体。在意识的引领下，由丹田到四肢，节节贯通，使之达到意识一动，则气达四梢，逐步地做到一发动，周身皆动，产生泰山倒、高楼倾之劲力感。

规范训练中只要每一步“度”的拿捏能够准确，自然就能实现当下的预定收获，具体表现在功法运行中动作的内外三合的要求，其规范是：外三合定形，内三合汇神。在动作上的表现应该是在机体松沉自然的状态中突出一个“整”字，这个“整”由外三合的“整”与内三合的“整”共同组成，体现出一个机体规范完整的“整”。这个“整”在单练时体现出动作之中意、气、神、形、力、法等内容及相互契合无间的特点；在实战时则能够体现出交手应物，意之所动、气之所指、神之所往、形之所趋、力之所致的效果。动作只有做到内外三合，才能使经纬技术构架的表现达到“形神兼备”的要求。

我们在功法训练之中的求“整”过程，千万不能够脱离功法训练之中的三个阶段，即第一个阶段求松；第二个阶段求静；第三个阶段求空。如果为了求“整”而违背了这三个阶段的任务与要求，那么就违背了功法训练的大方向，其结果必定会事与愿违。

6. 法之所随

有了夯实的机体，同时机体的内在运行也达到了“合”的整体规范，动作内的劲路也就显得畅通无阻了。如此，才能在功法训练后将所具备之功力表现在动作运行之中，体现出拳谱之中所述的“随形恰似鬼附体，发力犹如鬼上身”的特点。

功法的训练不能够脱离技击而言，那么，我们就有必要明确功法与技法之间的内在关系。关于彼此间的关系可以依据拳谚来说明，那就是“拳在桩里，桩在拳里”，道出了技击运行时动作表现的真谛。桩在拳里，是指站桩虽然静态，但意识中要有技击的真意萌动，这就是静中之动，运行之中机体里面气血涌动得厉害，就会带动筋骨膜等方面的潜能开发。拳在桩里，是指行拳虽然是动态，但内心却是一片宁静，这就是动中之静，运行之中没有得失、没有牵挂，只有一气之鼓荡。

须知，天地宇宙间没有绝对的静，也没有绝对的动，动静都处在时时刻刻的互相转化之中。阴极必阳，阳极必阴。动到极点就是静，静到极点就会动，动静之间循环往复，原本就无间歇，而推动阴阳动静运转的本源便是所谓的无极涅槃，其功能表现在人类强大的先天本能之中。

归根结底，用技法的运用技巧与功法来支撑体现出“意若静、气则定、神乃闲、形必合、力定聚、法无为”的特点，当这些内容在传统武术的经纬技术构架之中得到自然体现时，那么技法和功法就得到了相互配合与印证，彼此间互为因果。

7. 灵机开动

这是一个武者在武学道路上修行境界的体现阶段，这一阶段武者对武学上的一些核心问题，开始有了自己比较全面的认识与较体系化的体会、感受，主要体现武者在造诣、涵养等方面的修为。

功法修炼是无止境的，只有踏实训练，才能够渐渐到达知劲、识劲、懂劲、练劲、得劲、用劲的境界，逐步达到劲力的神明境界，在技法运行中体现出“挨着何处何处化，不用心思就能拿。挨着何处何处打，不用心思就能发”等劲力表现，所谓“拳无拳，意无意，无意之中是真意”；实战时自然激发出自己的本能，技法中体现出“出拳无心能胜人”的境界。当机体表现出的懂劲状态时，就能使技法的运行显现出周身无处不太极的状态，所谓心中、眼中、感觉中，对手的存在已经淡化，自己甚至忘却双手，达到周身一家的境界。要到达这个境界，唯一的途径就是在正练的基础上苦练加巧练，正所谓“要当英雄汉，需出几缸汗”，说的就是这个道理。

练功就是要追求技击中对经纬构架技法的那种本能感觉。当一个人能够真正达到“空”

之境时，也就具备了对细微信息的感知能力，如此在与常人相比时，也就能自然显现出应有的先知先觉，对方刚出手，“我”便已知其动作，先一步展现技法驾驭势态，控制技击走向，攻其要害。即便是身处黑夜，也能做到随感而发，有触必应，在控制与反控制中展现一蹴而就的神通。此时，彼此间的一搭手就能体会出对手技法的顺畅与功力的底蕴，甚至不用表现在真正形式上的搭手，只需聊上几句就能感受到对手在武学上的真实修为，以及双方都能够在彼此身上感受到轻重，并能敏锐地感知到对方功夫的程度。

其效果体现在习练者的动作之中的特点分别有从机体内部可以感知“内固精神，外示安逸”；从外形上则可以体现出“迈步如猫行，运劲如抽丝”。

习练者的应物处世也会表现出自然而然、适应百态、化解千般、包容万物、和谐平衡。

8. 以武入道

功法修炼是最具传统文化特色的一种表现形式，同时又是传统武学的重要组成部分。传统武术的各门各派都非常重视某个方面内容的修炼，为了有一个修炼的追求目标，以及好的修炼结果，于是，各自都有着属于自己的功法。传统武术的功法训练与传统道教的内丹修炼之间有着千丝万缕的关系。当然，内丹是道门里特有的内练方法，如果深入研究，并立足收获其中的成果，就会很自然地使习练者步入道教修道的殿堂。传统武术需要借鉴之，明确自己的目标，清晰自己的修炼轨迹，武者收获的多是武学意义上的成果，同时又经受传统文化的洗礼，这就是以武入道。

传统武术修炼的境界主要表现在：用术趋危，合道行微；动静变化，唯依天机；欲深缘浅，恬淡常随；松空静定，春风得意；天人合一，大道同归；尊师重道，福与天齐。

武学的修炼是个长期的过程，不同的人生阶段会有不同的武学主体出现，所以需要坚持不断地努力前行，争取不同阶段收获不同的人生成果。应该摒弃投机取巧的心态，要明白“古人学问无遗力，少壮工夫老始成”的道理；武学的训练毕竟是需要落实的具象表现，真正的武者应该避免夸夸其谈，不能满足于理解理论上的字面含义，而要躬行实践，只有在实践中加深理解，才能有更合理的技法表现。只有这样才能把理论上的能量变成自己的实际本领，所以要在自己的行为之中体现出“纸上得来终觉浅，绝知此事要躬行”的道理。

9.“道”上坚守

对于一位武者而言，功法训练是一个长期的过程，要牢记功法训练中“时间充足有保障，撑筋拔骨是关键，处理挂力显技巧，控制是训练思想”的原理。所以，练功不是三天打鱼两天晒网的事情，也绝不是一朝一夕就能够完成的事，而是要把功法训练融入自己的生活当中，让功法修炼成为自己生活的一个部分。这就需要每一位修炼者根据自己的实际情况，做出在时空上、精力上的相应调整，按照理论部分中以年龄划分的四分法来规范，以调配出一个最适合自己的修炼模式，完成现实生活中武者“不练而自练，不养而自养”的修炼，并从中得到不断增长自己功力的效果。

（1）三个阶段。任何道路都不会是一帆风顺的，功法训练可谓：前途是光明的，道路是曲折的。在功法训练的过程中，习练者一般会经历困倦、酸痛与浮躁这样三个阶段。

①困倦阶段。刚开始进行功法训练时，武者会出现整天困倦、无精打采，并伴随着随时能睡的身体反应，这就是心力不支的现象。这些对于初始功法训练者而言，实属非常正常的一个自然现象，随着修炼的进展，习练者的心力逐渐强大，身心一定会产生一个由弱到强的转变与适应，这是初学者都会经历的一个过程。即使是习练多年的，在改式换劲时也同样会遇到这类问题，我们应该正确对待它，并接纳它的存在。

②酸痛阶段。功法训练是机体从不适应到适应的过程，开始的功法训练就是打破机体原有肌肉、筋骨、气血等的平衡，建立符合武学要求的新平衡过程。无论是站桩、行桩、行拳作式还是技击对抗，都必须进行特定的要求，并严格规范机体的抻筋拔骨、气血运行等内外运动，让运行中的机体完成自我较劲。随着训练时间的进展，机体在外胎与内胎的构建中，内气逐步被激发出来后，因为气血在机体内按照武学要求运行，机体自然会产生相应的生理反应，这个时间段就会在脊背、前胸、两肋等地方出现一定程度的游动性的酸痛，即便是轻微的碰撞也会产生比平时更强烈的疼痛感。

③浮躁阶段。当功法训练到达一定程度时，就会进入功力的体现趋于恒定而无法提高的阶段。这是个量变导致质变的过程，体现在机体内因为没有达到一定量的积累，所以，无论技巧如何展现，都很难有水平突破的表现特征。此时，习练者会感觉到自己的态度是诚恳的、要求是规范的，但水平的提高就是难有突破，于是就从内心油然而生出无所适从感，伴随而来的是迷惑与烦躁，甚至于在这个阶段会出现放弃修炼的念头。此时的习练者更有必要正确理解功法进展的规律，虽然习练者要求提升功力是正确的，但不能脱离规律，这个阶段修炼者应明白所有的付出都是为了积累，“只有量变的积累，才能导致事物质变”的道理，恪守坚持，坚信成功，量变的积累才能够完成，训练的效果也就会逐步显现出来了。

以上是功法训练过程中人人都要经历的三个阶段，只是不同人会因为投入的时间与精力不同，量变积累的时间也就会不同，由此而导致的训练成果出现的时间会有早有晚的区别。

（2）修炼的指导。为了大家能在训练过程中了解这些规律性的反应，正确认识机体变化，下面再谈谈如何才能准确地指导自己进一步展开修炼。

①要有恒心和毅力，克服好逸恶劳的习气。困倦阶段：在明白了其中的道理后，有助于习练者树立坚强的意志，持之以恒地坚持练下去就能很自然地渡过，无论是初学者，还是训练功法中的换劲现象，一般情况只要努力坚持一至二周就能过去；酸痛阶段：在这个阶段的训练中，每个人机体的反应会有所不同，但出现反应的时间一般会在一至两个月；浮躁阶段：在习练一段时间后，达到一定程度才会周期性地出现，根据个体的实际情况时间或长或短，如果训练得法，再加上自己投入的精力充足，时间不会太长，但会因人而异。

②按“道”修炼。要想顺利渡过这三个阶段,自然要按功法之“道”规范地进行修炼，切莫脱离实际想当然地行事。顺序为：首先是寻“道”，其次是明“道”，再次是行“道”，这样才有了真正意义上的修炼。在这个过程中习练者与师父（或者教练）的沟通非常重要，千万不能离开师父的正确指教。

③将三个阶段顺势变为台阶。功法的习练就是否定之否定的循环往复的提升过程，虽然三个阶段的训练给习练者带来了许多困惑，看上去这些困惑都是阻碍习练者功力提高的障碍，可恰恰是因为有了这三个阶段的突破，才得以通过法门的筛选后，让那些合“道”有“德”的修炼者功力得到提升。只有那些按照“道”的修炼方向前行者，才能靠自己的苦练、勤悟，顺利地渡过每一个阶段，跨越每一道坎，一步一景地进入一个更高、更新的层次与境界。自然之中迈过困倦坎，有助于“惊起四梢”；坦然之中迈过酸痛坎，使行拳作式达到“六合”要求，实现劲力增长；平淡之中迈过浮躁坎，有助于体悟功理、拳法和锁定心猿与意马。

10.关于练功的几点要求

（1）抓住功法的根本，舒舒服服地去练习。传统武术的功法是在舒畅中温养筋骨以增强机体功能，而不是通过追求强度的静力性训练去获取功力。训练中产生累是机体必然的反应，但有其阶段性，累过后能顺利恢复才是正常的，不能有为增长功力而超出机体承受标准的累，更不要为追求疲劳而去使机体疲劳。静态的桩功是如此，行功更是如此，切记功法的“慢练入道”，因为机体的慢练是有氧运动，即便是抻筋拔骨，也只是肌腱、韧带等机体的结缔组织产生酸痛反应，因此，不会出现无氧运动时机体发生的呼吸急促、心跳加速、气血上头等生理现象。一旦有这些现象，可能是此时的意念过重，或者人为的追求强度，导致精神紧张，进而引起身体疲劳。这就违背了功法训练的本意。

（2）追求有度，物极必反。任何功法都应该有自身的功理支撑，以及相应的训练要求，我们只是按照其功理的要求进行修炼而已，是一个让功法在自己身上静静地“上身”的过程，只需按照其训练要求等内在规律前行即可，自己在绚丽的过程中仅仅是一个证“道”者的角色，绝对不是一个在习练中去创造规律与改变规律的上帝角色。所以，自己要做的只是“松”“静”下来，努力地按部就班照着规范训练即可。

（3）不要盲目相信感觉，最重要的是训练中的达标与正确。训练中的“感觉”的确是个好东西，能让我们省却许多思考，并能在某种程度上引导着我们前行，但是，“感觉”再好都不能作为检验自己功力的唯一标准。原因就是感觉好并不能等于一定正确。训练中机体反应平淡，没有什么特殊感觉，也不表示功夫没有增长。因为，每个人的体质与特质是不完全一致的，同样的反应各机体内的感觉并不完全相同，所以，大家应该把注意力放在“三调”上，把松沉、舒适、自然、气顺等要领做到位，达到可以无意为之，在训练中把握自然而然的程度就可以了，没有必要痴迷于追求所谓的机体感觉。更不应该有彼此之间进行“感觉”比拼的心态，这样往往会引导习练者去绕弯。一句话：功法修炼是在“休息”与“滋养”中获取能量，修炼不是头脑风暴，只有做到舒适得力才是我们需要的练功状态，所以，坚持“忘我”的站才是功法修炼通往成功的捷径。

（4）要具备传统武术的思维。武学是一门很严谨的学科，但每一门学科都会有本学科的自然属性，武学的修炼自然也会有其自身的学科特点，要把这个特点总结并加以提炼，“似乎”这两个字也许可以概括。因为练功的一切内容与要求都在“似乎”之中，如果类比这个特点，更类似于艺术的表现。以书法为例:学书法起始的字会写得歪歪扭扭，但是，谁也不能说这个字是个错字，但从书法的角度来要求，这样写字并未达标，所以这样写字就是不行。注意，“不行”和“错”是两个概念！错了只能修改，不行就要继续练习！

习练者在练习时如出现肩膀酸痛、腰腿酸痛等现象，这就证明学员的筋骨强度还不够强健，而不是练习方法错误。所以，机体出现类似问题就要松松静静地练习下去。功力的积累就如同书法练习，按照要求写字，一个不达标就写十个，十个不行写百个，有志者就会写上千上万个，直至写到行为止。这一点，但凡那些功力深厚者都有此体会。训练中有些问题，当时或许百思不得其解，所以产生苦恼是一件很自然的事情，只要坚持一段时间，你的身体就会把答案告诉你，困扰你的问题自然就过去了。

第四节　功法的基本体系

大道至简至易，至精至微。老子曰："少则得，多则惑。"《黄庭经》云："至道不繁。繁杂无绪，皆为道末，令人不得要领，故而道家不取。"修炼之学，是质而精的东西，以少胜多，直指大道。《道德经》言："道生一，一生二，二生三，三生万物。"总之，越简单，愈近大道，这就是"平平淡淡才是真"。

关于功法训练的体系，传统武术的功法不只是某个单一功法的表现形式，任何一种功法的功能都只能体现在某些方面，功法的价值也都局限在自己的功能范围之内，并且替代不了自己功能以外的功法价值。武者习练对功能的需求由技击的特性来决定其所需范围，这是一个对技击功能整体综合的需求过程，并决定了功法训练必须完善技击所需的各种功能，并通过训练来满足现实的需求。

由于任何优秀的功法都具有针对性，这便是具体功法本身对修炼目标的指引，因此能够起到实际支撑武学效果的功法应该是功法体系，而不会是靠单独的某个功法去支撑所有需求，因此在功法体系之中通常来说都会把不同的功法按照"醒、强、用"这三个渐进式台阶进行区分，并根据习练者的实际情况来加以修炼。这里的"醒"是指功法体系之中注重机体的某些功能被激发并达到了苏醒的效果的这类具体功法，例如机体的某个部位产生了符合功法要求的感觉或者得力；这里的"强"是指功法体系中那些注重机体被激发的某些功能得以逐步强化与完善的过程等这类具体功法，旨在达到可支撑经纬技法构架在实际技击中运用的需求；这里的"用"是功法中具有明确指向的，是指通过训练使功力达到强大的效果，达到功法与技法在自然衔接中的运行，使彼此都能够在技击运行中得到最大的功能诠释，这是技法构架在技击运行中产生驾驭的基础，同时又是技击运行获取技击效果的支撑。

任何具体的技法都可以套用功法体系中这三个阶梯给自己一个准确的定位，以便于明确并清晰自己的职责所在。如果想靠一个功法本身就诠释出武学体系所需的一切功能，这在现实中是不会存在的。我们只能够用客观的优劣观去认知某个功法，在认知中去清晰某功法更偏重于某个方面的功能修炼。所以说无论是师父还是徒弟，在功法修炼之中都应该尽可能早地明白这个道理，让自己的训练少走弯路，并具有事半功倍的效果，这是我们共同希望看到的修炼。

传统武术“三型一体”的体系功法表现形式，决定了它的功能是否能够全面支撑技击的各类需求。尤其是在实战对抗中的表现形式，更是展现武者综合实力的写实体现，假设实战中的任何一个所需的功能点不具备，或者技法运行得不到某功能的全面支撑，那么，就有可能成为实战中的短板，或许这正是你的对手乐意见到的现象。

功法体现的目的就在于，能够把技击对抗（实战）所需的各种功能，通过功法形式的训练，让习练者逐渐具备这些所需的相应能力，以满足实用的宗旨。

下面我们就功法体系的详细内容，按照由浅入深的逻辑逐步阐述。

练功是个规范的行为，它虽没有那么复杂，但也不那么简单。

从大的方向来看，只要在练功时配合好呼吸，处理好丹田的松紧与全身骨缝的开合之间的关系，就能够有机地把功力支撑作为技击的桥梁逐步搭建起来。

从功理的角度来看功法：凡是符合生理要求的气血运行都属于正确的，任何违背人体生理规律的都不对；凡是符合人体生物力学要求的动作运行都属于规范的，任何违背生物力学规律的肯定都不对。

很多人一开始就进行浑圆桩的练习，如果把人比喻成一台精密的仪器，那浑圆桩就是一套高度优化、高度整合的修炼系统，对机体的修缮作用是毋庸置疑的。修炼使好的机体质量得到了高度优化与整合，使机体质量得到提升，但是，如果身体这台仪器处于病态之中，那就会使坏的机体质量也被同样高度优化与整合，此时机体的质量自然得不到提升。

功法的基本要求、共同目标与所指方向，表现在肩撑肘横、双膝撑拨、独立守神、三窝放松、外阳内阴、食指前伸、虎口圆撑、把握阴阳、松紧有度、阳紧阴松、舒适得力、意念反视、残余拙力、联结放长、肌肉若一、练体固精、练精化气、练气化神、练神还虚。

浑圆桩并不是不好而是非常好，尽管非常好，还是需要先通过无极桩将人体质量加以修缮为好。无极桩的优势就相当于给人体这台精密仪器做一个类似于电脑的初始化，通过初始化让机体回到原本之初，即让机体回到健康的初始。在这个基础上再进行浑圆桩的练习，才能让机体真正得到所需的功能训练，所以说：无极桩是万桩之始。

下面我们就从无极桩入手，开始进行功法体系的梳理。

一、无极桩

1. 功诀

二目平视注远方，凝视片刻返神光，意领气从祖窍降，降至涌泉四梢畅。

2. 机体要求

下肢：自然站立，两脚与肩同宽，脚尖朝前，膝关节微屈，两胯微坐，两脚全脚掌踏地落实，脚趾自然抓地，重心落两腿之间。

头颈：头正颈领，下颌微收，舌舔上颚，二目平视。

躯干：脊柱竖直，松腰下榻，尾闾微指下，向前收敛，圆裆会阴内收，松开后腰处命门，虚心实腹，胸空微含，身体中正安舒。

上肢：两臂放松自然下垂于体侧，沉肩坠肘，松腕垂指，手心朝里，周身整体感觉松弛舒展。

图 3-4-1

3. 具体要求

无极桩法的基本要求从“松（整体放松）、静（精神入静）、正（立身中正）”入手进行三调练习，在功法练习时动作的具体要求如下：

（1）调身口诀极简单，一共十四个字：两会一点一垂线，全身体重到涌泉。“两会”指人身穴位“百会”和“会阴”，“一点”指两脚“涌泉”穴连线的中点，操作上使这三点位于一条与地面垂直的假想直线上，久而自然能全身贯通。“全身体重到涌泉”属于建立在精神假借上的机体感觉。因为根据人体的几何外形，重心无论如何都不会在身体的最下部。但是通过长期的意念引导，很快可使机体在这种练功状态中进入上轻下沉的稳定状态。

（2）调心这个环节十分重要，口诀有八个字：无念无欲，毋妄毋助。开始功法练习时，需保持目光自然平视待稳定后，将两眼神光汇聚在祖窍内（两眼正中、鼻根尽处向内一寸的空间），使自己处于虚静守一的状态，以逐步达到降心制性的效果。

（3）调息呼吸遵从自然法则。练习中不必去在意有什么呼吸的要求，有人讲“忘息”，就是这个意思。任无极桩的内部按照规范自然运行来塑造自己即可，而无须刻意去制造某种模式。时间久了呼吸就自然会有相应的变化，这就是收获，而不是人为去追求，这样只会适得其反。

无极桩功的评价可用八个字来描述，即无形无相、无根无极。

无形无相者，指的是功法对形体的要求。两腿自然站立不刻意屈蹲，两手自然下垂不作势，表情自然不带一丝张狂，秀若处子，内敛一团精神，不怒而威。躯干自然平和中正，泰然自若，有佛祖拈花之妙，自然之中的妙处全在“无”字之中。

无根无极者，指的是功法对意识的要求。当机体放松到一定状态时，身体会自然出现一定幅度的摇摆与晃动，此时就需要维持机体的相应平衡，并到小腹位置去找到可维持机体平衡的核心点，以保持机体的平衡。修炼中只有将自己后天意识排空，才能做到思想无所思，意识无所住。如此，机体的真气会自然发动，并弥漫全身、随动而动、自然顺遂，无一丝勉强，无一丝滞病。故而又有无所不在、无所不是之妙。

如此，能循此操作，保持功状，渐至疲倦，真气发动，自然中感受无极生太极的道理。至此桩功始有小成，然终不可弃。

4. 无极桩的要点

（1）意守皆在有无间，不必刻意。练习时可将机体调至“睡又未睡着，醒又未清醒”的混沌状态，在此境中找到那种发自本能的松沉感，并强化这种感觉直到可以引导它，以实现为我所用的目标。初学者难以屏除杂念，无法入境时可以想象草原、大海、青山、流水，或守窍，或数吸，或念经。当具备一定的定力后，应努力驱除意守。此乃练功的关键所在，切切谨记！

（2）不可刻意用百会穴上领功架，只需保持三点连线即可。

（3）不要强迫自己舌头上接，即“搭鹊桥”。要相信水到渠成，一切都在无为而为之中。

（4）三点连线向上领，只是过程中的一步，不能一直意领，这将违背第一条要点。

（5）“前一后二”。饭前一小时，饭后两小时，房事前一天与后两天不宜站桩，当然这是古训。由于一般练功者不超过数十分钟，尚不剧烈。做“前半后一”即可。

5. 收功

做三次微深呼吸。呼气时意想将全身的病浊之气排出体外；吸气时意想把自然界的精华之气收进体内。然后张开眼睛，稍做散步与拍打等练习。

练功的时间、朝向、次数：时间不限，因人而异，初练以 20~30 分钟为宜，若连续百天站桩一两小时以上，且不行房事，称为“筑基”；面朝南方；一日早醒后、晚睡前各练一次为佳。

二、功法的准备活动练习，即起桩练习

1. 起桩练习的意义

起桩是功法练习的准备活动，其宗旨是做好机体的“三调”准备，为后面功法的主体训练奠定运行的基础。

练功需要机体先从平常状态自然进入练功状态，才能让功法的训练产生应有的效果，

那么，就需要进行必要的起桩练习。如此就一定要牵涉到机体内的相应活动，这些活动可克服机体惰性，体现在肌腱、筋、膜舒展开，骨缝被打开的程度等方面；气息调整的准备，可在机体内建立良好的感觉;心理入境的准备，可排除杂念，保证意念的应景要求。起桩的质量往往会影响练习者在下一步进入练功状态的训练质量，起桩达标，会让练习者很自然地进入到所练习功法的功境中去，并且能产生较好的功法效果，练习者应该认真对待。

在准备活动的伸筋运动中，要始终确保机体处于放松状态，呼吸自然，心态平稳。练习的形式，以形态拉伸练习为主线，同步表现呼吸与意念的入境要求。具体的操作为：通过机体拉撑肌纤维来完成准备活动的内容，在此过程中连同机体需要活动开的筋膜等许多软组织也都被拉伸开了。肌腱筋膜拉伸越长，机体的力量也会随之增强。但是在拉伸练习中，需要认真把握其中的“度”，目的是尽可能避免肌肉劳损。另外，要遵守循序渐进的训练原则，因为肌腱筋膜的拉伸练习需要经历长久地坚持才能逐步产生成效。

2. 起桩的基本要求

功法训练在准备活动时的身心要求为：身体中正，心静体松，调匀呼吸，保持自然。两脚开立，足间距为 1.5 个肩宽，足尖自然朝前，双膝微屈，双臂自然下垂，腋窝虚开，双手叉腰，坚持“头直项领、臀微下坐”，确保脊柱这条大龙受到上下的拉伸力。练习时始终保持身体是一个整体，并且一定要把大龙立起来，但不能坍塌散架，也不允许僵化，要保持一定的弹性。[图 3-4-2（1）]

3. 基本起桩（准备活动）运行

（1）背弓交叉对折 [图 3-4-2（2）]

动作要求：按照基本要求站立，双手叉腰，裹膝松后胯，意念撑起五张弓。表现为用肩峰位置与身体异侧的“足、膝、胯”交叉斜侧向对折耗压，耗压中有意识地去感受大龙在扭转中的撑拔感以及整个背面肌腱的拉伸感，耗压由下至上、先左后右，分别表现在“足、膝、胯”的三点部位上；每个点位的耗压时间为 2 组，每组 4 拍 ×8 秒。

（2）背弓上下对折 [图 3-4-2（3）、（4）]

动作要求:按照基本要求站立，双手叉腰。表现为肩峰位置分别与身体“足、膝、胯”三个点位的同侧上下对折耗压，耗压中有意识地去感受大龙开弓状态的撑拔感以及整个背面肌腱的拉伸感。耗压动作由下至上，按照先足、次膝、再胯的顺序进行，每个点位的耗压时间为 2 组，每组 4 拍 ×8 秒。

图 3–4–2（1）

图 3–4–2（2）

图 3–4–2（3） 正面

图 3–4–2（4） 背面

（3）背弓左右对折［图 3–4–2（5）、（6）］

动作要求：按照基本要求站立，双手叉腰。表现为机体左右对折，分别表现在身体“肩、胯、膝、足”四个点位参与的左右侧同步完成上下对折的耗压，耗压中有意识地去感受大龙的联动撑拔感以及整个背面肌腱的拉伸感，耗压动作由上至下，按照先胯、次膝、后足的顺序进行，每个点位的耗压时间为 2 组，每组 4 拍 ×8 秒。

图 3–4–2（5） 正面

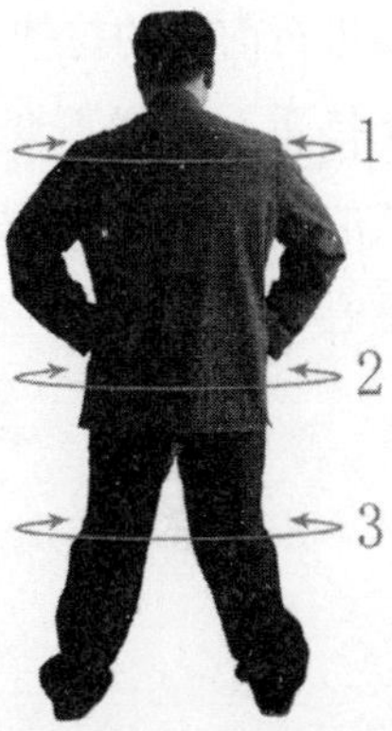

图 3–4–2（6） 背面

（4）下蹲侧开胯练习［图 3–4–2（7）、（8）］

动作要求：按照基本要求站立，双手叉腰，随着重心全面过渡到左脚，左脚完成下蹲动作，右脚同步完成侧开，当到达右脚尖所能达到的最远落点时，开始进行前胯的拉伸练习，保持左脚下蹲时重心垂直起落的平稳，右脚以脚尖的落点为支点，坚持重心位置不变的基础上完成脚跟朝支点远方的侧向踩踏。承上述练习后针对机体调式的准备活动为：按照基本要求站立，调匀呼吸，两手自然下垂。开始练习时下蹲不宜过低，重心始终维持在左脚。数量：左右各一组，每组 4 个 ×15 秒。

图 3–4–2（7）

图 3–4–2（8）

（5）前弓步开胯练习［图 3–4–2（9）、（10）］

动作要求：按照基本要求站立，双手叉腰，随着重心全面过渡到左脚，左脚完成下蹲动作的同时，右脚同步完成向身后侧的伸拉，当到达右脚尖所能达到的最远落点时开始进行前胯的拉伸练习，保持左脚下蹲时重心垂直起落的平稳，右脚以脚尖的落点为支点，坚持重心位置不变的基础上完成脚跟朝支点远方的后方踩踏。承上述练习后针对机体调式的准备活动为：按照基本要求站立，调匀呼吸，两手自然下垂。开始练习时下蹲不宜过低，重心始终维持在左脚。数量：左右各一组，每组 4 个 ×15 秒。

图 3–4–2（9）

图 3–4–2（10）

（6）贴丹田顺作息［图 3–4–2（11）］

动作要求：此为承上述练习后的调息准备活动，按照基本要求站立，调整呼吸时双手贴住丹田位并按要求做相应练习。双手贴住丹田时的内位手为男左女右，两手重叠轻按小腹处，需要让掌心感受到呼吸的起伏与缩胀。呼吸要做到深、长、细、匀、缓。数量：

2 组 ×8 拍。

（7）意想关键部位［图 3–4–2（12）］

动作要求：承上述练习后，该练习主要是建立机体对重要部位的本体感觉。按照基本要求站立，调整呼吸，两手自然下垂。可用意念找到身体的几个关键部位，其顺序为：丹田、尾闾、涌泉穴、会阴穴、劳宫穴、百会穴、横膈膜、头顶一尺位；还可根据后续功法练习的需要，增加内容形成一组练习内容。当找到了准确位置后可适度停留 3~5 秒，按照一组的顺序逐个练习；在练习中可默想“垂尾正脊神灌顶，气入丹田走泥丸”之类的拳经要诀。数量：2 组意想部位 ×5 秒。

图 3–4–2（11）

图 3–4–2（12）

（8）上下蹲起运动［图 3–4–2（13）、（14）］

动作要求：此为承上述练习后针对机体调式的准备活动。按照基本要求站立，调匀呼吸，两手自然下垂。动作运行时始终保持躯干垂直地面，下蹲与起立应持续在缓慢中进行，在整个过程中体现命门的微凸感，并要求大龙正直。有条件可面壁完成，随着水平提高，脚尖可逐步贴近墙根，直至贴到墙根，身体仍然能够自如完成蹲起动作。开始练习时可以前伸双臂，减小动作难度以维持平衡。数量：8 个 ×15 秒。

图 3–4–2（13）

图 3–4–2（14）

附：站桩之前，须做好全身放松的相关准备工作。不可穿太紧的衣服，腰带要松。不宜穿高跟鞋或硬底鞋，鞋带也不可系得太紧。总之，训练需要机体始终处于血脉的流通状态，对服装与环境的要求以感觉舒适为宜，目的在于保证后面即将进行的训练内容顺利展开，更有利于训练效果的产生。

三、浑圆桩

当无极桩站到一定阶段后，机体就会产生相应的改变，表现在对行为理解并感受到了体“松”与心“静”,再坚持一定的时间，身体就会开始得到体“松”与心“静”的体会。同时，表现在机体上的感受还是逐步去掉僵力和拙力的过程。

人体阳经在外而阴经在内，当无极桩站到一定的火候时，身体就会有自然的反应。由于气血充盈，两只手就会产生上浮的感觉；再经过一定的积累，气血负阴抱阳，身体就出现抱圆的体会，此时浑圆桩就可开始训练了。

图 3-4-3（1）
浑圆桩（正）

图 3-4-3（2）
浑圆桩（侧）

1. 具体要求

浑圆桩是在完成无极桩练习，机体达到松、静、正等要求的基础上，所进行的更深入的功法训练。

浑圆桩练习求的是全身的松透，以及从丹田逐步产生并往外扩展到全身的一个气球感。当达到一定功力时，习练者就会感觉全身如同一个充满气的大球，表现出手臂的自觉上抬，这并不是机体内部没有内容而强制性的造型摆放。当站出这种感觉时，就会形成机体的整体用力结构，表现出身体的任何一个局部一旦受力，这股力就会同步分散到全身并自然产生全身的受力反应，这就是成为“整体”的重要表现。继续训练的进展中会使机体朝着静心、净思维、静身的方向发展,使已“整”的机体逐步做到真正的体“松”、心“静”。

人体在站桩的过程中会逐步产生“麻、热、涨”等生理反应，这正是我们希望得到的训练效果，还需要把它逐步扩散到整个机体，并要努力深入进去。在站桩中对呼吸以达到“呼吸以踵”要求，这是阐述呼吸的模式宜指向脚跟并要达到既“深”且“长”的规范，通过呼吸自然使机体的渗压发生适度变化，致使机体内环境因渗压的改变而发生相应变化，进而达到人为促进体内产生符合功法要求的良性循环，以达到加强机体气血运行的效果，具体的做法是：“松（身心轻松）、长（由短渐长至更长）、细（气不宜粗）、匀（呼吸均匀）、缓（切勿急促）”。

功法需要潜心修炼，非一朝一夕就能速成，需勤修深悟方有所得。

2. 浑圆桩练习的具体功法

（1）功法运行的基本过程

人体自然站立，两足分开，足外侧与肩同宽，足尖向前，面向正前方，两目平视，头顶微悬，下颌微收，双膝微屈，臀部后坐，双手自然下垂，放于体侧，目视前方，似看非看，头直项竖，身形中正，呼吸自然，全身放松，凝神定意，排除杂念。如此站立片刻后就可以开始浑圆桩的练习了。

当身体有了体“松”、心“静”的感觉后，两手顺着向上的浮力慢慢抬至胸前，两臂在肩的同一水平合抱圆撑；五指张开，十指相对，两手指间距离 15 厘米左右，突出三圆（双手抱圆、虎口撑圆、掌心夹圆）；肘微下垂，掌心朝内，离胸一尺左右，二臂有类似环抱大树之感；双臂皆呈半圆，腋半虚的姿势之中臂同时具有外撑感；松肩横肘，胸部微收，脊柱正直，小腹微圆，膝关节自然弯曲，胯回收，臀部尾闾下垂。

头顶如绳吊系，以振奋精神；两目微睁，目视前方，以守一念代万念，若有杂念，皆随它去，采用“来者不拒，去者不留”的方法，保持“视而不见，听而不闻”的心态，把控在体“松”、心“静”中蓄养精力；肩部稍往后张，使心胸开阔，便于增加肺活量和精神的舒放；全身放松，以促进周身气血通畅运行。

如此，按照上述要求，浑圆桩的动作构架就基本形成了，下面需要通过相应的要求对动作内在的内容进行必要的规范，看看是否会有内容的缺失。

（2）动作功架要求

在动作中要体现出间架“四上一下”与浑身“六面劲”撑拔的用力感觉，这种撑拔应该建立在整体安舒的基础上，以能够在机体中寻找到最佳的流畅感为“度”，同时要根据不同阶段调整好间架内撑与抱的用力平衡，做到“形不破体、力不出尖、神不外溢、意不露型、气不急促”，形成一个整体的舒适得力的松沉功架结构，此姿势即符合浑圆一体的要求。浑圆即混元，也就是混沌的意思，混沌守一，无有分别。所以，此桩从姿势上来讲，不高亦不低，不伸亦不缩，不长亦不短，不前亦不后，不左亦不右，虽说有两足同肩宽、两手距离 15 厘米左右的要求，但不能刻意地追求所谓的“精确度量”。从意识上来讲，无去意亦无来意，无伸意亦无缩意，无有一意，只是一站而已。正因为此桩混沌不立一象，亦无有一动，所以它包含着一切运动变化的可能性。

（3）动作模式需求

我们知道一切运动都要通过空间位置变化才能实现，比如手臂向前伸出的这一动作，只有当手臂弯曲时才能进行，同时在前伸的过程中就限制了该手臂同步进行其他动作的形态发展，这是由动作的运行机制与人体的生理结构所决定的运动模式。在这个运动模式中完成任何一个动作时，只要这个目标姿势已确立并开始运行，运行的本身就已经限制了它以外的随意运动进行的可能性，这是所有搏击类运动必须遵循的道理。不同的搏击类运动，为了使人体获得在项目中充分完成运动所需的能力，都会建立起各自的运动模式。

传统武术具有以空间轴为主轴、时间轴为辅轴的技击表现特性，自然决定了传统武术更需要构建自己的运动模式，运行模式所需的劲力运行必须符合特性要求，从技击的实际需求出发，做到训练内容与实际需求为一体。因此，其模式应该具备这几方面功能：①在常态之中机体必须在无意识状态下，不受时空的限制，且具有经得起外来冲击而动作不散、功能不受影响的要求，这就是一个技击运行的平台；②在平台之上必须具备机体内劲力运行机制，表现在三才劲的收发自如，并能够满足技法运行的各类需求；③建立在平台之上的动作运行，能够充分展现经纬技术构架的所有功能；④在平台之中，对手与环境等外界信息的接洽能够自由往来，并能够形成必要的技击联动。

（4）功架平台构建

传统武术的技击运行都是建立在平台之上的功能体现，缺失了平台的支撑，技法的功能施展就失去了前提，再好的技法都会成为空中楼阁，因此，构架起稳固夯实的平台是运行模式的基础。要构建平台就必须使机体形成浑圆为前提，因此，以构建平台为出发点，尽可能使浑圆桩的训练更加深入，这样才能使自己具备展现上述功能的要求，关键就在于形成机体的浑圆；继续浑圆桩的练习后，加强平台质量的进一步提高，建立在平台之上的三才劲收发运行就可以逐步展开；待浑圆功力逐步提升后，在平台上构建的经纬技术构架诸多功能也就可以结合训练，并得到全面开展，如：在功架训练中可把食指挑起作为骨架，拇指与虎口加以配合，将其余中指、无名指与小指放松，以体现出手型的阴阳一体，为实战状况发力手法的变化与力点触碰所需奠定相应的运行基础；待到浑圆纯熟，浑圆功力支撑的技术构架与用力模式的展现，已经能够处于本能显现的状态之中。当全身机体能从本能中感受到浑圆平台，自如展现出技击所需的各种功能时，通过浑圆桩功来构架用力平台的目的就达到了。

（5）功架功能展示

假设传统武术的技击运行平台构建完成并且功能完整，那么就能够在实战对抗中表现出“坦克”的特征。浑圆功力所展示的是坦克的外壳功能，具有防御外来相应枪弹击打的能力，同时又具备冲击、碰撞、碾压等进攻能力；在坦克这个平台上还承载着更多的内部功能，内部枪炮的功能体现就如同传统武术技击的三才劲，平台的浑圆将成为三才劲运行的底座，根据势态的需要可随时随地进行击发；坦克这个平台上所表现出的翻山越岭、无死角转向运行、不分昼夜地展现功能，就如同传统武术技击的经纬技术构架，可在任何技击势态中展现自己的技法；坦克在运行中可根据需要做出各种战术表现，以最大化获取战斗成果，而建立在浑圆平台上的技击表现，能够根据自己的技击所需，制定与调整相应的战术去服务于任何势态中的技击表现，表现出传统武术对抗时功力、技法与战术融为一体的特征。

（6）功架表现需要注意的点

①四上一下：指涌泉穴、会阴穴、舌微顶上颚、百会穴这四个部位微微上提，同时使尾闾穴这一处下垂指向地。

②六面劲：构架体现出前后、左右、上下这三组由内而外的对撑，表现出六个面的劲力。

③四象位：了解双肩与两前胯这四象位各具体位置的解剖结构，明确各关节腔在桩内骨缝的撑拔要求中能够完成正确开合的运行角度。正确的认知有利于完善与把控机体松沉的功架结构，并规范地建立四象位之间的相互关联，以及主辅位的调整功能，为动作运行奠定基础。

④垂尾闾：垂尾闾的要求习练者往往不易理解与难以做到，要强调在该部位调气功能的基础上，点明其下垂的物理结构，只有这样才能建立起比较正确的下“垂”概念。有了正确的垂的尾闾结构概念，动作中的上下对拉才能表现得更具体、更到位，该部位的功能也就容易体现出来，否则起步就会因为概念模糊，或因为认识上的失之毫厘，导致训练结果上的谬以千里。

四、收功练习

1.收功的基本原则

收功是不可省略的一个重要步骤，功法练习必须建立收功的概念，并养成这个良好习惯。练功结束，待身体完整的机体训练反应基本结束后，就可以收功了。如果机体反应仍处于继续之中，必须让机体的反应达到通透后再进行收功练习，否则，收功的效果很难圆满。只有建立在机体反应完整透彻的基础上，收功的效果才会更好。

不同功法练习有着不同的训练目标，通常在练功状态中对机体产生的影响越大，所需的收功的运行程度也就相应越高，其目的是让自己的身体从练功状态恢复到日常生活的机体运行状态中。从原理上分析，机体在练功状态时处于全身毛发打开，内部必然处于功法的激烈运行状态中。由于功法练习是通过三调的练习来达到训练效果的，所以我们必须承认功法练习过程中机体内部激烈运行的客观存在，有时尽管从外表看上去安逸、平静，但机体仍然处在继续运行之中，因此收功显然是很有必要的。当然，在收功时考虑到训练内容与入功程度等方面的不同，表现在方式、方法的操作上也会有不同的要求，但无论在操作上有怎样的不同，原理不会变，目标仍然一致，正所谓“万法不离其宗”。

2. 不同类型的收功

如果说功法练习仅仅是在做一些很小运动量的调身，那么收功就没必要太复杂、太讲究：功毕可慢慢站起，缓缓行走 3~5 分钟，然后双手拍打有酸胀感的膝关节等部位，以防相应部位产生疼痛的积累。另外,要注意刚站完桩不宜马上去做其他类型的剧烈运动。

如果是做运动量不大的调息练习，那么在收功时只要做到双手缓慢放下，徐徐回收身体两侧，双脚缓慢直立，双腿回收，静立 3 分钟即完成收功，基本可以等同套路演练完成后的放松运动。

如果说调身、调息的过程中融入了相应的调心练习，那么收功就会相应变得复杂起来了，需要两手合抱于丹田，男左手在下，女右手在下，静默两分钟，默想全身气机如百川归海一样流入丹田；然后做 3~5 次提肛收腹，两手再往下一按，将气机收入丹田，意想收到最紧时丹田内突然有颗星星在瞬间闪光；再在全身放松后做适度拍打，感觉机体如常即完成收功。

如果功法练习对三调的程度要求很一般，那么收功阶段可在站桩结束时，先做一做丹田的内转运气，待机体内部通过丹田运转达到平衡后，让身体产生适度的舒适与放松感觉；然后搓热双手干洗脸，双手交替搓颈后，再适度拍打；还可结合一些松臂抖弹类的放松动作，待身体感觉如常后才算完成收功。

如果功法练习牵涉到发力练习，那么在收功时，要意想全身的真气逐渐往下丹田凝聚、收缩，越凝越小，密度越来越大，形成一个光亮的小星星，定在下丹田处，如此完成 3~5 次练习。然后，重点在于用适度力量拍打身体的几个窝处，并加以按摩身体，待机体恢复如常时则算完成收功。收功以后，身体仍然要保持一段时间的缓慢活动，但不要再有突然间的大动。

如果功法是主内气运行的练习时，那么收功的方法宜双掌重叠，男左手在内，女右手在内，置于小腹丹田部位，用力收小腹提肛持续 3 分钟不动，意想全身真气沉入气海，就不再启动机体内部运行，待调匀呼吸后再有意放松机体，让身体感觉到不别扭并有自然感，再慢慢抖动两腿，缓缓放下双手，并用力搓双手至发烫，再将其放于双肾部位温暖双肾，待双肾温热后再顺时针和逆时针用力揉 36 下，赔补肾精和疏泄肾虚。结束后原地休息，待全身酸胀感消失，身体恢复如初后，再散步活动。

3. 综合收功法

收功是必要的，只是不同功法对机体运行的功效不同，因此收功的方法与要求就不尽相同。建议在功法练习中，如果习练者对自己训练的功法特征并不了解，收功目标没有明确指向，以及自己对功法的本体感受还很淡时，可采取如下综合收功方法。

综合收功法具有较大的普遍性，无论功法在训练中体现什么特征，习练者机体产生什么反应，对多数功法而言，在其后的收功中都能起到一个较好的收功效果。

具体内容如下：

（1）松静调息［图 3-4-4（1）］

调整呼吸，让机体逐渐放松，使机体内的蠕动现象逐渐减弱，精神恢复到平静整体，为后面引气归元的收功奠定基础。

（2）天地归丹［图 3-4-4（2）］

沉肩坠肘，双手侧垂身体两侧，双手掌心转向前侧，举上臂至头顶，上臂内旋，两手腕交叉掌心转向内，缓缓下行至小腹位成双掌内外重叠，按男左女右的原则（男左掌在内，右掌在外；女右掌在内，左掌在外）将双手掌叠放在小腹部。先按逆时针方向并稍用力环绕按摩小腹部（下丹田）36 圈，再顺时针环绕轻抚按小腹部 36 圈。

图 3-4-4（1）

图 3-4-4（2）

（3）天地初开［图 3-4-4（3）、（4）、（5）、（6）、（7）］

双手缓慢放开至两胯前，掌心仍然朝内，双手托掌缓缓上提至前额，同时意念双手上提而双脚下压，把涌泉穴渗入地中，双手与双脚形成一股内在的对拉劲，然后再双手缓缓放下至起点，让这股对拉劲慢慢消失。如此反复做三次。

图 3-4-4（3）

图 3-4-4（4）

图 3-4-4（5）

图 3-4-4（6）

图 3-4-4（7）

（4）提踵震地［图 3-4-4（8）、（9）、（10）正面、（11）侧面、（12）］

双手缓慢放开至两胯前，掌心仍然朝内，双手托掌缓缓上提至前额，同时意念双手提起双脚跟，同时双踵上提把涌泉穴渗入地中，双手与双脚形成一股内在的对拉劲，待机体平静、呼吸均匀时突然消失这股劲，表现出双踵突然砸地，双手同步突然垂落至起始位。如此反复做三次。

图 3–4–4（8）

图 3–4–4（9）

图 3–4–4（10） 正面

图 3–4–4（11） 侧面

图 3–4–4（12）

（5）举鼎泄形［图 3–4–4（13）、（14）、（15）］

双手缓慢放开至两胯前，掌心仍然朝内，双手托掌缓缓上提至前额，同时意念双手提起双脚，而双脚却把涌泉穴渗入地中，双手与双脚形成一股内在的对拉劲，然后身体突然失重式下蹲，要求双手自然垂落体侧，这股对拉劲同步突然消失，待机体平静后缓缓起立成初始姿势。如此反复做三次。

（6）丹震泉底［图 3–4–4（16）、（17）］

双手自然下垂于身体两侧，呼吸自然、机体放松，突然吸气于小腹时，双手同步由掌握拳，双踵上提，同时完成头顶、收肛、紧小腹，使得全身为一个整体，然后再缓缓呼气放松机体，回到初始姿势。如此反复做三次。

图 3-4-4（13）

图 3-4-4（14）

图 3-4-4（15）

图 3-4-4（16）

图 3-4-4（17）

4. 收功后练习者应注意的事项

上述内容完成后，会感到双手或机体更加发沉发胀。如此可做一些全身的搓揉与拍打练习，完成后可在原地休息一会儿，待全身的酸胀反应消失之后，全身轻松，再散散步即可。

（1）收功练习后要完成适度的整理。双掌搓热，浴面；十指梳头；双手掌揉眼眶，左转柔与右转揉次数相等，眼珠可跟着转动；热掌贴肾；三窝拍打；四肢擦拭。小腹按摩一定要先逆时针，后顺时针。逆时针为泄，按掌稍重些；顺时针为补，按掌轻抚即可。先泄后补为功法练习的原则。

（2）练功后宜休息一会儿，最好是禁食半个小时以上，实在口渴的话，有条件的可用温开水漱口，也可适度喝少许温水，即便是夏天也要喝温水，切忌练功后急于进食、大量喝水，尤其是吃冰、喝冷饮料以及吃冰镇类食品。

（3）练功场所要冬天避风、夏天避阳、空气新鲜，且尽量面朝南练习。

五、呼吸养气功

1. 呼吸养气功法的基本认知

道家认为：自混沌未分，鸿蒙未剖之时，虚无一点灵气结成一团元光，为无极之主乃化元始天尊，二化灵宝道君，三化太上老君，老君一气化三清，三清三才，三才生四象，四象生五行，五行凝结负阴抱阳而生万物，生天、生地、生人、生仙，生生化化则无穷无尽矣。

根源于以“固本”为特征的传统文化，通过“天人合一”与“天人感应”的理论而构建起的传统武术体系，有着自己对功力与能源的独特认知，同时也形成了自己独具风格的训练方式与方法。我们知道丹田在中国传统武术功法理论体系中占据着极其重要的地位，围绕着丹田的位置、功能及修炼方法，建立了一套系统的认知理论和实践程序，这就是围绕“固本”而展开的修炼行为与形式表现。

丹田的作用在功法修炼中有着至关重要的地位，从元气产生与运行的过程中看：元气由肾降至会阴，从尾闾上升经夹脊、玉枕至泥丸进入上黄庭，再经玄关出，下降鹊桥、重楼、中黄庭纳入丹田，由此形成机体内元气循环一周的运转。从中可以感知到丹田在元气运行中的作用，如果丹田的功能可通过训练得到提高，那么对机体功能的改善与提高将具有巨大的促进意义，因此，我们需要有目的、有步骤地对丹田的功能进行挖掘与训练。

在功法训练中，普遍认为的丹田功能主要体现在：内功修炼产生内丹的部位，意念注处，内气转换的核心之处等。

2. 丹田养气的修炼方式与步骤

第一步，采精。这是一个通过采纳方式对机体进行内固的过程。

行采之法。采是一种呼吸法，要求做到：收紧小腹，吸有意，呼无意。吸气时意想精气从生殖器吸到会阴穴位，然后上吸不停地再将精气持续纳入丹田区域，停留片刻，待机体平静时则可呼气，呼气的时候全身放松，勿需用意。在这期间，小腹要一直保持着一定的紧收状态。这里需要强调的是用于炼精化气的精是指先天之元精，因此是先天气的凝结态，而不是指后天的精液或精子，如果不辨或无控制，此时易随之而起淫欲之心，将先天元精化为后天精而走失。这时要淡化自己的性感觉，直至在练习中完全消失了性的感觉，体现出男性生殖器的松软，女性生殖器消失了感觉，这就说明体内精气已经回到了丹田的部位。可通过站桩或其他静态练习来固神、固精、平衡内气，“实其腹”，“明其心”。

第二步，暖精。这是一个温养的过程，通过细匀的呼吸调节或有针对性的形体运动来逐渐积蓄丹田能量。

在功法练习时若能够做到生殖器的感觉渐渐消失，就可进行下一步的修炼。这一步的修炼要改用另一种呼吸法，就像鼓风箱一样，我们采用的腹式呼吸是开合式的表现形式，即吸气的时候小腹鼓起来，呼气的时候小腹瘪下去，如同风箱那样进行两边开合。如果刚开始掌握不好这种呼吸法的话，也可以用手来摩擦丹田区域的皮肤，以协助训练，直至把它搓热。搓热以后，你会有一种非常舒服的感觉，那种热量会自然透入全身。

第三步，起火。这是一个开合训练的过程，以意念引导和肢体旋转带动丹田的开合，来启发机体的生机。

这样修炼的目的就是通过起“火”把往下流走的“水”返回来，所以，在修炼时要起一种暖气，要升起一种火，把跑到下边（里面）去的水重新地蒸发到上边来，呈现到表面上来。这就是说，炼的实质就是起火，无论是采用手摩丹田，还是用一种鼓风箱式的呼吸的用意，其实质都是靠一种摩擦的作用来起火。故在呼吸时不要着意于呼吸本身，而要着意于意念在鼓荡中的作用，意守丹田是最为常用的练习方法，将意念缓缓存入丹田处，靠呼吸让丹田这个地方动起来，让它起一种摩擦的、鼓荡的作用，以达到起火的训练效果。

第四步，布暖。这是一个循环的过程，通过精气的蒸腾产生内气，再把丹田作为一个重要枢纽，引导内气在体内循环旋动，散发至整个机体。

火生起来以后，采用胎息的呼吸法进行静养，呼吸中设想自己的肚脐如点燃并烧红的蜂窝煤，通过呼与吸来意想肚脐进行着同步吸清吐浊的相应呼吸，并通过肚脐的呼吸运行将腹部烤暖，同时把丹田所储藏之精的这种液体逐渐蒸发，并让此蒸汽散布到自己的全身。

第五步，温养。采炼后继之以养，在无阴不养的功理中去理解，就需要人体进入一种恬淡虚无的状态，不意守哪个地方了，也无须刻意地呼吸了，自然呼吸即可。因为这时很舒服的暖气已经散遍到全身，习练者只要保持住这个状态即可，此时的训练无须再刻意去意守了。

3. 呼吸养气功的功法原理

通过构建修炼的内环境，以形成通向“炼精化气”的基础，有了这个内环境的平台才能使身体的坎离卦位旋转，并通过旋转实现后天返先天的运行，表现出龙虎交媾的相应修炼，以达到修炼中水火既济的修炼目标。当然，在训练过程中的意念与丹田上下位置的落点应该是清晰明确的，具体的训练中一定要强调水火的落位，确保“意念在下，肾水在上”的位置摆放，这才是产生“炼精化气”中蒸腾的保障。如果落位相反则不但完成不了“练精化气”的任务，甚至会出现“火烧干锅”的现象，那么训练结果与目标就相悖了。

为了使我们的训练更加规范，在训练的过程中，我们应时刻参照前人的一些合理的经验，目的是让我们少走弯路。例如：精固而不乱泄，气定而不急促，神守而不外溢，形整而不破体，意至而不露型，力合而不露尖，动静而不乱法，归一而不落单。

4. 综合呼吸功法的修炼

（1）悬丹田。功法的基本要求是悬丹田，所谓“悬丹田”就是把完整的丹田找出来，并使之处在“悬浮”的状态里，悬浮中的丹田不允许紧张，更不允许散乱，应处于一种松紧有度的状态之中，这样才能够确保丹田具备基本的弹性要求。对悬丹田的基本要求是丹田所处位置，与其前后、左右、上下的挂力表现，必须形成完整一体的平衡状态，不能有任何的缺失而出现控制上的露白。丹田各面的挂力需表现出：上为呼吸动中行（息）；下为会阴圆裆中；前为气海来把控；左右前髋控中寻；后有命门带二肾；形成动静一整体。如此，便能确保丹田区域整体的缩、胀、旋转等运行都可任意行。

悬的基本要求是以丹田区域可以按照要求进行驾驭为前提，若是悬丹田能够达到标准，就可以让悬住的丹田完成往前后、上下、左右的位置转动，逐步从中找到机体内的空间位置感，并据此静心建立起武学上要求的力感。这样，悬丹田就能够把会阴、命门、两肾、尾闾、气海等位置感，在每一次的呼与吸中都按需求挂住，使之形成一个整体，并由可自由驾驭的调息来进行相应的功法修炼，在松沉、整体、自然的境中按照规范的步骤完成功法训练的要求，有条不紊地实现功力增长的目标。

悬浮的丹田，是指在息中的任何状况都要能维持丹田的悬浮状态，使其产生悬浮之“力”的动态运行。练习中小腹的丹田位，始终处在自然受力并均匀平衡的状态下，表现出处在类似于自然界的“悬浮”之中，此时丹田的状态才符合功法训练的“悬丹田”要求。当已经掌握了悬丹田的相关要求后，在机体的相关表现步入常态时，悬丹田在机体里的表现不允许出现做作之态，而应该以一种“似丢还在”的状态呈现在功架之中，在运行之中表现出用它就有，不用它似乎就不在的特点。

为了方便理解与训练，在实际训练中，我们需要做到体松自然、调匀呼吸、完整一体，要领是“呼吸长绵，不僵不散”。

这里要强调的呼吸之气只是自然界之空气，而训练的目标是丹田的先天之气。训练的方法是通过正常呼吸的规范运行，在机体“呼吸以踵”的前提规范下，以达到产生机体内正负压的变化，以及加上意念的适度配合，由此而产生一定的功能，再通过这方面的功能去影响丹田的运行，实现水火既济，以达到我们对先天之气需求的训练效果。因此，这里所指的丹田先天之气与呼吸之气不是一个概念，不应该将其混淆。

（2）吸气的三分法。为了方便实际上的操作，可以人为地把一次完整的吸气划分成三个部分，即入气的气头、中间主体的气腹、收气部分的气尾。

将吸气划分为三个部分的概念或做法，目的是能够更好地了解与驾驭呼吸，为的是在训练中得到更好的习练效果。如果我们把现实中的一次入丹田的完整吸气划分成这三个部分，那么，一次完整的呼吸就应该将这三个部分都包括在其中，缺失了任何一个部分都不会完整。从练功的角度来看，其中任何一个部分没有达标都一定会影响到练功质量。例如：在入气的气头轻重的度上是否拿捏得当，如果气头所指定方向或者部位有误，那么这次吸气就会把行走的路径搞乱，导致后面的气腹无所适从，找不到该去的归宿。气腹是吸气的主体，深、长、细、匀、缓主要靠这部分的运行来得到体现，也是入气训练的主体，此时的“量”应该有一个符合自己水准的把控，过了影响收气，不够则会影响训练效果，切莫脱离自己的实际水平去刻意模仿其他人。若收气不能按照要求收入丹田，则势必会导致中焦位的气息有较大内压，这样就会导致后面的下咽要求受阻；如果收气达到标准，则中焦位会产生相应的“负压”，在这种状态下完成下咽的动作就显得非常自然顺畅，同时也为下一步的呼气运行奠定了基础。

我们在习练中应该处理好其中的每一个细节，正所谓在习练中要真正理解“客观看时机，主观看态度”的含义所在。凡事都应该按照规范行事，这就是训练的捷径。

5. 养气功

有了上面的基础，我们就可进行养气功法的训练。养气功由呼与吸两个部分组成。

（1）关于吸的功法。吸诀：一吸便提，气气过脐；一提便咽，水火相见。具体解释如下。

①一吸便提：这里的“吸”是动词，指吸气的意思，由于采用的是逆式呼吸法，因此吸气时会伴随着紧丹田的过程；“提”是指提起会阴的意思，初习者如果没有会阴的感觉，可通过提收谷道（肛门）来代替；“便”是副词，意思为紧接着的跟进之意。完整的意思是：

只要一吸，气就要连带着将会阴提起。

②气气过脐：这里的“气”是指吸气时机体所产生的气感，因为呼吸所产生的气体只能够留存在人体的肺里，这是由人体的结构与功能所决定的生理现象，但是，吸气渗压所产生的气感却可以通过传导去影响机体内脉络的气血运行；重叠的“气”则说明了状态的持续。这里的“过”是动词，指通过的意思；这里的“脐”是名词，指人体肚脐的位置。完整的意思是：把每一次吸气所产生的气感都传送下去，通过肚脐传送到丹田位置。

③一提便咽：这里的“提”是动词，意思是提起，“一提”就是“只要提起来”的意思；这里的“咽”是动词，指“下咽”，即咽口水的意思，因为，当规范地进入练功状态时，口腔内自然会产生相应的唾液分泌。完整的意思是：只要在完成了提会阴的动作时，就相应地把口腔内分泌的唾液咽下去，并用意念将其传送到丹田处。

④水火相见：这里的“水”是指那些可以转化成元气的“原材料”；“火”是指将水蕴化蒸腾的“心火”，即指意念；“相见”是指聚集在一起的意思，位置就是丹田位。完整的意思是：通过上面一提便咽的运行，目的是让心火与肾水在丹田里相会，水上火下进行蕴化蒸腾，达到产生元气的目的。

(2)关于呼的功法。呼诀:呼达远梢,转折有间,间则闻脉,息中循环。具体解释如下。.

①呼达远梢：这里的“呼”是动词，指呼气，由于采用的是逆式呼吸法，因此呼气时会伴随着扩展丹田的过程；“达”是动词，指到达或传递的意思；“远”是形容词，指很长距离的意思；“梢”是名词，这里是指机体中各个三节的梢节，那么是把什么传达到梢节呢？这就需要结合吸诀来看了，显然是指产生的元气。完整的意思是：吸气中在丹田产生的元气，通过呼气所产生的气感伴随着丹田扩展，把丹田区域里产生的元气传送到全身，哪怕是机体最远的梢节，使得整个人体都能够得到元气的滋润。

②转折有间：这里的“转折”是指呼与吸、吸与呼之间的交换；“有间”是指存在着应有的时间间歇，即时间段。完整的意思是：呼与吸或者吸与呼之间是一定存在相对固定的时间段间歇的，尤其是在有节制、有秩序的规范练习之中表现得比较明显。尽管这个间歇是根据习练者自身的要求与客观水平来决定的，但都客观存在着这个相对的时间段区域。

③间则闻脉：“间”指时间间歇；“则”在这里属于副词，起到语句转折的意思；“闻”在这里当动词用，指的是用意念去主动感受的意思；“脉”是指自己机体的脉搏。完整的意思是：在呼吸转折的间歇时间段内，要在境中用意念去感受自己的脉搏给机体任何部

位带来的缩胀感觉，这种感觉体现在机体的各个部位。

④息中循环：这里的“息”是指一次完整的呼吸，因为，一呼一吸组成一息；“中”需要结合语境理解，那就是呼吸之中的意思；“循环”指的是一息接着一息的持续不断的呼吸交换，表现出永远不会停歇的持续特点，于是就形成了由呼与吸组成的无休止的循环。完整的意思是：上述从吸气到呼气、吸呼之间，再从呼到吸、呼吸之间形成了一个完整的一息，在这个功法训练的过程中对于每个环节与细节都有着相应的要求，功法训练就在这一息接着一息的动态循环中进行着，并在过程中逐步收获其中的训练成果。

（3）一息中的动与静要求

无论是在吸诀还是呼诀的功法运行之中，该功法都通常以逆式呼吸的配合完成练习的全过程。一息包括一呼与一吸，呼与吸都是动态中的一种状态，在一息接一息的循环往复中维持着生命体的正常运行。在这个过程中我们似乎看不到静的存在，就如同我们处在自然呼吸当中而没有感觉到“静”的存在一样。若是在练功中都处于一种永无节制的“动态”当中显然就过了，凡事物极则必反，这样就会与我们练功的初心相背离，结果肯定不是练功所追求的目标。

究其原因就在于这个过程中的动与静没有按照要求进行运行，一个息中：从吸至呼一定会存在短暂的转折，这个转折是从一种状态调整到另一种状态的本能作为，从吸转换到呼也是一种本能的状态调整。所以无论是由吸调整到呼，还是由呼调整到吸，都存在一个自然的静态，只是这个静态的时间段有长短的区别而已。从练功的角度来看，需要将它好好利用起来，与呼吸对机体的运行进行相应的影响，目的是在运行中达到所需的平衡，使机体能处在一个相对“平衡”的状态下运行，这样的训练才是有利于身心健康的。

如何感受两个转折中的静态呢？一般的做法是保持身体松沉状态中的整体感觉，最好的状态是能感受到自己的心跳。通常心跳的感觉最早会在四肢的梢节上表现出来，伴有随着心脏的脉搏跳动而产生的冲胀与收缩的感觉，并逐步扩展到机体的其他部位，直至扩展到整个身体，此时就能慢慢体会到全身的通透感。

一呼与一吸又包含着一收一放的运行，拳谚中所述的“束”与“展”二字也可在其中得到相应的修炼与表现。“束”是吸气，而“展”是呼气，一“束”一“展”完成一个完整的呼吸过程，但发力的瞬间却是“束”与“展”共同参与完成的组合，因为“束”是蓄能，而“展”是能力发放，如果处理不好这对矛盾就不可能产生技击所需的杀伤力。

（4）练习要求

该功法可融入任何形式的桩形中进行练习，练功时需保持衣服、腰带、鞋的宽松，以利于机体气血流畅。只要是按照功法要求则可不限姿势，根据实际环境可任意选用行、立、坐、卧等形式进行。行，可缓步徐行，神态自若，安然行气；立，自然站立，脚同肩宽，双膝微曲，双手自然下垂放在体侧，或双手相叠放在脐上；坐，最好盘坐，双手相叠放于脐上，或掐诀最好，亦可坐于凳上，手抚两膝;卧，可平躺，手心向上置于体侧，先转动头部，使脊椎正直，合住四象位，或双手相叠置于脐上，或者侧身卧最佳，一手置于头侧或枕肱，另一手放于脐上。以上四种姿势，求其自然安适，以易入静。

练习时间以达到机体产生通透感的效果为基本要求。行功前必须排除杂念,欲念不除，则无法炼气。因此，需要将心完全收回来，不外思，不外想，把握自己的“一念”之用，做到双目微闭，含光内视，眼观鼻，鼻观心，心观丹田。观丹田者，观丹田之气是也。

进入功法练习前可先放松式地完成三次口呼鼻吸的深呼吸，以调整好机体的内环境。然后再抿口合齿，舌舔上颚，收视返听，鼻吸鼻呼，一呼一吸，皆令出入丹田。务必做到以心领气，以气随心，吸气时随意念下注丹田，呼气时以意念领出窍外，谓之心息相依。

无论选用什么类型的功架姿势，都需要再做适度的构架调整，以确保动作能够找到舒适得力的感觉。在具体的练习上，由于会产生相应的内动，因此，会有调整的需要，调整的原则是“始终保持必需的平衡”，切莫有做作之态，也不要有强制运行的过激行为，要明白“过即是错”的道理。要求两耳返听于内，听其呼吸出入。呼吸本求无声，争取做到“深、匀、细、长、缓”，但不可脱离自己的实际水平而为之，如此就会影响后面环节的运行。因此，在练习时要找到每个环节中自己练习的最佳点，即合乎自己练习的那个“度”。

所有的练习都是围绕“保证顺利完成功法训练的基础上，又能确保完成产生进展功力的强度”而展开的。然后，整个练习的过程中，只要有意念参与时，就需要把握并执行好“不要气上走，只许气下行”的要求。如果感觉气往机体上涌或气下不去时，就要立刻停止训练，做一下放松的走动练习。一切在自然中运行，练习中凡是违背自然的行为与思维都是错误的。

如果感觉练习效果很好，则需配合相应的聚气桩进行更深入的习练，或者增加一些以臀部为支撑的浑圆跳练习，以获得更大的关于丹田气感的收获。

6. 丹田功

有了上面功法训练的基础积累，则可以过渡到丹田功法的专门训练了，具体训练要求与内容如下：

道教认为，人在受生之初，胞胎之内，以脐带随生母呼吸受气，胎儿之气通生母之气，生母之气通太空之气，太空之气通太和之气。人体在胎中并无口鼻呼吸，任督二脉原本就息息相通，没有隔阂，此时的胎儿只能通过脐带与母体相连，并通过肚脐完成与母亲之间交换的“呼吸”，此谓之胎息。胎息法融入功法中的表现是：呼吸中设想自己的肚脐如烧红的蜂窝煤，意想实际的鼻吸是通过肚脐“吸气”来完成的，并且通过肚脐同步吸进的“气”已经被肚脐加热；“呼气”时意想同步将小腹的气再通过肚脐呼出排到体外，呼气可采用鼻呼，也可以通过口呼，但口呼不宜张大嘴，只需在口缝中完成即可。过程中在呼吸间所加热的“气”自然表现在小腹中，并将小腹区域逐渐烤暖，在呼吸中做到“吸长呼短、不脱整体、呼紧吸放、息中运行”，以此为丹田功法奠定运行的基础。如此在顺式呼吸中完成，根据训练的进程不同，可在不脱整体的作息中进行吸与呼的适度调配，表现在长短、收放的比配中做相应的调整。

当胎息训练建立起了一定的本体感觉，并达到所需的质量效果时，再通过胎息静养而夯实小腹，则有利于进行丹田功法的相应训练。下面就具体的内容进行相应的阐述。

（1）丹田功的具体功法

功法的训练步骤：练功之始需建立起对自身丹田的感觉，找到丹田部位，并通过练习使丹田被唤醒（醒丹田）；并由此产生相应的所需感觉，然后再进行更深入持续的，围绕着以增强丹田功能为目标的练习（强丹田）；当获取了一个功能强劲的丹田后，习练者便有了能源的资本，可将强悍的丹田功能转化成支撑技击与养生等的能力（用丹田），为获取自己所需的实际成果而创造价值。

通过前面功法的练习，我们已经完成了对丹田的觉醒工作，悬住已经觉醒的丹田，保持丹田所在位置的相对稳定，使丹田自始至终都能呈现出自身的基本弹性，保证该部位做到既不脱离整体又能表现出可独立驾驭松紧的自然状态。当然，运行过程中整个机体小腹位既不允许有任何做作之态，也不能产生任何多余的动作，应显现出内外整体的自然状态。

训练中要始终保持基本功架的整体性，全身放松保持机体的舒适得力状态，训练从放松中悬住丹田开始，逐步增强对丹田部位的驾驭感觉，并使丹田所在的区域朝着不断增加弹力的方向发展，通过不断增加的量变，使丹田的弹力得到夯实并仍然处在功力积累之中，直至完成积柔成钢的强丹田的飞跃。

功法的基本姿势：两脚开立，坐胯松沉，在无极桩的桩形基础上，同时打开六面劲支撑起机体的用力模式，做到四上一下，两手如抱球于小腹前，虎口相对，掌心朝内，手指自然分开弯曲，双手劳宫穴外撑与命门穴外撑形成对拔劲，找到此对拔劲将小腹空间“打开”的感觉，并在对拔中尽可能让小腹的空间扩展得更大，以确保悬住的丹田处在一个游刃有余的空间里，但要把握好其中的度，不能顾此失彼地为了获取更大的运行空间而失去了整体的用力平衡，或失去了驾驭的能力［图 3-4-5（1）、（2）］。

图 3-4-5（1） 正面

图 3-4-5（2） 侧面

下面就具体功法的训练进行介绍，需要注意的是：在完成下面九节功法内容的操作时，仍要保障三调在运行之中的自然进行。

第一节：摇丹田（冠状面）［图 3-4-5（3）、（4）］

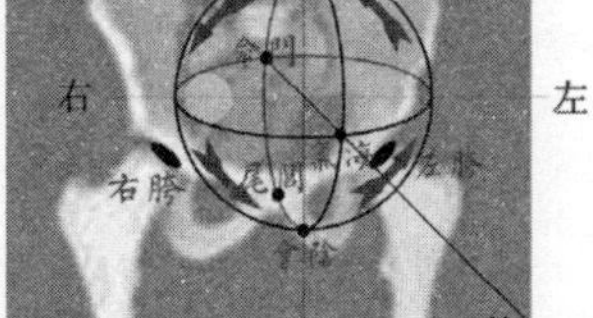

图 3-4-5（3）

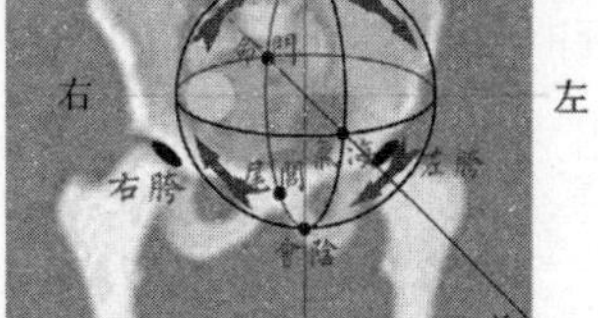

图 3-4-5（4）

动作解析：支起基本功架，使建立在浑圆平台上的机体保持松沉、整体与自然的状态，丹田如同网球悬置在撑拔开的小腹内，各方所挂之力始终处于平衡之中。将悬住的丹田落实在小腹内部的空间里，并在冠状面上环绕着矢状轴做相对的圆周运动，按照先逆时针、后顺时针的旋转运行程序进行练习。练习时需保持带脉的整体松沉状态，并控制好与运行中的丹田之间的位置变化，活动的范围在带脉形成的平面之下、会阴上、两胯之间的冠状面内，运行中需要意念对所挂之力的调控，以确保丹田受力与施力的动态平衡。

运行程序：

①先落压会阴穴—左胯位—带脉下—右胯位—（完成逆时针旋转一周）—循环往复；

②先落压会阴穴—右胯位—带脉下—左胯位—（完成顺时针旋转一周）—循环往复。

一周运行时间控制在 20 秒左右；完成任务：逆时针 2 周 + 顺时针 4 周。训练量可根据实际情况做适合自己的增减。

第二节：转丹田（水平面）[图 3–4–5（5）、（6）]

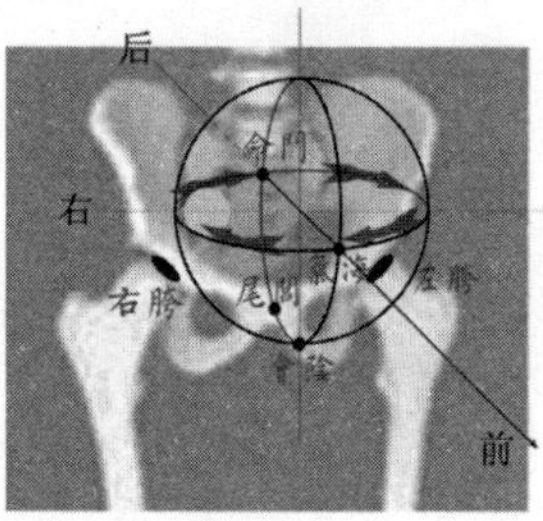

图 3–4–5（5）

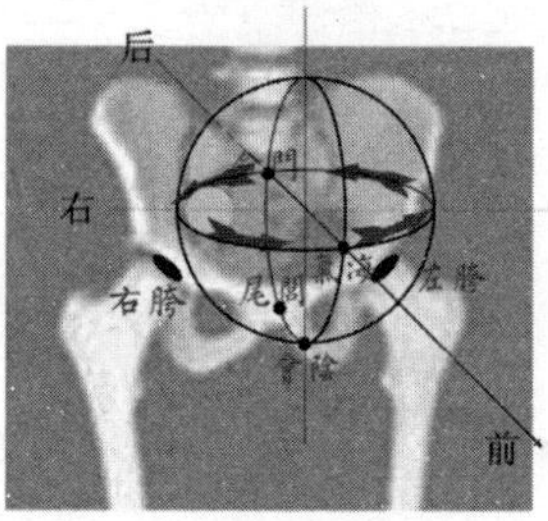

图 3–4–5（6）

动作解析：支起基本功架，使建立在浑圆平台上的机体保持松沉、整体与自然的状态，丹田如同网球悬置在撑拔开的小腹内，各方所挂之力始终处于平衡之中。将悬住的丹田落实在小腹内部的空间里，在水平面上环绕着人体中心的垂直轴做相对的圆周运动，按照先逆时针、后顺时针的旋转运行程序进行练习。练习时带脉需保持松沉状态，并控制好与运行中的丹田之间的位置、距离，活动的范围在气海后、命门前、两胯之间的水平面内，运行中需要意念对所挂之力的调控，以确保丹田受力与施力的动态平衡。

运行程序：

①先顶压气海穴—左胯位—命门穴—右胯位—（完成逆时针旋转一周）—循环往复；

②先顶压气海穴—右胯位—命门穴—左胯位—（完成顺时针旋转一周）—循环往复。

一周运行时间控制在 20 秒左右；完成任务：逆时针 2 周 + 顺时针 4 周。训练量可根据实际情况做适合自己的增减。

第三节：滚丹田（矢状面）[图 3–4–5（7）、（8）]

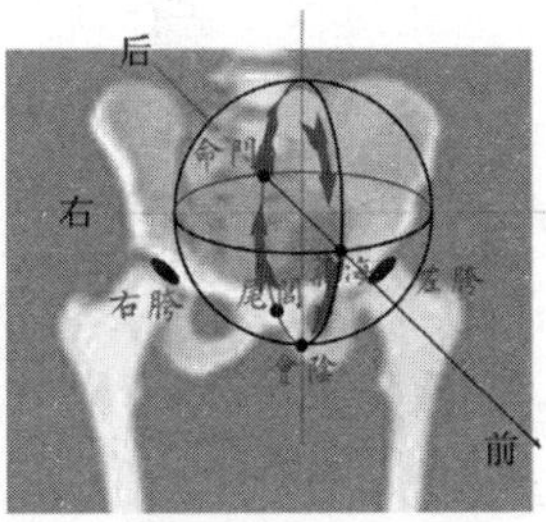

图 3-4-5（7）

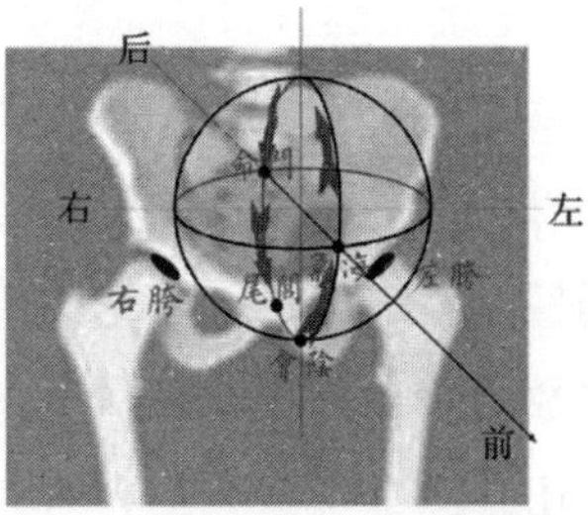

图 3-4-5（8）

动作解析：支起基本功架，使建立在浑圆平台上的机体保持松沉、整体与自然之状态，丹田如同网球悬置在撑拔开的小腹内，各方所挂之力始终处于平衡之中。将悬住的丹田落实在小腹内部的空间里，在人体的矢状面上环绕着冠状轴做相对的圆周运动，按照顺时针的旋转运行程序进行练习。练习时带脉需保持松沉状态，并控制好与运行中的丹田之间的位置变化，活动的范围在气海后、命门前、两胯之间的矢状面内，运行中需要意念对所挂之力的调控，以确保丹田受力与施力的动态平衡。

运行程序：先顶压气海穴—会阴穴—命门穴—带脉下—（完成顺时针旋转一周）—循环往复。附：如需进行逆时针旋转的运行训练时，请在师父的指导下进行相应的练习。

一周运行时间控制在 20~30 秒之内。完成任务：顺时针 2 周。训练量可根据实际情况做适合自己的增减。

第四节：振丹田（由内朝外，注意频率）[图 3-4-5（9）]

动作解析：支起基本功架，使建立在浑圆平台上的机体保持松沉、整体与自然之状态，丹田如同网球悬置在撑拔开的小腹内，各方所挂之力始终处于平衡之中。本节要求双手的劳宫穴与命门穴尽可能将小腹内可运行的空间扩展开，以提供更好的运行环境来完成任务。将悬住的丹田恒定在小腹内部的固有空间里，尽量保持丹田中心的点位不移动，使丹田在原位完成极限的缩与胀的练习。在完成练习时配合呼吸，丹田松紧按照幅度由小到大，速度由慢到快，力度由弱到强运行，频率由单动、双动、三动、四动组成。机体始终按照要求保持自然、松沉、整体的状态，尤其是在连续的缩与胀的交换中会产生内部的振动频率，容易导致机体内部配合的协调失衡。此时会有一个循序渐进的练习过程，不可操之过急，需要一步一步地训练积累，只有逐步积累才会有

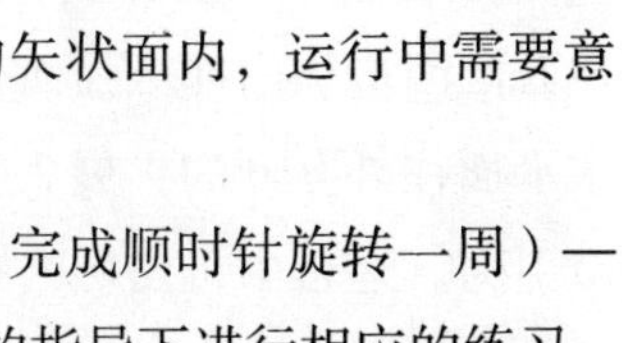

图 3-4-5（9）

丹田劲力的强悍，才能建立起丹田任意的收放能力，且始终保持运行处在动态的平衡之中。

运行程序：原始的悬丹田位—丹田极限地紧（缩）—丹田极限地松（胀）—丹田再极限地紧（缩）—丹田再极限地松（胀）—（松紧运行）—循环往复。

一节运行时间控制在20秒左右。完成任务：8个 × 振动次数（次数分别按照单动、双动、三动、四动、任意次数的振动的秩序要求进行）。训练量可根据实际情况做适合自己的增减。

第五节：合丹田［图3-4-5（10）］

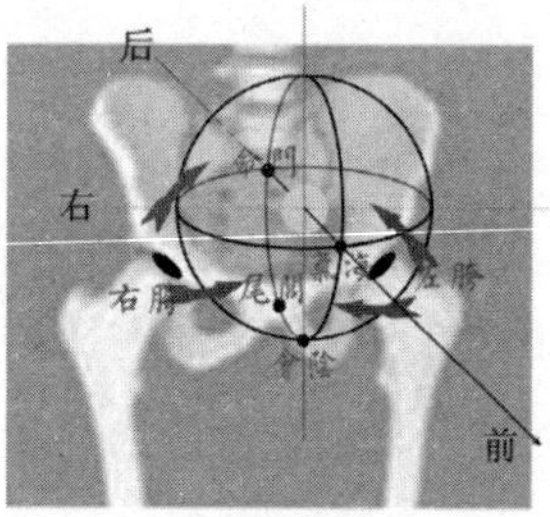

图3-4-5（10）

动作解析：支起基本功架，使建立在浑圆平台上的机体保持松沉、整体与自然之状态，丹田如同网球悬置在撑拔开的小腹内，各方所挂之力始终处于平衡之中。本节要求控制好小腹位置的空间来展开运行，以提供更好的运行环境来完任务。将悬住的丹田恒定在小腹内部的空间里，在人体的水平面上用左右两胯相合来裹压丹田，让丹田感受到来自前方左右侧因增加内部压强而带来的施力；然后，两胯进行沿着水平面往外互开的扩展去牵拉丹田，让丹田感受到来自左右侧因减少内部压强而带来的牵引力。运行中丹田始终根据外面的施力进行相应的调整，以确保悬着的丹田始终保持平衡状态。练习中左右双胯向内裹压的捆绑力与向外牵引的扩展力，两者都需要丹田松紧变化的感觉进行相应的配合。

运行程序：悬住丹田—两胯合—两胯开—两胯再合—两胯再开—（两胯的开与合）—循环往复。

一个开合的运行时间控制在20秒内。完成任务：8个（开合）×2组。训练量可根据实际情况做适合自己的增减。

第六节：搓丹田［图3-4-5（11）、（12）］

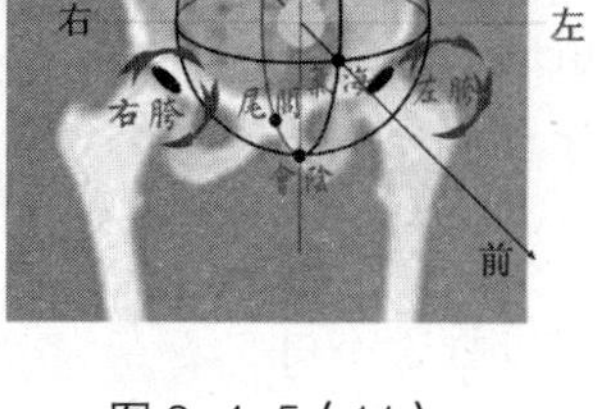

图3-4-5（11）

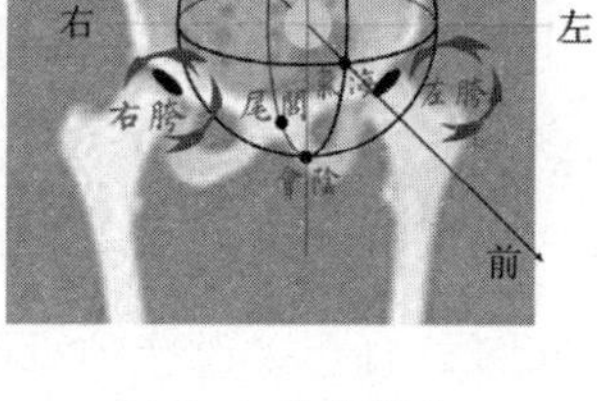

图3-4-5（12）

动作解析：支起基本功架，使建立在浑圆平台上的机体保持松沉、整体与自然之状态，丹田如同网球悬置在撑拔开的小腹内，各方所挂之力始终处于平衡之中。本节不仅要求控制好小腹位的空间来展开运行，而且功架中要求两肩与两膝这四个点的位置保持恒定，尽可能在完成练习的过程中不要摆动，以提供搓丹田练习的运行环境。将悬住的丹田恒定在小腹内部的空间里，在左右两胯相合中保持对丹田持续裹压的基础上，对丹田完成搓撵式的圆周运行，就如同踩蹬自行车，让丹田感受到来自前方左右两胯施加的螺旋式的压力。运行中丹田始终根据外面的螺旋施力进行相应的调整，以确保悬着的丹田能始终保持所需的平衡状态。练习中两胯按照先逆时针、后顺时针的顺序完成旋转式的搓撵运行，随着训练水平的提高，丹田就可逐步形成与两胯的相互搓撵。

运行程序：悬住丹田—两胯逆时针搓撵—两胯顺时针搓撵—两胯再逆时针搓撵—两胯再顺时针搓撵—（两胯的逆顺搓撵）—循环往复。

一个逆顺搓撵的运行时间控制在 20 秒内。完成任务：8 个（逆与顺的搓撵）×2 组。训练量可根据实际情况做适合自己的增减。

第七节：垂丹田［图 3-4-5（13）、（14）］

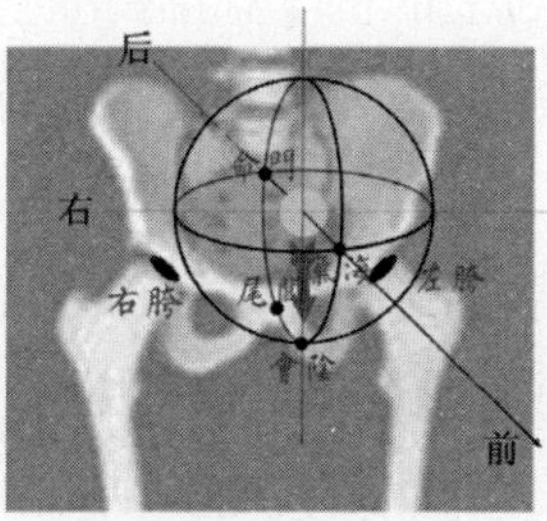

图 3-4-5（13）

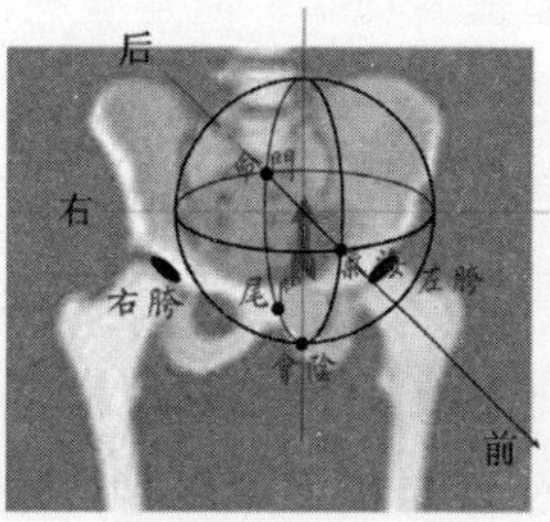

图 3-4-5（14）

动作解析：支起基本功架，使建立在浑圆平台上的机体保持松沉、整体与自然之状态，丹田如同网球悬置在撑拔开的小腹内，各方所挂之力始终处于平衡之中。将悬住的丹田落实在小腹内部的空间里，在人体的垂直轴上对机体的会阴穴做相应要求的冲击运动，会阴穴根据受力完成相应向上的提升与向四周的扩展运动，以保持区域间施力与受力的相对平衡。练习时配合呼吸完成按照速度由慢到快、力度由小到大的运行；频率由单动、双动、三动、四动组成。机体始终按照要求保持自然、松沉、整体的状态，尤其是在连续的冲击振动时，容易导致丹田与各挂力位置出现失衡，此时需要在运行中通过会阴位的用力去完成相应的调控，以确保在机体状态正常的基础上，丹田在起落运行中能做到收放自然，且始终保持运行处在动态平衡之中。

运行程序：原始悬丹田位—顶压会阴穴—丹田归原位—再顶压会阴穴—丹田再归原位—（顺着垂直轴运行）—循环往复。

一节运行时间控制在20秒左右。完成任务：8个 × 振动次数（次数分别按照单动、双动、三动、四动的秩序要求进行）。训练量可根据实际情况做适合自己的增减。

第八节：顶丹田［图3-4-5（15）、（16）］

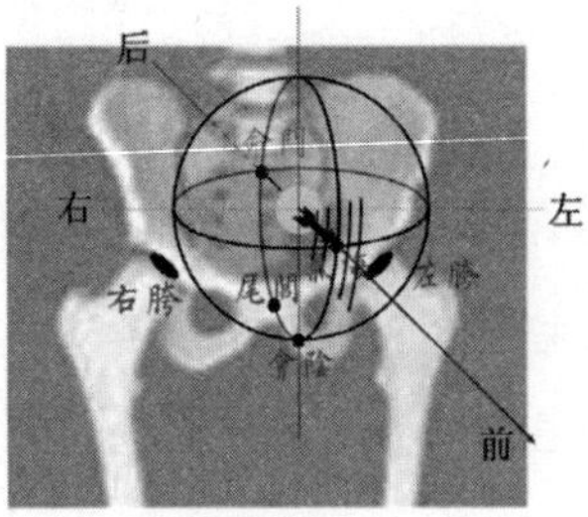

图3-4-5（15）

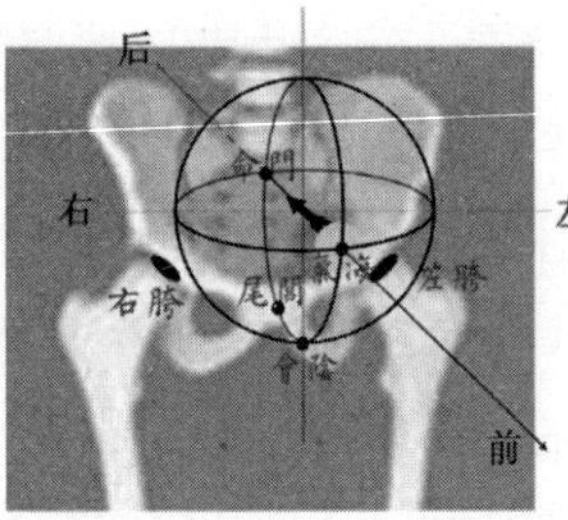

图3-4-5（16）

动作解析：支起基本功架，使建立在浑圆平台上的机体保持松沉、整体与自然之状态，丹田如同网球悬置在撑拔开的小腹内，各方所挂之力始终处于平衡之中。将悬住的丹田落实在小腹内部的空间里，在人体的矢状轴上对机体的气海穴做相应要求的冲击运动，此时的丹田前顶气海，再回到原始位，如同朝墙练习循环推挡乒乓球的形式。练习时配合呼吸完成按照速度由慢到快、力度由小到大的运行；频率由单动、双动、三动、四动组成。机体始终按照要求保持自然、松沉、整体的状态，尤其是在连续的冲击振动时，容易导致丹田与各挂力位置的协调失衡，此时需要在运行中用意念去整体调控所挂之力，以确保在机体状态正常的基础上，丹田在主动的弹性施力中能做到收放自然，且始终保持运行处在动态平衡之中。

运行程序：原始悬丹田位—顶压气海穴—丹田归原位—再顶压气海穴—再丹田归原位—（顺着矢状轴运行）—循环往复。

一节运行时间控制在20秒左右。完成任务：8个 × 振动次数（次数分别按照单动、双动、三动、四动的秩序要求进行）。训练量可根据实际情况做适合自己的增减。

第九节：纳会阴［图3-4-5（17）］

动作解析：支起基本功架，使建立在浑圆平台上的机体保持松沉、整体与自然之状态，丹田如同网球悬置在撑拔开的小腹内，各方所挂之力始终处于平衡之中。将悬住的丹田落实在小腹内部的空间里，在人体的矢状面上按照顺时针做弧线运动，所悬丹田的运行按照顶压气海穴开始，从气海穴弧形运行到会阴穴，再由会阴穴沿垂直线提升并指向丹田原始位置（保持 3~5 秒），丹田驱动小腹寻找会阴位，如凤凰归巢；然后整个小腹部突然全面放松（伴随着呼气），回到初始状态，至此完成一个完整的运行过程。练习时带脉要始终保持松沉状态，丹田运行时需要控制好呼吸、会阴的提升与落展、机体的松紧，以及各部位的协调关系。

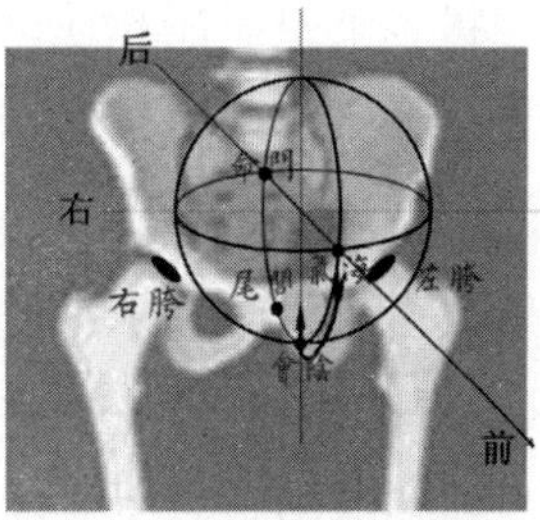

图 3-4-5（17）

运行程序：先顶压气海穴—会阴穴—局部收紧，会阴提升—小腹放松，会阴落展—（完成一周运行）—循环往复。

一周运行时间控制在 20 秒左右。完成任务：8 个 ×2 组。训练量可根据实际情况做适合自己的增减。

（2）丹田功法训练的三个阶段

单动之动：只是丹田部位局部感受的运动，目的是建立丹田的空间感，以及找到丹田适度的力量感，并在练习的过程中建立与意念的联动关系。

被动之动：积累单动练习达到一定质量要求时，可适度悬住丹田并放松丹田位以保持弹性，以全身整劲（六面劲）为平台的运行，建立起与丹田产生相应联系的关系，目的在于让机体的整劲运行产生与丹田力联动的合力，在这股力的联动下共同完成丹田功法，并逐步将全身任何部位的用力与丹田挂上，产生彼此的用力关系。

带动之动：保持全身自然、松沉、整体的状态，通过意、气、力在丹田位的全面统一，使丹田的运行可根据实际需求做到主动驱动机体的相应运行。在完成以驱动整体为前提的运行后，再进行丹田驱动机体局部区域的用力练习，然后增强丹田驱动机体每一块肌肉与筋骨的功能，并能使之形成按照技法要求运行的劲路联动。通过不断地将丹田力增加，丹田驱动机体的能力也将随之不断加大，并通过运行技巧的娴熟运用，以达到随心所欲、自由运行的劲力收发，服务于经纬技法的全面使用。

（3）相关功力的强化训练

当上述功力达到一定程度后，可进一步进入相应的强化训练，此时的练习需配合呼吸来进行，练习中应加强理解“顺养逆用”的道理（如果功力积累欠缺，则不可急于进行强化训练）。该练习是建立在六面劲平台上适度借外力辅助所进行的训练法，以此进行丹田功力的训练：六面劲下两掌背分别紧贴同侧左右肾俞穴，并做踝关节的小跳练习；

平躺状态下丹田压相应的重量的杠铃片，并配合腹式呼吸进行练习；头脚三点支撑使人体悬空平躺双手合按丹田位；平躺状态下可在丹田位置压上重量不同的杠铃片，在练习中配合相应要求的腹式呼吸；头脚三点支撑使人体处在悬空平躺状态，同时用双手合按丹田位去感受呼吸；平躺状态下在小腹部加一些重物（如小杠铃片等可安全受力之物），配合喷气式呼吸让丹田将重物崩弹出去；双手吊握单杠，在悬垂状态下完成屈膝提会阴穴与伸膝落展会阴的练习，当具备一定积累时也可在踝关节处进行捆绑沙袋的负重练习；按照要求将大龙骨节进行波浪式练习，并逐步达到意想大龙某位置；功架的寻劲练习，让机体随时、随处、随部位都能寻到力源，并发出所需劲力。这些都是传统武术技击关于锻炼丹田、增强丹田气、强化丹田劲力的重要练习方式，应该根据自己的实际情况，多加强这方面的锻炼，只有强健的功力才能够支撑起技击功能的运行，同时还能够起到很好的健身作用。

7. 骨缝的开合

（1）开关节的机理

“肌肉若一”指的是人体肌肉“相溶”所形成的机体高度统一的现象，表现在机体运动时全身肌肉高度协调的一致性，如同蛇的劲力结构一样，完全由一组肌肉组成。然而，人的机体却是一个复杂的综合体，所参与的技击运动并不能忽略机体当中骨骼的存在与作用。其实，就人体骨骼本身而言，并不具备主动引领机体运动的能力，所起的作用只能体现在运动中的支撑与杠杆之中，骨骼的运动主要依赖于肌腱与关节腔的功能来体现。因此，“肌肉若一”的内容应该涵盖关节腔的运行。

关节由相邻间的骨头共同组成，关节腔是指由关节软骨与关节囊滑膜层所围成的密闭、潜在的腔隙，内有少量滑液，可润滑关节、减少摩擦;腔内为负压，有利于关节的稳定。由此分析可知，关节腔就是固定在关节周围，由肌腱与韧带共同组成的一个密闭而又相对完整的空间结构。如果将与关节腔运动相连的肌肉充分放松，然后顺着正确的运动方向将肌腱与韧带如同皮筋一样拉开，使关节腔被充分扩展开来，如此，整个关节腔就会呈现出紧张的绷弦现象，关节腔在此时所表现出来的“紧”，恰恰说明关节腔被拉长且内部空间扩大了。如果相关联的肌肉都同时处于紧张状态，关节腔就会被困住而不能扩展开来。为了将关节腔充分扩展开来，周边相关的肌肉就必须保持自然的松沉状态，这样才能做到让关节腔有了因舒张而被拉紧的前提。当肌肉放松而关节腔被拉紧时，就可以通过训练表现出武学意义上的“紧中松”现象。

通过功法训练提高开关节的功能，达到加强关节衔接的效果。当训练中关节腔出现的紧“度”越高，则说明其部位内的筋被拉得越开，由此而产生出的绷紧现象就会越明显，按照劲路要求在各部位紧绷的关节腔与肌腱，通过符合技击要求的收缩而产生相应的崩弹就会越明显。当劲路上的关节腔与肌腱产生的崩弹，都朝着劲路所引领的方向进行统一目标的运行时，再通过机体劲力运行的主辅协调，就会产生整体的符合技击要求的崩弹运动。

劲力运行在六面整劲的这个平台上，因为撑筋拔骨本身就是形成六面劲与筋骨崩弹的前提，它们之间具有互溶性。因此，其功能必须为技击所用，在运行中要将肌肉的松紧与丹田劲的功能统一在平台的劲路之中，并配合好呼吸使其形成一个统一的劲力运行的有机整体。

然而，即便能够形成为技击所需的有机体，但是，建立在这个机体上表现技击的劲路是广义的概念，而具体的技法施展却是具象的表现，因此有必要将二者完全统一起来，形成一个完整的互为因果的相互关系。要完成这个任务就需要在机体的这个六面整劲平台上，将劲路与技法两者通过松紧转换的训练，整理出二者顺畅的依存关系。

关于机体在松紧转换方面的训练，主要通过盘劲的形式来完成。所谓“盘劲”就是习练者在思想高度集中的情况下，保持机体松沉、自然、整体的状态，根据训练目标确定功架，以此功架（桩形）为载体运用不同程度的精神假借，在放松、缓慢、均匀的表现中体会功架内肌腱与关节腔，在松紧转换的力量运行与转换变化中，顺畅于夯实技法与劲路间彼此互为因果的依存关系，例如：各种方式的合“四象”练习。总的来说就是在功法练习中的精神假借与意念诱导之下，运用整体肌腱与关节腔的松紧运动的表现形式，对相关部位的神经、肌肉、肌腱、关节腔等所需的功能进行相应的训练，以求得全身各处挣力的建立，以及达到彼此间的平衡、均整、协调，由此而获得训练成果，能很好地将任何所需技法的劲路都按照规范与要求自然地表现出来。

（2）关于脊柱

脊柱，俗称大龙。医学已经证实了人体的衰老或疾病的产生，在直接或间接中几乎都与脊柱功能的退化或者病变存在着一定程度的关系。

脊柱的功能状态主要由附着在脊柱周边的肌肉和韧带的性能状态来决定。如果平时该部位疏于活动，缺乏锻炼，未能使肌肉和韧带保持良好的状态，那么，它们就有可能逐渐松弛，通过肌肉与肌腱固定的脊柱因而也会开始慢慢地松动。

脊柱的构造：脊柱是人体结构的基础，由 7 块颈椎、12 块胸椎、5 块腰椎共同组合而成。腰椎下方有骶骨和尾骨各一块。骨内的红骨髓终生保持着造血机能。脊柱内自上而下有一条管道，容纳着脊髓。椎管的内外含有丰富的静脉丛，与脑、前胸、腹、盆腔脏器的静脉丛直接或间接地相互交通。

脊柱由31对脊神经和内脏神经与脊髓相连。这些神经起着调控四肢运动和全身脏腑器官正常运行的功能。人们常常因不良的生活方式与习惯，导致脊柱变形或错位，因此会给机体带来许多相应的疾病，如颈椎病、腰椎病、椎间盘突出、骨质增生等。如果其中的某根神经被压迫了，将导致该神经控制的或四肢或某些脏腑器官或机体组织的严重病变。

从中医经络学说来看，在脊柱内有阳脉之海的重要经络督脉及其他经脉，许多重要穴位都分布于脊柱及其两侧，它们起到渠道和泵站的作用，为机体不同的脏腑器官和组织输送气血及给养。因此，通过练功等方法来锻炼脊柱，使之保持正常的功能状态，除去武学意义上的功能，从健身与养生的角度来看，既可防治脊柱变形或错位而引起的诸多疾病，又可使经络畅通，气血充盈，增强免疫力，抗病延年。

总而言之，脊柱是人体的身弓所在，既是人体结构之“纲”，同时又是功法练习之“基”。根基固则身体康健，纲举目张。在整个脊柱的练功过程中，需要保持意念、观想亦随之上下。通过“目（内视）之所至，心亦至焉；心之所至，气亦至焉”的运行，做到“意到气至，气到血行，气和血畅”，实现“百病不生”的理想。

（3）桩功训练对骨骼的影响

长期的练习就会让习练者的骨骼、肌腱与关节腔的功能达到相应的提升，随着每一次训练量的积累，逐步达到质的飞跃，主要体现在三个方面：

第一，骨节的松开，可称之为拉骨，使关节腔的活动范围扩大，旋转伸缩自如，满足了技击所需的发力顺畅的要求，同时增加了骨的强度与关节的柔韧性。例如：肩部，沉肩中表现出肩窝用力状态下的松沉，当习练者的肩部松沉达标后，在肩部很自然会出现一个窝；后胯部位，脊柱是人体的总中枢，犹如一条大龙，如果后胯不开，这条大龙就处于被捆锁的状态之中。从武学的角度来看，被捆锁的脊柱虽然也具有一定的功能，但所能显现出的功能是非常有限的，只有通过训练把锁住大龙的锁打开，大龙才能够被解放出来，此时的大龙才基本具备伸缩自如、全面支撑功能展现的前提。

第二，骨质密度的增加。骨质的密度往往决定了骨骼的质量，通过长期合理的功法训练，毫无疑问会让习练者骨头的密度逐步增加，由此而产生的骨质变化能够大大增加动作的功力，并体现出机体“本力”的增加。从力学的角度来看，质量与产生的冲击力成正比，当习练者的骨骼密度增加后，表现出的就是骨头更重、更硬的特征，同样的动作运行所体现出来的功力也就会因此而变得更强大。

第三，构架的合理。通过桩功的练习，会让习练者的骨架得到相应的结构调整，表现出整合后的机体构架更符合生物力学的用力结构模式。在功法构架的练习中，会逐步让人的骨节调整到一种更加适合发劲、运劲，承受外界打击、碰撞、挤压的合理的武学用力架构，体现出运行中的一种整体和适应状态。这里的体现，表现在整个机体各部位的结构都会发生相应的、适度的变化。

通过练习得到了上面三个方面的收获，在逐步完成功法要求的同时，练骨的基础也就初步成形了。

前面提到了开后胯的概念，这是一个被多数习练者忽略的武学训练的重要内容，为了引起关注，这里有必要再做强调。后胯是被锁脊柱的假关键位置，大龙功法的任务主要体现在两个方面，其一是把后胯的这个假关节强制性地打开，使其成为一个能为我所用的可活动关节，将被锁的脊柱解放出来，这样才会有后面的功力运行的结构基础；其二是把建立在开后胯基础上的发力通道发掘出来，并使这个通道成为机体完整、完善发力体系的重要部分，可以很好地支撑集中了“意、气、力”于一体的劲力运行体系。体系中有了支撑就可以非常明确技击运行的功力中“意、气、力”该如何表现，如何提高发力效果，如何通过训练提升功力，让机体相关内容的训练效果有明确的“量化”感觉与数据参考。

功法训练是一个不脱整体的运行体系，丹田功法的“炼精化气”训练会让机体的内气充盈，则肾气自然充足，尾闾也就会因肾气足而自然立起来。实践证明，肾虚者的尾闾会本能地向内卷曲而导致整个脊柱的弯曲，机体为了维持平衡就会本能地表现出弯腰驼背的现象。所以，只要保持腰的功能，身体就能自然挺起来，这才是展现“两肾如汤煮，两耳似火烧”的前提。

通过练习让自己的丹田里有了内容，这时你就觉得自己身体开始变得充实，并体会到功法修炼的神奇与伟大。当然，要保持充盈的内气，必须要求习练者保持武德操守，只有这样才能学会珍重自己，善待自己的身躯，养成一个良好的生活习惯。这样，驾驭自己身体的能力就会越来越大，武学修为也会随之越来越高。

8. 大龙功法

训练大龙时，首先要从建立尾闾的感觉入手，再进行打开后胯的相应训练，然后开始找到机体中完整脊柱的整体感觉。当逐步建立大龙的整体感觉时，在训练中就应该有意识地引导脊柱去完成各种形式的摆动；当整条脊柱建立起动感时，则可以开始进一步深入到相应细化的训练中去，以找到脊柱中每一节椎间盘的空间位置感觉，并在有感觉的基础上加大对每一节椎间盘的驾驭度的训练，这就是大龙节节贯穿的基础。当各椎间盘有了力度时，下一步的任务就是加大每节椎间盘的力度，并充分挖掘出它的各种功能，然后使其贯穿成一个整体，此时的脊柱才是符合武学要求的大龙。因为，此时的大龙已经集健身与技击的基本功能为一体，这是支撑空间轴为主轴去表现传统武术经纬技术构架的劲力基础，缺少了这些支撑，传统武术技击以空间轴为主轴的施展就无从谈起。

下面就脊柱功法训练的基础功架做一个详细的介绍：

准备活动的起桩练习后，在撑开六面劲的前提下完成“折拉运动”（即背弓的交叉对折、上下对折、左右对折），需要强调的是在完成相应端正大龙的“蹲起练习”时，一定要找到命门的微凸感。调整好功法训练的基本姿势，起架时做到两脚开立、坐胯松沉，在无极桩功架的基础上，做到四上一下，两手手指自然分开，意念指尖通过涌泉穴插入地里；沉肩坠肘虚腋窝，打开肘关节，让肘关节微微外撑带动膝关节上部的鹤顶穴上提；虎口撑圆，掌心朝内，肌肉放松，保持肩关节打开，让关节腔与肌腱撑开并保持弹性，意念两只上肢形成通过涌泉穴深入地中的两根无形的立柱；同时在六面劲支撑开机体的用力模式中要不断地强化大龙的沉拔用力，形成通过尾闾深入到地中的第三根无形的立柱，此时就有了两根手柱与一根龙柱共三根立柱。大龙功法的练习就是通过大龙与两根手柱的假借形成彼此相应的对挣用力，以达到对大龙动作运行的驾驭。在练习的过程中一定要遵循循序渐进的训练规律，从小动到大动，从局部到整体，从不适到适应再到自然体现，逐步前进，慢慢积累，以实现大龙最大的潜能挖掘。

图 3-4-6（1） 正面

图 3-4-6（2） 侧面

有了启桩的准备活动后，在撑开六面劲的前提下，要静下来在机体上找到自身“提会阴、垂尾闾、凸命门、顶百会、悬丹田”等重要部位的空间位置感觉，以及相应的驾驭力度感觉，有了这些感觉后大龙功法的练习就可以开始了。

大龙功法共九节，其基本姿势的解析为：上述要求支起基本功架，找到由两根手柱与一根龙柱共同组成的三根立柱，并建立起在浑圆平台上彼此互位关联的感觉；悬住丹田并端正脊柱，找到尾闾的松沉感觉，同时将尾闾垂下，机体始终保持松沉、整体与自然的要求［图 3–4–6（1）、（2）］。如果出现有违要求的现象，则需要重新做好调整使机体达到要求。练习时尽可能保持除受训部位以外的其他机体部位不出现与训练无关的多余动作，其所在位置需要相对固定，只有在符合要求的环境中训练才能收获到所需效果。

第一节：平荡秋千

尾闾从松沉的下垂状态开始做练习，由下垂朝前方做缓慢地勾起，当达到感觉水平高度，并可通过裆部指向前方时，则静止并做定位的耗勾［图 3–4–6（3）］；然后让尾闾缓慢落下，并顺轨迹适度往体后方向做耗压［图 3–4–6（4）］，再使尾闾回收到朝下的起始位置，尾闾完成动作的前后轨迹就如同有人推动的平荡秋千。

图 3–4–6（3）　图 3–4–6（4）

动作需配合逆式呼吸完成，做到：吸气时尾闾由下往前上方勾起至水平；吸气与呼气之间的转折为耗勾尾闾时间；呼气时尾闾回落到起始位，由起始位往体后运行转为吸气，当至最高点位时则进入吸气与呼气之间的转折，并完成体后位的耗压；呼气时尾闾再回落到原始位，如此循环往复。

完成动作时需要有意念做相应的引领，做到：上勾时意想延长的尾闾将地面上与念力相等的重物挑起至水平高度，在转折位耗勾尾闾时，意想尾闾将重物水平托住；尾闾适度往体后下摆时，意想将重物慢慢从水平过渡到起始位，再从起始位往体后位牵拉；回落时意想尾闾将牵拉的重物慢慢放落到原处。

摆动前后一次的运行时间控制在 20 秒左右。完成任务：8 次 ×2 组。前后耗压时间以及训练量，可根据实际情况做适合自己的增减。

第二节：横摆龙尾

尾闾从松沉的下垂状态开始做练习，由下垂朝左上方做缓慢地往侧上勾的挑起，当达到自己所能达到的最大角度时略停顿，则大龙保持中正静止状态并完成定位的左侧耗勾举[图3-4-6(5)];然后让尾闾缓慢落过中线，继续侧摆勾至右上方最大角度时略停顿，则大龙保持中正静止状态并完成定位的右侧耗勾举，最后让尾闾缓慢由右侧落下回到起始位置[图3-4-6（6）]，如此完成一个完整动作的来回横摆运行。尾闾完成动作根据需要而定，运行轨迹如同尾闾完成左右钟摆的运动。

图3-4-6（5）

图3-4-6（6）

动作需配合逆式呼吸完成，运行过程做到：起始吸气时尾闾垂直由下朝左侧勾起；吸气与呼气之间的转折为耗左侧勾尾闾时间；呼气时尾闾回落到垂直位置时自然转换成吸气，尾闾动作不停顿，继续侧摆完成右侧耗勾；吸气与呼气之间的转折为耗右侧勾尾闾时间；呼气时尾闾回落到垂直起始位置，如此循环往复。

完成动作时需要有意念做相应的引领，做到：侧上勾时意想延长的尾闾将地面上与念力相等的重物向侧挑起至最大角度；转折耗侧勾时意想尾闾将重物水平托住；回落时意想尾闾将托住的重物慢慢放落原处。

摆动左右一次的运行时间控制在20秒左右。完成任务：8次 ×2组。左与右的两侧耗压时间以及训练量，可根据实际情况做适合自己的增减。

第三节：神龙搅海

图3-4-6（7）

图3-4-6（8）

图3-4-6（9）

图3-4-6（10）

图3-4-6（11）

图3-4-6（12）

尾闾从松沉的下垂状态开始做练习，由下垂状态开始朝前上方做缓慢勾起，当达到水平高度时略停顿，尾闾从朝前方开始做旋转运动。首先朝着右侧上方所能挑起的最大侧角度开始做侧旋转，当达到正右侧位时旋动不停，继续往后方的最大角度旋转，当达到正后位时继续往左侧的最大角度旋转，当旋转达到左侧位最大角度时，则继续往正前的起始旋转位，至此完成完整的一周旋转［图 3-4-6（7）、（8）、（9）、（10）、（11）、（12）］。尾闾旋转过程中的运行轨迹如同完成一个不规则的圆周运动，并按照先右后左的秩序完成这个不规则的圆周运动。在该节训练结束时，尾闾可下落回归至起始的自然下垂状态。

动作需配合逆式呼吸完成，运行过程做到：呼吸配合丹田的缩胀来完成每次尾闾的旋转运行圆周，尾闾运行的过程中保持旋转不停，使尾闾始终处在不规则圆周运动的动态之中，运行过程中保持丹田与尾闾的协调，恪守呼吸自然的要求，不可有憋气与怒气现象出现。

完成动作时需要有意念做相应的引领，做到：运行过程中意想不仅仅要做到挑起与念力相等重物的尾闾，完成每周用念力负重的旋转，同时还要将尾闾的念力负重与丹田挂上力，并建立起彼此间的相互关系。

或左或右的一次不规则圆周运行时间控制在 30 秒左右。左右各完成任务：4 次 ×2 组。左右圆周的实际时间以及训练量，可根据实际情况做适合自己的增减。

第四节：囚龙脱锁

建立在基本功架的基础上，内扣脚尖，向内侧裹住膝关节，支起基本动作，有意识地将自己的后胯位置找到并将其突出，在此功架中找到由两根手柱与一根龙柱共同组成的三根立柱在浑圆平台上彼此互为影响的感觉，悬住丹田并端正脊柱，找到尾闾的松沉感觉，同时将尾闾垂下，机体始终保持松沉、整体与自然的要求。

本节训练的任务是将锁住的大龙解放出来，也就是打开后胯这个部位的假关节，动作的任务是在松沉中有意识地放开各关节的束缚，动作运行为：将双膝关节微微前跪的同时，将双前胯前送外展，并展开腹股沟；后胯同步前送，尽可能在可控制范围内让前送的幅度加大，躯干表现出略后仰状态［图 3-4-6（13）］，但不能破坏机体的基本平衡。这个过程可慢速完成，也可通过适度调整来维持此时机体的平衡，并确保机体在松沉之

图 3-4-6（13）

图 3-4-6（14）

中具备驾驭髋关节运行最基本的弹性与速度的能力；在完成前面的动作准备后，需要保持脊柱的撑拔状态，以后胯为引领，使整个盆骨以最快的速度、最大的力量往正后方撞击，项领额顶并同步配合完成蹬前脚掌、伸双膝、合双前胯、收腹股沟、合双肩、内旋两前臂等动作，以配合完成撞击后胯的假关节，这就是一个采用脆甩泛臀方法开后胯的完整动作［图 3-4-6（14）］。

动作需配合逆式呼吸完成，呼吸配合丹田的缩胀完成每个开后胯的动作，运行过程做到：吸气时紧丹田，并完成冲击后胯的一系列机体调整的准备工作；呼气应该以喷气的方式配合丹田的惊炸，统一机体各部位相互配合后胯撞击动作的完成。打开假关节会伴随着后胯及周边部位的疼痛现象出现，只要不影响正常工作与训练就属于正常现象。

完成动作时需要有相应的意念做引领，做到：在撞击前的机体动作调整的准备过程中意想收紧丹田，并将整个机体所要配合撞击的力都挂上。意想后胯已经彻底松开，撞击动作时意想机体所有的用力配合好共同完成两个任务，一是支持后胯撞击；二是合住丹田前位的区域，迫使丹田惊炸之力都集中在后胯的后面位置产生直接推动，以加大撞击动作的速度与力度。

每一次的冲撞运行都在瞬间完成，只有往前预摆的位置调控可适度地缓慢进行，并可伴随着机体的调整。完成任务：8 次 ×2 组。冲击的动作弧度、速度与力量可根据机体实际情况做适合自己的增减，且应该循序渐进地进行训练，切不可强求，更不可蛮干。

第五节：蛟龙下海

机体保持基本姿势的要求并固住百会，以尾闾穴引领脊柱下行，并在运行过程中保持整个脊柱的自然下垂，努力达到“垂尾正脊神灌顶”的要求。动作运行做到：尾闾从自然松沉的状态开始做下垂练习，由起始位置下垂朝下方缓慢做意想扎入地底的动作［图 3-4-6（15）］，并通过挂住身弓之上端，把身弓的下端尾闾往下引领，形成人体的整个脊柱如同手风琴一样把每一个椎间盘往下打开的状态，当开至最大幅度时则做适度耗压，保持一定耗压时间后再慢慢回收脊柱［图 3-4-6（16）］，并回到起始位置，至此完成一个完整的运行。脊柱也在不断重复的伸展与收缩中完成练习。

图 3-4-6（15）

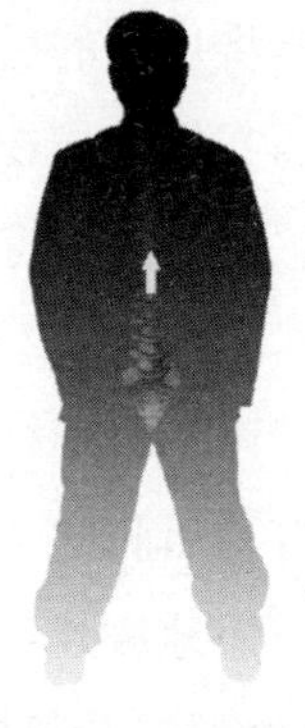
图 3-4-6（16）

动作需配合腹式的自然呼吸完成，做到：呼气时尾闾由起始位下行，脊柱各椎间盘被逐步展开；呼气与吸气之间的转折为耗扎尾闾时间；吸气时尾闾回收，脊柱各椎间盘收缩。

完成动作时需要有意念做相应的引领，做到：尾闾下扎时意想整个脊柱挂在百会穴上，由此尾闾垂直往下扎进坚硬的地面，并一直扎进地面深处，以此引领各椎间盘逐步打开；在呼吸的转折耗压时意想整个脊柱是一棵扎根很深的大树；回收时意想整条脊柱的各椎间盘内都有一个小球被尾闾上顶慢慢挤压，以此念力运行并回到起始位。

每一次尾闾下扎与回收的运行时间控制在 20 秒左右。完成任务：8 次 ×2 组。上下两端的耗压时间以及训练量，可根据实际情况做适合自己的增减。

第六节：神龙飞天

机体保持基本姿势要求，并固住脊柱尾端的尾闾位置，以百会穴引领脊柱，并始终保持机体松沉状态中脊柱的开弓状，在脊柱上行的运行中切莫有气往上冲以及怒气的产生，以机体“上虚下实与宽胸实腹”的要求规范自己，动作运行中做到：从固住的尾闾位置开始，从自然松沉的状态开始由下而上地做脊柱伸展，逐个完成每个椎间盘因充气而导致的开关节练习，并通过脊柱每个椎间盘的扩展，确保整条大龙在松沉中完成向上的最大极限的伸展［图 3-4-6（17）］，如同小树长成大树一样慢慢地向上茁壮成长。当向上伸展至最大幅度时则做相应的耗展，保持一定耗展时间后再慢慢收缩脊柱的椎间盘［图 3-4-6（18）］，并回到起始位置，至此完成一个完整的运行。脊柱在不断重复的伸展与收缩中完成练习。

图 3-4-6（17）　图 3-4-6（18）

动作需配合腹式的自然呼吸完成，做到：呼气时尾闾固定在起始位，脊柱由下至上逐步展开各椎间盘；呼气与吸气之间的转折为耗展各椎间盘扩展的时间；吸气时尾闾仍然保持固定在原位，脊柱由下至上逐步收缩各椎间盘的空间。

完成动作时需要有意念做相应的引领，做到：脊柱由下至上逐步展开各椎间盘，意想各椎间盘被内气趋势的气压千斤顶逐步打开；在呼吸的转折耗压时意想整个脊柱是一棵扎根很深的、还在继续生长的、茂盛的大树；回收时意想整条脊柱的各椎间盘内的小球被挤压变小并回到起始位，但此时椎间盘内意念的小球气压则更大了，大龙的弹性也因此更强了。

每一次大龙上行与回收的运行时间控制在 20 秒左右。完成任务：8 次 ×2 组。上下两端的耗压时间以及训练量，可根据实际情况做适合自己的增减。

第七节：三星沉浮

这一节是脊柱收缩与舒展的综合训练，运行中兼备第五节与第六节的特征，需要全面内容的夯实作为基础来进行本节练习，大龙往下伸展时起始固定点位在百会穴，大龙往上伸展时起始固定点位在尾闾穴。通过具象点位的训练在上下运行的过程与要求中，找到在“蛟龙下海”与“神龙飞天”两节基础上的挂力感觉，并由此建立起针对大龙所进行的更深入的训练，即实现关于大龙盘练阶段的训练。

动作需配合腹式自然呼吸完成，做到：吸气时以百会穴为大龙的起始固定点，尾闾由起始位向下行，牵引着脊柱各椎间盘逐步展开；吸气与呼气之间的转折为耗扎尾闾时间；呼气时由上至下收缩各椎间盘到起始位［图 3-4-6（19）］；再吸气时尾闾则变成了固定的起始位，脊柱由下百会穴引领往上逐步展开各椎间盘；吸气与呼气之间的转折为耗展各椎间盘扩展的时间；呼气时尾闾仍然保持固定在原位，脊柱由下至上逐步收缩各椎间盘至起始位［图 3-4-6（20）］。

图 3-4-6（19）

图 3-4-6（20）

完成动作时需要有意念做相应的引领，固住百会穴引领大龙做到：椎间盘扩展使大龙下行，意想后胯位（骶骨区域）、夹脊位（肘尖连线与脊柱交接的后心处）、玉枕位（脑后正中枕骨粗隆处）这三关位置（即三星位置）同步朝下，顺大龙下行深扎地里；在下行与上行转折的耗扎时意念三星点位同步向下挤压，并感受三星下压自然往上回弹的弹力；在椎间盘收缩使大龙上行，意念三关位置朝固定位置同步上行收缩，并感受三星上行的弹力。固住尾闾穴引领大龙做到：脊柱由下至上逐步展开各椎间盘，意想各椎间盘的三星点位同步向上顶起，将大龙逐步打开向上伸展；在上行与下行的转折耗压时意想整个脊柱是一棵扎根很深的、还在继续生长的、茂盛的大树，三星点位就是这棵树上的三颗果子；回收时意想整条脊柱的三星点位同步向下挤压并回到起始位，但此时意念大龙上的三个星位处在上下叠加运行的动态之中。

当“蛟龙下海”与“神龙飞天”两节训练内容达标后，就可以进行本节的训练了，如此再进展到三星位叠加运行则可相对固定内容。

每一次练习的时间控制在 30 秒左右。下压与上行的内容完成任务分别为：4 次 ×2 组。所耗压的时间以及训练量，可根据实际情况做适合自己的增减。

第八节：息中弓成

这一节是限制脊柱两端进行收缩与舒展的综合训练，运行中兼备第五节与第六节的基础。从基本姿势起始将大龙充分撑拔开，就如何固定住百会穴与尾闾这两个端点的位置，以此姿势进行相关的练习。固定住两端撑拔开的大龙如同一根琴弦，每一个脊柱就如同琴弦上的音阶位置，大龙练习可依照秩序由下往上，再由上往下、由内往外拨动每个椎间盘。

图 3-4-6（21）

图 3-4-6（22）

图 3-4-6（23）

动作需配合逆式呼吸完成，运行过程做到：呼吸配合丹田的缩胀来完成每个椎间盘往外撑开的动作，吸气时由上往下完成动作；由呼转吸时固住尾闾；呼气时由下往上完成动作；由呼转吸时固住百合穴[图 3-4-6(21)、(22)、(23)]。运行中呼吸要自然做到宽胸实腹，不可有憋气与怒气现象出现。

完成动作时需要有相应的意念做引领，做到：起始运行过程中可意想椎间盘如同拨动琴弦找到各个椎间盘的位置感觉，随着位置的驾驭能力增强就将意念牵拉椎间盘等同开弓；同时将椎间盘往外牵拉与丹田挂上力，在椎间盘往外成弓时，丹田可同步产生由内壁顶推大龙完成弓形的感觉。在固定了两端的大龙之中，需要分别对命门、夹脊、玉枕三星点位在弓上的驾驭力进行重点训练，以增强弓的功能。

每一次练习的时间控制在 30 秒左右。完成任务：8 次 ×2 组。所耗压的时间以及训练量，可根据实际情况做适合自己的增减。

第九节：后纳会阴

尾闾从松沉的下垂状态开始做练习，由下垂位置朝前上方的会阴穴做缓慢勾起，同时会阴要自然往四周方向扩展，命门向后向上突起，使会阴与命门形成一个弓形，当达到最大角度时，则静止做一定时间的定位耗勾，然后让尾闾缓慢回落到起始位置[图 3-4-6(24)、(25)]。

图 3-4-6（24）

图 3-4-6（25）

动作需配合逆式呼吸完成，做到：吸气时尾闾由下指向前上方会阴穴处；吸气与呼气之间的转折为耗勾尾闾时间；呼气时尾闾慢慢回落到起始位置。

完成动作时需要有意念做相应的引领，做到：上勾时意想将尾闾延长到插进会阴穴内进入丹田位，并同时与丹田挂上力，使两股力自然重叠；转折的耗勾尾闾时，意想尾闾通过会阴的上勾之力与丹田力形成一股强大的组合力，感觉没有什么东西可以将其分离；回落时意想尾闾将这股组合力缓缓拉长，并带到尾闾的起始位。

后纳一次的运行时间控制在20秒左右。完成任务：8次 ×2组。耗压时间以及训练量，可根据实际情况做适合自己的增减。

9. 龙虎组合的发力练习

这只是运用丹田内劲与脊柱及胯部组合的功能体现，以产生技法所需的劲力发放，主要是三才劲力之中针对天力的训练，是内力的核心部分。在这里明白了功理、理顺了劲路、夯实了功力、掌握了技巧，内劲的表现也就是顺理成章的事情了，剩下的就是如何将此功能配合技击所需去支撑技法的展示，服务于技击运行，以获取最大化的技击效果等问题了。

训练所采用的功架为浑圆桩，动作要求基本保持不变，强调在动作中体现出浑圆的平台力感，不脱离松沉、自然与整体，自始至终保持机体内的自我调节，做到在任何环境中机体的用力平衡，在动作的练习中体现出“形不破体、力不出尖、神不外溢、意不露型、气不急促”的运行特征，劲力在收放中需要突出整体、自然、舒适、得力的功架结构。

（1）龙虎组合的基础发力练习

第一节：共纳会阴

共纳会阴是指气海穴与尾闾两个部位共同纳入会阴位的运行，使二者建立内在的关于劲力发放的武学关系。训练分为气海位的运行部分与大龙尾闾的运行部分，二者的运行同步进行，不分先后，只有彼此之间的互溶与协调配合，表现在动作运行时有如下表现。

气海运行：气海位在人体的矢状面上按照顺时针做弧线旋转运动，弧线由顺着气海穴下行至会阴穴的运行路线组成，到达会阴穴并纳入会阴直入丹田，运行的路径如同鱼钩形状。

尾闾运行：基本姿势中的尾闾处于松沉的下垂状态，练习时要求尾闾由后往裆部方向的前上方运行并插入会阴穴内，运行路径也类似于鱼钩形状。

共纳会阴：支起基本功架，建立起在浑圆平台上的悬丹田，这是气海运行与尾闾运行二者同步完成插入会阴内的动作，并共同进入丹田所在的小腹内部的空间里，使得二者在会阴内的位置能够相融而成为一体。

第二节：顺行六位

这里所说的“六位”是指劲力运行中的六个关键点位，它们分别是左右两个前胯位为两个固定点、会阴位与后胯位为两个半固定点、气海位与尾闾位为两个游离点。“顺行”的意思是指劲力运行按照顺时针所指的方向进行。

左右两个胯位始终保持在机体内部为两个固定点，要求在发力运行之中通过固定这两个点位，把丹田与大龙的功能通过“四象”位融入劲力体系之中，使之整合成为一个完整的劲力体系并得到进一步完善。同时运行中的两个固定点可起到如同杠杆运动的支点作用，丹田的内力与大龙的筋骨力都以这两个支点的运转而产生所需的功能，在劲力体系之中可根据技法的需求与地力的反作用，表现出相应的三才力。因此，在劲力运行中支点是需要得到相对固定的，否则失去了支点支撑的撬动，即便有再强大的功力也很难展现出来。会阴位与后胯位属于半固定位是由其生理结构决定的，这两个位置在劲力运行之中具有顺畅劲路、接通内气、助形成弓的重要作用。游离的气海位与尾闾位起着劲力运行中撬动力源的作用，是顺应呼吸、丹田劲力、身法调整等功能的融合驾驭点位；两个固定点位支撑两个半固定点位服务于这两个游离点位的功能展示，这是龙虎劲得以发放的前提要求，其功能展示的效果决定了训练的结果。

动作展示：通过尾闾与气海共纳会阴的结合运行，将丹田内劲有序地发放出来，使得脊柱与胯的龙虎配合产生所需的天力。动作的运行通过左右两个前胯作为劲力发放的支撑点，并通过会阴位与后胯位的配合顺畅了劲路，使得内气传递与大龙成弓的劲力运行产生了技击所需的崩弹现象。

第三节：路径梳理

在这里所述的劲路梳理是指机体的运行与丹田的劲力及大龙椎间盘伸缩等功能的融合，表现在劲力运行中是否顺畅的检查与调理。如何通过训练使丹田与大龙能够有顺畅体现劲力运行的表现，是梳理的目标。

梳理的内容包括两个方面：丹田的内气运行与脊柱的筋骨运行。

大龙功法主要讲的就是脊柱的成弓训练与劲力训练，梳理就是检查脊柱中那些能够形成劲力发放的因素，是否能结合丹田的功能在发放的瞬间体现出自己的价值；力从丹田起，梳理的目标是丹田运行是否顺畅，在劲力发放的瞬间能否将龙虎劲力体现出来；体现出在丹田与脊柱之间的协调，以及劲力发放中六个点位之间相互配合的默契程度。

动作展示：支撑起基本功架，调整好逆式呼吸，保持机体的浑圆整劲，以意念引领，吸气时机体保持松沉、整体、自然的状态，呼气时收紧小腹，在丹田运行时同步内卷尾闾与气海，形成共纳会阴的运行。在呼气结束与吸气未始的转折阶段可将动作固定在原位不动，感受丹田气的运行、脊柱的运行、大龙成弓的表现、六个点位的配合、机体的整体协调，以及劲力运行是否会脱离浑圆的平台。

第四节：虎啸龙吟

经过上述内容的训练积累，就可以进入实质性的天力的劲力发放练习了。

动作展示：摆好基本姿势，调整好逆式呼吸，吸气时全身放松，呼气时改为以鼻喷气，在做喷气的同时完成丹田的惊炸，气海位与尾闾位共纳会阴，要充分内卷并插入会阴以深入接洽丹田，同步完成大龙成弓的运行并表现出适度的崩弹，运行通过项领额顶，将这个瞬间产生的所有劲力传递到击打的目标位置。

这个发力练习主要体现的是浑圆平台上三才劲之一的天力，即大龙的崩弹所产生的筋骨力。同时也是机体束展与开合力的一种表现形式。在天力的运行过程中，以两个固定点位为根基，纳会阴将大龙运行配合着呼吸的要求，按照技法所需的目标完成大龙成弓，形成了崩弹击打的发力鞭打。由于后胯的假关节已打开，大龙被解放出来，尾闾在发力中已具有落位准确、运行干脆果断的表现，于是，大龙在发力中就具备了功能表现的基础。

劲力发放的练习可按照上肢三节的顺序来表现：先进行肩部的劲力发放；然后再练习肘部的劲路发放；最后再表现在手上的劲力发放。

这里需要强调的是发力训练宜采取先分步，而后根据实际掌握的状况再采用综合发力的练习方式。通常是按照先天力再地力，最后结合技法练人力的顺序进行练习，不宜一开始就进行综合发力的练习，这样容易忽略其中许多重要的、暂时还不能够察觉与运用到的内容。综合劲力的发放体现在三才劲上，三才劲分别由天力、地力与人力共同组成，三者劲力的综合才能成为支撑技法施展的三才劲。

每一次练习可根据实际的内容与要求在教练的指导下进行。建议一定要建立在对动作运行理解的基础上进行练习，练习任务的强度与运动量需要根据自己的机体状态制定；完成动作的弧度、速度与力感可结合训练阶段与机体的实际情况做适度的调整，必须在循序渐进中进行训练，切不可强求，更不可蛮干。

（2）泛臀与解锁是发力的基础

在劲力运行中需要将相对称的两个前胯与被解锁的后胯完全松开，通过劲路梳理使其转化为泛臀状态。泛臀的好坏直接影响内劲运行的空间大小，以及发劲所需的劲路结构的质量。如果泛臀的质量不达标，劲力运行的各个环节就会很受牵制而显得力不从心。

泛臀的表现是整体运行的重要组成部分，劲力的运行是通过机体含胸、拔背、塌腰与泛臀等部位的整体配合才得以完成的，若脱离整体单纯地去做内卷尾闾、命门后突、刻意的“含胸”，则会破坏劲路的完整与流畅。

解锁在此处是指将后胯的骶髂假关节打开，也就是让骶骨左右两侧和髋骨相连接的“骶髂关节”产生所需的活动，又称之为“开后胯”。这个内容的训练在大龙功法中有专门的训练，后胯被打开了，由脊柱各椎间盘组成的大龙就被解放出来了，相应的武学功能才能被逐步挖掘出来并获得相应的运用。

将被捆的大龙解锁出来，使原本固定在髋骨位置的骶骨能够具备自己的运动空间。骶骨作为大龙的一个重要组成部分，在劲力运行中是“助”还是“阻”，与其所在环境有着直接的关联。骶骨被锁，则不能形成大龙在劲运行中所需的弓形。在崩弹发力的运行中，尾闾的内卷与后胯是否解锁有着直接的关联，若不能达标就难有大龙脆快的运行弧度，因此而影响用尾闾为钟锤从内壁去敲悬钟的运行效果，牵引丹田气的效果也会随之受到影响。因此，打开后胯是合理构架劲路与顺畅劲力发放的重要基础，这是训练中不允许被忽略的内容。

（3）开骨缝——大龙功法的扩展训练

①脊柱之间椎间盘的松开

在大龙功法的扩展训练中，脊柱之间的关节随之慢慢松开。在这个松开的过程中，脊柱可能会出现酸胀与疼痛感；这种感觉会导致大龙在这段时期不同程度地影响到正常的训练，这是该部位的椎间盘骨缝被打开、经脉疏通、韧带拉开出现的正常生理现象，但此不适反应持续的时间通常不长，只要坚持练习就会很快消失。

②脊柱和肋的关节松开

该部位的关节开始松动时，就会导致胸廓形体的大变化，由于机体肋部区间内分布着肝胆、心脾等气脉，必然会引起脏器内环境的气机发生相应变化。如果内脏本身就有一些病灶，则会导致一些生理反应，例如，有时会伴随着胸闷、肋疼、咳嗽、流清涕、呼吸困难等现象出现，甚至呼吸的时候会有疼痛感，有时还会波及腰部。其实，松开胸肋关节后，因为胸部空间的拓展导致肺活量的加大，往往很容易不知不觉地改变一个人的心量。尤其是心口鸠尾穴的打开，使人心气不再容易受阻，心情舒畅且逐渐趋于稳定。

③胸椎和腰椎、颈椎的松开

随着训练的深入，会自然导致胸椎与大龙关节的松动，也会伴随着引气入内脏。这时在功法练习中身形一动就会伴随着内气的起动，所以练习中要注意养成松腰的习惯，在行、住、坐、卧时，意念不离腰椎。在这种情况下，你的腰要随着意念起变化，从量变到质量，到彻底松开。松腰的基本体相是呼吸时同时伴有小腹的鼓起和腰椎鼓成弓的感觉。如果只有鼓起，而腰椎不会转动，那么说明松得还不够彻底。当真正松开腰椎以后，感觉脊柱和两侧肌肉如同脱骨了一样，对椎体和肌肉的感受非常清晰。更重要的是不仅可以摸得到，而且腰椎能够逐节转动。当然，这时候还要反复练。

④大龙训练的四肢延伸

松腰后，气机变化会非常快，身体素质也会得到相应的提高。不仅脊椎会松开，腰两侧的肌肉、两个腰眼、腰椎和骶椎的连接部分也会松开，整个背部的肌肉、肌腱、韧带也会像冰雪融化一样慢慢松开。松腰后，从外在的形体到内在的气机都会发生变化，脊骨里边的气会和四肢逐渐连起来，只需意念一动，所有的运行都是一个整体。

下面就大龙功法的扩展进行全面开骨缝的伸展练习。

以无极桩形起式，建立在浑圆平台上的机体要求始终保持着浑圆一体，在动作运行中恪守“松沉、自然与整体”。两脚开立，与肩同宽，足尖自然朝前，双膝微屈，双手自然下垂，身体中正，宽胸实腹、心静体松，调匀呼吸。

第一节：原地提拉［图 3–4–7（1）、（2）、（3）］

意念双手从体侧弯曲手指钩挂踝关节，随着肘关节外展，在打开踝关节的基础上把膝关节打开，上提不停将下腋扩展开，再意念继续打开髋关节，让腹股沟产生拉伸的感觉；双手继续上提至双肩前上方，意念挂力延伸到脊柱，双手翻转掌心朝上，手指相对由肩上托，意念将脊柱的椎间盘随着上托由下至上逐一进行撑拔，当双手上托到最高位时完成将脊柱各椎间盘全部打开，但仍然在不断地上举，意念逐步把肩关节、肘关节与腕关节打开；当感觉把所有的关节都打开了，则可根据自己的实际状态继续在最高位上耗托一段时间，然后翻转双掌，使掌心朝下，并沿着上行的运行路线下行返回起始位，将双手与舒张的各关节腔与椎间盘恢复到起始的浑圆状态。

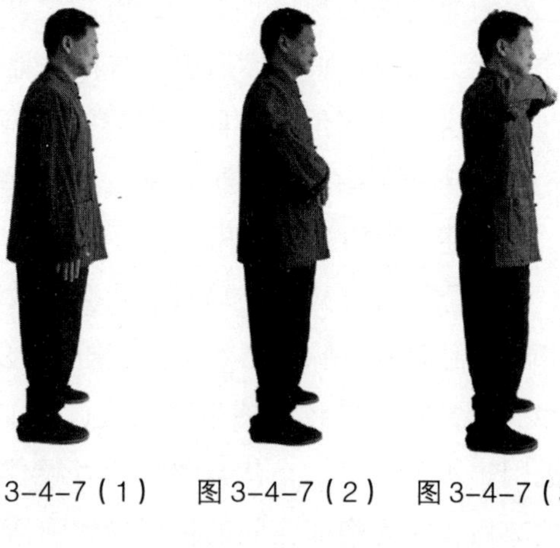

图 3–4–7（1）　图 3–4–7（2）　图 3–4–7（3）

在双手上举的整个过程中，机体要始终保持整体不丢浑圆，将四上一下的内部运行之力联系起来并体现出来，在运行中意念双手向上的力合着四上之力，上挂着每个关节的地面近端把关节腔与椎间盘向上打开；同步表现出机体内劲力运行的平衡，将机体的松沉之力与尾闾下垂的延伸之力相结合，意念向下挂在每个关节的地面远端把关节腔与椎间盘向下打开。

过程中要坚持“头直上领、臀微下坐”，确保四肢各关节与脊柱能配合完成上下的对拉。练习时始终保持身体是一个整体，如此在机体的撑拔劲路中让每一个关节都能感受到关节缝打来上下两股力。练习中一定要把机体立起来，以保持大龙两侧受力均衡，如有僵化部位应通过训练重点解决，以保持各关节具有一定的弹性。

第二节：俯身送压［图 3–4–7（4）、（5）、（6）］

图 3–4–7（4）

图 3–4–7（5）

图 3–4–7（6）

当第一节达到一定的功力储备后，建立在此基础上的第二节训练就可逐步展开了。

意念双手从体侧弯曲手指钩挂踝关节，随着肘关节外展，在打开踝关节的基础上把膝关节打开，上提不停将下腋扩展开，再意念继续打开髋关节，让腹股沟产生拉伸的感觉；双手继续上提至双肩前上方，意念挂力延伸到脊柱，双掌下按，掌心朝下，手指由向上提拉转为向前伸展，随着前伸上肢，躯干同步向前俯身，并伴随着头部的向前伸顶，要求低头目视尾闾所指方向，在手指向前的伸展中同步用意念牵拉脊柱的椎间盘，使得四肢与躯干的各关节由下至上逐一得到撑拔；当双手前伸到最远位时耗伸一段时间，然后沿着前伸的运行路线回收下行，将双手与舒张的各关节腔、肌腱与椎间盘恢复到起始的浑圆状态。

在双手前伸的整个过程中，机体需要注意维持平衡，始终不能破坏机体的浑圆状态。与第一节相同，要保证每个关节都能够受到来自方向相反的两股力将关节腔打开，在不断地开关节腔的过程中实现骨缝被逐步打开的目的。

第三节：伸顶推压［图 3–4–7（7）、（8）、（9）、（10）、（11）］

图 3–4–7（7）

图 3–4–7（8）

图 3–4–7（9）

图 3–4–7（10）

图 3–4–7（11）

建立在第二节动作完成到“双手前伸到最远位时进行耗伸一段时间”的基础上，以十个手指为固定点开始向前按压掌根，在手推按的同时将头抬起，意念各关节在第二节被打开的基础上被进一步的施力继续拉开，当达到最大极限时定住并进行耗拉，当完成精神假借训练的相应念力牵引时，则可顺原轨迹回收至起始动作，至此本节训练完成。

本节应有精神假借训练的念力牵引，在耗拉的过程中完成训练，训练中需保持精神专注、注意力集中，坚持呼吸正常，以确保机体能尽最大的努力放松自己。

第一步：从踝关节开始用念力检查各关节腔是否被打开、是否按照要求被打开、是否还有被继续打开的空间，体会关节腔被牵拉的感觉，关节腔在缩胀中产生弹性的感觉等相关内容，由下至上地按照踝关节、膝关节、髋关节、脊柱各关节、肩关节、肘关节、腕关节、指关节的顺序逐个用念力检查，然后，再由上而下地按照相反的轨迹方向逐一用念力检查。

第二步：按照第一步的程序“由下至上”再“由上而下”地逐一用念力检查，寻找并感受关节腔周围那些牵引关节完成开合、转动、收缩的两端肌肉的位置，并逐步用念力去驾驭这些主动收缩肌与被动舒张肌的地位改变和松紧转换。

第三步：按照第一步的程序由下至上、再由上而下地逐一用念力牵引各个关节的适度收缩，使各关节按照劲路所指的唯一轨迹统一完成收缩，表现在某个关节腔里的关节两端时，就是关节的一端固定位置，而另一端需主动靠近固定端，以此完成关节腔的收缩。当劲路上各关节的两端都统一按照要求在劲路的轨迹上运行时，就会产生机体从脚至躯干再到手的整体收缩，或从手至躯干再到脚的整体收缩结果，并体现出劲路上“肌肉若一”的运行特征。

第四节：弓步推［图 3-4-7（12）、（13）、（14）、（15）、（16）、（17）、（18）、（19）］

图 3-4-7（12）

图 3-4-7（13）

图 3-4-7（14）

图 3-4-7（15）

图 3-4-7（16）

图 3-4-7（17）

图 3-4-7（18）

图 3-4-7（19）

当前面三节的功力具备了一定储备后，建立在此基础上的第四节训练就可逐步展开。

意念双手从体侧弯曲手指钩挂踝关节，随着肘关节外展，在打开踝关节的基础上把膝关节打开，上提不停将下腋扩展开，再意念继续打开髋关节，让腹股沟产生拉伸感觉；双手继续上提至双肩前上方，意念挂力延伸到脊柱，然后重心转至右脚并收左脚，左脚不落地继续朝前开步，左脚在前方落步的同时开始运行重心前移与双臂前伸，俯身埋头，前伸手臂到最远处固定十个手指，此时开始耗压掌根，同时起身将头抬起，完成左弓步双推掌的动作造型。

左弓步双推掌的动作造型要始终保持机体各关节腔的牵拉，在此基础上，双手继续保持耗按，同时由上而下用念力将关节腔的距地面远端固定，同步将关节腔距地面近端朝固定端收缩靠拢，与双手的耗压掌根形成相对的对挣力。

双手十个手指仍然固定原位但掌根提起，由上至下收缩关节腔并带动手臂回收至胸，当需要继续练习时，可重心前移到左脚，收右脚再迈右步形成右弓步，同时运行双手前伸的耗压，如此循环往复地进行训练；当训练需要结束时，则先调整好重心，并将重心回收到右脚，再将左脚回收靠近右脚，两手缓缓放下，回到起始动作，完成训练。训练过程中的念力要求与第三节相同。

第五节：弓步推绕

意念双手从体侧起始位由下至上按照劲路顺序与要求提起至胸，再把重心转至右脚并收左脚，左脚不落地继续朝前开步，左脚在前方落步的同时开始运行重心的前移与双臂前伸，俯身埋头前伸手臂到最远处固定十个手指，此时开始耗压掌根，同时起身将头抬起，完成弓步双推掌的动作造型。

弓步双推掌建立在各关节腔与肌腱撑拔开的动作造型基础上，完成下面内容的练习。

开：十个手指仍然处于相对固定的位置，机体由下至上产生一组由内而外的对挣力，支撑两手十指在固定位的外开之力，当外开力达到最大值时，则进行一段时间的耗开，然后再回到起始位的弓步双推掌。

合：十个手指仍然处于相对固定的位置，机体由下至上产生一组由外而内的裹压力，支撑两手十指在固定位的内合之力，当外合力达到最大值时，则进行一段时间的耗开，然后再回到起始位的弓步双推掌。

牵：十个手指仍然处于相对固定的位置，机体由上至下的关节腔顺劲路进行牵拉式收缩，产生一股由上而下的沉塌弹力，支撑两手十指在固定位完成朝内、后、下方向的牵拉力，当牵拉力达到最大值时，则进行一段时间的耗开，然后再回到起始位的弓步双推掌。

送：十个手指仍然处于相对固定的位置，机体由下至上的关节腔顺劲路进行推送式收缩，产生一股由下而上的推送弹力，支撑两手十指在固定位完成朝前与朝上方向的推送力，当推送力达到最大值时，则进行一段时间的耗开，然后再回到起始位的弓步双推掌。

转：十个手指仍然处于相对固定的位置，在坐胯泛臀的基础上完成内卷尾闾时胯左转的运行，同步右膝微内扣带动机体左转，由下至上产生一股由内而外的推力，同时两个手掌左转侧按；当内卷尾闾进行胯右转的运行时，同步左膝微内扣带动机体右转，由下至上产生一股由内而外的推力，同时两个手掌完成右转侧按；当外开的侧按力达到最大值时，则进行一段时间的耗按，然后再回到起始位的弓步双推掌。

第六节：重心转换

意念双手从体侧起始位由下至上按照劲路顺序与要求提起至胸，再把重心移至右脚并收左脚，左脚不落地继续朝前开步，左脚在前方落步的同时开始运行重心前移与双臂前伸，俯身埋头前伸手臂到最远处固定十个手指，此时开始耗压掌根，同时起身将头抬起，完成前后开立步双推掌的动作造型。

本节练习建立在第五节动作的基础上，结合重心的移动来完成关节的开合练习。

弓步前后开立，将两脚的距离分为十个等分，本节练习的前后开立步起始重心在五五均分的位置，练习中的重心移位都是建立在这个基础上的阐述。

开：十个手指仍然处于相对固定的位置，机体的重心位由正中前移两个重心位置，同步完成第五节开的动作运行，然后再回到起始位的弓步双推掌。

合：十个手指仍然处于相对固定的位置，机体的重心位由正中前移两个重心位置，同步完成第五节合的动作运行，然后再回到起始位的弓步双推掌。

牵：十个手指仍然处于相对固定的位置，机体的重心位由正中后移两个重心位置，同步完成第五节牵的动作运行，然后再回到起始位的弓步双推掌。

送：十个手指仍然处于相对固定的位置，机体的重心位由正中前移两个重心位置，同步完成第五节送的动作运行，然后再回到起始位的弓步双推掌。

转：十个手指仍然处于相对固定的位置，功架的重心位由正中前移两个重心位置并完成机体或左或右的转动，同步完成第五节关于或左或右的侧按掌动作运行时，则进行一段时间的耗按，然后再回到起始位的前后开立步双推掌。

练习时我们要注意从四字中去找桩中的感觉：静、松、开、整。在完成训练内容收获训练成果时重心位的移动，应该有一个由大到小、由小到微、由微到无的过程，这个训练过程表现出“大动不如小动、小动不如微动、微动不如不动”的训练理念。

练习时可先慢运行，慢慢打开骨节，再逐渐加快速度，在做到放长击远的效果后，再逐步转型为短促发力，按照这个训练路径推进运行。随着训练水平的提高，功架在过程中也随之逐步收缩到自由状态，表现出基本姿势中的轻松自如。

骨缝开后的发力，不但牵涉到骨缝本来肌腱的松紧收缩，还牵涉到该关节主动肌与被动肌表现在不同方向的松紧处理，以及涉及它们收缩与舒张方式的体现，目的只有一个，那就是如何将骨缝合理打开，并服务于增加劲力运行的效果。

（4）开骨缝与松腰的体相表现

①初级体相

站立时腰部能够随着呼吸自如地外凸和回缩。具体做法：自然站立，吸气时，肚脐和命门同时往外凸，凸得越大效果越好，呼气时还原。

松腰后，腰部灵活，腰椎不仅要能转平圈，而且要能转立圈与混旋圈运行。

②中级体相

松腰后，气敛入脊包括脊神经（感觉神经、运动神经）的功能会被强化，大龙不仅会前后动，还会转着动，松腰能真正起到强化周身气的作用。

松腰后，腰椎、胸椎以及颈椎的每节椎间盘都可以随意按照要求运行。

③高级体相

松腰后，胸骨、舌顶、喉结运行可随意而动，协调后胯运行表现尾闾的灵动。

扣垂尾闾时脑中能够产生相应的胀缩感，头脑空旷、清爽、舒畅。日常生活中感觉运动思维、体察思维加强，逻辑思维、形象思维泯灭。

松腰后，精满气足、形丰神明，情绪稳定、精神舒畅。

松腰后，气机变化非常快，身体素质得到提升，不仅脊柱的各个关节会松开，整个腰部与背部都会松开。

全身机能的提升，伴随着抗击打能力同步加强，本能反应提高，气质中和，神态安详。

在此基础上，若能重视功理的学习与运用，只要方向正确，身心就会发生质的飞跃。

（5）开前胯练习

前胯处在左右横向生长的两个髋关节的位置，这是人体最大的球状关节，开前胯就是将胯部髋关节腔内的相应肌腱拨开，使其获得很大的活动空间与能力。通过躯干相应的拧转练习，在该区域把胯根至膝弯的韧带规范地牵拉开，关节腔的结构决定了该部位产生的是技击所需要的横向弹力。在前面开骨缝的内容练习中，髋关节的骨缝被逐步打开，主要体现出前胯关节腔被打开，实现了在空间结构上发生相应的改善。

为了将这类关节腔在结构上的改变产生的价值，全面地体现在技法动作的劲力运行之中，则需要对关节腔进行相应的盘练，以支撑各类技法的运行所需，表现在关节腔充分撑拔开后就可支撑不同技法在该部位左右横向、前后束展、上下起落的动作运行。因此，髋关节的功能要得到提升，必须使关节腔进行相应内容的专项练习，如此才能获取该部位符合技击需求的功能体现。

实践证明，但凡牵涉到横向发力的动作运行，基本上都是建立在开前跨的基础之上的功能挖掘练习，才能达到相应功能的要求。当然，横向发力仅仅是技法运行中的一种劲力的表现形式而已，任何一种发力形式都不能脱离整体而独立存在，即便在实际的训练中把单纯的某种劲力表现出来了，但在实际技击中的价值体现也是非常有限的。因此，从技击的角度来看动作展现，开胯的关节腔盘练需要放在整体中去看待。

下面就开胯的内容进行具体讲解，练习分为拉伸、折胯、单动脆发、联动脆发四个步骤进行。

以下练习都以无极桩形起式，建立在浑圆平台上的机体要求始终保持机体浑圆一体，动作运行把大龙立起来，始终保持自然、松沉与整体。两脚开立，略比肩宽，足尖自然朝前，双膝微屈，双手自然下垂，身体中正，心静体松，调匀呼吸，保持平衡。

第一阶段：拉伸练习

①横向拉伸

提起双手成体前平举，掌心朝下，极度放松髋关节，并用念力将髋关节打开，意念浑圆一体的机体转动由髋关节的内端部分与外端部分共同组成。机体髋关节内的部分为一个小整体做左转运动，机体髋关节外的部分为一个小整体则做右转运动，但整个机体仍然处在原处，通过两脚相应的蹬撑，以平衡髋关节在左右横向的对挣中所产生的冲击；当一边完成练习，则可转换到另一侧完成，如此反复进行。

练习中坚持“头直上领、臀微下坐”，确保脊柱这条大龙受到上下拉伸力。练习时始终保持身体是一个整体，一个由两部分组成的整体，坚持双手体前平举状态，以维持运行中的机体平衡，并且在髋关节处一定要充分放松，不能够僵化，要保持一定的弹性。

②立圆转胯

双手保持在体侧，掌心朝内，极度放松髋关节，并用念力将髋关节打开，意念浑圆一体的机体由髋关节腔的内与外关节端两部分共同组成。固定机体两肩与两膝的四点位置，在练习中不发生位置的移动，但双手可以在练习中自由摆动以配合髋关节做相应的练习。机体左右的髋关节在绕矢状面做立圆的运行，运行中左胯起则需右胯落，而右胯起则左胯落；将机体髋关节的一个部分作为整体，在运行中则配合另一个部分做相应的起落运行，这个起落运行就类似于用髋关节蹬自行车，立圆可以顺时针运行，也可逆时针运行，如此反复进行。运行中整个机体固定的四个点位仍然处在原处。

练习中坚持“头直上领、臀微下坐”，确保脊柱这条大龙受到上下拉伸力。练习时始终保持身体是一个整体，一个由两部分组成的整体，需相互配合并在协调中共同完成动作，并且在髋关节处一定要充分放松，不能僵化，要保持一定的弹性。

第二阶段：折胯练习

①交叉合胯

动作要求：髋关节腔髂骨端位置与身体异侧的“膝、足”进行交叉侧向的对折耗压，形成两胯关节腔的腔髂骨端与股骨端之间交叉对折；耗压中有意识地感受躯体微微前倾并朝异侧转动，转动中大龙始终保持撑拔感，耗压按照先足后膝再胯与胯对折、先左后右的顺序进行，每个点位都必须进行必要的耗压练习。

②上下合胯

动作要求：髋关节腔髂骨端位置与身体同侧的“膝、足”形成由上向下的对折耗压，以及胯本身关节腔内的髂骨端与股骨端之间的翻转；耗压中有意识地感受躯体微微前倾，转动中大龙始终保持撑拔感，耗压按照先足后膝再本身的翻转、先左后右的顺序进行，每个点位都必须进行必要的耗压练习。

③左右合胯

动作要求：髋关节腔髂骨端位置与身体异侧的“胯、膝、足”形成由上至下的左右横向的相合对折耗压，以及胯本身关节腔内的两髂骨端与两股骨端各自的合压对折；耗压中有意识地感受躯体中正，转动中大龙始终保持撑拔感，耗压按照先胯相合，再通过胯合带动膝裹，最后胯合带动膝裹影响扣脚，每个点位都必须进行必要的耗压练习。

第三阶段：脆发练习

①左右甩胯

动作要求：摆好基本姿势，调整好逆式呼吸，吸气时全身放松，崩弹练习时的呼气改为以鼻喷气，使髋关节腔髂骨端位置分别与身体异侧的“胯、膝、足”做交叉斜侧向的鞭打式对折。练习时需充分放松前胯部位，当摆动的幅度达到最大值时可体会自然折返的回弹力；突然的鞭打与自然的回弹组成了合胯的崩弹运行，当进行胯与膝或者足的崩弹练习时，需要适度调整彼此间的角度，其中有意识地感受躯体来回转折中的整体感，转动中大龙始终保持撑拔感，耗压按照先足后膝再胯与胯对折、先左后右的顺序进行。

②前后甩胯

动作要求：摆好前后（左为例）弓步的基本姿势，调整好逆式呼吸，吸气时全身放松，崩弹练习时的呼气改为以鼻喷气，使髋关节腔髂骨端位置分别与身体异侧的“胯、膝、足”进行交叉斜侧向的鞭打式对折，当摆动的幅度达到最大值时体会自然折返的回弹力。

先进行以前（左）脚为固定点的练习，练习中要求由右往左折合，右胯突然朝内横转的鞭打与自然的回弹组成了合胯的崩弹运行，当进行胯与膝或者足的崩弹练习时需要适度调整彼此间的角度，以及膝关节的角度，其中有意识地感受躯体来回转折中的整体感，转动中大龙始终保持撑拔感，耗压按照先足后膝再胯与胯对折、先左后右的顺序进行。

后进行以后（右）脚为固定点的练习，练习中要求由前（左）胯往后（右）折合，左胯突然朝内横转的鞭打与自然的回弹组成了此处合胯的崩弹运行，当进行胯与膝或者足的崩弹练习时需要适度调整彼此间的角度，以及前（左）膝关节的内旋，其中有意识地感受躯体来回转折中的整体感，转动中躯干需要适度右转以协调动作，运行中大龙始终保持撑拔感，耗压按照先足后膝再胯与胯对折、先左后右的顺序进行。

第四阶段：复合脆发

复合形式的崩弹脆发是指训练中将前三个阶段的内容在此综合运用出来的表现形式。可先定步再进行活步的练习；先进行单纯的胯部崩弹练习，而后再结合相应的动作进行练习，以达到在动作运行中能够体会到胯部的崩弹。例如：结合具体攻防含义的基本动作，再配合手的正方、左侧、右侧方向与位置的发力运行，让基本元素的开、合、牵、送、转等具体动作体现出来。

具体的练习需要从规范的预备式站立开始，练习的动作中需要突出：一个胯为主动产生力量的力点，另一个胯为轴产生支点，并将两轴协调产生的效果在整体之中体现出来。

开胯练习，不要只理解成单纯在某个部位上练习的问题，而是与全身整体都相互关联着。在开胯练习中整体动作都需按功法的要求进行，循序渐进中的练习做到从内到外，逐步通过“神”一以贯之地统领全身为前提，将前胯慢慢打开，胯一旦被打开放松后，也就具备了技击在“空间结构”上的所需保证，当前后胯一旦都被打开盘活，机体也就有了真正做到“松沉”在物理结构上的保障。当气沉下去了，且从机体“内”体现出来的前后胯都做到了真正的自然打开，此时劲力运行中的“松沉”与“崩弹”也就都有了。

10. 丹田发声功法

丹田的发声练习主要体现在下丹田的位置，从鼻腔到小腹的用力路径经过了胸腔、横膈膜、腹腔的筋膜，所以，要让发声具备武学要求，达到技击的发力需求，就需要打通这些部位的劲力“通道”，这就如同挖掘发声劲路的这条“深井”。因此，需要从盘练胸腹部的筋膜入手，不能让筋膜成为“发声”的阻力，而是要促使筋膜的弹性成为“发声”的助力。

（1）关于筋膜的盘练

在习练中从浑圆桩开始，逐步深入，建立起对筋膜的感觉。为了把握对筋膜的感觉，就需要完成一个从无到有、从上到下、从慢到快、从模糊到具体的训练过程。桩中左右横撑肘的意念加强并要求配合做到开肋动作，从开肋中寻找到横膈膜的基本位置与感觉，并逐步建立起撑肘与横膈膜扩展拉伸的挂力感，让横膈膜能够按照要求撑拉开。这些内容都是在循序渐进的训练中逐步建立起来的，并属于有针对性进行的具象训练，所以我们要从训练中去把握，并遵循慢慢获取的原则。

第一步，感觉筋膜

放松机体端起功架把横膈膜按照要求撑拉开为前提，表现在“自然、松沉与整体”的基本动作中，注意力集中，通过腹式呼吸去寻找筋膜的感觉，先从“深、长、细、匀、缓”的呼吸中慢慢体会横膈膜所在位置的空间感觉，再扩展到寻找各脏器的位置，并在寻找到各脏器的基础上建立起筋膜感觉。

第二步，盘练筋膜

在腹式呼吸的练习中建立起具体筋膜的空间位置感觉，并在放松与收缩状态下强化感觉，通过“挂力”原理的运用，让丹田与各筋膜间彼此间都挂上“力”的关系。具体的做法是以丹田为核心去牵制横膈膜进行呼吸，横膈膜整合肺部筋膜进行呼吸，横膈膜整合胃部筋膜进行呼吸，横膈膜整合肝部筋膜进行呼吸，横膈膜整合胃部与肝部筋膜进行呼吸，横膈膜整合上下部位筋膜进行呼吸，筋膜上下、左右之间相合配合进行呼吸。

第三步，运用筋膜

通过“挂力”建立了丹田与筋膜的相互关系，此时就可以通过“挂力”建立彼此相互影响的训练设计。具体练习可以从配合呼吸开始，通过筋膜合力向下在丹田处产生配合呼吸的运行，有助于丹田缩胀、振动、拨打、旋转等功能的体现。

已经建立了较强的筋膜沟通丹田的感觉后，可结合丹田发声的功法进行相关练习，目的是增加其功能体现的效果。

以丹田为着力点，以腹式呼吸为前提，进行深入训练，达到让筋膜的收放如活塞与汽缸的运动一样，以此作用在丹田处，并服务于机体，纳入发力系统之中。

（2）丹田发声的具体功法

第一步，初始起桩［图 3–4–8（1）］

图 3–4–8（1）

两脚开立，略比肩宽，足尖自然朝前，双膝微屈，双手自然下垂，以无极桩形站立，做到身体中正、心静体松、宽胸实腹、调匀呼吸、保持平衡，撑开横膈膜使动作运行始终保持“自然、松沉与整体”。起式所采用的训练功架：可以分别采用双手低于乳房位置的扶按、托抱、撑拔等形式的功架起桩训练。

各人具体采用的动作可根据自己的实际情况做相应选择，但必须遵循的原则是：功架有利于机体各“三节”部位在整个运行过程中，表现出常态时与惊炸时的丹田都能挂上力。训练的过程中习练者也可以根据训练的实际情况对功架进行适度的调整，以保证训练是建立在浑圆平台上对机体的要求，运行中把大龙立起来，让机体始终保持浑圆一体。

第二步，呼发“咿”声［图 3–4–8（2）］

图 3–4–8（2）

训练中一旦选择好了训练功架，在运行过程中就不宜再随意改变动作架势，如在实际训练中产生了需要略微改变功架的要求，则机体可进行适度的微调，以便本体有更好的训练感觉。当在基本功架中机体进入了中正安舒与心静体松的感觉时，可适度“吸”一口长气，然后开始做“呼”气练习，并要求做到以发出“咿”的声音进行呼气，出声均匀，要维持“细、长、均、缓”的状态，意念从口至喉到胸腔再到腹腔，最后进入小腹找到丹田，形成一口由上至下的“深井”，所发“咿”声能在井中产生共鸣，并与精神假借中丹田的“水”产生共振。机体在这个运行过程中始终保持浑圆一体，呼气的“咿”声“气头”入井自然，气腹整体、松沉、均匀、持续。

第三步，爆发“呦”声［图 3–4–8（3）］

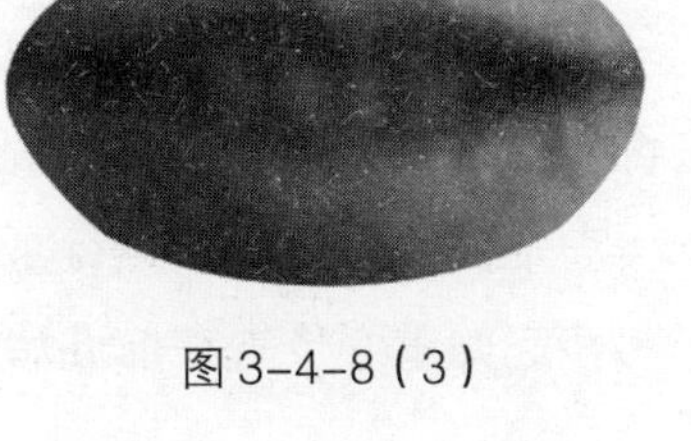

图 3–4–8（3）

当第二步呼气所发的“咿”声进入“气尾”并接近声竭时，用整劲以爆炸式的运行发出“呦”声，机体同时配合发声完成提踵动作，同步用念力带动胸腹腔之间的横膈膜产生在瞬间就完成的机体内向下推压到丹田位的冲力，就如同感觉“呦”声是由井口往井里砸下的一块沉重的巨石，并瞬间在井底激起巨大的水浪与水花，在水浪与水花的作用下，井底区域产生了极强的冲击力，将机体“四象”位的各关节腔与大龙的各椎间盘在瞬间规范地撑开，并延伸到各张弓的整体，表现在各个“三节”部位的根节、中节与梢节关节腔被强制按照顺序打开，在打开关节腔的同时将这股力由内而外地通过根节到中节再到梢节传送出去。

整个过程必须保持机体在“自然、松沉与整体”的状态下完成运行，所发“呦”声必须短促有力，极具爆发力，训练过程中要在这个瞬间找到巨石砸入深井里的感觉，过程中只有震动丹田，并让震波传遍全身，才能够起到较好的训练效果。

第四步，砸踵深吸［图 3–4–8（4）］

当第三步“呦”声毕，稍停顿并可做功架微调，重心后压有意识配合吸气，再回落脚后跟，但此时的瞬间回落要求以“砸压”的方式回落脚后跟，呈现出的是机体在瞬间回到起始的起桩姿势。在砸压脚后跟时同步以短促的鼻吸完成深呼吸，使肺部在瞬间尽可能吸进更多的空气。因此，运行中要求机体在此瞬间有意识地开肋以增加吸气容量，这一步建立在深呼吸短促为前提的要求中，尽可能吸入更多的空气，而不是在常态下较长时间段内的深呼吸。

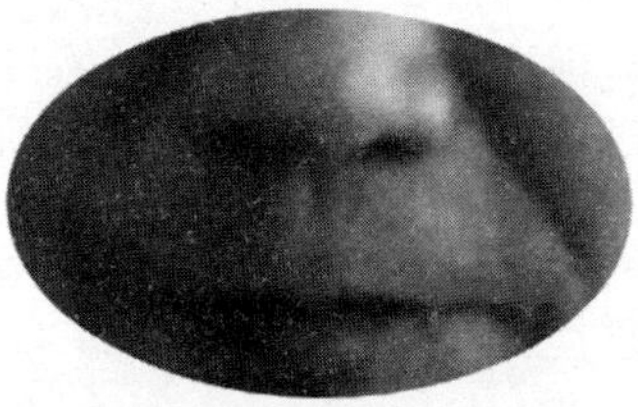

图 3–4–8（4）

至此，完整的一次丹田发声练习已经结束，训练就在一次一次的呼吸中持续，并循环往复地进行着。

以上练习次数可以以 9 × n 息为度。

注意:在发“咿”声时要端正功架做到“精神内守、目视深井、气定神闲、运行平整”;在发“呦”声时要做到“宽胸实腹、短促有力、前倾有整、不丢撑拔”。

附：当练习达到相应要求时，机体的用力状态就会逐步趋于完整，盘活内脏筋膜。训练中需要合理运用精神假借的方式，将内脏筋膜的运行与肢体建立联动，以所应用的功能体现来支持机体的劲力运行。在训练的过程中，通过呼吸带动横膈膜与内脏筋膜而产生联动机制，以此来支持整体发力的运行模式。

11. 肌肉的松紧及转换练习

此节所指的精神假借主要表现在，通过内外视结合的念力运行，并按照规范的呼吸配合，在机体浑圆中运用丹田带动全身肌肉松紧及其相互转换的练习。

下面练习的功架运行是：弓步前后开立，将两脚的距离分为十个等分，本节练习的弓步起始重心位置在前五后五的中间状态，向前的肌肉松紧练习、重心移位都在这个基础上展开［图 3–4–9（1）］。

（1）向前的肌肉松紧练习［图 3–4–9（2）］

图 3–4–9（1）

图 3–4–9（2）

在基本姿势中把身体的五张弓支撑开来，通过精神假借用皮筋或者弹簧拉住机体所备的这五张弓，分别在身后通过相应的固定点将其挂住，并让机体处在一个保持承受拉力状态下的相对平衡之中。当在此状态下时，仍需要保持机体处在全身极致的放松之中，以机体这种极度的放松状态为动作运行的起始点，动作开始时，机体以整体的形式向前平行 2~3 个重心落位（移动 3~5 厘米），意念机体前行，所备的五张弓就被牵制，由此导致全身肌肉同步出现极致收紧的状态；当感受到机体骤紧时，随即机体以整体的形式向后平行运行 2~3 个重心落位（移动 3~5 厘米），使机体从极致的紧张状态回归到起始位置，同时肌肉也回归到极致的放松状态。机体由极松进入骤紧状态，然后又回到极松状态，过程中肌肉在瞬间完成了松紧之间的转换，表现出整体运行的弹性特征。

动作程序：1 向前；2 向后；3 回归原始位置。

（2）向后的肌肉松紧练习［图 3–4–9（3）］

通过精神假借把身体的五张弓分别在身前通过皮筋或者弹簧拉住，让机体处在一个保持拉力状态下的相对平衡之中。机体从全身极致的放松状态中整体向后平行运行 2~3 个重心落位（移动 3~5 厘米），当感受到机体骤紧时，随即机体以整体的形式向前平行运行 2~3 个重心落位（移动 3~5 厘米），使机体从极致的紧张状态回归到起始位置，同时肌肉也回归到极致的放松状态。整个动作运行的过程与要求相同于第一步向前，只是二者运行的方向相反。

图 3–4–9（3）

动作程序：1 向后；2 向前；3 回归原始位置。

（3）前后综合的肌肉松紧练习［图 3–4–9（4）］

综合第一节向前与第二节向后的情况，通过精神假借把身体所备的五张弓，分别由前往后在机体背面通过皮筋或者弹簧拉住，同时由后往前在机体正面以同样强度的皮筋或者弹簧拉住机体，让机体前后处在一个保持拉力相对平衡的状态之中。

弓步前后开立，机体处在全身极致的放松状态之中。从向前练习开始，整体向前平行运行 2~3 个重心落位（移动 3~5 厘米），达到全身肌肉的同步极致收紧状态，随即机体从极致的紧张状态回归到起始位置，但运行不停，机体再从全身极致的放松状态重复整体向前平行运行 2~3 个重心落位（移动 3~5 厘米），再一次达到全身肌肉的同步极致收紧状态，然后肌肉再回归到起始位置，让肌肉再回到极致的放松状态。

图 3-4-9（4）

当向前运行的反复练习完成时，就可转为向后运行的练习，在此动作功架上向前与向后的练习可以自由转变运行。

如此向前或向后运行，让肌肉突然紧张，回到起始位再极度放松，如此往复形成肌肉一个“紧松”的来回，在连续的“紧松”运行之中使肌肉的转换能力得到相应的训练。

训练以完成一个标准的“紧松”转换为初设目标，当初设目标完成时，则可设定两个完整的“紧松”转换组合为目标，然后就是三个“紧松”转换组合为目标，如此可逐步延续到完成随意几个表现在任意方向上的“紧松”转换。

上述练习在结合重心变化的过程中，需要感受重心的移动幅度随着水平的提高，从训练起始的大动，再小动，只微动，到最后不动的变化过程。如此，在外在形态逐步变化的过程中，肌肉的松紧转换在不动中进行着，技法表现也在此中得到了较大的支持，因此，要在练习中让自己逐步练就出随意驾驭任何部位肌肉进行松紧转换的能力。

在肌肉松紧转换的练习时，必须按照技击对抗的实际需求，在训练中配合意念在功法运行中的收放要求，因此，需要习练者按照技击的需求养成并建立起“三敌观”的概念，即练功中要体现出如下内容：脑要想敌（敌之变化）；眼要见敌（敌之存在）；手要觉敌（敌之力感）。

12. 震颤练习

震颤的实质就是肌肉有节奏的、高频率的松紧转换，以此可体现出机体在下意识状态下的本能运动，通过有意识的针对性训练，以达到在肌肉松紧转换的过渡中下意识的运动状态，形成并体现出机体肌肉的一种自然本能的运动方式。

练习形式采用上述精神假借的要求，通过移动让肌肉感受到拉皮筋而产生的松紧，以此来建立彼此挂力的关联，并练习肌肉的震颤力。

如果说上述肌肉松紧转换的练习是后天的、有意识的、人为的关于驾驭肌肉运行的能力训练，那么，震颤练习就是属于关于肌肉松紧转换的先天本能的击发练习。

练习时所要求的基本姿势、精神假借等方面的内容与肌肉松紧转换练习的要求相同。

一次找感觉：有节奏的一次极限速度完成肌肉松紧转换的练习，目的是找到肌肉“松与紧”中运行的超越本体驾驭的感觉；

二次找衔接：有节奏的二次肌肉松紧转换为一个组合，以极限速度完成组合运行的练习，目的是找到组合间那些自然衔接的运转感觉；

三次找频率：有节奏的三次肌肉松紧转换为一个完整组合的运行练习，目的是找到肌肉天然的松紧转换建立在机体衔接的本能感觉，组合与组合的紧密衔接，当肌肉的松紧转换达到了一定的高频运行后，就完全脱离了人为有意识的驾驭运行，使肌肉的松紧转换以震颤的形式表现出来，至此机体通过肌肉本能的松紧转换运行也就逐步产生了震颤现象。

通过练习，此时机体才开始产生震颤现象，我们要将此震颤现象由局部逐步扩展到整体；由固定在机体的某个点位出现，再逐步表现到机体的任意位；从意念不能控制的自由震颤表现，过渡到意念随意控制，并可运用到技法表现之中的震颤。震颤这样一个进展现象，其实质就是震颤在机体中逐步通透与扩大的过程。

震颤在机体的通透主要体现在：局部的震颤、整体的震颤、意识引导下任意部位的震颤。

训练中我们需要注意运行的程序，不要追求一蹴而就的成功，要先从肌肉的松紧转换练习开始,当积累了一定本体感觉后才可开始震颤训练。首先要让机体配合速度动起来，找到这个最基本的大方向，设法让整个机体快速动起来完成设计的训练内容，如此再逐步深入细化，按照习练者练习中内部具象的规范更明确地到达训练要求。训练朝着这个方向进行所表现出机体外在的形态变化，具有“大动不如小动、小动不如微动、微动不如不动”的形态特征，而此时的机体形态内却隐藏着剧烈震颤的丹田，这就是传统武术训练追求的丹田“外似安逸，内似鼓荡”的表现形式，只有这样的丹田表现才能使得其运转回归自然，并得以合频于机体，服务于技法的劲力运行。

有了上述训练的基础功力就可结合具体功架练习，从具体功架的基本姿势开始：以此位开启动作的开、合、牵、送等技法运行，以及经纬构架的体现，此中劲力的运行才能够从本质上去支持经纬技法获取技击效果的最大化表现。

13. 内气运行海底轮练习

海底轮训练是针对机体内气运转的练习，功法通过三息调整，使机体内气充盈，达到经络畅通、气血调和的效果。同时还能够增强机体新陈代谢的能力，通过训练获得更多机体能量，有利于增强体质，提高人体的免疫系统功能与抗病能力。

第一步，初始起桩［图 3–4–10（1）］

图 3–4–10（1）

起功的功架采用无极桩的桩形为功法运行的平台，机体始终处在自然放松不失整体的状态之中，并保持前、后胯区域适度的撑伸，以达到局部位置产生可驾驭的弹性为准。两脚分开，比肩稍宽。全身放松，思想集中，意气合一，大脑入静。眼似闭未闭，留一线之光向前平视。深呼吸 3 次，每次呼吸时间 20 秒左右，分别为 10 秒吸、10 秒呼的等长调息，应该表现出“深、长、细、匀、稳、悠”的特征，运行中不允许出现憋气与怒气，要做到“松沉、自然、整体”，且呈现出不动声色的泰然自若。

第二步，卷闾震庭［图 3–4–10（2）］

图 3–4–10（2）

动作要求机体能够找到“松（放松）、静（精神入静）、正（立身中正）、舒（安舒）”的感觉，并从三调入手解决运行中所需的调整，在功法练习时动作的具体要求如下：

全身放松，突然完成卷曲内勾尾闾的动作，并意念将尾闾勾进会阴指向丹田，由此产生向下的脊柱牵拉力，将此下沉的牵拉力通过脊柱传导到舌尖，并通过舌尖的上顶与丹田的下沉形成一组对峙的矛盾力。此时突然将意念集中在丹田处，并迫使丹田在瞬间裹收与紧缩，同步配合会阴的提起，当明确丹田的紧收已经完成时，随之完成丹田与全身的由内而外的全面放松。运行中没有任何间歇，要求在做此节动作练习时，在丹田的瞬间收放之中，机体一定要产生相应的触电抖颤现象，功法成熟后身体的皮肤会有很明显的起鸡皮疙瘩的现象出现。

第三步，回归初始［图 3–4–10（3）］

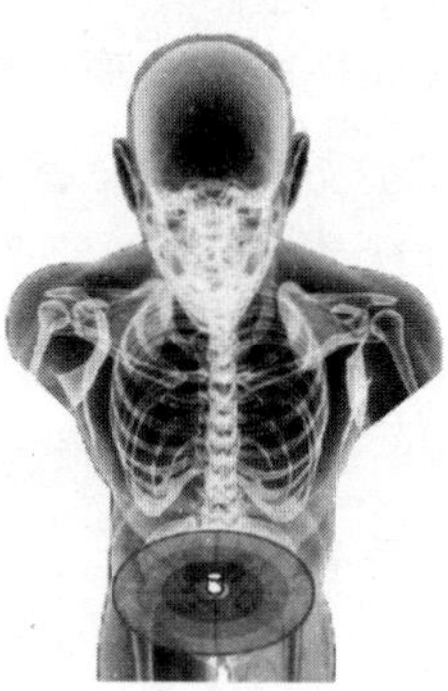
图 3–4–10（3）

等到机体的反应回归正常时可将尾闾回归至起桩位置，并伴随着丹田回归初始的放松状态，然而，此时唯独会阴仍然处于收紧状态。

第四步，海底捆龙［图 3-4-10（4）］

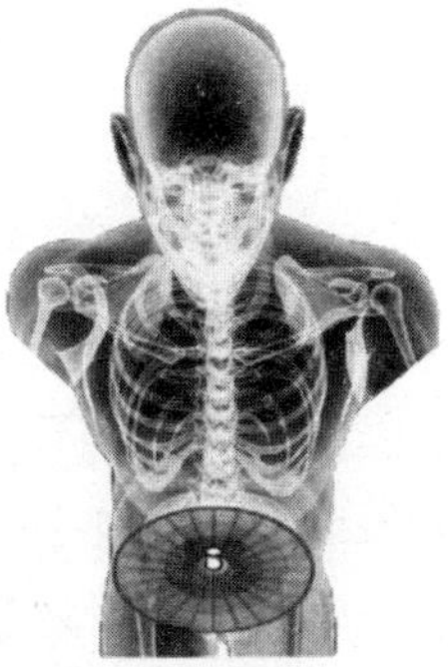

图 3-4-10（4）

当会阴处继续收紧时，机体除会阴的其他部位却要保持全面放松，并坚持在境中默数 15 个数字的时间，在默数中同时进行着边数边继续收紧会阴的练习，就如同“龙”在此处不断被强制所加的力捆绑着并恐怕它会逃脱。需要注意的是此时的机体，除会阴处越来越紧张外，全身仍然要保持自然的放松状态。

在本步海底捆龙的会阴松紧练习中要把控住其中的用力，且做到：紧而不僵，更不能滞；松而不泄，更不能丢。

第五步，回归初始［图 3-4-10（5）］

图 3-4-10（5）

在第四步的默数完成后，开始逐渐放松并展开被收紧的会阴穴，让该部位慢慢放松，直到身体完全恢复到初始的起桩状态。

第六步，循环往复

待机体全面完整的恢复平静，并进入常态时，可再进行重复的下一个练习，练习就在这样的持续循环之中展开。

采用功架：

除上述站立式功架练习，练习者还可以根据所在环境自由采用坐与卧等方式进行练习，三种形式可任意选择一种姿势起桩；练习时注意双脚不可交叉，只要求练习者保持人体自然、放松与不丢整体即可。

练习次数：每一次练习以 9×n 息为度，具体的训练量可根据习练者实际情况而定。

原理说明：在做第二节卷间震庭时需要注意的技法关键是丹田在瞬间紧缩时全身都应该围绕此而进行直接与间接的服务，以确保瞬间完成丹田的紧收，即丹田“紧”到极致；当完成了丹田的紧收时随之完成全身与丹田的放松，即丹田“松”到极致；在不丢整体的前提下，这个瞬间所完成的丹田“紧”与“松”的收放必然会导致机体自然产生出相应的、本能的“震颤”反应，由于“震颤”是机体在极放松的状态下产生的，因此就能够从丹田处产生往外全面扩散的效果，于是震颤感就会逐步传递到全身。

第五节　关于劲力的机理

中华传统武术从劲力运行模式特征的角度来分析，一般而言分为内家拳与外家拳两种类型。这两种类型的最大区别就在于彼此围绕着的“劲力”模式的区别，表现在劲力的产生、运行、发放、训练等方方面面，而二者在劲力中体现出的最根本的区别就在于是否主动运用“丹田”为力源，并以此作为技法构架在实际运行中的支撑，这是方向性的问题，尽管彼此殊途同归、目标一致，但已经决定了习武的道路、训练的方式方法都会有所不同，我们从开始训练时就应该明白其中的道理。于是划分内外家一般会把是否运用丹田作为力源拿出来作为区分二者的衡量标准，凡是主要用丹田为力源发劲的属于内家，不主动用丹田发劲的属于外家。

就劲力本身而言，无所谓内家好还是外家好，纯粹的内外家都各有优缺点。也就是说，从技击的角度来看，无论是内家还是外家的发力模式都是优缺点并存的，只是看技击运行中所运用不同类型的技法时，需偏重于哪一种方式更好而已，然而，技击对抗是综合技法的表现，对劲力的需求自然也是全方位的，否则，一旦出现露白就会掣肘技法的施展空间。技击对劲力的运行需求：在需要发力时能够表现出复合式特征的发力表现方式，既要运用丹田发力得到筋骨崩弹出来的“天力”，又要肌肉的收缩与骨骼的杠杆支撑产生“地力”，同时还需要根据技法需求束展机体使整体运行相合，并配合各类型技法协调运行的“人力”，这就是传统武术技击在现实中对所需劲力的要求。这种劲力是一股复合用力，由天地人“三才”共同组成的复合力，这股劲我们称之为“三才劲”，这些内容已经在功法训练上有了一个完整的介绍，下面我们就功力展现的发力问题做一个较全面的阐述。

传统武术技击构建是在控制与反控制的思想理念中所进行的技术体系构架，因此如何体现传统武术技击中的控制力就显得尤为重要，因为只有完备了具象的用力方式，才能支撑起传统武术技击对抗的技法表现形式。下面我们就从了解控制力入手，逐步深入全面地体会传统武术技击表现在攻防对抗中的控制力、劲力运行等的用力模式。

通过上一个章节的内容练习，我们理解了力源产生的机理，并掌握了力源为根本的劲力运行的基础模式，体现在训练中：逐步开通了从下肢到躯干再到上肢，最终表现在击点的劲路后，还规范了前、后胯在劲力运行系统中的相互关系，支撑着技法劲力运行在上、下、左、右、旋转等形式中的杠杆作用，并表现在力源向上整合好与胸腹部内的筋膜关系，配合好呼吸，共同协作完成劲力系统构架的整体运行。

劲力的作用主要体现在两个方面：一是服务于技法运行，为产生技击效果服务；二是在盘练中，建立在增强体质的基础上能够增长功力。

一、三才劲的结构分析

以最基本的预备式为动作分析，传统武术的任何一个动作都要求做到在保持“四上一下”的状态中撑开“六面劲”，因为“六面劲”是对传统武术中动作的基础要求，表现出不丢失上下挣力、前后挣力和左右挣力这三对矛盾力的特性。

在技击中的动作应该合理体现出其中“意”的分布与表现，劲力的表现应该自然，不应该有做作之态，并根据技法的需求表现出“劲力要用就有，不用则无”的特征，在自然的动作运行中机体内的对挣力始终保持着并具有“似丢还在”的风格。在机体功架里形成上述三对挣力，并使三对挣力协调一致，在融合中形成统一的劲力运行系统，这是构建传统武术技击劲力平台的关键。

桩功训练需要先构建一个承载劲力运行的整体，即先构建一个运行平台。这个整体并不是一加一等于二的简单叠加，因为功法训练的特点不是“局部加局部就等于整体”。通常采用的方式是先把整体建立成平台，使其成为所需表现内容的载体，再由“整体到局部”逐步细化，进一步将所需内容逐一训练，形成以完善与丰满整体为目标的修炼方法。这就是先建立平台，再在平台（桩架）上加上一个个所需的内容之“意”，并将其表现出来的运行方式。在桩功中逐步形成六面劲，要首先建立一个整体的三组挣力系统，然后仔细体认这三组挣力的有无、强弱和协调，再调整机体的局部挣力，使这些局部的挣力按照劲路的要求建立起相互关系，并合理规范地加入所需之“意”，从而形成完整的、所需的劲力表现。

1. 摆正动作找到劲力感觉

训练中强调“把桩放到拳里”，说的就是武术动作运行中要找得到桩功里的劲力。传统武术技击对任何一个动作的要求都不会例外，在动作中我们可以用意念感受自己身体是否在自然中达到了劲力要求，如：劲路是否打开；机体是否形成用力整体；机体在任何一个部位的劲力是否能够做到不受时空限制地随意收发……在具体的动作里是否能够自然地表现出：脚趾抓地，双膝内扣，前顶上提，胯根内裹，臀部下坐上提，含胸拔背，虚灵顶劲，肩撑肘横，十指微曲；目视前方的动作是否符合攻防需要，审视机体各部位的力度间架支撑状态是否符合用力规范，以及机体自我调节能力等方面的具体要求。

我们把上述的动作以相对静态的预备式固定下来，在动作中突出六面挣力的表现，以获取表现劲力发放与承受的能力最大化。

下面就这个基本预备式进行劲力上的分析。

动作在采用掌心朝内的预备式中所表现出来的浑圆六面劲，如下所述［图 3-5-11］：

（1）上下挣力，主要由尾闾下插与百会上顶形成上下牵拉脊柱的对挣，动作表现为臀部微下坐、项领中正、含胸拔背；

（2）前后挣力，主要由双手前撑与命门穴后顶形成前后的对挣，动作表现由双足脚趾抓地、双膝前顶共同形成；

（3）左右挣力，主要由双臂外撑与内抱形成左右的对挣，动作表现为向内含胸、两前胯撑开与双膝内扣。

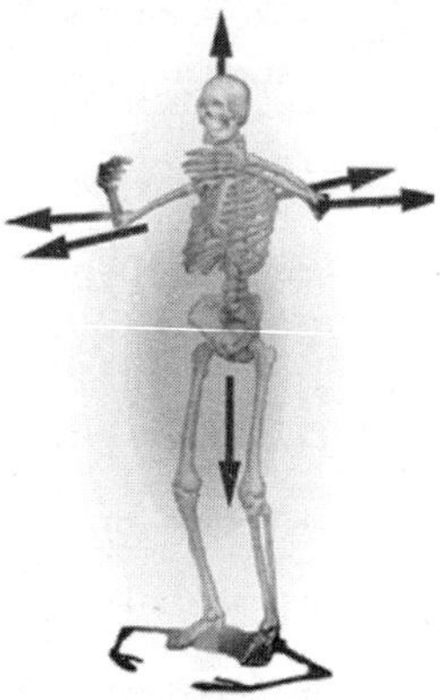

图 3-5-11

上肢肘关节微微横撑竖抱，内引外联。双掌横撑产生前后力和左右力，肘内侧竖抱形成上下力，使得六面力形成统一并进一步得到加强。身体是一个统一的整体，每一组挣力都是动作姿势中所有因素共同作用的结果，但是因为技法用力的不同，动作内各因素间的主辅关系也会随之产生变化。通过以上动作的拆分，能帮助习练者抓住重点，学会理解与调整动作中六面挣力的平衡。

2. 动作中构建体内撑筋拔骨系统

动作中构建体内撑筋拔骨系统，首先要撑起五张弓，分别是：一张大龙弓、两张上肢弓、两张下肢弓，这五张弓的支撑共同组成了机体最大的挣力系统（图 3-5-12）。

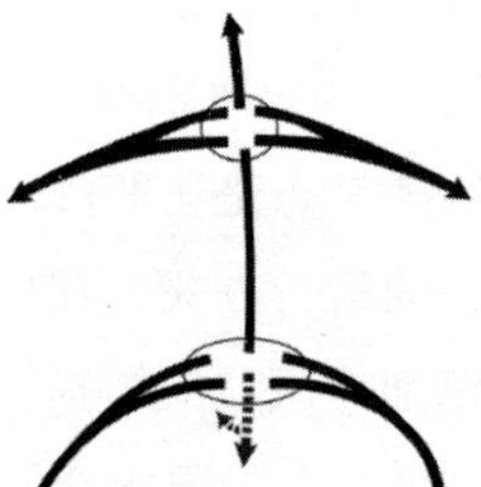

图 3-5-12

表现在身弓这张大龙弓上的价值体现尤其突出，我们可以通过训练前后脊柱形态发生变化的对照图，感受到其中体现在劲力运行中的合理性。（图 3-5-13）

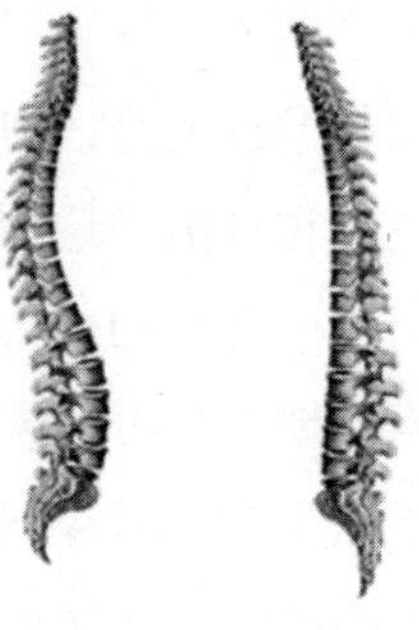

图 3-5-13

技法对劲路的要求，其实质就是将人体的各张弓按照劲路的要求进行有机衔接，将各张弓组成一个符合劲力运行的有机体，以此来体现劲力功能的运行过程。表现在机体内各张弓的关系既相互独立，又共同组成一个整体，它的运行是根据不同的技法要求形成不同的劲路，不同的劲路则要求不同的弓进行不同的组合，共同完成劲力的运行与收发。

过程中弓与弓的衔接是四象位的功能体现，关系到劲力运行的效率问题，应该正确对待，以将大龙的劲力表现到上肢为例分析：在这个劲力运行过程中的劲路必然会通过“肩”部，并表现在这个身弓与上肢衔接的区域，如果四象位的训练处理不当，劲力的表现就不能够达到崩弹的效果，因此，为了能够有一个有机的两弓衔接，在脊柱形成“弓”形的过程中，需要通过肩部的适度下“压”的沉肩来配合“大龙”，以形成符合身弓要求的“弧形”脊柱；同时还必须表现出大龙对肩部的“顶”，这里的“压”是脊柱蓄能的过程，而“顶”则是脊柱配合龙虎劲力崩弹发放的前兆，在动作的孕育中，“肩”不顶则“腰”不挺，由此就有了“两肾后逼”或者是“命门后顶”的表现，从而形成这一系列的劲力运行状态。

通过身弓与臂弓这两弓部位“压肩跟顶肩”的同步衔接表现，形成了犹如一根完整表现出两个弧线的弹簧，通过运行将其“压”弯时，由于弹簧所具备的弹力特性会按照技法要求自然表现出它的弹性，这也是肩部衔接区域要通过“压与顶”将二张弓组成一个有机整体的原因。如果只有“压”，大龙自身不能成弓就会因此而失去了身弓的基本“弹力”，此时无论肩部怎么压，由于不能产生互动的呼应，再对撑也是徒劳的，两者相互依存，缺一不可。正因如此，动作的基本功架才会有身备五弓，并有沉肩、坠肘、开肩胛等具体要求。

二、关于传统武术技击的发力要求

传统武术技击劲力运行模式：在不发力的状态时，要求机体始终处在常态中六面劲的平台上进行动作运行，但此时的机体处在一个放松、沉稳、完整的状态之中去施展各式技法，功架中脊椎在对挣时的总体要求是“坐臀提身、领颈拔背、节节拉长、通脊贯顶”，感觉如同“隔墙视彼物，牛拉重车行”，伸长脖子拉长腰。如果一定要用一种形象化的状态来描述这种状态里的劲路运行，那么双方对抗都应该表现出类似处在推着独轮车（鸡公车）的机体劲力状态下进行技击对抗的用力模式。

发力二十四字诀：聚气凝神；提踵曲行；卷闾崩弹；项领额顶；脊纵髋横；龙虎同行。

发力十六字诀：胯轮脊轴；曲径上行；正脊卷闾；意领项顶。

把这段口诀的动作运行外形描述出来就是：按肩以练步，逼臀以坚膝，圆裆以坚胯，提胸以下腰，提颏以正项，贴背以转手，松肩以出劲。

劲力在机体内的表现形式：常态动作运行时尾闾中正下垂，只有在发力的瞬间才表现出机体内天地人三股力的综合运行，通过丹田的惊炸运转与尾闾的配合，此时的尾闾如同枪的扳机，在一撮谷道的同时尾闾迅速往前兜扣入会阴穴，接通劲路并同胯与脊柱在惊炸中的筋骨之力形成龙虎劲，通过顺着脊柱往上行表现出天力；同步将丹田惊炸产生的对下肢根节的强大作用力，通过中节传入梢节向下钻入地下由此从地面产生的反作用力，顺人体这张最大弓的劲路，从脚的这个根节传递上去形成地力；在动作发劲的瞬间按照技法的目标与要求，有意识地通过拧裹收放等方式把机体内所有可以驾驭的劲力都进行规范的整合运行，并按照此刻技击要求表现在击点上的劲力运行，此为人力。

在阅读这段文字时需要联想或结合具体的训练体会，有了训练的体悟就会对三才劲产生更深的理解。

从劲力的角度来看，练功的实质就在于能否解决习练者对不断夯实功力的需求；能否快速理解劲力的原理、组成与运行；能否合理地训练，踏实地掌握发劲的技巧。

为了使我们在学习与训练中对劲力的认知更为理性，可以通过以下三个方面进行检验，如有冲突，就一定有问题存在。

第一，量化处理。劲力是否可以用最大的速度与力量尽全力有意识地把动作演练出来，并将实战所需的杀伤力全面地展现在沙袋、靶等受力实体上。

第二，需求处理。劲力是否能够做到无意识地随机击打，无条件支持技法实施，并表现出可量化的质量，支撑技法运行的需求。

第三，风格处理。劲力发放的风格与技法运用的需求相互匹配，例如：空击是某拳种风格而实物击打却是在运用拳击劲力，这样就无法表现出劲力内外相合的一体性特征。

三、三才劲发力机制的解析

力从丹田起，丹田是劲力的源头，丹田按照技法需要产生“惊炸”的能量发放，这种爆炸式的能量发放方式会使整个机体产生相应的震颤，可以表现在整个机体的运行上。我们束而导之的这股劲力就是“人力”，这股能量表现在已经撑拔的脊柱上产生的筋骨开合之力就是“天力”，表现在下行并通过地面反弹起来的力就是“地力”，三者相合形成一股表现在力点的综合的力量就是我们所阐述的“三才劲”。三种劲力共同完成一个与技法所需相吻合的劲力运行过程，三才劲的运行特征就在技法的表现之中自然地得到了诠释。

1. 大龙在劲力运行中的表现

技术构架中动作间的关系就如同古建筑中的榫卯结构，通过训练使彼此间逐步协调形成了完整的一体，而不是用胶水强制性地将彼此黏在一起的形式表现。

大龙的运行是关系到天力质量的关键，关于人体大龙的发劲应该从结构的了解入手。从结构上看，胯与肩在大龙的左右两侧，自然体现出左右的横向拧转，大龙处在立式自然表现出上下的纵向伸缩。我们观察动物的奔跑，脊柱主宰身体的动物就有非常明显的体现在脊柱上的骨缝，以及对挣力中产生的“缩胀”变化，该变化使得动物的整体在运动中能够始终处在如“弹簧”不断“缩胀”的状态中，从而产生出非同寻常的快速奔跑能力。

大龙是一个多关节的连接组成，如果将关节的骨缝合理打开，其中的松紧转换运用得当，那么每个关节都能够成为一个小力源，处理得好脊柱自然就有了强大的能量储备。只要劲路畅通，在发劲时将脊柱的形态调整到符合要求，就能够使身备五弓落到实处，拉起弓弦，备齐每一张“弓”形，即将“颈椎、胸椎、腰椎”形成一个发力整体。

训练时我们往往通过精神假借的方法，将身体的弓弦拉开，使身体的每一张弓借助于“劲意”，按照要求形成弓形，通过这种假借意识的强化，使脊柱成弓，同时拉伸骨关节使骨缝打开，使之产生筋骨劲力。通过训练使得“脊柱”产生活力，整个人的筋骨也就盘“活”了，让整个人贯穿在这条“大龙”之上，全身就容易形成一个整体，让机体在任何运行中都处在劲力的待发状态，这是支撑传统武术技法得以施展的基本要求。

（1）天力的发力机制

在翻胯时传递给脊柱的力是由下向上的力量；同时在内卷尾闾时所产生的力是一股向前的力量，因此与丹田惊炸相合产生内卷的合力，导致大龙朝前上方的身弓拍按运行，正因如此才需要额头向前顶与下颌骨内收的动作予以配合，并同时做到沉肩坠肘，气往下沉，才能使身体的劲路保持顺畅，使机体用力完整一体，形成一股朝目标运行的合力。该运行会很自然地产生一股迫使躯干朝前的冲击力，此时此刻的开肩胛、沉肩、送肘在合理成弓之中才能够将天力传递出去，否则这股劲就容易上头，而导致练习者被震致头晕，使得应该表现在击点上的劲力却因此而丧失了，此时三才力就很难合而为一，成为一股所需的复合力。

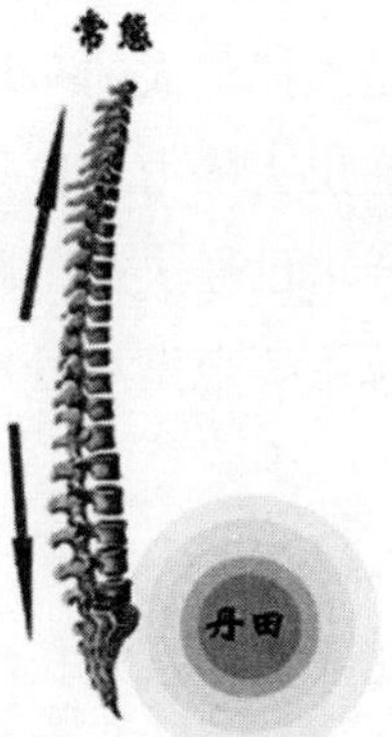

图 3-5-14　天力运行模拟图（常态）

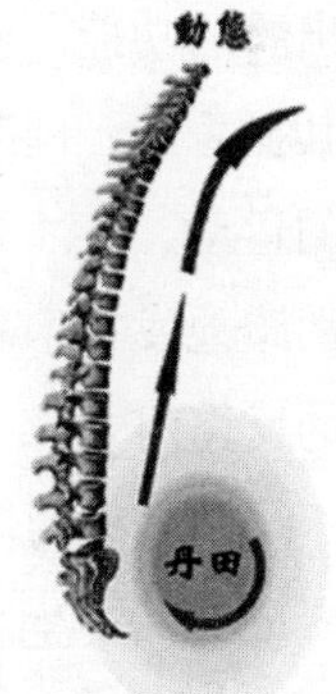

图 3-5-15 天力运行模拟图（动态）

（2）地力的发力机制

地力对丹田发力的需求是被动力与源动力的关系，丹田力对地力的支持就如同汽车的马达运转需要汽油一样。通过丹田惊炸的内旋产生了巨大的内力，其中一部分向后与尾闾内卷形成天力；另一部分向下催前胯（下肢根节）产生传递到下肢梢节的劲力。在到下肢梢节承力的同时随之产生脚的蹬伸动作，有脚的蹬伸就有了对地面支撑的反作用力，反作用力作用在人体根节（下肢）形成地力，并通过劲路传递上去。

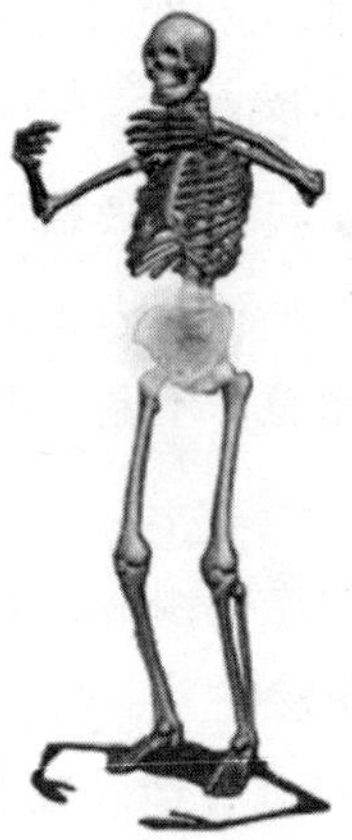

图 3-5-16　地力运行模拟图（常态）

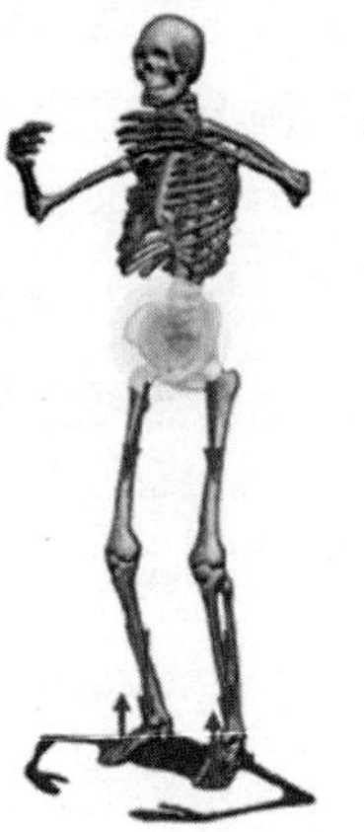

图 3-5-17　地力运行模拟图（动态）

通过人体最大的一张弓把地力传递到技法运行的击点上，此时地力的劲路必须通过胯这个部位，我们可以通过合四象的训练加强前胯的功能，如此就能把地力顺利且最大功率地传递出去，并达到击点。由于胯结构上靠肌腱组成，腰部的协调以保证胯部的传递功能，于是对腰、裆与腹的相应要求就更具体化了。

劲力运行中要求机体将前胯与后胯完全打开，只有把胯打开了才能够最大限度地体现出胯的功能。胯部是人体最大的一块骨头，胯转动做的杠杆运动所产生的力量效果是极其显著的，同时传递出去的力量也是十分巨大。在丹田运转的力源带动下以及胯部本身的运动，三才劲的要求已经决定了胯部的作用不仅仅是传递地力时的协助功能；而地力的蹬地发力，其力源主要也是从丹田的运转而来，表现在由丹田传递到脚掌产生与地间的反作用力。

（3）人力的运行机制

人力的产生主要是靠机体按照技法需求对五张弓与整个机体的这张大弓，以及机体内一切可以驾驭的劲力进行整合，通过四象位等在机体的拧裹表现在击点上的用力。表现在具象中四肢与躯干的根节松沉，动作运行时裆部在圆档中所产生的圆撑劲，身法中对丹田旋转时的撮合之力；同时人力还具备很好地把地力与天力统筹兼顾起来力的功能。在机体撑拔的六面劲为平台的前提下，人力有机地把地力与天力按照技法需要糅和在一起，形成一股表现在击点上并具有多种功能的复合力，同时还是建立在这个六面劲的平台上结合技法所需要的技术表现，展示了能够表达出内在内容的外在之形，即符合技法要求的具体动作。以此来表现对抗时的攻防形态，此时整体的技击功能就有了所需的功力保障，技法风格也很自然地得到展现，胯在发力过程中的功能自然体现出来了，传统武术技击对抗的构架特点与风格也就支撑起来了。

2. 发力的基本模式

发力时小腹区域用力意识的基本要求：三个两点的发力基础模式，简称为三二式。

三二式的组成元素是两个固定点、两个半固定点、两个游离点。

两个固定点分别指位于前面的左右两个前胯关节腔始终保持原始撑拔位为固定点。

两个半固定点分别指会阴位与后胯骶骨位。

两个游离点分别指前面气海位与尾闾位。

它们在发力时所发挥出来的功能与彼此之间的关系是：固定点发力在运行中表现出的是劲力发放时的支架作用，就如同手枪的枪把柄；两个半固定点在发力时起到顺畅劲路、推波助澜的作用，就如同手枪里的枪管；两个游离点在发力时分别起到了接洽、促进丹田惊炸与点爆惊炸的作用，就如同手枪里的撞针，而丹田就是弹壳里的炸药。

三个两点构成了联动发力的基础模式，在整个过程中是完整有机的整体，彼此间的互融不是由三个无关联部分随意拼凑而成的，而是一个完整的劲路运行过程由这三个方面元素共同组成。结合击打目标，通过相应的动作形态表现出来，动作形态的表现过程是身体的开弓与骨缝开合运转的过程，从崩弹的劲力表现中很自然地体现出其拥有的功能。

3. 理顺并阐述三才劲中天、地、人的劲路

说明劲路时应先从不发力的常态运行中来看是否有顺畅的形态表现，以此来体现出机体的整体劲力的提前，通过身体外形展现出来的挣力，表现出体内的各种矛盾力，以阐述全身无处不弹簧的运行状态；同时还必须描述动态发力的劲路表现过程，是否合理表现出所产生的力源及天力、地力、人力在运行之中的合频现象，并能否顺劲路汇聚成一股表现在击点上的合力，最后体现在被击打的落点之上。

发力的劲路表现是以天地人三才合力的产生以及力点在过程中的运作为方式，以如何服务于技法为目标而展开的运行，要求做到发力时有宽胸实腹等规范的表现，需要有完全符合劲路且合频于整体运行的节奏。三才劲的融合形成一股综合劲力并表现在力点上，人力表现在技法运行的主控与辅控之中，以突出技法的技击含义，核心思想就是围绕着力点而展开所表现出来的劲力整合。因此，人力是规范天力与地力合乎当下所表现出来的技法而展开的劲力运行，整合机体各张弓所表现出来的劲力，并引导机体每张弓

进行符合技法的运行，从某种角度来讲，是指向力点如何服务于技法的运行之力；天力是由丹田之力牵动机体大龙产生符合技法的筋骨之力；地力是地面传递上来的反作用力的具象体现，由人体的下肢为根节、躯干为中节、上肢为梢节所组成的最大一张弓的支撑来表现，该支撑之力是由丹田的发力从前胯顺脚传递下去，并从地面反弹而成的力量。

4. 三才力在结合技法表现时所展现出来的特点

心透：技法神领；前提：劲路畅通；状态：动静随行；动力：丹田惊炸；运行：形曲力直；身形：纵横整体；平台：动态浑圆；技巧：筋骨崩弹；基础：六点运行；要求：三才综合。

为了满足经纬技法构架中的劲力需求，就如同把控吹长号的音阶一样，控制都在自己的意念与动作的感觉之中体现，并按照技击势态的需求完成劲力运行的整个过程。从形态变化的角度来看技法所表现出的动作形态都是为适应势态的需求，而在三态之中不断地、无规律地交替中延续，动作的三态即静态待发状态、动态待发状态、发力状态。其中任何一种状态都要求机体处在完整一体、松而不散的浑圆之中。

在任何一种状态中的动作都应该处理好尾闾的位置与运行，在运行中应该找到桩的感觉，并表现出桩与桩之间在瞬间自然转换的特征。当转换中需要发劲时，瞬间尾闾的“勾旋”起到了较大的作用，从动态的技击运行中来看，必须处理好尾闾的勾旋与击点、身法、步法、技法的关系，如此就可以在不同状态的爆发中表现出三才劲的完整性；在动作三态的交替过程中，每一个停顿都是一种桩型，它们是撑筋拔骨、横向螺旋的静态体现。

在任何一个发力的击打动作中，都需要处理好三才劲表现在击点上的运行，在起于足、旋发于项顶的劲力运行中，在发劲瞬间的形曲力直中要求机体做到：开根节，旋中节，入梢节。过程中并不是要求其他部位不打开关节，只是强调由内而外打开根关节的重要性。

例如上肢冲拳发力，通过“开肩、旋肘、入手”的动作运行，就能够形象并较详细地描述出上肢这张臂弓的发力状态。

要训练好发力关键在于：首先是抓住机体的各个根节，再通过根节关节腔的充分打开推动三节运行；其次是中节旋时始终保持基本的外撑浑圆劲力，以确保运行中各弓的弹性；再次是梢节朝着目标的轨迹明了，以确保劲力运行中人力整合的通畅，如此整个动作的劲力运行效果就会逐步增强，动作外显的弹力就会以整体崩弹的形式出现，使得训练中自然产生符合规范的效果。对抗中动作的表现却要求在意领为先的引导下，以配合机体做到“梢节出，中节随，根节追”，讲究的是规范好技法所需的劲路，才有发力时瞬间“开根节，旋中节，入梢节”的劲力表现。发力的顺序为“先心透，再劲出，后落点”，但这个过程在瞬间就已经完成。在动作的内外三合中表现出“意领技启劲路成，梢去中随根节追；路畅力从丹田起，根催中旋梢已行”的劲力击发崩弹运行。

劲力运行完成上述要求是必需的，但仍然不够，因为对内心意识的要求并没有在运行当中体现出来，那就是：心要做到“透”，“杀气”也就会因此自然流露出来，这样才具有打人如走路的技法表现。动作运行中有了心透的充分体现，才能顺利引导出发力时“重心过体”的表现，并能在自然中配合好力点在技法中的表现，体现出具有较强技击价值的、以意驾气的催力效果，使得所发的劲力达到通透的效果。

现实中的技击对抗所产生的需求往往是综合的，对单击的发力形式有需求，对连续性击打的发力形式同样也有需求。实战就是这样根据实际的需要，进一步要求技法的施展不仅仅要把单劲体现出来，更需要连续内劲的发放，这样的发力表现才能更好地满足技法的运行要求，争取获得最佳的技击效果。

其实，明白了上肢冲拳发力的机理就不难理解腿法的动作运行了，只是运行中的力点表现在肢体的部位不同而已，劲路的变化根据人体的生理结构发生相应的改变，以达到技法所需的劲力效果，但运行中的原理却不会因此而发生变化。以边腿的发力为例，同样是力源在丹田，由于丹田的惊炸产生瞬间巨大的能量，要求机体配合完成：尾闾前旋内勾会阴与起腿方向相同，并带动大龙向下崩压产生天力，冲击起腿侧髋关节；同时，通过丹田惊炸之力向下传至支撑脚，并由此产生地面反弹的地力，地力上传至髋关节，并通过机体会阴上提与圆裆将地力表现在起腿侧的髋关节上；同步，通过合四象的训练，可以顺利按照技法的要求通过机体各弓的全面整合形成人力，并配合呼吸与意念将天地人三才劲表现在边腿的击点上。

通过前面所述，站桩达到了机体端正动作的间架与拉伸机体筋骨的效果，如此我们就得到了基本的练体，逐步在机体内形成符合技击所需力的通道，以便构建成实战时所需的规范的劲路结构。在此训练的求力过程中使骨缝打开，肌腱尽可能地拉长，不唯肌肉块状与粗大，只求肢体具备犹如藤条或橡筋般的弹性功能，使三才劲在盘练中不断地得到提升。

5.关于控制力

概念：控制与反控制只是传统武术的技击思想，要在具象化的对抗中才能产生实际的意义与现实的效果，因此，控制必须要以一种形式体现出来。当这种形成在对抗中所表现出来的、那些可以量化的、具有生克的表现力，我们称之为控制力。

机理：控制力的表现在技法的运行中体现出来，在不发三才劲时以控制与反控制形式创造环境，去引导技击势态主动为经纬技术构架运行创造条件；在发力时控制力则表现出协调好天地人三才劲的发放，规范技法在势态中的运行，并使劲力按照技击要求在目标上发放。

形式：机体在传统武术技击的运行中始终处于一个浑圆状态，这是一个针对万象的用力模式，但是，当出现具体的攻防时万象的状态瞬间要体现出具体化的用力模式，以顺畅展现出三才劲的运行效果，以此表现出其中控制力引导技击走势的主动性。建立在整体共动的前提下，其中朝着技击目标而去的控制力，在此时空中就突显出非常重要的作用，虽然每种发力在内部的运行不可能完全相同，但在技法的博弈中都不能缺少这股控制与反控制的约束力，否则在失去控制的势态中各种因素就容易散乱，所以，我们在任何一种技击表现中都要有符合技法要求的具体的核心控制力表现，以获取实际所需的控制效果。

控制力还表现在动作形态上的把控，通过机体的浑圆之力构建起的用力平台在各种动作形态中的表现，维持着平台上机体各张弓的弓弦绷紧之力。通过整体弦劲的绷开就能很好地在机体任何点位上体现出本能的反弹力，然而，在对抗中只要有触碰点出现就会本能地产生反弹力，控制力与机体原来的用力结构并不发生冲突，因此，经纬技术构架施展仍然在规范中进展。

训练：传统武术技击的训练目的是做到在触碰时能够产生控制对手的那股劲力，发劲时能够将三才力很好地运行到击点上的技巧。因此，需要通过训练建立机体内那些基础的、具体的、动作内的各种撑拨劲，并按照要求规范这些由一组或多组共同组成的撑拨劲。当构建起这些劲力后，通过训练再强化这些劲力，以构成动作常态中控制对手的氛围，以及动作表现在发力时营造三才劲运行所需势态的能力。

一般情况是通过桩功训练来寻找并强化这些矛盾力、支撑力；同时也可通过一些相应的器械训练来建立，如锉钩网的盘练与虚实靶击打等练习；还可以通过条件试手进行有条件的针对性练习；最后还是要通过实战来检验训练效果，以体现训练手段的价值与成果。

6.关于劲力发放崩弹强度的认知

本章节的功法学习让我们了解了传统武术的发力原理以及发力的运行过程，明白了发力就是丹田力源启动并以崩弹形式将劲力发放出去的表现。既然发力是一个将劲力由内而外地崩弹出去的过程，为了了解与训练崩弹，以达到增强崩弹的效果，那么，就应该建立起弹力的强度概念，因为要产生实际的技击价值，崩弹强度就必须达到产生相应杀伤力效果的标准。实战中动作的崩弹即便具备了相应的规范，但是因为其强度不够，动作发放的劲力产生的威慑力就不够，因此就不具备所需的杀伤力。此类动作即便演练得再规范，由于不具杀伤力都应该归类于花拳绣腿的作秀范畴，这个概念应该得到普遍的认可与采纳，传统武术技击所有动作都必须具备基本崩弹的强度要求。

让我们举个例子来说明这个问题，将一根橡皮筋一头固定，只要在另一头轻轻地给一个拉放用力就能够产生相应的崩弹现象。我们可以运用这种弹性去固定物品，当然也可将这种崩弹之力运用到玩具的弹弓中去；弓箭的原理也是崩弹，其原理与橡皮筋的崩弹原理完全一致，但弓箭是冷兵器时代战场上在一定距离内的主要杀伤性武器，尤其是硬弓的使用，没有经过专门的臂力训练的人是很难完成开弓动作的，更何况还要继续完成搭弓放箭与射准等一系列动作运行，所谓的“百步穿杨”与“饮羽”讲的就是弓箭的威力。同样的崩弹原理表现在两种形式上，一种是武器，而另一种却是玩具，为什么会产生这种本质上的区别呢？原因就是二者的崩弹强度不同。传统武术技击的劲力发放不应该只停留在能够发放的初步阶段，要在现实的对抗中产生所需的技击效果，下一步就应该设法提高自己劲力发放的崩弹强度，以此作为训练目标才是工作的重点，这个环节我们需要通过传统武术的训练体系来完成。

人体发放劲力时通过劲路上的骨缝以开合形式的突然形变而产生崩弹之力，这种描述个体在骨缝开合时所产生崩弹力系数的大小就是崩弹强度的量化表达，也可称之为弹性的硬度。

7. 功法与技法的关系

功法支撑技法施展，技法诠释功法的价值。

通过功法的表现，从无中生有的无极开始，进入机体与精神的浑圆一体修炼；通过丹田太极位的基础夯实，现出双肾的两仪位所滋养的龙虎活力旺盛，以支撑双肩与双髋的关节“四象”位在三维各轴缩展运行的功能体现，由此而产生由各根节驾驭的肢体，表现在两个大小臂与两个大小腿共八处，共同组成动作在八卦位的技法运行。在空间轴为主轴的动作结构发生改变时，表现出动作由内而外运行的能量扩展，同时还表现出动作在八卦相位上相生相克的攻防之中运行，确定是否符合“道”的要求与规范，以此来感知、判断或推演对抗中技法技击效果的吉凶，是“易有太极，是生两仪，两仪生四象，四象生八卦”在武术训练中的具象表现。

“四象”的功能体现对技法的运行起到了至关重要的作用，通常“四象”位的训练应该体现出三方面的要求：①双肩与双髋的四个关节腔充分撑开，并成为一种常态功力体现；②在整体浑圆中处理好“四象”各位力源与劲路由内而外的关系，四个位置间符合技法运行的协调配合；③“四象”根节推动功能的提升，表现在劲路与用力上做到形曲力直。

技法的展现建立在动态浑圆的机体运行之中，在用息配合之中表现出动态平衡的呼长吸短，使得技法之中的劲力体现展现出先天自然的特征，毫无做作之态，如小儿嬉戏状，以支撑经纬技法进行攻防控制的运行。

功法的支撑决定了被支撑的技法必须与之吻合才能完成支撑，否则，即便是再强大的功力也支撑不了不匹配的技法施展；只要彼此相互匹配，不仅能够完成支撑，同时还能够拓展被支撑技法的施展空间。

技法的诠释也需要相应的功力支撑，否则再合理的技法也只能够停留在理论上。所以说，没有相应强大功力的支撑，技法的运行就不能产生所需的技击效果。

技法的施展给功力与功法提出了更具体、更高的要求，功力的支撑决定了相应技法施展的区域大小。

当我们在训练中处理功法与技法的关系时，还需要不断地反复将这些处理关系的认知放置到实战中进行相关的检验。在这个反复的过程中处理好这些互为因果的关系，并进行两个方面的要求，即技法需要进行自身的不断提升，并同时提出功力对技法的支撑，表现在对具体功力类型与量化的具象要求；功力同样需要不断增强，并同时提出技法对功力的要求，表现出技法与功法一体化的对应要求。这些对三才劲的调整与运用在对抗中如何落实，同样提出了更具体的要求。

第六节　技击桩与养生桩

我们可以通过《黄帝内经·素问》宝命全形论篇中黄帝与岐伯的问答去感受古人的生命观，以及关于治疗的相关思想。“黄帝问曰：天覆地载，万物悉备，莫贵于人，人以天地之气生，四时之法成，君王众庶，尽欲全形，形之疾病，莫知其情，留淫日深，著于骨髓，心私虑之，余欲针除其疾病，为之奈何？岐伯对曰：夫盐之味咸者，其气令器津泄；弦绝者，其音嘶败；木敷者，其叶发；病深者，其声哕。人有此三者，是谓坏府，毒药无治，短针无取，此皆绝皮伤肉，血气争黑。……”

黄帝与岐伯在一问一答中强调了人类生命的宝贵，并表明了“宝命全形”是人类的共同愿望，同时还阐明了天人合一的整体观。医生必须掌握天地阴阳的基本法则，才能洞察病情，通过遵循天地阴阳的规律，随机应变，达到运用自如、取效如神的效果，才能进入医术高超的境界。其实，提升人体质量的功法修炼与中医治疗有着异曲同工之妙，功法训练正是准确把握了其中的原理，通过主动的练功形式去有目的地实现人体的养生与健身，在防微杜渐中进行着以提高生命质量为目标的修炼。

早在几千年前，中国人就知道了心脏不仅有记忆，而且还是我们“神”的“房子”。《黄帝内经》就有“心藏神，肺藏魄，肝藏魂，脾藏意，肾藏志”之说。而虚邪贼风最容易在我们“失魂落魄”的时候侵犯我们。我们通过功法修炼达到表现在人体上“精足、气盈、神旺”等方面的提升，也就是对我们机体的整体进行夯实，使神、魂、魄、意、志的载体，即“房子”的质量不断提升，那么我们的生命质量也就随之提升。训练通常可分为以支撑技击为目标，围绕着如何增长功力，服务于技击而展开的技击桩；以养身与健身为目标，围绕着如何达到机体的阴阳平衡而展开的养生桩。

一、养生的基本原理

老子养生的根本在于保养精气，它对于养生长寿之道的研究，是从对婴儿的实验性观察开始的，从而探究出长寿之根蒂。

老子在观察中发现：“骨弱筋柔而握固，未知牝牡之合而朘作，精之至也。注曰：牝牡者，雌雄也。”意思是说，小儿虽然骨骼脆弱，筋肉柔嫩，可是小拳头握得很紧；小儿还不知道什么是男女交合之事，可是小儿的生殖器却时常会莫名地勃起，这就是因为小儿精气充沛的缘故。

这就是老子深究天地万物的本源之论。精，是人体生命的本源。精足，则生命强健；精衰，则生命虚弱。正如老子在继续对婴儿进行观察中的论述：“终日号而不嗄，和之至也。……益生曰祥，心使气曰强，物壮则老，谓之不道，不道早已。”（《道德经》第五十五章）意思是说，婴儿终日号哭而声不嘶哑，这是由于他心里平和、无欲无求而全精。……贪图生活享受对机体而言就是灾殃，欲望支配精气就是强制的逞强，迫使东西壮大就会加速衰老，这就不合乎“道”，不合乎“道”必然导致很快死亡。

老子所说的道，多指产生万物的总根源，有时又称“玄牝”。对人的生命来说，这里的道，实际就是指精，精过分耗损，就会衰老，如果精枯竭，伴随着的就是生命的枯萎。因而，老子精辟而深刻地指出了养生的根蒂在于保精。那如何保精呢？在于人的平和与无欲。那么，人怎样才能平和无欲呢？那就是要如同婴儿一样。因此，老子在他的书中多次以婴儿为喻。如第五十五章开首曰："含德之厚，比于赤子。"意即含有元精深厚的程度，应该比同平和无欲的婴儿。第十章曰："载营魄抱一，能无离乎？专气致柔，能如婴儿乎？"意为精神与形体合一，能不相离吗？专守精气，致力柔和，能像无欲的婴儿吗？又第二十章曰："我独泊兮，其未兆；沌沌兮，如婴儿之未孩。"意即唯独我淡泊恬静，无动于衷，如同婴儿终日哭号而声不嘶哑。这就是老子保精得道养生的实践体会。

正因为婴儿全精无欲，所以婴儿具有极强的生命力。但是，人不可能永远处于婴儿阶段，总要长大，最后也终究会衰老死亡，这是自然规律。老子的实验性观察启示人们：人若能注意保精，保持旺盛的精气，就会健康长寿。然而如何才能做到保精呢？那就是老子提出的、为后世医家和养生家尊为宗经的恬淡虚无、少思寡欲的养生思想。《道德经》一书中大量地论述了这一重要思想。如第十九章曰："见素抱朴，少思寡欲。"意即要外表单纯，内心质朴，少私心，寡欲念。第十二章曰："五色令人目盲，五音令人耳聋，五味令人口爽（爽即损伤之意），驰骋畋猎令人心发狂，难得之货令行妨（妨，伤也。谓伤品行，辱身体）。是以圣人为腹不为目，故去彼取此。"阐述了圣人都专意于守五性、去六情、节志气、养神明、目不妄视而取腹之的行为规范。第四十六章曰："祸莫大于不知足，咎莫大于欲得。故知足之足，常足矣。"指出了人的灾祸没有比不知足更大的了，罪过没有比贪得无厌更大的了，所以，人应该懂得满足，这是后世知足常乐养生思想的来源。第六十七章曰："我有三宝，持而保之。一曰慈（仁慈，爱百姓若赤子），二曰俭，三曰不敢为天下先（谓谦退，不争功抢先）。慈，故能勇（勇于忠孝）；俭，故能广（节俭，所以能日用宽广）；不敢为天下先，故能成器长（谓得道做尊长）。今舍慈且勇（舍去仁慈而求勇武），舍俭且广（舍节俭但求奢靡），舍后且先（舍其后己，但为人先），死矣（结果只有死亡）。"这是由少思寡欲，论述到仁慈、节俭、谦己的品德修养，提出了为后世养生家所推崇的重要思想，即养生必先养德。

在现实的社会里，老子深知要做到少思寡欲、达到恬淡虚无的境界是很不容易的，所以他特别强调要加强社会教化。他在第三章中说："不尚贤（谓不推崇官位、爵禄），使民不争；不贵难得之货，使民不为盗；不见可欲（不看见足以引起欲望的东西），使民心不乱。是以圣人之治，虚其心（谓除嗜欲，去烦乱），实其腹（谓怀道抱一，谨守五脏之神），弱其志（谓柔和谦让，不争权势），强其骨（谓受精重施，使髓满骨坚）。常使民无知无欲（谓使民朴实真淳）。"第六十四章又曰："是以圣人欲不欲（圣人追求的就是没有欲望），不贵难得之货（即不贪财）；学不学（圣人的学问就是不学谋私），复众人之所过（以补救众人经常犯的过错。复，补救），以辅万物之自然而不敢为（意即用上述原则去辅助万物的自然发展，而不要去勉强行事）。”

以上就是老子关于如何保精的论述，提出了少思寡欲，知足常乐，反对贪婪，注重仁慈、节俭、谦己的品德修养等重要养生理论，以达到恬淡虚无的境界，而使精旺身强。

那么，我们在现实中该如何通过自己的修炼行为实现老子的养生思想呢？《黄帝内经》已经给了我们功法修炼的指导，书中的论述是：“提挈天地，把握阴阳，呼吸精气，独立守神，肌肉若一，故能寿蔽天地……”

千百年来的实践证明，功法练习是补充元气的最好方法之一。人体通过修炼使自己的元气充满以后，就会逐渐身强力壮，于是就具有抵抗一切疾病的能力。许多坚持长期练功的人，他们的身体都非常健康，因此提高了自己的生命质量。而一些体弱多病之人，通过站桩，同样从中收获了较大益处。功法练习不仅可以疏通经络、调和气血，使机体达到阴阳平衡，加速新陈代谢，还可以加强各器官以及细胞的功能，对许多慢性病都有很好的治疗效果，如高血压、心脏病、糖尿病、肥胖症、高脂血症、痛风等。

二、关于养生桩与技击桩的区别

功法练习的是筋骨气血和胆识，人体一旦完善了这方面的功能，那么就能得到真正的健康。功法练习主要分为养生桩和技击桩两大类，从它们的名称就可以看出彼此的目标与训练方向。

养生桩主要是通过摆正间架，放平身心，调顺气血，以达到所需的平衡；目标是提高身体质量，夯实抗病能力，获取健康的身心。技击桩主要是加深功力，伸筋拔骨，将肌肉纤维拉长，各个局部力整合成一股合力，形成机体的整体力；目标是支撑技法使用，达到周身弹簧形态，产生持续的筋骨崩弹发力效果。

养生功法训练的动作要领是，秉持无思无欲、一切顺其自然，只要达到机体内环境的平衡、和谐、畅通，就已经取得了一定的养生效果；而要使技击功法产生好的效果，切记：时间是保证，撑拔是关键，挂力是技巧，控制是思想，并贯穿始终。

从养生的角度来看，阳气对人体至关重要，生病就是人体“阳气”出了问题。阳气是人身上最好的治病良药，养生治病首要扶阳，阳气足则千年寿……《黄帝内经·素问·生气通天论》中提到：“阳气者，若天与日，失其所则折寿而不彰。……阳者，卫外而为固也。”人体的阳气就像天上的太阳，若天上没了太阳，地上就不会有生命的存在；人若没有阳气，生命就会停止，人的寿夭要落实在机体阳气的盛衰之中。长寿的人往往阳气足，相反，若阳失其所，则有折寿短命之虞。我们的身体壮不壮实，能不能抵御外邪的侵袭，主要看机体内阳气的卫外能力。

中医认为，人体阳气主要有三大作用：一是生化作用，人体靠阳气生化气血、津液；二是宣化作用，人体的气血、津液主要靠阳气输送、散布；三是卫外作用，阳气有防御和卫外作用，即可抵御疾病。

阳气既然这么重要，那么我们有必要了解阳气升降出入的内在规律。春天阳气开始生发，夏天生发至极限，秋天开始收敛，到了冬天则潜藏起来。若以一天来算，白天相当于春夏，夜晚相当于秋冬。也就是说，每天早上当我们醒来睁开眼睛时，体内阳气开始生发；到了中午，阳气生发到极限，然后渐渐衰退；傍晚时阳气入阴；到了夜晚则潜藏起来。阳气入阴，人就很自然地需要睡觉休息了。人的生物钟实际上就是根据阳气规律来运转的。

养生是一个长期的过程，我们有必要将自己的训练符合于气血运行的规律，这样的养生才能够实现我们的初衷。

养生功法的练习，从功理上来分析会有一个找病、翻病、退病的过程，也就是通过功法练习找到“病灶”，并解决它的排病反应。每个人的机体状况不同，功法练习时表现在不同人机体内的找病和翻病的过程自然也不会完全相同，过程中不以自己的主观愿望为转移，体内气血的运行有其自身的规律，功法练习不仅要把已知的病灶翻出来，还要把潜伏、隐匿的病灶翻出来。功法练习能够把潜在的病灶显现出来，这些显现对一些不了解功法练习原理的人而言，或许会带来一些不解、困惑甚至恐惧，往往此时有些人甚至开始怀疑功法训练的科学性，感觉自己旧病未去，反而新的疾病不断爆发，身体似乎感觉越站越差。其实这是道家修行中极为正常的好现象，称之为筑基补漏。站桩不仅仅修补已知的病状，还将对身体进行全面彻底的检查和修复，因此，养生功法的训练就如同人体安装的“杀毒”软件，只要坚持按照功法的要求训练就会平稳度过气冲病灶后“大死大活”的过程，这时习练者就会真正体会到机体上的“脱胎换骨”。

功法训练在全面、彻底地对机体进行杀毒的过程中，包含了三个层次的康复过程，这也是站桩治病体现的三个阶段。

首先，过去之病。积劳成疾所患之伤病，虽然早已康复，但因伤病在愈合时，组织结构内部会发生相应的某些变异，例如：经络的阻塞、组织结构的破损、气血的不通畅，当气血冲击这些“病灶”组织时，必然会带来机体的疼痛、酸胀等感觉，这就是旧伤、旧病在逐步释放出来的生理反应，通常“病灶”越大、越深、越久，机体产生的反应就会越强烈。

其次，现在之病。功法训练对过去的“病灶”能够冲击，对当下的疾病同样能够起到治疗作用。你现在正患有的疾病，当气血冲击便会出现症状，有时会表现出伤病加重、疼痛加剧的现象，这正是疏通气血、释放病灶的正常过程。

再次，未来之病。所谓的未来之病，就是指隐藏在体内还没有显现出来的病灶，一般有三种情况：第一，自己并不了解、尚无症状的“已病”；第二，没有症状的早期病变，如中医认为的肾虚、肝瘀、心火等；第三，真正的“未病”（处于潜伏期的将来的病）。

这三种病因为没有爆发出来自己并不知道，即使通过医院的仪器做检查也不容易诊断出来。这类病只有在气冲病灶时才会被显现出来，当然，对于一些未来之病，并不是你一站桩，那些潜伏的疾病就会瞬间爆发出来，只有等你的内气达到一定强度后，才有能力去冲击体内的“病灶”，这时机体的反应也就开始显现出来了。这个时间长短不一，因人而异，因训练而异。因此，通过功法养生要有打持久战的心理准备，千万不要有不切实际的幻想，因为，规范训练就是坚持、坚持、再坚持的不断持续的过程。只有养生功法练习的量达到了一定的积累，才会有今后养生的成效。同时，我们在日常生活中应该养成一个良好的练功习惯，了解哪些与养生密切相关的因素，让自己有一个合理的作息规律，这本身就是功法要求的一个组成部分，只有这样才能够做到“不练而自练，不养而自养”的训练效果。

技击桩是在养生桩具有一定基础后，通过继续深入下去，完成以围绕着如何提高支撑实战所需的劲力而展开的桩法修炼。

技击桩是以增长功力为目标的训练，是劲力运行中盘劲与发力的基本要求，不经过盘劲训练很难获得实战所需的劲力，这些内容的训练被历代武术大家们所重视。

技击桩的意念诱导要求从平静中求得不平静，在寻常中求得不寻常。它的意念活动既平静又激烈，既对立又统一，是全身的矛盾运动。

技击桩要求练习者故意将自己的精神放大，要有“神如怒虎”“如临大敌”的感觉，要求练习时有临敌不惧、敢于拼搏的精神体现，同时要有过硬的身体素质作支撑。而养生桩对精神状态的要求完全不同于技击桩，养生桩要求练习者放松与自然，以练内视、练气为主，在练习中对眼睛没有过多要求，因此，只要感觉舒适，练习养生桩时可以开目、闭眼、半睁眼，且精神上也无敌情概念。

无论是什么类型的功法练习，都要注意功法的特点，那就是：简单的事情重复做，重复的事情不停做，养成自己在身体与心理上的习惯。这里所指的养与练并不是刻意的、专门的、有意识的一种做作的形式。

三、关于养生与技击桩功的基本要求

以养生为目的的习练者，站桩时应遵循“舒适自然”的原则。

《庄子·养生主》有“吾生也有涯，而知也无涯，以有涯随无涯，殆已！已而为知者，殆而已矣。为善无近名，为恶无近刑，缘督以为经，可以保身，可以余生，可以养亲，可以尽年”的阐述，说明养生是一种世界观与人生观的具体体现，在四时自然中顺应阴阳，使机体保持不损不伤，在心理上理解舍弃，在行为上做到放下。

当一个人真正做到了放下，那就容易处于舒适自然的状态，此时机体就会感到轻松，大脑进入宁静。这种松与静，恰恰是一切养生功法与内家拳法共同追求的状态。这是因为在放松和入静的情况下，体内极易产生种种“内气”效应。我们可举一例，当一个人手提重物登上五楼时，会很不舒服，此时的两臂两腿很紧张，心跳也会加快，心境也会不宁静；当把重物放下，并坐在沙发上休息一会后，顿时会感到浑身舒适，其原因是周身的肌肉放松了。可见，身体放松了，就会感到舒适。反过来讲，人舒适了，就说明身体放松了，大脑安静了。

“舒适自然”的一层含义是：站桩时，如果感到自身放松、舒适，并且机体有得劲的感觉，则过程之中的一切都不加强求，做到顺应自然即可。此时，如果想看电视就放心去看电视，想听音乐就安心地去听音乐。当然，这里并不是主张大家练功时以看电视或听音乐作配套。

虽然桩功的要求是舒适自然，但对初练站桩者和体弱多病者来说，稍站一会儿就会出现胳膊酸痛的感觉，既不舒适，又不自然。此时，则没有必要撑着身体站死桩，否则就违背了功法的原则。在这种情况下，可对身体进行适度调整，使之重新达到舒适自然的状态。如果采取什么样的姿势身体均不自在，可暂时不练，或停下来到处走一走。

当然，在保持肢体不变的情况下，也可采用意念做调整。例如，想象自身站在温水中，水深至胸部，温度适中，全身放松，慢慢体会水的阻力感和浮力感，体会水对自身毛孔、皮肤、肌肉的冲抚之感，感到无比的舒适和自在。

“舒适自然”的另一层含义是：呼吸自然，即采用自然呼吸法，自然而然地过渡到练功状态之呼吸。此时呼吸可逐步进入深、长、细、稳、匀、悠、缓的状态；眼睛自然，站桩时两眼可轻轻目视前方某一相对固定的目标，也可半睁半闭，还可微微闭合。具体采用哪一种方式全凭功法训练中的感觉。

以技击为目的的习练者，站桩时则求取“内劲”的产生与强化。

为了获得所需内劲，需要通过桩功来改善或强化自己骨骼与肌肉的性能。无论技法施展需要何种劲力为基础，攻防对抗中打出何种招法，都离不开筋骨作支撑。毫无疑问，只有具备良好性能的筋骨作运动链，才能具备较好的肢体支撑和浑圆效果。例如，用同样粗的木棍和铁棍去搭架子，或运用到击打之中，可以肯定铁棍比木棍的支撑力和打击力强大得多。其原因是,铁棍的密度要远大于木棍。通过站技击桩可对机体起到“骨重建”的作用。所谓重建，就是通过站桩改变骨骼的大小、形状和相应结构，以实现武学技击需要的功能。重建的结构可增加骨的密度，从而增加骨的强度和硬度。如此，才能实现看似无力，实则功力雄厚;才能增加劲力发放时所产生的崩弹强度，以提高击打的穿透性。

总之，在同一桩式的前提下，如果按养生的要求来统领桩式，则得到的为养生效果；如果按技击的模式进行锻炼，则在更大的程度上是获得技击必备的根基和内劲的效应。

四、关于休息的原理

“休”是人体的自然发动机在为身体充电，“休”字是人体的十方八极在运动，也就是人体的自动发电机在发电；“息”从字形结构上看是由“自”与“心”组成的，意思是用“自己”的“心”去指挥这部维持自然生命的发电机的运行，给人体补充精、气、神，修复人体破坏的细胞，修理损坏的组织。

睡觉时是人的觉性在运动，所以，人在沉睡、六根已不再运动时，正是人的大觉之时。因此，修炼的过程，第一是息，这是六根清净的过程，也就是摄心的过程。人们经过摄心，收回六根归为一心的时候，就是息的时候，或者说当自然进入胎息的时候，人就修炼有成了。第二是休，也就是身体发电机进行发电的过程，这是人体增长与补充能量的过程，也就是炼精化气、练气还神的过程。当人体所储备的能量大时，自己的身体就不容易受到破坏，而这个过程是正常的生理过程，只是人们自己不了解而已。

我们知道，人体在精神和体力的劳作后，需要进行休息补充才能持续。而最佳的休息，就是睡眠。睡眠是自然造化的能力迫使人类所做的行为，以免人类不知劳累而尽情浪费肌体能量，直到竭尽死亡。当人类开始关注到自己的健康时，自然就会把被动的睡眠变为主动的休息，而睡眠之所以能够最大限度地恢复人体的疲劳，就在于休息能使人的身心都能达到放松的结果，因为身心的放松，就放弃了对气血运行的干扰，气血运行就能按照自然的轨道收敛能量和修复劳损的肌体。

如果我们每天的休息不能完全补充、修复当天的损耗和劳损，那么，就会导致肌体“带伤工作”，如果日复一日的损耗、劳损得不到补充和修复，当消耗和劳损积累到肌体无法承受和无法自我恢复时，疾病就会爆发出来。从这个简单的道理我们就可以看出，对于不知道锻炼修补劳损的人来说，睡眠本身就是最佳的养生之法。只要保证充足的睡眠，自然可以避免许多疾病的发生。如果人们能主动地在劳作时，尽可能少地消耗体能，尽可能少地产生劳损，那么我们生病的机会就会减少很多。如果人们能在更多的时候，模仿甚至超过睡眠的放松状态，那么恢复体能和修补劳损的概率就会在更大程度上得到提高，我们生病的概率就会更加减少。再进一步说，如果我们能明了气血运行的规律和特点，通过一定的方法保持机体良好的气血运行状态并避免劳损，那么，颐养天年就是人人可为之事了。

上述道理说明了我们在功法练习时必须遵循的大原则，就是：松、静、自然、整体。唯有松、静了，五劳七伤的可能性才能降到最低；唯有自然了，也就是气血运行按照其自身的规律运行，才能保证肌体不受到伤害；唯有整体了，肌肉若一才能得到体现。松、静、自然、整体，也就成了功法训练的总原则。虽然这个大原则为了特定的目的、为了发挥人体特定的功能，有些锻炼方法会有局部、暂时的特性表现，但这是在原则性的方向不变的前提下表现出的运行方法的适度变通，只是训练技巧的体现，而不是原则的改变，传统武术的功法总原则在修炼之中始终不允许有任何改变。

我们知道脊柱内部神经异常丰富，人体的中枢神经通过这些神经对躯干进行指挥反馈，头顶虚悬，因为保持了颈椎最佳的最自然的曲度，而使脊柱腔体不受外力压迫而变形，不至影响神经和保持脊髓通量。颈部的不良姿势习惯，会造成诸如神经压迫、大脑营养供给不足等情况发生，而对人体产生严重伤害。如果仔细观察，会发现我们通常习惯把头向后微仰，下颌前翘，这样的姿势会造成颈椎过分向后弯曲，长期如此所形成的不良习惯，会致使颈部筋肉供血不畅、僵滞扭曲，进而压迫通过颈部的血管经脉，造成头部营养供给不足。当你稍微活动颈椎，就感到颈部酸胀不适，就是因为长期不良的姿势，造成供血障碍或颈部肌肉劳损。还有些人转动颈部时会嘎嘎有声，这是筋腱椎骨已经有些僵滞的表现。训练中只需微微收一点下颌，脖子微微用意向衣服领子靠，就能引导做出虚灵顶劲。

元精枯，元气竭，元神熄，即便是练习了神话中的屠龙术也难说不短寿，养生的实质就是通过修炼的行为解决这些问题。修炼究其根本是对“精、气、神”的诠释与驾驭能力的体现，这些人为的表现是否合乎“道”的运行，天人合一就是评判其中行为正确与否的关键所在，这与习练者具体修炼的是哪一流派的武术与表现形式没有本质上的必然联系。

五、关于生活方式与练功一体的认知

人体的神秘对应着自然界宇宙的致远致微，其内在诸多关系的纠缠表现出机体内的各种牵引，由此催生出关于健康状况所表现出的生生不息的因果循环。从健康角度来审视我们自身这个人体，中医理论讲究的是：通则不痛，痛则不通。人体之所以产生疾病，根本上的原因就是毒与堵。也就是说，疾病在机体上能够表现出来主要是通过：一类是中毒；另一类是堵塞。中毒可以通过空气、日常的饮食、起居的触碰等由外入内的形式侵入人体，迫使机体内的某些正常的功能受到影响而出现障碍，于是机体就产生了相应的中毒现象；而堵塞则表现为机体内的运行不能够达到应有的通畅，这类现象既可以表现为堵塞血管，也可以表现为堵在具体的脏器里，还可以表现为堵在某条经络上，一旦某堵塞现象达到机体内自我调节平衡所难以承受的程度时，就会由量变导致质变，并逐步在局部形成不同形式的瘀结，此时机体的病变就开始出现了。

练功的目的就是通过习练者自行习练的功法，在运用符合规范的“三调”过程中，使“松沉、自然、整体”的机体产生符合功理要求的运行，达到驱使机体逐步产生“唤醒功能、强壮功能以及运用功能”等方面的收获，便有了将此收获按照不同个体的实际需求，或在养生上或在技击上或二者兼顾等方面的成绩表现。

习练者在练习之中按照功理的要求把控着自己机体内的运行畅通，以确保机体内保持着稳定的阴阳平衡状态，并通过练习不断地强化自己对机体控制这种平衡的能力，使机体始终保持所需的健康状态。同时现实生活中的习练者还需要养成一个良好而又科学的生活习惯，这样才能做到生活习惯与功法练习的相互匹配，才能够有彼此的互助互长，这样的运行才真正能够很好地诠释“一阴一阳谓之道”的哲学思想，也能够收获到更好的健康效果。

我们既要养成良好的生活习惯，做到最大限度地防止外毒入侵，在防微杜渐之中消除机体“因毒而堵”的现象发生；同时也需要养成一个良好的练功习惯，通过认真练习规范并适合自己的功法，逐步具备并强化疏导自己体内垃圾的能力，严格控制机体内的畅通，全面防止“因堵而毒”的现象在体内各个部位以不同形式以及程度发生。因为，健康并不仅仅是孤立地依靠功法的修炼来提升机体质量，同时还需要习练者能够恪守自身良好的生活习惯，这样才能使各种形式的毒源远离自己的机体，这方面的要求只能够依靠习练者发自内心地自觉去遵守。这就是我们需要在生活态度上表现出的规范，以及对生活环境的基本要求，这是习练者对自己身体最真实的态度表现，同时也是习练者必须具备的自觉能力，表现在对自己生命质量的基本保证，更是一个合格武者对健康必须承担起责任时所呈现出的自爱表现。

六、练功之后有六忌

参加合理得当的运动有益健康，已被当今越来越多的练功者认可与接受。然而，有些人同样运动适时定量，方式得法，但始终未收获到练功之益，反而被一些疾病缠身。究其原因，这多与练功运动后违背科学的做法有关。因此，练功后应注意以下六个方面。

忌蹲坐休息：运动后若立即蹲坐下来休息，会阻碍下肢血液的回流，影响血液循环，加深肌体疲劳，严重时会产生重度休克。因此，每次运动结束后应调整呼吸节奏，步行甩臂，并做一些放松、调整活动，促使四肢血液回流入心脏，以利还清“氧债”，加快恢复体能，消除疲劳。

忌贪吃冷饮：运动往往使人大汗淋漓，随着大量水分的消耗，运动后总会有口干舌燥、急需喝水的感觉，然而此时人体消化系统仍处在抑制状态，功能低下。若为图一时凉快和解渴而贪吃大量冷饮，极易引起胃肠痉挛、腹痛、腹泻，并诱发肠胃道疾病。

忌立即吃饭：运动时，特别是激烈运动时，运动神经中枢处于高度兴奋状态。在它的影响下，管理内脏器官活动的副交感神经系统则加强了对消化系统活动的抑制。同时，在运动时，全身血液亦进行重新分配，而且比较集中地供应了运动器官的需要，而腹腔内各器官的供应相对减少。上述因素使得胃肠道的蠕动减弱，各种消化腺的分泌大大减少。这类情况在运动结束后，通常需要半个小时才能恢复。如果急忙吃饭，就会增加消化器官的负担，引起功能紊乱，甚至造成多种疾病。

忌骤降体温：运动时肌体表面血管扩张，体温升高，毛孔舒张，排汗增多。倘若运动后立即走进冷气空调房或在风口纳凉小憩，或图凉快用冷水冲头，均会使皮肤紧缩闭汗而引起体温调节等生理功能失调，免疫功能下降，而招致感冒、腹泻、哮喘等病症。

忌吸烟：运动后吸烟，吸入肺内的空气混入了大量的烟雾，一方面减少了含氧量，不利还清“氧债”，难以消除肌体疲劳；另一方面，当人体吸入这样的带雾空气时，将影响肺泡内的气体交换，导致人体在运动后因供氧不足而出现胸闷、气喘、呼吸困难、头晕乏力等。

忌省略放松整理的收功环节：实践表明，为了让人体尽快恢复到正常状态，收功练习不仅可使运动者的大脑皮层的兴奋性及较快的心跳、呼吸频率得到合理地缓解，让自己的身体恢复到运动前的安静状态，而且，还有助于恢复肌肉的疲劳感，减轻酸胀不适，并可避免机体的不良反应。

下篇 传统武术训练体系

Xiapian ChuantongWushuXulianTixi

传统武术的训练体系是整个武学构架的重要组成部分，是组成武学大体系的五个子体系之一，是为了把技术构架的价值通过技法运行的方式进行具象化表现的行为指导，这种具有针对性的手段是不脱离具象的受训者，在所进行的具体的训练指导中通过相应的形式阐述出来，目的是让受训者的各类训练内容得以上身与提升，并将传统武术技法的各种功能根据受训者实际的需求在实战中表现出来，旨在通过训练把技术构架体系的理论价值在符合技击规范要求的基础上，让受训者在技击中得到规范，摄取技击效果的能力提升。由于受训者个体的实际情况各有不同，即便是同一个人在不同阶段、不同环境、面对不同对手等，这些因素都会导致个体在实际势态中的入境状态不完全一致，由此所表现出来的实际运行能力也会各不相同，因此，训练体系是动态的、有针对性的，是经纬技术构架得以在实际中运用与体现的桥梁。只有通过符合技法构架的训练，才能够实现提高习练者的功力、竞技能力和运动成绩的效果，因此，训练应该是在教练员（师父）的指导下，严格按照训练计划进行的、专门的、有组织的、有针对性的并且是有目标的实践活动形式。

传统武术训练应该符合现代体育训练学的基本特点：训练目标的专一性与实现途径的多元性；竞技能力结构的整体性与各方子能力之间的互补性；运动训练过程的连续性与组织实施的阶段性；不同训练负荷影响下机体的适应性及裂变性；训练调控的必要性及应变性；接受现代科技支持的全面性及导向性。

传统武术训练的活动只有在遵守训练的普遍规律的基础上，才能兼顾并突出属于自己个性的那部分内容表现，建立在此基础上的训练活动才能更好地表现出自身运动的训练规律，如此便能说明它是符合有效地组织技击运动训练规范的行为科学。

因为，传统武术训练原则是依据运动训练活动的客观规律而确定的有组织的运动训练，因此，它必须遵守的基本准则就是：传统武术训练活动必须是客观规律的反映，对传统武术的实践具有普遍的指导意义。

在整个传统武术的训练过程中，无论是受训者还是施训者都应该非常明确，这些关于训练的一系列基本道理。因为没有理论指导的训练终究是盲人骑瞎马的胡闹与折腾；没有功力支撑的技术体系就是一套不能落实到实际需求的意淫说辞；没有建立起各阶段明确目标的训练就如同是无头苍蝇的一次长途旅行；只凭借一些没有科学依据的、不成体系的某方面经验去全面指导训练就会把人引入歧途，这显然是施训者对受训者身心不尊重的行为表现，也是对武学的一种侵害行为表现，更是一种劳民伤财的行为表现。

第一节　体系的基本素质训练

传统武术的训练体系包括功力训练、技法写实的实战训练以及动作写意运行的套路训练三个方面，并通过相应训练将三型一体的内容涵盖其运行之中。

1. 功力训练

功力训练的内容包括两方面：通过阳性训练的五大类身体素质与必备的心理素质；通过阴性训练的机体潜能的挖掘与技击所需的劲力运行以及技击意识的规范。

功力训练的目的是：使习练者的机体建立在强健的基础上，能够全面承载各个类型的武术活动所需；劲力运行能够满足动作中技击含义的表达，并支撑技法获取技击效果的全面施展。

2. 技法训练

技法训练的核心就是解决在实战中如何确保自身安全的基础上，同时又能够有章法地到对手身上去收获所需的技击效果。

这里所说的章法就是指经纬技术构架，训练的目的是确保习练者在实战中有条不紊地将其诠释出来，并有效地转化成为通过攻防手段去驾驭对手的战斗力。

3. 套路训练

我们这里所指的套路并不是唯套路而套路的摆造型套路，套路应该是有核心与灵魂的动作集合，为表达某些思想将这些动作按照顺序形成的固定组合。脱离了技法的表现与功力的支撑就失去了形成动作形态的根本，也就失去了动作本身，这类套路的存在意义也就会因此而自然消失。此处所指的套路训练，其实质是技法训练与功力训练的写意形式。

套路的训练可以看成是习练者进行相应内容功力训练的另一种形式，也可以看成是典型技法的固化训练，因此，套路的宗旨是服务于技法的表现与功力的提升。

当然，套路自身具备的表演与健身方面的功能是毋庸置疑的，展现的功能在规范的套路训练中会很自然地形成。这种功能的体现是在套路的自然运行中完成的，而不是在刻意追求中得到的结果，它与全面的核心价值的体现是从属关系，切莫颠倒。

下面就三方面内容的训练分别进行相应的阐述。

素质这一词是近代引进后才在中国开始引用的概念，关于身体素质则是体育这门学科引进后才逐步形成并建立起来的概念。自古以来，中国传统武术因为没有身体素质与专业素质这些名词来阐述相应的内容，因此，在武术训练中针对那些支撑武术运行的基本功与专练内容一般都沿用功力这个概念来概述。

从武术训练这个角度而言，身体素质与功力所阐述的相关内容都是关于武术运动的基础范畴，二者的本质基本是一致的，其中有许多内容阐述是可以相互置换的；但从文化特性的角度来看二者还是存在着细微区别的，因为西方文化的特点显得无论是从人体基础的身体素质，还是武术的专项素质的角度来审视武术基础，概念都显得更具象明了，这种描述则显得针对性特别强，无论是力量、速度、协调、灵敏、柔韧、耐力都非常明确，并且特别容易展现与量化比较；而从中华传统文化的角度出发来审视功力的描述就显得更为抽象，所阐述的内容需要在整体框架内积累了一定的体悟基础上进行一步一景的感悟中获得，因此就会显得具有一定的粗犷性特征，并在习练的过程中由于对训练结果难以量化比较，所以，还时常会显现出对习练结果有那么一些不确定性。传统武术习练通常把人体表现出来的，那些达到一定水平的，对武术技法起到支撑作用的内容统称为功力，当然，功力既可以是具象的杀伤力，也可以是抽象的心力，需要习练者在训练中用心体会慢慢感悟，因此传统功力的训练就显得更为内在与隐性了。

本章是关于传统武术基础训练内容的阐述，为了更符合传统武术的内容表达，就基础内容统一用“功力”一词来进行阐述，将那些训练容易显现易于量化比较的武术基础按照西方训练学的习惯进行划分，把这些显性身体素质的内容从传统武术阳性功力训练的角度来阐述；以及将那些相对隐性的武术基础内容按照中国传统武术的习惯划分为阴性功力训练进行阐述。

一、阳性功力训练

长期以来传统武术界各个门派都存在一个普遍的共识，认为练习传统武术就不能效仿现代搏击类项目那样进行身体素质的专项训练，从科学的层面来审视，这种把传统武术基础训练与现代训练手段对立起来的观念是极其错误的，从某种角度上来说，这种认知极大地制约了传统武术的发展步伐。然而，他们的内心却又保持着急盼传统武术能够与现代搏击全面接轨的矛盾心理。

多数持这种矛盾观念的传统武术习练者认为，现代搏击训练要求极致素质的提升过程中，必然出现肌肉块状外形的凸显，并伴随着肌肉僵硬特征的生理结构出现。这些表现往往都是传统武术在训练中所避讳的，因为块状肌肉从形态结构上来看肯定不如肌肉的条状结构容易产生鞭打状的发力效果，块状的肌肉在发力过程中势必导致传统武术的劲路不容易畅通，因此也就不能按照技法的要求顺利完成技击所需的发力任务，如此前提自然导致技法的施展受到局限，甚至禁锢住了许多技法之巧的诠释，再加上许多武术人都自认为传统武术已经具备了比较完善的训练体系，完全可以独立支撑传统武术技法的施展重任，所以理所当然地把传统武术与现代搏击的素质训练人为地对立起来。

一部分传统武术的习练者所持的上述观点，从表面上来看似乎讲得很有道理，但详细分析其中有许多关于人体结构、功能与功力等方面的问题，并没有结合现代科学进行全面又准确的认知，于是其价值的开发也就很难得到应有的诠释。

传统武术对功力的训练要求为松沉、整体、自然，从客观上来讲与现代搏击的专项素质训练要求是一致的，二者并没有任何方面的不同之处，只是牵涉到的实际问题在审视角度与解决手段上有所不同，但目标都是一致无二的。

传统武术在练习时强调的是整体全面的放松，这个放松要求体现在全身的每一处关节腔，只有这样才能充分地将骨缝打开，要做到这些就必须将固定关节腔的肌腱与韧带充分放松，而肌腱与韧带的放松必须将相应的肌肉同时进行充分的放松，千万不能让肌肉出现任何形式的紧张。这样势必要求习练者的精神做到同步放松，过程中的呼吸也要求同步做到均匀自然不能有急促与无节奏现象，只有在这种状态下骨缝才具备了被充分打开的前提。当通过规范系统的训练，机体将骨缝逐步打开并得到充分的展现后，因此而奠定了机体崩弹发力的劲路基础，在结合已经构建起的相应劲力运行的发力系统，技法所需的筋骨崩弹之力就得以激发出来了。

以力量为例进行素质训练的分析。肌肉的力量是靠肌肉的收缩而产生的，而肌肉收缩又是肌肉对刺激所产生的自然反应现象，这就是许多搏击类项目对力量素质训练的理论认知。肌肉收缩所产生的力量往往通过关节的屈展能力来体现，这部分能使得关节产生屈展的肌肉就是主动肌，而相对于主动肌的工作而言，相反位置的肌肉群就必须充分放松，否则关节的对称部位的肌肉同步收缩或处于僵硬状态，主动肌的收缩动作就不能完成或被降低效率地完成。这部分要求充分放松的肌肉群就是被动肌，如：冲拳时肱三头肌用力收缩弯举，肱三头肌就是主动肌，而相反位置肱二头肌在此时要求处于放松状态，则肱二头肌就是被动肌。从这个过程中可以看出动作运行的起始就要求机体做到整体的充分放松，动作的起始运行则要求所牵涉的主动肌与被动肌有明确定位，需要做到的是松紧转换充分并协调，在动作的运行过程中则要求主动肌与被动肌的松紧对比度明显，这样所体现出来的动作才是高质量的、符合要求的。

在肌肉的主动肌与被动肌的松紧运行的转换之中，对关节腔的影响是肯定的、毋庸置疑的，但这方面的影响却也是相对的，只要认识正确处置合理，彼此的功能对产生强大的发力效果则有利而无害。在训练中要正确理解“松从紧中来，紧到松中求”的道理，只有将机体的关节腔打开，才能使关节处在适度的弹性状态之中，随着训练的深入就能使之逐步具备符合劲力运行的松紧需求，并按照技法的需要表现出来。如果其中的松紧处理不当，由此产生的矛盾就是无法调和的。

我们都知道各关节腔的骨缝打开是构建劲路的关键所在，在劲路打开的基础上骨缝的开合按照动作发力的要求朝着一个统一的方向靠合，形成了一股具有崩弹特性的劲力。在这个过程中，如果将该动作运行的各关节主动肌的收缩挂上相应的关节腔远端肌腱与韧带用力，同步去影响骨缝在劲路上统一的靠与合就会使动作的崩弹效率更高，在发力后的回收时使得原主动肌又充分放松，并同时让关节腔近端肌腱与韧带充分收缩，完成关节腔内的骨缝近端充分朝着远端靠合，促使发力的回收动作更加迅速。这样一个发力的动作来回就体现出来崩弹的筋骨特性，这种劲力的表现形式正是“肌肉若一”的具体表现。

因此说，肌肉的收缩发力与骨缝的筋骨之力的发放只要训练科学，筋骨肌肉的彼此就能相互呼应形成一个有机的劲力运行整体，它们之间共同有机的配合，为发力的最终效果各自都以各自的方式体现出自己的价值。训练可以从这个角度的审视出发，让各方面的训练融为一体，以达到提高训练效率的目标。

技击对抗必备的身体素质：

身体素质是指个体体质强弱的外在表现。传统身体素质的概念一般是通过人体在活动中表现出的力量、速度、耐力、灵敏、柔韧等方面的机能强弱来体现的。

身体素质经常潜在地表现在人们的生活、学习和劳动之中，很自然会表现在运动方面的能力上。一个人身体素质的好坏虽然与遗传有一定关联，但与后天的营养和训练关系更为密切，如果通过正确的方式方法和科学的手段进行训练，可以有意识地让受训者所需的各类身体素质的状态得到相应提高。

传统武术技击的技术发展离不开身体素质的支撑，项目的技术水平与身体素质的要求完全成正比例，通过提高身体素质来更好地表现运动技法已是训练学无法回避的问题。我们必须端正态度，正确认识身体素质在技击中的地位和作用，科学地、辩证地处理好各类身体素质与相应技法表现的训练问题，只有这样理性提高运动技术水平，才能够具有更为重要的意义。

传统武术技击的专项素质与田径类运动项目对人体基本素质的要求有着很大的区别，田径类型的某项运动项目对人体素质的要求相对而言比较单一，它追求的就是人体表现在某方面素质的极限。而传统武术则是把人体素质作为基础来要求，素质功能只是作为使用技术、完成战术、表现动作必须具备的基础保障，所以，对各类型素质的要求都有着相应的需求，具有全方位要求的特色。要使传统武术中的技法得到全面施展，各类型的素质存在都显得缺一不可，各素质的地位就如同由不同木块组成木桶中的每一块木块，按照木桶原理分析，木桶上的每一块木板都是最重要的、缺一不可的，“木桶”的实际容量往往取决于组成木桶最短的那一块木板。传统武术对素质的要求就是这样，由力量、速度、柔韧、耐力、灵敏共同构成项目的阳性素质基础。

通过科学的身体训练，机体的运动器官及植物神经系统机能才能被引发一系列的适应性变化，身体素质才能逐步得到提高，通过量变导致质变的升华，以达到符合支撑技击展现的需求，因为先进的技击技术与合理的战术制定都必须靠身体素质的支撑才能得以表现。

身体素质和技术构架是矛盾中的对立统一，各项身体素质的功能在传统武术的技法展现中都承载着自己无法被替代的使命。力量素质是指身体整体或局部肌肉在收缩和舒张时所表现出来的工作能力，力量的合理训练可使肌肉在生化、形态和协调机能上发生符合武学要求的相应变化，从而有利于力量产生符合技击攻防的运行与发放，并使肌肉收缩的生理能力更强健；速度素质通常是指人体在单位时间内完成某个动作的能力、通过移动改变距离的能力、对某信号判断的反应能力，速度的训练能提高人体对各种刺激发出相应反应所表现出的频率；耐力素质是指人体在较长时间内坚持具有相当剧烈程度对抗的活动能力，耐力的训练能促进机体心血管系统机能的改善和肌肉耐久功能的增强；灵敏素质是指在各种条件下快速、协调、准确地完成各种表现技战术动作的能力，灵敏素质的训练有助于发展人体动作运行中反应、启动、急停、转换、变向等速度，以及完成动作的爆发力和协调性；柔韧素质是指人体各关节的活动幅度、肌肉和韧带的伸展性，以及关节腔所表现出的弹性，通过规范的柔韧性训练，有利于帮助机体形成正确的技术动作和改正相应的错误动作。

人体是个完整的统一体，人的一切理性活动无一不是在大脑的支配下完成实现的。在传统武术运动中机体的各项身体素质表现出，各素质之间都是互相联系、互相促进、互相制约的整体中的纠缠关系，任何一种素质都不可能做到游离于整体而能孤立地展现自己的功能。运动实践证明，发展速度素质时，同时训练力量并适当训练耐力，则速度就会发展得更快；训练耐力时注意速度、力量的发展，耐力的发展也能加快。因此，在重点发展某项素质的同时，我们必须在训练中注意该素质与其他素质间的相互关联。如果片面、单一地只要求发展某种素质，不仅对提高该素质的发展不利，而且往往会打破机体应有的素质平衡，长此以往便会导致某些部位的运动器官出现过度负担，因而引发机体相关部位的骨膜、肌腱、关节、韧带发生相应的病变现象。这就要求我们在训练中必须掌握一套全面合理完整的训练计划，只有这样才能够让武学所需的各类身体素质有条不紊地得到更大程度的提升。

正确认知身体素质在传统武术运动训练中的地位和作用，科学辩证地处理好一系列有关身体素质方面的问题，习练者还可以根据自己的训练目标，在科学的指导下适度进行一些必要的伐生训练，这样的训练会更好地提高传统武术的技击水平，有着重要的现实意义。

阳性功力训练主要是通过提高五大类身体素质与必备的心理素质为目标，从项目训练的角度进行相应的阐述。

素质训练包括两大类内容，即身体素质与心理素质。

1.身体素质

（1）关于力量素质

劲力运行与劲力发放在各类搏击项目中都具有重中之重的地位，传统武术技击自然不会例外，这是传统武术这个项目走向写实搏击必须面对而无法绕开的，并且是必须达标的素质任务。从某种角度来讲，所有的素质与技法展现都是直接或间接地围绕着劲力而展开的，目的就是如何让劲力支撑对抗双方在纠缠中获取控制权，同时产生技击所需的杀伤力，如此才能在所处的技击势态中占据主动，并更有效、更持久地在对手的机体上强制摄取需要的技击效果。例如：力量的增加决定了加大杀伤力度的基础；速度的提升既有利于力量的加大，同时快的速度又是技法施展的实际需要，也可加大对手针对动作运行的反应、判断难度，从而使杀伤力能更有效地作用到对手机体的被击受力点上；耐力的提高可使杀伤力的最佳状态较长时间地维持下去，使得技击的最佳状态不至于昙花一现；灵敏和柔韧则表现在人体技法运行的各种势态变化中，确保动作所表现出的技战术能够快速、协调、敏捷、准确地完成，体现在对抗中的价值就是使杀伤力在机体的任何运动状态下都能顺利地得到施展。如果我们从素质的角度来看技战术的实施，则可以把实施技战术中所表现出的动作技巧理解成，如何把杀伤力作用到对手身上去强制产生技击效果的方法。

肌肉训练的基本方法：

从生理的角度上来看，力量就是指肌肉克服对抗力的能力。肌肉力量的训练目标就是如何提高肌肉克服外来阻力的能力。

①传统武术通过这种形式的肌肉训练以提高技法中动作的功力。训练一般从肌肉的松紧转换入手，并开始进行有针对性的增长功力的相应内容练习，目的是建立习练者思想上对肌肉松紧的观念，以及机体在配合完成动作所进行的肌肉松紧转换等相关内容的练习中表现出的驾驭能力。

②建立在肌肉松紧把控为前提的局部肌肉的力量训练，要强调动作对“松”的要求，做到松中却不能有任何形式的散与泄的现象出现，并且在运行过程还要松得透彻；训练中对“紧”同样需要提出相应的要求，要表现在机体中不能显现出丝毫僵与硬的表象，同时在紧中还要体现出不脱整体的特征，在运行过程中表现出应有的弹性；完成动作时肌肉松与紧之间的转换要自然有机；在具体的训练中起始所用的阻力不宜过大，以不与上述要求冲突为标准。

③建立机体内各关节腔类似于“竹节”形态的劲路系统，以身备五弓中各张弓的关节腔为节点，按照技法劲力运行的劲路要求，在各关节腔的配合下，促进骨缝开合与相关肌肉松紧表现功能的体现，使得劲路上众多肌肉间的协调配合得以按照发力的相关要求进行运行，并可据此完成有针对性的练习。例如：朝一个方向收缩，以及配合骨缝开合的松紧练习。

④建立在劲路基础上所形成合力的表现形式。要在技击对抗中获得高质量的杀伤力，在理论上就应该对杀伤力的形成有充分的了解，实战中已经证明有威力的杀伤力，并非仅凭借身体的某一部位运作就能够完成并获取，通常都是集全身力量产生一股“合力”，并通过“踢”“打”“摔”“拿”等类型技法中的具体动作的协调运作而形成，使得机体各部位朝着“目标”能够“万众一心”，如此才能使动作击打出强劲的“合”力，做到“聚力于一点，发力在瞬间”，这股“合”力才会具有强劲的“穿透”效果。

⑤完善合力的发力效率与顺畅合力的路径，以增强发力的崩弹强度。通过合力的逐

步完善，发力的路径得到进一步的畅通，也就有了进一步支持崩弹发力的基础。通过"竹节"形态劲路的统一目标，在开合骨缝的功力逐步增强的训练中，崩弹强度也就在其中得到同步的加大，崩弹的发力效果也就随着崩弹强度而加大，所表现出的杀伤力也在同步提升。

从上述对机体构建的用力平台出发，可以有意识地根据训练的实际情况，在不同阶段与训练要求中，兼顾突出力量训练中的最大力量、快速力量和力量耐力三种不同类型的训练内容。

（2）关于速度素质

武术拳谚：眼到手不到，都是瞎胡闹；眼到手也到，神仙也跌倒。该拳谚就说明了速度在技击对抗中的重要性。

速度素质是指由机体或机体的某部位在最短的时间内快速完成动作的能力。通常把速度分为动作速度、位移速度、反应速度。

速度素质十分重要，速度能力决定着技击对抗的技术、战术运用和技击发挥的效果。

传统武术对动作有"拳如流星眼似电"的要求，意思是习练时出手速度要快，目光要迅捷而灵敏，对抗中主被动的差别往往就在反应的"势起一瞬间"产生；动作的速度和频率快，往往会给对手造成目不暇接、手忙脚乱的反应状态，在实际的对抗中就容易通过速度去控制有利于自己的势态发展；在技击中，步法的移动快速不仅可以作为防守避开对手的攻击，还可以作为进攻找到良好的攻击机会，用以击中对方的有效部位。任何形式的技击对抗都会因速度太慢而贻误时机，并使自己处于被动或挨打的局面。

很多习武者都知道有一句"唯快不破"的拳谚。技击学上的速度是指人体的快速运动能力。技击中时间感觉对速度而言主要表现在反应速度和动作速度上，其速度的快慢是取胜的关键因素；而在时间与空间的感觉主要表现在位移速度与位置的调整之中。在技击实战时不论是踢、打、摔、拿等技术都要建立起正确的时间感觉，这是动作表现出快速与迅疾的前提，在对抗中才能成功做到以快来攻击对方那些无防备之处或机体的薄弱部位，收获"攻其不备，出其不意""先发制人"应有的技击效果。

从理论上讲，当一个进攻动作的速度快到超出对手的应急反应时，那么这个动作在方向正确的前提下击中目标的成功率就会很高。动作速度的加大同时也会直接加大动作的冲量，并因此而加大动作原有的击打力量，综合各方面因素都会增加对手在技法使用与心理承受方面产生相应的威胁。

传统武术从阳性角度对训练速度素质的相关内容进行具体运行时，通常从下面几个方面着手完成相应训练点上的内容。

①规范动作路线的运行轨迹。无论是动作力点，或是劲路的运行轨迹，或是步法移动，或身法摆动的路线，还是反应与判断的合理程序，等等，这些都应该符合经纬技术构架运行的要求，只有对抗中运行的思维反应、机体应急、动作运行等方法正确，动作规范，线路合理，才是落实提高各类速度的前提。从速度诠释的原理可知，运行得越直接、环节越少、路径越短，所用时间就越节省，速度自然也就会越快。只有建立在这样的前提下进行的动作与反应训练，才能够获取更大的训练效果。

②保持机体松沉、整体与自然的要求，做到松而不散，紧而不僵，呈现出机体全面的弹性状态，并避免肌肉的松懈与僵硬现象产生。肌肉的收缩力具有明显的时间效应，收缩时间过长，其收缩力与速度就会下降。传统武术的动作运行要求肌肉的收缩与舒张必须与关节腔的松紧协调一致，以及与骨缝的开合配合，所以肌肉的运行需要与关节腔及骨缝融为一体，并表现出相互吻合的节奏与频率，不会脱离整体进行过早或过晚的独自收缩，这样既可与整体协调一致，自然成为一个整体内不同的局部表现方面，同时又可以适度避免引起肌肉疲劳和松弛。例如：正确的崩弹出拳是要求天、地、人三才劲在拳贴击到目标产生弹压的一刹那间才完成急速旋转，把拳握紧将劲力在贴的前提下透进去。从生理学的角度来看，肌肉放松的方法掌握得越好，就越能经济地使用能量和尽快地补充被消耗的能量，并妥善地改变肌肉间的协调关系，提高神经中枢的协调能力，因此能增加有关动作的运行速度，其原因在于动作运行中各协同肌群之间的协调关系得到改善，如此就能减低因对抗肌群紧张而产生的运行阻力，从而更有利于主动肌群的收缩，提高了动作速度。

③肌肉若一，整体协调。动作运行要做到快速有力，就要发挥出包括脚、腿、髋、腰、肩等部位的共同作用与协调配合的能力。并根据肌肉的发力顺序与原则，由大块肌肉首先工作，主要表现在人体的根节上，使身体从静态启动转变为动态，如此以便于身体的启动；中等肌肉次之，主要表现在中节上，使肌肉在已获得一定速度的身体上进一步加速；小块肌肉再次之，主要表现在梢节上，以达到控制击点的运动路线和动作幅度。同时在发力的一刹那，配合呼吸的要求，屏气蓄劲，以气催力，达到意气力三者合一，将三才之力协调自然地崩弹出来，最终达到增大击打杀伤力的目的。

④动作速度。动作在崩弹中表现出应有的速度。传统武术动作发力的最大特点就是形式上的崩弹表现，通过建立完整性劲路的基础上，加深松沉力的能力，并使得肌肉得到较全面的协调，以及机体三节的驾驭达到一定高度时，通过反复的协调性发力练习，逐渐熟练掌握里面的技巧，就可以逐步获得所需的效果。发力时通过机体按照基础撑拔

的要求进行相应的内缩，在一个内缩的过程后进行机体在劲路上的突然膨胀，这个内缩与外涨间的区间越大，崩弹的动作幅度就越大，也表现出越有力，动作的崩弹速度也就越快，效果也就越好，崩弹发力也就具有了一个“惊”的特点。

⑤位移速度。高质量的移动速度建立在整体节奏的表现之中。节奏是移动速度在技击对抗中得以顺利自然表现的基础，是动作表现在移动中机体能够和谐的必要条件，是动作在动态中得以统一运行的无形骨架，能强烈地控制机体内各部位的协调配合。如果没有节奏的统一，机体内的配合就会乱为一团。因此，节奏还是技击对抗中必不可少的重要因素，有了节奏对抗中机体位置的变动与动作的运行，才能把节奏内的元素统一起来，表现出能够共同达到符合技法使用要求的移动速度。过程中的节奏就是技击表现的载体，没有节奏，表现就失去了所需要的章法。

⑥反应速度。建立良好应急反应机制之中的反应速度。反应速度的训练就是把扎实的反应机制融入传统武术技击的经纬技术构架之中，从中挖掘架构中应急机制的反应能力，并有机地将其在技法运行中表现出来。通过从布网入手，将相应的动作与反应关联起来形成相应的、应急的、体系化的关系，在其中逐渐形成并表现出符合自身技法要求的具有针对性的反应机制。从机制的反应弧中表现出的动作反应、动作判断、机体的协调与调动、相应应急动作等相关表现，共同形成了一系列本能的自然反应。

（3）关于耐力素质

在前提条件基本恒定的基础上，常常有“力量源自好的技术，耐力源自好的呼吸”的表现特征。其实，任何搏击类项目都是非常消耗体能的运动。为了在实战对抗中使体能得到充足的保障，在体能训练中机体对运动负荷的承受，会比平常其他内容训练所能忍受的训练量大得多，迫使习练者在耐力训练中做出超乎寻常并难以忍受的运动量，直至进入深度的疲劳状态为止。因为耐力素质是从克服疲劳的练习过程中发展起来的，没有疲劳产生就没有耐力训练效果，只有这样，方能使体能迅速增长，也只有这样的训练才会赋予习练者充足的体能。如此，才能使习练者在攻防对抗中既能经得住任何猛烈的打击，又能给对手以凶猛而有力的回击。

比赛中体能下降所导致的危害主要表现在：

①积极的姿态会因体能下降而逐渐消失，为了保存急剧衰减的体力，不得不减少进攻次数，迫使防守动作增多。从而使以进攻为主的局面逐渐转成以守为主，迫使移动多于攻击，防守后立即转入反攻的能力降低或甚至根本消失，导致动作出现消极性。

②没有体能支撑的连续快攻，会使动作能力消失、动作速度迟缓、动作的命中率与

准确度降低、攻击效率下降，且反应迟缓，因此导致被动挨打的状态增多，以致直接影响技击思维网络的顺畅，以及技战术正常有效的施展。

③由于体能下降导致机体的灵敏度随之下降，并且机体所能承受重击的能力同步下降，在缺乏体能的状态中，机体反馈到大脑的信息会产生对心理影响不良的效果。因此，机体的剧烈生理反应会导致战胜对手的信心开始动摇。

④体能下降还会导致技法运行中对动作控制的能力同时下降，于是在对抗中会很自然地出现许多毫无意义的多余动作与废动作，从而就会因为体能缺乏而贻误战机，甚至给对手以可乘之机。

⑤体能下降还会导致人体的反应变得迟钝，在对抗中对对手进攻动作的反应往往不能够及时反应，并且形成错误的判断，导致失误增多，动作质量明显下降。因此，也就不能发挥出平时训练本应具有的力量和速度水平。

⑥因为耐力下降仍然需要维持当前的实战对抗，势必会导致机体的气力透支，形成对抗中的防守过于消极，如果体能再持续下降，对抗将会更加被动并进入恶性循环的局面之中。如果此时的对抗势态不能得到改变，对抗也就难以维系下去，此时首先考虑的只能是设法终止比赛。

在搏击类项目的比赛中，要求参与者在比赛中自始至终都必须保持高昂的斗志，切忌虎头蛇尾。实践表明，在对抗中的每一秒都是至关重要的，比赛中不存在一局时间内什么时间有用，或者什么时间无用的概念，任何一个瞬间都会因耐力差被对手抓住时机而遭受致命的打击。所以，训练中越是迫使自己的耐力增强，保持在搏击过程中的最佳状态的时间越长，技击效率就会越高，耐力素质是技击中一项极为重要的基础素质。

耐力素质可分为有氧耐力、无氧耐力、肌肉耐力。在运动实践中，发展肌肉耐力对提高肌肉中血液循环和改善神经系统的调配能力都具有很好的效果。同时，可使人体的心肌发达，心肌收缩力增强，延长心脏搏动的间歇时间，这样就可使心肌得到很好的休息，心脏的潜能被充分挖掘，达到提高持久耐战的目的，为最终赢取比赛提供了相应的基础保障。

传统武术的耐力训练可通过相应的具有针对性的呼长吸短的长气功能的用息练习，以确保习练者的机体建立起一套支撑技击运行之用的、长久供应氧气的长气呼吸机制。建立在上述机体心肺功能的基础上，让呼吸的氧气供给机体发挥更大的功能，使得机体的氧气供给随时都能具备充足的储备，并能随着机体的需求随即进行氧气与二氧化碳的交换，以确保机体在任何状态下都能具备最佳的氧气供应。

（4）关于灵敏与柔韧素质

灵敏是指人体活动中在各种条件突然变换的状态下，所表现出来快速、协调、敏捷、准确地完成动作的能力。灵敏性是人的运动技能、神经反应和各种身体素质的综合表现。灵敏素质之所以是运动技能、神经反应和各种素质的综合表现，就是因为完成各专项的每一个动作都会不同程度地体现出力量、速度、耐力、柔韧等方面的素质。通过力量，特别是爆发力量，控制身体的加速或减速；通过速度，特别是爆发速度，控制身体移动、躲闪、变换方向的快慢；通过柔韧保证力量、速度的正常发挥；通过耐力保证持久的运动能力。

灵敏素质是一种具有综合素质特性的表现。其表现内容是机体处在时空急剧变化的条件下，能迅速表现出对动作的准确判断、快速反应的灵活速度、高速的自我操作能力以及迅速改变身体或身体某部位运动方向的能力。在灵敏素质的习练中要注意处理好，灵敏与人对空间定位和对事件感觉能力的关系，灵敏与速度和力量发展的相互关系；同时还必须处理好灵敏与协调能力和反应能力之间的关系。

传统武术技击讲的就是手足、膝肘、肩胯等部位在技击运作中的和谐，做到内外相合以达到心理和生理上的统一。技击对抗中身体不灵活或过于死板、步法呆滞，这些表现都是技击运行中之大忌。“腰如蛇行，步赛黏”就是对技击中身法灵活的形象描述。

柔韧性练习是技击运动训练中必不可少的一项重要环节。柔韧性的好与差，不但直接关系到动作技术质量的问题，同时还能有效地防止运动创伤。所以，从事传统武术技击训练的人员不可小视柔韧性练习。在进行柔韧性训练时，要注意按照运动规律进行由小到大、由易到难、由浅入深、循序渐进的训练，切不可为了不切实际的表象而拔苗助长、急于求成。同时在柔韧训练中要处理好整体与局部的关系，并处理好柔韧部位中常用位与罕用位的关系。在训练中要注意三个结合，即主动形式与被动形式相结合、动力练习与静力练习相结合、协调性与灵活性相结合。

（5）技击的诠释离不开身体素质的支撑

传统武术技击在练习时必须关注自己在技击势态中的素质状态，因为，技法的使用完全靠身体素质的支撑才得以实施，因此，不断提高自己的身体素质是每一位技击习练者必须面对的问题，也是无法绕开的一个重要的训练环节。如果习练者的身体素质不能够达标，便不能承受剧烈的搏击运动给身心带来的冲击，即便是再合理的技法都无法在实战中施展出来，只能成为花拳绣腿的摆放。李小龙曾说：体能训练可以说是一个自讨苦吃的过程，如果你对自己要求不严，就不要期望从各种强身锻炼中有太多收获，你为此必须付出代价，而当你带上拳套开始正规习拳或参加比赛时，你才会明白“你没有白费功夫，而是苦尽甘来”。拳谚说：练武不练功，到老一场空。打拳若不练功，拳术即使打得再好看，终究是花拳绣腿。练功就是为了使动作能在真实的对抗中凸显其应有的价值。

当然，练功的含义很广泛，如增加力量性、提高柔韧性、加强灵敏性、锻炼耐久力、增大呼吸量、提高反应力等，都属于练功的范围。无数次的实践已经充分证明，没有扎实的“功”做技法的基础，要打好比赛那简直就是痴人说梦。

2.心理素质

心理素质是指认识、情感、意志等心理过程和能力、性格等心理特性。技击是一种运动也是一种艺术，可以提高习练者的个人安全感，锻炼思维的敏捷，提高受到打击时的心理承受力以及判断力，培养习练者在危急状况和高度紧张的情况下沉着冷静的心理素质。

良好的心理素质有助于技击者在技击势态中创造性思维的发展。创造性思维是创造力的核心因素。在参与技击训练的过程中，特别是参加搏击类比赛，势态对人的思维力、观察力、注意力、想象力和实际操作能力等综合起来的创造能力，都有着积极培养和发展的作用，同时又提出了更高的要求。武术技击比赛中的情况瞬息万变且错综复杂，如果没有敏锐的观察力和高度集中的注意力，就很难发现势态的变化和其中存在的问题。只有对他人声音、表情、动作、语言等方面的一举一动进行明察秋毫的细微观察，同步在大脑中进行符合技击思维网的思考、分析，并做出符合势态并具有针对性的正确判断，再在运行中采取有效措施，如此方能从心理的层面为胜利提供保障。实践证明，技击训练对发展人的思维能力有着积极的意义。

（1）认知理解

传统武术技击对选手的心理素质有着明确的要求，主要体现在情绪上的把握和意志力的培养。在高度紧张的攻防对抗中，最害怕的往往不是实战中的对手，而是藏在自己内心之中“害怕”的情绪本身。如何了解自己的心理状况，并有效克服恐惧和紧张就显得至关重要，做到把控对抗中的负面情绪带给自己的内心冲击，并由此表现在对动作技能上的把控，就能让自己的攻防行为符合经纬技术构架的要求，这正是比赛正常运行的关键所在。如果能正确认知到顽强的意志在实战中的重要性，就已经具备了一个优秀技击者表现在心理方面必备的基本素质，它会让技击者在对抗中表现出稳定而又持续的情绪，同时在任何逆境中都能表现出争取变被动为主动的心境，以及给对手施加心理压力的能力，以此作为对抗中博弈的基础保证。培养武者对情绪的调控能力和良好的意志品质，是传统武术技击必须进行的、长期的并有针对性的训练内容。

对抗双方在赛场上不仅是通过肢体进行技战术与体能等方面的对抗，同时又是心理上的较量，除了表现在肢体上相互制约、相互利用的博弈外，双方心理也处在同步的交锋之中。当对手狂扑乱打时，面临着不能回避的搏斗时，是胆怯畏惧，还是沉着冷静、不惧强敌、敢于拼搏；或者是硬着头皮上去乱打一气，与对手对攻硬拼，造成两败俱伤的结果；或是力争技术、功力与智慧相结合，在博弈中有节奏、有章法、有变化、有效地控制住对手，达到击中对手而不被对手击中的技击效果。所以，具备良好的心理品质是所有搏击类运动的共性，我们必须正确面对它的真实存在，以及技击对它的客观需求，而不是消极回避。良好的心理素质不但可以在对抗中充分发挥出技击思维网络的功效，同时能够很好地发挥出自己的技术水平、战术水平，而且可以利用自己的心理优势在对抗中去影响和控制对手，这就是技击心理学对现实的指导意义。

（2）环境适应

攻防对抗是技击者通过各自的身心运行表现出来的博弈，在这个过程中双方共同营造出技击的势态与氛围，同时又受到这个环境的制约。这是对抗双方都必须直面而无法回避的环境，直面氛围的同时就是一个技击者承受氛围压力的过程，这种压力迫使由技击者的心理来承受，表现出来的就是技击者在攻防对抗中心理所能承受压力的能力。

心理压力是个人处在具有威胁性和刺激的环境中，一时无法消除的一种被压迫的心理感受。对这种心理压力的承受能力就是承受力。

影响技击者心理承受力的因素是多方面的。人的心理承受能力除受生理遗传因素影响外，更多的是受攻防技击的特点与对抗营造的氛围影响，同时又受社会大环境影响，也受技击者技击价值观念的制约。生理遗传因素主要指个体的精神、情感类型及其表达方式；社会和价值观念影响技击者的认知态度和行为取向。一句话，技击者的心理承受能力就是对抗中对挫折和失败的认知态度，据此表现出来的承受限度和应激能力。

技击者只有逐步提升自己的心理承受能力，才能逐渐适应攻防的节奏与环节表现，使对抗中的技法趋于规范，从而具备产生驾驭技法的前提。如果技击者没有一个好的心理状态去适应对抗的基本环节，即便是再强大的功力支撑、再巧妙的战术布置、再合理的技法构架，都无法产生应有的技击效果。

（3）跨越障碍

技击者在对抗中必须放下对胜负结果的执着，抛弃一时得失的追求，专心做好当下，抛开一切羁绊，把自己融入经纬技术构架之中，要明确自己仅仅是一个实战中经纬技术构架的运行者。尤其是切莫让此时还属于胜负未知的结果，莫名地来阻碍自己经纬技术构架的正常运行，此时要做的就是不让那些不属于经纬技术构架的情绪影响自己。有赛场经验的人都知道“急就会乱,乱就会输”的基本道理,所以此时在武者心里既没有“急”，也没有“滞”；当然还没有“喜”，更没有“悲”；在实战的势态中已经没有后天之“我”的存在，此时技击者的眼中同样也没有对手此“物”的存在，只有针对攻防正常表现出来的技法运行,仅此而已。若能如此,武者心中对障碍的跨越就已经上升到一定的层次了。

要在技击对抗中具备不受情绪影响的能力，武者就必须有一个完整而健全的人格与心理，因为，健全的人格和健康的心理是提高心理承受能力的基础。只有健全的人格才能使技击者更具合乎“道”的精神。只要是赛场就永远都存在着成功和失败这两种结果以及快乐和痛苦这两种心态。真正的武者必须明白胜利只是对自己曾经付出的肯定，但失败却是对自己训练中存在的问题提出了具象结果的反应。对抗只是把平时训练出来的实际水平进行展示的一面镜子,反映出来的是关于训练的一系列问题,无所谓应该去“喜”还是“悲”，胜利是肯定了在训练中的付出，而失败却会让你找出不足与教训，并提出探索走向成功的路子，这些都是技击过程中提升自己的重要组成部分。

而绝大部分人都只表现出希望成功的心理,而不愿意接受失败,有“输不起”的心态，这显然是心理不健全的表现，因为它违背了事物的两分法，事实上这部分人在比赛没有开始时就已经输了一半。再说,人们对失败的体会往往局限在于事无补的痛苦和追悔之中，或者是默默地忍受之中，或者是以过激的行为来回避矛盾，或者一味地颓废、一蹶不振，这些都是心理崩溃的表现，属于心理承受力不健全的典型表现。所以，健全的心理和人格是比赛中承受抗御挫折和失败的基础，只要心理上能够跨越障碍，精神就永远不垮，随着各方面能力的提高，表现在经纬技术构架的运行就会逐步趋于规范。

（4）逐步提升

表现在心理上弹性和毅力的提高，可增强技击者承受能力的韧度。在自然现象中我们可能会看到，在一场飓风之后，有的大树被连根拔起，有的则被拦腰折断，而那些幼小的树苗尽管被刮得东倒西歪，事后却安然无事。这让我们想到，我们的心理承受能力需要有一定的弹性。这种弹性体现在比赛中，能够让技击者自然抛开胜负结果的羁绊，不论对抗中出现“胜时、败时与平时”三种状态中的任何一种结果，都能够很好地把握住自己的心态，让自己统一回归到淡定之中。摆正心态面对实战，围绕着的就是正常发挥自己真实水平而展开的攻防运行，这样才能脚踏实地地使技击水平不断提升。

面对实战，习练者必须有一个针对实战的客观分析，对每一次的技击对抗都需要进行结果的预知分析，因为客观分析和充分估计，是战术设置与技法运用的重要指导。通过胜负两方面的全面分析才会明确自己的位置、目标与势态，这样就能够把各种可能出现的结果控制在我们感情能够自然接受的范围之内，经纬技术构架的运行在如此理性认知的规范的心态下就有了正常发挥的心理基础。

当然，这其中就包括用平常心去接纳失败，但并不是引导我们被动地去接受失败的结果，而恰恰相反，敢于承认和面对挫折与失败，并把挫折和失败控制在最小的范围之内，或把不利因素转化成有利因素，才是武者智慧的表现，也是一个武者逐步提升技击水平的必要积累。

天下任何事情都不会一蹴而就，对待挫折和失败要有一种不屈不挠的意志和永不服输的精神，由它产生的技击能量就是毅力，这样才能从不同层面去成就武者的实际水平。

二、阴性功力训练

对抗中要使功力施展产生应有的威慑力，并实现产生技击效果的目的，即使表现出来的威慑力产生出相应的技击效果。主要在于解决功力得以顺利施展的平台构建，把这些构成平台的元素融入具象的动作中，再组成具体的技法实施出来，功力也就在其中自然地流淌出来，显现在动作的运行之中，并通过劲力的运行与技击的效果呈现出来。

下面就功力得以施展的基础要素进行相应的说明：

（一）技击对抗中功力施展的基础要求

1. 技击对抗中表现在时间轴上的节奏感

明朝一代儒将武术家俞大猷在他编写的《剑经》中就有“刚在他力前，柔乘他力后；彼忙我静待，知拍任君斗”的语句，足以说明节奏在技击中的重要性。

这里的“拍”指的就是节拍的意思，节拍是时间轴上用来表现技击的重要元素，可以表现在技击对抗的一切形式之中。确切地说，技击的任何元素都必须具备时间轴与空间轴的表现特征，因为没有任何技击形式可以脱离时空中的任何一方面而独立存在，只是地位属于主导与辅助的区别而已。因此，这个“拍”所体现出来的节奏就必须是技击运行中具体某动作表现在时间和空间的统一体，通过时间轴来看是时间意义上的“时机”，而通过空间轴来看就是空间意义上的“间隙”。在技击对抗中的节奏，可以看成是对抗动作运行的过程中，存在着符合经纬技术构架去诠释结构上相对恒定的时间序列。

动作运行中的节奏可根据势态的需求，进行相应的快慢、长短、急缓等方面的调整。在具体的实战中偏向强调节奏的“快”或绝对的“恒定”是不合适的，实战中的节奏应当顺势而定。在保持基本节奏的基础上处在随势的不断调整的变化之中，如果只保持一种节奏就很容易被对手适应，并容易被对手抓住战机。所以，在具体的实战中节奏本身也是一种战术制定的重要因素。

从这个角度来理解，在训练中必须让习练者理解并具备，实战中在短时间内保持一种恒定的基本节奏，并能够以基本节奏为参照，按技法或者势态的要求进行相应训练，使习练者具备突然改变节奏的能力。

2. 技击对抗中表现在空间轴上的落位感

影响武者技击水平的因素是多方面的，其中表现在对空间位置感方面的因素是重要的组成部分，该感觉的强弱是衡量技击者在实战中驾驭动作运行能力的重要内容，训练中应该有意识地提高受训者表现在这方面的基本素质。

在动作运行时，必须在时刻保持机体平衡的基础上，按照技击的需要表现出动作必要的空间落位感。落位感主要体现在静态和动态两个方面，如果我们把一个动作静止下来形成一个造型，习练者以这个造型为参照，由此建立起来的机体各部分与对手动作之间所形成的位置感觉，称为静态感觉。正确认识静态感觉，有助于习练者在训练中以此为参照，准确判断自己与对手的位置与动作运行的轨迹。对抗中的双方都处在各自技法运行的动态之中，习练者针对这个动态建立起来的对对手动作运行与自己动作运行的位置感觉，称为动态感觉。

建立必要的动作在静态与动态中的感觉，是完善对抗中本身感知能力的基础，是对抗双方实战中动作摆放在什么位置进行技法运行的前提，并以此来体现攻防的问题。有对抗经验的武者心中都非常清楚，一个真正的高手一定是能做到“在恰当的时间，在恰当的位置，做出了恰当的动作”的人，能够做到这些就可以肯定是在实战中有收获的人。

3. 技击对抗状态下表现在势态之中的瞬间思维

技击对抗中对势态的判断与势态中表现技法的瞬间思维能力，主要包括两个层面：对动作技击含义的理解程度，掌握该动作的熟练程度，该动作与对抗势态的关系处理能力，势态中能否表现出应有的瞬间应急反应；技击思维网络所涵盖的技击功能是否完整，整个思维网络是否顺畅，网络对所需战术的使用，战术转换的驾驭能力如何，围绕着战术实施的技术动作选择。

我们在训练中要解决的是表现在实战中的内容，主要体现在势态不羁地瞬间出现时，受训者能否做到提前对势态的发展与变化产生正确的感知，然后，表现出对适应势态的本能调节自身，并能在势态之中准确地做出经纬技术构架的相应动作。从反应到完成整个动作的时间必须控制在势态出现到势态结束之间的时间段内，通常对抗中所需势态的出现往往具有一闪而过的特点，所以，技击运行的特性决定了，势态中任何类型的技击表现都有必要将其限制在相对的时间内进行思考，对抗中完成驾驭经纬技术构架的思维是有限定要求的，因为只能在很短的时间内完成其中的思考，因此称之为瞬间思维。

4. 技击对抗中对经纬技法具象表达的实施力

理解经纬技术构架的理论只是基础，只是实施理论指导实践的前提与保障，也就是说习练者对经纬技法的理论虽有理解，并不代表经纬技法的运用就能在现实中得到表现，以及能在对抗中同步产生技击效果。因此，还必须做到夯实由习练者自身因素决定，组成技击之经线的基础要求；并能在技法中表现出随着势态中对手诸多因素所发生的变化，而始终保持着对导致势态改变的技击纬线的驾驭。

通过训练将动作的技击阈值大幅度降低，因为不同的人经过不同的训练，所达到阈值变化的程度不同，动作表现在实战中的技击效果也会不同，所体现出来的经纬技法的实施力自然也就不同。

在对抗中我们可通过动作技击阈值的高低来分析对动作驾驭的能力，也可通过阈值的升降来衡量训练的效果。在实战中运用出来的动作驾驭能力越高，该动作的技击阈值则越低。因此，通过训练把表现经纬技术构架的动作技击阈值降低，使动作运用达到机体的本能运行，达到围绕着经纬技术构架中的动作表现具有随势而行的自然反应。如此，技击过程中对运用动作的驾驭能力自然就越强，其中动作的阈值也就越低，对抗中的技术动作也就越容易使用。

实战对抗中的双方都希望能够战胜对手，这个希望对双方而言都属正常，但这个正常要求并不是只具备基础的技术动作就可以确保实现的。现实中还需要有围绕着如何战胜对手而展开的实施战术，有了战术再把技法及相关的动作凝聚起来，才能更好地诠释经纬技术构架的价值。只有在战术表现中经纬技法的实施力更强的一方，才有一个更明确的技法施展方向，其中实施力更强的一方，其技法的价值就能同步得到体现；战术练习同样也是技击对抗中经纬技法具象表达实施力的展现。这是对掌握的各种技术的提炼和浓缩，是通过组成对抗的一个个动作表现技击驾驭的单元，因此，对抗中实施力更强的一方获胜的概率就会更大。

5. 技击对抗中在表现劲力时功力所施展的劲路体系

劲力训练的前提就是理顺力源与施力点之间的劲路，至于如何才能符合技击需求理顺所需的劲路，传统武术所运用的方式与方法是采取相应的功法练习去主动获取。在劲路训练中如果处理得当就会表现出符合武学规范的运行要求，那么劲路本身对劲力运行所起的作用就一定会表现出“顺”与“助”的特点，否则出现的运行表现就会是“呆”与“阻”的状态。因为技击运行必须对技击效果产生必要的追求，于是迫使我们在功法训练时对劲力的要求必须符合技击的规范，如此才能使劲力的发放与驾驭符合经纬技法构架在技击运行中的实际需求。

劲路是技击动作表现在劲力中运行的路径。这里的劲路主要是指浑圆整体中的劲路，如果没有浑圆内力的劲力运行，真正需要展现的，由丹田运转为源动力的力源劲路就失去了运行的平台，如此，过程中对伸筋与打开骨缝的要求就失去了实际意义。如果丢失了这些就很难表现出内力的元素，即便有力量的“产生”也多属于纯肌肉收缩的表现特征。

劲路是纲，纲举目张。只有劲路畅通了，劲路上所能表现出来的动作劲力发放就有了运行基础，不同技法所追求的技击效果才有了劲力支撑的根本保障。没有劲路这个根本，任何所谓技术特点都难以实现。因此，应着力注意这一根本性的基本要求。功力训练劲路是基础，因此，入手就应该着力于劲路的畅通训练，以便能使经纬技术构架中的各张弓有机衔接，适应各种具体的动作要求，并能充分地发挥到技法当中。

明确了训练方向才能够将功力的价值，在符合技击要求的前提下全面、立体地体现出来，因此，劲路的畅通就显得至关重要了。

在此我们要明确劲力运行的目标与方向，在训练之初就应该构建起内劲运行的路径，以确保自己的劲力得以纯正地展现。这样随着训练水平的提高，确保劲路的稳固与畅通，也就能为将来劲力的发放奠定坚实的基础。

（二）关于功力训练

功力是支撑经纬技法得以施展的基础保障，有了功力支撑的技法使用就有了发挥展现的底气。尽管在实际的对抗中有了功力的支撑并不一定能确保技法得到全面的施展，但没有功力支撑的经纬构架技法的价值是肯定得不到诠释的，即没有功力支撑的技法在实战中就如同镜中花、水中月，肯定无法真正拥有它。

功力的价值是不可言喻的，功力的增长却需要经历一个长期而又极其艰巨的训练过程，是每一位武者都必须面对的亲力亲为的一项训练任务，也就是说，功力的增长没有任何一个人可以不劳而获。在功力训练这个问题上不劳者不得，瞎劳者则徒劳，甚至适得其反，只有那些走在合乎“道”的功法上，并能艰辛地朝着正确方向迈进的武者，才能收获与付出相等的成果。无论是从技击还是健身的角度来审视“功力”，人们对功力的需求总是显得没有尽头，因此，功力的训练也就永无止境了。

训练之始，习练者首先要了解功力产生与增长的基本原理，然后再结合自身的实际情况，通过训练将理论上的原理落实到自己身体上，通过具体的训练将自己融入境中去，并结合技击所需始终不丢训练方向，在境中的自己不离不弃地坚持前行，训练中需要在体悟中去懂得筋骨、明白内里、知晓发力，逐步得以驾驭各元素之间的关系为自己训练所用。如果将这些内容在训练之中尊崇物德则序的原则表现出来，所得到的训练结果必定是符合技击所需的，如此便能通过训练去实现追求，收获所需的增长功力的目标。

功力训练围绕着的内容通常包括两大类，即功力增长、功力展现。

1.功力增长

功力增长的训练其实质就是以不断增长劲力的崩弹系数，去全面满足在技击对抗中追求技击效果的需求，围绕这个核心而展开的系列训练。因此，凡是牵涉到这个方面的内容都应该属于功力增长的范畴。

要展开上述内容的训练，首先要从机体的“松”入手，并牢牢抓住贯穿训练的始终。在此，我们完全有必要对“松”建立一个相对具象的认识，既要在宏观上得以把控，又要在微观上能够着手。当我们知道并强调“松”的重要性的同时,更要明确训练中对“松”的要求，并清晰训练应该朝什么方向发展，然后随着技术水平的提高，站在更高的高度继续要求，并强调“松”在不同阶段的表现与作用，因为这是训练水平不断提高的基础保障。

随着习练者水平的进一步提升，对“松”的提法与诠释也会有一些具象上的差别，曾经的“松”随着水平的提高已经感觉完全不能“达标”，然而，这并不代表原来训练中对“松”的要求“不对”或者“不够”，因为训练的层次不同，机体内环境的要求也随之不同，自然会表现在机体上对“松”的一些要求的差别，正所谓“一步一景”，这正是功法训练中“入境述相”的具体表现。

其实，关于“松”这个问题的认知关键点，往往就体现在一个“透”字，不同训练阶段的“松”表现在机体“透”的程度会有相应的不同。如果对这个“透”不够理解，那么“松”的解释就无法从动态的层面去彻底清楚。

我们都清楚功法训练是无止境的，虽然入门的学习只要求形体功架上的松，但是随着训练的进展，松的要求就需要体现在精神上的放松，再随着训练的进展则要求肌肉、肌腱得到全面整体的放松，并在保持放松的基础上把相应的骨缝逐渐打开，在步步为营的训练之中，使得全身各个部位都得到较全面的放松，使训练在全面符合武学要求的基础上，朝着“筋骨撑拔，肌肉若一”的目标不断进展，这就是一个将“松”逐步深入“透”

的过程。

按上述训练对具体的练习提出要求，其中的“松”就算完成任务了吗？显然是不够的，那是因为机体对“松”的要求是无止境的（注意：松与散、泄的概念），“松”在此时有必要将机体相应的各个相对局部，通过“松”将其连接成片并形成松的整体，让各部位内部进行有机的衔接，形成“肌肉若一”的整体之“松”，实现一个符合武学要求的整体，并得到促进机体内经络得以循环往复运行之“松”。通过不断地训练促使机体的筋与经络变得更宽更畅，使得内气运行形成了更加充沛饱满的结构，朝着这个方向将“松”一直透下去,这就是一个不能够穷尽的训练任务。所以说“松”的要求原本就是无止境的，无论是从技击还是养生的角度来审视皆尽然。

然而要做到这一切的前提就是把“松”不断地“透”进去，当然这里所讲的“松”不是“散”，更不是“泄”，所以我们就需要将“松”作为训练的基本要求，将其体现在不同的训练内容之中，并根据训练的内容与相应的要求做进一步具象的实际的规范。

（1）功力训练的基本步骤

①整体（平台）

通过基本的桩功训练建立整体的劲力概念与用力模式，按照顺序“一步一景”地进行具体的训练，使机体逐步达到以全身为单位的整体，并得以显现出各部分相互间联动的要求。在训练中，习练者的机体在建立整体感的基础上突出松沉与自然的要求，要让对抗中的动作无论是处在静态还是动态之中都能够呈现出“桩”的特性。成为一种符合技法要求的表现，在动作展现时能够自然呈现出动静皆“桩”的机体运行特征，并且在运行中的动作表现出的状态，应该突出表现内外相合、整体与稳定等特点。对抗中的所有招式在表达技击运行的过程中，动作表现都不会也不能脱离站桩的劲力要求，并以此为技击运行的劲力平台，这就是这个阶段的训练任务，即把桩融入所有技击运行的动作当中去。

②内气（能源）

通过意念、动作、呼吸这三方面符合规范的配合练习，并达到所需的训练效果，能使习练者气血充盈，同时还能使机体达到符合武学规范意义上的平衡。通过训练让机体逐步达到内气自然充盛的状态，建立在机体内气运行充分的基础上，机体就会逐步产生武学层面上的真气为能源的内劲运行效果。从养生的角度来看，人体获之既可产生防病、强身及机体强壮的生理效果；从技击的层面来看，又可支撑技击的技法施展，实现武者的御敌与技击防身功能，内气就成了支撑技法展现的根本保障。因此，从武学的角度来看内气，内气是健身、养生、强身、防身的能源基础。

③大龙（基础筋骨）

筋骨要求表现整个机体，而大龙却是关键。这里的大龙指的就是机体的脊柱，只要是涉及内力发放之类的内容，一定规避不了关于脊柱运行的这个核心问题。我们只有正视大龙的功能挖掘，通过科学的训练方式把机体内的椎间盘关节腔的筋膜、肌腱、韧带等结缔组织规范地按照要求撑拔开，并把大龙相关的各关节中的骨缝打开，如此沿着这个方向进行劲路的构建，才能指导我们在训练中解决实际的问题。

（2）训练中需要解决的问题

①脊柱的撑拔。通过训练让机体脊柱的椎间盘通过循序渐进的撑拔运动，迫使脊骨处关节腔被逐步拉长、腰椎被逐步展开、尾骨得以垂放、机体的四肢开始松活。

②功能的挖掘。挖掘是针对大龙完成符合技击要求的基本运行，在垂拉中将后胯之锁打开，完成符合身弓的结构变化，并从中获取所需的做功本能。

（3）骨缝（整体筋骨）

在撑筋拔骨的训练要求下，建立在基本训练对大龙的功能挖掘达到一定要求后，就需要进行全身的扩展，使开骨缝练习在全身得到全面的开发，旨在让机体的四肢百骸逐步得到具有针对性的训练。在机体的大龙与四肢的训练中，逐步形成符合于功法要求的骨缝结构，以提升驾驭关节的控制力，从而全面建立起机体身备五弓的基本力感。

有了全身机体的骨缝力感后，接下来就可以进行关于骨缝牵伸与收缩的练习，并配合内气的鼓胀与紧缩进行相应内容的训练。

训练的要求是在机体各部位建立力感的基础上进行相关要求的练习，表现在：逐步将机体各部位挂上能够符合技法要求的力；在挂力强度加大的基础上逐步增加对所挂之力的驾驭程度，以实现所挂之力能为我所用；将自己能驾驭的所挂之力形成一个有机的整体，并通过基础的动作功架体现出来，旨在达到实现经纬技术构架能够全面运行的要求。

（4）整合（劲路）

建立在上述训练的基础上结合技法所需，并提出相应的劲力要求。训练中通过精神假借的训练原理理顺其中劲力运行的劲路，按照内外视结合的训练方法，配合具有相应节奏要求的呼吸，控制好机体的松沉，将机体的骨缝在动作功架中全面撑开，并运用丹田的运行逐步带动全身的肌肉松紧练习，逐步清晰所练习的劲路，使之达到符合相应技法的整合。

具体训练可先从基础的前、后、左、右、上、下等方向开始，进行相应单一方向的劲路整合训练，在各种劲路的通畅得到逐步提高后，再进行三才劲的基本练习。

（5）蓄养（呈现）

建立整体劲路并能够在劲路畅通的基础上，将传统武术技击的三才劲得以表现出来。当训练达到一定程度的功力积累时，则可将“三敌”观的概念融入训练中，并结合相应的动作将技法呈现出来，如开、合、牵、送、转等单一动作，或通过组合技法来体现，并从中呈现出相应的功力支撑。

通过在训练中养成肌肉松紧的习惯，以及机体必须建立起的相关的松紧记忆，并使松紧要求逐步达到习练者的一种机体本能。要使机体对松紧的规范达到符合功法的要求，需要习练者经过不断的、规范的、全面的、具有相应强度的训练，这是在这个阶段性练习中需要逐步养成并建立起来的机体本能。

在训练过程中通常会出现劲路的不通畅与身体不适等相关反应，习练者应该多多地去感悟“通”这个字的更深层次的含义。在反复琢磨中多多引申，按照拳理的指引，全面配合师父（教练员）指导，结合对照自己心理与身体所显现之景进行研究，通过对应着的思想意识和情感情绪去理顺它，然后把“通”融入身体、装进脑海。在学习与训练之中掌握一套最适合自己的训练模式。

王阳明说的“人须在事上磨炼，做功夫，乃有益。若只好静，遇事便乱，终无长进”，正是此境的写照。

2. 功力展现

功力的展现是指将机体获取的功力按照技法的要求发放出来。主要是通过机体浑圆表现出的劲力运行在攻防纠缠中所获取的主控效果，以及劲力发力时所体现出来为获取技击效果的杀伤力共同来实现。

功力的展现体现在对抗双方相互纠缠中的驾驭权，主要是确保机体能够形成一个平台，在承受各类外力冲击的状态下仍然能保持经纬技法的正常运行，该平台的构建可以通过从静态的桩功与动态浑圆的练习中获取。

劲力的发放所表现出来的杀伤力，在形式上由两部分组成，一部分是机体产生与技法相互配套的可产生杀伤力的能量；另一部分是引导这股能量形成事实杀伤力的能力，通过作用在对手的受力部位，以强制被作用的机体受力部位产生所需反应，也就是“技击效果”，用产生相应的技击效果来实现功力在技击中的价值。

（1）发力时机体内部的运行

不动二点：左右前胯关节腔具有弹性的、两个可根据发力需要提供相应支撑的点位；

半动二点:会阴位的阴展与后胯位的阳展，这是劲路上两个只能够小范围活动的点位;

全动二点：配合力源丹田惊炸，劲路上所表现在气海朝下往会阴处纳的运转与尾闾朝前往会阴内纳的前勾，这是两个要求尽可能动得彻底全面的点位。

根据技法的力点产生与劲路的进行相应的配合运行，上述的六个点位在发力的瞬间处在一体中的同步展现，其中的力源仍然在丹田，将丹田劲充分应用的过程中需要牵涉到的内容是呼吸、丹田、大龙、四肢与意念，以及肌肉的松紧转换，并要求各要素之间共同协作，只有将这些元素表现在劲路上共同协作，才能产生技击所需的基础劲力，即天力。

由于三才劲是一股由天力、地力与人力共同组成的复合劲力，因此，技击中各类型技法施展中所需的劲力，可以通过天地人三种劲力彼此间的组合成分的改变而获取，也就是说，具体劲力的产生是可以将三种劲力进行适度的调配来改变的，以服务于不同类型技法对劲力的实际需求。机体所产生的劲力表现是根据技法的需要进行针对性的调配得到的，以适应不同技法的需求，如抓拿、击打、守网、缠绞、顶撞等。

同时可根据点位在技击运行中的改变，以表现在无死角发力的位置调整，使得机体在不同角度的位置上都能够将浑厚透彻的三才劲表现出来，为技法展现提供牢固而又广阔的服务平台。

（2）连续发力的认知

经过三才劲的训练或有过内劲发力体验的习练者都会有这样一个感受，传统武术掌握了单击的发力能力，并不代表同时也具备了连续击打的发力能力，因为连续发力的机体内部运行的外在崩弹表现，并不是简单的单击动作不断地再重复。

发力时机体内部各自的运行都会有自己的节奏，但节奏之间的频率又都不会完全相同，因此就会导致连续发力时机体的内部难以协调，因此必然会出现连续动作击打的力点间不衔接、不顺畅，虽然从各个单动作来看力点运行似乎都很顺，但动作组合内的力点与力点之间的配合，就会因为各自的频率不同而无法实现组合内的各个力点符合技击要求的协调一致，也就无法表现出完整而又持续的发力状态，更显现不出组合内力点的协调与一致，如此，该技法在运行中就表现不出应有的功力，通过它去实现技击效果也就可想而知了。

检验训练的发力水平，往往可以从单把发劲和连续发劲的能力中体现，以此来判断习练者机体内部是否掌握技法表现的重要尺码。习练者首先要明确所谓连续劲力的击发，并不是简单地把单把劲力进行强制组合而成。这需配合呼吸将机体内这股丹田劲力集中发放出来，并产生若干个连续鼓荡的机体内部震荡，发力的崩弹节奏应该与呼吸、意念以及下一个动作的发力产生自然的衔接，在一个整体的组合运行节奏中，合频在机体内部的丹田震荡而产生连续的力点冲击，并且要求每一个力点都具备符合技法的需求，这才是训练的目标。

简单理解，就是通过丹田的训练使得丹田达到两个最基本的要求，即丹田力发放与丹田震颤。通过训练让自己的丹田得到充盈并不断地变得强大起来，这是能量的储蓄，是一切内劲运行的基础，有了这个夯实的能源基础，只需我们将丹田表现在机体的弓弦之上，如此就自然具备了表现丹田力发放与丹田震颤这两方面的功能。弓弦上悬住的丹田就如同弦上捆绑的重锤，会在发力时表现出不断摆动的效应，形成了丹田的不断震荡，并同步影响到脊柱这根机体大龙的劲力运行。在一次发力的瞬间产生连续不断的震荡，在如此循环不断的丹田震颤中，就是促使连续产生击打力点的频率根源，练习中合频的力点发放也就因此而变得连续了。所以，只要在练习中促使组合内的力点发放达到合频的效果，也就会有连续击打的劲力表现，当然要提高连续击发的效果，还需要进行相应的呼吸与意念配合等方面的针对性训练。

（3）发力动作训练的基本步骤

有了发力的认知就可以进行相应的劲力方面的训练了。

为了对劲力发放有一个全面的理解，下面将劲力运行的精简后的两种口诀阐述如下，以助习练者在训练时做参考之用。

三才劲的发力三十二字诀：

聚气凝神；提踵曲行；卷闾崩弹；项领额顶；松整支撑；龙虎同行；按需调弓；形合技法。

发力的二十字诀：

胯轮脊轴；曲径上行；正脊卷闾；意领项顶；皆为技行。

①单向发力训练

单向的发力练习是指机体朝着某个单一方向施展发力的形式。

首先，在原地由丹田为原动力带动躯干按照要求，完成朝着前、后、左、右、上、下等单向进行三才力的发力练习，练习中注意完善自身的机体配合与身法表现。

其次，在原地由躯干带动四肢，完成朝着前、后、左、右、上、下的单向三才力发力练习，练习中注意完善自身的劲路，并在劲路上表现出肢体与躯干协调一体的完整配合。

再次，在行进间完成躯干朝着前、后、左、右、上、下的单向三才力发力练习，练习中注意完善自身的机体配合与身法表现。

最后，在行进间完成具有某技击目标与含义的劲力发放，表现在四肢朝着前、后、左、右、上、下的单向三才力发力的练习之中，练习中注意按照技法要求来完善自身的劲路，并在突出技击含义的基础上，需要再突出的是动作在运行中，劲路上所表现出的肢体与躯干协调一体的完整配合。

无论是在原地还是行进间的发力训练中，动作运行都应该注意劲路中各位置之间的内部调整，使得表现在前、后、左、右、上、下的发力运用，得以更适应结合技击势态以及实战中对手用力状态、自己技法运行对位置所需，进行相应的发力调整等方面内容的相关训练。

②多向发力训练

这里的多向是指从一个固定起始位置出发，完成可以朝不同方向的目标发力，对确定为被击打的受力点目标可进行多方向的施力击打，击打的范围限制在崩弹击打可以到达的距离范围之内，技法中的力点运行必须服从在这个空间内进行相应的练习。

首先，在原地由某一固定的起始位置，以及不同方向的被击打目标位置，朝不同方向的目标进行发力的击打练习，击打方向可以是前、后、左、右、上、下。

其次，在原地由某一固定的起始位置，朝着某固定位置的目标的不同面进行发力的击打练习，击打方向可以是目标可目视的正侧面位置。

再次，在行进间由某一固定的起始位置朝不同方向的目标，进行发力的击打练习。击打时注意机体协调一致，保持原有的动作节奏，动作方向可以根据训练需要表现在前、后、左、右、上、下。

最后，在行进间由某一固定的起始位置朝着某固定位置的目标，进行针对目标的不同面为被击点的发力击打练习；练习时可适度结合相应的技法运行，通过特定的心理指向的精神假借，以明晰击发用力的方向；可以在技法中落实目标，实现对可目视目标的正侧面等若干位置皆可崩弹出高质量的击打。

在练习中表现在具体动作的运行时需要有一个着力点的存在，所以在此训练中需要适度介入相应的训练器材，如“阴阳手靶（可贴透的软靶）、锉勾网（训练触位的劲力运行）、TGF 玲珑棒（经纬技法训练之用）、训练服（训练落靶与用靶）”等器材的全面运用，旨在借助实物控制提高训练质量。需要在训练中借助着力点的应用，旨在针对动作如何表现控制力，有了控制就可以表现在不同角度产生所需的用力效果，就能够按照需求服务于技法。寻找被控着力点是一个理解与能力的具象体现，需要经过系统的训练才能获取这方面的能力，否则就位置而位置而言，这种没有被控制的位置与控制下的位置有着本质上的区别。通过上述练习逐步实现无死角击打的技击要求。

③不限位发力训练

这里所指的不限位是指发力的原始位置不受限制，也就是说前一个动作运行的击点落机体上任何位置，这个位置都可成为再一次发力的起始点，也就是说无论是在什么位置都能完成发力运行，实施对可涉及的空间内的固定目标进行无死角的施力或击打。

首先，从原地规范标准的预备式开始，在预备式的各个需要训练的击点上，针对各固定位的被击打位进行无死角的发力练习。

其次，在原地击点脱离标准预备式的束缚，将肢体的击点位置按照技法要求进行摆放，并以摆放位置为击点发力的起始位，针对被击打的固定位进行无死角的发力练习。

再次，行进间脱离标准的预备式，将肢体的击点位置按照技法运用的要求摆放，并以摆放位置为击点发力的起始位，在动态中针对固定被击打位进行无死角的发力练习。

最后，行进间进行动作的正常运行，在运行中出现需要发力的相应位置时，随机就势做出相应的符合技法要求的发力击打，根据不同的技法要求完成不同的击发方向与击打面，逐步形成真正意义上的不限位的无死角击打。

因此，该击打不限制在预备式的动作构架中；且双手可不受空间限制的任何摆位；或者起始位可朝任何方向与落在任何位置，针对任何被击位都能顺利完成相应的发力。

④两个力点的发力训练

两个力点是指一次规范的崩弹发力因为运行轨迹的变化致使力点运行方向发生相应的改变，因此而导致运行轨迹内先后两个力点的产生。

在一次发力中先后两个力点的产生是改变对手动作构架的有效方式。在以空间轴为主轴、时间轴为辅轴的技法表现中，一次劲力运行两个力点的表现对传统武术技击，获取所需空间有着较大的实用价值，妥善运用会在对抗中的构架控制方面起到主导作用。

首先，练习原地崩弹击打练习，在练习中体会力点运行的轨迹，以及肢体受力后轨迹改变的运行规律。

其次，练习原地崩弹击打目标的练习，在击打目标时有意识地运用开、合、牵、送、转等方法进行转向练习。该练习可以是击打后的原目标的转向运行，也可以是击打后转为另一个目标的转向运行。

再次，结合步法与身法展开行进间的崩弹击打练习，在动态中的一次击打目标时，表现出技法需求的先后轨迹转化的运行体现，通过动作的开、合、牵、送、转等转向运行来体现练习。该练习可以是击打后的原目标的转向易位，也可以是击打后转为对另一个目标的转向易位练习。

最后，行进间结合具体的技法进行相应的破网练习，在破网练习中通过崩弹后的原目标或转移目标的易位，来实现驾驭对手的动作功架。

具体技法的训练要求体现在落位的发力运行之中，可以是不同角度的双手开、合动作的发力，也可以是一个点位的入网易位与两个点位的入网易位。

例如：在击打后回收的崩弹中完成开、合、牵、送、转，开、合、牵、送等单动的转向发力专练;还可通过“往后牵引中的侧送”来改变对手被牵引的运行方向，表现在开、合、牵、送、转等动作组合与功力体现上。

首先完成崩弹发力在回收时的落位训练，其次完成回收时针对开、合、牵、送、转等动作的训练，再次通过训练提高动作运行的质量。以此为基础，然后进行组合与连续力点的发力训练，要求在任何落点位置上的发力都能等同于基础姿势（如预备式）发力位置的顺畅感觉，确保动作运行之中具备同样的动作驾驭感觉与劲力杀伤效果。

⑤力点的连续发力

在发力时要注意，产生击点的前手放松不用劲，控制崩弹强度，做好劲路疏导，后手用劲以助其整体运行，通过人力来整合表现在击点的劲力，其中需要表现出劲力构架中的主辅特点来突出力点的作用，以表现出击点的击打效果。

把握机体的整体基础节奏，让机体的发力与基础节奏相吻合，体现“一动无有不动，一静无有不静”的动作运行特点。

首先，原地单力点的连续发力练习。例如：进行前手单力点的连续发力练习，可以是用拳的击打—回收—再击打—再回收反复地循环练习，还可以是用拳击打—回收—用肘击打—回收—用肩击打—回收—随意组合不间断进行下去。

其次，原地多力点的连续击打练习。例如：前手击打—回收—后手击打—回收，如此循环往复；前手击打—回收的同时运行后手击打—回收的同时运行前手击打，如此循环往复。

再次，行进间多力点的连续击打练习。例如：前手击打—回收—后手击打—回收，如此循环往复；前手击打—回收的同时后手击打—回收的同时前手击打，如此循环往复；前手崩弹易位破网—后手击打—前手异侧横切掌。

最后，保持机体基础节奏处在动态中按照技法运行的要求，进行相应的力点连动发力练习，包括击打为目的的发力；防守控位为前提的发力，在此过程中必须解决好丹田震颤与力点、劲路在发力运行中的内在关系。

为了掌握好连动发力的节奏，必须做好配合连续喷气式长呼短吸式的练习，做到与节奏的吻合，做到在一、二、三、四、五次的一再连续出动作的状态中保持节奏的一致，过程中调整好呼吸是实战得以持续的基本保证。

此过程的训练可结合的形式有空击、打靶、锉勾网、相匹配沙袋、实作。

通过上述练习我们可以了解到发力的基本组成内容为：单动发力；组合发力；攻防发力；抓把位练习；沉气的专门练习；结合发力的沉气练习；结合开合牵送转的沉气练习；结合攻防动作运行的沉气专门练习。这些内容都是在技击对抗中常见技法对动作的基本要求，我们在训练中必须要进行逐个解决。

在练习发力中我们要理解其中力点所表现出对方向与角度的要求，并强调原理与功能的体现。动作功架只做六合要求，而不做型上的绝对化要求。通过训练达到效果上的体现，而型在自然中就可随势而成，这样所成的功架表现才不是对抗中的做作之态。

在具体动作的发力练习中，需要遵循的是由粗入细的原则，随着水平提升再逐步提高要求。因此在起始练习时只要求做出发力的大致方向，并通过起止点来对型做一个大概的规范即可，只要求达到型的基本要求就算基本达标。例如：内外相合、上下相合、整力一体、呼吸自然等。因此，提倡以正面发力、侧面发力、异侧发力、上下发力、内外发力的形式来阐述发力的具体功能，而不只是局限于以绝对的冲拳、掼拳、抄拳、边腿等名称来描述具体的某个动作运行。

⑥附：三才劲的发力联动模式与要求

头顶而肩沉，以形成对挣力，让肩把天力与地力尽可能挂住，把上下力转变到大臂上，因为上肢的根节空而出现的空间，才得以更大程度地承上下用力运行衔接的转变，同时配合大龙崩弹导致身弓中节的透胸，产生在人体中从脚到头这张最大弓上更大的天地力的方向转换，用人力通过各中节的旋转，对五张弓的整合组成一种表现在击点运行的合力，整合了天力与地力，形成符合具体技法运行的天地人三才力。

发力的分部训练：肩胯的整合练习；肩胯的牵动练习（直线、曲线、圆动、圆动切线、切线后再动）；单动的牵动发力；联动的牵动发力。

三才劲的发力要求，现实中的表现是必须具备根据对抗中对劲力的实际需要，在技击势态中的任何一个瞬间都能具备劲力的发放，并产生相应的技击效果。

（4）六步发力练习

在掌握上述基本内容的基础上的发力训练，可按照下列步骤进行相应的练习。

①左右开立步双手自然下垂进行三节发力的基础练习，练习可从单手的联动训练开

始，然后再进行双手的联动训练。

②前后开立步起手可进行横掌撑肘的相应要求，先从完成六个面的三节发力练习开始，再改用预备式完成该内容的练习。

③预备式的无死角定向发力练习，先前手再后手，逐步表现在机体的各个击点。

④任意位到任意目标的发力练习，建议从起始点通过画“米”字定方向的练习开始。

⑤预备式向任意点的发力练习，落点回到预备式的原始位，再从原始位开始发力练习，如此循环往复。

⑥预备式任意目标的发力，发力落点位作为新的基本起始位，再进行任意目标的发力练习，又产生新的劲力运行的结束落点时，又以此落点位为起始点进行连续的发力练习。此练习可先进行单手，再进行双手的相关练习。

（5）崩弹强度的训练

关于崩弹所产生威慑力的理解：内劲崩弹所产生的这股劲力由两个部分组合而成，即组合中的“合”与“透”。一次劲力运行的程序遵循着先“合”后“透”的顺序。

合：指击打点与被击点贴合为一体之前的用力运行过程，体现出动作松弹与柔和的这一面特征，就如同把箭头射出去朝着目标而去的运行，此过程的用劲表现在箭尾受力与箭杆在空中轨迹上的滑行，以实现迅速贴紧打击目标，这就是击点与受力点的相“合”。当触碰到目标时旨在通过“合”的形式来加大冲击压力，以达到通过崩弹的击打加大受力部位的密度的效果，也就是说，“合”得越紧，被击部位就会密度越大。

透：指建立在“合”之后，劲力运行朝着触点注入横向转动力量的实作发力的用劲过程，体现出动作崩弹过程中对加大密度部位的前推驾驭，加大密度的部位就如同射入目标的箭，射入的箭越深则说明透的程度越高。

合与透在运行中的衔接就是一个“旋”字。

旋：通过“合”之后的横向运行才能够将力“透”进去，整个横向运行就是“旋”。在人体结构受力的前提下只有“旋”才能把“合”与“透”有机地结合起来，但发力需要注意的是为“旋”的位置提供对手被击部位，以所“合”机体密度的改变达到基本强度为前提，“合”提供给“旋”的密度改变越大，“旋”表现出“透”的效果就越好，也就是崩弹表现在从合到目标的那一瞬间开始，伴着透完成注力的过程。

通过对加大密度的被击打部位的旋转运作，使被击打部位的受力随着密度加大，迫使被击部位的施力深入而透进去，使得密度加大的机体部位都能体现出强烈的现象，以此产生较强的技击效果。

旋的过程中机体表现出“逢转必沉”的古训，如此的整体劲力才能淋漓尽致地表现出来，其中的技术关键是动作运行中机体的松沉，及整体的肌肉所表现出来的松紧转换，人力的主要体现就在这个瞬间。

崩弹的一次发力中包括了“合”与“透”这两个部分,表现出完整劲力中先“合”后“透”的运行过程，而不是“合”与“透”进行两次发力的劲力组合。

如同箭的一次发力运行，在空中运行的时间相对于射入目标的内部时间要长得多，这就是一次崩弹发力“合”与“透”表现在时间段与时间瞬间的区别。

关于崩弹强度的练习：

明白了上述崩弹的击打原理，要在击打中表现出理想的崩弹效果，那么在具体的崩弹训练时，我们有必要把握住崩弹的强度。

发力的崩弹强度是受多方面综合因素影响的结果体现，任何一个方面的因素都会导致击打的崩弹强度效果发生相应的改变，从训练的角度来审视崩弹强度，影响崩弹强度除去动作技巧的因素，就机体的影响而言就由气、筋、肉、骨、劲路等多方面共同组成。

我们可分别进行相应内容的训练，目的是有条不紊地达到“气盛、筋强、骨坚、肉松、劲顺”的训练效果。

训练的形式可以是有针对性的功法训练、建立在器械平台上的强度训练、结合技法的运用训练，但无论采取什么形式的训练方式，最终必须要落实到对抗中的实战进行必要的检验。只有经历实战中的检验，才能真正感知到动作的崩弹发力是否达到技击所需的崩弹强度，因此，实践中发现上述内容在哪个方面出现了问题，并在训练中将这些问题妥善解决就显得至关重要了。

训练要有一个可以依附的原理，所体现出来的运行方法才会有行为标准，技击目标才能得到理性的追求，技击效果才能在预期中获悉。

第二节　体系的基础支撑训练

训练技法的动作应该从“松”入手，因为动作进展所表现的特征必然是:松透了则融，融透了则通，通透了则连，连透了则整。

通过训练使传统武术所展现的动作功架，在“整”的基础上逐步积柔成钢，才能在经纬技术构架的技法展现中表现出所需要的韧性特征，据此才能练就传统武术劲力发放所突出的崩弹表象，再通过日积月累的训练逐渐成就发力动作的崩弹强度。

动作运行在配合技法的劲力表现中，应该处理好劲力与技法的内在关系，按照发力的规律与要求将劲力发放出去，以达到服务经纬技术构架的效果，通过劲力发放去实现强制到对手机体上收获最佳技击效果的目的。

1. 关于预备式的训练

预备式站立时应该保持全身放松，并将骨缝按照要求规范地撑开，确保机体呈现出整体的弹性状态，脚踝、膝弯、胯、腰、背、肩各部位都保持状态呈现出身备五弓的机体规范，所在位置中协调一致的均衡弹性，让身体处在协调一致的整体之中，表现出随时随地即可启动的待发浑圆状态（见图 4-2-1）。这样的预备式才能保证机体在对抗中表现出规范随势的应急反应，以及为技法的实施建立最佳的施展平台。当机体的平台构建完成，在对抗状态下从预备式出发，才能让机体根据势态最合规范地完成经纬技术构架中各种技法的动作运行。

图 4-2-1　预备式

在传统武术技击的基本预备式的规范训练中，自然要体现出各类格斗姿势所必须遵循的共性，那就是格斗式的三个特点，分别是便于步法移动、益于进攻、益于防守。当然在训练中需要体现技击共性的同时，还需要从中摄取那些具有自己文化特点的营养，用以丰富所诠释的内容。

由于实战姿势结合了技击者对经纬技术构架的理解，将其体现在布网后的具体形态和自身特点的展现之中，所以表现出来的动作形态就会具有因人而异的变化特征，形成了既有针对性又相对固定的动作功架。

在训练中教练应根据习练者的特点加以讲解并进行相应的引导，并由内而外地进行规范习练者的动作，不能让习练者无原则地去仿效一些时髦却又不适合自己的实战姿势。因为那些追求华而不实的行为不仅不能给习练者带来帮助，反而会因此而导致非常严重的恶果。我们在训练中更不能将自己习惯的实战姿势，当成绝对标准的预备姿势强加给那些并不适应的弟子们。

训练中对预备式的要求不要有刻意追求像与不像的概念，关键是通过学习能否掌握动作的精髓，只有那些能更好地为自己的实战服务的基本动作才最合适自己。因此，在训练中要让习练者明白，实战中的预备式是可以根据势态需求随时做出针对性调整的动作。对抗中的彼此都处在动态的变化之中，要让习练者明白在对抗势态中的动作只有相对存在的表现，而没有绝对不变的功架。

（1）训练中对机体各部位要求

贯彻把桩融入具体动作之中是传统武术训练的基本原则，表现在机体以六面劲、四上一下为浑圆用力平台的技法运行，体现出各种形式对撑的矛盾力，若有若无地存在于整个机体表现的各种动作之中，表现在技法的运行里的动作劲力是以不用不显的特点存在其中的。

（2）实战中动作的用力模式

用力模式是传统武术的动作在技击运行中，必须明确并且全面地体现出来的，是机体劲力运行的表现规范。要求习练者机体在保持整体、自然、松沉的要求时体现出机体的一种劲力状态，这种状态就是机体在技击对抗的动态中表现出来的浑圆劲力，即动态浑圆。

动态浑圆具有时空并重的表现特征，是技击状态中对机体的用力要求，这种状态如果一定要进行形象化的描述，如同习练者在对抗中机体体现出类似处在推拉独轮车（鸡公车）的用劲状态，在不同的道路中推拉独轮车会以不同的方式呈现出机体周身的整体用劲模式，形成了不同类型的技法对用力产生的不同需求，机体状态却处于完整一体的整体之中，其实质就是把桩融入动作中的一种自然体现。

此间推车的动作运行中又体现出一种“活”的动作特点，因为独轮车的平衡是处在需要随时进行维护的状态之中，行走中的独轮车与人体随时进行中的劲力维护就形成一种动态的用力状态，这就是一种劲力“活”用的体现。同时独轮车的劲力还表现出它运行的用劲指向，这种机体的动态浑圆状态就吻合了经纬技术构架技法所需劲力的运用体现，无论是从构架运行中的布网、守网、入网、破网，还是对抗双方表现在各类势态下的纠缠博弈，都能在技法运行中有指向的用力模式中得到体现。

在训练中教练员应该引导习练者进行相应的联想，同时习练者更应该从预备式中逐步深入训练，并在其中逐步积累得到相应体验，并通过实际动作的攻防效果来检验劲力运行的正确与否。

（3）预备式的守中概念

预备式的布网训练必须强调守中的重要性，动作在所布的网上“中”就如同坐标的原点，有了守中的功能与表现，经纬技法的运用就有了运行的原始参照，动作有了参照的技法就会有更顺畅的表现，技法中可攻与可防的技击功能才能更全面地被诠释出来，所以我们在预备式所布的网上要始终恪守“中”的概念。

2. 关于节奏的阐述

明代武术家俞大猷在他的许多著作中都提出了“拍位”的技击观点，并一再强调“拍位”说的重要性。在各类搏击格斗中都强调技击者要做到“制人而不制于人”,掌握“拍位”技巧就是重要的训练内容。搏击格斗中强调建立“拍位”概念，旨在通过掌握节奏来获取格斗的主动权。这里指的“拍位”主要是节拍的意思，也就是现在所讲的动作“节奏”、技法“节奏”与战术“节奏”。

基础节奏是指机体动态浑圆与心理平衡相互融合而体现出来的节奏感觉，在技击中表现出身心合一、节奏体现、持续拥有、恒定自然的运行特性。

机体运行的基础频率，是表现在机体浑圆状态下的节奏运动，而不是死板一块的僵尸移动。建立在整体、松沉、自然状态下的节奏使得机体撑拔的整劲被激活，同时与心理感觉的节奏感融为一个完整的运行机体，这就是承载一切动静节奏变化的平台。

建立在这个平台上的节奏运行主要由两个方面组成，即机体内在各部位的节奏与基础频率要合频；动作形态表现出来的节奏以及展示的技法要与机体基础频率合频。内在的是丹田震颤与骨缝开合形成劲路上发力的功能体现；形态上表现出来的肌肉松紧转换导致了动作构架的运行与改变，动作展现就有了步法、技术、战术的节奏表现基础，这些都建立在机体基础节奏的平台上才有协调归整的合频表现，不允许发生因为各自频率不同而产生冲突的不协调现象。

无论是什么类型的节奏，都必须通过机体才能得以相应的表现，所以把握机体的基本节奏就成为各类功能得以展现的最根本的保障。一切形式的节奏表现只有与机体的基本节奏合拍，那些以机体为载体的各类元素才能得到展现，否则就会因为彼此间不合辙押韵而发生节奏上的冲突，因此而难以表现出技法本身，建立技法上的功能也就无从谈起了。

机体只有保持“肌肉若一”的状态，运行的动作才能确保各部位的合频振动而不相互冲突，在不发生冲突的频率节奏中就能共同体现出动作的技击含义，才能服务于技击对抗在现实中的需要。

各部位得以合频的体现，主要通过机体内在与外形两个方面进行表现，内部是指机体内的局部位置频率能够与机体的运行基础频率合频，主要体现在丹田源动力的震颤与各部位劲力发放关系的处理；外部是指机体表现出来的形态变化，主要体现在动作运行与步法运行的节奏是否与机体运行的基础频率合频。

表现在内部丹田源动力的震颤与呼吸对机体的节奏必须做到合频，当呼吸处理好与力源的关系才能在合频的衔接中得到运用；劲力运行中的骨缝在劲路上有着自己的节奏开合，同样要在合频中得到功能的体现，发劲时要找到骨缝在瞬间产生“伸懒腰”感觉的开合运行，这就有了骨缝撑拔的运行感觉，它们共同孕育出机体内部劲力“惊悚”的发力运行方式。当表现在具体动作的动作功架时，就体现出机体围绕着表现力点运行的外形变化及造型，此时肌肉的松紧转换尤其重要，在发力时的整体肌肉同样必须具备合频节奏的松紧转换，如此才能具备内外相合的前提。这就是发力的节奏综合体现，机体中各部位通过与基础频率合频，它们共同表现出在劲路上的力点运行与发放。

动作力点在崩弹组合中连续击打时，则要求机体各部位节奏保持彼此之间的协调一致，运行之中的各部位间不能存在一丝冲突。这就是习练者在训练中必须去努力解决的问题，否则就有可能存在力点之间的动作运行衔接不顺，导致组合劲力不能自然流畅，甚至动作不能进行应有的组合表现。

动作节拍是动作因合频并且在规律的运行中所体现出的动作节奏，对抗中动作就能因合频而具备表现出动作在力量与速度等方面的能力，动作会因此而展现出应有的威慑力。

在实战对抗中我们必须清楚的一点是：当与一个不熟悉的对手在赛场相遇时，彼此都会努力去保证对抗中的节奏运行，并希望做到不被对手牵制或打乱自己的节奏。因为这样就可以平衡地、得心应手地发挥自己既有的技、战术。其实，这就是希望确保自己不受干扰，却又希望有能力去干扰对手的节奏运行与变化，以此来进行自己技、战术的设计与运用。

保存动作的节奏使技击的势态更有利于自己，因为，任何动作的使用都不能够脱离它的环境，环境不同适应该环境内的动作表现自然会体现出相应的不同。要使每个动作都能产生出最佳的技击效果，必定不能脱离属于自己的距离、角度及节奏等基本要素，脱离了使用的环境去谈任何动作的使用都是盲目的，同样的动作在不同环境里的节奏表现，所能产生的技击效果必然会显现出它的不同。

3. 关于步法的训练

（1）步法的任务

步法的任务是通过移动保证在适当的时间点上将机体摆放到适当的位置上。

步法运行中无论是采取基本的步法运行，还是采取以迷惑对手为目的所进行的技法运用的迷动，其实质都是为了给技法施展提供距离与角度上的空间保障。节奏中的步法运行是整个技击运行的重要组成部分，在这个有机的整体之中各因素相互间都会产生一定的影响。为了彼此间能够产生正面的促进，而不是相互抵触，因此，各因素都必须与机体的基础节奏合频，这对技击中各因素的统一运行是极其关键与重要的。

步法训练的内容主要体现在两个方面，即基本步法与自由步法的运行。

（2）步法训练

步法运行时机体的用力模式：端胯走步，落步既可走亦可发力，落步膝关节不超过脚尖，始终保证下肢弓形两端的运行空间，通过圆裆将两个髋关节的关节腔有机地联系成为一个整体。要求步法中的膝关节始终保持不挂力，无论是正常运行还是发力时都需保持膝不软，一切表现都是下肢这两张弓在自然中的运行。

步法的表现导致机体的位置不断发生相应的改变，说明了步法运行是改变对抗中彼此空间结构的重要因素。从中表现出以空间轴为主轴、时间轴为辅轴的运行特点，我们知道任何事物都是不能脱离时空元素而单独存在的，步法的表现同样不能脱离这个铁律。因此，在步法训练中是不允许出现脱离“节奏”的现象的，要使步法得到时间轴上重要的因素支持，就不能脱离节奏来单独进行步法在空间运行的论述。

在体现时间轴节奏元素的步法运行中，同时又要时刻保持在机体平衡的基础上，进行所需的步法训练应突出如下内容：

①步法运行中要体现出动作本身的变化特点；

②步法运行中要吻合机体动态中的守网特点；

③动态中任何形式的攻防特征都在自然中得到体现，过程中毫不做作。

（3）步法中节奏练习体现在四个方面

习练者要构建起合格的空间感觉，以及机体在步法运行中的浑圆感觉，就要明确预知自己在对抗中，在什么时间和什么势态会出现在怎样的空间位置上。这种找到自身正确位置的感觉就是落位感，落位感是技击者的基本素质，训练中必须解决它就是训练的重要内容，直接关系到习练者的技击水平的高低，决定了对抗中技击者驾驭空间因素的能力，这对空间轴为主轴的对抗表现尤其重要。

要有一个好的落位感，训练就应该从建立规范的空间感觉入手，训练出习练者具备顺利到达使用技法时所需出现的空间位置的能力，这是技法运行获取技击效果的基本素质。

为了习练者能更有效地具备移动机体、获取机体空档、驾驭在对抗中空间位置的控制与脱控能力，我们可以从节奏、步法、步型、预备式、守网等方面训练习练者，使习练者得以逐步具备空间的落位感与调整位置等方面的基本素质。

①按基本步法运行时保持预备式的基本形态

基本步法的运行，包括前进、后撤、左闪躲、右闪躲、左旋转、右旋转以及各种应变移动的基本表现；在动态浑圆中强调结合身法运行的甩步训练，包括结合重心通过四象位，在前、后、左、右、上、下各方向及综合运行中的移动表现。

在上述基本步法训练具有一定基础后，可进行步法中的布网守中练习，包括上步、退步、前后收步、左右上步、前后三角步、行进间三角步、综合步法等。

步法与身法的运行按照基本的规范进行符合技法的，表现在相应形态上的变化，恪守预备式在有整体节奏的步法中将上述内容自然地体现出来。

②步法运行中恪守机体的动态浑圆

技击对抗需要步法的运行才能确保机体在移动中体现技击运行，并完成经纬技术构架的技法功能，因此，如果没有灵活、稳健、敏捷而富有弹性的步法支持，经纬技术构架就缺失了支持技法施展的基础，也就如同坦克丢失了履带。技击对抗在动态浑圆之中的机体运行，能够确保技击运行具备诠释功能的机体平台。在这个平台上不仅可以调节重心，以维持身体在功法中的始终平衡，也是技法使用的基本，同时还是三才劲崩弹发放的基础，确保机体动态浑圆是提高实战能力的重要环节。总之，动态浑圆要求机体在技击运行的动态之中体现出浑圆的各种功能。

当机体建立了动态浑圆的感觉时，就应该在训练步法运行中强调全身的撑拔，让动态运行的机体处在一种符合对抗要求的弹性状态之中。因此，在步法运行中要有意识地协调让机体保持基本的动态浑圆。

③按照固有的组合变化进行步法练习

建立在上述练习基础上，结合基本动作表现，将步法运行自然地体现出来，当动作表现结束时又重新归位到基本的预备式之中。

当基本动作的表现通过训练逐渐显得自然后，就可以开始将步法练习结合动作组合体现出来，无论组合动作的表现复杂还是简单，都必须在运行过程中恪守步法的基本节奏，并在节奏中自然地将动作的技法运行表现出来。

④据实际情况步法随势态而为

这是保持步法基本节奏的动作训练，是通过结合随机变化与应急势态的要求来进行的训练表现，因为是在模拟实战的状态下体现动作的表现形式，所以动作的运行就具有虚实结合与突变的特性。因此，步法应该体现出服务于技法表现的功能，例如：当对方用某技法进攻，此时的步法调整需服务于应急中所表现出主虚的防守性控制；当感觉对方的动作运行出现空档，此时的步法调整需服务于应急表现出主实的进攻性控制。

这些内容的体现都能够在步法的随势而为中自然地得到诠释，我们必须清晰的一个概念就是：步法运行具有“似丢还在”的特点。好的步法体现存在于自然之中，这就是动作运行之中似乎被忘记却又必须始终保持着的节奏运行。

练习中主要通过以下两个方面进行训练：结合步型变化的综合训练；结合动作的攻防运行，并随势发力的基础训练。

4. 关于步型的训练

步型是指两脚落位后，在下肢相对静止中所形成的构架形状。传统武术中有着各式不同的步型，不同的步型支撑着不同技法所需的“发力与承力”力学结构，以及体现机体空间位置的摆放特点。

（1）步型训练的基本内容

包括基本步型；步型、步法的衔接与转换（步型间转换、身法专练、步法专练）。

（2）基本步型的要求与训练

基本步型在三维轴上的表现，包括前后轴运行的弓步与仆步；左右轴运行的马步与歇步；上下轴运行的虚步与独立步。

把握住技术的关键就是节奏，以及应对动作节奏的快慢变化，无论是哪一种步型的表现，动作的运行都要求在动态中体现出节奏的基本特征，即弹性、完整、松紧、阴阳。

弹性:表现出步型稳固基础上的空灵，在关节腔的骨缝打开中自然体现出其中的弹性，就如同汽车的减震设施，表现出既稳固又灵活的弹性特征。

完整:步型是整个机体造型的一个部分，虽然是重要的组成部分，但绝对不是独立的、脱离整体的另一个部分。因此，步型就是完整机体的一部分，只是此时该部位所体现出的功能可以具有自己的个性。

松紧：有了松紧才有了变化与节奏，作为步型对技法的支撑，应该是处于动态平衡中体现出来的功能，因此，把握其中松紧转换的规律对技法与劲力的支撑，才能将松紧的价值表现在实处。

阴阳：步型的阴阳讲的是对重心位置摆放的把控，步型把承受重心的下肢称之为阳，不承受重心的下肢称之为阴;两只脚都承担重心称之为双重，一只脚支撑重心称之为单重。

（3）步型、步法的衔接与转换

合频衔接与转换是步型、步法训练的关键所在。能将各类型的步型与步法，在技法中得心应手地运用出来，除了平时刻苦训练外，还要将各种步型、步法进行科学的衔接与转换等方面的训练。这种衔接与转换，可以使习练者自身具备的功力发挥到最大极限。拳谚云：稳固根基，充实内气。步型、步法衔接与转换的要旨就是顺劲、顺势，灵活多变，攻中有防，防中有攻，攻防兼备。

将步型、步法的衔接与转换进行优化组合，这些能力的体现是每一个习练者在长时间的刻苦训练中和实战中慢慢摸索出来的。只要是顺劲、顺势，流畅不滞，发力迅捷的表现即可，如此才能更适应实战中的技击表现，体现出高质量的衔接转换组合。

步型、步法是技法表现中非常重要的一个组成部分，将步型、步法衔接与转换进行科学的优化组合，就会使技法产生出更强的实用性。

但是，任何一种技法的“实用性”，都不会从天而降或是凭空获得，只能是在平时认真刻苦的训练中获取。

5. 守网中的预备式步型练习

（1）预备式将网撑开进行步型的单转换练习，内容如下：预备式转弓步；预备式转马步；预备式转仆步；预备式转虚步；预备式转歇步；预备式转独立步。

（2）在步法的步型单转换练习的基础上，撑开网结合步法节奏动态中的预备式，训练内容如下：步法运行中预备式转弓步；步法运行中预备式转马步；步法运行中预备式转仆步；步法运行中预备式转虚步；步法运行中预备式转歇步；步法运行中预备式转独立步。

（3）撑开网结合步法的节奏，展开各类步型进行复合转型练习，内容如下：步法动态中的预备式；预备式转弓步再转……预备式转马步再转……预备式转仆步再转……预备式转虚步再转……预备式转歇步再转……预备式转独立步再转……

基础的综合训练：守网中无规律的随意转变步型并结合身法变化的练习。

第三节　体系支撑的基础训练

技击对抗的任何一个瞬间都是彼此以功力与技法博弈的全面展现，二者缺一不可，二者的关系如同太极的阴阳两个组成部分。对抗中的表现，只有“功”而缺“法”则憨，那就是蛮干;只有“法”而无“功”则花,那是在表演。技击对抗的表现,无论是“蛮”干，还是表“演”，在现实中如果面对擂台上真正有实力的对手，彼此之间的对抗基本上是不能维持下去的。“功”与“法”二者在对抗中不可有缺，只是在实际的对抗中技击对二者的需要随不同势态而呈现出权重的细微差别，也会因此导致技击的表现形式上有相应的变化。如同太极图中的任何一条直径都是由阴阳两部分组成的一样，区别就在于直径位置的不同而出现的黑白比例不同的区别。

训练技术构架要达到的基本要求就是需要实现，对抗中技击者技法能够返本能的应用体现。表现在技击者在对抗中能尽情自然地按照要求发挥出经纬技术构架的技法，技法的展现都围绕着如何实现技击目标与收获技击效果而进行的互动中运行，技击者不能被运行中的技法本身所束缚，更不能被所谓的某感觉所绑架，需要展现解脱被欲望驾驭的自己。因此，我们必须在实战中清晰并理解，此间为实现技击目标与引导势态走向的各因素之间的主次关系。

一、基础技法的运行

时间轴与空间轴表现在身法、步型与步法的运行中都会有各自的具体要求。当高质量的技法在运行时，动作表现则会同步对时空二轴提出相应的要求。在训练中就应该将这些要求具象化并将其落到实处，以达到技法中动作运行的身法、步型与步法表现在时间轴与空间轴上的高度融合。

然而，就技法本身而言，这不仅仅体现在动作运行时需要步型与步法的支撑，这种支撑仅仅是技法施展的基础。传统武术的技法内容主要由手法、腿法、固法与跤法等各类技击方法共同组成。

手法：由正面发力、侧面发力、抓把、开合牵送转等基本内容共同组成；

腿法：由正面发力、侧面发力、配合手法缠绞固把等基本内容共同组成；

固法：由位置处在静态中各关节固法、位置处在动态中各关节固法、位置处在动态中多关节固法、条件实战中单关节固法、条件实战中多关节固法、基本实战中多关节固法、综合运用等基本内容共同组成；

跤法：由滚翻练习、平衡素质的基础功练习、摔跤把位练习、用把摔法练习、条件实战、实战等基本内容共同组成。

附：以下是拳与掌两个手型在发力时容易出现差错之处，在此附加说明。

关于出拳的基本手型：

从击打部位被击触点的施力与被施力位角度来分析一下拳的手形。拳的基本形态变化是从松握开始，以便于力量传递，做到：打开部位各关节骨缝；腕绷直与食指拳峰保持处在相对的直线中，手指卷曲微触掌心，指梢朝后与指根朝前形成对峙；松握拳，在崩弹击打时以小指往上的各手指中节先接触被击打点的目标，在触及目标的崩弹中会形成回压指梢节之力，以增强与之对峙指根节向前冲压的弹压力感，并由此形成拳峰更强大的向前冲击力。在拳峰触及目标时力到的关节缝皆会被挤压缩，形成冲击力的加速度，过程中提供了很好地完成触及目标的“贴”与“透”条件，并体现出应有的击打效果。

当力量达到最大化时，在六面劲的平台上就会自然形成骨缝的自然恢复，在击打时劲路中的骨缝朝着目标运行与击打结束时骨缝朝起始状恢复的开合之间，就会自然形成出拳击打的弹性表现形式。

在此过程中出拳的正确握法，会使得拳的表现在触及目标的瞬间形成被迫的自然握紧，而其他任何的常态时间都处于松而不散的整体状态。

关于推掌的要领：

从劲路的角度来阐述击掌时的基本原理：力自丹田起，此力助掌型，紧逼短马蹬，按实方用劲，掌宜朝上起，用在小天星。

二、动作功架的表述

技击对抗中的动作不能为了成型而起架，需表达出技击含义、功力与衔接为起架的三要素，并由此而展开所需功架。动作运行只有赋予了灵魂才能呈现出动作的三要素，起架就在包括动作运行与成型的过程中来完成，因此技法的表现也就是若干个动作按照先后顺序进行的一系列由起架组成的运行过程。如果技击运行中的动作表现并不具备三要素的要求，那么就要考虑该用“对”或“错”的概念来衡量其技法的运行了；技法运行只要是具备了动作起架的三要素，动作的技击运用就只能用“合适”与“不合适”技法要求的概念来衡量其表述的质量，衡量的标准就不再是对与错。

三、劲力节奏训练

劲力是传统武术技击的重要内容，劲力的强大与劲力的运用都是训练中的重要内容。传统武术崇尚筋骨劲力的产生，它与纯肌肉产生的力量就原理而言，有着根本的区别。筋骨劲力的展现有着自己的特征，要在瞬间按照技法的要求产生崩弹劲力，就牵涉到与机体这个平台进行更深层次的默契问题，尤其是动态中的表现，于是就有了劲力运行节奏的合频问题。合频问题处理得恰当就会有助于劲力的发放，处理得不妥就会有碍于劲力的正常发放，由此支撑的技法表现就会受到较大影响。

下面就劲力的节奏训练的步骤与内容罗列如下：

（1）浑圆桩功的撑拔中体会机体的基础节奏；

（2）功架中机体基础节奏与呼吸的合频练习；

（3）功架中四象位各关节腔劲路、功力与各位置配合的练习；

（4）丹田震颤与力点挂力共同合频于呼吸的练习；

（5）丹田、呼吸与力点发放运行的合频练习；

（6）原地结合动作组合的丹田、呼吸与力点单击或连击运行的合频练习；

（7）行进间动作组合中体现丹田、呼吸与力点单击或连击运行的合频练习。

四、基础技法的表现

基础技法是指在构成技击对抗不同形态的表现方式中，通过局部的某种功能来体现支撑技击对抗，这类可支撑对抗的某种技法就统称为基础技法。各人的认知不同、理解不同、训练状况不同、功力底蕴不同、技术构架不同、技术目的不同，组成的基础技法也就不会完全一致。为了增加基础技法的支撑效果，需要单独将基础技法拿出来进行具有针对性的独立训练，以有目的地在技击对抗中使某些功能得到有序的提高。只要是技击对抗中需要而习练者又欠缺，或者相对自己的对手显得比较弱的内容，都可以有意识地将其拿出来成为基础技法，设定训练目标，成为针对性训练的内容，需要设置特定的环境进行有针对性的单独操练。

传统武术技击的单操练习，通常指单操技法的控制练习：

控制是一种思想，表现在技术构架上就是一个运行体系，它完整且面广。如果从整体入手就会感觉控制所能涉及的范围既广且大，会使人茫然而不知所措；如果从某单个技法入手会感觉到具象的技法体现出游离于整个体系，呈现出挂单的特点而不能归整的状态。要保证不出现上述这类错误，我们就需要透过现象看到事物的本质，并抓住事物的主要矛盾去解决问题，因此，从一对一对矛盾的研究出发，这样既不脱整也不落单，便能很好地处理这个问题。

1.单操控制的基本功训练

（1）构建整体布网的网络框架，在网的平台上完成不同形式的锉钩练习；

（2）建立在整体的基础上，练习开与合的控制能力训练；

（3）建立在整体的基础上，练习牵与送的控制能力训练；

（4）建立在整体的基础上，练习开合牵送控制综合应用的能力训练；

（5）综合网斗的训练。训练中需要注意：单控技法的争斗尽可能深入下去，并争取取得控制效果；如果失控则必须进行相应的技法转换，这个“转”要清楚什么时候转，转为什么控制技法，或转到什么位置。

2.单操控制的基本技法训练

单操技法的具体训练内容，大体可包括入门时的接手练习、三才钩（TGF钩）练习、抓把位练习、开合牵送转针对性练习、纠缠中的撬动练习。

（1）单操从接手开始

“接手”是对抗中第一环节入门时触网位首先要解决的问题，否则入门时对两个感知的获取习练者必定会不知所措。其实，只要是技击运动，尤其是空间轴为主轴的技击形式，都存在如何面对这个入网接触的问题，即“接手”问题。

“接手”就是第一环节切入时对抗双方开始产生入门触网时的控制，从对峙状态进入双方接触的对抗状态，所产生的彼此接触。从表现形式上来看，凡与对方交手开始并产生接触时，触及对方的第一触点（可以是手、脚、肘等的运行产生）、第一招或第一次打击双方所产生的触碰现象都可称之为“接手”。

任何种类的技击项目都应重视“接手”这个问题，因为第一环节接手的状态直接影响到后面环节的展开，事实表明接手对全局的势态走向会产生重要影响。当“接手”得机得势就能够重挫对手的锐气，并在心理上给予对方震慑。

传统武术技击处理这类问题的原则，要求用控制与反控制的思想进行思考，任何能够使对手被控制的因素都会成为技击思考的内容。在具体的表现中，只是介于当时势态技法所能表现与《竞赛规则》允许的范围，进行如何选择与确定具体动作的实施，按照控制的要求接手，或采用封堵对手运行线路迫使对手动作不能完成有效的发力，或主动进攻抢占先机。

首先，双方对抗表现在接手上的驾驭方法就是“网”的功能体现。在完整布网的基础上，对手从任何距离与角度进行的进攻只能落在“我”所布的网上，所布之网要做到疏而不漏。

其次，根据技法的三动原理，并结合对手力点所落的位置进行相应的控制运行，以达到防止对手的进攻力点产生威胁与效果，同时又能控制住对手待动的运行轨迹。

再次，结合自己的战术需要对技法使用的时空需求，创造自己技法能被施展出来的有利条件，为后面环节的技法展开奠定基础。

入门接手可以先采取定点的训练，当达到一定水平后再进行多点接手的练习。训练时注意动作技法由简到繁、速度由慢渐快、力量由小到大、先静态再动态。心理承受也要逐步加大压力，经过规范严谨的反复练习，培育出必须具备的接手的手感与功力，做到心不惧、眼不眨、手缠身进的技术要求，表现出主动性接手的技法，建立在熟能生巧的基础上。习练者通过训练，让机体针对接手建立起基本的本能应急机制。

（2）三才钩（TGF 钩）的训练与应用

形态：由双臂共同组成不同类型的镰刀形组合臂型，如钩内臂、钩外臂、钩里臂、钩里圈等共同组成。

三才钩（TGF 钩）示意图如下［图 4-3-1（1）、（2）、（3）、（4）、（5）、（6）、（7）］

图 4-3-1（1）

图 4-3-1（2）

图 4-3-1（3）

图 4-3-1（4）

图 4-3-1（5）

图 4-3-1（6）

图 4-3-1（7）

两臂在形态结构上、意念中、用力方面，只要根据技击势态的需求做到彼此相互成角就可成为所需之钧。

功能：据此钩形态与表现出来的功力去改变对手动作的空间结构。做到保持自己网的稳固，同时又能够确保自己的经纬技术构架得以顺畅体现的基本手型，是空间轴驾驭运行的重要手法。

在技击中钩所参与的纠缠中会表现出击、钩、拨、缕、抓、牵、托、挑、缠、压、顶、推、架等动作功能。

运用：在彼此接触的纠缠中通过三才钩的功能诠释，去改变对手动作中空间构架的效果，以达到控制与反控制对手的动作结构，以此来产生自己所需的技击空间。这是理想获取空间效果的典型方式与方法。

三才钩的价值体现，需要更充分地运用到上肢各部分的结构中，并全面发挥出肘、手、臂、腕等部位的功能。通过两臂的组合形成新的结构，以产生更多技击所需的功能，使得组合后的手臂既具有单臂的灵活性，同时又具备双臂的浑厚性，在两臂的有机配合下产生出更强大的驾驭空间主动权的功力，并从中收获新结构带来的价值，同时又保持了原有手臂的功能。

为了加大技击运行的主控性，可根据技击的势态需要进行三才钩相应的形变与再组合，以达到随势而就地形成三才钩更具实用效果的形态结构。

训练：钩的训练主要体现在功力的稳固性与技击运行的功能表现上，训练的目标就是为了达到三才钩在功力与功能这两个方面能力的提升。

对抗中三才钩（TGF 钩）的几种形式：

不同的入门会形成对抗中双方不同的构架空间，例如：左右互争的内外交叉位置，决定了彼此的若干种接触角度与运行结构，加上双方两臂上下垂直的可变位接触，共同形成了彼此更多的结构空间。

通常双方钩的正常触碰位都应该建立在彼此的肘关节之前，从控打的角度来看，被控位到了大臂时基本上处于失中位置，也就是说有可能出现被动的失势位，因为该位已很难防守对手的短距离发力（轨迹），同时又难以控制对手的固把位，所以容易身处劣势。一旦出现该现象就应立即处理，否则后果难以预测。但如果是锁控，则仍然有其存在的价值。

在具体运用时搭钩应具备基本的弓力，否则所运行的三才钩则在纠缠中易松散，因此会影响到开合牵送转的控制力，即便运行也不易展现出正面效果，所以在彼此搭手上钩时，需要同步随形就势地将钩应有的功能体现出来，这就是内外相合一致的表现。

第一步，一方用内力运行开合牵送转，由慢开始，在保持不断劲的基础上完成动作，每完成一个动作通过圆形的转折回到原位，防守的陪练方只做相应的弹力反应，保持在自然中完成反应，并做好守网不丢中的防守要求即可。同时都可体会开与合、牵与送的来回用力模式。练习时可更换不同角度进行，且攻防互换。

第二步，开转送、送转开、合转牵、牵转合……任意转换该位置的动作。要求如上。

第三步，在第一、二步的基础上做入门切入的转换，关键是触位角度与彼此重心的移动把握，用力要整。要求同上。

第四步，双方攻防不限的钩比拼，包括技法比拼与功力比拼。要求同上。

第五步，从无效距离的对峙开始逐步过渡到自由对抗阶段。该阶段要求做到用钩不见钩，钩可在瞬间展现与转变。要求做到上钩就会产生效果，并同步运用钩所产生的效果，去完成开合牵送转等技法，据此再去强制摄取第二个追求目标，即“轨迹与把位”，并深入下去收获技击效果，进行此回合的运行。

后面的对抗只不过是以不同的状态（思维状态、身体状态、心理状态及入门状态……）去重复回合的过程而已。

（3）抓把位练习

传统武术技击以控制与反控制思想为核心，进行经纬技法的构架，技法展现对“控把”有着较为严格的要求，因此，控制把位的抓拿基础就是支撑该技法施展的保障，缺失了控把的技术构架并不完整。控把练习是使习练者具备传统武术技法使用的基本功力。

下面就抓把训练的内容与要求罗列如下：

首先，结合适度的功法训练，旨在使得指与腕的经络畅通、内气充沛，这是提高抓把能力的机体内部保障。

其次，进行相关指与腕的针对性功力训练，如手指俯卧撑、抓拿重物、手腕屈伸等内容的练习，目的在于完成相应的功力储备，以支撑对抗中顺利完成抓拿“袖位、胸襟位、关节限制、易位要害部位”等控把技法施展的需要。

再次，动态中易位点的抓拿与处理。进行动态中抓住弹力球、甩拉橡皮条、抖链的练习；还可以做抛接不同重量等级沙袋的训练，并要求习练者将沙袋从不同的高度与角度抛到不同距离的指定位置上等相关内容的练习。通过这类动态功力的练习，旨在提升缠斗技法中对把位获取的能力，以及为用把奠定相应基础，目的在服务于技法的全面展开。

最后，结合相关技法进行具有针对性的控把训练，并通过控把的功力来支撑控把的技术表现水平；还可以通过在技法中的运行完成针对控制在功力方面的量化检查。

（4）关于“开、合、牵、送、转”等手法的针对性练习

开、合、牵、送、转是传统武术的基础手法，是完成传统武术技击对抗技法施展的支撑，这些基础的手法总是以不同的形式融入各类技法当中去，成为需要表达技法体系的有机部分，有着润物细无声的表现特点。

首先，针对基础手法中劲力运行的理解。我们要将这些基础手法的劲力特征理解到位，才会有相应技法的表现，因此，我们有必要进行针对性的“盘四象”训练，以增加“四象”位各关节腔形成符合技法用力的支撑能力。这里所指的“盘”是动词，作“盘练”解释，包括两方面的内容要求：盘活与盘强。训练的目的是通过四象位关节腔的缩胀功能的增强，以全面实现技法功架运行的用力支撑。否则，即便有了技法中动作的形态表现，却会因为所展示的动作功架失去了与之相应的功力支撑，功架的技击含义而得不到恰当的诠释，那么，这些脱离了功力支撑所展现出的技法运行，即便是技法设计“巧夺天工”，统统都只能归属于花拳绣腿的作秀范畴，这样的作秀手法在实战中的“有”还不如“没有”来得更为实际。

技法中的手法是建立在浑圆一体基础上的运行，其中“开、合、牵、送、转”的任何一种手法都不是孤立的、单纯的手臂活动。手法的劲力建立在机体浑圆一体的基础上，并来源于丹田的运转，因此，手法的一举一动都是整体的劲力表现、内外相合的统一。

其次，针对基本手法功力增长的训练。我们要理解技法并将其表达出来的最重要的途径，就是形成一套与之相适应的训练方式。我们可以通过以下的训练来进行手法功力的提高。

①原地预备式进行开、合、牵、送、转各手法的劲力梳理，训练的过程中逐步让习练者找到动作力点，不丢整体劲的力感，建立在这个基础上逐步使各个手法运行时，能够按照规范与丹田建立起挂上力的劲路感觉，并通过不断地训练强化，以加强这种挂力感觉。

②行进间按照顺序与节奏完成开、合、牵、送、转的各种手法，在运行中强调习练者不能丢掉整体运行的丹田挂力，并进行双手与单手相关手法的相应练习。

③行进间守住节奏，可以随机进行双手与单手并不要求按照顺序，去完成开、合、牵、送、转的各种随机手法的练习。在运行中强调习练者不能丢掉整体为前提的丹田挂力，并进行相应发力练习。

再次，针对功力的运用训练。这是将开、合、牵、送、转各种手法，融入技法当中

为目标的训练内容，我们可以通过以下的方式来进行手法技能的训练。

①崩弹贴把后的手法训练。要求在一次发力的动作中完成各种手法动作，如前手正面击打接前手开的手法练习。切莫把正面发力与开的身法看成是由两个动作组成的小组合，其实就是一个完整的崩弹动作，只是这个崩弹动作具有开、合、牵、送、转等各种的功能表现而已。

②手法后的衔接练习。要求完成开、合、牵、送、转等各种手法时，自然衔接机体不同部位的发力动作，但要求在丹田的一次发力中完成衔接。例如：前手的一次崩弹动作，完成正面击打瞬接前手开的手法时，再衔接后手的发力动作，或正面或侧面或肩或肘；并在随机中运行出衔接，可以表现在机体四肢的任何一个击点上。

③结合完整的某技法组合进行相应的练习。先进行相对固定的组合练习，并从中体现出上述技法的表现；当具备一定的基础后就可以进行单独的自由的组合练习；再通过陪练的信号与要求进行随势态而变的技法表现练习。

（5）肢体缠斗中的撬动练习

撬动练习是指双方缠斗时肢体进入相互控制的活动，表现在为了在纠缠中得到空间控制的效果，运用在纠缠中的肢体可采用杠杆撬动的运动特征，目的是通过肢体去创造出所需空间，或以撬动来破坏对手的空间结构，以达到驾驭彼此网的实际效果。撬动技法的展开往往结合“开、合、牵、送、转”等各种手法共同展开，训练一般通过以下方式进行：

首先，撬动的落位。对抗双方的接触，在确定技法使用目标后，通过内、外、前、后、上、下、交叉等不同位置的手法，需明确落位的具体部位，在落位点产生的同时，同步表现出落实在落位区域产生控制效果的用力方式。

其次，落位肢体的主辅配合。落位点明确后，用力方式落实后，那么，就是通过肢体的主辅配合及身法的协调，去完成为产生动作效果而形成的撬动构架，形成一个浑然一体的用力结构。

再次，撬动发力改变空间结构。在合理实用的杠杆撬动结果中，如果没有力量去作用显然是不能显现出实用价值的，因此，建立在构架中需要将对抗双方的触位关系处理好，表现在整体力的基础上进行支撑点、力臂、力矩等方面的合理运用，再将其与丹田挂上力的发力瞬间，按照技法的要求将其功能体现出来。

最后，撬动后的技法衔接。技法的使用不能脱离经纬技术构架的进行而开展，因此，顺着经纬技法的指引，发力后的技法进行与动作衔接就不会脱离轨迹。

例如：针对对手的缠抱，可根据落位在身体的不同部，进行位置不同角度的切入，寻求支点以达到撬动对手肢体上的某关节，使该关节出现活动以外的幅度，以呈现出被控制状态。撬动在技术上要求具备固住支点，并得以顺利运用整力的用力前提。如对手抱下肢、肩下躯干、颈部，都可针对对手缠抱的某条上肢的肩、肘、腕关节进行撬动。

对手缠抱在什么位置与是否处于封闭缠抱状态，以及“我”切入时的角度是内外上下等，这些对撬动的运行都有着密切的关联。

（6）单操局部功力训练

这些内容需要针对性地进行训练，通过对腕关节、掌推、掌切、拳击打、腿击打等部位基础功力的单独训练，提高其功能。提高这些功能可以非常有力度地支持需要施展相应的技法，并一定程度地扩展相应技法的使用程度。

（7）单操抗击打练习

这是配合传统武术经纬技术构架使用的基础，通过机体局部的抗击打、整体的抗击打、守静网的抗击打、守动网的抗击打、结合技法运行时抗击打的练习，使得机体的质量得到提升，建立在这个平台上，机体的技法使用会根据机体抗击打能力的提高而显得更为顺畅，对技击者心理素质的提高起到了较大的帮助。

（8）搭手训练

这是练习双方采用三才钩进行不同位置摆放为前提的搭手形式。通过双方相对位置的互动形式，进行具有针对性的撑伸骨缝、搭手撑伸、撑伸转位的训练，同时需要配合相应的推桩练习与撞桩练习。在双方的搭手中，机体筋骨内力与外力的共同作用，旨在淬炼机体各关节腔与骨缝的撑拔质量。

（9）盘手练习

该盘手的技法练习，是建立在搭手的基础上，所进行的以守网为基础、破网为前提的技法运行。技法运行中以开、合、牵、送、转等为基础手法，进行彼此间肢体纠缠中相生相克的技法运行，具有保持不少于一个触位点的形式特点，是经纬技术构架中经线内两个目标实现的具体训练。

训练中要正确理解“一切都在松紧与松紧转换之间”的道理，但这只是技术的核心，并不是训练目的本身，这只是达到训练目的的重要手段而已。

综上所述，经纬技术构架通过上述体系支撑的基础训练后，可以支持相应技法规范地朝着希望的目标发展，使得习练者在对抗中使用经纬技法更自信。

只有夯实基础支撑，才能使技法的运行得到更完美的表现。同样的技法在更强的基础支撑中就会有更佳的表现，表现出技法运行“力点清晰、效果明显、驾驭能力强”等良性势态，技法在三个环节中的运行也就奠定了有序的基础。

第四节　体系的基本技法分析

这是传统武术技击在实战对抗中有关技法得以体现的基本功训练。要使经纬技术构架在技击对抗中得以施展顺畅，不仅需要对相关的基本支撑进行深入的训练，而且就技术构架本身而言，同样是需要针对性训练的重要内容，这是由技法自身的重要性所决定的，其表现在技击对抗中的价值体现是不言而喻的。

一、基本功部分

从经纬技术构架的实施来看，构建起一套分布在动作功架上的技击网络是经纬技术构架价值体现的起步，它的质量直接关系到技击对抗的表现质量。就技法运用的角度而言，把技击网络作为基本功来训练是再恰当不过的事情了。

基本功部分的训练内容包括成网与用网。

（一）成网

1. 成网包括组网、固网两个部分

（1）组网：机体各关键的单点设立为原点，由原点的连接组成线，由不同的线形成机体各区域的面，再由各区域多点组合的面共同形成技击所需具有相应功能的防护面，再由不同的面共同建立起环绕机体的具有防护功能的网络整体。

（2）固网：要使网络能在实际的对抗中发挥作用，所布之网组成的网络质量就成为重要约束，固网的训练任务就是将网络稳固作为目标。固网的训练内容由网的完整、网点上的抗击打、网的部分与整体的冲击、经纬构架的功能体现等共同组成。

2. 网的基本结构

以左右七星点位（腕、臂、肘、肩、胯、膝、足七个点位）为基本元素（图 4–4–1），按照传统武术技击的预备式框架为基础形态，构成的一个由两腕连线为基线与地面的垂直面为网的前置面；同侧上下点位相合，分别由左右同侧的手与足、肘与膝、肩与胯共同组成左右两个曲状侧面；前置面内与两臂内侧的左右面空间共同形成网内区域，网内包括人体的中线；七星点位就落在组成前置与左右侧面的肢体关键点上，网面以外的空间区域称为网外。网包裹着整个机体，构架中网上的任何一个点位都不是孤立存在的，它们相互依存。网点处在固定不变的位置，随着动作变化中七星位的运行，必然导致网络的形态也随之变化，并在运行中形成一套完整的具有相应功能的动态网络（图 4-4-2）。

图 4-4-1　七星图

图 4-4-2　布网图

3. 网的基本功能

网上的左右七星位共同构成结构缜密的网络，七星各个点位相互支撑，形成一个具有疏而不漏特征的完整的技击运行的防护体系。防护体系能合理有效地为施展的功力与技法提供全面展示的平台，建立在此防护体系的基础上，将机体的各种功能按照技击需求进行相应的整合，使经纬构架体系的功能因为融入网中而得到最大程度的诠释。

4. 布网训练

“守中顾侧，上下一体”是对所布之网的运行提出的基本要求。训练布网的目的就在于提升网的质量与运行能力，是支撑技法施展的重要基础。布网的训练内容由成形、练形、承受、步行、不变几个部分共同组成。

（1）成形

动作功架中的“网”是传统武术关于技击运行的重要基础内容，技击动作的展开基本上都建立在动作构架的网上，并以此为基础进行博弈。当布网成形之后，首先要将动作形态之网有目的地表现在技击运行的各类型动作的功能之中，其次是通过训练逐步将网的功能在技击运行中自然地体现出来。

下面就训练的基本方向与步骤提出一些建议，以做参考。

①从预备式开始按照网的基本结构将左右七星点位准确地布置下去；

②形成各点位的意识，并使之形成完整的网，使得意识在网上的各个点位相互关联而不落单；

③建立在桩功基础上的整体力感，通过身体内视的意识将所布之网体现出来；

④将各点位的用力劲路全面疏通，形成与形态之网相应的劲路网络。

通过上述形式的训练，使动作成为一个集点位、意识网、整力、劲路为一体的完整技击操作平台。

（2）练形

练形的目的在于提高动作中网络的质量，使建立在动作平台上的网的各方面功能得到全面提升，且在受到外力冲击时也不至于会丧失应有的功能，进而使经纬技法应有的技击功能得以正常体现。

下面就训练的基本方向与步骤提出一些建议，以做参考。

受训者从预备式开始，承受陪练从左侧、右侧、正中(或从中门、大侧门、小侧门)，上盘、中盘、下盘等不同距离与角度发起的有条件进攻，以此法所进行的训练。

①采用规定动作对动作网上的各个单点位，进行有规律的轻击、推送、牵拉；

②采用规定动作对动作网上的多个点位，进行有规律的轻击、推送、牵拉；

③采用规定动作对动作网上的多个点位，进行无规律的轻击、推送、牵拉；

④采用不规定动作对动作网上的多个点位，进行无规律的轻击、推送、牵拉。

训练时陪练可采取单人与双人、徒手与用器械进行轻击、推送、牵拉等施力。要求受训者在布动作网的形上始终保持功能展示的全面与完整，并在形式上要求不拘谨，做到疏而不漏。

练形中动作在布网时要求做到完整与不落空白，并且要等到各点位的劲力都已显露时才能进行下一步练习，体现出训练的有条不紊与先后有序。

在练形的初始，陪练不宜用大力进行猛烈的进攻，以免受训者的动作出现变形，陪练施力应该遵循先徒手再器械、先局部再整体、先有序再随机的训练过程。训练可从徒手轻拍开始逐步过渡到器械，可以采用针对传统武术技击而定制的器械进行训练，如保龄球形珍珠棒、阴阳手靶、蘑菇形脚靶、鹅冠露指拳套等。

（3）承受

动作功架在经过形态训练后，就应该过渡到动作对速度与力量的承受等方面的内容训练，旨在提高技击动作在实战对抗中的应变能力、每个部位对冲击力与击打力的承受能力、机体的调整能力等方面的体现水平。

训练的基本要求是确保在对抗中做到：网不破，形不变。在此基础上的对动作施力进攻的力量表现为：由小到大；由慢到快；从有节奏到无节奏。

下面就训练的基本方向与步骤提出一些建议，以做参考。

①采用一击施力的训练，可体现在网络上固定某一个点位与任意一个点位；

②采用二击施力的训练，可体现在网络上固定某两个点位与任意两个点位；

③采用三击施力的训练，可体现在网络上固定某三个点位与任意三个点位；

④采用速度节奏随意击的施力训练，可体现在自由发挥的任意网络的点位上；

⑤采用确保基本要求的守网承受训练，陪练可进行用把位与不用把位相结合的方式，使用开、合、牵、送等推撕拉扯的方式用力，形成对网络训练点上的冲击，以训练受训者在把位被控制的受力中保持动作网的完整。

受训者必须穿着传统武术指定的训练服训练，以确保把位正确与用力准确，此练习的陪练以徒手为主。

采用器械为保龄球形珍珠棒、鹅冠露指拳套、传统武术易位护具、阴阳靶等。

（4）步行

步行的训练是指针对提高步法运行质量的练习，也是保证网的功能为前提所进行的步法练习。在上述动作基础上，主要是以原地与身法上的变化来进行相应的功能训练。仅以此静态中的功能体现来作为实战的需求，是远远不够的，我们还应该将此功能自然地表现在动态之中，这样的形式才能更接近实战表现的实际需求。

下面就训练的基本方向与步骤提出一些建议，以做参考。

①通过受训者向前上步时，有针对性地让其完成动作网承受外力的练习；

②通过受训者向后退步时，有针对性地完成动作网承受外力的练习；

③通过受训者向两侧上步时，有针对性地完成动作网承受外力的练习；

④通过受训者旋转或调角度时，有针对性地完成动作网承受外力的练习；

⑤通过受训者在自由随机已动时，随机完成动作网承受外力的练习。

训练时，陪练要注意站位、移动与动作的速度和节奏；而受训者则要尽可能快地适应陪练动作带来的训练节奏、力量冲击、速度变化与相应的控制变化。

（5）不变

指受训者的动作网在经受任何状态中外来的动作冲击时，始终保持动作在静态或者动态中都不发生功能减弱的训练。在陪练的施力或影响下，受训者要做到心中有网，触碰处有网，疏而不漏，从守网见网，再到脱掉网的约束，看似无网约束却无处不网。确保动作在静定动行中时刻做到无处不网的升华，此时的网已经成为整网、隐网、下意识的网，虽然在某一瞬间表现出来的仅仅是在运用网的某个方面的功能，但却是这个网的共同协作的表现，显然不是局部网所能及的。

训练在布网中的要求：守中、封侧、兼顾上下，全身各点相互呼应；突出用中、回中，判断与体现三动原理。

下面就训练的基本方向与步骤提出一些建议，以做参考。

①陪练从有序到无序、单动到多动、慢速到快速、小力到大力、无把到有把，逐步过渡到全方位的无序进攻，受训者始终保持网的结构完整与功能健全。

②建立在布网的基础上，受训者全面判断对手动作的三动表现，通过练习逐步适应这种对对手动作三动的认知习惯，并从中感知陪练动作运行中三动变化的内在规律，包括三动的击打类与控把类动作对受训者动作网的变化冲击。

（二）用网

1. 建立在“守中顾侧，上下一体”基础上的用网，主要包括守网、破网与补网三个部分的内容

（1）守网：对抗中技击者有意识地坚守在网斗的纠缠中，始终保持网络功能不受对手破坏的行为表现。

（2）破网：对抗的斗网中，技击者将对手的网络空间破坏，进而导致其网络功能受损。

（3）补网：对抗的斗网中网络被破或功能受到影响时，技击者能有意识地进行网络结构修补与功能恢复的行为。

用网训练的原则主要在对抗中体现出：先解脱对手的主控为运行的开始，防对手的待动完成运行的启动，有意识地牵制对手的源动与控制对手的待动；训练中没有绝对的主控与辅控之分，根据势态的需要有时主控与辅控是可相互转换的，当不能明确时可自己根据实际情况来确定，以此逐渐积累用网的实践经验。

网斗中通过“三开”劲力运用入手，以达到破坏对手的动作功架的网络空间结构，即训练“拨开、撞开、牵开”的用劲模式，技法在结合“开、合、牵、送、转”中运行，过程中需要始终保持劲路的畅通。

在传统武术技法的动作功力的支撑下，“三开”的表现中需要整劲运用的支持，使技法中的动作所具有的支撑功能得以综合体现。因此，在任何一种具体的网斗中，动作的控制都应该体现出这方面的内容。

通过相应的训练使得习练者在彼此共同构成的特定博弈空间中，展现所需技击内容。这个空间内的技法表现，在运行的破网纠缠中就能以“三开”为突破口，具体的技法表现形式是：冠状面上的左、右、上、下皆为拨；由我及彼的矢状面为撞；由彼及我的矢状面为牵。

三开技法的运行表现不允许影响到机体松沉的基本要求，因为松沉是对机体的整体用力平台的要求。三开技法要服从于松沉的规范，彼此属于从属关系，而不是并列关系。就技击中的协调一致而言，并不允许机体上有任何矛盾与冲突存在，否则技法的使用就会进入僵局之中，而无法保持正常运行。

具体动作的表现中，“三开”分别以影响已动、源动、待动的“三动”来产生控制效果，在影响动作结构的过程中以综合的复合式的限制方式，来产生相应的控制效果。所以“三开”中的三种用力，在具体技法的运行中都是以综合用劲来体现其特点的。

2. 守网的基本要求

我们所谈的守网不能够仅仅是将网定位在一个标准预备式状态中的动作网，而应该把它理解成是一个广义的网。

从对抗势态的动作要求来看，凡是在技击运行中的动作表现都应具有网的功能存在，并且其功能不会因为动作的动静变化与形态改变而发生相应改变。网的功能是对所有动作恒定不变的要求。技击对抗中必定会产生动作的运行，也就很自然地会导致动作产生相应的时间进展与空间变化，动作结构上附着的网就会在动态运行中表现出形态的相应变化。在此过程中如何能将网的功能盘活并提高其功能展示的能力，是此阶段训练的重要内容。

从动作网的形态层面来看技击对抗，其实质就是技击双方的网在相互纠缠中的博弈过程。在这个纠缠过程中，凡是能够获得优势的一方就会表现出，坚持守住自己动作网的形态完整与功能齐全；而被动方因为失去了控制权，会导致自己的动作网被对手撕扯或破或裂，而被迫失去保持动作网在形态上的完整，同时还会丧失动作网必备的功能，因此陷入被动状态，表现出随时会有被对手在自己机体上产生技击效果的可能。

3. 守网训练的要求

守网是技击对抗中一直存在并始终要面对的问题，表现在双方博弈的各个对抗环节之中，在不同的环节之中又可通过不同的形态体现出来，可谓是形态万千。为了在守网训练中能够加以概括，我们通过对抗双方在攻防中产生的接触点来进行分类，并通过触点的排列特征寻找出其中的运行规律，以帮助习练者在技击中提高守网成效，并可在其中寻求出提高运行效率的训练途径。

（1）几种前提条件下所建立的不同排位形式：没有触点（守网与固网）的排位；一个触点（是否有切入的已动击点）的排位；两个触点（主控点与辅控点）的排位；两个以上触点（固把与跤把）的排位。

（2）调配动作进行排位运行的基本原则是：先从解脱主控位开始，防止对手待动完成启动，达到牵制源动与控制待动运行的效果。

对抗双方在各自排位中进行针对性的博弈训练，训练的内容包括对排位的基本准则的理解；三动原理在相生相克中的具象表现；对抗中随势态而变的排位能力，以及使用排位的能力。

（3）条件实战

守网的训练可通过双方前手崩弹进攻的条件实战展开相应的起步练习，在练习时掌握基本动作功架的重心运行,并驾驭把控彼此动作运行中前部分的“弹”与后部分的“透”，以及之间衔接的“旋”的表现形式及运用技巧。

一个完整的崩弹动作由三个部分组成，即力点朝着目标而去、力点到达被击目标、从被击打目标回收。由这三个部分共同组成体现技法运行的表现形式，如何做好其中各个组成部分的文章就是训练中必须解决的问题。

在训练之初应该规范自己的机体要求，这也是建立在六面劲平台上三才劲运行的具体表现，表现在动作运行发力时的宽胸实腹中，体现出符合劲路合频节奏的要求。据此，可以自然体现出训练的任务与要求，动作训练表现在探试、防守、破网、调整等内容的逐个消化之中。

二、触点的排位与训练

技击双方在对抗中表现出的不同触位点的状态，会产生相应的不同排位形式，下面我们就各种点位的排位与训练要求进行相应阐述。

（一）没有触点

通常是通过守网与固网等方式用于没有触点的技击表现形式。在技击对抗中，通常在没有触点的状态下对抗双方多处在相互调整的阶段，这个阶段需要完成的任务是：调整好心态，做到心静、平和地运用动作去入境述相；调整好呼吸，做到深沉、自然、节奏完整；调整好架势，做到布网完整、劲力浑圆，让机体处在一个动态浑圆的状态。通过各方面的综合调整使机体进入一种最佳的战斗状态，只有介于此状态的机体才能更全面地诠释自己的技击思维网络，才具备收获最佳技击效果的前提。该状态对把握有用的时机与创造需要的空间储备了诸多有形与无形的元素，为不同的切入构建了获取优势的砝码。我们还需要明白的是，调整好这种状态不仅仅是切入的需要，后面的所有环节中都需要继续保持该状态，并且要做到不随技击环境的势态改变而丢失，要表现出在因势利导中得以持续与发挥。

在双方所处的对峙调节状态中，表现出通过步法来进行距离的控制，此时由于还没有开始第一环节的切入运行，也就不会产生入门时双方的接触，所以并不产生触点是此时的必然现象。此时的任务是调节好状态、理顺技击思维网络，并围绕着战术的使用来选择需要的时机，或创造时机而展开相应的工作。

针对该状态的训练主要体现在心态的调整、位置的调整与动作功架的调整方面。

1. 心态的调整

无论是开始或重新进入双方的对峙状态，关注当下之势，确保自己不受任何负面因素的影响是当下必须恪守的准则，要抛弃一切包袱做到全身心地投入。

心态的调整：通过调整呼吸让自己安静下来，心静放松，只关注技法构架的整体，其他一切具体的技术个体都不允许脱离这个状态而出现游离现象。

下面就训练的基本方向与步骤提出一些建议，以做参考。

（1）教练员应该在训练时选择时机，对受训者讲解心态调节的重要性，并传授调节心态的方式方法；

（2）多看实战比赛的资料视频，有针对性地看不同状态下优秀运动员在对峙阶段是如何调整心态的；

（3）引导受训者多看心态调节方面的书籍，正确理解“空”境中所蕴藏的哲理；

（4）鼓励受训者建立一套适合自己的调节方法，并不断地在实践活动中逐步完善自己的方法与固定自己的方式。

2. 位置的调整

通过步法的移动并配合身法的调整，让自己以最简洁的形式出现在需要出现的位置上。

下面就训练的基本方向与步骤提出一些建议，以做参考。

（1）单人步法移动练习，以熟练掌握移动动作的要领；

（2）设置前提条件的单人步法移动，要求习练者以最简洁并符合某特定技法要求来完成移动；

（3）双人步法移动练习，要求陪练做出相对固定的移动，受训者则根据陪练的固定移动来完成自己相应的移动任务；

（4）双人步法移动练习，要求陪练做无规则的随意移动，受训者则根据陪练的随意移动来完成自己相应的移动任务；

（5）双人步法移动练习，要求陪练不仅仅要做无规则的随意移动，还要有自己的移动任务，受训者则根据陪练的表现判断陪练完成的是什么任务，并做到抑制对手完成任务的移动，同时确保完成自己的移动任务。

3. 动作功架的调整

核心任务是确保技击运行处在机体的浑圆状态之中，表现在机体动作网上的任何点位都能处在机体浑圆之力的调动下自由运行，机体的其他部位在任何瞬间都不脱浑圆力感，以及确保机体处在任何一个位置的运行都是整力的具体位置的体现，而不是脱离整体的游离。

下面就训练的基本方向与步骤提出一些建议，以做参考。

（1）原地用意念关注动作网上的任意某个点的所在位，通过寻找点位以加强点位的空间感觉，并建立点位的浑圆力感；

（2）移动中用意念关注动作网上的任意某个点位，通过寻找点位来加强点位的空间感觉，并建立点位的浑圆力感；

（3）在移动中关注动作网上的某个点位，按需要完成相应的支撑与旋转，以完成网的相应功能，在完成动作网的功能中寻找到点位的空间感觉，并建立点位的浑圆力感；

（4）陪练在原地按照一定规律完成相应的进攻动作，受训者在步法移动中用动作网上相应的点位去完成相应的支撑与旋转，以表现出网的相应功能，在完成动作网的功能中寻找到点位的空间感觉，并建立点位的浑圆力感；

（5）陪练自由移动步法，按照一定规律发出进攻动作，受训者在步法移动中用动作网上相应的点位去支撑或旋转相应的动作进行防守，通过完成任务以体现出网的相应功能，在完成动作网的功能中寻找相应点位的空间感觉，并建立点位的浑圆力感；

（6）陪练自由移动步法中进行无规律随意的动作进攻，受训者在步法移动中用动作网上相应的点位进行所需的对抗训练，以完成网的相应功能，在完成动作网的功能中寻找到训练点位的空间感觉，并建立点位的浑圆力感。

（二）一个触点（是否有切入的已动击点）

由对峙状态进入切入的对抗状态，只有双方产生了实质性的入门接触，才有产生触点的前提。无论哪一方是主动方或被对方，产生一个触点的状态一般分为击打与固把两类形式。击打的触点可以体现在动作网上产生，也可以体现在入网后产生；入网后的触点表现可以体现在肢体上，也可以体现在中盘的躯干，或者上盘的头上。固把可以体现在袖位上，还可以体现在胸襟位上，以及局部的缠锁上，甚至是易位的要害把位上。

1. 击打类：网上；肢体上、躯干、头部

下面就训练的基本方向与步骤提出一些建议，以做参考。

（1）一个触点产生在网上

陪练为进攻方，受训者为防守方。

①受训者以标准的预备式在原地进入守网状态，陪练可自由调整距离与角度，以相对固定的动作与形式完成击打动作的进攻。要求受训者经受陪练采取单动与多动击打等不同种类的冲击，包括力量冲击、速度冲击、节奏变化冲击、点位变化冲击。在经受冲击时，受训者仍然保持动作网的完整性与动作浑圆力的整体性。

②受训者以标准的预备式在自由移动的状态进入守网，陪练可自由调整距离与角度，以不同动作与形式的击打动作自由进攻。要求受训者经受陪练单动与多动击打等不同种类的冲击，包括力量冲击、速度冲击、节奏变化冲击、点位变化冲击。在经受冲击时，受训者仍然保持动作网的完整性与动作浑圆力的整体性。

③受训者分别采用自己在实战中最常运用的动作为基本姿势，固定下来进行守网练习，先进行原地练习，待具备一定功力后再加入结合步法的动态练习。陪练可自由调整距离与角度，并以不同动作与形式的击打自由进攻，要求受训者经受陪练单动与多动击打等不同种类的冲击，包括力量冲击、速度冲击、节奏变化冲击、点位变化冲击。在经受冲击时，受训者仍然保持动作网的完整性与动作浑圆力的整体性。

④受训者将自己在实战中最常运用的一些动作随机串联成一个小组合，使动作网成为一套动态运行的网，并在结合步法移动与身法变化中进行相应的守网练习。陪练可自由调整距离与角度，并以不同动作与形式的击打动作自由进攻，要求受训者经受陪练单动与多动击打等不同种类的冲击，包括力量冲击、速度冲击、节奏变化冲击、点位变化冲击。在经受冲击时，受训者仍然保持动作网的完整性与动作浑圆力的整体性。

⑤在完成上述每个阶段的训练内容，受训者具备一定的水平后，需要加入攻守转换的内容进行相应的练习。

在受训者守网要求达到相应水平时，陪练摆好网即为受训者由守转为攻的信号。可以要求受训者针对陪练的一组进攻动作的最后三个动作进行反击；也可以要求规避其他进攻动作，只针对某动作进行反击；还可以采用自由选择动作进行反击。

如此攻守转换的练习可以根据训练的要求不断地进行下去。

（2）一个触点产生在肢体上

①受训者以标准的预备式在原地进入守网状态，陪练可自由调整距离与角度，以相对固定的动作与形式进行拍、拉、砍、压、推等进攻，旨在通过肢体的接触将受训者的动作网从结构上进行破坏。要求受训者根据肢体的移动及时进行相应的补网能力的训练，以确保动作网在动态中保持完整，不丧失动作上的基本功能。

②受训者以标准的预备式在原地进入守网状态，陪练可自由调整距离与角度，并以相对自由的动作与形式进行拍、拉、砍、压、推等进攻，在肢体的接触过程中破坏受训者动作网的结构，要求受训者及时补网。在受训者补网完成或过程中对受训者进行再一次施力进攻，迫使受训者进行网的再修复。在陪练不断的施力进攻中，受训者不断地进行动态中的补网练习。

③受训者以标准的预备式在自由移动中进入守网状态，其他要求同上一步。

④受训者以标准的预备式在自由移动中进入守网状态，建立在上述要求的基础上，受训者在不断补网的同时设法破坏或阻止陪练的进攻。

⑤受训者将自己在实战中最常运用的一些动作随机串联成一个小组合，使动作网成为一套动态的网。受训者在自由移动中进入到守网状态，建立在上述几个阶段要求的基础上，受训者在不断补网的同时训练设法破坏或阻止陪练进攻的能力。当具备一定的水平时可进行反击训练，做到攻守转换自如、有序。

（3）一个触点产生在躯干或头部

①受训者以标准的预备式在原地进入守网状态，陪练以尽可能绕开动作网的要求进行相应的距离与角度调整，并以相对自由的动作直接进攻对手躯干或头部，受训者通过调整距离、角度与用网方式进行防守。

②受训者以标准的预备式在原地进入守网状态，陪练可自由调整距离与角度，并以相对自由的动作与形式进行拍、拉、砍、压、推等进攻，在肢体的接触过程中破坏受训者动作网的结构。当肢体位置发生改变，而动作网也发生相应的改变时针对受训者躯干或头部发起进攻，受训者在补网的同时还需要进行相应的防守，防守时可在结合动作的身法与步法的运行中用网。

③受训者以标准的预备式在自由移动中进入守网状态，其他要求与上一步相同。

④受训者以标准的预备式在自由移动中进入守网状态，建立在上述要求的基础上，受训者在不断补网的同时破坏或阻止陪练的进攻，设法不让陪练的触点产生在自己的躯

干与头部，只允许触点产生在肢体上。

⑤受训者将自己在实战中最常运用的一些动作随机串联成一个小组合，使动作网成为一套动态运行的网，受训者在自由移动中进入守网状态，建立在上述几个阶段训练积累的基础上，受训者在不断补网的同时训练设法破坏或阻止陪练进攻的能力。当具备一定水平后，则可进入相应的反击训练。

2. 固把类：袖位、胸襟位、易位的要害部位

下面就训练的基本方向与步骤提出一些建议，以做参考。

（1）一个触点产生在袖位

①陪练以标准的预备式在原地进入守网状态，受训者调整状态以最简捷有效的方法固住陪练的袖把位，陪练可做出各种进攻动作，受训者以通过袖把位的施力去影响对手源动功能发挥的方法来进行防守。在对手进攻的同时发力去影响源动，发力方向与角度以能牵动源动为原则，具体的牵动动作因对手进攻动作的不同而不同，所体现出来的用力一定要浑圆一体，动作的使用过程中不允许破坏动作网的完整。

②建立在上述基础上的连续发力。当陪练在发出进攻动作的同时，受训者可采取相应方向、角度与弧度的牵动，无论是产生怎样牵动的动作效果，都需要进行下一次的连续发力。通过连续发力以体现牵引对手源动的原则不变，但角度与方向需根据上一次牵动的状态而定，可以改变陪练的移动方向，也可以加大陪练的原有移动速度，还可以突然阻止陪练的移动以达到为下一个技击内容服务的目的。

③陪练以标准的预备式在原地进入守网状态，受训者调整状态以最简捷有效的方法固住陪练的袖把位，未等陪练做出反控制进攻动作时，先采取牵动进攻，无论是产生怎样的动作效果，都迅速进入下一次的连续牵动发力。连续发力以牵动源动的原则不变，但角度与方向需根据上一次牵动的状态而定，可以改变陪练的移动方向，也可以加大陪练的原有移动速度，还可以突然阻止陪练的移动以为下一个技击内容服务。

④受训者以标准的预备式在原地进入守网状态，陪练调整状态以最简捷有效的方法固住陪练的袖把位，受训者在陪练可做出各种进攻动作之前做把位的解脱训练，可通过切袖的洗手方式进行解脱；还可以采用反固把的形式，通过手腕的环绕同时控制住对手的袖把。判断对手发力的时机抢先发力，迫使对手的源动在支撑发力运行之前先被外牵动，以达到更好的反控制效果。

⑤受训者将自己在实战中最常运用的一些动作随机串联成一个小组合，使动作网成为一套动态运行的网，并调整状态以最简捷有效的方法固住陪练的袖把位。受训者在陪

练可做出各种进攻动作之前采用反固把的形式，通过手腕的环绕同时控制住陪练的袖把，当陪练发力企图牵动“我”源动之时，判断对手发力的时机可抢先发力。受训者控制好身法并调整好角度与步法，根据势态采用的方法可顺、可逆、可阻，以针对陪练的牵动之力，迫使陪练的源动先被“我”牵动，以达到更好的反控制的牵制效果。

（2）一个触点产生在胸襟位

①陪练以标准的预备式在原地进入守网状态，受训者调整状态以最简捷有效的方法固住陪练的胸襟把位。受训者可采取各种牵动用力不断牵动陪练的源动，以达到影响陪练身法与步法正常运行的目的；受训者可采取各种牵动用力以不断牵动陪练的源动，达到影响陪练的重心平衡。注意这个过程中只允许一个触点的出现。

②建立在上述基础上的连续发力。当陪练做出各种反控制的动作干扰受训者的技法施展时，受训者要在不断调整自己的身体姿势、身法与步法过程中，连续在陪练的胸襟把位上发力，当陪练不断发出干扰时，受训者要确保能同样产生相应的牵动效果。

③陪练以标准的预备式在原地进入守网状态，受训者调整状态以最简捷有效的方法固住陪练的胸襟把位，未等陪练做出针对性的反制动作时先采取牵动进攻，并迅速进入下一次的连续牵动发力。牵动角度与方向随着上一次的牵动效果而确定，是阻、是顺还是转变方式皆随势，突出一定的随机性以增加对手解脱的难度。

④受训者以标准的预备式在原地进入守网状态，陪练调整状态以最简捷有效的方法固住陪练的胸襟把位。受训者针对陪练的落把位置与用力进行相应的解脱，解脱一定要针对胸襟把位而展开，并争取通过胸襟部位的把位反控制住对手，以达到相应的反控制效果。

⑤受训者将自己在实战中最常运用的一些动作随机串联成一个小组合，使动作网成为一套动态运行的网，陪练调整状态以最简捷有效的方法固住受训者的胸襟把位。受训者针对陪练的落把位进行相应的反控制，在固住陪练手位以迫使对手不能产生相应的发力与驾驭效果，并通过胸襟把位的反控制来牵引对手的源动。受训者控制好身法并调整好角度与步法，针对陪练源动的移动可顺、可逆、可阻地迫使陪练的重心失去平衡，以达到更好的反控制的牵制效果。

（3）一个触点产生在要害位

①陪练以标准的预备式在原地进入守网状态，受训者调整状态以最简捷有效的方法固住陪练的要害易位把位。陪练可有意识地做出各种动作进行干扰，受训者要做到：判断准确、时机恰当、落位精准、手型正确、用力顺畅。使用动作所体现出来的用力一定

要浑圆一体，动作的使用过程中不破坏自己动作网的完整。

②陪练将自己在实战中最常运用的一些动作随机串联成一个小组合，动态中使动作网成为一套动态运行的网，受训者调整状态以最简捷有效的方法固住陪练的要害易位的部位。陪练可做出各种进攻动作进行有目的的干扰，受训者根据需要对不同的要害易位把位进行相应的固把控制。过程中使用动作所体现出来的用力一定要浑圆一体，动作的使用不允许破坏受训者自己动作网的完整。

③陪练在步法的自由移动与身法变化中进入动态的守网状态，受训者针对处于全面动态中的陪练进行要害部位的控易把位训练，其他要求与上一步相同。

④受训者以标准的预备式在原地进入守网状态，陪练调整状态以最简捷有效的方法固住受训者的易把位，受训者进行针对陪练进攻的防守的解脱训练，或者控制对手的固把落位并产生技击效果的训练。

⑤受训者处于动态的守网之中，针对陪练进攻做出相应的防守，同时做出针对性的反击，使得双方进行针对要害易把位的全面攻防训练。

（三）两个触点

两个触位点是对抗中进入全面对攻的普遍表象，为了使技击对抗中两个触位点相互配合，以产生更好的控制效果。通常两个触点以主控点与辅控点的形式出现，两个触点的空间结构决定了技击双方进入第二环节的对攻状态。在以空间轴为主轴、时间轴为辅轴的技击模式中，对攻的表现形式具有自己的特殊性，这个特殊性通过不同的表现空间来诠释，主要分为三个纵轴空间，即中门（正门）、大侧门（大边门）与小侧门（小边门）。切入的形式有内、外与交叉等多种形式。

两个触点的排位原则：先解脱主控位；防待动转变成启动；牵源动与控待动。

关于排位的生克训练主要表现在三个方面，即三动原理的具象表现;排位的基本准则;对抗的使用列举。

三、动作分析

下面以闭合式预备式对峙的动作为前提，进行技法动作的分析，就相关训练方向的基本问题与步骤提出一些建议，仅作为参考。

在传统武术技击的对抗中，对抗双方为了获取更大力度的控制与反控制的效果，在很多状态下都会产生两个或两个以上的接触位，为了让触位产生更大的价值，在两个触点的空间构架之中，根据对抗的实际势态，以及技击需求可将两个触位分别设定为主控制位与辅控位。主控位主要负责牵制对手或按照需求改变对手动作功架；辅控位以配合主控完成控制，其主要任务是应用主控产生的时空优势去创造所需的技击效果；同时，可根据在触位的整体时空感知，做主辅位相应的控制调整，旨在更有利地使主辅位共同服务于获取所需的技击效果。

技击对抗中的攻防双方从对峙开始，以主动或被动的形式切入时进入不同的门，由此彼此双方就共同构成了此时的空间构架。下面就从针对力点运行特点分类的单手双触点与双手双触点等不同的切入形式，所形成的攻防构架进行分类划分，旨在为不同空间结构内的攻防能力的提升指明训练方向。

（一）单手双触点

1. 正中门

（1）中门出入

图 4-4-3（1）

图 4-4-3（2）

图 4-4-3（3）

图 4-4-3（4）

通过针对对手中门的正面切入，并在彼此间产生两个触点的落位（一个阻挡、一个击中或被触防），通过攻防形成的动作构架。以前手正面进攻为例，如图 4-4-3（1）所示。

当以左手切入击中对手时［图 4-4-3（2）］，后手将继续进攻［图 4-4-3（3）、（4）］，保持正面的组合击打，直至产生击打效果。

当切入的击打被对手防守或躲闪时［图 4-4-3（5）］，则形成虽有击打却未击中对手的结果，此时“我”需要完成的任务是迅速寻找新的落位。如果对手使用拍打防守而产生触位或对手躲闪时，“我”的落位可在横开于对手下颚位、回收落在对手手臂位、下压落在对手胸襟位等部位产生，表现在对手的中门。

以落位对手左下颚位为例［图 4-4-3（6）］：

当左手为主控位而右手为辅控位时，左手可对当下触位做相应的可影响对手技击运行的各类控制［图 4–4–3（7）］；同时右手根据控制已改变的空间位置与具体效果，完成相应的击靶与用把动作，如后手侧击［图 4–4–3（8）］；还可以根据对手的反控制运行做相应的控制博弈。

当以右手为主控位而左手为辅控位时，右手的主控可形成对触位做指向源动的挤压、固对手胸襟把、抓对手异侧袖把等控制，同时左手可根据控制改变的空间位置与具体效果做出相应的调整、击靶或用把，如右手固对手胸襟把［图 4–4–3（9）］、左手横切掌［图 4–4–3（10）］；还可以直接支撑左手的回收成右前左后的三才钩；还可以根据对手的反控制运行做相应的控制博弈。

训练建议：从三动原理的角度来审视对手预备式，在对手并没有启动动作时，已动与待动并不能明确，此时，可有意识地训练受训者这方面的洞察能力，主要表现在：可根据势态预估已动，或掌握其习惯动作、感知其中细微的预动来判断已动产生等方面的能力。例如：预估已动在前手，那么如何才能按照三动原理“防已动、控待动与牵源动”的要求顺利进行切入式进攻。

图 4–4–3（5）

图 4–4–3（6）

图 4–4–3（7）

图 4–4–3（8）

图 4–4–3（9）

图 4–4–3（10）

（2）中门偏大边门切入

中门出入

前手落位与对手中门偏大边门的前臂内侧，后手封堵对手的前手拳面或小鱼际位（由对手预备式所摆放姿势而定），形成两个落位［图 4–4–4（1）］。

当以左手为主控位而右手为辅控位时，左手可对触位做下压、横开触位、横开对手异侧下颚、固对手胸襟把、抓对手同侧袖把等控制；同时右手根据控制所改变的空间位置与具体效果做相应的击靶与用把，如左（前）下压、右（后）手击打［图 4–4–4（2）、（3）］；还可以根据对手的反控制运行做相应的控制博弈。

图 4–4–4（1）

图 4–4–4（2）

图 4–4–4（3）

当以右手为主控位而左手为辅控位时，右手可对触位做指向待动的挤压、固对手胸襟把、抓对手异侧袖把等控制；同时左手根据控制所改变的空间位置与具体效果做相应的调整、击靶或用把［图 4–4–4（4）、（5）］；还可以根据对手的反控制运行做相应的控制博弈。

图 4–4–4（4）

图 4–4–4（5）

（3）中门偏小边门切入

中门出入

当对手采取反架对峙时［图 4–4–5（1）］，“我”可假设对手的左手为已动点、右手为待动点，“我”则用右手前推并落位于对手左手臂小边门外侧，同步左手封堵对手右手待动，形成虚实两个控制位［图 4–4–5（2）］。

当“我”右手为主控位而左手为辅控位时，主控可做前推、下压、回牵、抓胸襟把、同侧右手袖把等运行，以牵引对手源动，或改变对手空间结构，并同步用左手从辅控位完成相应对把或靶的运用，如右手推压、左手经中门偏小边门处经右肩前切入，击打对手面门［图 4–4–5（3）、（4）］；还可以根据对手的反控制运行做相应的控制博弈。

当“我”左手为主控位而右手为辅控位时，主控可做前推挤压、抓胸襟把、异侧右手袖把等运行，以牵引对手源动，或改变对手空间结构；并同步用右手从辅控位完成相应对把或靶的运用，如左手前推封堵、右手经中门偏左肩前切入，击打对手面门［图 4–4–5（5）、（6）］；同时需根据对手的反控制运行做相应的控制博弈。

图 4–4–5（1）

图 4–4–5（2）

图 4–4–5（3）

图 4–4–5（4）

图 4–4–5（5）

图 4–4–5（6）

（4）中门与大边门交叉切入

中门出入

在对手有意识地用后手封住中门，并且两手呈现前后摆放状态时，以此为前提，作为“我”主动进攻的进攻落位点，分别是：前手落位在对手前臂内侧，后手手臂向内侧压对手的前臂手腕位置［图 4–4–6（1）］。

当以左手为主控位而右手为辅控位时，左手可对触位做下压、朝内横开触位、横开对手异侧下颚、固对手胸襟把、抓对手同侧袖把等控制；同时右手根据控制所改变的空间位置与具体效果做相应的击靶与用把，如左手横开、右手由外向内做横向击打［图 4-4-6（2）、（3）］；还可以根据对手的反控制运行做相应的控制博弈。

当以右手为主控位而左手为辅控位时，右手可对触位做指向待动的锉压触位的控制，并封堵对手右手待动位、下压触位、固对手胸襟把、抓对手异侧袖把等控制；同时左手根据控制所改变的空间位置与具体效果做相应的调整、击靶或用把，如“我”右手抓对手右袖把，迅速左手掼拳击打同侧右下颚位［图 4-4-6（4）、（5）、（6）］；还可以根据对手进行的反控制运行做针对性的控制博弈。

图 4-4-6（1）

图 4-4-6（2）

图 4-4-6（3）

图 4-4-6（4）

图 4-4-6（5）

图 4-4-6（6）

2. 大边门

（1）大边门正切入

当正架中的对手有意识地用后手封住中门，并且呈现两手前后摆放预备式时，以此为前提，作为主动进攻方的进攻落位点可以是：前手落位与对手拳面或小鱼际处，并封堵对手前手固网的拳面或小鱼际位置，后手从对手前手大边门处切入，形成大边门的两个触位［图 4-4-7（1）］。

按照三动原理的要求，假设对手的前手位是已动，或对手确实准备用前手切入，那么，

“我”均采取用前手封堵对方已动，并配合同侧肘关节微转侧防的方式指向待动，后手从对手大边门切入也指向对手待动。通过对三动的控制以达到控制对手的动作运行并直接产生控制威胁的效果。

当以前（左）手位为主控点位时，“我”前（左）手通过触点横开去封堵对手的待动，同时后手可回收成三才钩，再后手击打对手上盘部位［图 4–4–7（2）、（3）］；当然右手还可继续内切去抓对手的待动袖把位或胸襟把位，其间可根据对手的反控制进行相应的控制博弈。

当以后（右）手位为主控点位时，后手用力继续前行侧按指向对手待动，可进行下压触位、固对手胸襟把、抓对手异侧袖把等控制。根据所产生的控制效果，同时前（左）手脱离触点完成对把与靶产生技击效果的运行，如右手前侧推、左手回收至自己右肩区域，用掌根小天星击打对手左下颚，或侧位冲拳击打对手左下颚［图 4–4–7（4）、（5）］；还可以根据对手进行的反控制运行做针对性的控制博弈。

图 4–4–7（1）

图 4–4–7（2）

图 4–4–7（3）

图 4–4–7（4）

图 4–4–7（5）

（2）大边门交叉切入

双方对峙，当对手启动前手正面拳击打“我”上盘，或准备启动前手进攻之时，或者处于相对静止状态而“我”却假设对手将启用前手时，“我”左手朝内拍按对手前手内侧腕关节处，右手分步从对手前臂外侧环绕切压，在三才钩上形成两个落位点，待动可通过左肘关节的位置调节与右手指向待动的锉压力共同控制 [图 4-4-8（1）]。

当“我”以右手为主控位而左手为辅控位时，右手主控，左手则可配合右脚后撤半步下压触位牵动对手源动，继续前行侧按指向对手待动，可进行下压触位、固对手胸襟把、抓对手异侧袖把等控制。根据所产生的控制效果，同时前（左）手脱离触点完成对把与靶产生技击效果的运行，例如：右手下按并协调身法，前压重心同步用左手做正面冲拳，击打对手中门下颚 [图 4-4-8（2）、（3）]。

当左手为主控位而右手为辅控位时，左手可完成下压，或向内横拉牵引对手等控制；同时右手根据左手的辅助回收或移位进行所需的技击运行，例如：左手下按并协调身法，前压重心同步用右手做相应击打，击打对手同侧下颚 [图 4-4-8（4）、（5）]；还可以根据对手进行的反控制运行做针对性的控制博弈。

图 4-4-8（1）

图 4-4-8（2）

图 4-4-8（3）

图 4-4-8（4）

图 4-4-8（5）

3. 小边门

（1）小边门正切入

双方对峙，当对手右手后拳正面击打“我”上盘正面，或正在启动后手之时，“我”可左手从外朝内拍压对手前臂肘关节的外侧端，同步用右手臂开掌守中朝前封堵对手击点，形成前臂外侧与前端两个落位点，待动可通过右肘关节的位置调节与左手指向待动的锉压力共同形成控制［图 4–4–9（1）]。

当“我”前（左）手位为主控位、后（右）手为辅控位时，则可将前手内压指向对手待动，从触位往下压或锉压、固对手胸襟把、抓对手异侧袖把，同步后手可根据主控位所产生的控制效果，并针对所产生的可利用把或靶的运用，通过劲力运行以产生所需的技击效果。例如：前（左）手固对手胸襟把时，右手辅控位脱位于左肩区域［图 4–4–9（2）]，做后手横切掌击打对手右下颚位［图 4–4–9（3）]；还可以根据对手进行的反控制运行做针对性的控制博弈。

当后（右）手为主控位、前（左）手为辅控位时，则可将后手向内推压，并控制对手待动，同步前手可根据需求完成移位等控制运行，如回收左手抓对手同侧袖把；也可做回收完成击打，如后（右）手侧推、前手脱位于右肩区域［图 4–4–9（4）]，做前手正面击打对手左下颚位，与后手由合推之力转为向下后方用力形成对拉之力［图 4–4–9（5）]；还可以根据对手进行的反控制运行做针对性的控制博弈。

图 4–4–9（1）

图 4–4–9（2）

图 4–4–9（3）

图 4–4–9（4）

图 4–4–9（5）

（2）小边门交叉切入

双方对峙，当对手启动后手正面冲拳击打“我”上盘，或正在启动前手之时，“我”朝前左侧方上步时，用左手朝内拍击对手后手臂近端肘关节外侧处，同步右手从对手后手的前臂内侧向外扣压对手前手臂腕关节内侧处，形成对手前臂内外两个落位点，待动可通过右肘关节的角度的位置调节，以及左手指向待动的锉压力共同控制[图 4-4-10（1）]。

当以右（后）手为主控位、左（前）手为辅控位时，右手可完成下压、向内横开、脱位横开对手下颚位、脱位固胸襟把、脱位抓袖把，并由此产生对对手的控制；同步用辅控位左手进行对把与靶的运用，例如：右手朝内横开对手前臂，完成击打对手右侧肋的上步左顶肘击［图 4-4-10（2）、（3）］；还可以根据对手进行的反控制运行做针对性的控制博弈。

当以左（前）手为主控位而右（后）手为辅控位时，左手通过点位下压对手的后手前臂、触位朝待动位对对手前臂的挤压、锉压对手前臂前推封堵对手待动、脱位固胸襟把、脱位抓袖把，同步用辅控位右手进行对把与靶的运用，例如：左（前）手在控制中，“我”后手同步脱位［图 4-4-10（4）］，在主控位的配合下完成后手的进攻，击打对手的下颚部位［图 4-4-10（5）］；还可以根据对手进行的反控制运行做针对性的控制博弈。

图 4-4-10（1）

图 4-4-10（2）

图 4-4-10（3）

图 4-4-10（4）

图 4-4-10（5）

（二）双手双触点

正常状态中的第一环节切入出现双方四肢的全面接触，并能在此间产生双触点的现象并非常态，双手双触点这类形式的触点主要在双方第二环节的对攻状态中产生。通过在第二环节内双方动作相互搅缠的表现，动作处在彼此网斗的相生相克之中，运用三动原理所产生的控制与反控制效果，必须全面调动起机体的运行，集中所有能运用的功能共同参与其中的博弈，这样才能形成更大的战斗力。在过程中产生更多的肢体接触，也就成为对攻中获取主动的需要。

1. 中门双手臂外壁双触点

中门出入

双方以标准预备式动作对峙，假设对手双手从“我”双手臂远端落位切入，同时在“我”双手分别产生一个触位，并通过由外朝内合控双手的合力控制“我”前后两手臂[图 4-4-11（1）]。

“我”双手由内向上，通过转腕关节下压落位于对手前臂产生所需触点，握住对手双手臂的同时身体左右转动（注意：不是左右摇摆），以牵制对手源动［图 4-4-11（2）］；在此过程中还可以根据对手进行的反控制运行做针对性的控制博弈。

当“我”以左手为主控位、右手为辅控位时，在牵动对手源动之重心时，当对手的源动被“我”左手牵动，则右手脱位回收完成击打对手上盘的进攻［图 4-4-11（3）］；也可做右手掼拳追击对手左下颚位［图 4-4-11（4）］。

当“我”以右手为主控位、左手为辅控位时，在对手的源动被“我”右手牵动，则左手脱位收至右肩区域做横切掌阻击式击打，击打对手左下颚位［图 4-4-11（5）］；也可继续右冲拳追击对手下颚位［图 4-4-11（6）］。

图 4-4-11（1）

图 4-4-11（2）

图 4-4-11（3）

图 4-4-11（4）

图 4-4-11（5）

图 4-4-11（6）

2. 大小侧门双手臂内壁双触点

中门出入

双方以标准预备式动作对峙，假设“我”双手从对手双手臂远端落位，同时在对方双手外侧分别产生一个触位，通过由外朝内合控双手的合力控制对手前后两手臂［图 4-4-12（1）］。

“我”双手继续由外向内合围，使得右手能够与左手前臂近端相合形成相对封闭式的三才钩，并同时产生包裹对手双手臂的控制力，以牵制对手受控部位的启动［图 4-4-12（2）］；在此过程中还可以根据对手进行的反控制运行做针对性的控制博弈。

当以左（前）手为主控位、右（后）手为辅控位时，前手继续朝内合，并努力牵动对手源动，待对手的源动有了感觉时，“我”回收右手落位于自己左肩区域［图 4-4-12（3）］，做横切掌的击打，击打目标为对手的右下颚位［图 4-4-12（4）］。

当以右（后）手为主控位、左（前）手为辅控位时，后手则继续内合，并努力牵动对手源动，待对手的源动有了感觉时，“我”回收左手落位于右肩区域［图 4-4-12（5）］，做横切掌的击打，击打目标为对手的左下颚位［图 4-4-12（6）］。

当双手控制达到主辅均衡时，则可双手相合成三才钩的同时后坐回拉，以达到牵引对手源动的控制效果，并双掌往上托，击打对手下颚［图 4-4-12（7）、（8）］。

图 4-4-12（1）

图 4-4-12（2）

图 4-4-12（3）

图 4–4–12（4）

图 4–4–12（5）

图 4–4–12（6）

图 4–4–12（7）

图 4–4–12（8）

3. 大侧门外触点，中门外靠小侧门内触点

中门出入

双方对峙，假设对手启动后手动作时，“我”可做大侧门外触点、中门外靠小侧门内触点控制，并形成三才钩［图 4–4–13（1）］；在此过程中还可以根据对手进行的反控制运行做针对性的控制博弈。落位时注意控制对手抢中位，做左手外挂、右手内按。

当“我”以右（后）手为主控位、左（前）手为辅控位时，则可进行控制位的转移。具体做法是右手朝内侧压控制住对手待动，并争取牵引对手源动的同时，根据所产生的控制效果与技击所需完成对把与靶的运用，例如：右手侧按，同步左手脱位完成击打对手右下颚位［图 4–4–13（2）、（3）］，或回落抓对手右袖把位，或控制住胸襟把位，或做侧位横切掌的击打。

当“我”以左（前）手为主控位、右（后）手为辅控位时，主控位通过完成侧下按、内合、下牵等控制运行，辅控位的右手则可根据主控位所产生的相应控制效果，完成相应把与靶运用的技击运行，例如：左手推按，右手先脱位然后再落位回收［图 4–4–13（4）］，右肘控制对手异侧待动位、控制胸襟把位，或做右手横切掌击打对手异侧位右下颚［图 4–4–13（5）］。

图 4–4–13（1）

图 4–4–13（2）

图 4–4–13（3）

图 4–4–13（4）

图 4–4–13（5）

4. 小侧门外触点，中门外靠大侧门内触点

中门出入

双方对峙，假设对手启动前手时，“我”微左侧上步两臂交叉，通过右（后）手做小侧门外触点，同步前（左）手完成中门外靠大侧门内触点控制，形成两个触位点［图 4–4–14（1）］。

当“我”以左（前）手为主控位、右（后）手为辅控位时，左手主控可通过触位移位到对手异侧左下颚位完成横开、移位到对手胸襟把位、移位到对手同侧右手袖把等控制，以此产生相应的控制效果，辅控位则根据主控位所产生的控制效果进行相应的把与靶的技击运行，例如：左手前推控制对手异侧下颚位，同步右手回拉［图 4–4–14（2）］，可用右手击打对手上盘位［图 4–4–14（3）］。

当“我”以右（后）手为主控位、左（前）手为辅控位时，右手的主控可通过触位完成横开、下压、前推，移位到异侧右下颚位横开、移位到对手胸襟把位等控制，以此产生相应的控制效果，辅控位则根据主控位所产生的控制效果进行相应的把与靶的技击运行，例如：双臂交叉，右手异侧位横开，左手回拉到右肩区域［图 4–4–14（4）］，以完成前手的横切击打，目标为对手异侧面的下颚位［图 4–4–14（5）］。

图 4-4-14（1）

图 4-4-14（2）

图 4-4-14（3）

图 4-4-14（4）

图 4-4-14（5）

（三）双方共同采用前手内外交叉

中门出入（图 4-4-15）

图 4-4-15

这是一个典型的综合均等的落位构架，对抗双方都以标准的三才钩式进行摆位，使得对抗双方的前后、内外的触点产生基本一致的控制，区别基本只表现在身高与肘关节的弯曲度等方面。

以前手为主控位、后手为辅控位时，为了加大前手的控制程度，“我”前手可由触点转为环绕对手前臂中端（虎口朝内），控制对手前手上行，并同时用左肘转动控制对手同侧右手，“我”右手从对手前手外侧朝内与异侧手共同控制对手右手点位的启动，两个落位点分别表现在对手前手臂远近端的外内位置上，并能够通过左手的主控位产生影响对手启动与源动的运行；同步右手可根据主控位所产生的控制效果，有针对性地使用势态中的把与靶，以产生所需的技击效果。

当“我”以后手为主控位、前手为辅控位时，后手可继续通过朝内的异侧位待动点进行压制，并争取产生对对手源动的控制，同时也有可脱位于对手右手臂位外开、脱位于对手右下颚位外开、抓对手异侧右袖把位、固对手袖把位等控制表现；辅控位可针对主控位所产生的控制效果，根据技击的实际需求进行对把与靶的运用，以产生所需的技击效果。

（四）搭手练习

1.搭手要求

双方共同采用三才钩进行自由转换，以练习对抗双方在触位基础上的动作驾驭能力。即将上述所有技法综合起来，根据不同的势态灵活运用，形成一种全面、立体、规范的攻防技法体系，充分诠释经纬技术构架的运行。

开始方式分为：双方从正钩搭手开始[图 4–4–16（1）]；双方以钩背搭手开始[图 4–4–16（2）]。

图 4–4–16（1）

图 4–4–16（2）

训练铺垫：

（1）寻找骨缝力、六面的开合牵送转的用力；

（2）各空间位置的主控位与辅控位的触点驾驭；

（3）三动原理的理解与运用。

进攻：针对某技法或某些技法，受训者一方主攻，陪练者一方受力，并体会动作正确与否，以及技法的表达是否准确。

动作发展：从进攻者的角度进行技法施展的理解与使用，重点是技法表现时的功力体会及效果的表现，二者结合起来表现出技法中的功力与功力中的技法具有同样的效果。

防守：针对某动作或某些技法，陪练者一方有目的地进行主攻，受训者一方受力，并仔细体会动作正确与否，以及技法的表达是否准确。

动作发展：从防守方的角度只管对技法承受的理解与转化，重点是技法表现时的功力体会及效果表现，二者结合起来表现出技法中的功力与功力中的技法具有同样的效果。

综合运用：通过双方搭手为形式，以创造所需空间为目标的互动过程。

某空间位置中某技法上的攻防与攻防互换，受训者注意与陪练相互配合；

某空间位置中某类技法上的攻防与攻防互换，受训者要注意与陪练的配合，并注意同类技法的转换；

某些空间位置中某技法上的攻防与攻防互换，受训者要注意与陪练的配合，并注意技法在不同空间结构的转换；

某些空间位置中各类技法上的攻防与攻防互换，受训者要注意与陪练的配合，并注意在同空间内进行不同类技法的转换；

不同空间位置的各类技法上的攻防与攻防互换，受训者要注意与陪练的配合，并注意在不同空间内进行不同类技法的相互转换。

运行的形式：与陪练之间的自由搭手对抗练习；与队友之间的自由搭手练习；与不同俱乐部之间的对手交流对抗；具有前提要求的对抗竞赛。

2. 搭手训练的模式

核心思想：为提高经纬技术构架运行能力而表现出来的一种训练形式。

构架位置：通过一定前提条件的约束，有针对性地进行提高某技法的搭手训练。

意义价值：加强该形式的训练，可以将以空间轴为主轴、时间轴为辅轴的技法进行结构化的解剖分析，使经纬技法的运行较直观地显现出来；并按照一定的要求进行相应的训练，使有目的地获取技击效果的技法追求成为更理性的行为；同时，为检验功力的表现提供了更“和谐”的空间。

目标体现：建立以撕扯破网为目的、以较量用力与发力为空间、以相生相克为技法、以检验动作结构为目标的训练。

训练原理：经纬技术构架在搭手中的综合表现。

方式方法：通过设定的各空间结构进行分步的路径训练，再过渡到整体自由的综合技法的互动，体现出搭手双方以相生相克的技击互动运行。

效果体现：只是技击训练体系中相关内容的一个部分，该形式的使用虽有一定的训练价值，但并不具有训练的唯一性。获取该形式训练的功效，还可以通过许多类似的训练形式来完成，也可以通过其他形式的训练进行功能替代，但搭手仍然不失为一种有价值的技法训练与功力检验的方式方法。

时间强度：技法训练阶段具有较强的训练价值。

后期跟进：过渡到实战。

目标途径：提高实战技法、检验技法与功力。

服务整体：不脱整体思想进行相对局部的训练，不允许成立一套脱离经纬技法架构的独自运行的体系，一旦出现脱离主体，而成了为搭手而搭手的互动练习，就是该形式的失败。

（五）两个以上触点（固把与跤把）

两个以上的触点在技击对抗中是全面接触的技击形式，主要表现在摔法的固把与用把的技法运行上，以及对机体局部进行固定控制的运行上。

把位两个以上的触点的产生，可分为两个类型的形式出现：一类是同步产生；另一类是逐步产生。同步产生触点主要体现在近身摔法中，以破坏对手重心平衡为主要形式；而固把控制主要以限制对手动作的运行，使其局部功能不能发挥或丧失为主要表现形式。

控制的原理：通过双手配合的运行，形成可以产生出具有锁扣运行的空间结构，并落实支撑点。通过双手的主辅控制，并针对对手下肢的活动链进行运作，旨在对以踝关节为主、膝关节为辅的目标活动角度加以全面限制，以达到控制其关节功能的效果。

（六）关于触位的控制训练

关于一个、两个甚至多个触位控制的具体操作，可根据动作所产生触位的角度以及位置不同，在实施具体攻防的技法运行中表现出来，由此体现出控制与反控制的技击思想。通过彼此间空间所发生的结构变化引领势态发展，从而实现以空间轴为主轴、时间轴为辅轴的技击价值。

固位通常分为两类，一类是锁死对手的固位处，以达到完全控制对手的效果，并限制其有效的技击运行；另一类是相对固位，为的是牵制对手的技击运行，并迫使对手对固位进行解脱，以改变对手技击动作的空间结构。

针对任何一个固法都会有许多解决方法，由于受篇幅的限制，这里就不一一列举了，我们只能够选择其中的一种技法作为代表，下面是针对腿法的动作分析。

1. 正面腿法的单固位

（1）正蹬腿

①正蹬腿的固位

双方闭合式对峙，陪练用前脚正蹬腿击打“我”胸腹部[图 4-4-17（1）]，“我”前手内抄，后手做配合固定对手踝关节。

②固位的具体手法

身体微内收，前（左）手抄抱提肘于对手进攻正蹬腿的小腿中端［图 4–4–17（2）］，同步“我”后（右）手开掌由内至外经踝关节拍压对手脚背，形成由“我”的前肘与后手掌两个施力点位，分别与对手踝关节的远近端产生两个触位［图 4–4–17（3）］。

以左手肘关节与对手所产生的触点为支点，“我”右手开掌朝身体后下方做拍压，在重心略后移将步型转为低马步的同时，形成一股左手触点为支点、右掌触点为动力的杠杆之力，用力的意念指向对手的踝关节，过程中结合步法与身法的配合，以增加控制技法运行的活动空间，达到限制对手踝关节活动、牵动对手的源动运行，并实现控制对手下肢活动的效果［图 4–4–17（4）］。

③固位后的动作发展

在出现上述控制情况时，控制方需要做的就是两方面的工作：一方面是防止对手的防守解脱与反控制的技法运行；另一方面就是针对被控点位进一步加大控制力度，迫使对手放弃对抗，以获取完全控制的技击结果。

④正蹬腿控制的解脱方法

根据正蹬腿实际落位的空间结构，首先需要做的是调整好重心平衡，并落实好动态中支撑脚的支点着力，其次是针对上述控制形式进行相应的解脱。

攻防互换，“我”正蹬腿击打对手胸腹部时，对手按照上述形式对“我”进行控制。当对手前（左）手抄抱“我”已动腿，后（右）手完成开掌拍压“我”脚背时［图 4–4–17（5）］，“我”用被控脚的脚尖做内旋动作，并配合躯干做回收，同时前伸同侧左手抓住对手同侧（右）袖把［图 4–4–17（6）］，迫使对手无法完成控制“我”踝关节的动作运行，紧接着用被抄抱腿完成顶膝、插裆、下压等系列动作，并配合身法，用支撑腿小跳来维持平衡，右手推压对手右肩［图 4–4–17（7）、（8）、（9）］，以达到解脱控制后的主动。

图 4–4–17（1）

图 4–4–17（2）

图 4–4–17（3）

图 4-4-17（4）

图 4-4-17（5）

图 4-4-17（6）

图 4-4-17（7）

图 4-4-17（8）

图 4-4-17（9）

⑤正蹬腿解脱后的动作发展

当动作解脱后会出现两种情况，一种是全面解脱并可以重新组织相应进攻；另一种是部分解脱，表现在制止了对手对“我”的实质性控制，但“我”却不能再组织有效的反击。

第一，当出现全面解脱时，“我”可继续进行相应的进攻直至产生技击效果。

第二，当出现部分解脱时，彼此处在动作的纠缠之中或许会出现一个时间段的僵持现象。

（2）侧踹腿

①侧踹腿的固位

从标准预备式的守网对峙开始，对手用前脚侧踹击打“我”中盘或上盘[图 4-4-18（1）]。

高位侧踹的上位拍压、后手臂前顶肘控制。对手高位侧踹击打“我”上盘，“我”前手由额前向下拍压防守以控制对手高位侧踹的运行轨迹，后手固网沉肩上顶肘关节落位于对手脚底内侧足弓位，迫使对手的击打落在“我”的动作网上，以达到阻击防守的效果，该动作的完成应该表现在对手侧踹腿运行的途中膝关节 135 度左右的位置[图 4-4-18（2）]。紧接着左手完成扣压往内横拉的用力，右手完成往下拍压对手脚背后往外横拉的用力，由此在对手踝关节处形成左右手的对拉用力，用力的作用点位必须落在对手前脚的踝关节处，同时身体下沉成马步并在左右手中加进一组对拧之劲，形成左手朝内偏下而右手朝外偏上的对拧之力［图 4-4-18（3）]，以全面控制对手踝关节。（完成动作时注意：双手联合控制对手踝关节的用力由起始的上下转变为结束的左右。）

中位侧踹的下位抄抱、后手臂前顶肘控制。对手中位侧踹击打“我”中盘，“我”身体微右转并同步完成前手抄抱的防守，以控制对手中位侧踹的运行轨迹，后手沉肩固网，用肘关节上顶落位于对手脚底外侧端位，迫使对手的击打点位落在“我”的动作网上，以达到阻击的击打效果，完成动作应该在对手侧踹腿完成的途中膝关节 135 度左右的位置［图 4-4-18（4）]。紧接着左手上托内扣完成横拉用力，右手尽可能保持肘关节下垂，用掌完成由上往下拍压对手脚后背远端处，并形成往外横拉的用力，此时已形成左右手的对拉用力，作用点的用力位必须落在对手前脚的踝关节处［图 4-4-18（5）]。同时身体下沉，根据实际情况上步完成弓步前顶，并加大左右手对拉劲，迫使对手踝关节承受来自“我”身体的前顶力；身体重心后坐或左转成歇步以协助完成两手的左右对拉之力，达到全面控制对手踝关节，或转为击打而争取时间上的主动。

图 4-4-18（1）

图 4-4-18（2）

图 4-4-18（3）

图 4-4-18（4）

图 4-4-18（5）

②固位后的动作发展

当出现了上述控制情况时，控制方可以按照侧踹腿的状态进行两方面的工作：一方面就是防止对手的防守解脱与反控制的技法运行；另一方面就是在控制点进一步加大控制力度，以获取较完全控制的技击结果。

从动作效果的转换来看，在控制的过程中可以根据实际情况的变化，以及所需技击效果的追求，完成控制的转向运行，或主动或被动地放弃把位的控制，以转入击打技击运行。

动作的运用可根据对手起侧踹腿的高低，以及前后脚的区分进行角度与方位的变更，但关键是控制区域的技击效果不能发生改变，技法的运用应该围绕着这个主题而展开。

③侧踹腿的固位解脱

攻防互换，当“我”运用侧踹腿进攻对手时，对手按照上述方法对“我”进行控制，“我”必须根据对手实际防守控制触点落位的空间结构特征，进行具有针对性的解脱与反控，确保在单脚支撑中完成相应的动作运行。通过四肢、身法以及步法的相互配合，在保证自己不受到伤害的基础上，尽可能让自己的动作功能不被限制、少被限制或只被局部限制，并尽快找出突破口，按照实际要求施展相应的技法，以解脱上述锁扣的技击运行。

第一，当“我”使用高位侧踹击打对手上盘时，对手如上所述，采用上位拍压后手臂前顶的技法来控制“我”的踝关节。

当对手用前手拍压防守以控制“我”高位侧踹的运行轨迹，后手固网，肘关节上顶落位于“我”脚底内侧足弓位，迫使“我”的击打落在对手的动作网上，并争取达到阻击“我”进攻的防守运行［图 4-4-18（6）］。

“我”重心微前压并弯曲膝关节，同步用后手开掌前撑动作网，前手完成抓把，以控制住对手异侧的上位前手臂袖把位［图 4-4-18（7）］。当“我”的控位触点完成落位时，“我”前脚到对手身上寻找胸腹或右手手臂的支撑点，并将前（左）手的固把回拉用力与前脚前伸之力共同形成一组前后的对峙力，对峙力的表现要具有突然性且具备基本的爆发力［图 4-4-18（8）］，旨在将对手的控制构架破坏，并迅速将前脚回收完成动作的解脱。

图 4-4-18（6）

图 4-4-18（7）

图 4-4-18（8）

第二，当“我”使用中位侧踹击打对手上盘时，对手如上所述采用左手下位抄抱、右肘前顶的技法来控制“我”的踝关节。

“我”中位侧踹击打对手中盘，对手身体右转并同步完成前手抄抱防守，以控制“我”中位侧踹的运行轨迹，后手固网，用肘关节上顶，击点落位于“我”脚底外侧端位，迫使“我”的击打落在对手的动作网上，以阻击“我”的进攻［图 4–4–18（9）］。

“我”重心微前压并弯曲膝关节，以达到维持平衡的效果；同步用前手前撑动作网，后（右）手搭扣住对手同侧的下位前（左）手臂［图 4–4–18（10）］。当控位触点完成落位时，“我”被控前（左）脚在对手身上的胸腹或右手手臂位置寻找支撑点，并将后手的搭扣回拉用力与前脚前伸之力共同形成一组前后的对峙力，对峙力的表现要具有突然性且具备基本的爆发力［图 4–4–18（11）、（12）］，旨在将对手的控制构架破坏，并迅速将前脚回收完成动作的解脱。

图 4–4–18（9）

图 4–4–18（10）

图 4–4–18（11）

图 4–4–18（12）

④固位解脱后的动作发展

当出现第一类情况时，在固住对手袖把时可继续完成前脚的连续侧踹，击打目标可落实在对手的腋下，让回拉用力与侧踹同步完成。

当出现第二类情况时，在前脚下落的同时争取用前手控制住对手上盘，以达到牵动对手源动的效果，后手根据牵动源动的实际效果进行相应的击打。

2. 侧面腿法的单固位

边腿

从标准预备式的守网对峙开始，对手用边腿对“我”侧面进行击打。由于在站立式格斗中，边腿属于高频率使用的腿法，且边腿击打具有区域大、击打力度强、使用便捷的特点，所以针对边腿的固位训练显得尤其重要。

（1）边腿的固位

①对手用后边腿击打“我”中盘［图 4-4-19（1）］，“我”身体微左转，右手针对对手小腿胫骨端做外旋拍档防守，左手做由内向外的抄抱接招动作［图 4-4-19（2）］，在做好防守的同时也需要完成相应的固位准备。右手朝着对手脚背内侧搭扣并抬肘落位，左手继续抄抱将对手小腿落在自己的肘关节位，将左手腕关节压至自己右手前臂内侧，并完成左手外翻手腕扣住自己右手臂中端的技法运行［图 4-4-19（3）］。当完成落位后，双手用力配合身体微右转成马步，将所控位置朝前右方牵拉，力点通过右手与对手脚背内侧的足弓位传输，以全面控制对手的踝关节［图 4-4-19（4）、（5）］。

②对手前边腿击打“我”膝关节与小腹之间的区域［图 4-4-19（6）］，“我”前手守中固网，后手用手背或前臂外侧格挡对手前边腿的击打［图 4-4-19（7）］，并继续将右手外旋绕过对手踝关节扣住对手胫骨内侧位，迫使对手的脚内侧的足弓位落位在“我”大臂内侧上端［图 4-4-19（8）］，同步左手回收从侧上朝右后方做拍压，并重心后移，身体微下坐，以配合右手完成控制对手踝关节的动作［图 4-4-19（9）］。

图 4-4-19（1）

图 4-4-19（2）

图 4-4-19（3）

图 4–4–19（4）

图 4–4–19（5）

图 4–4–19（6）

图 4–4–19（7）

图 4–4–19（8）

图 4–4–19（9）

（2）固位的动作发展

由于边腿的使用范围大，可采用多类技法进行相应的控制。但从控制的角度来看，仍需要加强两方面的工作：一方面是防止对手的防守解脱与反控制的技法运行；另一方面是在控制点进一步加大控制力度，以获取较完全控制的技击结果。

（3）固位的解脱

攻防互换，当"我"运用边腿进攻对手时，对手也可根据"我"的边腿进攻进行相应的控制运行，"我"则根据对手使用动作的具体结构与特征，进行具有针对性的解脱与反控。通过单脚支撑中启动完成相应的动作运行，配合四肢运行、身法协调与步法移动，在确保自己不受到伤害的基础上，尽可能让自己的技法功能不被对手限制，或少被限制，或只被局部限制，并尽快找出突破口，按照技击的势态要求，施展出相应的相克技法，以解脱上述各种形式的锁扣。

①针对第一类的控制解脱。"我"后脚边腿击打对手中盘，对手身体微左转，采用右（后）手针对"我"小腿胫骨端做外旋拍档防守，左（前）手做由内向外的抄抱接招动作，企图用两手配合以锁扣来控制"我"右踝关节［图 4–4–19（10）］。

当对手在进行锁扣动作时，"我"必须在对手左手完成翻腕锁扣之前完成自己的技法运行,可将右(后)手扣压到对手的异侧右手臂前端腕关节处,或迅速固住对手右袖把位[图4-4-19(11)]。在身体重心微后移牵动对手的同时，右手回拉控制对手右手落位在“我”的脚背上［图4-4-19(12)],并阻止对手锁扣的形成,同时将右膝前顶与右手形成对拉力,使右腿具备回抽的空间，以完全解脱被控局面。

图4-4-19(10)

图4-4-19(11)

图4-4-19(12)

②针对第二类的控制解脱。“我”用前边腿击打对手躯干中盘区域时，对手用前手守中固网，后手外旋抄抱防守并控制住“我”前边腿的击打［图4-4-19(13)]，企图用右手外旋绕过对手踝关节扣住对手胫骨内侧位，并通过与左手配合进行回拉拍压，以达到控制“我”已动脚的效果［图4-4-19(14)]。

在对手右（后）手接“我”前边腿时，“我”可重心向前用已动腿完成扣膝动作，并用左前手落位于对手左（前）臂远端［图4-4-19(15)]，或扣住对手的腕关节内侧，或固住对手左手袖把位，回收牵拉把位的同时身体重心后移，并配合膝关节前顶，将前腿收回［图4-4-19(16)、(17)]。

图4-4-19(13)

图4-4-19(14)

图4-4-19(15)

图 4-4-19（16）

图 4-4-19（17）

（4）固位解脱后的动作发展

当出现第一类情况时，在前手控制对手右手把位的同时，“我”可以右脚回抽下落，在右手守中固网，仍然控制住对手左手把位时可做右手的上盘击打；当不能继续控制对手右手把位时，可完成右脚蹬腿击打对手中盘的进攻。

当出现第二类情况时，在脱控后前腿回收落位时，“我”如果能够继续控制对手的前手把位，则可再用前脚侧踹击打对手躯干位；或者侧牵的同时上步完成左后手的进攻，以击打对手上盘；如果还能继续牵动把位时，可通过身体左转将对手向左侧方牵引送出；如果不能够固把控制对手的前手位，则可小跳步撤出对攻区域，以便重新组织下一次的进攻，或进身继续对攻做相应的控制与击打运行。

3. 正面腿法的双固位

（1）正蹬腿

①正蹬腿同侧固位

以双方正架对峙为例。对手以前（左）脚正蹬腿进攻“我”中盘胸腹部位［图 4-4-20（1）］，“我”朝左上方上半步，完成弓步近身，并双手完成四象位的双力点运行，形成同步落位的发力动作，同侧后（右）手外抄接腿，要求对手小腿远端靠近踝关节处，落位于自己的肘关节内侧；“我”前（左）手同步前伸抓拿对手异侧的前（左）手左袖把，要求把位扣牢固紧［图 4-4-20（2）］。

同侧双固位的锁把：

待双手固把落实时，身体左转完成歇步，并将对手的身体牵动，迫使对手待动位的活动角度被封，并落在身后方，在重心前压的过程中完成左手的内收，此时左手为主控位，并同步完成右手的辅控位的运行，右手的具体动作是环绕对手小腿，主动内合完成扣住自己左手碗的锁扣动作［图 4-4-20（3）］。

动作应完整一体、一气呵成地完成，左手控制袖把位为主控位，右手控制对手小腿为辅控位，双手主辅位相合后，可以通过右手肘关节位锁住对手小腿，左手牵制对手已动，并通过左手肘关节的角度转换去控制对手的待动。

图 4-4-20（1）

图 4-4-20（2）

图 4-4-20（3）

同侧双固位的击打：

上述双固位落位完成后，动作不停，左手继续横拉控把，右手脱开把位[图 4-4-20（4）]，并在“我”前脚上半步左转身时完成歇步压肘的击打，击打对手腋下肋骨位[图 4-4-20（5）]；也可向左前方上半步完成后手的击打，目标是对手的同侧左下颚。

图 4-4-20（4）

图 4-4-20（5）

②正蹬腿异侧固把

以双方正架对峙为例，对手以左（前）脚正蹬腿进攻“我”中盘胸腹部位[图 4-4-21（1）]，“我”朝左上方上半步，完成左弓步近身，并双手完成四象位的双力点的运行，形成同步落位的发力动作，同侧右（后）手外抄接腿，要求将对手小腿远端靠近踝关节处，落位在“我”右（后）手肘关节内侧；左（前）手前伸抓拿对手同侧后手的右袖把位，要求将两个把位扣牢固紧［图 4-4-21（2）］。

异侧双固位的锁把：

待双手固把落实，以右（后）手为主控位、左（前）手为辅控位时，向右转体使身体重心回落至右脚，完成右弓步转型，在重心回收的过程中同步进行左手的内收至自己的右手位，完成两个控制把位的相合以封住对手的待动位［图 4-4-21（3）］，并同步完成右手在环绕对手小腿的基础上扣住自己左手碗的锁扣动作［图 4-4-21（4）］。

图 4-4-21（1）

图 4-4-21（2）

图 4-4-21（3）

图 4-4-21（4）

异侧双固位的击打：

待双手固把落实，以右（后）手为辅控位、左（前）手为主控位时，向右转体使身体重心回落至右脚完成右弓步转型的同时，完成右手脱把位［图 4-4-21（5）］，迫使对手同步完成左脚回收［图 4-4-21（6）］，完成针对对手躯干的侧踹击打动作［图 4-4-21（7）］，动作要体现出左手回拉与左脚向前侧踹的对峙力。

图 4-4-21（5）

图 4-4-21（6）

图 4-4-21（7）

动作发展：双落位的控把动作可根据需要进行相应的主辅控制转换，以更好地服务于技法运行的开拓，对控制的要求主要体现在两个方面：一方面是继续加固锁的把位，最大限度地限制对手的活动空间，确保达到要求的控制时间与实际的锁控技击效果；另一方面是在追求击打所需的技击效果而进行相应的技法运行时，可以根据需要脱掉主控或辅控的把位，迫使对手在被破网的基础上承受一定程度的击打，还可以通过脱掉一个或两个把位的同时，刻意让对手进行守网的恢复，在对手恢复守网之前进行相应的击打，以获取最大范围的击打机会与更大的技击效果。

（2）侧踹腿

①侧踹腿的双固位形成

以双方正架对峙为例，对手以前脚侧踹腿进攻“我”中盘胸腹部位［图 4–4–22（1）］，“我”身体微左转并向左上半步成弓步近身，同时调整四象位让自己双手完成双力点的运行，形成同步崩弹落位的发力动作，完成左手向内抄抱以控制对手前脚侧踹；与同侧右手前伸抓拿对手异侧后手右袖把，要求扣牢固紧［图 4–4–22（2）］。

②侧踹腿的固位

待双手固把落实后，身体右转并通过右（后）手固对手右（后）袖把，身体后坐将对手往内牵动完成步型由左弓步向马步的转型。在此过程中，“我”左（前）手继续上抄至自己的右（后）手手臂内侧，并通过左手的翻腕扣住自己右手小臂前端手腕处，通过双手的配合完成扣住自己右手腕的锁扣动作［图 4–4–22（3）］。

图 4–4–22（1）

图 4–4–22（2）

动作完成应该完整一体、一气呵成，右手控制袖把位为主控位，左手控制对手小腿为辅控位，双手主辅位相合后可通过左手肘关节的支撑控制住对手小腿，右手牵制对手已动，并通过右手牵拉对手右袖把位而封住对手的前手待动。

③固位后的动作发展

当如图 4–4–22（3）所示锁扣住对手时，“我”可将双手的配合进一步加大，右手为主控手，将左手与右手臂的触点为支点，以前压左肘配合身体右转，将步型由马步转型为右弓步，并将对手的两个点位合并成一个点位，以达到全面控制并锁住对手活动范围的技击效果，此时或许对手会失去平衡［图 4–4–22（4）、（5）］，则可通过“我”调整好双脚的支撑来加以控制。

图 4–4–22（3）

④固位后的击打

图 4-4-22（4）

图 4-4-22（5）

在侧踹腿双固位的落位完成后，动作运行不停，“我”重心微下沉，将左手脱把位转移至对手被控右（后）手的外侧，并迅速完成向内按压对手右手臂［图 4-4-22（6）］，同步向右转体收重心到右脚，完成将对手牵引到右后方［图 4-4-22（7）、（8）］。当对手被牵至近身时，完成双推掌，突然改变对手运行的方向，以达到破坏对手平衡的技击效果。

图 4-4-22（6）

图 4-4-22（7）

图 4-4-22（8）

⑤击打后的动作发展

上面动作不停，左手继续横拉控把，右手触把防守后即可脱把，且“我”前脚上半步完成后脚勾踢，也可左前上半步完成后手的各类击打。

4. 侧面腿法的双固位

边腿

双方从标准预备式的守网对峙开始，对手用边腿对“我”侧面的某位进行击打。针对边腿对“我”侧面的击打，需要获取固把位的技击效果，则可通过以下方式来完成。

（1）同侧位固把

①双手固把

对手后边腿击打“我”中盘［图 4-4-23（1）］，“我”身体微左转，左（前）手针对对手小腿胫骨端做由内向外的抄抱接招动作，同步右（后）手前伸做抓把固对手异侧的右（后）手袖把［图 4-4-23（2）］，并在控制好平衡与做好防守的同时，完成好稳固触点的固位运行。

固位后的动作发展：

当完成上面的动作控制后，身体右转下沉的同时完成左弓步转换成马步的转型，同步完成右（后）手将对手右（后）袖把抓住并往回牵带，左手用肘关节夹带对手被抄接的右小腿，双手配合随身体朝右转动时回带并靠拢［图 4–4–23（3）］，以通过左右两个手把位的主辅配合，达到完全控制的效果。

动作运行不停，将上述动作继续右转成为右弓步，并配合两手的回拉与左脚的蹬伸将对手甩出去［图 4–4–23（4）］。对抗中可根据需要将两个把位的一个或全部脱离，以达到在争取所需空间时提供时间与技法转换上的基本条件。

②手脚固把

对手后边腿击打“我”中盘，“我”身体微左转，左手针对对手小腿胫骨端做由内向外的抄抱接招动作，同步右手左转前伸拍压对手被抄脚面足弓侧［图 4–4–23（5）］，两手落位于对手右踝关节的前后位，再配合“我”双手达到让对手踝关节被相对控制的效果。在控制好平衡与做好防守的同时，重心过渡到右脚完成身体右转将对手的被控脚翻转过来，顺势提左脚扣膝下压［图 4–4–23（6）］，重心前

图 4–4–23（1）

图 4–4–23（2）

图 4–4–23（3）

图 4–4–23（4）

图 4–4–23（5）

图 4–4–23（6）

图 4–4–23（7）

图 4–4–23（8）

压脚尖外转的同时，用“我”的膝关节完成向对手膝关节的下压，并成为左歇步中的完全锁制动作［图 4–4–23（7）、（8）］。

固位后的动作发展：

当完成上述动作控制后，可通过双手控制踝关节的位置用力与歇步中膝关节控制中的彼此主辅用力的配合，达到全面整体的控制，目标是迫使对手放弃对抗，以达到对手被降服的技击效果；还可以待对手转身时脱位，以完成对对手后脑易位处的击打。

（2）异侧位固把

①双手的落把位

对手后边腿击打“我”中盘［图 4–4–24（1）］，“我”身体微左转，左手针对对手小腿胫骨端做由内向外的抄抱“接招”动作，同步右手前伸做抓把动作，固把的位置在对手同侧左手袖把，方向朝内以达到控制对手后手待动的效果［图 4–4–24（2）］，在控制好平衡与做好防守的同时，完成好牢固触点的固位运行。

②双手固位的动作发展

当两个控制把位得以驾驭时，身体继续左转，重心前压成左歇步，并同时以左手为主控把位，右手为辅控把位，右手回拉牵动源动，在左歇步完成时将两手控制的两个把位收拢于自己的身体左侧［图 4–4–24（3）］，以达到完全控制对手的技击效果。

图 4–4–24（1）

图 4–4–24（2）

图 4–4–24（3）

③手脚固位的动作发展

势态续图 4–4–24（2）的运行不停，“我”起右脚绕过对手被控脚的膝关节［图 4–4–24（4）］，用“我”的右脚膝关节下压对手的膝关节［图 4–4–24（5）］，落步的脚尖右转并重心前移成右歇步动作［图 4–4–24（6）］，以达到全面控制对手的锁扣效果。

图 4-4-24（4）

图 4-4-24（5）

图 4-4-24（6）

从技击对抗的技法层面来分析上述内容，较具代表性地说明了传统武术的技击表现，但这种表现还是局部的、离散的，并不是全面的、整体的。因为技击对抗在实际中只能够以一个整体的形式来体现自己，尽管技击体现的形式受到环境与对抗双方等各方面因素的影响，但现实的技击形式只能够如此。在技击的运行过程中，势态走向随时都会受到主导因素的牵引，因此，我们不仅要从具体技法的微观角度来审视技法训练本身，而且要从整体构架的宏观角度来透视技法训练之间的兼容度。

第五节我们就从技法的整体角度出发，来进一步分析技法训练间的彼此兼容，以及技法在整体构架中的方向与走向。

第五节　体系的基本技法训练

技击对抗中的动作运行与发展具有千变万化的特征，并且能将易变表现在任何一个瞬息之中，即便举例再多都会是挂一漏万，从技击的表象而言根本就无法穷尽。所以，只选择一些比较具有代表意义的技法表现进行展示；同时，动作的技击发展又是在一个大的、完整的体系内表现的，动作空间结构的变化，伴随着的是体系中旧的动作空间结构的改变，新的空间结构的产生，前赴后继，环环相扣，永不停息。因此，只有将当下技击表现出的时间运行与空间结构为主体阐述清楚，才能具备站在体系的高度来感知技击运行的内在规律。在传统武术技击体系的整体架构之中表现出技法运行具有相通的、动态的、连贯的、发展的动作空间结构变化特征。

受篇幅限制，这里只做技法与训练的大致阐述，不做动作发力的具体说明，凡是涉及有关动作劲力方面的内容可到相关章节了解。

为了在对抗中获取所需的技击效果，通过技击对抗的三环运行进行实战的分步分析，从不同角度来完成对完整实战效果的理性追求训练。

一、第一环节的切入

双方从守网中的相互对峙开始进入对抗，但进入对抗的形式与方式却可以千差万别，且各有优劣，因此我们从切入的触点来启动对抗的第一环节，这样就更能够说明问题了。因为对抗双方产生接触是形成技击的最基本的前提，否则就无法形成真正意义上的对抗形式，现实中的竞赛也并不存在没有触点就能全面获取技击效果的对抗模式。

传统武术技击的切入通常分为直入式切入与间入式切入两种，直入式切入是以击中把与靶为直接目标所进行的切入方式；间入式切入是以控网为前提所形成对把与靶间接影响的切入方式。在实际的技法运用中，这两种切入方式的区分只是相对的，例如：通过直入式切入时，由于当时布网的位置做了顺势调整，导致“我”的击点落在对手所布的网上，这样直入式切入实际上就成了间入式切入；也可以是在间入式切入时，由于对手的布网脱离现实，或所布之网缺乏功力支撑，导致间入式切入时应该产生的触点形同虚设，致使切入直接产生击中效果，此时的间入式切入实际上已经成为直入式切入。因此，无论是哪一种切入形式，为的都是更好地使受训者提高相应的能力，在实际中获取更好的技击效果而已。

从切入动作本身来看，间入式与直入式的相差并不大，但在技法的使用上却有很大的不同，这种不同主要体现在对触点的价值体现与处理的方式方法上。直入式是采用外力强制的直接冲击与对手的动作网产生接触，以此冲击的速度与力量迫使对手动作网产生构架上的影响，由此而产生直接的技击效果或势态影响；而间入式切入是通过触点为支点来控制对手，迫使对手动作网的局部在瞬间的点位上建立起可参照的控制基点，并据此基点进行开、合、牵、送、转的控制运用，以达到在对手所固网上的某网点产生所需的易位，由此获取技击运行的动作空间，这是产生技击效果或势态影响的重要平台。

下面就从触点的角度来分析切入的入网训练。

第一部分：第一环节单点入网的训练

（一）主动切入：双方从正架对峙开始

单点入网的基本原理是：通过主动进攻的方式与对手的网产生一个触点，以此为据与对手建立起相应入网的攻防关系。

入网的任务是通过一个触点产生与对手的互动，迫使对手所守之网的空间结构发生变化，并运行出可直接应用的空档与时机，或者构成足够影响对手守网的难度，并为第二环节对攻所需的技法运行创造出间接、潜在的空档与时机。

1. 手法入网训练

（1）单点直入式

切入：直接通过正面或侧门的拳法击打对手的空档，或正面或侧门的腿法主动进攻对手的空档，当对手不及防守时，则可直接击打到对手而产生单触点；当对手采取相应的接触性防守时，则在防守位产生触点；也可以有意识地通过击打对手，在网上将触位落实到具体的某个网点，以此来产生相应的冲击而建立起彼此的关联。

举例：正面拳法切入，击中对手面门［图 4–5–1（1）］；击打面门时被拍档防守［图 4–5–1（2）］。

图 4–5–1（1）

图 4–5–1（2）

（2）单点间入式

切入：先通过在网上的触点为支点来控制对手，以迫使对手动作网的局部在瞬间产生“我”需要的结构变化，为“我”下一步技击运行提供空间保障。

举例：

①开式切入

以手腕位触点的崩弹，产生触位的瞬间转手腕做外开动作。动作运行中将自己的掌心由朝内转向朝外，并要求以对手固网的触点为支点的参照，通过开的技法在接触的瞬间将其移开，以产生“我”需要的空间结构［图 4–5–2（1）、（2）、（3）、（4）］，由此得到可用于击打的上盘位置［图 4–5–2（5）］。

图 4-5-2（1）

图 4-5-2（2）

图 4-5-2（3）

图 4-5-2（4）

图 4-5-2（5）

②合式切入

以掌根的天星位作触点的崩弹，产生触位的瞬间转手腕做内合动作。动作运行中将自己的掌心由外朝内扣压，并要求以对手固网的触点为支撑参照，通过合的技法在接触的瞬间将其移开，以产生“我”需要的空间结构［图 4-5-2（6）、（7）、（8）、（9）］，由此得到可用于击打的上盘位置［图 4-5-2（10）］。

在训练中无论主练方采取哪一种方法入网，都应该确保练习时的全神贯注，首先，感受自己在启动时对手的判断与反应；其次，切入时，清晰与对手产生触点的一瞬间感知，并建立起彼此双方的本体感觉，也就是构建经纬构架中对纬线的基本要求，这是训练中必须在纬线上建立起来的两个感知内容，以此为据才能引领机体自我调整，确保在第二环节的技法运用；再次，完成动作时要求完整一体，没有任何刻意的中间衔接，将一次流畅的发力完整地表现出来。

图 4-5-2（6）

图 4-5-2（7）

图 4-5-2（8）

图 4-5-2（9）

图 4-5-2（10）

2. 训练方法

陪练专注守网，主练运用正面、侧门的拳法或腿法进攻对手。陪练在训练时需要强调的是：要让主练在其中寻找到入网的方式，在有触点产生时，从中感知动作网发生变化的感觉与规律，包括陪练固网时动作网所发生的形变感觉与规律、出现破网时的感觉与规律，它们与自己进攻时的技法、速度、功力之间的关系分别是什么。这些内容都需要陪练在训练中让主练逐步建立起来，并必须完成相应要求的训练任务。

3. 训练方式

（1）陪练先采用原地静态的守网，等待对手按照规范要求运行切入；

（2）陪练结合身法变化的原地动态守网，等待对手按照规范要求运行单动切入；

（3）陪练结合步法变化的移动守网，通过步法的移动让主练的切入或落空，或落实，在虚实中寻找切入的本体感知。

（二）被动切入：双方从正架对峙开始

这是单纯被动守网的训练，主要目的是培养受训者在对手主动进攻下单纯的守网与固网的能力。

训练中，陪练做出各种类型的进攻动作，通过将动作作用在习练者的动作网上，来进行习练者以保持网的完整性为目标的固网训练，并在此过程中不断提高习练者的守网能力。

1. 训练方式

（1）陪练运用单动的进攻动作，有节奏地对习练者进行击打，主练在原地针对陪练施力的动作，逐个表现在网的关键网点上的受力练习。陪练的击打动作由轻逐步变重、速度由慢逐步变快。

（2）陪练运用单动的进攻动作，适度改变节奏对习练者进行击打，主练自由移动步法，并根据陪练的动作运行，有针对性地将自己动作网上的关键网点逐个按照要求进行练习。陪练的击打动作之间的节奏变化由慢逐步变快。

（3）陪练运用组合的进攻动作，以随意节奏对习练者各点位进行击打，主练自由移动由陪练任意击打，确保动作网不变形，或在允许范围内形变随即复形。陪练的击打动作的速度与力量应保持不低于一个基数，动作节奏有持续变化。

2. 单点被动入网

该训练的主要目的是培养受训者在守网的基础上，主动到对手的进攻动作中去寻找触点，使得对抗双方各自的动作网具有一个实质性的平衡接触，这是锻炼习练者如何把握守网为前提的彼此互动交往的开始。

习练者通过训练中陪练做出的各种类型的进攻动作，主动切入产生一个触点为前提的守网，以此来训练习练者在产生攻防互动的前提下，能够保证守网始终处于一个相对的完整之中，并在此互动的过程中使习练者的固网功力不断得到提高。

举例：拳法进攻中有冲拳锉挂、掼拳钩缠、抄拳封挂等；腿法进攻中有蹬腿抄接、侧踹钩挂、边腿缠抱等。

3. 单点触位手法的训练

训练触位手法的目的是使得受训者的动作切入，能够与对手的动作形态之间产生更强的改变网点位置的驾驭度。在习练者的手法与对手动作运行时，首先通过彼此间的适度“挤压”才得以建立起相应的“黏合度”，其次才有了驾驭对手肢体的可能，其前提就是有了彼此在肢体上的黏合度。

4. 训练目的：旨在提高受训者守网过程中与三动相结合的能力

下列训练均从预备式正架对峙开始，针对机体动作的训练方法如下：

（1）拳法进攻：冲拳锉压

①陪练做单动的前手冲拳进攻，主练在守网的基础上做同侧后手的锉压练习[图4-5-3（1）]。

②陪练做单动的前手冲拳进攻，主练在守网的基础上做异侧前手的锉压练习[图4-5-3（2）]。

图4-5-3（1）

图4-5-3（2）

③陪练做单动的后手冲拳进攻，主练在守网的基础上做同侧前手的锉压练习[图4-5-3（3）]。

④陪练做单动的后手冲拳进攻，主练在守网的基础上做异侧后手的锉压练习[图4-5-3（4）]。

图4-5-3（3）

图4-5-3（4）

⑤陪练随意做单动的前手或后手冲拳进攻，主练在守网的基础上自由选择用同侧、异侧或者前手、后手的锉压动作进行练习。

（2）拳法进攻：掼拳钩缠

①陪练做单动的前手掼拳进攻，主练在守网的基础上做同侧后手的钩缠练习[图4-5-4（1）]。

②陪练做单动的前手掼拳进攻，主练在守网的基础上做异侧前手的顶压练习［图 4-5-4（2）］。

图 4-5-4（1）

图 4-5-4（2）

③陪练做单动的后手掼拳进攻，主练在守网的基础上做同侧前手的钩缠练习［图 4-5-4（3）］。

④陪练做单动的后手掼拳进攻，主练在守网的基础上做异侧后手的顶压练习［图 4-5-4（4）］。

图 4-5-4（3）

图 4-5-4（4）

⑤陪练随意做单动的前手或后手掼拳进攻，主练在守网的基础上自由选择用前手、后手的钩缠或顶压动作进行练习。

（3）拳法进攻：抄拳封挂

①陪练做单动的前手抄拳进攻，主练在守网的基础上做同侧后手的封挂练习［图 4-5-5（1）］。

②陪练做单动的前手抄拳进攻，主练在守网的基础上做异侧前手的封挂练习［图 4-5-5（2）］。

图 4–5–5（1）

图 4–5–5（2）

③陪练做单动的后手抄拳进攻，主练在守网的基础上做同侧前手的封挂练习［图 4–5–5（3）］。

④陪练做单动的后手抄拳进攻，主练在守网的基础上做异侧后手的封挂练习［图 4–5–5（4）］。

图 4–5–5（3）

图 4–5–5（4）

⑤陪练随意做单动的前手或后手抄拳进攻，主练在守网的基础上自由选择用同侧、异侧或者前手、后手的封挂动作进行练习。

（4）腿法进攻：蹬腿缠接

①陪练做单动的前蹬腿进攻，主练在守网的基础上做同侧后手的由内朝外的钩挂接腿练习［图 4–5–6（1）］。

②陪练做单动的前蹬腿进攻，主练在守网的基础上做异侧前手的由外朝内的抄抱接腿练习［图 4–5–6（2）］。

图 4-5-6（1）

图 4-5-6（2）

③陪练做单动的后蹬腿进攻，主练在守网的基础上做同侧前手的由内朝外的抄抱接腿练习［图 4-5-6（3）］。

④陪练做单动的后蹬腿进攻，主练在守网的基础上做异侧后手的由外朝内的钩挂接腿练习［图 4-5-6（4）］。

图 4-5-6（3）

图 4-5-6（4）

⑤陪练随意做单动的前蹬腿或后蹬腿进攻，主练在守网的基础上自由选择用前手、后手的缠接动作进行练习。

（5）腿法进攻：侧踹控制

①陪练做单动的前侧踹腿进攻，主练在守网的基础上做同侧后手的由内朝外的钩挂接腿练习［图 4-5-7（1）］。

②陪练做单动的前侧踹腿进攻，主练在守网的基础上做异侧前手的由内朝外的抄抱接腿练习［图 4-5-7（2）］。

图 4–5–7（1）

图 4–5–7（2）

③陪练做单动的后侧踹腿进攻，主练在守网的基础上做同侧前手的由外朝内的钩挂接腿练习［图 4–5–7（3）］。

④陪练做单动的后侧踹腿进攻，主练在守网的基础上做异侧后手的由内朝外的抄抱接腿练习［图 4–5–7（4）］。

图 4–5–7（3）

图 4–5–7（4）

⑤陪练随意做单动的前、后侧踹腿进攻，主练在守网的基础上自由选择用前手、后手的缠接动作进行练习。

（6）腿法进攻：边腿缠抱

①陪练做单动的前边腿进攻，主练在守网的基础上做同侧后手的由内朝外的钩挂接腿练习［图 4–5–8（1）］。

②陪练做单动的前边腿进攻，主练在守网的基础上做异侧前手的由外朝内的抄抱接腿练习［图 4–5–8（2）］。

图 4-5-8（1）

图 4-5-8（2）

③陪练做单动的后边腿进攻，主练在守网的基础上做同侧前手的由内朝外的钩挂接腿练习［图 4-5-8（3）］。

④陪练做单动的后边腿进攻，主练在守网的基础上做异侧后手的由内朝外的抄抱接腿练习［图 4-5-8（4）］。

图 4-5-8（3）

图 4-5-8（4）

⑤陪练随意做单动的前蹬腿或后边腿进攻，主练在守网的基础上自由选择用前手、后手的缠接动作进行练习。

5. 以冲拳为例，分析主练方实施手法与陪练方肢体的接触方式

上述手法中主练方完成锉压动作的运行方向，与陪练方完成冲拳时肢体动作的运行方向形成交错，同时彼此间的两臂还应具有一定的挤压力存在。双方的接触都应该是一个区域的接触而不是某个点位的接触，主练方的接触区域是手掌与手臂远端，而陪练方的接触区域是在手臂的远端至中端。

双方的两肢体接触要尽可能避免一碰就散开或被弹开的脱离现象产生，就脱离这个现象的时机来看，是以时间轴为主轴而空间轴为辅轴的技法运行的表象要求，表现在防守方法上的要求是防守时的接触脱离要快，以不妨碍抢时机为要求的技法运行；而在此表现的要求却是以空间轴为主轴而时间轴为辅轴的技击形式，要求的是通过触位去产生

对彼此空间结构的改变，并以此来创造出经纬技法所需的空间，即空档。因此，这是两种不同的技法表述，技法运行的前提不同，相应技法的表达方式自然也会表现出不同。

第二部分：第一环节双点入网的训练

双点入网的基本原理是：通过一个完整动作的技击运行，在对手的动作网中同时或依次产生两个触点，以此为据建立起与对手相应的入网关系。

入网的任务是：通过两个触点产生与对手网的互动，迫使对手所守功架之网的空间结构发生变化，并由此产生自己需要且可直接应用的空档与时机，同时也是建立间接的技击使用平台，以获取足够影响对手所守之网的空间驾驭权，为第二环节的对攻获取间接的空档与时机。

入网表现在单点与双点训练的方式、方法相同。

（一）手法入网训练

1. 双点直入式

（1）单手切入：通过一次完整的单手运行，动作依次在对手正面或侧门产生两个触点的手法。动作直接以正面或侧门的手法去崩弹击打对手的空档，当对手主动采取相应的接触防守而产生相应的触点时，再顺势在触位处完成开、合、牵、送、转，以达到改变对手在动作网点上的位置，并获取所需要的空间。

举例：前手中门崩弹切入［图 4-5-9（1）、（2）、（3）、（4）］。

图 4-5-9（1）

图 4-5-9（2）

图 4-5-9（3）

图 4-5-9（4）

（2）双手切入：通过一次完整的双手同步运行，动作同步在对手正面或侧门产生两个触点的手法。通过这两个触位去影响对手的动作网的位置，并按照自己的需求获取相应的空档，在切入的同时确保自己的动作网完整，并达到三动原理的要求。

举例：双手配合前手崩弹进攻后手封堵的中门切入［图 4-5-10（1）、（2）］。

图 4-5-10（1）

图 4-5-10（2）

2. 双点间入式

（1）单手切入：在一次完整的单手运行中，有意识地击打对手网上的某个网点位，再通过转向去改变对手动作网上需要控制的某点位置，以此来达到迫使对手空间结构发生变化的效果，这样便依次产生了两个触位。通过对这两个触位的施力来改变对手动作网的结构，迫使其网点的位置发生所需的改变，以达到“我”下一步技法施展所需的要求。

举例：针对对手严防的臂封切入［图 4-5-11（1）、（2）、（3）、（4）］。

图 4-5-11（1）

图 4-5-11（2）

图 4-5-11（3）

图 4-5-11（4）

（2）双手切入：通过一次完整的双手运行，动作直接在对手正面或侧门产生两个触点的手法，以通过这两个同时产生的触位去影响对手动作网的运行，并按照自己的需求改变相应的位置，以产生所需的空档。在两个点位切入的同时需确保自己的动作网完整，并达到三动原理的要求。

举例：针对后边腿的双手切入［图 4-5-12（1）、（2）］。

图 4-5-12（1）

图 4-5-12（2）

3. 双点触位手法的训练

双点触位手法的训练目的是通过受训者的动作切入产生两个触位，并通过这两个触位使得对手动作网的位置变化被强制受到受训者更高程度的驾驭。这个驾驭度就是建立在双方产生的两个触位基础上的运行，在运行中力争改变对手动作网的空间构架，以达到获取所需空间的技击需求。

4. 具体训练方法

下列训练均从预备式正架对峙开始，表现在守网与三动相结合的基本技术的训练方法。

（1）正面的冲拳

①陪练做单动的前手冲拳进攻，或者假设陪练做前手冲拳进攻，主练在守网的基础

上做异侧前手的阻按防守，并同步采用同侧后手的冲拳锉压练习［图 4-5-13（1）］。

②陪练做单动的前手冲拳进攻，或者假设陪练做前手冲拳进攻，主练在守网的基础上做同侧后手的阻按防守，并同步采用异侧前手的冲拳锉压练习［图 4-5-13（2）］。

图 4-5-13（1）

图 4-5-13（2）

③陪练做单动的后手冲拳进攻，或者假设陪练做后手冲拳进攻，主练在守网的基础上做异侧后手的阻按防守，并同步采用同侧前手的冲拳锉压练习［图 4-5-13（3）］。

④陪练做单动的后手冲拳进攻，或者假设陪练做后手冲拳进攻，主练在守网的基础上做同侧前手的阻按防守，并同步采用异侧后手的冲拳锉压练习［图 4-5-13（4）］。

图 4-5-13（3）

图 4-5-13（4）

⑤陪练随意做单动的前手或后手冲拳进攻，主练在守网的基础上，可自由选择陪练者的同侧、异侧，或前手、后手作为双点触位，以进行表现在三动原理控制下的动作攻防练习。

（2）侧面的掼拳

①陪练做单动的前手掼拳进攻，或者假设陪练做前手掼拳进攻，主练在守网的基础上做同侧后手对陪练前臂的钩缠，同步采用同侧前手侧按对手后手待动的练习［图 4-5-14（1）］。

②陪练做单动的前手掼拳进攻，或者假设陪练做前手掼拳进攻，主练在守网的基础上两臂交叉做异侧前手的顶压，同步采用异侧后手侧封对手待动的练习［图 4–5–14（2）］。

图 4–5–14（1）

图 4–5–14（2）

③陪练做单动的后手掼拳进攻，或者假设陪练做后手掼拳进攻，主练在守网基础上做同侧的前手钩缠，同步采用同侧后手侧按对手后手待动的练习［图 4–5–14（3）］。

④陪练做单动的后手掼拳进攻，或者假设陪练做后手掼拳进攻，主练在守网的基础上两臂交叉做异侧后手的顶压，同步采用异侧前手侧封对手待动的练习［图 4–5–14（4）］。

图 4–5–14（3）

图 4–5–14（4）

⑤陪练随意做单动的前手或后手掼拳进攻，或者假设陪练做前手或后手的掼拳进攻，主练在守网的基础上自由选择相应的技法并做好前手与后手的配合练习，以便达到最佳的技击效果。

（3）朝上的抄拳

①陪练做单动的前手抄拳进攻，或者假设陪练做前手抄拳进攻，主练在守网的基础上做同侧后手的封挂练习，并同步完成前手挤按对手后手待动［图 4–5–15（1）］。

②陪练做单动的前手抄拳进攻，或者假设陪练做前手抄拳进攻，主练在守网的基础上做异侧前手的封挂练习，并同步完成后手抓扣对手前手袖把［图 4–5–15（2）］。

图 4-5-15（1）

图 4-5-15（2）

③陪练做单动的后手抄拳进攻，或者假设陪练做后手抄拳进攻，主练在守网的基础上做同侧前手的封挂练习，并同步用后手固对手胸襟，以达到控制前手待动运行的效果[图 4-5-15（3）]。

④陪练做单动的后手抄拳进攻，或者假设陪练做后手抄拳进攻，主练在守网的基础上做异侧后手的封挂练习，并同步完成前手对对手后手臂的施力，以达到影响对手源动运行的效果[图 4-5-15（4）]。

图 4-5-15（3）

图 4-5-15（4）

⑤陪练随意做单动的前手或后手抄拳进攻，或者假设陪练做前手或后手抄拳进攻，主练在守网的基础上自由选择相应的技法并做好前手与后手的配合练习，以便达到最佳的技击效果。

（4）正门正身的蹬腿（要求双手的两个力点同步发出）

①陪练做单动的前蹬腿进攻，主练在守网的基础上做同侧后手的由内朝外的钩挂接腿，同步采用前手抓扣对手前手袖把的练习[图 4-5-16（1）]。

②陪练做单动的前蹬腿进攻，主练在守网的基础上做前手的由内朝外异侧抄抱接腿，同步进行后手横臂前推封堵对手的待动练习[图 4-5-16（2）]。

图 4–5–16（1）

图 4–5–16（2）

③陪练做单动的后蹬腿进攻，主练在守网的基础上做同侧前手的由外朝内的抄抱接腿，同步采用后手抓扣对手同侧右手袖把的练习［图 4–5–16（3）］。

④陪练做单动的后蹬腿进攻，主练在守网的基础上做异侧后手的由外朝内的钩挂接腿，同步采用“我”同侧左手前推封堵对手的同侧待动练习［图 4–5–16（4）］。

图 4–5–16（3）

图 4–5–16（4）

⑤陪练随意做单动的前蹬腿或后蹬腿进攻，主练在守网的基础上自由选择切入动作，注意前手与后手的配合，共同完成缠接、封堵、固袖把等动作的练习。

（5）正门侧身的侧踹（要求双手的两个力点同步发出）

①陪练做单动的前侧踹腿进攻，主练在守网的基础上做同侧后手由内朝外的抄抱接腿，并同步采用“我”同侧左手前推封堵对手的待动练习［图 4–5–17（1）］。

②陪练做单动的前侧踹腿进攻，主练在守网的基础上做前手的异侧抄抱接腿，并同步采用异侧后手的前推封堵练习［图 4–5–17（2）］。

图 4–5–17（1）

图 4–5–17（2）

③陪练做单动的后侧踹腿进攻，主练在守网的基础上做同侧前手由内朝外的抄抱接腿，并同步采用异侧后手的前推封堵练习［图 4–5–17（3）］。

④陪练做单动的后侧踹腿进攻，主练在守网的基础上做异侧后手由外朝内的钩挂接腿，并同步采用同侧的左前手推压封堵练习［图 4–5–17（4）］。

图 4–5–17（3）

图 4–5–17（4）

⑤陪练随意做单动的前、后侧踹腿进攻，主练在守网的基础上自由选择切入动作，但需要注意前手、后手的配合，共同完成缠接、封堵等动作的练习。

（6）侧门侧身的边腿（要求双手的两个力点同步发出）

①陪练做单动的前边腿进攻，主练在守网的基础上做同侧后手的由内朝外的钩挂或抄抱接腿，并同步以左前手抓固陪练胸襟把位的练习［图 4–5–18（1）钩挂、（2）抄抱］。

②陪练做单动的前边腿进攻，主练在守网的基础上做前手的异侧抄抱接腿，并同步采用异侧右后手抓扣对手异侧后右手袖把的练习［图 4–5–18（3）］。

图 4-5-18（1） 钩挂

图 4-5-18（2） 抄抱

图 4-5-18（3）

③陪练做单动的后边腿进攻，主练在守网的基础上做同侧前手的由内朝外的抄抱接腿，并同步采用右后手抓固陪练同侧袖把的把位练习［图 4-5-18（4）］。

④陪练做单动的后边腿进攻，主练在守网的基础上做左上步异侧后手的由内朝外的抄抱接腿，并分步采用后脚勾踢的练习［图 4-5-18（5）、（6）］。

图 4-5-18（4）

图 4-5-18（5）

图 4-5-18（6）

⑤陪练随意做单动的前蹬腿或后边腿进攻，主练在守网的基础上自由选择切入动作，并做好双手的配合，共同完成缠接、固把、勾踢等动作的练习。

（二）多点入网的训练

多点入网的基本原理是：通过一次完整动作的运行，在对手的机体或肢体上同时或依次产生两个以上的触点，以此为据建立起攻防控制双方入网时的结构关系。

入网的任务是产生两个以上的触点，并据此产生与对手网的空间结构改变的互动。主要通过躯干的落把与肢体的固把两种形式来体现。

1. 躯干落把的入网

（1）主动进攻的抱摔，如强攻下潜抱摔。

（2）防守反击的抱摔，如躲闪下潜抱摔。

2. 肢体固把的入网（可参考关于肢体的锁把动作的说明）

（1）主动进攻的肢体固把。

（2）防守反击的机体固把。

（三）易位要害的入网

易位要害进攻的入网是传统武术中一类较具特性的技击技法，在入网动作的表述中具有较强的特殊性，这样既保证了技击表现的原生态元素，又能让技击更符合自然性，同时又能凸显运动的人文特性，还能够使动作表现出应有的体育性，所以能够确保运动中习练者的绝对安全，该动作运行可表现在对抗中的任何环节之中。如果表现在第一环节的切入动作中，只要动作顺利、成功，对抗也就结束，那么该动作既是第一环节也是第三环节；当第一环节的切入没有产生作用或只产生了部分作用时，那么该动作的价值仅仅只体现在第一环节切入动作的功能之中。

1. 主攻入网

（1）抹眉切入［图 4–5–19（1）、（2）、（3）前手、（4）、（5）后手］。

（2）封眼切入［图 4–5–19（6）、（7）、（8）、（9）］。

（3）锁喉切入［图 4–5–19（10）、（11）、（12）］。

图 4–5–19（1）

图 4–5–19（2）　前手

图 4–5–19（3）　前手

图 4–5–19（4）　后手

图 4–5–19（5）　后手

图 4–5–19（6）

图 4-5-19（7）

图 4-5-19（8）

图 4-5-19（9）

图 4-5-19（10）

图 4-5-19（11）

图 4-5-19（12）

2. 防反入网

（1）合压锁喉［图 4-5-20（1）、（2）、（3）］。

（2）合压封眼［图 4-5-20（4）、（5）、（6）、（7）］。

（3）侧闪抹眉［图 4-5-20（8）、（9）、（10）］。

（4）抢击后脑［图 4-5-20（11）、（12）、（13）、（14）］。

图 4-5-20（1）

图 4-5-20（2）

图 4-5-20（3）

图 4-5-20（4）

图 4-5-20（5）

图 4-5-20（6）

图 4-5-20（7）

图 4-5-20（8）

图 4-5-20（9）

图 4-5-20（10）

图 4-5-20（11）

图 4-5-20（12）

图 4-5-20（13）

图 4-5-20（14）

二、第二环节的对攻

通过第一环节的切入，很自然地就进入了第二环节的对攻阶段，从经纬构架模式的角度来审视该阶段的博弈，其实质就是双方围绕着网斗而展开的空间与劲力的博弈，而网斗运行的指导核心就是将三动原理诠释的过程。

第二环节的训练就是围绕着网斗而展开的内容运行，训练中衡量网斗的效果是通过具象的破网来实现的。

如果我们只从破网的概念上来谈论技击，那是较模糊的表述，缺失了具体的形式，要将该思想落实到训练场上的训练行为之中，还是有一段距离的，因此我们有必要进行更细化的分区训练，这样就兼顾了具体又不脱离整体。

训练分为中门、大侧门、小侧门及各门之间的转换。

（一）中门网斗

1. 先明确中门的位置展现出的可控制点位

（1）上肢：左、右各小臂远端与大臂远端以及袖把；

（2）躯干：胸襟把位；

（3）上盘：左右侧门（重点在下颚位）。

2. 明确中门可产生摔法运用的把位

（1）上肢：控制肢体的摔法与左、右袖把的摔法；

（2）下肢：控制肢体的摔法；

（3）躯干：缠抱颈部、躯干的摔法。

3. 明确中门可被击打或被控制以产生技击效果的部位

（1）上盘：所有上、下、正、侧面皆可击打，但不允许对要害部位进行直接的击打，如击打后脑、颈部或插眼之类；

（2）躯干：正、侧面的击打；

（3）上肢：左右各腕关节、肘关节、肩关节；

（4）下肢：左右各踝关节、膝关节。

4. 中门守网的网斗落位状态

（1）前手主控而后手辅控

前手落位在肢体、躯干于上盘的可控点位，目的是牵动陪练的源动，并在此过程中产生所需的空间，同时后手配合完成做好辅控，保证陪练的待动不能够产生威胁。

（2）前手辅控而后手主控

后手落位在肢体、躯干于上盘的可控点位，目的是牵动陪练的源动，并在此过程中产生所需的空间，同时前手配合完成做好辅控，保证陪练的待动不能够产生威胁。

5. 实战对抗中的中门如何进行攻防的运行

这是三动原理的具体运用，在主练守住动作网为要求的前提下，围绕着主控的源动牵制与辅控的待动控制的两个方面内容，而展开控制与反控制的博弈，这就是训练的核心，控制的攻防也由此展开。支撑控制与反控制展开的主要有两个方面：功力和技法（技法的实施及转换）。

6. 中门技法训练的形式表现

（1）主控的中门落位、辅控的相应配合；

（2）主控在开、合、牵、送、转的表现，以产生源动的牵引或所需空间的出现为衡量标准；辅控以确保网的稳固完整，以及与主控的配合程度来判断；

（3）上述过程中陪练表现出来的反控制现象，主练如何驾驭势态的能力训练，表现在功力的支撑与技法的应变两个方面；

（4）辅控把位空间发力击打的能力、主控配合辅控的程度；

（5）进行再控制的转换能力。

训练的核心在于保障中门实战对抗的运行流畅。

（二）大侧门网斗

1. 先分析大侧门位置展现出的可控制点位

从大侧门的角度进行具体落点分析。

（1）上肢：直接接触的大侧门同侧臂与袖把、异侧的间接臂与袖把；

（2）躯干：中间的胸襟把位；

（3）上盘：同大侧门的下颚位。

2. 明确大侧门可被击打以产生技击效果的部位

（1）上肢：控制同侧肢体的摔法与左、右袖把的摔法；

（2）下肢：控制同侧肢体的摔法；

（3）躯干：从同侧切入把位的缠抱颈部、躯干的摔法。

3. 明确大侧门可被击打或被控制以产生技击效果的部位

（1）上盘：从同侧而入的侧面皆可击打，但不允许对要害部位进行直接的击打，如击打后脑、颈部或插眼之类；

（2）躯干：同侧面与正面的击打；

（3）上肢：同侧的腕关节、肘关节、肩关节；

（4）下肢：同侧的踝关节、膝关节。

4. 大侧门前后双手落位

（1）前手主控而后手辅控

前手落位在大侧门肢体的可控点位，目的是牵动陪练的源动，并在此过程中产生所需的空间，同时后手配合完成做好辅控，保证陪练的待动不能够产生威胁。

（2）前手辅控而后手主控

后手落位在大侧门肢体的可控点位，目的是牵动陪练的源动，并在此过程中产生所需的空间，同时前手配合完成做好辅控，保证陪练的待动不能够产生威胁。

5. 实战对抗中的大侧门如何进行攻防的运行

结合大侧门各点位所在位置共同组成的空间结构，顾及朝内方向有可能产生的待动威胁，从这个位置出发所牵引源动的角度会有自己的运行规范，这个位置主要体现由外朝内的技法使用。若要在大侧门产生较好的技击效果，则这个位置的训练是必须专门进行的。

6. 大侧门技法训练的形式表现

（1）主控大侧门落位、辅控的相应配合；

（2）主控在这个角度所进行的开、合、牵、送、转的表现，以产生源动的牵引或所需空间的出现为衡量标准，辅控以确保网的稳固完整，以及与主控的配合程度来判断；

（3）上述过程中陪练表现出来的反控制现象，主练如何驾驭势态的能力训练，表现在功力的支撑与技法的应变两个方面；

（4）辅控把位空间发力击打的能力、主控配合辅控的程度；

（5）进行再控制的转换能力。

训练的核心在于保障大侧门实战对抗的运行流畅。

（三）小侧门网斗

1. 先分析小侧门位置展现出的可控制点位

从小侧门的角度进行具体落点分析。

（1）上肢：直接接触的同侧手臂与袖把、异侧的间接臂与袖把；

（2）躯干：中间的胸襟把位；

（3）上盘：同侧小侧门的下颚位。

2. 明确小侧门可被击打以产生技击效果的部位

（1）上肢：控制同侧小侧门肢体把位的摔法与左、右袖把控制的摔法；

（2）下肢：控制同侧小侧门肢体把位的摔法；

（3）躯干：从同侧小侧门切入获取把位的缠抱颈部、躯干的摔法。

3. 明确小侧门可被击打或被控制以产生技击效果的部位

（1）上盘：从同侧而入的侧面皆可击打，但不允许对要害部位进行直接的击打，如击打后脑、颈部或插眼之类；

（2）躯干：同侧面与正面的击打；

（3）上肢：同侧的腕关节、肘关节、肩关节；

（4）下肢：同侧的踝关节、膝关节。

4. 小侧门前后双手落位

（1）前手主控而后手辅控

前手落位在小侧门肢体的可控点位，目的是牵动陪练的源动，并在此过程中产生所需的空间，同时后手配合完成做好辅控，保证陪练的待动不能够产生威胁。

（2）前手辅控而后手主控

后手落位在小侧门肢体的可控点位，目的是牵动陪练的源动，并在此过程中产生所需的空间，同时前手配合完成做好辅控，保证陪练的待动不能够产生威胁。

5. 实战对抗中的小侧门如何进行攻防的运行

结合小侧门各点位所在位置共同组成的空间结构，顾及朝内方向有可能产生的待动威胁，从这个位置出发所牵引源动的角度会有自己的运行规范，这个位置主要体现由外朝内的技法使用。若要在大侧门产生较好的技击效果，则这个位置的训练是必须专门进行的。

6. 小侧门技法训练的形式表现

（1）主控小侧门落位、辅控的相应配合；

（2）主控在这个角度所进行的开、合、牵、送、转的表现，以产生源动的牵引或所需空间的出现为衡量标准，辅控以确保网的稳固完整，以及与主控的配合程度来判断；

（3）上述过程中陪练表现出来的反控制现象，主练如何驾驭势态的能力训练，表现在功力的支撑与技法的应变两个方面；

（4）辅控把位空间发力击打的能力、主控配合辅控的程度；

（5）进行再控制的转换能力。

训练的核心在于保障小侧门实战对抗的运行流畅。

（四）各门之间的相互转换

通过上述中门、大侧门与小侧门的空间结构的分析，可以明晰此间技法施展的空间所要求具备的各种条件，但在实战对抗中的空间结构并不是只固定在某个门之中的博弈，绝对的空间限制在实战对抗中是不存在的。尽管某一方在某一门的空间驾驭能力很强，但并不代表这就是规则意义上的空间限制，只要是自己能力所及，就有保持或改变空间的可能，所以对抗中的技法表现需要有保持某一门对攻的能力，同时也要具有转变空间进行再对攻的转变能力。

下面就各门之间的相互转换进行具体的训练。

1.中门转大侧门

主练切入中门，明确主控手为左侧前手落位，并通过落位产生与对手上肢的主被控关系、主控位与对手空间结构的位置。当陪练的肢体落在“我”的手臂时，上可架、下可压、内可横开，也可通过控制袖把来迫使对手易位，使对手的肢体得以改变其所在位置，同时主练的辅控手完成控制陪练的待动，并同步完成转入大侧门的切入。

中门前后手臂切入，前手横开，后手侧按。

2.大侧门转中门

主练切入大侧门，明确主控手落位，并通过落位产生与对手上肢的主被控关系、主控位与对手空间结构的位置。当陪练的肢体落在“我”的手臂时，上可架、下可压、内可横开，使对手的肢体得以改变其所在位置，同时主练的辅控手完成控制陪练的待动，并同步完成转入中门的切入。

大侧门后前手臂切入，后手横开，前手控胸襟把位。

3.中门转小侧门

主练切入中门，左右手前后落位，前手为辅控，后手为主控。

双手落位后，主控手通过“我”左腋下落位产生与陪练异侧上肢的主被控关系，通过侧按控制对手小侧门，同时将辅控手移至对手小侧门处，完成中门转小侧门控制。

对手后手冲拳，“我”后手中门切入前手封堵，后手横开，前手小门侧按。

4.小侧门转中门

主练切入小侧门，明确主控手落位，并通过落位产生与对手上肢的主被控关系、主控位与对手空间结构的位置，当陪练的肢体落在“我”的手臂时，上可架、下可压、内可横开，使对手的肢体得以改变其所在位置，同时主练的辅控手完成控制陪练的待动，并同步完成转入中门的切入。

小侧门前手臂切入，后手控制待动，通过前手横开，同步后手落位中门。

5. 大侧门转小侧门

主练切入大侧门，明确主控手落位，并通过落位产生与对手上肢的主被控关系、主控位与对手空间结构的位置。当陪练的肢体落在"我"的手臂时上可架、下可压、内可横开，也可通过控制袖把来迫使对手易位，使对手的肢体得以改变其所在位置，同时主练的辅控手完成控制陪练的待动，并同步完成转小边门的切入。

大侧门后手横锉压切入，直至对手后手待动小边门处，后手横开，前手侧按对手小边门侧位，并配合身体适度右转。

6. 小侧门转大侧门

主练切入小侧门，左右手前后落位，前手为主控，后手为辅控。

双手落位后，左手作为主控手，通过左手向右侧运行落位于右腋下，以控制陪练异侧的左袖把，并同步加以控制，"我"主控左手横拉陪练异侧左手，通过辅控左手侧按控制对手大侧门。

小侧门前后手臂切入，前手前推侧按指向异侧待动，并牵引对手源动，然后"我"后手进行同侧大侧门的侧按切入，完成小侧门转大侧门的转换。

三、第三环节的脱离

第三环节的使命是结束对抗，传统武术技击结束对抗的形式主要有三类：自然结束、降服结束、强制结束。

自然结束的表现形式是在对抗中双方随着势态的发展自然结束对抗。

降服结束的表现形式是在对抗中一方出现被完全控制或放弃比赛而结束对抗。

强制结束的表现形式是裁判员根据规则，以对抗场上的实际情况为准绳，强制停止对抗。

由第二环节进入第三环节的对抗，在攻防的技击形式中主要有两个走向：一个走向是得以顺利进入第三环节结束对抗；另一个走向就是对手的对攻与反控制使得进入第三环节不顺，或者无法进入第三环节，迫使重新回到第二环节的落位与攻防。这类问题在训练中应该得到充分的解决。

1. 自然结束训练的表现形式（引导技法正常发挥）

（1）躲避击打；

（2）推与摔出；

（3）步法游离。

2. 降服结束训练的表现形式（按照规则必须处理）

（1）出现锁扣；

（2）一方弃权；

（3）要害易位：要害点易位在第三环节的应用。

3. 强制结束训练的表现形式（符合规则恰当要求）

（1）出现僵持；

（2）脱离危险；

（3）处理意外。

四、训练中三个环节的随机组合特性

这是技击对抗的综合训练，旨在通过训练构建能够顺势而为展开技击对抗的表现形式，在脱离了功力支撑与外在诸元素的影响的基础上，把技击放入理想的环境中尽情地诠释，使得对抗中的技法使用得到充分保障，那些合理的技法在该状态下都能够通过意识的引导顺畅表现出来。

从实际的技击状态出发，将三个环节的各技法表现进行排列组合，所能得出的技法表现组合是无穷尽的，充分体现了技击表现的多样性特征。

三个环节的随机组合特性在训练中的表现形式如下所述。

（一）完整环节的训练

1. 形式

第一环节的切入—第二环节的对攻—第三环节的结束。

2. 表现

（1）第一环节从不同门的切入—第二环节中相对固定的对攻—第三环节的结束；

（2）第一环节相对固定的切入—第二环节中不同门内的对攻—第三环节的结束；

（3）第一环节相对固定的切入—第二环节中相对固定的对攻—第三环节的不同结束方式。

（二）不完整环节的训练

1. 形式

第一环节的切入—第三环节的结束。

2. 表现

（1）第一环节从不同门的切入—第三环节的结束；

（2）第一环节相对固定的切入—第三环节的结束；

（3）第一环节相对固定的切入—第三环节的不同结束方式。

（三）重复环节的训练

1. 形式

第一环节的切入—第二环节的对攻—控制第三环节的产生与结束—重新回到第二环节的对攻—第三环节的结束。

2. 表现

（1）第一环节相对固定的切入—第二环节相对固定的对攻—控制表现在不同状态下第三环节的产生与结束—重新组织落位，突出主辅控制，回到不同门内的第二环节的对攻—第三环节的结束。

（2）第一环节相对固定的切入—第二环节相对固定的对攻—控制表现在不同状态下第三环节的产生与结束—重新组织落位，突出主辅控制，回到不同门内的第二环节的对攻—第三环节的强制结束。

（3）第一环节自由的切入—第二环节自由的对攻—控制表现在不同状态下第三环节的产生与结束—重新组织落位，突出主辅控制，回到不同门内的第二环节的对攻—第三环节的强制结束。

第六节　技法训练的基本表现

图画上的一个钟表，在一天之内指针所指一定会有两个绝对“标准”的时间点，而正常运转的钟表理论上是很难在现实中走出“绝对”的标准时间的，但是我们并不能因此来判定图画上的钟表就有更实际的运用价值，而否定现实中钟表的价值体现。这个道理表现在传统武术技击的训练之中，就是所有的技击训练都必须接地气，凡是脱离了现实指导的理论都不是我们训练中需要的。

训练的主要目的是在特定的时间段内使习练者的水平达到预定目标。训练计划就是有目的、有步骤、有任务、有措施地为现实中预定的目标安排合理的训练。“凡事预则立，不预则废”，要想习练者的技法水平得到提高，就要制订一套完整的、符合经纬技术构架的、系统的训练计划，使习练者的训练沿着规范的轨迹前行，并按照既定计划得到相应的发展。

训练对于每个习练者的技术成型起到关键性的作用，同时又能够有目的地形成某种特定的技术风格，特定的训练对习练者特长技能的形成起着决定性作用。由于每个教练员的知识结构不同、受训经历不同、对传统武术的了解与专业素养不同，导致每一个教练员的训练方式也不尽相同；同时每一个受训者自身情况的不同，因此，针对每一个人表现在技法上、素质上、形式上、目标上、着重点上的内容安排与训练方式都应有所不同。这些目标的实现，首先都必须通过制订合理的训练计划，然后再按照计划有步骤地去实施，最终才能得以实现。

好的训练结果是建立在合理与合适的训练计划之上的，通过训练计划的实施才能得以实现，优秀的传统武术技击者都是多年系统科学训练出来的。

虽然制订训练计划是一个极复杂的过程，但是，科学制订训练计划，是优秀教练员驾驭训练过程的理论基础和实践依据，所以，训练计划无论是对运动队还是队里的每个队员都是不可缺少的。

一、制订不同类型的训练计划

传统武术技击的训练是一个少则一两年，多则数年甚至十几年的过程。在这个过程中，为了实现目标，必须进行有组织、有计划的科学训练。对某一训练阶段所要达到的训练目标进行科学的规划，即制订训练计划。训练计划是训练的行动纲领，是控制训练的重要依据之一。

各个阶段性的训练计划因为受篇幅限制在此就不详述了，下面就组成训练最基本的单元训练计划进行阐述。

（一）单元训练计划

单元训练计划又称之为训练课教案，是对一堂训练课的训练过程所做出的计划。运动训练过程的最小结构和时间单元是训练课，正是多个训练课的有机衔接，从而组成了最小周期单元，即训练周。由此可见，作为竞技运动的教练员，要能全面认识训练课的结构、类型，这对于驾驭整个训练周的训练工作具有十分重大的意义。

训练课教案的主要栏目有课的任务、过程划分、训练内容、训练手段、运动负荷、组织方法、基本要求等。

1. 训练课的基本结构

通常，训练课的基本结构是由准备部分、基础部分、结束部分所组成的。一般来说，在一堂完整的训练课中，这三个部分的时间比例是 2 ∶ 7 ∶ 1。从训练课三个部分的内容与功能上看，训练课的准备部分、基础部分、结束部分均由自己的独特内容与功能所组成。任何一堂富有训练效益的训练课均应充分体现出三个部分的各自内容与功能。

2. 训练课的基本类型

根据训练任务的性质，训练课的基本类型大致可以分为五种，即教学课、训练课、教学—训练课、恢复课、检查课。

根据训练内容的类别，训练课的基本类型大致可以分为五种，即素质课、技术课、战术课、综合课、检查课。

3. 训练课的组织形式

由于训练对象水平不齐、训练任务不同、体重级别各异、场地器材限制等诸多因素的制约，许多教练员为训练课的组织安排大伤脑筋。实践中，许多富有经验的教练员为了最大限度地提高训练课单位时间内的训练效益，往往根据具体情况采用多种组织方式进行训练。

4. 训练课的教案内容

训练课教案的主要栏目包括教案眉目、训练任务、训练内容、课的部分、运动负荷、组织安排、课后小结等。其中各个栏目中又包括许多具体内容。

（二）训练课的基本形式

课的组成内容包括准备部分、基础部分、结束部分；

准备部分的内容包括准备活动的基本原则、形式、内容与要求；

基础部分的内容包括每一堂课实质性的训练点、相关内容与组织形式；

结束部分的内容包括由训练状态通过有效的放松形式与手段，使机体规整到常态。

二、关于基本功训练的三个要求

在传统武术的基本功中，无论是阳性或者是阴性性质的内容都是武学体系中不可缺少的重要支撑部分，同时它们又都是支撑技法施展、获取技击效果的必备基础。在传统武术训练的活动中，无论是受训者或是施训者，都应该明确基本功的重要性，并将基本功的练习内容贯穿到整个训练的始终，使之伴随着受训者的武术生涯，只是训练的内容与要求随着不同阶段的目标与任务的不同，而表现出相应的区别而已。

1. 夯实的基础

一般基础与专项基础、阴性素质与阳性素质的提升需要并驾齐驱，不允许存在顾此失彼的偏颇。基本功的夯实要求就如同高层建筑的打地基，必须将地基坐于坚硬的地底，才能够保障今后建筑的高度与稳固程度。然而，武术基本功的训练却是一个长期的过程，并会通过不断地实践对基本功提出更高的要求，以满足实际武术技击活动中不断提升的需求。

2. 整体性的要求

这里的整体性是指基本功表现在阴阳素质方面相对全面的要求。通过训练，在功力上的提升不应有任何偏颇，任何一个方面的基本功不足或不扎实都有可能导致相应技法的施展无法在对抗中按照要求运行，而且，技法施展在传统武术技击的对抗中原本就是以整体的形式出现的，因此，不完整的基本功势必会导致经纬技术构架的实施受到相应的影响。所以，我们在训练中要做到基本功不偏颇、不脱完整、有的放矢，使基本功的所有内容形成有机的互融整体。当然，建立在这个基础上可以形成受训者在某方面功力的特长或优势。

3. 对应的关联

这里的对应是指技法与相应功力的一体性所起的互动关系，彼此间所产生的互利互长效应。虽然基本素质之间是相互关联的，但不同类型的技法仍然需要不同特征的功力进行相应的支撑，才能有更大的技击效果产生。例如：耐力对技法使用的持久力有着决定性的作用，如果耐力欠缺必定会在支撑击打与控制的某些技法运用中显现出来，并表现出匮乏者力不从心的技击状态。动作的崩弹强度对三才力的发放效果起到了决定性的作用，但与受训者心理上的承受强度关联就不会太大……因此，我们在训练中需要根据经纬技术构架的实施去发现支撑其正常运行的诸多基本功的相互关系，并做到有条不紊地进行相应的训练，以确保能够实现练与战的一体性，同时通过相互作用达到彼此间互利互长的效果。

三、实战对抗的完整训练

《六韬》中说的“兵不两胜，亦不两败”，正是现代搏击在擂台上的真实写照。要在擂台上保持胜利，成为真正的强者，就必须具备高超的、与成绩匹配的真实水平。然而，获取这种能力的唯一手段就是进行科学而又体系化的规范训练，所以说，训练是实现提高技击能力这个目标与完成布局的最重要的手段之一，训练只是途径并不是目标本身，训练还是完成布局任务的实施过程。假设有了更科学、直接的方法获得更好的训练效果，那么过去的训练手段、途径以及相应的方式方法或许会被省略，甚至被淘汰。

由于训练是运动员获取能力的形式，队员通过训练与竞赛完成不同阶段的计划与目标，并进行效果的检验，同时指导着今后训练工作的开展。在不断积累经验的基础上，习练者的技击技术趋于完善，同时还表现在机能、素质、技能、心理、智力、特征及综合能力等各个方面都逐步走向成熟。

（一）实战对抗训练的一般流程

单动对抗；组合对抗；条件实战；基本实战；交流实战；总结训练；竞赛实战；再总结训练；再竞赛实战……

1. 从守网对峙开始

①熟悉单个动作的喂招练习；②守网对峙的条件喂招练习；③两种腿法混合进攻的条件喂招练习；④三种腿法混合进攻的条件喂招练习；⑤自由腿法进攻的喂招练习；⑥结合攻防的喂招练习；⑦结合拳法进攻的喂招练习；⑧结合固把控制的喂招练习；⑨结合摔法进攻的喂招练习；⑩全面自由攻防的喂招练习；⑪全面自由的攻防练习。

动态组合中的叠网练习：训练中的守网，不论表现在任何形式的攻与防动作中都应该得到全面的功能体现，但在静态的单纯守网中，则更容易表现出其中更直接更易行的特征。这是因为此境所需要思考的因素相对会更少，尤其是其中涉及的进攻因素少，由此带来的形变也相对减少；然而，在自由组合的训练之中，以及表现在实战技击的运行形式之中，网要将功能全面诠释开来，所需思考与承载的因素就会骤增，主要来源于建立在相互攻防的平台上，动态中诸多因素整合起来在随机随势中产生的变化所导致的相会有无限变化的可能性。这就要求技击者在攻防之中始终保持网的功能不会随相随势的变化而受到质的影响，网的变化应同步于攻防而展开，并且不允许在变化中出现网的露白。于是在过程中，新的一张网叠着前一张消失的网而自然产生，在对抗中表现出网随着攻防的进展一张叠一张顺着技战术的展开而随势出现，就如同海岸堤坝边的浪永远都在，永不消失。

2. 准备活动展开的基本原则

确保身体在松沉、整体、自然的情况下完成机体的准备活动，为后面实体训练的内容提供相应的活动储备，主要表现在为技法、功法、对抗、心理、生理等方面的需求与扩展提供全方位的运行准备。当然，具体内容还需要与后面训练的主体内容相互配套，体现出组成准备活动内容的针对性，并要表现出传统武术技法的运行特征。

（二）守网中的推桩训练

推桩：针对受训者构架中具有网的严谨功能与桩的劲力功能的综合训练。

推桩分为双手推、单手推与综合推三种形式。

姿势应用：全防推式、预备式与自由功架。

表现形式：单方推桩与双方互推；条件推桩与自由推桩。

技术表现：结合开、合、牵、送、转等若干技法的运行，以达到推散对手的功架或迫使对手功架出现空档、时机等的运行效果。

效果控制:在控制与反控制的推桩博弈中，进行对控制部位的深入、转移与适度击打，在具体的训练中需突出遇力成桩的运行特征。

训练途径：完成推桩练习的相关内容，需以如何服务于经纬技法构架为目标，并落实以此为前行的方向，所形成的训练路径。

以提升爆发性启动能力的训练、以控制距离急速转向的练习，并以此奠定经纬技法运行的基础。

在移动训练中，从原地训练上述内容开始，先完成原地四个方向的训练，再完成上一步可进行四个方向移动的训练，然后进行上步蛇行撞击的行桩训练。做到在移动推行中完成突然转向能力提升的练习，保证机体功架处在动态浑圆中的冲撞运行始终不散，在这个动态运行中保持机体的浑圆是关键。做到机体随时随处被外力冲撞，都能体现出功架完整不散的承受能力，并且在功架内保持劲路畅通，尽管在外力的影响下，动作表达技法中仍能确保运行不受外力影响，这就是技法运行中的浑圆劲力体现，也是体现无死角击打的基础保障。上述训练内容需要落实到前行、后行、急进、急退等综合步法的训练中逐步完善。

在上述练习具备一定基础后，就可以全面展开技法运行的训练。在前行中不断受外力冲击而保持构架与劲力的完整，并在此基础上进行经纬技法的运行。在急速运行中进行转向能力提升练习，技法的运行可通过设定相应条件进行，并根据实情结合具体实物（靶、沙袋、陪练等）进行随势上步及左、右等变向撞靶练习，并逐步清晰地体现出所练习的技法。运行中的内容体现还包括“正反架的随机调整、步法的随需调整、身法的随势调整、步型的随法调整”等要求。

附：击打主要表现在无死角劲力发放，对所控制部位的空档进行直接击打，或者控制所能影响部位的进攻。

（三）关于具体技法的训练方法

一般分为下列三个步骤：

第一次对抗或实战的过程中，在感受陪练或者对手给你带来的综合冲击时，都会有不同程度的害怕心理存在，因为在这个特定的技击环境下，一个没有接触过实战的人，产生害怕的心理是很正常的自然反应，是一个正常人很正常的自然表现。习练者要做的是承认害怕这一心理反应的客观存在，并通过训练让自己理解它、正视它、面对它、克服它、战胜它，而不是回避它。努力克服恐惧心理，让自己成为驾驭自己的真正主人。

技法的掌握需要相关的训练才能真正上身，而不是只局限在学会了组成技法的几个基本动作而已，那些没有上身的技法是无法在现实的对抗中获取相应的技击效果的。如何才能让我们看似了解的技法在对抗中运行自如？从传统武术技击的训练角度来看，技法需要通过领拳、架拳与对拳三个步骤的规范训练才能够将自身价值在对抗中体现出来。

下面就领拳、架拳与对拳这三个步骤进行相应的阐述。

1.领拳（又称引拳）

领拳这一步骤的目的就是教练或者陪练，将受训者所学习技法的动作意识落实到“着相”的具体动作功架上来。表现在通过正确的动作的技击引导，使习练者在训练中能正确地思考，做到不脱经纬构架的技法，动作的运行不脱劲力的规范与要求。

领拳的表现形式是陪练调整好所要训练技法的距离与角度，或徒手，或器械，或口令，或信号，旨在能够让受训者准确入境，并激发出受训者技法得以发挥出来的各方面因素与潜质。

领拳阶段训练的表现形式（不与陪练及器械有任何接触）：

①原地的单动练习（给信号做进攻与防守的动作练习）；

②行进间的单动练习（给信号计划步法做进攻与防守的动作练习）；

③行进间的多动组合练习；

④行进间的多动攻防转化练习。

2.架拳

架拳是建立在领拳之后的训练步骤，当受训者关于某技法的领拳基础达到一定要求后，则可逐步转到架拳的步骤进行训练。

架拳是教练或者陪练设定与技法使用相应的动作功架，进行或静态或动态，或动静结合，或主动或被动的针对性训练，旨在让受训者的技法能在陪练所设置的特定空间里规范地展现出来，并落到实处。

架拳训练阶段的任务是围绕着受训者的技法运用而展开，陪练者应该尽可能地让受训者将所训练的技法全面展现出来。一个力点在实战对抗中的击打有可能出现“击中、落空与落网”等现象，不同现象处理的方法显然不同，但都会在发力的瞬间产生。不同现象在瞬间运行所需展现出来，内容包括规范的动作意识、清晰的动作运行轨迹、准确的触点落位、正确的用力模式（整劲、骨缝劲、力点、绷劲、用力方向、主辅用力的配合，以及具体动作的技法在某方面用力的特殊要求等）。

架拳阶段训练的表现形式（与陪练及器械必须产生受力点的接触）：

①单动的寻位击打；

②单动寻位击打的功力体现；

③多动的变位击打；

④多动部位击打的功力体现。

3. 对拳

对拳的本意是指教练或陪练与受训者就某训练技法的运用进行互动的表现，旨在通过条件实战的训练使受训者能够将动作的技击阈值降到更低，提高技法的实用程度。

从训练的程序来看，对拳必须建立在架拳训练之后，如果说架拳是受训者只考虑自己将动作尽情地去发挥，那么对拳就是受训者将所训技法在攻防之中表现出来。所以说对拳是最接近实战的一种技法互动的表现形式，通过对拳训练赋予了所训技法在实战中的生命。

（1）对拳阶段训练的表现形式（与陪练及器械有技法需求上的全面接触）：

①单动的攻防及攻防转换；

②组合的攻防及攻防转换；

③综合技法的全面触摸；

④设置前提条件的实战；

⑤符合规则的全面实战。

（2）对拳是陪练与受训者的互动，训练中的具体表现有如下几个方面。

①从技法的角度进行对拳

该方面的训练重点是关于技法本身的攻防相生相克的表现，在控制与反控制的氛围里，陪练应该从各方面给受训者的技法施展设置一定的障碍。这类障碍的程度可以由小到大，并让受训者在这个过程中培养出排除障碍并顺利诠释技法的能力，使得受训者技法的使用能力由生疏逐步成熟，再走向精巧，直至奇绝。

②从功力的角度进行对拳

传统武术技击对功力的要求是比较严格的，甚至是达到了苛刻的程度，原因就是传统武术技击的技法支撑不能够缺少相应的功力，否则技法与功力一旦分离，脱离了实际需要的功力就支撑不了对抗中技法的施展，技法的使用也就成了无源之水。

建立在技法对拳层面上的训练，陪练要在动作运行中施力，将受训者的相关劲力引发出来,并按照要求表现在需要表现的时空里。在架拳的步骤里已经有了有关用力的训练，在这里讲的是用力的互动，并且在结合技法的互动中表现出来。因此，对训练的要求是技法的表现无论在什么状态下，运行中都要体现出其中的功力，一举一动都要能彰显出其中的功力与魅力；所展现出的动作要做到干净、干脆且完整，绝不能拖泥带水；要让技法的使用空间进一步得到扩展。这样才能够更理性地使经纬技术构架在对抗中产生可收获的技击效果的区域范围变得更大。

③从空间位置的层面进行对拳

传统武术技击对抗的动作表现有着它运行的内在形式，训练中把这些表现形式加以强化是技击对抗得以流畅运行的基本保障。

从对抗双方的位置变化的角度来看，对抗彼此都是在四维空间里随着技法、势态的变化，不断地改变着与之相关联的位置。

对抗中的距离不同可通过表现在彼此对所处空间纵横轴的落位把控之上，对抗中，在双方保持综合劲力的结构不变，且能够自然表现出三才劲的基础上，所表现出来的空间具象是：距离越远越以纵轴为主、横轴为辅，距离越近则越以横轴为主、纵轴为辅。如远距离的无论是正面或侧面的进攻，更多的是建立在对纵轴距离的控制基础上才能得以表现；而近距离尤其是贴身缠斗时，所表现在以某接触点为支点的横向撬动把位的杠杆运动，则更多地表现出横向转动的动作控制运行，因为此时的空间结构已经决定了该状态下的技击表现特征，在训练中能够根据距离的变化掌握不同位置对技术运行的要求。

训练中的技法运用需要结合势态的要求，通过具体技法在三环中的表现体现出来，通过训练具备经纬技法在不同距离与位置都能自然流畅运行的能力，确保在技击中的技法按照需要运行，并根据势态因势利导地对其进行合理的导向作用，始终都能最大限度地保障对抗中经纬技术构架的运行朝着更自然更通畅的方向发展。

④从综合运行的层面进行对拳

主要通过走回合的练习进行综合的技法训练，同时可通过走回合的形式检视各自经纬技法的质量与实际需求，也是上述各方面综合训练的表现形式。

当单纯的技法对拳、功力对拳与空间位置对拳分别达到一定层次后，就需要进一步整合训练，在不脱“整体、自然、松沉”的前提要求下将各个方面融合在一起，让它们产生相互支撑，共同为获取更大的技击效果而努力，共同表现经纬构架的技法与功力体系的价值。

技法因为有了功力的支撑，显得如虎添翼；功力有了技法的平台，显得更加务实而不再务虚；空间位置层面的对拳，让技法在攻防中的运行浑然一体。

无论是受训者还是施训者，都要理解并在训练中贯彻训练歌诀的精神，歌诀为：经纬是总纲，控制来贯穿;恪守不丢网，浑圆伴网闯;时空分主辅，三动引架出;打静不打动，三才劲随颂。我们需要通过互动的训练形式去找出问题，并解决问题，如周身劲力问题、功架问题、力点运行问题、发力问题。

教练在有目的地训练某技法动作时，应该有意识地关注受训者在实际中表现出来的状态，以及在与习练者互动时发现问题，并找出问题产生的原因所在，例如：指定技法的表达技巧、技法之间的转折表述、技法的转型问题的理解、追求技击效果如何才能选择更适合的方式方法等问题。

教练在训练中可参考歌诀以梳理自己的指导运行，达到进一步规范训练的要求：

功架需显浑圆体，动静浑圆皆相宜；崩弹挫钩控中行，经纬技法是指导；

守中用中需回中，撑守网络不放松；进网切入不丢整，营造氛围功架行；

进得网中有变化，三动运行控结果；鼓掌形式去纠缠，触碰之中现主辅；

时空运行有主导，开合牵送触中展；击打摔跌与控把，围绕效果行技法；

技击思维有目标，顺势造势能用势；三个环节有秩序，控制贯穿在始终。

对拳是走向全面实战的主要环节与步骤，只有明确其重要性，承认自己在其中的不足，找出自己弥补不足的方式方法，并认真去做，让事实说话，这才是一个武者对待技击应有的正确态度，这才是具有大智慧的人。

（四）技法训练的递进要求

技法训练的递进要求是：一式、二顺、三熟、四快、五精、六巧、七绝。

一式：指架式。指技法的训练首先需要建立一个规范的动作功架，技法的所有有形与无形的内容都是建立在功架的平台上才得以展现的，因此动作构架端正是首要的要求。

二顺：指顺畅。指建立在规范动作功架基础上的技法运行必须在顺的要求下进行，一切脱离了顺的表现都是存在问题的动作技法，包括体现在机体内在的劲路、间架中各部位的关系、技击思维等方面的顺畅要求。

三熟：指熟练。指动作能够建立在顺畅的基础上，表现出动作运行的熟练要求，同时又是动作运行所涉及的各因素之间协调的有机体现。

四快：指快捷。这是技法的动作运行的动力定型阶段，表现出动作运行的驾驭能力的提升特点。

五精：指精准。这是技法运行中体现出的本能特征，表现出技法在技击对抗中的随时、随势的恰当的精准体现。

六巧：指巧妙。这是在技击对抗中为获取所需效果，技法在运行中根据实际状况随时、随势的巧妙体现，突出了唯我知人而人不知我的特征。

七绝：指极致。这是一种技法运用的境界体现，表现出在对抗中即使对手明知我做何为，但对手却想有所为而不能为的特征。

（五）训练中技击运行模式的表现特征

指导思想：控制与反控制。

思想体现：战术的制定与实施。

空间位置：无效、有效（远、中、近）。

时间特征：对应“对峙、切入、第一环节、第二环节、第三环节”状态中的表现。

综合表现：就动作在对抗中的表现而言，具有远腿、近拳、贴身靠摔等结构上的特征去诠释控制；从技法在使用中的表现来看，具有远斗智、中斗技、贴身斗本能等技击运行特征，旨在最大限度地去获取势态中的控制权。

对抗在控制与反控制中的战术表现，根据时空轴的特征，通过经纬技法的博弈运行，追求在恰当的时间，落实到恰当的位置，并做出恰当的动作，在不同势态中表现出或理性或技巧或习惯的技击运行特征，旨在追求所需的技击效果。

（六）实战训练中关注心理素质的循序渐进

从未真正有过实战对抗经历的人，通常在面对实战时，首先会自然表现出“懵”的心理状态，然后就会伴随着手脚发软等生理现象的出现，紧接着就开始很难准确地把控自己的身体，至于平时常挂在嘴边的高深理论，在此时或许都已抛到九霄云外去了，还有那些平时熟悉的技战术恐怕也无暇顾及了。因为此时很难做出战术的理性制定与技术的合理运用，以及表现在具体动作的功架规范，也很难体现出劲力运行的顺畅与整力发放等要求。如此的对抗便只能突出一个“乱”字，长此以往那些脱离实战的“练”是很难将内容形成内化的升华，必然会在习练者内心产生对“打”的排斥。而有过一定实战经验的习练者，由于任何人的实力都是相对于对手与赛事而言的，表现出所面对的对手强大的程度不同，或者竞赛的等级不同，由此而形成对习练者内心所产生的心理压力也会不同。不同的心理状态往往会对应着自己的水平来发挥，超出了自己内心承受能力的对抗往往会产生相应的畏惧感，而那些没有任何心理压力的竞赛又往往容易产生松懈感，这些都是习练者相应认真对待并需要加以克服的心理状态。

在现实的训练中，需要习练者摆正心态，逐步建立起参加实战对抗与竞赛必备的挫折感和失意感，开始适应基本的紧张和必要的不安，正视它们而不是选择回避；要学会承受来自各方面的压力，这方面的修炼是关系到习练者能否丢掉思想包袱、轻装上阵、好好比赛、争取好成绩的关键，也是关系到每个练习者能否保持身心健康，始终保持旺盛斗志，积极投身到实战中去的关键。而要做到这一点，我们应该认识和了解心理压力的形成和特征，正确对待各种心理压力，及时消除和缓解心理压力，从而不断提高心理素质，增强心理承受能力，去面对更强大的对手、挑战更大的赛事、争取更大的成绩。

四、保持成绩与新的突破

按照训练计划完成任务，实现竞赛目标后决不能让队员昙花一现，我们应该用合理的训练手段与配套管理相结合，以便队员在不同环境里也能够长时期保持最佳的竞技水平。

传统武术的竞技水平在不断地向前发展与完善之中，作为教练员必须善于总结过去训练中成功的经验和失败的教训，学习引进先进的技术，使自己的经纬技术构架更合理，得以解决现实中不断出现的问题，并用最新的科研成果和理论获取新的知识指导训练。

在训练中，从实战出发，敢于在技战术上大胆创新，做到人无我有，人有我精;同时，将有利于自己的技击理论与方法，同现代科技相结合，做到思维领先、意识超前，力争使自己的竞技水平，始终走在武术技击运动发展的前列。

五、训练的基本方向

由于有些学员在中医的基础知识方面还比较欠缺，为了便于更多人对我们的训练方向与步骤能够更直观深入地理解，我们就“脱离”中医的相关知识，换一个角度来谈一谈功法训练的相关内容，并做一个轮廓的梳理。虽然这样的解释或许会对所解释部位的武学功能的联想产生一些局限，但其旨在从更多角度进行功法理解，以便初学者在训练中顺利入境。

1. 找到该部位的空间位置

相信人体重心是客观存在的，并且是能够在小腹部找到具体位置的，那么我们就用意念找到它所在的这个区域，然后尽可能细化并落实它的空间位置感觉。

2. 通过“三调”进行规范训练

身体动作姿势的调配，结合意念的关注力，在此前提下规范呼吸进行练习，以产生该部位的正负压来强化其挂力感。训练的逐步积累使得机体在该区域极其充盈，并产生应有的内力。

3. 如何服务于经纬技术构架

将该部位的力量按照技法要求运用到相应的力点上，通过劲力的劲路运行把三才力表现在力点上的实际能力，以产生所需要的杀伤力。

4. 明确实战能力形成与提升的基本秩序

每个人的实战对抗能力在不同阶段都会有不同的表象，训练在粗线条路径的具体表现为：初始接触实战，习练者都从混沌阶段开始；在实战中走出混沌，开始清醒，并逐渐建立起本体的认知阶段；围绕如何产生技击效果，开始对自己有了具体的要求，并进入对自己进行相应的资源整合与调整的阶段；通过对技击的理解与经验的积累，开始进入技击能力的提升阶段;针对个体进行有计划的训练，过程中进入不断地经验再积累阶段;进入逐步形成自己比较完整的技法构架的阶段；实践中技法构架不断调整，并形成属于自己的相对稳固的经纬技术构架阶段；再整合与再夯实后的再提升阶段；在螺旋式不断上升的过程中前行……

当达到习练者的最高水平时，应该思考的就是如何让受训者的技击能力得到维持、稳定与持久。

六、始终的管理与监督

训练必须与相应的管理与监督相结合，因为管理与监督能让训练产生更大的工作效率，正确的管理与监督能够保证队员在成长的整个过程中的每个环节与步骤，都朝着功能最大化的方向发展。

为了让传统武术技击运行步入规范，建立健全一套完整的、科学化的运行体系是十分必要的。无论是目标体系、选材体系，还是训练体系、比赛体系等，都要建立在科学的基础之上，以科学的理论为指导，从而实现培养高水平传统武术技击选手的终极目标。

附：传统武术技击套路训练

传统武术是围绕着三型一体布局而展开的运行项目，套路的训练是体系中不可或缺的重要组成部分。套路的训练有其内在运行的原则、目标、内容、目的、手段、途径，由于套路训练是一个较大的类型，这里受到篇幅的限制就不扩展详细论述，相关的这部分内容会专门整理成册另行发表，这里只从完整体系的角度进行相应内容的简略介绍。

传统武术技击的十级测评套路内容

一、枷行

该套路形成所要表述的核心思想是习练者在恪守基本预备式的基础上，获取手法、步法的整劲，为整个经纬技术构架的技术施展奠定构架上的基础。

动作的表现形式是习练者的双手就如同戴上了古代受刑的枷，在枷中的肢体是不能够随意改变形态，发生位置的随意改变的，习练者就是在这个前提约束下进行套路练习的，训练的过程中，习练者在“戴枷”之中体现出守网的内在表现。

在守网时要求习练者表现出动态中的机体整劲，并表现出套路动作运行中各种步法与身法变化的完整一体。

二、网行

建立在枷行基础上的网行套路，要求习练者在守网的基础上，网上的各个技击点位得以完备必需的功能，并使得网上的各个技击点位能够相互配合，体现出网的功能的完整性，做到技法运行时网表现出疏而不漏的基本要求。

网行套路的表现恪守在任何技击势态下的网斗，应该是完整的、功能齐全的，并为经纬技法的施展展现出支撑的基础，使得技法的运行始终都有保障。

三、手足

该套路的重点是展现肢体击打技法的集合，经纬技法体系的技术体现，是本套路需要表达的具体内容；网中的不同状态下三动原理在技法中的运用，是该套路延续表述的主线。

在不同的技击势态中，肢体击打的力点表现是套路中展现功力的一种表现形式，建立在整体、自然与松沉状态下的机体表现出最基本的整劲，在单击与连续击打的技法体系中将无死角击打的技击思想全面体现出来。

四、固位

该套路的重点技法表现是对肢体与部分关节进行固把的控制与反控制，双方通过内外、前后、交叉等不同角度的肢体触位产生相应的控制点位，将那些在不同部位的固位控制与反控制中，比较常见并具有普遍性的动作筛选出来。传统武术技击的锁扣内容成为其中有机的组成部分，并按照套路的表述特性将其串联成符合要求的固位套路。

固位时，套路演练不仅仅要体现出机体的劲力运行，同时要突出所固把位的技法表现，这也是不脱离整体并突出个体的表现。劲力的表现根据控制与反控制的技法体现，而同步表现出其中的技击含义。

五、摔跌

以摔跌为内容的套路表现，其元素自然由接招摔、近身摔、把位的抓拿、相应的跌扑滚翻以及适度的跤法素质等内容共同组成。套路按照突出摔跌技法为主线，将不同技法完成前后功架的相近的特点进行衔接，并结合适度的身法与步法的变化，使得动作衔接更加自然，得以体现出摔跌技法行云流水似的相连。

套路的体现不仅仅是摔跌技法的动作大集合，更是劲力的全面体现，建立在整体劲力基础上的机体，在表现具体技法时，最突出的是技法中的跤劲，技法表现出的是那种浑圆的跤感，只有这样的摔跌动作才是技击对抗中所需要的。

六、行桩

行桩的套路形式是将传统武术功法的基本内容进行综合汇编的表现形式。通过行桩的套路展现动静结合、自然有序的练功方式，对功法练习保持在不脱离基本特征的基础上进行更全面的综合展示，让习练者在套路中通过“三调”的规范调配，感知机体内所展现出来的“精、气、神”之间的相互关系。

本套路在具体运行时，可以根据习练者的实际情况进行相应呼吸次数的要求，可以对每个桩型进行 5 个、7 个或 9 个呼吸次数的要求，同时也可以根据自己的实际需求对不同桩型进行不同呼吸次数的要求，以调整到最适合自己并且效果最佳的形式。

七、柔组

柔组是指套路的表现以整劲来体现的表达形式，要求套路运行的过程中机体的劲力始终保持着畅通，并根据技法的不同类型做出无缝衔接。动作演练时，只要求体现出动作的力点即可，不要求突出发劲的表现，只要求保持着松沉、整体、自然、匀速的套路风格。

该套路的内容是由上述六方面共同组成的，不同类的技法表现与劲力运行在套路中都要得到充分的表现，不能够顾此失彼，要让各类型技法融为一体，在套路中呈现出你中有我、我中有你的技法风格，这是经纬技法的综合体现。

八、劲组

劲组是建立在柔组基础上的技法表现，它与柔组最大的区别就是动作劲力的处理。柔组是走劲路，而劲组不仅仅是走劲路，更重要的是发劲，通过完全把三才劲发放出来作为套路的表达特征。

劲组套路的运行不仅要有劲力的力点表达，还要突出劲力的发放与回收。套路展现时，需要注意节奏的处理与呼吸的表现自然，同时还要处理好肌肉的松紧转换，以体现技法的走劲与发力的关系。整个套路的演练要做到行云流水、动静有序、自然一体、劲力浑圆。

九、搭手

搭手是传统武术技击对练的套路表现形式，搭手套路由对抗双方按照各自的技法运行，相互体现出在技击中自己动作的攻防，形成一个互为攻防的整体来共同完成套路的演练。

双方在套路演练时应该突出两方面的内容：

1. 技法内互为一体的攻防含义；

2. 各类型劲力的自然有序运行。

十、自组

自组套路是一个按照要求即兴形成的套路形式。套路的内容为在遵循上述各条基本要求的基础上形成的自由组合，但必须突出需要表现的套路主题，如某方面素质、技法、技能、劲力、功力等内容。

套路演练时的内容组成可以随机在事先预备的资料库中抽签确定，形成套路的时间为五分钟以内，由习练者单独完成套路的创编，并严格遵循武术套路的基本结构与表现形式，考验的是习练者对动作的理解与各方面的真实能力。

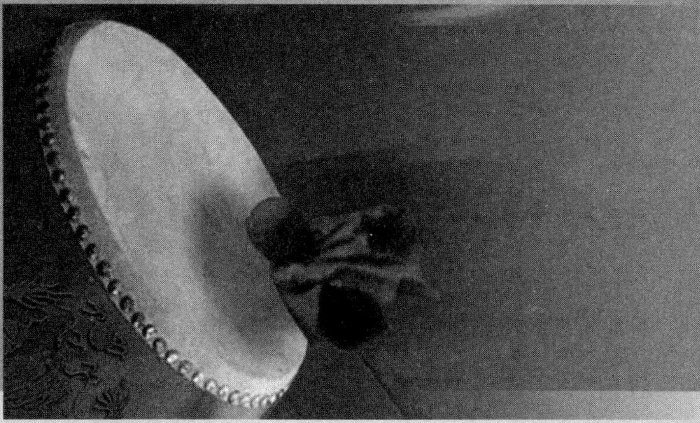

后篇 竞赛交流体系与市场运营体系

Houpian JingsaiJiaoliuTixi yu ShichangYunyingTixi

上部　竞赛交流体系

传统武术技击的交流与竞赛旨在通过该形式展现参与者经纬技法构架的技击能力，通过技击的最基本的特征，即运用可驾驭的攻防能力在对手身体与心理上产生出所需的技击效果，以达到以技击对抗为手段获取的征服目的。

从交流与竞赛本身来看，它仅仅是一个参与技击的对抗双方展现技击能力的平台，并限制在该平台上让对抗双方展现出符合要求的技击能力，要求对各自技击能力的综合运行所产生的技击效果进行可量化的比较，通过双方已经量化的技击效果比较，得出对抗双方在对抗中的胜负优劣。

武者应该是一位真正的绅士，实战对抗原本就是绅士之间的交流。在技击对抗的过程中，并不是运用攻防来体现为了杀伤而表现杀伤，杀伤只是机体在对抗中表现在身心所受影响的一种技击效果而已，并不是传统武术表现控制与反控制的全部，更不是驾驭对手身体机能与心理威慑的全部。因此，在传统武术的技击对抗中需要杀伤来体现攻防效果，但杀伤也只是为了体现控制与反控制这一技击思想的一种表现形式而已。

现代文明的最基本特征就是人性关怀，在传统武术技击对抗中必须确保技击对抗者的人身安全，其技击的运行完全符合现代文明的表现形式。将搏斗带来的表现在人体生理上的伤害全面控制在安全区域之内，是传统武术技击竞赛与交流最根本的要求。

传统武术技击是技击对抗的一种形式，是以还原技击本来面目为己任的。通过项目不断地全面开展，从中逐步诠释出华夏民族的思维方式与文化信息，这本身就是彰显中华传统文化的平台。

关于传统武术技击竞赛与交流的基本原则，下面从六个方面来阐述其相关内容。

一、项目符合体育化原则

实用技击术与体育运动的搏击类项目，二者之间毕竟有着本质的区别，虽然它们表现出对身体的要求都同样有着极高的标准，但实用技击术是以单纯追求技击效果为技法运行的唯一目的的搏杀技术，而搏击类运动则是在追求技击效果的过程中增强习练者身心健康的体育运动，所以说二者所追求的技击目的是有着本质区别的。

他山之石可以攻玉，当原始技击术的目标与体育精神相互抵制时，则要对技击术注入相应的体育养分，必须把纯粹的技击术的技击目的加以彻底地改变，使其体育化。习练者能够通过技击练习达到锻炼心身的目的，而不是以摧毁对手为目的，在技击活动中体现出最佳的体育精神。例如：在技击活动中始终表现出技击运动的整体面貌、水平，包括公平、公正、公开、特色及凝聚力、感染力和号召力的项目形象，这就是体育的理想、信念、情操，并体现出运动项目的体育知识、体育道德、体育审美水平的标志，如是，就会完美地体现出体育的精神与灵魂。

体育化的技击术就成了技击类中的某一项体育运动项目，项目要求习练者更要具备体育精神，这指的是在习练者身上应该体现出拼搏、进取的精神，坚持到底、永不放弃的精神;在运动场上体现出宽容、谦让、和谐的竞技精神，“友谊第一、比赛第二”的精神。

技击术进行体育化的“法律条文”就是不同搏击类项目的规则,在规则营造的“公平、公正、公开”的竞赛环境中进行该搏击类项目竞赛，此环境的技法较量才能实现“更高！更快！更强！”的体育精神宗旨。这个规则完善的过程正是技击术体育化价值的体现过程。

传统武术技击就是进行了全面体育化的技击体系，通过规范的规则进行相应的竞赛与交流，其运行的基本原则是：通过把技击效果按照项目的标准进行相应的量化，采用统一的运行尺度进行衡量，并量化比较后得出胜负优劣的结果；在竞赛与交流的过程中做到公平、公正、公开，使得每一位参与者都能够对量化后的结果进行相应的全面监督；在项目运行中使参与者的共性、个性与特性都能够得到充分的展现；传统武术技击项目要求竞赛与交流的每个个体都是一个文明的人，参与进来的所有人都能够得到相互的礼仪与尊重；通过竞赛与交流的平台不断持续诠释传统武术技击的项目思想与价值观，为构建武林生态的规范表现出自己的能量。

二、显现文化内涵的原则

传统武术技击竞赛与交流是文化特征展现的平台。

不同地域会产生不同的文化，在技击术的发展过程中，这些掌握了不同文化的人对技击的理解不尽相同，因此他们对技击的表达方式也会表现出相应的不同。因为文化包含了一定的思想和理论，这是人们对伦理、道德和秩序的认定与遵循，是人们生活生存的方式、方法与行为准则。

思想和理论是文化的核心、灵魂，没有思想和理论的文化是不存在的，任何一种技击文化都会包含着一种与之相对应的技击思想和理论。

在这个以武为基础元素的竞赛与交流平台上，构建与传统武术交流与竞赛体系运行相匹配的一整套礼仪模式，以突出展现武魂的真切意义之所在，在以“礼”为核心的形式中使参与者有秩序地形成必要的“仪式感”，表现在让不同身份的参与者都能够进入到礼仪的形式而自然入境，又因在所入的境中油然而生地收获到受传统文化教化的相应效果。这就是因为仪式是让我们对所在意的事情在入境言道中应景产生的敬畏心理，能让传统武术竞赛更加突出其文化的意义。

仪式典礼的秩序形式之中自古就有取法、仪态或者指测定历日的法定制度层面上的意思。因此，我们要让竞赛融入仪式运行的体系之中，让具体的竞赛成为礼仪体系中不可分割的一个有机部分，同时竞赛又能够让礼仪更加突出主题，让形而上的“道”与形而下的“器”在整个仪式的运行之中浑然一体。

仪式感之所以重要，是仪式本身就能引领参与者入境，在境中又可以使参与者得到不断的暗示，以强化其武者之精神，得以将自己的内心渴望和对外在世界的需求相互衔接起来，通过仪式感的建立以达到人们增强对生活掌控感的效果，使参与者从中真切地感受到自己的力量、需求与欠缺，有一种对人生控制的感受。

仪式感还能够让人产生以下几方面的感受：

第一，可以让内心那些本来比较抽象不知如何表达的东西具体化；

第二，让我们所做的事情更突出主题，更具有形而上的意义；

第三，增强仪式感可以使我们对所做的事情更加产生敬畏，以达到投入更多的精力，收获更好的运行效果；

第四，使所有参与者沐浴着中华传统文化的熏陶，感受到文化的博大精深而心情愉悦。

作为传统文化的表现形式，传统武术理应重视武者仪式感的培养，应该表现在他们的训练场、竞赛场、社交场合以及生活中的每个方面，让人感受到武者的自控和庄敬的力量。这便是一种武者的教养，是为了获取内心的自由和仁爱而愿意受到一定形式上的约束，让看起来繁复的仪式表现出的这种约束使得武者精神上逐步达到升华。因此，我们可以在仪式感中得到相应的修行。

三、价值观体现的表现原则

不同的技击文化使人们拥有了属于不同民族的技击观，通常拥有具体某一共同技击观的人们，对自身以及同外部世界的技击关系都有着同样的理解和看法。技击观一方面的表现是对技击方式的形式化和理论化；另一方面在表现上不仅仅只是一种无形的观念，而是可以通过一种具体的运作方式将观念落实在现实中进行相应价值的体现。因而技击观是技击文化系统的核心要素。

在任何一种活动中无论以什么形式出现，只要是关于技击术的形式表现，其实质就是一个展示本民族文化的过程。

四、规则的技术引导原则

随着时代的发展，人类文明的进步，冷兵器时代早已经宣告结束，技击术已基本完成了它的历史使命。目前能够以搏杀形式展开技击运行的部门，仅仅限制在极少的部门里的一些特殊人群之中。

然而，几千年人类在技击思想上的结晶就这样被遗弃显然是不合适的，通过整理规范把传统武术技击以一种适应于当下需求的新形式来表现自己的璀璨与价值，那就是使其一部分内容体育化，并通过相应的体育化形式去实现自己在社会中的地位和作用，以此来实现传统武术的许多价值。因为体育化的传统武术技击运动能极大地满足人类生存、发展、享受、需要等特定的效用关系。

体育化的传统武术技击运动再合理，也需要有一种表现形式将其展示出来，那就是构建传统武术技击竞赛与交流的平台。既然是竞赛就必须制定相关的运行规则，以引领项目发展的方向、感知项目运行的状态、判断技术进展的水平。

规则是诠释传统武术技击思想，以项目的“法律”形式提出竞赛运行的重要条款，为竞赛这个平台制定行为准则和杠杆，对项目的发展具有导向性作用，是项目内技术发展方向的指南；同时技术的发展又促使规则不断完善，两者既统一又矛盾，始终存在着相互制约、影响与依存的关系。

合理的规则实施对一个项目的发展起到关键性的作用，它还表现在能够使技战术逐步趋向成熟与可操作性越来越强，只有这样的技击项目在世界搏击竞技舞台上才能够逐步争取到自己的话语权。

制定规范的规则能够更全面地体现出项目自身的体育价值，主要感知规则在竞赛中的运行所体现出的那些，表现出能够促使人的心身健康发展和社会进步等方面的价值，从具象来看表现在传统武术技击的价值能够充分满足社会各方面需求的程度。

1.明确规则的基本特性

规则，一般指由群众共同制定和公认的，或者由代表人统一制定并得到权威机构通过的，由项目群体里的所有成员无条件遵守的条例和章程。规则具有项目运行的普遍适应性特点。另外，规则也指技击对抗中技战术运行的必须强制性遵守的规定。

具体地说，规则是指制定出来供大家共同遵守的制度或章程。规则可以是由书面形式规定的成文条例；也可以是约定俗成，流传下来的不成文规定；而更多的时候，规则是因为得到每个社会公民承认和遵守而存在的。

行为规则要有助于一种秩序的型构，必须满足下面两个条件：

第一，个人遵守这些规则。

第二，个人运用这些规则去实现他们的目的，而这些个人的目的在很大程度上，则是那些确立这些规则或有权修正这些规则的人所不知道的。

规则是任何体育项目生存与发展的生命线。正如法律领域中所发生的情形那样，如果权力机构刻意制定了某些行为规则，那么只有这些规则成为个人计划的依据时，规则才会发挥作用。因此，那种由实施行为规则来维持一种竞赛秩序的做法，必须建立长远的发展目标；毋庸置疑，这种行为规则与运动参与者追求的竞赛成绩为特定目标构成了鲜明的对照，因为这样的组织规则从根本上讲必定是以可预见的短期结果为目标的。更有甚者，上述制定规则与使用规则之间的区别还导致了竞赛组织者与教练或运动员在对待规则的视域之间具有明显区别：教练员与运动员所关注的必定是在竞赛中如何做到脱离规则的约束而又不受到规则的处罚，去实现某个特定且已知的结果；而规则制定者或组织竞赛方所关注的则应当是对规则这一种抽象秩序的维护，而不论特定且可预见的结果为何。参赛方集中关注特定的竞赛结果，必定会导致对项目发展的短视，因为只有在短期内，特定结果才是可预见的；此外，对特定结果的关注，还会导致特定利益群体之间或特定利益之间的冲突，而这种冲突也唯有通过一个权力机构的裁决才能够得到解决。因此，倾力关注可见的短期结果，追求的是让竞赛介入自己的技法与评判的特权。与此同理，如果我们只埋头于即时性的直接结果，那么从长远的角度来看，牺牲的就肯定是项目本身。因此，一个由“规则支配”的项目，必须具备强制实施那些有助于项目长远发展为目标且建立良好秩序的功效。

技击项目的生态中存在着这样一种内在运行规律的结构，它所具有的可探知的组成部分一定有许多并没有被人们理解成有意识的构造之物，项目本身并没有主动的有目的地呈现出可辨识的设计方案，而且就是在这种结构之中，我们也不知道在技击对抗中有时表现出来的势态为什么会这样发生。因此，与那种刻意建构的项目竞赛体制相比较，上述的各种结构应当是我们成功追求自己技击目的的一种更有效的基础。

规则的制定不是对某一个具体势态而言的，它必须具备高度的概括性，这样的约束对项目的发展是极为有利的。然而，人们在参与项目的竞赛活动中，所表现出的那种破坏项目规则运行秩序的现象，必定会把规则制定出的那种更具包容性的秩序本身给摧毁掉，因为这种秩序形成后需要的是组织者对规则的不断完善和参与者对规则的坚定维护，共同营造一个项目发展的良好生态。

2. 竞赛规则的基本功能

在运动竞赛过程中，竞赛规则保证了竞赛条件的同一性和成绩的统一性，对竞赛活动甚至包括运动训练都起到制约、协调和促进作用。

（1）制约功能：运动竞赛规则对竞赛过程中的技术、战术和行为规范有明确细致的要求，迫使运动员、裁判员、组织者共同遵守，违反规则就会受到相应的处罚。这样，教练员的训练计划中关于技、战术训练部分，就必须依照竞赛规则进行；运动员的技术、战术和行为必须符合规则的要求，这样的技、战术才能在竞赛中使用并得到大众的承认。竞赛规则的制约性使竞赛活动正常进行，公平合理的竞争是裁判员公正评判的重要保证。

（2）协调功能：竞赛活动，从某种意义上讲是在合理的组织下，通过运动员之间的竞争、较量，由裁判员裁决判定成绩并使运动成绩得到承认的过程。在这个过程中，各方面人员之间的利益和出发点不同，在竞赛中会产生一定的矛盾。如裁判员与裁判员判决成绩的差异，运动员与裁判员之间关于技术规范的看法不同等，都会使竞赛活动出现矛盾，甚至冲突。因此，竞赛规则都明文规定各种裁判员和工作人员的职责，以及在发生纠纷时的处理方法和程序等。根据竞赛规则制定各项运动的裁判法，既是裁判工作的经验总结，较好地解决了运动员之间、运动员与裁判员之间、裁判员与教练员之间的一些矛盾，又使各方面人员都能自觉地遵守竞赛规则规定的技术规范和行为准则，各在其位，各谋其事，各尽其职，以保证运动竞赛的顺利进行。

（3）促进功能：竞赛规则一方面受技术、战术发展规律所制约。在竞赛活动中，没有竞赛规则，没有裁判员具体地执行竞赛规则，维护一定的技术规范，竞赛将无法进行。另一方面，竞赛规则又能促进运动技术的发展。竞赛规则的合理变动，对促进技术的发展、战术水平的提高具有较大的推动作用。

竞赛规则的基本内容有：裁判员的名称和职责；比赛通则；评定成绩和决定名次的

方法；对犯规运动员（队）的处罚办法；场地器材和设备规格；评分表和各种表格。

总之，竞赛规则为竞赛提供了竞赛的“法律”上的保障，同时对技法的使用也给出了规则建构的相对稳固的框架。竞赛就是运动员在使用技法进行规则最直接的动态展现，当然这些技法的实施都在规则框定的范围内。

五、项目的组织竞赛原则

（一）组织竞赛应该引导技术发展

我们要认真理解传统武术技击理论思想的核心价值所在，并明确项目远期、中期与近期的发展目标，以及项目发展的方向，由此来对当下项目的技法运行进行指导。

（二）组织竞赛应该体现项目思想

我们在组织竞赛中所要体现出来的项目思想是以竞赛与交流的形式诠释传统武术的技击思想。在这个形式中体现出以传统文化为基础的武术思想，即以空间轴为主轴、时间轴为辅轴构架起来的技击表现形式，在继承传统的基础上结合当下社会对技击的需求，以“整体观、发展观、求实观”为核心，走出一条以诠释核心价值为本的项目发展道路，构建出一套符合自然科学而又真正能够体现出传统文化特色的传统武术竞赛形式，以此项目的发展对社会做出自己应有的贡献。

（三）组织竞赛应该符合道德与法律

道德是社会意识形态长期进化而形成的一种制约，是在一定社会关系下，调整人与人之间以及人与社会之间关系的行为规范总和。

在技击运动的过程中形成一种技击生态特定环境下的意识形态，这是人们在从事技击运动时共同生活及其行为的准则与规范，具有认识、调节、教育、评价以及平衡五种功能。道德往往代表着社会正面的价值取向，起着判断行为正当与否的作用。因此，在组织交流与竞赛的活动中人们应该非常明确，参与者只是在从事具有传统技击特色的体育运动，而不是在“打架”与“斗殴”，组织竞赛的组委会就是在组织一项体育赛事，而不是在组织“聚众打群架”。所以说，技击活动所表现出来的各类运动特点都必须是尊重人性的，这是道德的体现，即对项目中所有的人与事全面负责，不伤害到运动中的任何一个人为基本准则。

竞赛的参与者都是为了参加传统武术技击这项体育运动而走到一起来的，完全是这项运动把大家聚集在一起，通过竞赛与交流让大家在一起比拼技法的高低，而不是为了解决利益与恩怨而聚在一起进行你死我活的拼杀。参加运动的各位在赛场上彼此都是技术较量的对手，参赛者在赛场外并不会因此而改变彼此之间的相互关系，大家仍然是队友、朋友或原有关系的延续。

法律是国家制定或认可的，由国家强制力保证实施的，以规定当事人权利和义务为内容的具有普遍约束力的社会规范。法律，即人类在社会层面上的规则，是社会上人与人之间关系的规范。它以正义为存在的基础，以国家的强制力保证实施为手段。任何行为都应该符合法律的规范与要求，一切与法律相冲突的竞赛与交流的条文都是站不住脚的，同时也是不受法律保护的。

当一项运动得到了国家的认可，并由国家颁布有关该项目的竞赛规则，就成为这项运动的“法律”，因为项目的发展有了法律上的保护，并形成了统一的评判标准而使项目的技击生态逐步走向和谐。规则属于项目的上层建筑范畴，决定了技术的框架，并为技术的施展提供空间。规则的目的在于维护有利于项目发展的彼此关系和比赛秩序，是项目组织者实现其项目体育价值的一项重要工具。

所以，符合规则要求的行为其实质就是符合法律精神的行为。在比赛的对抗中如果在规则允许的前提下出现了伤残等事故，比赛的组织者、对抗的参与者、参赛的有关部门，以及各类人员都不会有任何法律上的责任，只需按照相关条文与保险规定处理善后就可以了。

（四）组织竞赛应具有严谨规范的组织架构

组织竞赛是一种有目的、有意识、有组织的社会活动，伴随项目的演进而逐步发展。组织竞赛应该体现一盘棋的统一管理特征，因此针对组织竞赛提出以下相关的要求：

（1）根据竞赛的实际需求，并按照规则的规范进行组织架构横向和纵深设置，围绕着竞赛形成相对科学合理、功能完备、职责明朗的组织架构，用以指导竞赛的基本运作；

（2）组织竞赛中明确组织架构的所有工作职责分工，按照规则的要求确定不同裁判与工作人员的职责在竞赛中的权限，有效理顺和规范竞赛的内部流程，减少或杜绝职责分工的灰色地带出现；

（3）组织竞赛对各层级管理岗位进行有效规范设置，防止组织机构臃肿庞大；

（4）规范各职位在等级与技术体系等方面具有相应对等的要求，确定系列奖惩条例，以及福利待遇对等享有制度的实施。

（五）组织竞赛应该具备运行结果的一致性

竞赛的结果应该是相对客观的，不同裁判人员的评判结果应该是基本一致的，这就是竞赛结果的一致性。

要体现出这个结果，竞赛中的裁判组织工作就是关键所在，因为，裁判员的组织管理是做好任何一项体育竞赛裁判工作的前提。裁判员既是体育竞赛的组织者，又是赛场的执法者，比赛能否体现公平竞争的原则，关键在于裁判的公正裁决。体育竞赛规程与规则是比赛的法则，需要通过裁判去执行。因此，裁判工作是体育竞赛的关键性岗位，组织任何一项体育竞赛都必须重视。

比赛准备阶段应根据该次竞赛的规模、级别、水平等情况配备裁判员，并组织赛前裁判员的学习和实习。主要是进行裁判员的思想教育和技术教育，使之进一步掌握竞赛规程的有关条文规定，正确理解规则精神，研究和统一裁判尺度，分析该次比赛的有关情况和可能在比赛进程中出现的问题等。

比赛的实施阶段主要是强调“严肃、认真、公正、准确”，防止种种弊端出现，并及时处理竞赛进程中所出现的一些问题，凸显组织竞赛运行结果的一致性。

六、项目可持续发展原则

（一）凸显民族文化核心

关于民族文化，鲁迅先生曾说过：“越是民族的，越是世界的。”这说明了不同民族各具特色的文化构成了世界文化的五彩缤纷。传统武术技击竞赛与交流项目要得到持续性发展只有凸显民族文化这个核心，项目的发展才有了源头。

传统文化自然是这块土地孕育出来的文化形式，这是武术的根本。如果我们的武术形式不能够承载传统文化的基本因素，这样的武术形式就已经不是真正意义上的传统武术了，而传统武术技击项目的发展宗旨就是确保竞赛安全，还原技击本来面目，彰显中华传统文化。

中国传统文化是一个有机整体形成于特定的社会环境之中，要让技击竞赛中诠释出传统文化的元素，我们在尊重传统文化的基础上，要有选择地吸收和创造性地按照竞赛的要求进行展现，用历史和科学的观点来考察中国的传统文化，切实把握和深入理解传统文化的本质内容，以竞赛为平台弘扬优秀的传统文化，并在新的历史条件下，根据现代化文明的基本精神理念，进行有选择性的合理的吸收、改造、发展和创新，以展现出它的价值。

（二）传统武术技击的项目目标

项目目标就是实施传统武术技击这个竞赛项目一直发展下去，所要达到的期望结果，即最完整与完善的传统武术技击项目的标准化模式。传统武术技击项目的竞赛实施过程，实际上就是一种追求预定目标的运行过程，因此，从理论上来讲，传统武术技击的竞赛项目发展的最终目标应该是可以被清楚定义的，且可以被一直追寻并无限接近。

对一个传统武术技击的竞赛项目而言，项目目标往往不是单一的，而是一个远、中、近期的多目标系统，希望通过一个项目的实施，实现一系列的目标，满足多方面的需求。由于项目是一个多目标的系统，不同目标在项目的不同阶段，根据不同需要，其重要性也不一样，所以，在项目发展的各个阶段都需要明确该时期的目标，并不断完善自己，使竞赛逐步走向成熟。

（三）传统武术技击竞赛应该适应时代的需求

传统武术技击的竞赛是以比赛项目为内容，以项目运动规则为尺度，以夺标育人或赢利为目的的有序竞争活动。

目前体育竞赛的形势是这样的，自 20 世纪以来，在国际奥林匹克运动的推动下，国际国内体育竞赛规模日益扩大，赛事日益频繁，运动技术水平大幅度提高，体育竞赛的多元功能日益显现。世界各国都十分重视体育竞赛活动，对承办大型国际比赛的竞争愈演愈烈。从体育竞赛的角度来看，建立与市场经济相适应、符合体育竞赛发展规律、公平合理的体育竞赛体制是保证竞赛活动的多元功能充分发挥的前提，是提高竞技运动水平的重要条件。

传统武术技击竞赛应该适应时代的需求，以市场经济理论为理论红线，贯穿体育公平理念，不断完善竞赛体制等基本理论、构建公平竞赛的模式以及市场运营体制的对策。建立与我国市场经济相适应、符合体育竞赛发展规律和新型体育竞赛的管理体制，使竞赛运行机制得到社会化和产业化。

（四）传统武术技击竞赛具备求同存异与自我完善的功能

通过规则去营造传统武术技击的竞赛生态，形成自己的项目特色。

不同背景的人群通过规则把本民族的技击特点萃取出来，使之形成一个相对稳定的技术体系，这就形成了具有本民族特性的搏击类项目。这些不同的搏击类项目明显地带有本民族的技击习惯与价值取向，因此，项目的推广其实就是本民族文化的推广，我们应该要有一个求同存异与相互尊重的态度面对各种搏击类项目。

规范的竞赛无论是技击的目的、内容的选择、表现的方式，等等，都必须按照组织者所希望的方向发展，组织者的指挥棒就是该项目的竞赛规则。

规则是竞赛的准则和杠杆，具有导向作用，是项目内技术发展方向的指南；同时技术的发展又促使规则不断完善，两者既统一又矛盾，始终存在着相互制约、影响与依存的关系。合理的规则实施对一个项目的发展起到关键性的作用，它还表现在能够使技、战术逐步趋向成熟与可操作性越来越强，只有这样的技击项目在世界搏击竞技舞台才能够逐步争取到自己的话语权。

项目的发展需要规则的引导，但是规则都是人为制定的条款，是人为的就有可能出现不完善甚至错误的地方。为了项目得到持续性发展，项目需要在各个方面都具备自我完善的功能，表现在规则上的完善主要通过这四方面来体现：

（1）引导性。规则指明了项目技术的发展方向，所以规则不能阻碍技术的发展，而应该是技术发展的导向，诠释理论体系的平台，要有利于项目运行中技术水平的提高。

（2）操作性。竞赛中的条款尽可能简单化，便于执行评判；方便普通观众欣赏。

（3）目标性。明确不同时期的目标，根据实现目标的要求，对规则进行相应符合价值体现的调整与修缮，以迎合实现目标的条件与要求。

（4）一致性。国内、国外项目的竞赛规则应该一致，以便于推广、交流和规范项目。

总而言之，规则是竞赛的杠杆，对技术的发展有很强的导向作用，应在实践中得到检验，在修改中不断完善，引导项目朝着既定方向发展。也就是说，它的杠杆作用在界定技法动作时是起决定性作用的。

总之，传统武术技击的竞赛与交流体系，是传统武术技击思想理论的体系通过竞赛平台的体现；也是传统武术技击技术构架在竞赛中具象体现的客观比较；还是传统武术技击通过对抗双方将训练体系量化体现的过程；更是参与各方科技竞争的缩影体现。

附：《传统武术技击竞赛规则》（略）；《传统武术技击裁判法》（略）。

下部　市场运营体系

一、目的是传播武术思想

以传统文化为元素塑造一种以武为形式的文明，这才是市场运营必须围绕的核心，一切市场运营的活动应该以不同层面、不同角度、不同身份来诠释其核心价值。市场运营之始必须有一个明确的价值取向，传统武术技击运动项目的开展与普及，就是传统文化以技击的形式诠释“以术明道、以技强身、以德健心”的理念，市场运营的这个过程中只是以市场为平台来传递传统文化中的武术思想。

通过三型一体的表现形式将思想传递出去，即一个以传统文化为核心适应当下社会环境为前提进行重新构架的武术新体系。该体系是以突出提升“精、气、神”为主题特色构建的训练模式，以桩功、套路与实战对抗为内容的三型一体为载体的表现形式。并在运行中必须突出两个特点：真实与健康。

传统武术技击在市场运营中所要达到的目的是使练习者能够有序地成为一个一个真正的武者，并具备强健的身体、健康的心理、正确的追求、规范的行为这些武者必备的素质。

在不断提升习练者实力的过程中，让习练者五力入髓并把练功融入生活、把练功生活化，逐步形成自己的一种生活方式。与此同时，在以“精、气、神”为核心的训练过程中逐步让习练者的个人修养得到提升。这种提升主要表现在礼仪、学识、德行等方面，随着认识深入与习惯养成使得武者的生活方式逐步符合“道”的要求。

通过上述形式的洗礼，武者就有了真实的升华！武者会很自然地表现出强大的精神力量与强壮的身体力量。

武术不仅仅是一门技术，更是一门渡人法！

二、传播的市场运营模式

传递一种好的武术文化形式只有得到社会的广泛认同，才会自然融入群众中，并惠及每一位需要帮助的民众。为了得到更好的市场运营效果，传统武术就需要完善一整套自己的造血机制，即市场运营体系。

模式是指从生产经验和生活经验中经过抽象和升华提炼出来的核心知识体系。模式（Pattern）其实就是解决某一类问题的方法论，把解决某类问题的方法总结归纳到理论高度。

模式具有一种方向性的运行指导功能，但凡事物在一个良好体系的指导下，会有助于任务的完成，也有助于有针对性地进行运行方案的设计，而且会逐步在解决问题的过程中调整出最佳的办法，以达到事半功倍的运行效果。

传统武术技击商业项目运营的总战略，总结成十六字方针是：推广模式，培植发展，全面支持，全局管理。

以此，可以从以下四点进行相应的诠释与阐述：

推广模式：组织培训技术、传递思想理念、传授市场运营；

培植发展：全面技术指导、引导协助成长、必备产品提供；

全面支持：全局各点协作、授牌考核竞赛、组织协会活动；

全局管理：制定相关政策、完善项目体系、监督措施实施。

传统武术技击项目的商业运营发展分为五个阶段，每个阶段都有自己的任务与要求，分别是：

第一阶段：全面铺点、夯实基础；

第二阶段：横向联系、盘活全局；

第三阶段：组织活动、品牌赛事；

第四阶段：全局常态、相对稳健；

第五阶段：稳步扩张、世界大同。

围绕市场，传统武术技击项目需准备一套商业模式，对外完全与市场接轨，对内建立内部市场，实行经营性管理，用内部市场机制带动企业管理，从而激活生产经营的被动局面。

通过把传统武术技击项目的市场商业亮点整理出来，设计出如何展现其市场经营性的核心，落地在市场上能够真真切切地转换成真金白银，实现让介入项目中的所有人“不但要吃得饱，还要吃得好”的商业目标，让介入到项目中的每一位都能够体会到项目带来的实惠，以体现出项目在市场运营中的商业价值。

过程中我们需要理性地运用大众传媒，使之承担起应有的社会责任，做到“传播真理、展现本真、达成社会理解、锻炼公众理性”。通过不间断地在社会上进行对传统武术认知上的脱愚与启蒙教育，才能使传统武术的真正价值更广泛地受到社会各阶层的普遍关注，让更多社会精英投身到这项伟大的事业中来，让众多有潜质的后备人才充实到传统武术的队伍中来，让更多的社会资金注入项目的商业运转中来，集多方力量最大限度地产生市场运营效果。

三、构建武林生态商业圈

从传统武术技击的理论体系中我们知道，武林生态是由特定时空内所有相互联系、相互作用的武林要素结合而成的具有一定运行功能的系统整体。

要使武林生态的商业能够正常运行，就必须让生态中的多数人介入，并在介入中收获各自对武的需求，否则就商业而言就失去了凝聚力。因为商业运行的宗旨就在于用商业模式把传统武术的思想有条不紊地传播出去，让每一个直接与间接的需求者得到相应的服务，因此商业在此间本身的运行并不是目的，只是供需二者的桥梁，但是却具备了举足轻重的作用。

虽说是有教无类，但介于武林生态的庞杂性的特点，在商业模式的运行之中宜将所需传播的知识由粗到细、由浅入深，并以台阶的模式逐步递进。传播中应该考虑到生态中不同群体与个体的现实特点，因此需要突出其必要的针对性，并以此方式切入衔接到有需求的不同商业目标中。例如：针对那些“白丁”，宜按照传统武术技击的规范逐步建立正确的武学观念，并有条不紊地进行理论与技法的习练；针对那些有一定现代搏击经历的“选手”，则宜从传统文化的理解入手，将已经具备的技法转换成现在所需的优势，并将这些优势融入传统武术技击的构架之中；针对那些已经长久习练某门某派传统武术的“带艺”者，则宜静下心来将所习技艺放置到传统武术完整的武学构架之中，在体系中认真分析找出优劣，并努力找出心结，然后解开心结，明确下一步自己的目标，让自己收获事半功倍的习练效果；针对那些既没有走弓背，更没有走弓弦，而是把武学的一切都建立在弓影之中的一部分人，最需要做的则是如何设法“叫醒”他，让他抛弃一切从虚幻与玄妙中得来的假大空，从意淫之中解脱出来，把关于武学的一切建立在真实的原点之上，脚踏实地地去重新构建自己的武术王国；而针对那些已经在生态之中的获利者，或许是因为他们对来之不易的身份难以割舍，或许是因为各自身处特殊的环境而无法去面对现实，通常这些人首先需要做到的就是抛开一切功名利禄，以求真的态度去面对武学。失去了求真这个前提的人就会因为功名利禄的纠缠产生心结，因此，这类人就会一致且一直表现出“装睡”状态，那么谁也无法真正“叫醒”他，这些人往往涉及所谓的“专家”“学者”“教授”“大师”“名人”“名门”“嫡传”等，他们在武林生态与社会上的特殊位置，对社会产生的影响往往是大众化的，其结果对武术的市场化推进表现出的不是“助力”而是“阻力”。因此我们需要的是通过传媒将正确的理念传播到社会，让社会环境逐步理性化，就武学而言让更多人脱愚而得到启蒙。

生态中模式的正常运转，需要网络中各个要素结合并发挥出相应的功效。传统武术技击常态下的运行，表现在正常的教学训练中通过桩功、套路与对抗为内容的三型一体为载体的表现形式的运行，在习练者身心方面得到全方位的训练的过程中，由此而形成了许多特定的消费。与此同时通过传统武术技击生态内的动态运行，就有了服装、训练器械等一系列的消耗，以及相关的各方面需求；同时结合相应的竞赛、表演、交流等文化传播互动，营造出符合武林生态的生活方式。从商业的角度来看，传统武术技击的武林生态同时也是一个无形的商业圈。

四、市场运行中的利润点

（一）授牌与考级

授牌与考级是表明传统武术技击的习练者达到了由传统武术技击协会认可的与等级要求相符的水平，并通过协会的相关考核证实了习练者已经具备了等级标准，由此通过协会统一颁发达到相应水平的证明。根据传统武术技击协会规定，为规范考级、考段与授牌的等级授予秩序和保证等级证书质量，证书由协会统一印制与发行，收费由协会统一管理，并将所有运行都在协会相关网站公示，在保证基本稳定的前提下，根据实际需要，逐步进行调整完善。

（二）培训与教学

各个传统武术技击的训练馆与培训机构统一采用标准化的一套经营模式。

标准化是为了在一定的范围内获得最佳秩序，对实际上或潜在的问题制定共同和重复使用的规则。表现在统一的教学大纲、教学进度、规范标准、教学用语、服装礼仪、管理方式、协会徽章、收费标准、场馆装饰、策略实施、规划流程，等等。

在统一经营模式的运营中只有不断进步，不断地完善自己才能保持培训与教学的生机与活力。只有在持续不断的改进和实践中，在不断持续上升的经营模式循环中，才能让各个训练馆充满蓬勃生机与旺盛活力，才能使场馆里的教职员工不断地被激发出创新激情，立足本职岗位，不断思考工作，创新思维和思路，持续改进教学方法，不断提升绩效，最终推动场馆的持续进步与不断创新。我们的培训与教学要做的不是轰轰烈烈的表面文章，只为了短暂标新立异的点缀，而是踏踏实实地追求、孜孜不倦地改进，以及暮暮朝朝的持续创新。

（三）竞赛与交流

目前国内的竞赛与交流除去参赛费与门票及影视转播价值外，主要是以国内的主要赛事，包括传统武术技击联赛、协会赛、对抗赛、考试考段赛，以及各类型的国际商业赛为平台，由此而展开的商业运作模式。

目前，市场运作模式通常包括：

①总冠名：比赛一般设一个总冠名。根据比赛规格，竞标的公司或机构将提供数量不等的现金。

②合作伙伴：竞标的公司或机构将提供数量低于总冠名所提供的现金。除了享受组织单位所列的权利和利益外，该公司或机构将享有行业排他性的权利。

③赞助伙伴：竞标的公司或机构将提供数量低于合作伙伴所提供的现金。该公司或机构不享有行业排他性的权利。仅该公司或机构赞助的专项产品可享有产品排他性的权利。

④供应伙伴：竞标的公司或机构将提供数量低于赞助伙伴所提供的现金及物品赞助。供应商无偿或降低成本为赛事提供产品或服务的赞助。产品或服务的赞助成本应相当或低于其他批发成本。

我国赛事市场化发展的努力方向：

①加大宣传力度，扩大比赛影响；②扩大参加比赛运动群体的范围；③扩大市场开发的多样性；④加大赛事所负载的各种商业性价值活动开发。

（四）器械与服装

对习练者而言，器械与服装都是必备的易耗品，传统武术技击所用的器械与服装都具有本项目的专利特征，自然会有其独特的商业运营价值。

因此产品及服务具备了核心竞争力或技术优势，并具备协会统一的产品专利和注册商标标识。

产品与市场的关系主要体现在：

①行业情况：产品行业发展历史及趋势，进入该行业的技术壁垒、贸易壁垒、政策限制。

②市场潜力：对传统武术技击的产品在全国各县市训练场的容量、市场发展前景、消费者接受程度和消费行为进行客观分析。

③行业竞争分析：在协会统一规范管理之下的武林生态商业圈，竞争主要来自自己的挑战，以及对市场的分析与把控，尽可能地提高性能以提供更高的产品质量、降低产品价格以减少学员的开销、完善售后的跟踪服务等。

④收入（盈利）模式：业务收费、盈利模式，从哪些业务环节、哪些客户群体获取收入和利润。

⑤市场规划：相互统一的销售规划与收入预测。

五、成就传统武术千秋业

商业运营的事业没有大小之分，只有符合人性对真与善的需求，才有正确的方向，只要人性不灭就会有传统武术技击的市场需求，就应该坚信市场的存在。人人都希望自己长命百岁，每个训练馆都盼成为“百年老店”。但无论是人的寿命，还是企业的生命若要持续百年，长盛不衰，都不是一件容易做到的事情，事实证明只有极少的企业能够进入“百年老店”的行列，特别是成为全球知名并具备主导市场地位的“百年老店”更是沧海一粟。那么，现今世界上的“百年老店”为何能够做到全球领先？它们有哪些独特的长生之道？又是如何保持百年常青的呢？

1.找出行业运行规律，在规律的引导下打造自身在DNA中领先的优势，逐步形成先天的竞争优势，并长久维系下去

自然环境选择物种，市场竞争抉择企业。达尔文在《物种起源》中描述自然选择时写道：“最适合生存的是那些能调整自己以适应改变中的环境和新的竞争的物种。”企业生存也是一样。最适合生存的是那些在市场竞争中，具备独特竞争优势的企业。现在的企业正处在淘汰别人或被别人淘汰的大变革时代，同物种一样，这种选择是生与死的抉择。

传统武术技击这个行业是具有长期竞争优势的行业。竞争力大师波特认为：企业竞争力主要来自于行业选择。

企业是以盈利为目的的经济组织，就是要实现价值最大化、利润最大化。实现这一目标，市场是重要的支柱。

选择独特的发展模式经营企业。择好行业以后，企业的经营发展模式就决定了它最终能够走多远。要成就“百年老店”的梦想，从创业的第一天开始就不能追求短期赢利，不能追逐一时风潮，要把企业成长的一般规律与自己企业的具体情况结合起来，选择具有独特性的长远发展目标和经营发展模式，把差异化经营进行到底。这就是在激烈的市场竞争中让企业立于不败之地的决胜法宝。

2.构建与企业生存发展相适应的管理体系，这是企业长盛不衰的重要手段，管理是驾驭企业正常运作的控制系统，管理就是效益

企业之间的竞争关键是管理的竞争，包括管理的制度、方法和手段，但最重要的是

管理的理念。理念决定行动，行动决定企业的命运。优秀的企业必然有一套先进规范的管理机制，否则企业的目标是不能够实现的。因此，“与时俱进”地创新管理是成就“百年老店”的根本保障。只有建立了这样的管理机制，企业才能适应各种变化环境而持续发展。企业发展的根本动力在于管理创新，这是决定企业生命周期长短的核心所在。

通过诸如制度创新、组织创新、市场创新等活动，能够使企业内部资源要素不断地得到重新配置，以适应企业环境、生产规模、市场情况等变化的需要，形成比以往更强大的生存发展能力，增强竞争优势。

3. 走资本运营之路，这是企业做大做强，实现百年梦想的最高层次

资本运营是企业经营的高级形式，是对企业资源特别是无形资产的充分运用和转化。一个企业要想在竞争激烈的市场中取得稳定的优势地位，不断并购与扩张是必经途径。通过整合外部资源实现快速发展是大国崛起和企业做大的普遍规律。在世界竞争态势日益复杂、市场壁垒森严的市场中，通过本土化的并购或合资，可以迅速获得市场准入证，是迅速做强、做大市场的有效方法。

在企业并购整合过程中，财务资金只是前提之一，有钱的企业不一定能成为一个好的整合者。发展到资本运营阶段的企业，具有先进的企业运行机制和优秀的企业文化才是实现整合协同效应的关键。品牌、技术、产品都是可以模仿复制的，只有建立在企业自身之上的企业文化才是企业基业长青的动力资源。

六、不忘初心，方得始终

“不忘初心，方得始终”这句来自《华严经》中的古话，意思是说一个人做事情要始终如一地保持当初的信念，做企业不要忘记最初时候的本心，就是人之初那一颗与生俱来的善良、真诚、无邪、进取、宽容、博爱之心。那么，在传统武术技击商业运营这项事业的追求过程中，最后一定能得到成功，恪守初心即是一种修行，因为初心易得，但始终难守。

附：《传统武术技击用语规范与行为手册》（略）；《传统武术技击礼仪模式与指导》（略）。

参考书目

1. 孙振声 . 白话易经［M］. 台北：星光出版社，1981

2. 李一忻 . 周易入门［M］. 北京：九州出版社，2003

3. 黄帝内经［M］. 重庆：西南师范大学出版社，1993

4. 薛明扬 . 中国传统文化概论（上、中、下册）［M］. 上海：复旦大学出版社，2003

5. 冯友兰 . 中国哲学史（上、下册）［M］. 上海：华东师范大学出版社，2011

6. 刘长林 . 中国系统思维［M］. 北京：社会科学文献出版社，2008

7. 欧阳轼 . 武经七书［M］. 海口：三环出版社，1991

8. 叶朗，费振刚，王天有 . 中国文化导读［M］. 北京：生活 · 读书 · 新知三联书店，2007

9.（明）杨卓 . 佛学基础［M］. 北京：国家图书馆出版社，2009

10. 汪茂和 . 中华养生大典（第二卷）导引按摩神术［M］. 郑州：中州古籍出版社，1995

11.［日］宫本武藏 . 五轮书［M］. 李津译 . 北京：企业管理出版社，2003

12.［日］新渡户稻造 . 武士道［M］. 傅松浩译 . 北京：企业管理出版社，2003

13.《书立方》编委会 . 大学 · 中庸［M］. 重庆：重庆出版社，2010

14.（明）戚继光 . 纪效新书［M］. 北京：人民体育出版社，1988

15.（明）吴殳 . 手臂录［M］. 北京：北京师范大学出版社，1989

16. 程啸斌 . 中华散打新篇［M］. 上海：同济大学出版社，2000

17. 程啸斌 . 散打技击学［M］. 南昌：江西人民出版社，2011

18. 刘俊骧 . 武术文化与修身［M］. 北京：中央编译出版社，2008

19.［美］塞缪尔 · 亨廷顿 . 文明的冲突［M］. 周琪等译 . 北京：新华出版社，2013

20. 曹志清 . 形意拳理论研究［M］. 北京：人民体育出版社，1994

21. 康戈武 . 中国武术实用大全［M］. 北京：中华书局，2014

22. 郑旭旭，袁镇澜 . 从术至道：近现代日本武术发展轨迹［M］. 厦门：厦门大学出版社，2011

23. 温力 . 中国武术概论［M］. 北京：人民体育出版社，2005
24. 张泽正 . 中国武术基础理论［M］. 北京：人民体育出版社，2008
25. 中国武术大辞典编辑委员会 . 中国武术大辞典［M］. 北京：人民体育出版社，1990
26. 张立文 . 中国哲学逻辑结构论［M］. 北京：中国社会科学出版社，2002
27. 习云太 . 中国武术史［M］. 北京：人民体育出版社，1985
28. 吴图南 . 国术概论［M］. 北京：中国书店，1984
29. 李杰 . 中华武术图典［M］. 北京：人民体育出版社，1998
30. 刘义明 . 苌氏武技全书（上、下卷）［M］. 太原：山西科学技术出版社，2009
31. 朱东，马克蒂姆，姜熙 . 中西方不同视角下武术国际化发展的现状和未来［J］. 体育科学，2010（6）
32. 陈赞銮，张赫男，孙宇 . 试论《剑经》对现代散打的意义与价值［J］. 搏击：武术科学，2009（3）
33. 谭广鑫 . 巫武合流：武术秘密结社组织中巫术的影响研究［J］. 体育科学，2017（2）
34. 李成，丁保玉 . 中国传统武术发展的路径选择［J］. 体育文化导刊，2018（4）
35. 刘国永 . 对新时代群众体育发展的若干思考［J］. 体育科学，2018（1）
36. 陈华荣 . 实施全民健身国家战略的政策法规体系研究［J］. 体育科学，2017（4）
附：查阅了手抄散本《五杂组》《正气堂集》等，以及参考了民间关于武学的手抄本若干。

后 记

再次翻阅书稿，似乎感觉到一个新生命即将诞生，原本在大纲的计划中需要阐述的内容，待到书成之时却显得挂一漏万，况且还有许多隔靴抓痒之处，或许应景了“理想是丰满的，现实是骨感的”这句话。总之，书中有太多内容需不断地丰富与完善，于是心中的忐忑油然而生，久久不能平静。

武学是一门在修炼中不断践行的学科，没有体悟就很难建立起属于自己的那份心悟，在入境言道中本着力求完美的态度去完成这部作品。结果往往是事与愿违，由于受到诸多方面因素的约束，尤其是自己习练的体悟与经验积累极其有限，相信书中仍然存在着一些思考不够成熟之处，甚至还会隐约存在着一些不妥之处，比如说服装、器械还有待于完善，但如此的抛砖引玉正是为了求得武之真经。也许，这正是集聚诸多英雄好汉前来探讨武学的诱因；或许，因此能为造就真正的武者提供一套行之有效的运行模式，如此，便也算是为武学做出了一些绵薄的贡献。

在成书过程中得到了社会各界人士的帮助，尤其是传统武术技击协会的同仁们，在此特别需要感谢的是学生洪啸，他为将本书的思想精准地表现在图片上而费尽心力，还有配合拍图的学生陈玮，以及为本书建言献策的协会秘书长王国钰、协会副会长徐康华、协会副会长鲁新启、协会副秘书长鲍雪峰、协会名誉副会长黄兆华教授、张凡教练等多人，得到了他们不同角度的鼎力相助。由于受篇幅的限制，在此就不一一列举这些为传统武术发展默默贡献的幕后英雄们了。

我们的武术目前仍然处在一个庞杂的状态之中，看似繁荣的武术表象，从更深层次来看其走向，其实，它的发展已经进入到了一个瓶颈期，要突破瓶颈不仅仅需要能为时代不足开出良方的武林精英，同时还需要不断地涌现出敢于直面其不足的武者。当然，武术的发展更需要的是那些广大的勇于担负起武术发展使命的践行者，这些才是默默弘扬中华传统文化的民族脊梁。

我们坚信不管世界发生什么样的变化，武术变化的轨迹一定朝着文明的方向运行，这是永远无法随个人意志而改变的“道”，我们的行为只有合“道”,才能称之为有“德”。因此,我要感谢武术道路上那些同路证“道”的践行者，无论是历史上的先贤，还是当下的践行者，因为有你们的实践，才将许多事情的发展有条不紊地推向极致化，并将其价值显现在社会大众面前，也就让许多武之追随者不再盲目，在任何武事运行中人人都能规范地进入武学体系中，去寻找各自梦寐以求的答案，于是武林生态形成了人们产生脱愚觉醒的土壤。

改变文化就是改变大众，公共文化对应的是大众的精神食粮，人们吃着怎样的食粮，自然就会产生怎样的社会性灵魂。人类本有的灵魂由大自然所赐，通常所讲的灵魂是由上天所赐，它是不可变的；而人类出生时，社会性灵魂却是一张白纸，靠的是后天的描绘，因此它是可变的。武学应该在描绘中以自己的形式体现出价值，这便是武学为了社会的进步必须承担起来的社会责任。

社会对规范体系的武学所提出的要求就是奉上一份武文化的大餐，文化诠释的方式一般是通过对客观事物的近似表达，也存在着对立的表达。那么，对技击这个同一客观事物，不同的民族常常会用不同的文化形式进行相应内容的表达，通常的认知是近似度较高的表达则认为是正确的文化，否则就会被认为是有缺陷的或者错误的文化。那些对立的表达，更需要通过事实与结果去明辨其正确与否，以及其存在的价值。我们需要用这个态度来审视武学自身的方方面面，还应当用科学的精神去面对一切武学问题，并拿出勇气敢于承认自己的不足之处，要知道在这个世界上所有的文化都或多或少地存在着错误的知识，当我们发现了文化中的错误与糟粕时就必须拿出壮士断腕的勇气，以及解决问题的智慧与措施给予及时果断的纠正。这才是社会需要的武学,一个能够给出引领武术走向未来的发展模式的武学。

2018年6月15日（戊戌年戊午月戊寅日）

于南昌